KB217496

엑스포지멘터리

에스겔

Ezekiel

엑스포지멘터리 에스겔

초판 1쇄 발행 2017년 11월 1일
2쇄 발행 2020년 6월 10일

지은이 송병현

펴낸곳 도서출판 이엠
등록번호 제25100-2015-000063
주소 서울시 구로구 공원로 3번지
전화 070-8832-4671
E-mail empublisher@gmail.com

내용 및 세미나 문의 스타선교회: 02-520-0877 / EMail: starofkorea@gmail.com / www.star123.kr

ISBN 979-11-86880-49-4 93230

※ 가격은 표지 뒷면에 있습니다.

「이 도서의 국립중앙도서관 출판시 도서목록(CIP)은 서지정보유통지원시스템 홈페이지(http://seoji.nl.go.kr)와 국가자료공동목록시스템(http://www.nl.go.kr/kolisnet)에서 이용하실 수 있습니다. (CIP제어번호:CIP2015000753)」

엑스포지멘터리

에스겔

Ezekiel

| 송병현 지음 |

EXPOSItory comMENTARY

EM Exposi Mentary

한국 교회를 위한 하나의 희망

저의 서재에는 성경 본문 연구에 관한 많은 책이 있습니다. 그중에는 주석서들도 있고 강해서들도 있습니다. 그러나 그중에 송병현 교수가 시도한 이런 책은 없습니다. 엑스포지멘터리, 듣기만 해도 가슴이 뛰는 책입니다. 설교자와 진지한 성경 학도 모두에게 꿈의 책이 아닐 수 없습니다. 이런 책이 좀 더 일찍 나올 수 있었다면 한국 교회가 어떠했을까를 생각해봅니다. 저는 이 책을 꼼꼼히 읽어보면서 가슴 깊은 곳에서 큰 자긍심을 느꼈습니다.

이 책은 지금까지 복음주의 교회가 쌓아온 모든 학문적 업적을 망라하고 있을 뿐만 아니라 한국 교회 강단이 목말라하는 모든 실용적 갈망에 해답을 던져줍니다. 이 책에서는 실제로 활용할 수 있는 충실한 신학적 정보가 일목요연하게 제시됩니다. 그러면서도 또한 위트와 감탄을 자아내는 감동적인 적용들도 제공됩니다. 얼마나 큰 축복이며 얼마나 신나는 일이며 얼마나 큰 은총인지요. 저의 사역에 좀 더 일찍 이런 학문적 효과를 활용하지 못한 것이 아쉽기만 합니다. 진실로 한국 교회의 내일을 위해 너무나 소중한 기여라고 생각합니다.

일찍이 한국 교회 1세대를 위해 박윤선 목사님과 이상근 목사님의 기여가 컸습니다. 그러나 이제 한국 교회는 새 시대의 리더십을 열어야 하는 교차로에 서 있습니다. 저는 송병현 교수가 이런 시점을 위해 준비된 선물이라고 생각합니다. 진지한 강해 설교를 시도하고자 하는 모든 이와 진지한 성경 강의를 준비하고자 하는 모든 성경공부 지도자에게 어떤 대가를 지불하고서라도 우선 이 책을 소장하고 성경을 연구하는 책상 가까운 곳에 두라고 권면하고 싶습니다. 앞으로 계속 출판될 책들이 참으로 기다려집니다.

한국 교회는 다행스럽게 말씀과 더불어 그 기초를 놓을 수 있었습니다. 이제는 그 말씀으로 어떻게 미래의 집을 지을 것인가를 고민하고 있습니다. 이 〈엑스포지멘터리 시리즈〉는 분명한 하나의 해답, 하나의 희망입니다. 이 책과 함께 성숙의 길을 걸어갈 한국 교회의 미래가 벌써 성급하게 기다려집니다. 더 나아가 한국 교회 역사의 성과물 중의 하나인 이 책이 다른 열방에도 나누어졌으면 합니다. 이제 우리는 복음에 빚진 자로서 열방을 학문적으로도 섬겨야 하기 때문입니다. 이 책을 한국 교회에 허락하신 우리 주님께 감사와 찬양을 드립니다.

이동원 | 지구촌교회 원로목사

총체적 변화를 가져다줄 영적 선물

교회사를 돌이켜볼 때, 교회가 위기에 처해 있었다면 결국 강단에서 하나님의 말씀이 제대로 선포되지 못한 데서 그 근본 원인을 찾을 수 있습니다. 영적 분별력이 있는 사람이라면 모두 이에 대해 동의할 것입니다. 사회가 아무리 암울할지라도 강단에서 선포되는 말씀이 살아 있는 한, 교회는 교회로서의 기능이 약화되지 않고 오히려 사회를 선도하고 국민들의 가슴에 희망을 안겨주었습니다. 백 년 전 영적 부흥이 일어났던 한국의 초대교회가 그 좋은 예입니다. 이러한 영적 부흥은 살아 있는 하나님의 말씀이 강단에서 영적 권위를 가지고 "하나님께서 이렇게 말씀하셨다"라고 선포되었을 때 나타났던 현상입니다.

오늘날에는 날이 갈수록 강단에서 선포되는 말씀이 약화되거나 축소되고 있습니다. 이런 상황 속에서 출간되는 송병현 교수의 〈엑스포지멘터리 시리즈〉는 한국 교회와 전 세계에 흩어진 7백만 한인 디아스포라에게 주는 커다란 영적 선물이 아닐 수 없습니다. 이 시리즈는 하나님의 말씀을 쉽게 이해할 수 있도록 풀이한 것으로, 목회자와 선교사는 물론이고 평신도들의 경건생활과 사역에도 큰 도움이 될 것입니다. 무엇보다도 저는 이 시리즈가 강단에서 원 저자이신 성령님의 의도대로 하나님 나라 복음이 선포되게 하여 믿는 이들에게 총체적 변화(total transformation)를 다시 경험할 수 있는 계기를 마련해주리라 확신합니다.

송병현 교수는 지금까지 구약학계에서 토의된 학설 중 본문을 석의하는 데 불필요한 내용들은 걸러내는 한편, 철저하게 원 저자가 전하고자 하는 메시지를 현대인들이 가장 잘 이해할 수 있도록 전하고자 부단히 애를 썼습니다. 이 시리즈를 이용하는 모든 이에게 저자의 이런 수고와 노력에 걸맞은 하나님의 축복과 기쁨과 능력이 함께하실 것을 기대하면서 이 시리즈를 적극 추천합니다.

이태웅 | GMTC 초대 원장, 글로벌리더십포커스 원장

주석과 강해의 적절한 조화를 이뤄낸 시리즈

한국 교회는 성경 전체를 속독하는 '성경 통독' 운동과 매일 짧은 본문을 읽는 '말씀 묵상'(QT) 운동이 세계 어느 나라 교회보다 활성화되어 있습니다. 얼마나 감사한 일인지 모릅니다. 그러나 상대적으로 책별 성경 연구는 심각하게 결핍되어 있는 것이 사실입니다. 때때로 교회 지도자들 중에도 성경 해석의 기본이 제대로 갖춰져 있지 않아 성경 저자가 말하려는 의도와 상관없이 본문을 인용해서 자신이 하고 싶은 말을 하는 분들이 적지 않음을 보고 충격을 받은 일도 있습니다. 앞으로 한국 교회가 풀어야 할 과제가 '진정한 말씀의 회복'이라면 이를 위해 가장 중요한 것은 바른 말씀의 세계로 인도해줄 좋은 주석서와 강해서를 만나는 일일 것입니다.

좋은 주석서는 지금까지 축적된 다른 성경학자들의 연구 결과가 잘 정돈되어 있을 뿐 아니라 저자의 새로운 영적·신학적 통찰이 번뜩이는 책이어야 합니다. 또한 좋은 강해서는 자기 견해를 독자들에게 강요하는(impose) 책이 아니라, 철저한 본문 석의 과정을 거친 후에 추출되는 신학적·사회과학적 연구가 배어 있는 책이어야 할 것이며, 글의 표현이 현학적이지 않은, 독자들에게 친절한 저술이어야 할 것입니다.

그러나 솔직히 말씀드리면, 저는 서점에서 한국인 저자의 주석서나 강해서를 만나면 한참을 망설이다가 내려놓게 됩니다. 또 주석서를 시리즈로 사는 것은 어리석은 행동이라는 말을 신학교 교수들에게 들은 뒤로 여간해서 시리즈로 책을 사지 않습니다. 이는 아마도 풍성한 말씀의 보고(寶庫) 가운데로 이끌어 주는 만족스러운 주석서를 아직까지 발견하지 못했기 때문일 것입니다. 그러나 제가 처음으로 시리즈로 산 한국인 저자의 책이 있는데, 바로 송병현 교수의 〈엑스포지멘터리 시리즈〉입니다.

송병현 교수의 〈엑스포지멘터리 시리즈〉야말로 제가 가졌던 좋은 주석서와 강해서에 대한 모든 염원을 실현해내고 있습니다. 이 주석서는 분명 한국 교회 목회자들과 평신도 성경 교사들의 고민을 해결해줄 하나님의 값진 선물입니다. 지금까지 없었던, 주석서와 강해서의 적절한 조화를 이뤄낸 신개념의 해설 주석이라는 점도 매우 신선하게 다가옵니다. 또한 쉽고 친절한 글이면서도 우물 깊은 곳에서 퍼 올린 생수와 같은 깊이가 느껴집니다. 이 같은 주석 시리즈가 한국에서 나왔다는 사실에 저는 감격하지 않을 수 없습니다. 이 땅에서 말씀으로 세상에 도전하고자 하는 모든 목회자와 평신도에게 이 주석 시리즈를 적극 추천합니다.

이승장 | 예수마을교회 목사, 성서한국 공동대표

시리즈 서문

"너는 50세까지는 좋은 선생이 되려고 노력하고, 그 이후에는 좋은 저자가 되려고 노력해라." 내가 시카고 근교에 위치한 트리니티 신학교(Trinity Evangelical Divinity School) 박사과정을 시작할 즈음에 지금은 고인이 되신 스승 맥코미스키(Thomas E. McComiskey)와 아처(Gleason L. Archer) 두 교수님께서 주신 조언이었다. 너무 일찍 책을 쓰면 훗날 아쉬움이 많이 남는다며 하신 말씀이었다. 박사 학위를 마치고 1997년에 한국에 들어와 신대원에서 가르치기 시작하면서 나는 이 조언을 마음에 새겼다. 사실 이 조언과 상관없이 내가 당시에 당장 책을 출판한다는 일은 불가능한 일이었다. 중학교를 다니던 70년대 중반에 캐나다로 이민을 갔다가 20여 년 만에 귀국하여 우리말로 강의하는 일 자체가 당시 나에게는 매우 큰 도전이었으며, 책을 출판하는 일은 사치로 느껴졌기 때문이다.

세월이 지나 어느덧 나는 선생님들이 말씀하신 오십을 눈앞에 두었다. 1997년에 귀국한 후 지난 10여 년 동안 나는 구약 전체에 대한 강의안을 만드는 일을 목표로 삼았다. 내 자신에게 동기를 부여하기 위하여 내가 몸담고 있는 신대원 학생들에게 매학기 새로운 구약 강해

과목을 개설해주었다. 감사한 것은 지혜 문헌을 제외한 구약 모든 책의 본문 관찰을 중심으로 한 강의안을 13년 만에 완성할 수 있었다는 점이다. 앞으로 수년에 걸쳐 이 강의안들을 대폭 수정하여 매년 2-3권씩을 책으로 출판하려 한다. 지혜 문헌은 잠시 미루어두었다. 시편 1권(1-41편)에 대하여 강의안을 만든 적이 있었는데, 본문 관찰과 주해는 얼마든지 할 수 있었지만, 무언가 아쉬움이 남았다. 삶의 연륜이 가미되지 않은 데서 비롯된 부족함이었다. 그래서 나는 지혜 문헌에 대한 주석은 육십을 바라볼 때쯤 집필하기로 작정했다. 삶을 조금 더 경험한 후로 미루어놓은 것이다. 아마도 이 시리즈가 완성될 때쯤이면, 자연스럽게 지혜 문헌에 대한 책들을 출판할 때가 되지 않을까 싶다.

이 시리즈는 설교를 하고 성경공부를 인도해야 하는 중견 목회자들과 평신도 지도자들을 마음에 두고 집필한 책들이다. 나는 이 시리즈의 성향을 exposimentary('해설 주석')이라고 부르고 싶다. Exposimentary라는 단어는 내가 만들어낸 용어이다. 해설/설명을 뜻하는 expository라는 단어와 주석을 뜻하는 commentary를 합성하였다. 대체적으로 expository는 본문과 별 연관성이 없는 주제와 묵상으로 치우치기 쉽고, commentary는 필요 이상으로 논쟁적이고 기술적일 수 있다는 한계를 의식해서 이러한 상황을 의도적으로 피하고 가르치는 사역에 조금이나마 실용적이고 도움이 되는 교재를 만들기 위하여 만들어낸 개념이다. 나는 본문의 다양한 요소와 이슈들에 대하여 정확하게 석의하면서도 전후 문맥과 책 전체의 문형(文形; literary shape)을 최대한 고려하여 텍스트의 의미를 설명하고 우리의 삶과 연결하려고 노력했다. 또한 히브리어 사용은 최소화했다.

이 시리즈를 내놓으면서 감사할 사람이 참 많다. 먼저, 지난 25년 동안 나의 인생의 동반자가 되어 아낌없는 후원과 격려를 해주었던 아내 임우민에게 감사한다. 아내를 생각할 때마다 참으로 현숙한 여인을(cf. 잠 31:10-31) 배필로 주신 하나님께 감사할 뿐이다. 아빠의 사역을 기도와 격려로 도와준 지혜, 은혜, 한빛에게도 고마운 마음을 표한다. 평생 기도와 후원을 아끼지 않은 친가와 처가 친척들에게도 감사하다는 말을 전하고 싶다. 항상 옆에서 돕고 격려해준 평생 친구 장병환·윤인옥, 박선철·송주연 부부들에게도 고마움을 표하는 바이며, 시카고 유학 시절에 큰 힘이 되어주셨던 이선구 장로·최화자 권사님 부부에게도 이 자리를 빌려 평생 빚진 마음을 표하고 싶다. 우리 가족이 20여 년 만에 귀국하여 정착할 수 있도록 배려를 아끼지 않으신 백석학원 설립자 장종현 목사님에게도 감사하는 바이다. 우리 부부의 영원한 담임목자이신 이동원 목사님에게도 고마움을 표하고 싶다.

2009년 겨울 방배동에서

감사의 글

스타선교회의 사역에 물심양면으로 헌신하여 오늘도 하나님의 말씀이 온 세상에 선포되는 일에 기쁜 마음으로 동참하시는 김형국, 백영걸, 정진성, 장병환, 임우민, 정채훈, 송은혜, 강숙희 이사님들께 감사의 마음을 전하고 싶습니다. 이사님들의 헌신이 있기에 세상은 조금 더 살맛 나는 곳이 되고 있습니다.

2016년 여름이 시작된 방배동에서

일러두기

엑스포지멘터리(exposimentary)는 '해설/설명'을 뜻하는 엑스포지토리(expository)라는 단어와 '주석'을 뜻하는 코멘터리(commentary)를 합성한 단어이다. 본문의 뜻과 저자의 의도와는 별 연관성이 없는 주제와 묵상으로 치우치기 쉬운 엑스포지토리(expository)의 한계와 필요 이상으로 논쟁적이고 기술적일 수 있는 코멘터리(commentary)의 한계를 극복하여 목회 현장에서 가르치고 선포하는 사역에 실질적으로 도움이 되도록 하는 새로운 장르이다. 본문의 다양한 요소와 이슈들에 대하여 정확하게 석의하면서도 전후 문맥과 책 전체의 문형(文形; literary shape)을 최대한 고려하여 텍스트의 의미를 설명하고 성도의 삶과 연결하려고 노력하는 설명서이다. 엑스포지멘터리는 다음과 같은 원칙을 바탕으로 인용한 정보를 표기한다.

1. 참고문헌을 모두 표기하지 않고 선별된 참고문헌으로 대신한다.
2. 출처를 표기할 때 각주(foot note) 처리는 하지 않는다.
3. 출처 표기는 괄호 안에 하되 페이지는 밝히지 않는다.
4. 여러 학자들이 동일하게 해석할 때 모든 학자들을 표기하지 않고

일부만 표기한다.

5. 한 출처를 인용하여 설명할 때, 설명이 길어지더라도 각 문장마다 출처를 표기하지 않는다.

주석은 목적과 주 대상에 따라 인용하는 정보 출처와 참고문헌 표기가 매우 탄력적으로 제시되는 장르이다. 참고문헌이 없이 출판되는 주석들도 있고, 각주가 전혀 없이 출판되는 주석들도 있다. 또한 각주와 참고문헌이 없이 출판되는 주석들도 있다. 엑스포지멘터리 시리즈는 이 같은 장르의 탄력적인 성향을 고려하여 제작된 주석이다.

선별된 약어표

개역	개역성경
개정	개역성경개정판
공동	공동번역
새번역	표준새번역 개정판
현대	현대인의 성경
아가페	아가페 쉬운성경
BHK	Biblica Hebraica Kittel
BHS	Biblica Hebraica Stuttgartensia
ESV	English Standard Version
CSB	Nashville: Broadman & Holman, Christian Standard Bible
KJV	King James Version
LXX	칠십인역(Septuaginta)
MT	마소라 사본
NAB	New American Bible
NAS	New American Standard Bible
NEB	New English Bible

NIV	New International Version
NRS	New Revised Standard Bible
TNK	Jewish Publication Society Tanakh
TNIV	Today's New International Version
AAR	American Academy of Religion
AB	Anchor Bible
ABD	The Anchor Bible Dictionary
ABRL	Anchor Bible Reference Library
ACCS	Ancient Christian Commentary on Scripture
AJSL	American Journal of Semitic Languages and Literature
ANET	J. B. Pritchard, ed., The Ancient Near Eastern Texts Relating to the Old Testament. 3rd. ed. Princeton: Princeton University Press, 1969.
ANETS	Ancient Near Eastern Texts and Studies
AOTC	Abingdon Old Testament Commentary
ASORDS	American Schools of Oriental Research Dissertation Series
BA	Biblical Archaeologist
BAR	Biblical Archaeology Review
BASOR	Bulletin of the American Schools of Oriental Research
BBR	Bulletin for Biblical Research
BCBC	Believers Church Bible Commentary
BDB	F. Brown, S. R. Driver & C. A. Briggs, A Hebrew and English Lexicon of the Old Testament. Oxford: Clarendon Press, 1907.
BETL	Bibliotheca Ephemeridum Theoloicarum Lovaniensium
BibOr	Biblia et Orientalia
BibSac	Bibliotheca Sacra

BibInt	Biblical Interpretation
BJRL	Bulletin of the John Rylands Library
BJS	Brown Judaic Studies
BLS	Bible and Literature Series
BN	Biblische Notizen
BO	Berit Olam: Studies in Hebrew Narrative & Poetry
BR	Bible Review
BRS	The Biblical Relevancy Series
BSC	Bible Student Commentary
BT	The Bible Today
BTCB	Brazos Theological Commentary on the Bible
BV	Biblical Viewpoint
BZAW	Beihefte zur Zeitschrift für die alttestamentliche Wissenschaft
CAD	Chicago Assyrian Dictionary
CBC	Cambridge Bible Commentary
CBSC	Cambridge Bible for Schools and Colleges
CBQ	Catholic Biblical Quarterly
CBQMS	Catholic Biblical Quarterly Monograph Series
CB	Communicator's Bible
CHANE	Culture and History of the Ancient Near East
DSB	Daily Study Bible
EBC	Expositor's Bible Commentary
ECC	Eerdmans Critical Commentary
EncJud	Encyclopedia Judaica
EvJ	Evangelical Journal
EvQ	Evangelical Quarterly
ET	Expository Times

ETL	Ephemerides Theologicae Lovanienses
FOTL	Forms of Old Testament Literature
GCA	Gratz College Annual of Jewish Studies
GKC	E. Kautszch and A. E. Cowley, Gesenius' Hebrew Grammar. Second English edition. Oxford: Clarendon Press, 1910.
GTJ	Grace Theological Journal
HALOT	L. Koehler and W. Baumgartner, The Hebrew and Aramaic Lexicon of the Old Testament. Trans. by M. E. J. Richardson. Leiden: E. J. Brill, 1994-2000.
HBT	Horizon in Biblical Theology
HSM	Harvard Semitic Monographs
HOTC	Holman Old Testament Commentary
HUCA	Hebrew Union College Annual
IB	Interpreter's Bible
ICC	International Critical Commentary
IDB	Interpreter's Dictionary of the Bible
ISBE	G. W. Bromiley (ed.), The International Standard Bible Encyclopedia. 4 vols. Grand Rapids: 1979-88.
ITC	International Theological Commentary
J-M	P. Joüon-T. Muraoka, A Grammar of Biblical Hebrew. Part One: Orthography and Phonetics. Part Two: Morphology. Part Three: Syntax. Subsidia Biblica 14/I-II. Rome: Editrice Pontificio Istituto Biblico, 1991.
JAAR	Journal of the American Academy of Religion
JANES	Journal of Ancient Near Eastern Society
JNES	Journal of Near Eastern Studies

JBL	Journal of Biblical Literature
JBQ	Jewish Bible Quarterly
JJS	Journal of Jewish Studies
JSJ	Journal for the Study of Judaism
JNES	Journal of Near Eastern Studies
JSOT	Journal for the Study of the Old Testament
JSOTSup	Journal for the Study of the Old Testament Supplement Series
JPSTC	JPS Torah Commentary
LCBI	Literary Currents in Biblical Interpretation
MHUC	Monographs of the Hebrew Union College
MJT	Midwestern Journal of Theology
MOT	Mastering the Old Testament
MSG	Mercer Student Guide
NAC	New American Commentary
NCB	New Century Bible Commentary
NCBC	New Collegeville Bible Commentary
NEAEHL	E. Stern (ed.), The New Encyclopedia of Archaeological Excavations in the Holy Land. 4 vols. Jerusalem: Israel Exploration Society & Carta, 1993.
NIB	New Interpreter's Bible
NIBC	New International Biblical Commentary
NICOT	New International Commentary on the Old Testament
NIDOTTE	W. A. Van Gemeren, ed., The New International Dictionary of Old Testament Theology and Exegesis. Grand Rapids: Zondervan, 1996.
NIVAC	New International Version Application Commentary

OBC	Oxford Bible Commentary
Or	Orientalia
OTA	Old Testament Abstracts
OTE	Old Testament Essays
OTG	Old Testament Guides
OTL	Old Testament Library
OTM	Old Testament Message
OTS	Oudtestamentische Studiën
OTWSA	Ou–Testamentiese Werkgemeenskap in Suid–Afrika
PBC	People's Bible Commentary
PEQ	Palestine Exploration Quarterly
PSB	Princeton Seminary Bulletin
RevExp	Review and Expositor
RTR	Reformed Theological Review
SBJT	Southern Baptist Journal of Theology
SBLDS	Society of Biblical Literature Dissertation Series
SBLMS	Society of Biblical Literature Monograph Series
SBLSymS	Society of Biblical Literature Symposium Series
SHBC	Smyth & Helwys Bible Commentary
SJOT	Scandinavian Journal of the Old Testament
SJT	Scottish Journal of Theology
SSN	Studia Semitica Neerlandica
TBC	Torch Bible Commentary
TynBul	Tyndale Bulletin
TD	Theology Digest
TDOT	G. J. Botterweck and H. Ringgren (eds.), Theological Dictionary of the Old Testament. Vol. I–. Grand Rapids:

	Eerdmans, 1974–.
TGUOS	Transactions of the Glasgow University Oriental Society
THAT	Theologisches Handwörterbuch zum Alten Testament. 2 vols. Munich: Chr. Kaiser, 1971–1976.
TJ	Trinity Journal
TOTC	Tyndale Old Testament Commentaries
TS	Theological Studies
TWAT	Theologisches Wörterbuch zum Alten Testament. Stuttgart: W. Kohlhammer, 1970–.
TWBC	The Westminster Bible Companion
TWOT	R. L. Harris, G. L. Archer, Jr., and B. K. Waltke (eds.), Theological Wordbook of the Old Testament, 2 vols. Chicago: Moody, 1980.
TZ	Theologische Zeitschrift
UBT	Understanding Biblical Themes
VT	Vetus Testament
VTSup	Vetus Testament Supplement Series
W–O	B. K. Waltke and M. O'Connor, An Introduction to Biblical Hebrew Syntax. Winona Lake: Eisenbrauns, 1990.
WBC	Word Biblical Commentary
WBCom	Westminster Bible Companion
WCS	Welwyn Commentary Series
WEC	Wycliffe Exegetical Commentary
WTJ	The Westminster Theological Journal
ZAW	Zeitschrift für die alttestamentliche Wissenschaft

차례

에스겔

선별된 참고문헌

(Select Bibliography)

Ackroyd, P. R. *Exile and Restoration: A Study of Hebrew Thought of the Sixth Century B. C.* OTL. Philadelphia: Westminster, 1968.

Albertz, R. *A History of Israelite Religion in the Old Testament Period*. 2 vols. Trans. by J. Bowden. OTL. Louisville: Westminster/John Knox, 1994.

Albright, W. F. "Gog and Magog." JBL 43 (1924): 378–85.

Alexander, R. H. "Ezekiel." Pp. 737–996 in *The Expositor's Bible Commentary*, Vol. 6. Grand Rapids: Zondervan, 1986.

Alexander, R. H. "Ezekiel." Pp. 641–924 in *Revised Expositor's Bible Commentary*, vol. 7. Ed. by T. Longman. Grand Rapids: Zondervan, 2010.

Allen, L. C. *Ezekiel 1-19.* WBC. Dallas: Word, 1990.

______. *Ezekiel 20-48*. WBC. Dallas: Word, 1994.

Barrick, W. B. "The Straight–Legged Cherubim of Ezekiel's Inaugural Vision(Ezekiel 1:7a)." CBQ 44 (1982): 543–50.

Batto, B. F. *Slaying the Dragon: Mythmaking in the Biblical Tradition*.

Louisville: Westminster/John Knox, 1992.

Begg, C. "The Identity of the Princes in Ezekiel 19: Some Reflections." ETL 65 (1989): 358–65.

Bewer, J. "The Text of Ezekiel 1:1–3." AJSL 50 (1933–34): 96–101.

Blenkinsopp, J. *Ezekiel*. Interpretation. Louisville: John Knox, 1990.

_____. *A History of Prophecy in Israel*. Philadelphia: Westminster, 1983.

Block, D. I. *The Book of Ezekiel 1-24*. NICOT. Grand Rapids: Eerdmans, 1997.

_____. *The Book of Ezekiel 25-48*. NICOT. Grand Rapids: Eerdmans, 1998.

Boadt, L. *Ezekiel's Oracles Against Egypt: A Literary and Philological Study of Ezekiel 29-32*. Biblica de Orientalia. Rome: Biblical Institute, 1980.

Bodi, D. *The Book of Ezekiel and the Poem of Erra*. OBO. Freiburg: Universitäsverlag, 1991.

Broome, E. C. "Ezekiel's Abnormal Personality," JBL 65 (1946): 277–92.

Browne, L. E. *Ezekiel and Alexander*. London: SPCK, 1952.

Brownlee, W. H. *Ezekiel 1-19*. WBC 28. Waco: Word, 1986.

_____. "Ezekiel's Poetic Indictment of the Shepherds." HTR 51 (1958): 191–203.

Calvin, J. *Ezekiel I*. Trans. by D. Forxgrover and D. Martin. Grand Rapids: Eerdmans, 1994.

_____. *Ezekiel II*. Trans. by T. Myers. Grand Rapids: Eerdmans, 1989.

Carley, K. W. *The Book of the Prophet Ezekiel*. CBC. Cambridge: Cambridge University press, 1974.

Carroll, R. P. *When Prophecy Failed: Cognitive Dissonance in the Prophetic*

Traditions of the Old Testament. New York: Seabury, 1979.

Clements, R. E. *Ezekiel*. WBCom. Louisville: Westminster/John Knox, 1996.

Cody, A. *Ezekiel: With Excursus on Old Testament Priesthood*. OTM. Wilmington, Del.: Glazier, 1984.

Cogan, M. *Imperialism and Religion: Assyria, Judah, and Israel in the Eighth and Seventh Centuries B. C. E.* SBLMS 19. Missoula, Mont.: Scholars Press, 1974.

Cooke, G. A. *A Critical and Exegetical Commentary on the Book of Ezekiel*. ICC. Edinburgh: T. & T. Clark, 1936.

Cooper, L. *Ezekiel*. NAC. Nashville: Broadman and Holman, 1994.

Craigie, P. C. *Ezekiel*. DSB. Philadelphia: Westminster, 1983.

Darr, K. P. "The Book of Ezekiel: Introduction, Commentary, And Reflection." Pp. 1073–1607 in *The New Interpreter's Bible*, vol. 6. Nashville: Abingdon Press, 2001.

Davidson, A. B. *The Book of the Prophet Ezekiel*. CBC. Cambridge: Cambridge University Press, 1893.

Davis, E. F. *Swallowing the Scroll: Textuality and the Dynamics of Discourse in Ezekiel's Prophecy*. JSOTSS. 78. Sheffield: Almond, 1989.

Day, J. "The Daniel of Ugarit and Ezekiel and the Hero of the Book of Daniel." VT 30 (1980): 174–84.

Dever, W. G. "Asherah, Consort of Yahweh? New Evidence From Kuntilet 'Ajrûd." BASOR 255 (1984): 21–37.

Duguid, I. M. *Ezekiel and the Leaders of Israel*. VTSS. 56. Leiden: Brill, 1994.

_____. *Ezekiel*. NIVAC. Grand Rapids: Zondervan, 1999.

Dürr, L. *Die Stellung des Propheten Ezechiel in der Israelitisch-Jüdischen*

Apokalyptik. Münster, 1923.

Eichrodt, W. *Ezekiel*. Trans. by C. Quin. OTL. Philadelphia: Westminster, 1970.

Ellison, H. L. *Ezekiel: The Man and His Message*. Grand Rapids: Eerdmans, 1956.

Fairbairn, P. *An Exposition of Ezekiel*. Grand Rapids: Sovereign Grace, 1971 rep.

Feinberg, C. L. *The Prophecy of Ezekiel: The Glory of the Lord*. Chicago: Moody, 1969.

Fisch, S. *Ezekiel*. Soncino Books of the Bible. London: Soncino, 1950.

Fontaine, C. R. *Traditional Sayings in the Old Testament: A Contextual Study*. Bible and Literature. Sheffield: Almond Press, 1982.

Friebel, K. G. *Jeremiah's and Ezekiel's Sign-Acts: Their Meaning and Function As Nonverbal Communication and Rhetoric*. Ph. D. diss. Madison: University of Wisconsin, 1989.

Galambush, J. *Jerusalem in the Book of Ezekiel: The City As Yahweh's Wife*. SBLDS. Atlanta: Scholars, 1992.

Garfinkel, S. "Of Thistles and Thorns: A New Approach to Ezekiel ii 6." VT 37 (1987): 430–35.

_____. "Another Model for Ezekiel's Abnormalities." JANES 19 (1989): 39–50.

Gorman, F. H. *The Ideology of Ritual: Space, Time and Status in the Priestly Theology*. JSOTSS. Sheffield: JSOT Press, 1990.

Gowan, D. E. *Ezekiel. Knox Preaching Guides*. Atlanta: John Knox, 1985.

Grayson, A. K. *Assyrian and Babylonian Chronicles*. Locust Valley, N. Y.: J. J. Augustin, 1975.

Greenberg, M. *Ezekiel 1-20*. AB. Garden City, N. Y.: Doubleday, 1983.

______. *Ezekiel 21-37*. AB. New York: Doubleday, 1997.

Greenhill, W. *An Exposition of Ezekiel*. Edinburgh: Banner of Truth, 1994 rep.

Gressmann, H. *Der Ursprung der israelitisch-jüdischen Eschatologie*. Göttignen, 1905.

Gurney, O. R. "Tammuz Rediscovered: Some Recent Developments." JSS 7 (1962): 147–60.

Halperin, D. J. *Seeking Ezekiel: Text and Psychology*. University Park, Penn.: Penn State University Press, 1993.

Hals, R. M. *Ezekiel*. FOTL 19. Grand Rapids: Eerdmans, 1989.

Haran, M. "The Law Code of Ezekiel XL–XLVIII and Its Relation to the Priestly School." HUCA 50 (1979): 45–71.

Harrelson, W. J. *From Fertility Cult to Worship*. Garden City, N. Y.: Doubleday, 1969.

Heider, C. H. *The Cult of Molech: A Reassessment*. JSOTSS. Sheffield: JSOT, 1985.

Heinisch, P. *Das Buch Ezechiel*. Bonn: Verlag von Peter Hanstein, 1923.

Hengstenberg, E. W. *The Prophecies of Ezekiel Elucidated*. Trans. by A. C. & J. G. Murphy. Edinburgh: T&T Clark, 1874.

Heschel, A. J. *The Prophets*. New York: Harper & Row, 1962.

Hoffman, Y. "The Day of the Lord as a Concept and a Term in Prophetic Literature." ZAW 93 (1981): 37–45.

Houk, C. B. "The Final Redaction of Ezekiel 10." JBL 109 (1990): 42–47.

Howie, C. G. *Ezekiel, Daniel*. London: SCM Press, 1961.

Irwin, W. A. *The Problem of Ezekiel: An Inductive Study*. Chicago: University of Chicago Press, 1943.

Jenson, R. W. *Ezekiel*. BTCB. Grand Rapids: Brazos Press, 2009.

Joyce, P. *Divine Initiative and Human Response in Ezekiel*. JSOTSS 51. Sheffield: JSOT Press, 1989.

Keil, C. F. *Biblical Commentary on the Prophecies of Ezekiel*. 2 vols. Trans. by J. Martin. Grand Rapids: Eerdmans, 1950.

Klein, R. *Ezekiel: The Prophet and His Message*. Studies on Personalities of the Old Testament. Columbia: University of South Carolina Press, 1988.

______. *Israel in Exile: A Theological Interpretation*. OBT. Philadelphia: Fortress, 1970.

Kruger, P. A. "The Hem of the Garment in Marriage: The Meaning of the Symbolic Gesture in Ruth 3:9 and Ezekiel 16:8." JNSL 12 (1984): 79-86.

Lang, B. "Street Theater, Raising the Dead, and the Zoroastrian Connection in Ezekiel's Prophecy." Pp. 297-316 in *Ezekiel and His Book*. Ed. By J. Lust. Leuven: Leuven University Press, 1986.

Levenson, J. D. *Theology of the Program of Restoration of Ezekiel 40-48*. HSM. Missoula, Mont.: Scholars, 1976.

Lind, M. *Ezekiel*. BCBC. Scottdale, Pa.: Herald, 1996.

Lust, J., ed. *Ezekiel and His Book: Textual and Literary Criticism and Their Interpretation*. BETL 74. Leuven: Leuven University Press, 1986.

May, H. G. "The Book of Ezekiel. Pp. 39-338 in the *Interpreter's Bible*, vol. 6. Ed. by G. A. Buttrick et al. New York: Nashville: Abingdon, 1956.

Maimondes, M. *The Guide for the Perplexed*. Trans. by M. Friedländer. New York: E. P. Dutton, 1947.

Malamat, A. "The Twilight of Judah: In the Egyptian-Babylonian

Maelstrom." VTSS. 28 (1975): 123–45.

Malul, M. Adoption of Foundlings in the Bible and Mesopotamian Documents: A Study of Some Legal Metaphors in Ezekiel 16:1–7." JSOT 46(1990): 108–11.

Matties, G. H. *Ezekiel 18 and the Rhetoric of Moral Discourse*. SBLDS. Atlanta: Scholars, 1990.

McConville, J. G. "Priests and Levites in Ezekiel: A Crux in the Interpretation of Israel's History." TynBul 34(1983): 3–31.

McKeating, H. *Ezekiel*. OTG. Sheffield: Sheffield Academic Press, 1993.

Messel, N. *Ezechielfragen*. Oslo, 1945.

Mettinger, T. N. D. *Solomonic State Officials: A Study of the Civil Government Officials of the Israelite Monarchy*. Lund: Gleerup, 1971.

Milgrom, J. *Leviticus 1-16*. AB. New York: Doubleday, 1991.

Miller, J. E. "'The Thirtieth Year' of Ezekiel 1.1." RB 99 (1992): 499–503.

Newsom, C. A. "A Maker of Metaphors—Ezekiel's Oracles against Tyre." Int. 38 (1984): 151–64.

Niditch, S. "Ezekiel 40–48 in a Visionary Context." CBQ 48 (1986): 208–24.

Odell, M. S. "You Are What You Eat: Ezekiel and the Scroll." JBL 117 (1998): 229–48.

Odell, M. S; J. T. Strong, eds. *The Book of Ezekiel: Theological and Anthropological Perspectives*. Atlanta: Society of Biblical Literature, 2000.

Parunak, H. van Dyke. *Structural Studies in Ezekiel*. Ann Arbor: University Microfilms, 1983.

Pleins, J. D. "From the Stump of Jesse: The Image of King David As a Social Force in the Writings of the Hebrew Prophets." Proceedings of the Eastern Great Lakes and Midwest Bible Society 6 (1986): 161–69.

Raitt, T. M. *A Theology of Exile: Judgment/Deliverance in Jeremiah and Ezekiel*. Philadelphia: Fortress, 1977.

Redpath, H. A. *The Book of the Prophet Ezekiel*. Westminster Commentaries. London: Methuen, 1907.

Renz, T. *The Rhetorical Function of the Book of Ezekiel*. VTSS 76. Leiden: Brill, 1999.

Roberts, J. J. M. "The Hand of Yahweh." VT 21 (1971): 244–51.

Sack, R. D. *Human Territoriality: Its Theory and History*. Cambridge: Cambridge University Press, 1986.

Skinner, J. *The Book of Ezekiel*. The Expositor's Bible. New York: Armstrong & Son, 1895.

Stevenson, K. R. *The Vision of Transformation: The Territorial Rhetoric of Ezekiel 40-48*. SBLDS. Atlanta: Scholars, 1996.

Stuart, D. *Ezekiel*. ComC. Dallas: Word, 1988.

Taylor, J. B. *Ezekiel: An Introduction and Commentary*. TOTC. Downers Grove, Ill.: InterVarsity Press, 1969.

Thomas, D. *God Strengthens: Ezekiel Simply Explained*. WC. Darlington: Evangelical Press, 1993.

Torrey, C. C. *Pseudo-Ezekiel and the Original Prophecy*. New Haven, Conn.: Yale University Press, 1930.

Tromp, N. "The Paradox of Ezekiel's Prophetic Mission: Towards a Semiotic Approach of Ezekiel 3, 22–27." Pp. 201–13 in *Ezekiel and His Book: Textual and Literary Criticism and Their Interrelation*.

Ed. By J. Lust. BETL. Leuven: Leuven University Press, 1986.

Tuell, S. S. *The Law of the Temple in Ezekiel 40-48*. HSM 49. Atlanta: Scholars, 1992.

Van den Born, A. "Êtudes sur quelques toponymes bibliques." OTS 10 (1954): 197–214.

Van Groningen, G. *Messianic Revelation in the Old Testament*. Grand Rapids: Baker Book House, 1991.

Vawter, B.; L. J. Hoppe. *A New Heart: A Commentary on the Book of Ezekiel*. ITC. Grand Rapids: Eerdmans, 1991.

Wevers, J. W. *Ezekiel*. NCB. Repr. Sheffield: Marshall Pickering, 1969.

Wilson, R. R. "Prophecy in Crisis: The Call of Ezekiel." Int. 38 (1984): 117–30.

Yamauchi, E. M. "Tammuz and the Bible." JBL 84 (1965): 283–90.

Zimmerli, W. *Ezekiel*. 2 vols. Hermeneia. Trans. by R. E. Clements & J. D. Martin. Philadelphia: Fortress, 1979, 83.

에스겔서

내가 그들에게 한 마음을 주고 그 속에 새 영을 주며 그 몸에서 돌 같은 마음을 제거하고 살처럼 부드러운 마음을 주어 내 율례를 따르며 내 규례를 지켜 행하게 하리니 그들은 내 백성이 되고 나는 그들의 하나님이 되리라 그러나 미운 것과 가증한 것을 마음으로 따르는 자는 내가 그 행위대로 그 머리에 갚으리라 나 주 여호와의 말이니라(11:19-21)

그가 내게 이르시되 인자야 이 뼈들이 능히 살 수 있겠느냐 하시기로 내가 대답하되 주 여호와여 주께서 아시나이다 또 내게 이르시되 너는 이 모든 뼈에게 대언하여 이르기를 너희 마른 뼈들아 여호와의 말씀을 들을지어다 주 여호와께서 이 뼈들에게 이같이 말씀하시기를 내가 생기를 너희에게 들어가게 하리니 너희가 살아나리라 너희 위에 힘줄을 두고 살을 입히고 가죽으로 덮고 너희 속에 생기를 넣으리니 너희가 살아나리라 또 내가 여호와인 줄 너희가 알리라 하셨다 하라(37:3-6)

선지자들은 하나님이 주신 소명을 따르기 위해 큰 대가를 치러야 했다. 선지자들은 주의 백성들에게 주로 정죄와 임박한 하나님의 심판을 선언했다. 백성들은 모든 것이 잘될 것이며 곧 여호와 하나님의 축복이 임할 것이라는 메시지를 선호했기 때문에 하나님의 참 음성을 듣기 싫어했다. 그래서 선지자들을 통해 선포된 하나님의 말씀에 순종하기는커녕 오히려 야유를 보냈다.

또한 선지자들은 자신들의 메시지와는 상반된 메시지를 하나님의 말씀이라고 선포하는 거짓 선지자들의 비난과 핍박도 감수해야 했다. 더 나아가 선지자의 정당성을 인정하지 않던 제사장들의 멸시와 천대를 이겨내야 했다. 선지자들은 암살의 위협에 시달려야 했고, 감옥에 투옥되기도 했다. 심지어 자신들이 선포한 메시지를 순교자의 피로 봉인하기도 했다.

선지자들은 하나님의 마음을 주의 백성들에게 전하기 위해 혹독한 대가를 치러야 했다. 온갖 고통으로 가득 찬 삶을 살았던 선지자들 중에서도 에스겔이 겪어야 했던 아픔은 특별하다. 에스겔은 하나님이 주신 소명을 감당하기 어려워 정신을 놓은 사람처럼 일주일을 보내고 나서야 하나님의 강압적인 부르심에 겨우 수긍했다.

선지자로 사역을 시작한 후 에스겔이 경험했던 고통은 이루 말할 수 없다. 하나님의 말씀에 따라 7년 동안 벙어리로 살았으며, 1년 이상 꽁꽁 묶인 채 갈증과 배고픔에 시달려야 했다. 사랑하는 아내의 갑작스러운 죽음 앞에서도 에스겔은 마음속 깊은 곳에 슬픔과 아픔을 묻어둔 채 마치 아무 일도 없었던 것처럼 냉정과 무관심한 모습을 보여야 했다. 훗날 사람들은 그가 정신적인 질환을 앓았다고 평가하기도 했다.

에스겔이 경험했던 가장 큰 아픔은 평생 삶의 목표로 삼고 준비해왔던 꿈이 한순간에 무너져내린 일이었다. 그는 제사장의 아들로 태어났다. 여호와 종교에서 제사장직은 자손 대대로 세습되는 직업이다. 에스겔도 어렸을 때부터 제사장으로 임직하는 것을 삶의 목표로 삼고 율법을 배우며 온갖 준비를 했다. 30세가 되면 제사장으로 취임할 것을 기대하며 율법으로 글을 배웠고 온갖 규례들을 뼛속에 새기며 자랐다.

유대인들의 전승에 따르면 제사장이 될 사람들은 20세 때부터 성전에 드나들며 견습생으로 훈련을 받다가 30세가 되면 제사장으로 취임했다. 에스겔도 20세가 되던 해부터 성전을 드나들며 훈련을 받았을 것이다. 그의 유일한 꿈과 소망은 30세가 되면 정식으로 제사장으로 취임하는 것이었다. 그러나 에스겔이 25세가 되던 해인 주전 597년에 그는 유다의 여호야긴 왕과 함께 인질이 되어 바빌론으로 끌려갔다(cf. 1:1–2). 다시 예루살렘 성전으로 돌아올 기약도 없이 타국으로 끌려갔다.

제사장이 되기 위해 평생을 준비해왔던 에스겔의 바빌론행은 그가 꿈꾸던 모든 것을 한순간에 무너뜨렸다. 성전에서 예배자들을 위해 하나님께 제사를 드리는 것이 주요 임무였던 이스라엘의 제사장이 성전을 떠나서는 할 수 있는 일이 별로 없었기 때문이다. 게다가 젊은 에스겔은 지난 5년 동안 견습생으로서 만반의 준비를 해왔다. 그런 그가 한순간에 아무 일도 할 수 없는 바빌론으로 끌려갔다. 에스겔이 계획하고 준비해왔던 미래가 완전히 파괴된 것이다!

바빌론에 끌려온 에스겔을 당장 선지자로 부르셨으면 좋았을 텐데, 하나님은 5년 동안 그를 내버려두셨다(cf. 1:1–3). 이 기간에 에스겔은 자기 세계가 무너지는 걸 목격했다. 얼마나 고통스러웠을까? 에스겔은 '나는 누구인가?'에서부터 '앞으로 바빌론에서 어떻게 살아야 하는가?'에 이르기까지 온갖 질문을 하나님과 자신에게 던졌을 것이다. 물론 만족스러운 답은 얻지 못하면서 말이다.

결국 선지자의 자존감과 자아의식은 완전히 무너져내렸으며, 깊은 좌절과 절망을 맛보았다. 사역을 시작한 후 하나님이 어떠한 명령을 내리셔도 그가 마다하지 않고 순종할 수 있었던 것은 이런 경험을 5년이나 했기 때문일 것이다. 에스겔은 뼈를 깎는 좌절을 통해 철저한 순종을 배웠다.

에스겔은 그 어느 선지자보다도 큰 시련과 연단을 경험했다. 그는 실로 좌절과 아픔을 아는 사람이었다. 그러므로 에스겔은 성경 저자들 중에서 그 누구보다도 이 땅에서 끊임없는 절망과 좌절을 경험하며 사는 우리를 잘 이해할 수 있는 선지자이다. 그래서 다른 선지자들에게 느끼지 못한 친근감과 위로를 에스겔에게서 느낀다. 더 나아가 절망의 늪에서 점점 의식을 잃어가던 에스겔에게 손을 내미신 하나님의 은혜가 바로 우리를 향한 자비로운 하나님의 손길이라는 사실을 깨닫는다.

1. 선지자

'에스겔'(יְחֶזְקֵאל, 1:3, 24:24)은 '하나님이 힘을 주시다'라는 의미 혹은 '하나님이 힘을 주시기를!'이라는 바람을 담은 이름이다. 이 이름의 어원은 '히스기야'(חִזְקִיָּהוּ, lit., '여호와께서 힘을 주신다')와 비슷하다. 자녀의 이름은 부모의 신앙 고백이기도 하다. 선지자의 이름은 그가 태어날 즈음 그의 부모들의 신앙 상태를 보여주고 있는 것이다.

'에스겔'은 역경에 처한 주의 백성들을 돌보고 힘을 주시는 여호와를 염원하며 부모들이 그에게 준 좋은 이름이다. 에스겔 선지자의 삶도 하나님의 도우시는 손길을 절실하게 필요로 했다(cf. 3:8).

에스겔이 책에서 제시하는 날짜들을 종합해보면, 그는 주전 622년경에 예루살렘에서 태어났다. 그는 25세 되던 해인 주전 597년에 여호야긴과 함께 바빌론으로 끌려갔다(cf. 왕하 24:11-16). 사회의 지도층에 속한 제사장이라는 신분 때문에 아마도 그는 포로 명단에 우선적으로 포함되었을 것이다.[1] 에스겔은 30세 되던 해에 선지자로서 소명을 받았다(cf. 1:1). 여호야긴이 바빌론으로 끌려간 지 5년째 되던 해였다(1:2). 여호야긴이 주전 597년에 바빌론으로 끌려갔으므로 에스겔이 선지자의 소명을 받은 해는 주전 592년이다.

---

1 고대 근동의 강대국들은 어느 나라를 정복하여 포로/인질들을 끌어갈 때에 아무나 닥치는 대로 잡아간 것이 아니라, 상류층과 귀족들과 장인(匠人)들을 선별하여 데려갔다. 물론 자기 나라의 발전을 위해서였다.

에스겔의 아버지는 부시(בּוּזִי)라는 이름을 가진 제사장이었다(1:3). 따라서 에스겔도 아버지의 대를 이어 제사장이 될 준비를 하고 있었을 것이다. 선지자는 제사장과 예식을 배척하는 사람, 항상 제사장을 반대하고 비난하며 그들과 대립하는 것으로 생각하는 사람들에게 에스겔은 생각할 거리를 던져준다. 에스겔의 삶과 사역을 통해 전통적인 선지자 제도와 제사장 제도가 하나가 되기 때문이다.

그래서 에스겔의 메시지에는 선지자보다는 제사장들에게 더 중요한 성결에 관한 율법들이 담겨 있다. 물론 그가 제사장 활동을 한 증거도 없고, 했을 가능성도 희박하다. 그러나 선지자가 자신을 제사장으로 묘사하는 것은 상당한 의미가 있다. 이런 면에서 에스겔은 훗날 예수님 안에서 이루어지는 제사장-선지자 역할 결합의 모형(type) 혹은 부분적 성취로 볼 수 있다.

에스겔은 예루살렘이나 그 근교에서 자랐으며, 어릴 적부터 제사장이 될 여느 아이들처럼 많은 교육을 받았다. 그는 모세 율법을 익히 알고 있었다. 유대인들의 전승에 따르면 제사장은 30세 때 등용되었다(cf. 민 4:3). 온 인류의 제사장이신 예수님께서 30세에 사역을 시작하신 일도 이 같은 사실과 연관이 있는 듯하다.

제사장이 될 사람들이 20세 때부터 견습생으로서 예배와 예식에 대한 훈련을 받았다는 사실을 감안하면 에스겔은 제사장이 되기 위해 받아야 하는 10년의 훈련 중 반(半)을 마치고 바빌론에 끌려간 것이다. 그래서 그런지 에스겔은 그 어느 선지자보다 예식과 성전에 대해 많이 알았다.

에스겔은 나름 행복한 결혼 생활을 했다(cf. 24:16). 주전 586년, 아내의 갑작스러운 죽음에 그는 굉장한 충격을 받았다. 하나님은 선지자에게 그 죽음에 대해 미리 알려주며 절대로 아내의 죽음을 슬퍼하지 말라고 명령하셨다. 선지자가 아내의 죽음을 마치 아무 일도 아닌 것처럼 냉담하게 지켜보는 것은 곧 예루살렘의 멸망을 지켜보시는 하나님의 모습을 상징하기 때문이다(cf. 24:15-24).

성경에서 죽은 사람을 위해 울지 않는 것은 그 사람과의 결별을 강조하는 행위다(레 10:6, cf. 삼상 25:1, 삼하 1:12, 11:26-27, 19:1, 5-6). 그러므로 에스겔의 침묵은 하나님이 예루살렘에 남아 있는 이스라엘 사람들과의 관계를 완전히 끊어버린 것을 상징한다. 사명을 감당하기 위해서 사랑하는 아내의 죽음 앞에서도 울지 못하는 슬픔을 감수해야 했던 에스겔의 모습은 우리의 마음을 아프게 한다. 그것은 전부 하나님을 버린 이스라엘에게 충격적인 메시지를 전하기 위한 상징적 행위였다.

사람들은 종종 사역에 대해 환상을 갖는다. 그러나 사역을 지나치게 낭만적으로 생각하는 것은 순진함을 넘어 무지의 소치다. 사역은 때로 상상을 초월하는 아픔과 희생을 요구하기 때문이다. 생각해보면 사역뿐만 아니라 삶에서 고통과 아픔을 피해 갈 수 있는 그리스도인은 없다. 예수님의 말씀만 생각해보아도 그 사실을 알 수 있다. 예수님은 주님을 사랑하는 사람은 모두 "십자가를 지고 나를 따르라"고 하셨다!

에스겔은 바빌론에 끌려온 유대인들의 포로민촌(Tel Abib near the Chebar Canal, 3:15)에서 살았다. 그는 포로민들 사이에 인정받은 선지자로 자리를 잡았다. 유다에서 끌려온 장로들이 상담/상의할 일이 있으면 그의 집을 찾았다(cf. 8:1).

에스겔은 바빌론에서 사역을 하고, 일생을 마친 것으로 생각된다. 하나님이 바빌론에 거하던 에스겔을 선지자로 세우시고 그를 통해 말씀하셨다는 것은 큰 의미를 지닌다. 전통적으로 유대인들은 하나님의 계시가 약속의 땅 이스라엘 영토에만 임한다고 생각했다. 이스라엘만 거룩하고 다른 나라들은 하나님의 말씀이 임할 수 없는 부정한 곳이라고 생각했다. 이러한 상황에서 하나님이 바빌론에 거하던 에스겔을 찾아와 말씀하셨다는 것은 그들의 시각과 관점의 교정을 요구하는 일이라 할 수 있다.

2. 역사적 정황[2]

에스겔이 제사장 사역을 준비하고 있던 주전 7세기 말, 근동 지역의 국제 정세는 급격하게 변하고 있었다. 지난 200여 년 동안 근동 지역을 지배해오던 아시리아의 세력이 급격히 약화되고 그 자리를 차지하기 위한 바빌론과 이집트의 다툼이 시작되었다. 주전 627년, 아시리아 제국의 마지막 대(大)군주 아슈르바니팔(Ashurbanipal)의 죽음으로 아시리아의 국제적 위상은 급격하게 쇠퇴했다. 가장 큰 이유는 리더십 부재였다.

아시리아의 종말을 부른 것은 무엇보다도 그들의 과한 욕심이었다. 바빌론에서부터 이집트까지 펼쳐진 아시리아 제국은 그들만의 힘으로 효율적으로 통치하기에는 너무 거대했다. 아시리아의 속국으로 매년 조공을 바치던 이집트의 삼메티쿠스(Psammetichus I, 주전 664-610년) 왕은 주전 655년경에 독립을 선언했다.

불과 3년 후인 주전 652년에는 아시리아의 대왕 아슈르바니팔의 동생과 바빌론 왕 사마스숨우킨(Shamash-shum-ukin)이 공모해 반역을 일으켰다. 아시리아는 큰 대가를 치르며 겨우 이 반역을 제압했다. 또한 야만족으로 알려진 스키타이족(Scythians)과 키메리아족(Cimmerians)이 제국의 동쪽과 북쪽에서 지속적인 압력을 가하고 있었다.

이러한 상황에서 느보/나보폴라사르(Nabopolassar)는 주전 625년에 바빌론에 신바빌론(Neo-Babylon)을 설립했다. 그는 지속적으로 아시리아에 군사적 압력을 가하다가 주전 616년에 쇠퇴해질 대로 쇠퇴해진 아시리아의 옛 수도 앗술(Ashur)을 향해 진군했다. 이번 기회에 아시리아를 완전히 몰아내고 바빌론이 근동의 통치권을 차지하겠다는 야심 찬 행군이었다.

처음에는 양쪽이 어느 정도 팽팽하게 맞서는 것 같았지만, 메대/메

2 이 섹션에 기록된 내용은 예레미야서의 역사적 정황과 거의 동일하다. 예레미야와 에스겔 모두 같은 시대에 사역했기 때문이다.

디아(Mede)가 바빌론 군에 합류하면서 전세는 판가름 났다. 바빌론–메디아 연합군은 주전 614년에 아시리아의 옛 수도 앗술을 함락시켰다. 연합군은 여세를 몰아 주전 612년에 아시리아의 새 수도였던 니느웨(Nineveh)를 정복했다. 니느웨의 함락으로 아시리아 제국은 사실상 막을 내렸다.

남쪽에서는 그동안 아시리아의 힘에 눌려 근동의 정치 무대에서 이렇다 할 실력을 과시하지 못했던 이집트가 아시리아의 패망을 틈타 세력을 키우려고 움직이기 시작했다. 이집트에서 삼메티쿠스의 후계자인 느고(Neco)는 아시리아의 패잔병들을 돕는다는 명분을 앞세워 주전 609년에 유프라테스강 기슭의 갈그미스(Carchemish)로 대군을 이끌고 출동했다(cf. 대하 35:20, 왕하 23:29).

느고가 갈그미스로 가기 위해 가나안 지방을 지날 무렵 그의 앞길을 막는 한 가나안 지역 왕이 있었다. 바로 유다의 요시야였다(왕하 23:29). 느고는 자신이 여호와의 부름을 받고 출동하는 중이라며 요시야에게 길을 내주기를 요구했으나 요시야는 끝까지 비켜서지 않다가 므깃도에서 느고의 칼에 맞아 죽었다(대하 35:20–22).

요시야는 왜 무리를 하면서까지 느고의 길을 막았을까? 무엇보다도 그는 어떤 형태로든 아시리아 제국의 부활을 우려했던 것으로 생각된다. 밝혀진 바에 의하면 아시리아는 고대 근동에서 가장 잔인한 군주였다. 200년 동안 지속된 군주 아시리아의 행패는 근동 지역에 많은 고통과 신음을 가져왔다.

그뿐만 아니라 그들은 속국들에게 자신들의 종교까지 강요했다. 이런 상황에서 요시야는 아시리아의 쇠퇴를 의식하자마자 종교개혁을 단행했다. 그는 아시리아를 이미 기울어질 대로 기운 제국이라고 판단했다. 또한 다시는 부활해서는 안 되는 악의 상징으로 생각했다.

이러한 점들을 고려할 때, 요시야가 느고의 앞을 가로막은 이유를 충분히 이해할 수 있다. 다만 문제는 이미 여호와께서 아시리아를 멸하실 것과 아시리아의 대를 이어 근동의 패권을 잡을 나라로 바빌론을 지목하셨다는 것이다(cf. 사 39:4-7). 하나님은 그 역사적 장소에 이집트를 끌어들여 함께 패배하도록 계획하셨다.

그러나 이집트 군의 길을 막은 요시야에게 느고는 "비켜라. 여호와의 명령을 받아 출정하는 길이다"라고 했다. 요시야는 무모하게 이집트의 원정 길을 막아서다가 여호와를 거역했다는 '오명'을 쓰고 죽음을 맞았다. 군사적으로 유다는 결코 이집트의 적수가 되지 못했다(cf. 사 8-10장, 나훔). 이집트를 대적하는 것은 처음부터 무리수였다.

요시야가 죽자 유다 사람들은 23세 된 그의 아들 여호아하스를 왕으로 세웠다(왕하 23:30). 느고는 곧바로 군사를 돌려 예루살렘을 공격해 벌금으로 금 1달란트(34킬로그램)와 은 100달란트(3,400킬로그램)를 요구했다(대하 36:2, 왕하 23:33). 또한 여호아하스를 왕위에서 끌어내려 이집트로 끌어가고, 그의 형 엘리아스 이름을 여호야김으로 바꾸고 그를 왕으로 세웠다(대하 36:4-5). 엘리아스(여호야김)가 25세 때의 일이다.

바빌론과 이집트-아시리아 연합군은 주전 605년에 근동의 통치권을 놓고 갈그미스에서 격돌했다. 바빌론의 대승으로 끝난 이 싸움은 바빌론이 근동을 다스리게 되는 계기가 되었다. 이 전쟁을 기점으로 아시리아는 지도 상에서 영원히 사라졌다. 이집트는 다시 한번 국제적인 무대에서 '숨죽이고' 있어야 하는 패배를 맛보았다. 그러나 이집트는 이후에도 북쪽 이웃인 가나안 국가들에게 계속 정치적인 영향력을 행사했다.

(1) 유다

약소국가인 유다는 바빌론과 이집트 사이에서 살아남기 위하여 안간힘을 썼다. 여호야김은 이집트가 세운 왕으로, 이집트에 충성을 약속했다. 주전 605년에 갈그미스에서 이집트를 물리친 바빌론 군은 여세를 몰아 이집트 국경 지역까지 진군했다. 이때 바빌론 군을 지휘한 장군은 신바빌론 제국을 설립한 느보 왕의 아들 느부갓네살이었다.

바빌론 군이 이집트 국경에 진을 친 상황에서 느부갓네살은 아버지 느보가 죽었다는 소식을 듣고 왕이 되기 위해 급히 바빌론으로 귀국했다. 돌아가는 길에 가나안을 그냥 지나치지 않았다. 유다를 포함해 가나안 지역의 모든 나라가 근동의 새로운 군주가 된 바빌론과 느부갓네살에게 충성을 맹세했다. 이때 다니엘과 세 친구를 포함한 유다의 첫 포로민들이 바빌론으로 끌려갔다(cf. 단 1:1-4).

아버지의 대를 이어 바빌론의 왕이 된 느부갓네살이 대군을 이끌고 주전 601년에 이집트 접경 지역까지 진군하여 또 한 번 싸웠지만, 승부를 내지 못하고 바빌론으로 돌아갔다. 여호야김을 비롯한 가나안 지역의 약소국가들은 이 전투를 이집트가 앞으로 바빌론을 물리치고 근동의 강자가 될 것을 의미하는 조짐으로 여겼다. 그래서 그들은 곧바로 바빌론에게 반역했다. 가나안 지역 국가들의 반역에 대해 알게 된 바빌론 군은 주전 598년 12월에 가나안 원정에 나섰다. 유다는 순식간에 무너졌으며 모든 영토를 빼앗기고 오직 예루살렘만 남게 되었다.

여호야김은 예루살렘이 포위된 상태에서 주전 598년 12월에 병을 앓다가 죽었다. 그러나 많은 학자들은 바빌론과의 원만한 협상을 타결하기 위해 예루살렘의 정치인들이 여호야김을 암살했을 것으로 추정한다(Huey). 여호야김이 죽자 그의 아들 여호야긴이 대를 이어 보좌에 올랐다. 예루살렘은 이듬해인 주전 597년 3월 15-16일에 함락되었다. 여호야김의 대를 이어 왕이 된 여호야긴이 바빌론 군에 포위된 상황에서 어려움을 극복하지 못하고 항복한 것이다.

바빌론 군은 약 8,000명의 포로와 많은 노획물을 끌고 돌아갔다(왕하 24:16). 이때 바빌론 군은 유다를 3개월간 통치한 여호야긴을 인질로 바빌론에 끌고 갔다. 이때 선지자 에스겔도 함께 끌려갔다. 바빌론 사람들은 여호야긴의 자리에 그의 숙부 시드기야를 세웠다. 이 시대에 유다를 통치했던 왕들의 가족 관계는 다음과 같다. 괄호( )는 통치 순서이다.

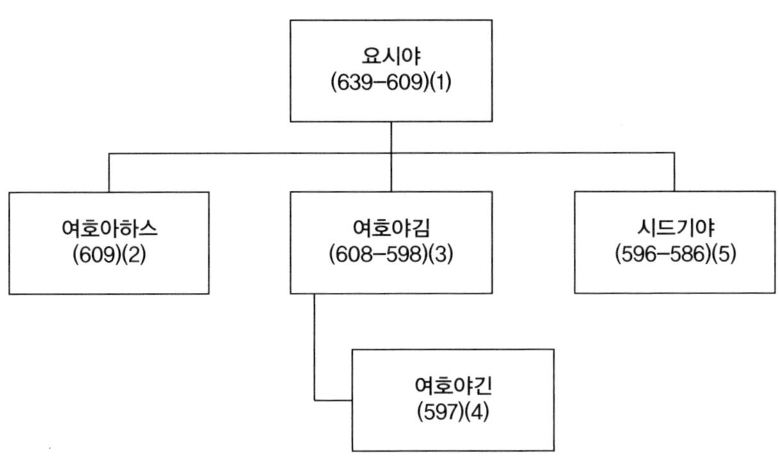

시드기야는 이집트의 꾸준한 정치적 압력, 두로와 암몬의 동조, 에돔의 후원, 또한 바빌론 군이 이집트 군을 쉽게 이기지 못한 점 등을 감안해 주전 589년에 바빌론을 배반하고 다시 이집트에 충성을 맹세했다. 시드기야보다 10여 년 전에 바빌론에게 반역을 꾀한 여호야김은 나름대로 반역의 명분을 갖고 있었다. 그를 왕으로 세운 고마운 세력은 바빌론이 아니라, 이집트였기 때문이다. 그러나 시드기야를 왕으로 세운 후원자는 바빌론이다. 그러므로 시드기야가 자기를 왕으로 세워준 바빌론에 반역한 것은 그를 믿고 인정해준 군주에게 반기를 든, 명분 없는 일이었다.

소식을 전해들은 바빌론은 다시 가나안 땅을 침략해 순식간에 유다를 점령하고 예루살렘을 포위했다. 예루살렘은 1년 이상 지속된 바빌론 군의 포위를 견뎌냈지만, 결국 주전 586년 여름에 함락되었다.[3] 시드기야는 야밤에 성을 버리고 도망했지만 바빌론 군에 붙잡혀 리블라(Riblah)에 있던 느브갓네살에게 끌려갔다.

바빌론 군은 시드기야가 지켜보는 앞에서 그의 아들들을 차례로 처형했다. 아들들의 처형을 지켜본 시드기야는 두 눈이 뽑힌 채 바빌론으로 끌려가 그곳에서 최후를 마쳤다(왕하 25:1-21, 렘 52:9-11). 두 달 후에 예루살렘은 느부갓네살의 장군이었던 네부사라단(Nebuzaradan)에 의해 불에 탔다. 이때 성전도 흙더미가 되었다. 이렇게 해서 유다는 한 나라로서 막을 내렸다. 주전 586년의 일이다.

(2) 디아스포라 공동체

에스겔이 사역하던 시대에 유대인들은 근동의 세 곳, 즉 유다, 이집트, 바빌론에 제법 규모가 큰 공동체를 형성하며 살았다. 이 세 유대인 공동체의 특성을 생각해보자. 첫째, 유다 공동체는 어떤 면에서 자투리 공동체라고 할 수 있는 가장 볼품없는 사람들로 이루어진 집단이었다. 바빌론 사람들은 주전 597년과 586년에 대부분의 유다 중류층 이상 사람들을 강제로 바빌론으로 끌고 갔다(왕하 25:11, 대하 36:20, 렘 52:15).[4]

바빌론 사람들은 이스라엘 사람들 중 가장 가난하고 이렇다 할 기술도 없는 사람들만 남겨두었다. 이런 사람들은 바빌론으로 끌고 가 보았자 제국의 산업과 경제에 별로 쓸모가 없다고 판단했기 때문이다. 유다에 남겨진 사람들은 주로 포도원과 올리브 농장 등에서 일하게 했다.

---

3 학자들은 이때의 유다 역사를 정리할 때 예루살렘 함락이 주전 587년의 일이라고도 주장한다. 엑스포지멘터리 주석 시리즈에서는 성의 함락을 주전 586년의 일로 표기한다(cf. Thiele).

4 여기에 우리는 이미 언급한 다니엘과 세 친구가 끌려갔던 주전 605년을 더할 수 있다(cf. 단 1:1).

유다에 남은 사람들의 삶은 매우 비참했다. 경제적으로는 궁핍했고, 정치적으로는 무기력했고, 영적으로는 마비된 상태였다. 새로운 지도층이 형성되었지만, 그들은 자기 선조들처럼 허세와 영적 교만으로 가득 차 있었다. 에스겔 11:14-16에 의하면 그들은 자신들의 종교적인 전통의 위대함을 전혀 의식하지 못했다. 또한 포로로 끌려간 동포들에 대해 아파하는 마음이 전혀 없었다.

둘째, 이집트에는 바빌론이 두려워서 도피한 유다 사람들의 공동체가 이미 존재했다. 그들은 바빌론이 군주로 자리매김을 한 주전 605년 이전부터 이집트로 이주해갔다. 예루살렘이 함락된 주전 586년 이후에 바빌론을 두려워한 유다에 남아 있던 사람들 중 일부가 이집트 망명에 합세했다. 이들은 바빌론이 유다의 총독으로 세운 그달랴(Gedaliah)가 암살을 당하자 바빌론의 보복을 두려워해서 이집트로 떠났다(왕하 25:25-26, 렘 41:1-2). 이때 예레미야도 강제로 이집트에 끌려가 그곳에서 일생을 마쳤다(렘 43장). 이집트에서 유대인들은 바드로스(Pathros), 믹돌(Migdol), 타파네스(Tahpanhes), 멤피스(Memphis) 등지에 자리를 잡았다(렘 44:1).

셋째, 바빌론에 형성된 공동체는 본인의 의지와 상관없이 유다에서 끌려온 인질들이 주류를 이루었다. 바빌론으로 끌려온 사람들은 유다에 남은 사람들이나 이집트로 내려간 사람들에 비해 상대적으로 낮은 자존감과 자격지심에 시달렸다. 자신들은 민족의 죗값으로 바빌론으로 끌려왔다고 생각했기 때문이다. 좌절한 그들은 "우리의 뼈들이 말랐고 우리의 소망이 없어졌으니 우리는 다 멸절되었다"라고 소리쳤다(37:11).

사실 바빌론이 제국을 형성하기 전부터 메소포타미아 지역에는 아시리아 제국에 의해 끌려온 많은 유대인들이 이미 살고 있었다. 아시리아의 기록에 의하면 북왕국 이스라엘에서 수십만 명이 끌려와 메소포타미아 전 지역에 흩어져 살았다.

바빌론의 느브갓네살도 비슷한 정책을 구상했다. 그는 유다에서 귀족들과 기술자 등을 모조리 끌어와 바빌론 주변에 정착시켰다. 무라슈 문서 보관소(Murashu Archive)에서 발견된 기록(주전 5세기 후반)에 의하면 바빌론에 끌려온 유다 사람들은 매우 빨리 적응했으며 금융과 교역에 깊이 파고들어 바빌론의 경제에 커다란 기여를 했다고 한다.

바빌론 사회에 빨리 적응한 유대인들은 자신들의 민족적 정체성을 잃지 않고 유지할 수 있었다. 그들은 장로제도를 그대로 보존했으며, 자신들의 족보도 계속 유지할 수 있었다(cf. 스 2장, 느 7장). 또한 예루살렘이 함락되기 전까지 본국과 계속 연락을 취했다(렘 29장). 비록 예루살렘에서 멀리 떨어져 있었지만 모세의 율법을 최대한 지키기 위해 다양한 예식, 할례, 안식일 성수 등을 준수했다(cf. 사 56:2-4, 58:13, 겔 44-46장).

그러나 에스겔은 그들의 영적 상태가 좋지 않았다고 말한다. 그들은 배교적인 사고를 버리지 못했으며, 바빌론에서도 우상숭배와 온갖 종류의 사회적 악을 행하고 있었다(cf. 겔 18장). 선지자들은 이스라엘의 우상숭배에 대해 지속적인 비난을 퍼부으며 이 같은 배교적인 행위가 이스라엘에 하나님의 심판을 초래했다고 주장했다. 그러나 이스라엘 사람들은 우상숭배와 상관없이 그들의 수호신인 여호와께서는 그들을 끝까지 지켜주어야 할 의무를 가지고 있다고 생각했다. 고대 근동의 전통에 따르면, 자신들의 수호신 여호와, 가나안 땅, 이스라엘 사람들은 떼어놓을 수도 없고, 외부 세력이 침범할 수도 없는 관계를 유지하고 있다고 생각한 것이다. 그들의 이러한 신앙적 교만은 구체적으로 다음과 같은 조건에서 형성되었다(Block).

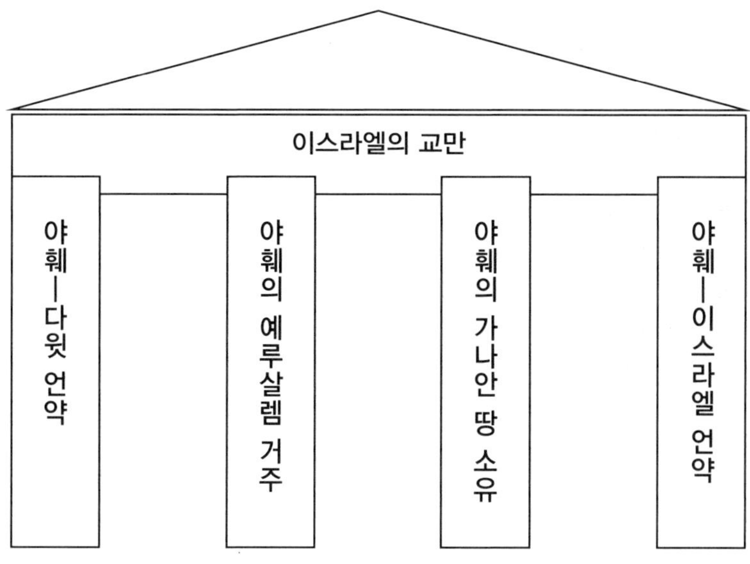

포로 생활이 초래한 영적인 결과는 육적인 결과보다 받아들이기가 훨씬 더 어려웠다. 에스겔은 신앙적으로 환멸, 분노, 배신감을 느끼던 청중을 향하여 하나님의 심판 메시지를 선포했다. 그러므로 선지자의 청중이 에스겔의 메시지를 달갑게 받아들일 리 없었다. 불행 중 다행은 하나님의 심판이 임한 후에 다시 주의 백성이 회복될 것이라는 메시지가 함께 임했다는 사실이다.

(3) 책과 연관된 주요 연대

역사적 사건	연대(B.C.)	성경구절
요시야 즉위 13년	627년	렘 1:2
요시야 즉위 18년에 성전에서 율법책 발견	622년	왕하 22장
바빌론–메디아 연합군의 아시리아 침략	617년	
아시리아의 옛 수도 앗술 함락	614년	

니느웨 함락	612년	
요시야의 죽음(즉위 31년)	609년	왕하 22:1
여호아하스(살룸)의 3개월 통치	609년	왕하 23:31
이집트가 여호야김을 유다의 왕으로 세움	609년	왕하 23:34-36
갈그미스 전투	605년	
느부갓네살이 바빌론의 왕이 됨	605년	
바빌론이 유다와 여호야김을 위협함	605년	단 1:1
바빌론의 시리아-팔레스타인 원정	604-01년	
여호야김이 바빌론의 봉신(vassal)이 됨	604/3년	왕하 24:1
바빌론이 이집트 국경에서 패함	601년	
여호야김이 바빌론을 배신함	601년	왕하 24:1
여호야김의 죽음(즉위 11년)	598년	
여호야긴의 3개월 통치	597년	왕하 24:8
예루살렘이 바빌론에 포위됨	598/7년	왕하 24:10
예루살렘이 항복하고 여호야긴이 바빌론으로 끌려감. 이때 에스겔도 함께 끌려감	597년	왕하 24:12-16
바빌론이 시드기야를 유다의 왕으로 세움	597년	왕하 24:17-18
가나안 국가들이 예루살렘에서 바빌론 반역 모의	594년	렘 27장
바빌론이 예루살렘을 포위함	588년	왕하 25:1, 렘 39:1
예루살렘이 시드기야 즉위 11년에 함락됨	586년	왕하 25:3-11
바빌론이 그달랴를 유다의 총독으로 임명함	586년	왕하 25:22
그달랴가 암살을 당함	582년	왕하 25:25, 렘 41장
유다 사람들이 바빌론으로 끌려감	582/1년	렘 52:30
여호야긴이 바빌론 감옥에서 풀려남	560년	왕하 25:27
바빌론이 고레스에게 함락됨	539년	스 1:1, 단 5:31

3. 에스겔서와 비평학

에스겔서의 히브리어 본문(MT)은 문법적으로 상당히 난해하다는 것이 대부분 학자들의 결론이다. 게다가 에스겔서에는 구약 성경에서 딱 한 번 사용되는(hapax legomena) 히브리어 단어가 130개나 된다(Zimmerli). 이 같은 어려움에도 불구하고 20세기 초까지 거의 모든 학자들은 에스겔서를 한 저자의 작품으로 간주했다. 칠십인역(LXX)의 에스겔서는 마소라 사본(MT)의 에스겔서보다 약 5퍼센트 정도 짧고, 순서가 뒤바뀐 부분들이 있는데도 이러한 결론을 내렸다는 사실은 주목할 만하다. 결과적으로 에스겔서는 구약의 선지서들 중 매우 독특한 위치를 차지했으며, 그레이(G. B. Gray)는 이미 1913년에 "책의 통일성, 저작권 등이 한 사람이 이 책을 저작했다는 사실을 뚜렷이 증거하고 있다"라고 단언했다.

그러나 1920년대에 접어들어 에스겔서 연구에서 비평학이 활기를 띠기 시작했고, 이때부터 책에 관한 다양한 논쟁이 시작되었다. 그 이후 오늘날까지 학자들 사이에 에스겔서 저작권에 대한 공통적인 여론은 형성되지 않고 있다.

비평학계는 에스겔서에서 여러 가지 주제와 요소들이 긴장을 형성하고 있다는 관찰로 논쟁을 시작했다. 일부 학자들에 의하면, 이 주제들과 성향은 한 사람이 동시에 유지하기에는 매우 상반된 성격을 띠고 있으며 일관성도 없다. 다음 사항들은 학자들이 주장하는 에스겔서가 안고 있는 문제들이다(cf. Block, Zimmerli).

첫째, 사회정의에 대한 관심과 예식과 성전에 대한 관심이 대립하고 있다. 전통적으로 사회정의에 대해 깊은 관심을 가진 선지자들은 성전과 예식을 등한시하는 경향이 있다. 반면 에스겔은 둘 다 중요하게 여기며, 이러한 에스겔서의 입장은 전통적인 선지 제도의 성향과 잘 맞지 않는다는 주장이다. 그러나 이 같은 주장은 별 설득력이 없다. 대부분 선지자들은 이 두 가지 이슈에 모두 관심이 있었다. 그럴 수밖에 없는 것이 선지자들은 자신들을 언약의 중보자들, 특히 시내 산 언약의 중보자들로 보았는데, 모세를 통해 선포된 시내 산 언약은 사회윤리에 관한 것들을 포함하고 있지만, 동시에 온갖 예식과 성전 규례에 대한 것들도 포함하기 때문이다.

그러므로 만일 에스겔이 이 두 가지를 중요하게 여기지 않는다는 논리를 펼친다면, 모세도 윤리적인 규례만을 선포했던지, 아니면 예배와 예식에 관한 율법만을 선포했다고 주장하는 것과 별반 다르지 않다. 특히 제사장이 되려고 평생을 준비하다가 선지자가 되었다는 사실을 생각해보면, 에스겔이 다른 선지자들에 비해 예식과 성결에 특별한 관심을 가지고 있었음은 당연하다.

둘째, 문체나 내용 면에서 에스겔서에는 선지자 예레미야가 선포했을 만한 메시지와 에스겔의 메시지가 동시에 발견된다. 문체와 내용으로 책의 저작권을 논하는 것이 매우 과학적이고 논리적인 것 같아서 한때 성경뿐만 아니라 인문 사회과학 분야에서도 광범위하게 사용되었지만, 이러한 방법이 정말 설득력이 있는가는 재평가되어야 한다. 사람의 필체와 문체는 꾸준히 바뀐다. 심지어는 다루는 주제에 따라 문체와 사용하는 단어들은 바뀔 수밖에 없다.

오늘날 우리가 전수받은 선지서들은 선지자들이 한순간에 저작한 것이 아니라, 수십 년의 사역을 대표하는 메시지들을 모아 만든 선집이다(cf. 『엑스포지멘터리 선지서 개론』 서론 부분). 그러므로 선지자들이 언제, 어디서, 누구를 대상으로 선포한 메시지를 책에 포함하고 있느냐에 따라 문체와 내용은 다를 수밖에 없다. 또한 선지자들은 선배 선지자들이 이미 선포한 메시지를 매우 중요하게 여겨 자신의 메시지에 반영하기도 했다. 따라서 에스겔이 선배 선지자인 예레미야의 메시지와 비슷한 문체와 내용을 선포했다고 해서 문제가 될 필요는 없다. 게다가 이 두 사람은 동시대에 사역했던 선지자들이다. 역사적-신학적 정황을 고려할 때, 두 사람이 비슷한 형태로 메시지를 전하는 것은 당연한 일이다.

셋째, 에스겔이 어디에서 사역했는지에 대해서는 정확한 지리적 정보가 없다. 선지자는 자신이 바빌론에 거주하면서 사역을 했다고 하지만, 그가 바빌론에만 살았다고 간주하기에는 예루살렘의 상황에 대해 너무나도 상세하게 잘 알고 있다는 것이다. 이 논리는 에스겔의 증언을 신뢰하지 못해서 빚어지는 현상이다.

에스겔은 자신이 하나님의 영에 사로잡혀 예루살렘 성전을 방문했다고 한다. 그는 또한 예루살렘이 함락되는 날 선지자는 하나님의 말씀을 통해 소식을 접했지만, 몇 달 후에 전령이 바빌론에 와서 예루살렘 소식을 전할 때까지 하나님의 명령에 따라 7년 동안 해왔던 벙어리 행세를 계속했다. 이러한 증언을 인정하지 않는 것은 곧 인간은 이러한 영적인 경험과 환상을 볼 수 없다는 전제에서 비롯된다. 따라서 영적 은사를 인정하는 우리에게는 별 설득력이 없는 문제 제기이다.

넷째, 에스겔은 자신이 포로기 시대에 바빌론에서 사역했다고 하지만, 자신이 살고 있던 시대에 대한 확실한 역사적 정황을 제시하지 않는다. 이러한 주장을 펼치는 학자들과는 달리 에스겔은 자신이 여호야긴과 함께 바빌론에 끌려가서 '그발 강' 근처 유대인 촌에 살다가 5년 만에 하나님의 소명을 받았다고 한다. 더 이상 얼마나 더 구체적인 증거가 있어야 그가 실제로 바빌론에 살았던 인물이라 할 수 있는가? 이러한 주장 역시 에스겔의 증언을 신뢰할 수 없다는 논리에서 비롯되었다.

다섯째, 에스겔은 이스라엘 백성 모두를 대상으로 설교하지 않는다. 선지자들은 대체적으로 사회 지도자들과 종교적 지도자들을 상대로 맹렬한 비난을 쏟아내며 책임을 추궁한다. 그러나 책임 전가는 모두에게 한다(cf. 『엑스포지멘터리 선지서 개론』 서론 부분). 에스겔도 예외는 아니다. 그러므로 에스겔서에서 제사장들과 정치인들이 특별히 비난과 정죄를 받는 것은 특별한 일이 아니다. 오히려 자연스러운 현상이다.

여섯째, 에스겔서에는 여러 가지 사건과 사항들이 같거나 비슷하게 여러 차례 반복된다. 그러나 비슷한 메시지가 반복된다고 해서 부정적으로 간주할 필요는 없다. 선지자들뿐만 아니라 성경 저자들은 '반복'을 하나의 기법으로 자주 사용한다(cf. 『엑스포지멘터리 역사서 개론』 서론 부분). 더 나아가 비슷한 유형의 사건들은 같은 순서에 따라 전개되는 것으로 묘사하기도 한다. 우리는 이것을 '모형 장'(type-scene)이라고 한다(cf. 『엑스포지멘터리 역사서 개론』 서론 부분).

일곱째, 에스겔은 선지자의 행동으로 간주하기 매우 어려운 일들을 한다. 이러한 차원에서 에스겔이 다른 선지자들보다 특별한 것이 사실이다. 그는 쉽게 설명할 수 없는 일들을 한다. 그래서 일부 학자들은 그가 정신 질환을 앓았다고까지 주장한다. 그러나 에스겔은 자기가 왜 이런 일을 했는지 그 이유를 분명히 밝힌다. 하나님이 그에게 명령하셨기 때문이다. 에스겔은 정신병자가 아니라 철저히 하나님께 순종한 선지자다. 선지자가 이해하기 힘든 행동을 했다고 해서 문제가 되지는 않는다. 에스겔이 우리보다 훨씬 더 철저하게 하나님께 순종했을 뿐이다.

그러므로 위에 나열된 문제들 중에 충분히 설명되지 못하는 문제나 에스겔이 이 책의 유일한 저자라는 사실을 반박할 만한 증거나 논리는 없다. 그럼에도 불구하고 에스겔의 저작권을 거부하는 학자들은 위와 같이 다양한 견해를 제시했다. 어떤 역사적, 논리적 증거를 바탕으로 이 같은 견해가 제시되었다기보다는 에스겔을 유일한 저자로 간주하는 전통적인 견해에 대안을 제시하기 위한 목적이 학계의 노력의 근거가 되었다고 할 수 있다.

독일 학자 홀셔(Gustav Hölscher)는 1924년에 출판된 주석에서 에스겔은 시인이었으며 설화체(prose)를 사용하지 않았다는 주장을 펼쳤다. 이 같은 전제 하에 홀셔는 설화/산문체 부분 전부를 에스겔이 쓴 것은 아니라고 주장했다. 결과적으로 그는 책의 대부분이 에스겔이 아닌 다른 저자(들)에 의해 저작되었다며, 고작 21문단만을 에스겔의 것으로 받아들였다. 책을 구성하고 있는 1,273절 중 144절만을 에스겔의 펜에서 기록되었다고 간주한 것이다(Duguid).

비율로 계산하면 책 전체의 약 7분의 1만이 에스겔의 기록이라는 주장이었으며 나머지 7분의 6은 주전 5세기에 누군가가 책에 삽입했다고 간주했다. 홀셔에게 영향을 받은 얼윈(Irwin)은 1943년에 251절을 에스겔의 기록이라고 주장했다. 그는 홀셔보다 조금 더 관대하게 책 전체의 5분의 1을 에스겔이 기록했다고 인정했다. 그러나 생각해보면 문체나 사용하는 단어들을 기준으로 저작권을 판단하는 것은 매우 임의적이며 그다지 큰 설득력이 없는 논리이다(cf. Duguid).

홀셔가 주석을 출판한 지 6년 후인 1930년에 토레이(C. C. Torrey)는 에스겔서가 통일성 있는 작품으로 주전 230년경에 기록된 위경(pseudepigrapha)이라는 새로운 학설을 내놓았다. 그는 에스겔서를 주전 6세기 초에 사역을 시작한 선지자의 작품이 아니라, 주전 3세기에 예루살렘에서 살았던 한 제사장이 조작한 기록이라고 주장했다. 홀셔와 토레이의 학설은 1930, 1940년대에 에스겔서를 연구하는 학계에 많은 영향을 미쳤다(cf. Duguid). 그러나 최근에 와서는 어떠한 영향력도 행사하지 못한다고 해도 과언은 아니다(cf. Blenkinsopp).

몇 년 전에 헤르메니아(Hermeneia) 주석 시리즈에서 에스겔서에 대한 두 권의 주석을 출판한 시멀리(W. Zimmerli)의 에스겔서 연구는 학계의 새로운 기점으로 평가된다. 그는 에스겔서를 이스라엘의 전통적 선지적 양식(forms)과 비교하며 전승사적 비평(traditio-critical)을 적용해 텍스트를 해석했다. 시멀리는 에스겔의 사역 범위를 바빌론으로 제한했으며, 에스겔서는 선지자와 그의 제자들이 저작한 것이며, 훗날 에스겔이 최종적으로 정비한 것이라고 주장했다.

이러한 주장을 펼침으로써 시멀리는 에스겔서가 바빌론 포로 생활이 끝날 무렵 최종적인 형태를 지니게 되었다는 입장을 고수했다. 또한 에스겔이 자신에게 전수되어온 여러 가지 전승에 의존해 말씀을 선포했다고 한다. 소명, 역사적 재연(historical recital), 출애굽 사상, 선택 사상 등이 에스겔이 사용한 전승들에 포함되어 있었다고 한다.

시멀리는 또한 에스겔서의 사회적 이슈와 예식에 관한 관심의 배경은 '성결 규정'(Holiness Code, 레 17–26장)을 바탕으로 했다는 사실을 보여주었다. 그는 에스겔서를 저작할 때, 선지자는 자신의 책이 지속적으로 읽히고, 읽는 사람의 시대에 재해석되기를 바라며 집필했다고도 주장했다. 이 같은 책의 의도를 선지자의 제자들이 처음으로 이루었으며, 그들이 에스겔의 책을 계속 재해석, 재편집했다는 것이다. 시멀리는 책에서 많이 찾아볼 수 있는 반복적인 부분들이 바로 이러한 성향을 증명한다고 이해한다.

그린버그(M. Greenberg)는 자신의 『앵커바이블(Anchor Bible) 주석』에서 에스겔서 연구가 지향해야 할 방향에 대해 "우리가 전수받은 책의 짜임새와 모습에 중점을 두고 전체적인 흐름을 이해하려는 관점에서 연구가 진행되어야 한다"며 에스겔서의 최종 형태(viz., 우리가 전수받은 책의 모습)의 중요성을 강조했다. 그는 "오늘날 성경 학계가 주로 사용하고 있는 매끄러운 가정(assumption)과 협약(convention)에 중점을 두고 성경을 해석하는 것은 슬픈 일이다"라고 주장한다.

그린버그는 에스겔서의 거의 모든 것을 에스겔이 직접 집필했다는 주장을 펼쳤다. 블록(D. Block) 또한 비슷한 입장으로 두 권짜리 주석(NICOT 시리즈)을 출판했다. 이 두 학자들은 후대에 다른 사람들이 부분적으로 에스겔서를 편집했을 가능성을 전적으로 배제하지는 않지만, 거의 대부분을 에스겔 선지자와 그 주변 인물들이 저작했다고 주장한다(Greenberg, Block, cf. Duguid).

4. 이슈

에스겔서는 오래전부터 해석자들에게 어려움을 주는 책이었다. 특히 에스겔서를 시작하는 환상과 책을 마무리하는 새 성전에 대한 비전은 옛 랍비들을 매우 당혹스럽게 만들었다. 에스겔서 1장이 묘사하는 환상은 해석하기가 어려울 뿐만 아니라 신비로 간주되어 일부 신비주의자들의 주된 관심사였다. 더 나아가 이 환상은 심지어 위험한 것으로까지 여겨졌다.

랍비들은 한 아이가 선생에게서 빌려온 에스겔서를 읽다가 1:27의 '불'(חַשְׁמַל)을 뜻하는 단어를 이해하게 되자, 이 단어에서 불이 나와 그 아이를 태워버렸다는 이야기를 전한다(Duguid). 에스겔서는 매우 신비로운 것들이 많아, 어린아이가 읽는 것은 바람직하지 않고 위험할 수도 있다는 경고다. 그러나 에스겔서 1장의 환상은 저자의 의도에 따라 그가 정확히 무엇을 보고 있는가를 파악하는 것이 불가능할 정도로 혼란스럽게 묘사되어 있다.

책의 마지막 부분은 주전 586년에 바빌론 사람들이 불태운 성전이 먼 훗날 재건될 것을 예언하고 있다. 문제는 에스겔이 본 환상 속의 성전이 모세가 오경에서 제시한 것과 확연히 다르다는 것이다. 그래서 주후 90년에 개최되었던 얌니아(Jamnia) 회의에서도 이 문제는 논란이 되었다. 어떻게 선지자가 모세가 제시한 성전과 다른 성전을 제시할 수 있냐는 것이었다.

히스기야의 아들 하나니야(Hananiah ben Hezekiah)라는 사람은 오경에 제시된 성전의 조감도와 에스겔이 본 성전 환상의 차이를 해결하기 위해 다락방에 들어가 300배럴의 기름을 등불 연료로 태우며 이 주제를 연구했다고 한다(Duguid). 그의 노력은 결국 에스겔서가 정경에서 제외되는 일을 막는 결실을 맺었다. 안타깝게도 그의 피나는 노력의 결실은 남아 있지 않기 때문에 그가 어떻게 오경의 여러 율법과 에스겔서를 조화시켰는지는 알 수 없다.

이후 랍비들은 에스겔서에서 어려움을 접할 때마다 먼 훗날 엘리야가 다시 오면 그가 숨겨진 의미를 설명해줄 것이라고 둘러댔다. 에스겔서는 가장 많은 훈련을 받은 사람들에게도 당혹감을 안겨주는 책으로 알려져왔다. 그러나 좌절할 필요는 없다. 하나님이 우리의 해석을 도우실 것이며(요 16:13), 옛적보다 말씀 해석에 도움을 줄 만한 자료들도 많고, 수천 년 동안 진행된 학문의 열매들이 우리를 도울 것이기 때문이다.

이미 언급한 것처럼 에스겔은 다른 선지자와 비교했을 때에도 독특한 면모를 많이 지닌 사람이다. 그가 남긴 책도 다른 선지서에 비해 특이한 점을 많이 지니고 있다. 또한 에스겔의 개인적인 삶과 연관된 주제도 여러 가지가 있다. 학자들 사이에 아직도 논쟁이 되기도 하는 다음 주제들을 생각해보고자 한다. (1) 선지자의 거주지, (2) 에스겔의 정신 건강, (3) 행위 신탁, (4) 벙어리 생활, (5) 여호야긴 연대 사용, (6) 메시지 날짜.

(1) 선지자의 거주지

전통적으로 에스겔은 주전 597년에 바빌론으로 끌려가 그곳에 살면서 포로민들 사이에서 사역한 것으로 알려졌다. 그러나 상당수의 학자들은 에스겔이 선지자 사역을 하는 동안 바빌론에서만 살지 않고 다른 곳에서도 살았다고 주장한다.

첫째, 선지자가 세 곳에서 살았다는 설이 있다. 베르톨레(A. Bertholet)와 파이퍼(R. H. Pfeiffer)가 처음 주장했다. 그 주장은 에스겔이 바빌론에 살면서 어떻게 예루살렘의 상황을 그토록 잘 알 수 있었는가에 대한 문제 제기에서 비롯되었다. 그들에 의하면 선지자는 주전 592년에(cf. 2:3–3:9) 예루살렘에서 소명을 받았다. 그후 에스겔은 6년 동안 예루살렘과 유다에 대해 예언했다. 선지자는 바빌론 군이 예루살렘을 포위한 상황에서 유다의 어느 조그마한 마을로 이사했다(cf. 12:3). 이 마을에 있는 동안 그는 예루살렘 함락 소식을 들었다(33:21). 이 일이 있은 후 그는 곧 바빌론으로 떠났다. 에스겔은 바빌론에서 새로운 소명을 받았다. 그때가 바로 여호야긴 13년째 되던 해다(1:1, 30년을 13년으로 고침). 이때가 주전 584년경이다.

둘째, 에스겔이 두 곳에서 살았다는 설이 있다. 탈굼(Targum)과 주후 2세기에 저작된 출애굽기에 대한 미드라쉬 주석인 메킬타(Mechilta)

가 처음으로 제시했으며 근대에 와서는 오에스테르레이(W. O. E. Oesterley), 로빈슨(T. H. Robinson) 등이 동조했다. 이 설은 이스라엘의 선지자가 거룩한 땅 이스라엘을 떠나 부정한 이방 나라에서 하나님의 계시를 받는다는 것은 신학적으로 문제가 된다는 견해에서 비롯되었다. 그들은 선지자의 사역이 유다에서 시작되었으며, 이때 하나님의 말씀을 모두 받았고, 예루살렘이 멸망한 후 에스겔이 바빌론으로 옮겨가서, 이미 이스라엘에서 받은 메시지를 포로민들에게 선포한 것이라고 주장한다.

위 주장들은 어떠한 역사적 증거나 납득할 만한 논리에 근거했다기보다는 학자들의 선입견에 바탕을 두었다. 에스겔서는 선지자가 바빌론에 살면서 소명과 계시를 받은 것을 전제하고 있다. 에스겔 8-11장에 기록된 유다에 대한 정보를 에스겔이 회고하는 것처럼 그가 하나님의 영에 붙들려 예루살렘을 방문했을 때 얻은 것으로 간주하면 굳이 그가 여러 곳에서 살았다고 주장할 필요가 없다(cf. 8:3).

이 설들은 선지자가 하나님의 영에 붙들려 예루살렘을 다녀왔다는 초자연적인 현상(기적)을 부정하는 것에서 비롯된 것이지, 확고한 증거나 논리에 근거를 둔 것이 아니다. 게다가 이 학자들이 '부정한 땅'이라고 하는 바빌론에서 소명을 받고 사역했던 선지자가 또 한 명 있다. 바로 다니엘이다. 더 나아가 요나도 아시리아 땅에서 하나님의 말씀을 받았다. 욥도 이스라엘 땅이 아닌 곳에서 하나님의 말씀을 받았다. 그러므로 선지자가 이스라엘을 벗어나서는 하나님의 말씀을 받을 수 없다는 주장을 수용할 필요는 없다. 에스겔이 바빌론에 끌려온 유다 공동체에서 선지자 소명을 받았고 그곳에서만 사역했다고 보는 것이 가장 자연스러운 해석이다(Blenkinsopp).

(2) 에스겔의 정신 건강

에스겔서에 기록된 선지자의 행동들 중 참으로 특이한 내용이 많다. 전통적으로 이러한 선지자의 행동은 하나님의 특별한 지시로 진행된 '행동 예언'(acted out prophecy)으로 여겨졌다. 그러나 20세기에 접어들면서 심리학자들이 에스겔을 바라본 시각은 긍정적이거나 간단하지 않았다. 심리학자들이 관찰한 에스겔의 이상한 행동에 대해 다음 도표를 참조하라(cf. Block).

1	움직이지 않고 오랜 시간을 보낸다(4:4–7).
2	오랜 기간 동안 벙어리가 되어 말을 못한다(3:24–27, 24:25–27, 33:22).
3	아내의 죽음에 대하여 어떠한 감정도 표현하지 않는다(24:15–27).
4	'입신' 경험을 한다(8:1–4).
5	특이한 환상들을 본다(1–3장, 8–11장, 15–18장, 21장, 23–24장, 37–48장).
6	마른 소똥으로 익힌 음식을 먹는다(4:14).
7	영양실조에 걸릴 양의 음식을 먹으며 살아간다(4:9–11).
8	예루살렘 성의 모형도를 만들어놓고 그 앞에 누워 430일 동안 성을 주시하며 지낸다(4:5–6).
9	머리를 잘라 3분의 1은 불에 태우고, 3분의 1은 칼로 치며, 3분의 1은 바람에 날린다(5:1–4).
10	평안한 곳에서 피난민 보따리를 가지고 다닌다(12:3–5).

위에 기록된 선지자의 특이한 행동을 정신 질환의 증세로 보는 학자들은 에스겔이 앓고 있는 병에 대해 그가 보인 증세만큼이나 다양한 판결을 내놓았다. 다음 도표를 참조하라(cf. Block, Blenkinsopp).

1	정신분열증 환자(schizophrenic)
2	간질병 환자(epileptic)
3	정신병 환자(psychotic)

4	긴장병 환자(catatonic)
5	과대망상증 환자(paranoid)
6	무당/점쟁이(psychic)

가장 극단적인 판결 두 개가 더 있다. 첫째, 브룸(Broome)은 프로이트(Freud)계 심리학자였는데, 그에 의하면 "에스겔은 진짜 정신병자였다. 그의 증세는 대립된 자기애(自己愛)-마조히즘[자신을 학대하거나 학대당할 때 쾌감을 느끼는 것]이며 증세로는 거세(castration)에 대한 환상과 무의식적인 성적(性的) 퇴보로 나타났다"(Ezekiel was a true psychotic characterized by a narcissistic-masochistic conflict, with attendant phantasies of castration and unconscious sexual regression). 둘째, 할퍼린(Halperin)은 에스겔이 앓고 있는 병에 대하여 다음과 같이 말한다.

> 본인은 의식하지 못했지만 에스겔의 행동은 그의 내부에서 활활 타올랐던 여자들에 대한 증오에서 비롯되었다. 그는 여자들을 매우 잔인하고 강하며 반역적이고 유혹적인 존재들로 생각했다. 그의 내면 깊숙한 곳에는 남자들에 대한 강한 분노가 숨겨져 있었다. 아마도 어렸을 때 남자(들)에게 당했던 성폭행 때문이었을 것이다. 에스겔과 같이 심각한 심리적인 병을 앓는 사람은 흔하지 않으며 그의 경험은 매우 독특하다. 그는 자신의 병을 이미지의 능력을 통해 표현하고 있다.

이런 주장에 대해 우리는 어떤 평가를 내려야 하는가? 에스겔뿐만 아니라 다른 선지자들의 삶과 사역에서 하나님을 제외하면 선지자들에 대해 그처럼 평가할 수 있다. 그러나 에스겔의 특이한 행동은 하나님의 특별한 지시에 따른 것이다. 선지자들은 신탁뿐만 아니라, 행동을 통해 메시지를 선포하도록 부르심을 입은 사람들이었다.

소위 '기독교 신학자들'이 기적과 이상의 가능성을 배제하고, 성경에서 하나님을 삭제하는 처사는 매우 불행한 일이다. 또한 그가 정말로 정신병자였다면 유다에서 끌려온 포로민들을 대표하는 장로들이 왜 지속적으로 그를 찾았을까?(8:1, 14:1, 20:1). 그들은 정신병자를 찾아가 하나님의 뜻을 구할 정도로 어리석었단 말인가!

게다가 유대인들은 왜 정신병자가 기록한 책을 하나님의 말씀이라고 한 것일까? 이 학자들의 진단이 전혀 터무니없다는 것을 역사와 전통을 통해 쉽게 알 수 있다.

(3) 행위 신탁

에스겔은 최소한 네 가지 행동으로 머지않아 예루살렘에 임할 심판에 대해 선언한다. 선지자가 행동으로 하나님의 말씀을 선포하는 것이 에스겔에게만 제한된 특이한 현상은 아니다. 이사야는 3년 동안 벌거벗고 맨발로 다녔다(사 20장). 예레미야는 하나님의 명령에 따라 질그릇을 깼다(렘 19장). 호세아는 하나님의 명령을 받고 창녀와 결혼했다(호 1장). 그러나 에스겔의 행동은 그 어느 선지자의 행동보다 다양하며 충격적이다. "에스겔은 구약의 그 누구보다도 극적인 기술과 표현을 아주 효과적으로 잘 사용한다"(Clements).

선지자들의 이 같은 행동은 두 가지 원리를 바탕으로 진행된다. 첫째, 하나님과 특별한 관계를 유지하던 사람들에 의해 행해진다. 둘째, 하나님의 명령으로 시작된다. 또한 이 행동들은 선지자들이 사역하던 동시대 사람들이 유지하고 있는 하나님과의 관계를 조명하는 특별한 상황성을 지니고 있다. 이러한 맥락에서 선지자는 다음과 같은 행위로 메시지를 선포한다.

행동	의미/상징
벽돌에 예루살렘을 새기고 주변에 전쟁 무기 배치(4:1–3)	예루살렘이 적의 공격을 받아 멸망할 것을 예고함

왼쪽으로 누워서 390일, 오른쪽으로 누워서 40일 동안 벽돌에 새겨진 예루살렘을 지켜봄(4:4-8)	왼쪽으로 누워 지내는 390일은 북왕국 이스라엘의 죄를, 오른쪽으로 누워 지내는 40일은 남왕국 유다의 죄를 상기시킴
하루에 20세겔(230그램)의 칼로리가 낮은 곡식과 6분의 1 힌(610밀리리터)의 물로 연명(4:9-11)	430일 동안 영양실조에 걸릴 정도로 적은 음식과 탈수증을 앓게 될 만큼 소량의 물을 섭취하며 살아가는 것은 머지않아 예루살렘에 음식이 무척 귀한 시대가 임할 것을 경고함
쇠똥을 연료 삼아 요리(4:12-15)	원래 인분을 연료 삼아 요리해 이스라엘의 부정함을 상징해야 했지만, 하나님이 쇠똥으로 대체하는 것을 허락하심
삭발하여 머리털을 3분의 1씩 따로 처리(5:1-17)	예루살렘 주민 3분의 1이 전염병과 굶주림으로 죽음 예루살렘 주민 3분의 1이 전쟁에서 죽음 예루살렘 주민 3분의 1이 포로/피난민으로 끌려감

이 행위 신탁에 대해 몇 가지 질문을 해보자. 첫째, 에스겔은 평생 위와 같은 일을 한 것인가? 그렇지 않다. 이 행위는 모두 예루살렘 포위와 함락을 예언하는 것과 연관되어 있는 일이기 때문에 예루살렘이 함락된 이후에는 별 의미가 없다. 하나님이 에스겔에게 이 행위를 하라고 명령하신 때가 주전 592년인데, 하나님은 430일 동안 이 일을 하라고 말씀하신다.

둘째, 이 기간 동안 선지자는 하루 24시간 매일 이 규칙에 따라 살았는가? 그렇지 않다. 하나님은 선지자에게 이 일을 바빌론에 사는 포로민들이 볼 수 있는 곳(viz., 거리)에서 하라고 하신다. 선지자의 '행위 예술'은 그들에게 메시지를 주는 상징이기 때문이다. 에스겔은 아침이면 포로민들이 생활하는 거리로 나가 자리를 펴고 이런 일을 하다가, 해 질 녘이 되면 자리를 거두어 집으로 돌아왔다.

집으로 돌아온 에스겔은 낮에 사람들 앞에서 마시지 못했던 물을 마시고, 음식을 먹으며 필요한 수분과 영양을 보충했다. 하나님이 그에게 내리신 명령은 대낮에 사람들 앞에서 하는 일에 관한 것이지 퇴근

후의 삶과는 상관이 없기 때문이다. 또한 만일 그가 집에 돌아와서 충분한 물을 섭취하지 않고, 추가적인 영양 섭취를 하지 않았다면 얼마 못 가서 생명을 유지하기도 힘들었을 것이다. 하루 일과를 마치고 에스겔이 집에 돌아와 휴식을 취하고 있을 때 장로들이 하나님의 말씀을 구하기 위해 그를 찾아온 일도 책에 기록되어 있다(8:1).

이와 같은 행위 신탁이 종교 예식이나 마술에서 비롯된 것이거나, 심리적인 불안에서 시작되었다고 믿는 사람들도 있지만(Fohrer, Lang, Broome, Bron), 행위 신탁은 매우 효과적인 의사 전달 방법이라는 것이 학자들의 일반적인 견해다(Orth, Zimmerli, Blenkinsopp, Hals). 선지자들은 이 매체를 통해 자신이 선포하고자 하는 메시지를 '거리 극장'으로 가지고 나오는 효과를 얻었다. 또한 선지자들의 말씀이 주로 귀를 자극했다면, 그들의 행위 신탁은 청중의 모든 신경을 자극했을 것이다. 따라서 행동 예언은 그만큼 훨씬 더 효율적인 의사 전달의 수단이라고 생각할 수 있다.

(4) 벙어리 생활

선지자는 하나님께 소명을 받은 주전 592년 직후 벙어리가 되어 그의 백성을 책망하지 못하게 되었다(3:22). 이 일이 있은 지 7년 후 포위된 예루살렘에서 탈출자나 바빌론에 포로로 끌려온 사람이 예루살렘 함락 사실을 알릴 때까지 선지자는 벙어리로 살았다. 소식을 전한 사람이 바빌론에 도착하기 바로 전날에 에스겔의 입이 다시 열렸다(32:21-22, cf. 24:26-27).

그러나 7년 동안 진행된 선지자의 벙어리 생활은 4-32장을 통해 암시되는 그의 선포 사역과 일치하지 않는 점이 있다. 벙어리로 살아야 하는 선지자가 어떻게 하나님의 신탁을 선포하며 하나님의 말씀을 백성에게 알릴 수 있었는가 하는 점이다(cf. 11:25). 또한 장로들이 하나님의 말씀을 구하며 '벙어리'인 그를 찾아온 일(8:1)은 어떻게 설명되어야 하는가? 그러므로 에스겔의 '벙어리' 생활은 어떻게 해석되어야 하는가? 여러 가지 설이 있다.

첫째, 에스겔의 벙어리 생활은 그가 전혀 선지자로서 활동을 하지 않은 것을 뜻하며, 주전 592–586년 때의 침묵으로 이해해야 한다(Buttenwieser). 그러므로 1–32장에 기록되어 있는 예언은 모든 것이 성취된 후의 일(after the fact)로 간주해야 한다. 책에 기록된 사건들의 순서가 시대적인 순서를 따르지 않고 있다는 것이다.

둘째, 선지자가 벙어리가 될 것을 선포하고 있는 3:22–27이 원래 24장이나 33장에 포함되었는데, 전수되는 과정에서 3장에 삽입된 것이다(Eichrodt, Wevers, Zimmerli). 그러므로 선지자의 '벙어리' 생활은 아주 짧은 기간 동안 있었던 일로 보는 것이 바람직하다. 에스겔은 예루살렘 함락 바로 직전에 잠시 벙어리가 되었다.

셋째, 벙어리 증세는 에스겔의 사역 중 가끔 나타난 현상이었다(Skinner, Feinberg). 선지자가 책에 기록된 기간에만 벙어리 증세를 앓은 것이 아니라 평생 앓았다는 것이다. 학자들은 이 증세는 예루살렘이 함락되었다는 소식이 바빌론에 전해진 이후에 완전히 없어졌다고 한다.

넷째, 벙어리 증세는 선지자가 실제로 경험한 일이 아니고 환상 속에서 체험한 가상의 일이다(Hines, Howie). 벙어리 증세를 선포하고 있는 말씀은 아주 특이한 현상들의 연속으로 맥을 잇고 있는 3:22–5:17의 한 부분이다. 따라서 이 본문(3:22–5:17)에서 언급된 것들처럼 벙어리 증세도 환상 체험이지 실제 체험이 아니었다.

다섯째, 벙어리 증세는 '선포되지 않은 말씀'으로 해석되어야 한다(Wilson, Greenberg). 바빌론이 예루살렘을 함락시킬 때까지 하나님의 말씀은 이런 방식으로 비밀스럽게 에스겔에게 임했다. 더 나아가 윌슨(Wilson)은 에스겔이 벙어리가 된 것을 그가 여호와와 백성 사이에 중재인(arbitrator) 역할을 하지 못하게 되었다는 뜻으로 풀이했다. 이러한 해석이 가능했던 것은 윌슨이 '책망자'(מוֹכִיחַ)라는 단어를 법적인 용어인 중재인(변호사)으로 해석했기 때문이다. 칼뱅(Calvin)과 그린버그도 벙어리 증세가 그의 사역과 연관이 있는 것으로 보았다.

불록(Bullock)은 3:24의 "네 집에 들어가 문을 잠그라"가 이 말씀과 연관이 있다고 한다. 하나님은 선지자의 벙어리 증세를 통해 에스겔이 더 이상 공식적인 장소에서 이스라엘에게 회개하라는 권면을 하지 못하도록 하신 것이다. 그러므로 벙어리 증세는 선지자가 파수꾼(3:17-21) 활동을 멈추었다가 33:1-10에 가서 다시 시작하는 것으로 간주해야 한다고 주장한다. 우리가 전수받은 대부분의 선지서 문헌들은 먼저 선포되고 훗날 문서로 정리되어 남은 것으로 간주되는 반면, 에스겔서는 처음부터 수록된 형태로 바빌론에 끌려온 이스라엘 사람들에게 전해진 것으로 간주되어야 한다는 주장(McKeating)도 이 같은 이해를 바탕으로 하고 있다.

이 해석들 중 다섯 번째 주장이 가장 설득력 있어 보인다. 그러나 나는 조금 다른 견해를 가지고 있다. 3-4장 주해에서 더 자세하게 언급하겠지만, 에스겔의 벙어리 행동은 그가 사람들 앞에서 공개적으로 행해야 할 특이한 일들과 연관이 있다. 몸이 꽁꽁 묶인 채로 예루살렘을 상징하는 토판을 바라보며 누워 있는 일, 지극히 적은 양의 물을 마시고, 영양실조에 걸릴 만한 음식을 먹는 일 등이 모두 벙어리 행세와 맥을 같이하고 있다는 것이다.

하나님은 에스겔에게 이 일들을 사람들이 지켜보도록 거리에서 하라고 명령하신다. 포로민들에게 앞으로 예루살렘에 임할 심판에 대하여 자극적이고 충격적인 이미지로 알리기 위해 선지자에게 일종의 '행위 신탁/예언'(행위 예술과 비슷한 개념)을 요구하신 것이다. 그러므로 에스겔의 벙어리 행세는 낮에 사람들 앞에서 다른 행위들을 병행하면서 진행된 일이지, 하루 24시간 수년 동안 진행된 일로 해석할 필요는 없다. 저녁이면 거리에서의 사역을 마치고 퇴근 후 집에서는 말을 할 수 있었다는 의미다. 따라서 때로는 장로들이 그를 집으로 찾아와 하나님의 말씀을 구했다(cf. 8:1).

(5) 여호야긴 연대 사용

에스겔은 자신이 받은 신탁에 유다에 남아 있는 왕 시드기야가 아니라 그와 함께 바빌론으로 끌려온 여호야긴 왕을 기준으로 날짜를 붙인다. 선지자는 여호야긴이 왕이 된 지 5년째 되던 해(viz., 주전 592년)에 선지자 사역을 시작했다(1:1). 책 안에서 구체적인 날짜가 주어진 최종적인 예언은 여호야긴 27년에 주어졌다(주전 570년). 그러므로 에스겔은 자신의 책에서 최소한 22년간의 사역을 통해 받은 말씀을 정리하고 있다. 유다의 마지막 왕 시드기야가 아니라 포로로 끌려간 여호야긴을 기준으로 날짜를 표기하는 선지자는 에스겔뿐만이 아니다. 예레미야도 같은 방법으로 자신의 날짜들을 기록한다.

에스겔(또한 예레미야)은 왜 당시 유다의 왕이었던 시드기야가 아니고 바빌론에 포로로 끌려간 여호야긴 왕을 기준으로 자신의 사역과 신탁의 날짜를 정리하는 것일까? 아마도 시드기야 왕의 정당성을 인정하지 않았기 때문일 것이다.

선지자들이 시드기야를 유다의 정당한 왕으로 인정하기 어려운 것은 두 가지 이유 때문이다. 첫째, 시드기야는 유다가 세운 왕이 아니라, 바빌론이 세운 꼭두각시 왕이다. 둘째, 시드기야는 여호야긴의 아들이 아니라 숙부이다. 왕권이 아버지에게서 아들에게 이어지는 것이 관례였음을 감안할 때, 시드기야가 조카의 뒤를 이어 왕이 되는 것은 이러한 정서에 역행하는 일이다.

예레미야는 요시야가 므깃도에서 이집트 왕 느고에게 죽임을 당했던 사건을 이스라엘 포로 생활의 기점으로 삼은 듯하다. 이때 이스라엘은 자치권을 잃었기 때문이다. 므깃도에서 요시야를 저격한 느고는 예루살렘에 입성했다. 그는 아버지 요시야의 대를 이어 유다의 왕이 되었던 여호아하스를 강제로 이집트로 끌어가고 여호야김을 유다의 왕으로 세웠다. 이때부터 유다는 더 이상 자신의 의지대로 왕을 세우지 못하고 외국의 결정으로 왕들이 세워지는 시대를 맞이한 것이다.

여호야김은 고대 근동의 새로운 군주로 자리잡은 바빌론에게 충성을 맹세했다가 반역을 꾀했다. 결국 바빌론에 포위된 성에서 주전 598년 겨울에 죽음을 맞이했다(일부 학자들은 그가 친바빌론파 정치인들에 의해 암살당했다고 주장한다, cf. Huey). 유다 백성들은 여호야김의 대를 이어 그의 아들 여호야긴을 왕으로 세웠지만, 새로 왕이 된 여호야긴은 불과 3개월 만에 바빌론 군에게 항복했다.

이 일 때문에 유다 백성이 왕으로 세운 여호야긴은 포로가 되어 바빌론으로 끌려갔으며, 바빌론 사람들은 그 자리에 여호야긴의 숙부 시드기야를 세웠다. 이스라엘의 바빌론 포로 생활은 현실적으로 여호야긴이 끌려가면서 이미 시작된 것이다. 이러한 차원에서 에스겔은 유다의 마지막 왕인 시드기야가 아니라 바빌론에 포로로 끌려간 여호야긴을 중심으로 연대를 표기하는 듯하다.

(6) 메시지 날짜

에스겔서의 특징은 선지자가 신탁을 받은 날짜를 세세하게 기록하고 있다는 사실이다. 열방에 대한 심판 선언을 담고 있는 25-32장은 일곱 개의 날짜들을 포함하고 있다. 이 외에도 선지자의 삶에서 중요한 일들은 구체적인 날짜들과 연관해 기록했다(1:2-3, 3:16, 20:1, 24:1, 33:21, 40:1). 일부 날짜들은 미완성된 모습(viz., 월이 빠진 경우)을 보인다. 아마도 에스겔은 자신의 책에 모든 날짜들을 완벽하게 기록해두었지만, 보존과 전수 과정에서 누락된 것으로 생각된다. 선지자가 제시한 날짜들을 살펴보면 어떤 날짜는 시대적인 순서를 따르지 않는다. 또한 선지자가 날짜를 줄 때면, 그 이후에 등장하는 예언 중 어디까지가 이 날짜와 연관이 있는지 확실하지 않을 때가 있다.

에스겔은 날짜를 제시하는 방법에 있어서 두 가지를 사용한다. 첫째, 선지자의 사역과 가르침과 연관된 날짜들이다. 이 날짜들은 책 안에서 시대적인 순서대로 모습을 보인다. 둘째, 열방에 대한 심판 선언(Oracles Against Nations)과 연관된 날짜들이다. 선지자가 제사하는 날짜들을 보면 이 유형의 신탁은 시대적인 순서보다는 테마/주제별로 모아져 있다. 경우에 따라 시대적인 순서가 바뀌어 제시되었다. 에스겔이 자신의 저서에서 제시하는 날짜들은 다음과 같다(cf. Block).

구절	에스겔의 날짜	오늘날 날짜(B.C.)	신탁 내용
1:1	30년 4월 5일	593년 7월 31일	소명
1:2*	5년 4월 5일*	593년 7월 31일	소명
8:1	6/6/5	592/9/18	예루살렘에 대한 환상
20:1	7/5/10	591/8/14	장로들이 협의하러 찾아옴
24:1	9/10/10	587/1/5	예루살렘의 포위 시작
26:1	11/––/1	585/2/3	두로 심판 예언
29:1	10/10/12	587/1/7	이집트 심판 예언
29:17	27/1/1	570/4/26	두로 대신 이집트
30:30	11/1/7	586/4/29	바로를 심판하는 예언
31:1	11/3/1	586/6/21	바로를 심판하는 예언
32:1	12/12/1	585/3/3	바로를 심판하는 예언
32:17	12/––/15	585/3/18	이집트 심판 예언
33:21	12/10/5	585/1/8	예루살렘 탈출자 바빌론 도착
40:1	25/1/10	573/4/28	예루살렘 회복 환상

* 정확한 날짜는 주어지지 않으나 거의 확정적이다.

5. 신학적 메시지

선지자 에스겔이 책을 남긴 목적은 분명하다. 바빌론에 포로로 끌려온 그의 청중이 인식하고 있는 하나님과의 관계에 변화를 유도해 그들의 사고와 행동을 바꾸기 위해서다. 그렇다면 선지자는 자신의 목적을 어떻게 성취시키는가? 에스겔은 다른 선지자들보다 하나님의 강압적인 지시와 요구에 유난히도 강하게 사로잡혀 마치 자의(自意)와 상관없이 움직이는 꼭두각시처럼 비추어지기도 한다. 그러나 이것은 선지자를 극히 제한되고 잘못된 방식으로 이해한 것이다.

에스겔은 그 어느 선지자보다도 창의적이고 다양한 매체를 통해 메시지를 전하고 있다. 선지자는 청중들이 그의 메시지를 듣게 할 뿐만 아니라, 그들이 머릿속에 그림을 그릴 수 있도록 메시지를 다방면으로 시각화한다. 이러한 차원에서 에스겔은 다른 선지자들과 비교할 수 없을 정도로 독특하며 창의적이고, 시청각 교육의 선봉자라고 할 수 있다. 그의 청중이 설령 선지자의 신탁을 하나님의 메시지로 받아들이지 않는다 하더라도 그의 창의력과 메시지 전달 능력만은 인정한다(cf. 33:30-33).

에스겔은 청중의 이해를 돕기 위해 어떻게 메시지 전달 방법을 다양화했는가? 그는 구체적으로 네 가지 방법을 통해 메시지를 선포했다. 첫째, 선지자는 신탁을 선포함으로써 하나님의 말씀을 전했다. 그는 육성으로 하나님의 메시지를 포로들에게 직접 전한 것이다(11:25, 14:4, 20:3). 에스겔이 사용한 방법 중 가장 기본적인 것이다. 경우에 따라서는 메시지의 대상이 듣지 못하는 상황에서도 그들이 있는 쪽을 향해 말씀을 선포했다(4:4, 7, 6:2, 13:17, 20:46, 21:2, 25:2, 28:21, 29:2, 35:2, 38:2).

이 방법은 모세 시대 때부터 선지자들이 자주 사용해왔다(cf. 민 24:1, 왕하 8:11). 에스겔에게 큰 영향을 끼친 것으로 여겨지는 '성결 규정'(Holiness Code, 레위기 17-26장을 칭하는 이름)에서도 하나님은 이런 방식으로 말씀을 선포하셨다(cf. 레 17:10, 20:5).

둘째, 선지자는 자신이 본 환상을 통해 말씀을 선포했다. 에스겔은 여러 환상을 보았다. 다양하고 중요한 신학적 의미를 내포한 다른 모든 환상처럼 하나님이 에스겔을 통해 유다에게 전하고자 하셨던 메시지도 다양했다.

에스겔이 본 환상은 다음과 같다: (1) 병거 환상(1장), (2) 환상 속에서 방문한 예루살렘(8-11장), (3) 제2의 병거 환상(10장), (4) 마른 뼈 골짜기 환상(37장), (5) 새 성전 환상(40-48장). 이 환상들은 에스겔이 선포한 예언의 두 가지 중심 주제인 심판과 회복을 부각시킨다. 하나님은 이스라엘을 심판하시기 위해 병거를 타고 오셨다. 주님의 심판은 이스라엘의 파멸로 이어졌다. 그러나 이스라엘의 운명은 파멸에서 끝나지 않았다. 혹독한 심판이 있은 다음에 이스라엘은 회복되었다. 심판은 회복을 위한 필연적인 전제 조건이었다.

셋째, 선지자는 행동 신탁/예언을 통해 하나님의 말씀을 선포했다. 에스겔의 상징적인 행동은 그 어느 선지자보다 숫자가 많고 자극적이다. 예레미야, 이사야, 호세아 등도 상징적인 행동을 통해 하나님의 말씀을 예언했으나 에스겔을 통한 행동 예언(acting prophecy)은 하나의 예술적인 매체로 경지에 이른다는 느낌을 받는다.

행동적 예언에서는 메시지와 메시지를 전하는 이가 분리될 수 없는 하나가 된다. 시멀리의 말을 빌리자면 "에스겔은 다른 선지자들이 은유로 사용한 것을 직접 행동으로 옮긴다." 다음 예들을 생각해보라. (1) 예레미야의 '말씀을 먹다'(렘 15:16)와 에스겔이 두루마리를 삼키는 일(3:1-3), (2) 이사야의 '머리를 면도하다'(사 7:20)와 에스겔이 실제로 머리를 깎아 삼등분하는 일(5:1-4).

넷째, 에스겔은 선지적 담론(discourse)를 통해 말씀을 선포했다. 그는 시가체(poetry)와 이야기체(narrative) 형태를 취하고 있는 문서를 통해 말씀을 기록으로 남긴다. 에스겔의 담론은 두 가지로 구분될 수 있다. (1) 이스라엘의 역사와 종교를 조명하는 역사적-신학적 담론(16, 20, 23장 등), (2) 이스라엘의 죄를 하나의 이야기로 묘사해 나가는 풍유적 담론(15, 16, 17, 19, 23, 27, 37장 등).

에스겔이 담론에서 사용하는 언어는 매우 충격적이고 자극적이다. 종교적 복합주의(religious syncretism)의 혐오성을 드러내기 위해 그는 매우 성적이고 추한 이미지를 파격적으로 사용한다(viz., 6, 16, 23장). 그의 격앙된 감정이 때로는 미완성된 문장, 혹은 특이한 문체, 혹은 부적절한 문법을 통해 드러난다(viz., 1, 7장).

또한 에스겔은 단어를 사용할 때 매우 창의적인 성향을 보인다. 경우에 따라서는 같은 문단 안에서 한 단어의 의미를 현저하게 바꾸어 사용하기도 한다. 좋은 예가 37:1-14에서 사용되는 '영'(רוּחַ)이다. 선지자는 이 부분에서 '영'이라는 단어를 최소한 네 가지 의미를 가지고 사용한다. (1) 하나님의 영, (2) 생기, (3) 바람, (4) 사람.

이와 같이 다양한 매체를 통해 선지자가 선포한 메시지를 생각해보자. 에스겔은 하나님, 죄, 정통 신학의 재구성 등을 중심으로 말씀을 선포한다. 또한 그가 즐겨 사용하는 독특한 문구들도 선지자의 신학적 메시지를 담고 있다.

(1) 하나님

대부분의 선지자들(특히 이사야)과는 달리 에스겔은 하나님을 상당히 제한된 범위에서 묘사한다. 책의 시작부터 끝까지 독자들이 접하는 여호와는 이스라엘의 하나님이며, 이스라엘의 장래에 대해 모든 것을 걸고 기대하시는 분이다. 에스겔이 본 하나님은 온 우주를 지배하시는 분이며 하늘에 있는 보좌에 앉아 계시는 분이다(1:1-28). 그러나 여호와는 또한 예루살렘을 자기 거처로 삼고(4-48장), 자기 백성 속에 거하시는 분이다(48:35). 하나님은 열방에 자신의 주권을 행사하면서도(25-32장) 이 주권 행사의 초점을 그의 백성 이스라엘에 맞추고 계신다(28:24-26).

에스겔은 이사야가 자주 사용하는 '이스라엘의 거룩하신 이'라는 표현을 한 번도 사용하지 않지만, 여호와의 거룩하심에 대한 경외는 에스겔의 마음속 깊은 곳에 자리잡고 있다. 선지자의 이 같은 생각은 성전 설계에 대한 환상(40-43장)에서 절정에 이른다. 그가 설계하는 성전의 모든 것이 여호와는 "거룩, 거룩, 거룩"하신 분이라고 소리치는 듯하다.

여호와와 이스라엘의 관계는 거룩하신 하나님의 명예를 유지하는 데 기초를 두었다. 하나님이 이스라엘을 심판하셔야만 하는 이유는 그들이 우상숭배처럼 혐오스러운 짓으로 주님의 성전(5:11, 8:5-18, 23:38-39), 땅(36:16-18), 백성(20:7, 31, 43), 안식일(20:13, 21, 24), 그분의 이름(20:39)을 더럽혔기 때문이다.

소돔과 고모라처럼 타락한 주의 백성이 거룩한 하나님의 이름을 더럽혔기 때문에 하나님은 그들을 바빌론에 포로로 보내셨다. 이스라엘이 포로가 되어 타국으로 끌려갔다는 사실 자체가 주님의 이름을 욕되게 하는 일이다. 그러므로 에스겔은 여호와께서 이스라엘을 통해 자신의 거룩한 이름을 온 열방에 드러내기 위해서라도 훗날 이 백성을 회복시키실 것이라고 주장한다(20:41-42, 28:22, 25, 36:16-32, 38:16, 23, 39:7, 27).

에스겔은 여호와는 언약을 세우고 이행하는 자비로운 하나님이시라고 한다. '나의 백성'(25차례 사용됨), '언약'(하나님과 이스라엘 사이의 언약을 의미하며 11차례 사용됨), "나는 너희의 하나님이 될 것이요, 너희는 나의 백성이 될 것이다"(11:20, 14:11, 34:24, 30-31, 36:28, 37:23) 등의 표현을 통해 선지자는 이 사실을 확인한다.

반면에 선지자는 이스라엘이 주장하는 '영원하고 무조건적인 시내산 언약'을 1-24장을 통해 철저하게 반박한다. 여호와와 이스라엘 사이에 체결된 언약은 주의 백성의 순종으로만 유지될 수 있다는 것이다. 또한 에스겔은 이스라엘이 하나님과의 언약을 파괴했기 때문에(16:15-43) 레위기 26장과 신명기 28장 등이 언급하는 언약 파괴에 따르는 저주가 그들에게 임한 것이라고 주장한다.

에스겔은 여호와를 실천하시는 하나님으로 묘사한다. "나 여호와는 말하고 이루느니라"(אֲנִי יְהוָה דִּבַּרְתִּי וְעָשִׂיתִי, 17:24, 22:14, 24:14, 36:36)는 말씀은 하나님의 활동적인 성향을 잘 표현하고 있다. 그러므로 선지자는 과거에 출애굽의 놀라운 역사를 이루셨던 분이 미래에 자기 백성들을 위하여 제2의 출애굽을 연출하실 것을 기대하게 한다.

그러나 하나님의 모든 사역의 가장 기본적인 목적은 주님의 거룩하심을 드러내는 것이라는 점이 에스겔이 강조하는 핵심이다. 여호와께서 열방의 세력들을 땅으로 끌어내리시는 이유는 자신의 위대하심과 영광과 세상 신들과 비교할 수 없는 거룩하심을 드러내기 위해서라는 것이다. 하나님이 이스라엘을 회복시키시는 것도 자신의 거룩하심을 드러내기 위해서다(36:16-32).

에스겔은 이와 같은 하나님에 대한 이해에 기초해서 인류 역사의 흐름과 연관된 세 가지 사상을 중심으로 책을 펼쳐 나간다. 첫째, 이스라엘 백성들이 겪게 된 포로 생활은 인류의 역사를 주관하고 세상의 모든 나라를 통치하는 여호와 하나님이 직접 하신 일이다. 에스겔은 이러한 가르침을 통해 포로 생활이 이스라엘에게 어떤 의미를 제시하는가를 답하고 있다. 그들이 포로 생활의 의미를 찾지 못하면 한 민족으로서 정체성을 잊게 될 수밖에 없기 때문이다.

둘째, 에스겔은 하나님이 장차 이스라엘과 새 언약을 세우기 위해 하실 일들을 미리 보여준다. 이스라엘은 현재 왕, 성전, 자치권, 영토 등 한 나라로서 갖추어야 할 모든 것을 잃어버렸다. 이런 상황에서 에스겔은 미래에 대한 소망을 제시한다. 이스라엘에게 임한 모든 어려움은 새롭고 놀라운 것을 창조하기 위해 하나님이 하신 일이라는 것이다.

34–48장이 묘사하고 있는 말일(끝날)에 있을 회복에 대한 예언과 환상이 바로 이런 역할을 하고 있다. 그러므로 학자들은 에스겔서의 절정을 새 성전으로 상징되는 새로운 시작에 대한 소망이라고 주장한다(Blenkinsopp). 에스겔은 하나님이 절대 심판을 위한 심판을 하시는 분이 아니라는 것과, 심판 후에는 회복이 임할 것이라는 소망을 제시하는 전형적인 선지자다.

셋째, 에스겔은 심판과 회복을 통해서 미래를 이해할 수 있으며 주의 백성들이 미래에는 과거에 이스라엘이 범했던 실수와 동일한 실패를 피할 수 있다는 사실을 강조한다. 하나님이 모든 일을 계획하고 주관하시기 때문에 비록 성전이 망가지고 예배가 중단되더라도 하나님과 그의 백성의 관계는 계속될 것을 책이 시작될 때부터 전제한다.

에스겔은 더 나아가 미래를 예언하면서 두 가지에 초점을 맞춘다. 첫째, 변경할 수도, 피할 수도 없는 절대적인 심판이다. 선지자는 이스라엘이 하나님을 배신한 것에 대해 단호하게 말한다. 그들은 윤리적으로, 도덕적으로 하나님의 말씀에 불순종했다(7:10, 23, 18:7–9, 22:11–12). 에스겔이 강조하고자 하는 사실은 주의 백성이 하나님께 충성하지 않았기 때문에 심판이 임했다는 것이다.

이스라엘은 하나님께 등을 돌리고 이방 신들을 숭배했다. 이스라엘은 출애굽 첫날부터 하나님께 반역했으며(16, 20, 23장) 하나님께 온전히 마음을 주어본 적이 한 번도 없다. 에스겔서의 중요한 역할은 이스라엘의 역사를 하나님의 관점에서 정리하는 일이다. 이런 관점에서 특히 20장은 매우 중요한 위치를 차지한다. 그들은 거룩하신 하나님의 안식일을 범했다(20:12, 24). 또한 산당에서 다른 신들을 숭배했다(6:13, 20:28). 여호와의 성전마저 온갖 부정한 것들과 이방 종교 풍습들로 오염시켰다(23:37–38).

둘째, 포로로 끌려온 주의 백성이 회복을 기대할 수 있는 미래의 소망이다. 하나님의 심판이 혹독하지만, 끝에 가서 이스라엘은 주님의 심판을 견디어낼 수 있다고 선지자는 주장한다. 하나님이 그렇게 계획하셨기 때문이다. 또한 이스라엘이 포로 시대를 이겨내고 한 민족으로서 본국으로 귀향할 수 있었던 것은 에스겔과 같은 선지자들이 그들 중에 거하며 주의 백성을 주의 말씀으로 치유하고 위로했기 때문이다. 반면에 북왕국이 포로 생활에서 돌아오지 못한 것은 그들 중 선지자가 없었기 때문이다. 선지자는 미래에 대한 예언을 통하여 하나님의 계획이 이스라엘의 믿음을 새롭게 할 것이라는 사실을 강조한다.

(2) 죄

에스겔은 이스라엘이 총체적으로 타락했기 때문에 소수의 의로움으로 온 백성을 구할 수 있는 의로운 '남은 자'에 대해 거의 언급하지 않는다. 14:12-20은 자신들의 의로움으로 고작 자신들이나 구할 수 있는 소수에 대해 암시할 뿐이다. 소돔과 고모라는 의인 10명이 없어서 멸망했다. 롯과 두 딸만이 자신들을 구원할 수 있었다(cf. 창 19장). 에스겔은 똑같은 상황이 머지않아 이스라엘에서 일어날 것이라고 경고한다.

에스겔의 특징은 죄를 사회적, 종교적인 것들로 구분하지 않고 모두 제의(祭儀)적인 언어로 묘사하고 있다는 점이다. 그가 자주 사용하는 '가증한 일'(תּוֹעֵבָה), '더럽히다'(חלל), '부정한'(טָמֵא) 등은 모두 제의적인 용어들이다. 선지자는 무엇보다도 하나님 앞에서 죄지은 사람을 예식적으로 부정하게 하는 행위가 죄라는 사실을 강조하고자 한다.

그렇다면 부정한 사람이 거룩한 하나님 앞에 서기 위해서 어떻게 해야 하는가? 정결해져야 한다. 마치 부정한 사람이 정결 예식을 거쳐야만 성전에 나아갈 수 있는 것처럼 죄인은 정결해질 때만 하나님께 나아갈 수 있다. 이것이 에스겔의 주장이다.

이스라엘이 다시 하나님의 백성이 되려면 먼저 부정한 것들을 제거해야 한다. 문제는 지난 수백 년 동안 그들의 선조의 죄가 계속 쌓여

왔다는 사실이다. 백성들은 자신들의 노력만으로는 지난 수백 년 동안 쌓인 죄를 해결할 수 없다고 생각한다. 더 나아가 자신들이 조상의 죗값을 치르는 것이 억울하다고 주장한다. 그래서 "아비가 신 포도를 먹었으므로 아들의 이가 시다"(18:2, cf. 렘 31:29, 30)라는 말을 통해 불만을 토로했다.

그러나 선지자는 사람들이 죽음을 맞는 이유가 자신의 죄 때문이지 조상의 죄 때문이 아니라고 잘라 말한다(18:3-4). 성경은 아비의 죄 때문에 자식을 벌하거나, 자식의 죄 때문에 부모를 벌하는 '연좌'를 허락하지 않기 때문이다(cf. 신 24:16). 결국 에스겔과 예레미야는 모든 사람이 자신의 운명을 스스로 결정한다고 가르친다.

(3) 정통 신학의 재구성

에스겔은 자신의 메시지에서 이스라엘이 정통으로 간주하고 있던 여러 가지 신학적 기둥을 먼저 무너뜨리고, 다시 재건하는 작업을 한다(Block). 다음 도표를 참조하라.

정통 신학의 기둥	파괴 선언	재건 선언
이스라엘의 보호자이신 여호와께서 이스라엘과 영원한 언약을 맺으셨다.	3:16-21, 5:4, 16-17, 6:11-14, 14:1-23, 15:1-8, 16:1-60, 18:1-32, 20:1-44, 23:1-49, 33:1-20, 33:23-29	34:1-31, 36:16-32, 37-38, 37:1-14, 15-21, 25-28, 39:21-29
여호와께서 이스라엘에게 가나안 땅의 영원한 소유권을 주셨다.	4:1-3, 9-17, 5:5-15, 6:1-7, 11-14, 7:1-27, 11:1-21, 12:17-20, 14:12-23, 15:1-8, 16:1-63, 21:1-17, 18-27, 22:1-31, 23:1-49, 24:1-15	34:25-29, 35:1-36:15, 35:33-36, 38:1-39:20, 47:1-48:7, 23-29

여호와께서 예루살렘을 영원한 거처지로 삼으셨으며 그곳에서 백성에게 주권을 행사하신다.	7:20-24, 8:1-10:22, 11:22-25, 24:16-27	37:26-27, 40:1-46:24, 48:8-22, 30-35
여호와께서 다윗 집안에게 영원히 이스라엘을 통치할 수 있는 권한을 주셨다.	12:1-16, 17:1-24, 19:1-14, 21:15-27	34:23-24, 37:22-25

에스겔서의 특징은 책의 앞부분에서 특정한 주제를 언급한 후에 뒷부분에서 그 주제를 다시 언급하고 더 발전시켜 나간다. 책 안에서 반복적으로 전개되는 주요 주제들은 다음과 같다.

주제	텍스트
하나님의 영광과 보좌	1:1-28, 8:1-11:25, 43:1-9
선지자 에스겔의 파수꾼 임무	3:16-21, 33:1-9
선지자의 '벙어리 생활'	3:26-27, 33:22
가마솥으로 표현된 예루살렘의 안위	11:1-12, 24:1-14
창녀로 표현되는 이스라엘의 영적 간음	16장, 23장
자신의 운명에 대한 각 개인의 책임	18:1-32, 33:10-20

더 나아가 선지자는 앞에서 언급한 주제를 책 전체에서 지속적으로 전개하며 발전시켜 나간다. 대표적인 예가 6:8-10, 11:17-20, 16:60-63, 20:39-44에 전개되어 있는 '남은 자'들에 대한 언급이다. 에스겔서에서 이런 표현이 수십 번 사용된다. 그래서 이러한 현상을 잘못 이해한 사람들은 "에스겔은 자신이 이미 한 말을 지나치게 반복한다"는 비난까지 하게 된 것이다. 선지자가 같은 주제를 반복적으로 언급할 뿐만 아니라, 지속적으로 발전시켜 나간다는 사실을 감안할 때, 일부 주제를 다음과 같이 함께 묶어 연구하는 것도 괜찮은 방법이다(Block).

에스겔의 역할	말씀
여호와의 대변자	1:1-28a, 1:28b-3:15
파수꾼	3:16-21, 6:1-14, 7:1-27, 33:1-9
참 선지자	12:21-28, 13:1-23, 14:1-11, 22:23-31
메시지의 실제화	3:22-27, 24:15-27, 33:21-22, 33:30-33
환상가	8:1-10:22, 11:22-25, 43:1-14
연기자	4:1-5:17, 12:1-20, 21:23-21:18-27, 37:15-28
비유와 수수께끼 전달자	17:1-24, 19:1-14, 20:45-21:17, 22:17-22
논쟁자	11:1-13, 11:14-21, 18:1-32, 24:1-14, 33:10-20, 33:23-29
기소자	14:12-15:8, 16:1-63, 20:1-44, 22:1-16, 23:1-49
열방의 심판관	25:1-17, 26:1-21, 27:1-36, 28:20-23, 30:1-19, 32:17-32
왕들의 심리를 간파한 자	28:1-10, 28:11-19, 29:1-16, 29:17-21, 30:20-26, 31:1-18, 32:1-16
목자	34:1-31
복음 선포자	6:8-10, 11:14-21, 16:60-63, 28:24-26, 35:1-36:15, 36:16-38, 37:1-14
묵시자	38:1-39:29
새 모세	40:1-48:35

(4) 즐겨 사용하는 표현

성경 저자들은 자신들만 자주 사용하는 고유 표현들을 각자 가지고 있다. 예를 들자면 이사야는 하나님께 '이스라엘의 거룩하신 이'라는 호칭을 자주 사용하는데, 이 표현은 이사야가 '저작권자'라고 해도 과언이 아니다. 선지자가 자주 사용하는 표현을 연구해보면 그의 사상과 강조하고자 하는 메시지와 하나님에 대한 생각을 알 수 있기 때문에 중요한 연구 자료다. 에스겔도 그 자신이 '저작권'을 가진 표현 몇 가지를 자주 사용한다.

첫째, '인자'(בֶּן־אָדָם, '사람의 아들')라는 표현이다. 하나님은 에스겔을 부르실 때 그의 이름을 부르지 않고 대신 '인자'라는 호칭만을 사용하신다. 에스겔서에서 이 호칭은 93차례나 사용된다. 다니엘서 8:17도 '인자'라는 표현을 한 차례 사용하지만, 구약 다른 부분에서는 전혀 사용되지 않는 표현이다.[5]

구약에서 '아들'(בֵּן)이란 단어는 관계도 표현하지만 성향/본질을 표현하기도 한다(cf. HALOT). 나이를 말할 때 '25년의 아들'은 25세 되었다는 것이며, '진실의 아들'이라는 표현은 그 사람이 진실하다는 것을 의미한다. 에스겔서에서 '사람의 아들'이란 영존하시는 여호와의 대조적인 표현으로 언젠가는 죽어 없어질 인간의 보잘것없는 운명을 강조한다. 이러한 뉘앙스는 1-32장에 강렬하고 지속적으로 전개되는 이스라엘의 죽음 이미지에 잘 어울린다.

둘째, '주 여호와'(אֲדֹנָי יְהוִה)라는 표현이다. 성경의 다른 저자들도 이 용어를 사용한다. 그러나 에스겔처럼 이 표현을 많이 사용하는 성경 저자는 없다. 예를 들자면 에스겔서보다 훨씬 더 긴 책인 예레미야서는 이 표현을 고작 10차례 사용하는데, 에스겔서는 무려 217차례나 사용한다. 이중 208회는 담론(discourse)을 시작하거나 마무리 짓는 표시(discourse marker)로 사용한다.

'주 여호와'라는 표현은 하나님의 이름(여호와)과 그의 우주적인 위치(주)를 하나로 묶는다(cf. NIDOTTE). 선지자는 이 하나님의 성호를 통해 주 여호와의 대변자인 자신의 권위를 강조할 뿐만 아니라, 이스라엘의 가장 기본적인 죄를 비난한다. 이스라엘은 그들의 주인이신 여호와께 반역한 것이다.

셋째, '이스라엘 집안'(בֵּית יִשְׂרָאֵל)이라는 표현이다. 이 표현은 에스겔서에서 83회 사용되고 있으며 구약 전체에서 사용되는 횟수(146회)의

---

5 아이흐로트(Eichrodt)는 다니엘서가 에스겔서 2:1의 영향을 받은 것으로 간주한다.

57퍼센트를 차지한다. 반면에 '이스라엘의 아들들/자손들'(בְּנֵי יִשְׂרָאֵל)이라는 표현은 구약에서 638차례나 사용되고 있으나 에스겔서에서는 고작 11차례만 사용된다. 아마도 에스겔이 하나님 앞에 한 민족(집안)으로 서 있는 이스라엘을 부각하기 위해 이 표현을 많이 사용하고 있는 듯하다(Block).

넷째, '패역한 족속[반역한 집]'(בֵּית מְרִי)이다. 이스라엘에게 적용되는 표현이며 에스겔이 이스라엘을 비난하면서 사용하는 독특한 표현법이다. 상당히 자주 사용된다. 이스라엘-여호와 관계의 현실을 잘 묘사하는 표현이다.

다섯째, "보라, 내가 너희를 대적하나니"(behold, I am against you…)이다. 다른 선지자들도 종종 사용하는 표현이지만 에스겔은 이 표현을 보편적으로 사용한다. 이스라엘이 자신들의 '보호자/수호신'으로만 믿었던 여호와가 그들의 대적으로 제시될 때 얼마나 큰 충격을 받았을지 상상해보라.

여섯째, "나, 여호와가 말하느니라"(אֲנִי יְהוָה דִּבַּרְתִּי)이다. 선지자는 이 표현을 각 예언/선포의 마지막 문장으로 사용한다. 이 문장의 의미는 "여호와께서 말씀하셨으니 어찌 내가 전하지 않으리오"이다. 혹은 "하나님이 말씀하셨으니 어찌 그의 대변인이 잠잠할 수 있겠는가"(cf. 암 3:8)이다.

일곱째, "그들이 내가 여호와임을 알지라"(יָדְעוּ כִּי־אֲנִי יְהוָה)도 자주 사용된다. 동사 '알다'(ידע)는 에스겔서에서 72차례나 사용되며 선지자 사역의 가장 기본적인 목적을 암시한다. 에스겔은 사역의 주된 목적을 주의 백성이 여호와를 알고 인정하게 하는 것으로 삼았다.

이러한 목표를 염두에 둔 에스겔의 사역은 이스라엘의 여러 선지자의 전통적인 사상을 그대로 반영하고 있다. 예를 들자면, 이사야 선지자는 이미 이스라엘이 "여호와를 아는 지식이 없어서 타국으로 끌려갈 것"을 선포했다(사 5:13). 호세아도 "우리가 여호와를 알자. 힘써 여호와를 알자"라고 호소했다(호 6:3). 또한 아모스는 하나님의 심판이 시작되면 "여호와의 말씀을 듣지 못하는 기갈"(viz., 여호와를 아는 지식의 결여)이 임할 것이라고 경고했다. 우리의 모든 사역도 하나님을 아는 지식을 세상에 선포하는 데 초점이 맞추어져야 한다.

(5) 성전과 하나님의 영광

바빌론은 주전 586년에 예루살렘을 멸망시키고 성벽을 파괴하고 도시를 불태웠다. 이때 그들은 성전에 침입해 귀금속으로 만든 모든 성전기구들을 바빌론으로 이송하고 성전에도 불을 질렀다. 신학적으로 잘 이해가 안 되는 일이다. 요세푸스에 의하면 성전은 매우 거룩한 곳이기 때문에 함부로 대하는 사람은 죽기 십상이었다. 특히 지성소는 얼마나 거룩한 공간이었는지, 대제사장도 1년에 한 번 속죄일에만 출입할 수 있었다. 그것도 며칠 전부터 시작된 정결 예식을 거친 다음에 갈 수 있었다.

속죄일이 되면, 대제사장은 허리에 방울을, 발에는 밧줄을 달고 지성소로 들어갔다. 대제사장이 지성소에서 나오는 일이 지연되더라도 방울 소리가 나면 밖에 있는 사람들은 기다렸다. 대제사장이 살아 있어 움직이면 방울 소리가 날 것이기 때문이다. 반면에 나올 시간이 지났는데도 방울 소리가 들리지 않으면 죽은 것으로 여겨서 대제사장의 발에 묶인 밧줄을 밖에서 당겨 시체를 치웠다. 지성소는 하나님의 임재가 함께하는 지극히 거룩한 공간이었기 때문에 시체를 치우는 사람들이라도 들어갈 수 없었다.

바빌론 사람들이 주전 586년에 성전을 약탈하고 불태울 때 어떻게 이 거룩한 공간을 마음대로 짓밟을 수 있었을까? 그 어떤 대가도 치르지 않고 말이다. 에스겔서는 이 신학적 문제에 대해 답을 제시한다. 선지자는 8-11장에서 자신이 하나님의 영에 사로잡혀 예루살렘 성전을 방문했던 일을 회고한다.

에스겔은 이때 성전에서 행해지는 온갖 죄를 목격했다. 하나님 임재의 상징인 주님의 영광은 사람들의 죄로 오염된 성전에 더 이상 머물 수 없었다. 그러므로 하나님의 영광이 법궤의 뚜껑인 속죄소(시은좌)에서 떠나 성전 뜰로 이동하고, 이어 예루살렘 동쪽에 있는 산(감람산)으로 옮겨가더니, 마침내 거룩한 땅 이스라엘을 떠나 동쪽으로 가는 것을 목격했다.

에스겔이 소명을 받은 때로부터 약 14개월이 지난 시점에 있었던 일이다. 그가 주전 592년에 소명을 받았으므로(cf. 1:1), 이듬해인 주전 591년경에 있었던 일이다. 그렇다면 하나님의 영광이 예루살렘 성전을 떠난 것은 바빌론 사람들이 예루살렘 성전을 약탈하고 불태우기 5년 전에 있었던 일이다. 이때 성전을 떠난 하나님의 영광은 훗날 말일에 예루살렘 성전이 회복된 다음에야 돌아온다(cf. 43장). 이 환상은 아직도 성취되지 않은 예언으로 남은 것이다.

범접할 수 없는 지극히 거룩한 예루살렘 성전을 짓밟은 바빌론 사람들이 어떠한 대가도 치르지 않았는지 이제 이해할 수 있다. 성전이 약탈당하기 수년 전에 여호와의 임재의 상징인 그의 영광이 성전을 떠났다. 하나님의 영광(임재)이 떠난 성전은 그저 평범한 건물로 전락한다(cf. Wilson). 성전은 하나님의 영광이 머무는 동안에만 거룩한 공간이지 하나님의 영광이 떠나면 더 이상 특별한 의미를 갖지 못하기 때문이다.

하나님의 영광이 떠나 평범한 건물이 되어버린 성전은 더 이상 범접할 수 없는 거룩한 공간이 아니다. 아무라도 출입할 수 있고, 이방인들이 약탈할 수 있는 장소가 된다. 그러므로 바빌론 사람들은 어떠한 어려움도 겪지 않으면서 성전을 짓밟고 약탈할 수 있었다. 성경에서 이 주제에 대하여 언급하는 유일한 책이 바로 에스겔서다.

6. 개요

에스겔서는 다른 책들에 비해 상대적으로 쉽게 세 부분으로 나뉜다. (1) 심판 선언(1:1-24:27), (2) 열방에 대한 심판 선언(25:1-32:32), (3) 위로와 회복 선언(33:1-48:35). 중앙 열방에 대한 심판 선언(OAN, Oracles Against Nations)을 두고 대칭적인 구조를 지니고 있는 것이다.

A. 심판(1:1-24:27)
  B. OAN(25:1-32:32)
A'. 회복(33:1-48:35)

일부 주석가들은 OAN이 에스겔서의 다른 부분들과 별로 연관성이 없다며 이 부분에 어떠한 중요성도 부여하지 않는다(Hals). 그러나 OAN은 심판을 받은 주의 백성(A)에게 회복(A')의 발판을 마련해준다. 이스라엘을 미워하는 열방이 주님의 심판을 받아 주의 백성의 재기에 매우 중요한 기여를 하기 때문이다.

에스겔서는 담론의 범위(discourse unit)를 구분하기가 매우 쉬운 책이다. 이 책은 총 50여 개의 담론으로 나누어진다. 이중 48개는 날짜에 대한 언급이나 "여호와의 말씀이 내게 임하니라"와 같은 선지적 표현(prophetic formula)으로 시작된다. 에스겔서는 다음과 같이 세분화할 수 있다.

Ⅰ. 에스겔의 소명(1:1-3:27)
  A. 시대와 정황(1:1-3)
  B. 여호와의 영광 비전(1:4-28)
  C. 에스겔의 소명(2:1-3:27)
Ⅱ. 유다와 예루살렘에 대한 심판(4:1-24:27)

A. 이스라엘 멸망에 대한 행동 예언(4:1–5:17)
B. 이스라엘 영토와 백성 멸망(6:1–7:27)
C. 여호와의 영광이 예루살렘을 버림(8:1–11:25)
D. 참 예언과 거짓 예언(12:1–14:11)
E. 심판과 포도나무 비유(14:12–15:7)
F. 음란한 여자들(16:1–63)
G. 독수리, 포도나무, 백향목 비유(17:1–24)
H. 악인의 멸망을 슬퍼하시는 하나님(18:1–32)
I. 유다 왕들에 대한 애가(19:1–14)
J. 하나님의 뜻과 인간의 반역(20:1–44)
K. 심판하는 칼(20:45–21:32)
L. 억울한 피눈물로 얼룩진 예루살렘(22:1–31)
M. 간음한 두 자매(23:1–49)
N. 더러운 솥 예루살렘(24:1–14)
O. 선지자의 아내가 죽음(24:15–27)

Ⅲ. 열방에 대한 심판(25:1–32:32)
A. 암몬(25:1–7)
B. 모압(25:8–11)
C. 에돔(25:12–14)
D. 블레셋(25:15–17)
E. 두로(26:1–28:19)
F. 시돈(28:20–23)
G. 열방 심판과 이스라엘의 구원(28:24–26)
H. 이집트(29:1–32:32)

Ⅳ. 유다와 예루살렘에 임할 축복(33:1–48:35)
A. 파수꾼 에스겔(33:1–33)
B. 이스라엘의 목자들(34:1–31)

C. 에돔 심판(35:1-15)

D. 이스라엘의 산에게 주는 예언(36:1-38)

E. 마른 뼈 계곡(37:1-14)

F. 하나가 된 두 막대기(37:15-28)

G. 곡과 마곡(38:1-39:29)

H. 회복된 예루살렘에 대한 환상(40:1-48:35)

I. 에스겔의 소명
(1:1-3:27)

구약에서 한 사람이 선지자가 되어 하나님의 사역에 동참하게 되는 동기는 크게 두 가지로 나뉜다. 첫째 유형은 하나님의 소명을 받은 선지자가 처음에는 반항하다가 마지못해 따라가는 경우다. 둘째 유형으로는 선지자가 소명을 받을 때 특별하고 놀라운 일을 경험하며 이 경험을 바탕으로 자원해서 선지자의 길을 가는 경우다. 모세와 예레미야 등은 전자에 속한다. 반면에 이사야 등은 후자에 속한다.

에스겔은 후자에 속하면서도 자신의 소명에 대해 며칠 동안 심사숙고하며 괴로워하다가 결국에는 하나님의 강압적인 소명에 순종하는 것으로 결단을 내렸다. 제사장 견습생 신분으로 바빌론으로 끌려와 지난 5년 동안 참으로 어려운 시간을 보낸 에스겔의 입장에서는 하나님의 부르심에 매우 감사하며 곧바로 순종하는 것이 순리다. 그러나 그는 선지자의 길이 얼마나 험난한지 많이 고민하고 주저하다가 겨우 순종했다.

하나님은 이처럼 여러 종류의 사람들을 다양한 상황에서 부르고 각자에게 가장 적합한 사역을 맡기신다. 이사야나 아모스처럼 하나님의 부르심에 처음부터 압도되어 순종하는 사람들이 있는가 하면, 예레미야나 에스겔처럼 주저하다가 순종하는 사람들도 있다. 하나님이 어떤 상황에서 어떤 사람을 부르시든 간에 주님의 부르심에는 몇 가지 공통점이 있다.

첫째, 선지자 소명은 무아지경이나 비몽사몽의 상황에서 임하는 것이 아니라, 주어진 삶을 성실하게 살아가고 있을 때 찾아온다. 물론 부흥회, 수련회, 신유집회 등과 같은 특별한 행사를 통하여 소명을 주시는 일도 있지만, 이렇게 주신 소명도 냉철하게 평가되고 확인되어야 한다. 하나님은 즉흥적인 감정으로 결정하는 헌신을 원하지 않으시기 때문이다. 그러므로 하나님이 주실 소명을 준비하는 가장 좋은 방법은 일상에서 최선을 다해 신실하게 살아가며 주님의 부르심을 기다리는 것이다.

둘째, 선지자 소명은 하나님과 소명자 본인 사이의 대화를 통해 주어진다. 간혹 어머니의 서원 기도 때문에, 혹은 '누구의 무엇' 때문에 신학을 하게 되었다고 증언하는 사람들을 본다. 그러나 사명자의 길을 가는 데는 이런 것보다는 더 확고한 개인적인 부르심을 확인할 필요가 있다. 부모는 자식을 대신해서 살 수 없고 그 누구도 우리를 대신해서 사역할 수 없기 때문이다. 우리 모두에게 하나님이 주신 소명이 있고, 이 소명을 우리 스스로 분별해야 한다.

셋째, 선지자 소명은 개인적인 것이다. 우리가 속한 공동체에 특별한 소명을 주실 수도 있지만 이런 것은 교회의 특별한 상황을 고려해야 한다. 하나님은 필요에 따라 직접 사람들을 찾아가 개인적으로 소명을 주신다. 우리 각자가 사역을 준비하게 된 동기를 곰곰이 생각해 보면 이 원리를 이해할 수 있다.

넷째, 선지자의 사역은 중재에 그 초점이 맞추어져 있다. 선지자는 자신을 위해 부르심을 받은 것이 아니라, 하나님이 자기 백성에게 메시지를 전하시는 과정에서 매체의 역할을 하기 위해 부르심을 받았다. 성경은 선지자가 개인적인 이권을 추구한다면 그는 거짓 선지자라고 가르친다. 선지자는 하나님의 나라를 위해, 이 세상에 세워진 기독교인의 공동체를 위해 죽을 각오가 되어 있어야 한다.

다섯째, 선지자들이 백성들 앞에 설 때에 그들은 하나님의 메시지와 하나님의 권위를 가지고 선다. 그들은 하나님이 보내신 하나님 나라의 대사들이다. 끊임없이 하나님과 교제하며 하나님의 음성을 듣고 싶어 하며 하나님이 주신 메시지를 담대하게 전하는 용기가 필요하다.

에스겔 1-3장은 네 부분으로 나뉜다. 먼저, 역사적인 배경을 소개하는 서론(1:1-3)은 언제, 어디서, 누구에게 하나님의 환상이 임했는가를 수록하고 있다. 하나님의 보좌에 대한 환상(1:4-28)은 에스겔이 누구에게 선지자의 소명과 권한을 부여받았는가를 설명해준다. 이 환상을 통해 그의 사역과 권위의 근거가 하나님이심을 보여준다(Wilson, Darr).

다른 선지자들처럼 에스겔도 하나님에 대한 특별한 체험과 주님의 강압적인 주권으로 선지자가 되었다. 성경에 의하면 참 선지자와 거짓 선지자를 확인하는 중요한 방법 한 가지는 하나님으로부터 직접 소명을 받았는가 여부다(cf. 렘 23:18, 사 6장). 셋째 부분인 에스겔의 소명(2:1-3:15)에서 그는 하나님으로부터 죄악을 일삼는 백성들에게 말씀을 전하도록 소명을 받는다. 그의 소명은 일종의 확인 단계로 육체적 체험(3:12-15)을 동반했다. 에스겔은 환상을 통해 소명을 받고 난 후에 매우 답답하고 착잡한 심정으로 7일 동안 소명을 거부할 것인가 받을 것인가를 고민하며 괴로워했다. 이 기간 동안 그는 앞으로 백성들로부터 체험하게 될 감정을 조금이나마 맛보고 있다.

마지막으로 에스겔은 파수꾼(Watchman)으로 파송을 받는다(3:16-27). 선지자는 백성들의 파수꾼으로서 감당해야 할 책임이 있으며 이 책임을 다하지 못하면 직무유기죄를 피하기 어렵다고 하나님은 경고하신다. 목회자를 포함한 모든 사역자들도 하나님이 주신 소명에 신실하게 임하지 않으면 하나님이 직무유기의 책임을 물으실 수도 있다는 사실을 마음에 새겨야 한다.

소명을 받은 에스겔은 곧장 벙어리가 되어 사역을 시작한다(3:22-27). 대체적으로 선지자들은 말씀 선포로 사역을 시작하는 것에 반해 에스겔은 벙어리가 되는 것으로 사역을 시작한다. 그것은 어떤 의미를 지니고 있을까? 벙어리가 되어 선지자 사역을 시작해야 하는 그의 답답한 심정은 마치 여호와께서 이스라엘을 바라보며 느끼신 감정을 보여주는 듯하다. 에스겔 선지자가 어떻게 하나님께 소명을 받았는가를 회고하고 있는 본문은 다음과 같이 구분할 수 있다.[6]

A. 시대와 정황(1:1-3)
B. 여호와의 영광 비전(1:4-28)
C. 에스겔의 소명(2:1-3:27)

I. 에스겔의 소명(1:1-3:27)

A. 시대와 정황(1:1-3)

1 서른째 해 넷째 달 초닷새에 내가 그발 강 가 사로잡힌 자 중에 있을 때에 하늘이 열리며 하나님의 모습이 내게 보이니 2 여호야긴 왕이 사로잡힌 지 오 년 그 달 초닷새라 3 갈대아 땅 그발 강 가에서 여호와의 말씀이 부시의 아

---

6 한 학자는 1:1-3:15에 대하여 다음과 같은 교차 대구법적 구조를 제시한다(Parunak). 이 제안의 가장 큰 약점은 텍스트 분량이 불균등하게 배당되고 있다는 점이다. 예를 들자면 B는 25절로 구성된 것에 반해 B′는 1절로 형성되어 있다.

- A. 환상의 정황(1:1-3)
  - B. 신적(神的) 책망: 병거가 다가옴(1:4-28)
    - C. 서론적 말씀(2:1-2)
      - D. 첫 번째 소명과 안심시키기(2:3-8a)
        - E. 소명을 확인하는 징조(2:8b-3:3)
      - D′. 두 번째 소명과 안심시키기(3:4-11)
    - C′. 서론적 말씀(3:12)
  - B′. 신적(神的) 책망: 병거가 떠남(3:13)
- A′. 환상의 정황(3:14-15)

들 제사장 나 에스겔에게 특별히 임하고 여호와의 권능이 내 위에 있으니라

에스겔이 선지자의 소명을 받은 때는 정확히 언제쯤인가? 학자들은 여러 가지 추측을 내놓았다(cf. Bewer). 첫째, 오래전부터 어떤 사람들은 선지자가 1절에서 언급하고 있는 30년이 주전 621년에 성전을 보수하다가 율법책을 발견한 것을 기점으로 시작된 요시야의 종교개혁으로부터 30년이 지난 시점이라고 해석하기도 하고(Targum, Jerome, Brownlee, Cooper, cf. Cooke), 마지막 희년(Year of Jubilee)이 지난 지 30년째 되던 해로 간주하기도 했다(cf. Fisch, 레 25:8-17). 성경이 제사장 등극을 30세로 기록한다고 해서 제사장 취임과 연결해서 해석해야 한다는 주장도 있다(Darr). 제사장들이 등극하는 해에 에스겔이 선지자가 되었다는 뜻이라는 것이다. 그러나 이 모든 제안은 별로 설득력이 없어 보인다. 선지자가 밝히고 있는 정보에 대해 지나치게 특정한 상황을 전제로 해석하고 있기 때문이다.

둘째, 특정한 왕의 즉위 해로부터 30년이 지난 것으로 간주하기도 한다. 느헤미야 1:1과 2:1을 비교해보면 이러한 표기법이 고대사회에서 매우 일상화된 표현이라는 것을 알 수 있다. 느헤미야 1:1은 단순히 "20년째 되던 해"라고 하는데, 2:1을 감안하면 1:1의 "20년째 되던 해"는 아하수에로 왕이 즉위한 지 20년째 되던 해라는 것이 확실해진다. 에스겔의 '30년'을 이런 배경으로 읽으면 주전 597년에 있었던 유다 왕 여호야긴 즉위 30년째 되던 해(주전 567년, 에스겔이 책에서 환상을 본 때로 제시하는 날짜들 중 가장 늦은 해이기도 하다. cf. Stuart), 혹은 주전 625년에 있었던 바빌론 왕 느보 즉위 30년(주전 595년)이 유력하다(von Orelli).

다니엘과 세 친구를 포함한 첫 번째 포로민 무리가 바빌론으로 끌려간 해가 주전 605년이다(cf. 단 1:1-3). 한 학자는 이때 이스라엘의 바빌론 포로 생활이 시작되었다는 걸 근거로, 본문의 30년을 이 해로부터 30년째 되던 해(주전 575년)로 해석하기도 한다(Howie). 그러나 에스겔이 책에서 제시하는 날짜들 중 일부가 이 해를 앞서므로 이 주장은 설득력을 잃는다. 이처럼 다양한 해석의 가능성을 전적으로 배제할 수는 없지만, 그다지 설득력이 있어 보이지는 않는다.

셋째, 대부분 학자들이 결론짓는 것처럼 1절이 언급하고 있는 '30년'(בִּשְׁלֹשִׁים שָׁנָה)은 선지자의 나이다(Allen, Miller, Odell, Blenkinsopp, Block). 이러한 형식의 나이 표현은 창세기 8:13에서도 사용된다(cf. 창 7:11). 나이 30이 에스겔에게도 특별한 이유가 있다. 만일 그가 예루살렘에 남아 있었다면, 그는 이 나이에 제사장으로 등극했을 것이기 때문이다. 그러므로 본문의 숫자 30을 선지자의 나이로 간주하고 2절에 언급된 여호야긴이 바빌론으로 끌려온 지 5년이 되던 해를 환상을 본 시기로 간주한다면, 이 해 넷째 달 오 일은 주전 593년 7월 31일이 된다(Taylor, Alexander).

기록에 의하면 이 해(주전 593년)에 여호야긴의 뒤를 이어 유다의 왕이 된 시드기야가 바빌론을 방문했다(렘 51:59). 자신을 왕으로 세워준 바빌론에게 충성을 다짐하기 위해서였을 것이다. 한가지 역설적인 것은 인간 왕 시드기야는 유다의 평안과 존속성을 보장받고자 바빌론을 찾았는데, 같은 해에 같은 나라를 찾으신 하나님은 에스겔 선지자를 통해 유다의 평안과 존속을 파괴하는 메시지를 선포하신다는 사실이다. 사람의 희망 사항과 하나님의 계획이 완전한 대립을 이루고 있다.

이때 에스겔은 자신이 그발 강가에 있었다고 한다(3절). 그발 강은 아마도 바빌론을 지나는 유프라테스강의 물을 끌어다 농사도 짓고 생활용수로도 사용하는 수로였을 것이다(Cooke, Fisch, Taylor). 선지자는 왜 이 강에 나와 있었을까?

한 주석가는 주로 심판의 메시지를 전한 그가 축복과 성공의 메시지를 듣기 원하는 유다 피난민들에게 따돌림을 받아 이곳으로 온 것이라는 해석을 내놓았다(Greenberg). 그러나 이렇게 해석할 만한 근거가 에스겔서에 있는 것은 아니다. 아마도 유대인 촌이 이 근처에 형성되어 있었으며, 선지자는 예루살렘 성전 방향으로 기도하기 위하여 강가로 나온 듯하다(Taylor, cf. Darr).

선지자는 왜 당시 유다를 통치하던 시드기야 왕을 연대의 기준점으로 삼지 않고 고작 3개월 동안 왕위에 앉아 있다가(cf. 왕하 24:8, 대하 36:9) 바빌론에 끌려와 지난 5년 동안 감옥에 감금되어 있던 여호야긴 왕을 기준으로 삼았을까? 아마도 에스겔은 여호야긴이 바빌론으로 끌려간 일을 다윗 왕조가 막을 내린 것으로 간주했던 예레미야의 예언에 동의하고 있는 듯하다(cf. 렘 22:28-30).

여호야긴의 뒤를 이어 유다의 왕이 된 시드기야는 여호야긴의 숙부(叔父)였다(왕하 24:17). 원래 왕위는 윗세대에서 아랫세대로 전수되는 것이 관례인데, 여호야긴-시드기야의 경우 아랫세대에서 윗세대로 역행한 것이다. 그러므로 에스겔(또한 다니엘)은 바빌론으로 끌려온 여호야긴을 정당한 다윗 혈통의 마지막 왕으로 여긴 것이다. 게다가 바빌론 사람들에 의하여 유다의 왕이 된 시드기야의 정당성을 인정하지 않겠다는 의지가 엿보이는 듯하다.

에스겔이 태어난 해는 그가 소명을 받은 때로부터 30년을 거슬러 올라가는 주전 623/2년쯤으로 추정된다. 이때는 요시야 즉위 18년째 되던 때와 거의 맞물리는 해이며 제사장 힐기야가 성전을 보수하다가 하나님의 말씀을 발견한 때이기도 하다(왕하 22장). 또한 에스겔은 예레미야 선지자에 대한 이야기를 들으며 자랐을 것이다. 예레미야는 요시야 즉위 13년 되던 해(주전 626년)에 소명을 받았으므로(렘 1:2) 에스겔의 어린 시절 즈음에는 선지자로서 명성이 자자했을 것으로 생각된다.

에스겔의 어린 시절과 맞물리는 요시야-예레미야 시대는 이스라엘의 역사 중 매우 괄목할 만한 종교개혁 및 부흥의 시대였다. 아마도 루터의 종교개혁과도 버금갔을 것이다. 이런 시대를—하나님이 인간의 역사 속에 놀랍게 사역하실 수 있다는 사실을 보여준 때를—살았던 에스겔 또한 하나님의 능력에 매혹된 것 같다.

에스겔은 여호와 하나님은 말라비틀어진 뼈 더미처럼 되어버린 유다를 회생시킬 수 있는 분이라는 사실을 의식하고 있다(37:1-15). 또한 그가 선포한 놀라운 메시지를 불신하고 오히려 야유를 퍼붓는 사람들에게 담대하게 여호와의 말씀을 선포하고, 사람들의 조롱거리가 되면서도 행동적 예언을 할 수 있었던 것은 이런 놀라운 하나님의 능력을 직접 체험하며 자랐기 때문이 아닐까?

사역자들이 어린 시절 경험한 하나님의 이미지는 그들의 삶에 평생 영향을 끼친다. 마치 선지자들이 소명을 받을 때 만난 하나님이 평생 그들의 사역에 크고 영구적인 영향(deep impression)을 미치는 것처럼 말이다. 하나님에 대한 특별한 경험이 우리의 삶과 사역에 지워지지 않는 영향을 남겨야 한다.

에스겔이 사역했던 시대는 미래에 대하여 아무것도 예측할 수 없는 불안과 노예의 고통으로 얼룩졌던 시간이었다. 북왕국 이스라엘이 주님께 죄를 지은 것 때문에 주전 722년에 아시리아의 손에 망했을 때, 별반 다를 바가 없는 죄인인 유다도 당연히 함께 망했어야 했다. 그러나 하나님은 자비를 베풀어 유다에 임할 심판을 보류하셨다(cf. 사 36-38장). 유다는 자매 나라 이스라엘이 사라진 이후에도 죄를 일삼으며 하나님을 분노하게 했지만, 하나님은 그의 종 다윗을 생각해 그의 후손들에게 계속 은혜를 베푸셨다.

그러나 에스겔 시대에 접어들면서 상황이 달라졌다. 선지자의 시대는 하나님의 오래 참으심에도 한계가 있다는 사실을 보여주는 시대였으며, 결과적으로 모든 것이 급변하는 시대였다. 특히 유다는 대내외적으로 건국 이래 최고의 고통과 불안의 시대를 맞이했다.

속국으로 있던 유다가 반역했다는 소식을 들은 군주 바빌론의 왕 느부갓네살은 주전 598년 12월에 가나안을 침략해 순식간에 유다 땅을 정복하고 수도 예루살렘을 포위했다. 포위가 시작된 후 얼마 지나지 않아 예루살렘 성안에서는 바빌론에게 반역한 유다 왕 여호야김이 죽고 그의 아들 여호야긴이 왕위에 올랐다.

그러나 아버지의 뒤를 이어 왕이 된 여호야긴에게는 바빌론의 포위 문제를 해결할 만한 능력이 없었다. 그렇다고 굳게 잠긴 성문 안에서 무한정 버틸 수도 없었다. 식량과 물이 바닥났기 때문이다. 결국 여호야긴은 즉위 3개월 만인 이듬해 3월에 바빌론 왕에게 항복함으로써 많은 사람들을 살렸다. 그러나 그 덕분에 여러 사람들이 포로가 되어 바빌론으로 끌려갔다. 이때 에스겔도 함께 바빌론으로 끌려갔다.

예루살렘에 남겨진 사람들의 생활도 매우 어려웠다. 여호야긴의 뒤를 이어 왕이 된 시드기야는 상당한 반대 세력(viz., 친 이집트 세력)에도 불구하고 친바빌론 정책을 펼쳐 나갔다(렘 24장). 그러다가 바빌론에서 내란이 일어났다는 소문이 온 가나안에 퍼졌다. 소식을 접한 가나안 지역 나라들이 동요했다. 유다뿐만 아니라 유다 주변 몇몇 나라들의 대표들이 예루살렘에서 모여 반역의 가능성을 의논했다(렘 27:3).

그러나 바빌론의 왕 느부갓네살은 주전 595년 12월에서 594년 1월 사이에 이 반란을 신속하게 제압했다. 바빌론에게 반역할 기회만 엿보고 있던 시드기야는 주전 588년에 이집트 왕 호브라(Hophra)의 격려를 받고 종주국 바빌론을 배신했다. 그러나 이 일로 유다는 주전 586년 한 나라로서의 운명을 마치게 되었다. 이미 바빌론으로 끌려와 살던 사람들은 눈물 속에 이 소식을 접했다(시 137편).

선지자 에스겔은 참으로 고통을 아는 사람이었다. 그는 제사장 집안에 태어나 어렸을 때부터 훗날 제사장이 될 것을 염두에 둔 교육을 받았다. 소년기부터 율법과 예배 예식에 대해 철두철미한 교육과 훈련을 받으며 성전에서 사역할 날을 꿈꾸었다.

에스겔은 예루살렘 성전에서 5년간 견습생 생활을 하고, 제사장 등극을 5년 앞둔 25세가 되던 해(주전 597년)에 강제로 바빌론으로 끌려왔다. 그가 살아생전 다시 본국으로 돌아갈 가능성도 거의 없었다. 또한 제사장직은 예루살렘에 있는 성전에서만 할 수 있는 일이다. 에스겔은 평생을 투자해서 준비했던 미래의 계획과 기대가 한순간에 물거품이 되는 아픔을 경험했다.

에스겔은 포로로 끌려온 지 5년째 되던 해에 선지자 소명을 받았다. 여호와의 제사장이 별다른 할 일 없이 바빌론에서 5년을 보냈으니 얼마나 고통스러웠을까? 그는 아마도 자신의 정체성에서부터 앞으로 바빌론에서 무엇을 하며 살아야 하는가에 대한 문제까지 많은 고민의 나날들을 보냈을 것이다.

드디어 하나님이 에스겔을 선지자로 부르셨지만, 사역을 시작했다고 해서 결코 순탄한 삶을 산 것은 아니었다. 사람들은 하나님의 말씀을 귀담아듣기보다는 오히려 비웃었다. 하나님은 이러한 에스겔의 고충에 아랑곳하지 않고 그에게 더욱더 무거운 사역의 짐을 지워주셨다. 이미 서론에서 언급한 것처럼 하나님은 에스겔에게 사람들의 오해와 조롱을 받을 수 있는 여러 가지 이상한 행동을 요구하셨다.

만일 하나님이 에스겔에게 요구하셨던 것처럼 어이없는 일로 비추어질 수 있는 일들을 하라고 요구하신다면, 우리는 과연 어떻게 반응할까? 우리의 믿음과 소명에 대한 신중한 성찰이 필요한 순간이다.

이 모든 어려움과 연단도 그가 소명을 받은 지 5년째 되던 해에 체험해야 했던 고통에 비하면 아무것도 아니었다. 35세 되던 해에 그는 사랑하는 아내를 잃는 아픔을 경험했다(24:18). 아내의 주검 앞에서 통곡은 고사하고 소리내어 울 수도 없었다. 에스겔이 아내의 죽음을 슬퍼하는 것을 하나님이 금하셨기 때문이다.

에스겔은 비둘기처럼 조용하게 신음을 토하며 아내의 죽음으로 인한 슬픔을 마음으로만 삭여야 했다. 아내의 죽음에 어떠한 감정도 보이지 않는 상황을 고려할 때, 만일 그의 삶에서 하나님과 선지자 사역을 제거하면 일부 심리학자들이 말하는 것처럼 그는 정신병을 앓는 사람으로밖에 취급될 수 없다.

에스겔이 선지자 소명을 감당하기 위해 치러야 했던 대가들은 무엇을 의미하는가? 하나님은 특별히 힘들고 고통이 많은 시대를 위해 에스겔을 준비하셨다. 그는 '준비된 그릇'이 되기 위해 머나먼 타국으로 끌려가는 아픔을 경험해야 했고, 개인적인 슬픔을 수차례 감당해야 했다. 선지자로서 사역을 시작한 후에도 아픔은 사라지지 않았다. 그의 사역은 좌절과 슬픔의 연속이었다.

에스겔은 자신의 고통을 사역의 한 부분으로 승화시켰다. 아픔을 통해 하나님의 마음을 헤아릴 수 있었고 백성들과 하나될 수 있었기 때문이다. 헨리 나우웬(Henri Nouwen)은 '상처받은 치유자'(Wounded Healer)를 이야기했다. 남의 아픔을 치유할 때 상처를 받아본 경험이 있는 사람이 그렇지 않은 사람보다 더 효과적인 사역을 할 수 있다는 것이다.

중요한 것은 이 치유자의 상처는 완전히 회복되어 흉터가 되어야 한다는 사실이다. 세상은 상처를 지니고 있는 사람이 아니라, 그 상처가 흉터로 치유된 사역자들을 바란다. 하나님의 말씀과 하나님과의 관계 속에서 우리의 상처가 치유되어 흉터로 성화된다면 그것은 더 이상 우리의 흉이 아니라 훈장이 된다.

에스겔은 제사장 교육을 받은 선지자로서 매우 특별한 부류에 속한다. 에스겔은 진정한 의미에서 선지자였다(2:5). 그러나 그는 자신을 제사장이라고 소개한다(1:3). 모세 율법에 의하면 레위인들은 25세가 되면 성전에서 견습생으로 일하기 시작했다(cf. 민 8:24). 그러다가 30세가 되면 정식 사역자로 등용되었다(cf. 민 4:3). 모든 레위 사람은 5년의 견습생 시절을 보내야 했던 것이다.

유대인들의 다른 전승에 따르면 레위인들 중 아론의 후손들은 20세가 되면 정식으로 제사장 훈련을 받기 시작했다. 율법이 아론의 자손들에게 제사장직을 물려줄 것을 명시하고 있다는 사실을 감안할 때, 제사장의 자녀들은 아버지의 기업을 물려받기 위해 아주 어렸을 때부터 율법 훈련을 받았을 것이다.

그렇다면 제사장의 아들이었던 에스겔도 어린 시절부터 성전과 예식에 대하여 철저한 교육을 받았을 것이다. 하나님은 누구라도 사용하실 수 있지만 특별히 준비된 사람들을 많이, 효과적으로 사용하신다. 뒤집어 말하면 준비되지 않은 자를 사용하는 것은 축복이 아니라 그 사람에 대한 저주로 작용할 수 있다. 기회가 주어질 때마다 최선을 다해 배우고 훈련받아야 할 이유가 바로 그 때문이다. 하나님이 쓰시고자 할 때 준비되어 있어야 한다는 말이다.

에스겔이 이스라엘 영토가 아닌 곳에서 소명을 받았다는 사실은 의미심장하다. 선지자는 지금 하나님의 성전이 있는 예루살렘으로부터 1,500킬로미터 떨어져 있는 바빌론에 거주하고 있다. 전통적으로 이스라엘 사람들은 이방 땅을 부정한 땅으로 여겼다. 그들은 여호와께서 부정한 땅에서는 주님의 말씀이나 계시를 주시지 않을 것이라고 단정했다.

그뿐만 아니라 예루살렘에 남아 있는 사람들은 바빌론에 포로로 끌려간 사람들이 죄를 지어 벌을 받았다고 단정지었다. 반면에 바빌론으로 끌려가지 않고 예루살렘에 남은 자기들은 여호와께서 이스라엘을 재건하는 데 사용하실 '남은 자'에 속하는 의인들이라고 자부했다. 조상 때부터 쌓아온 죗값은 주전 605년(다니엘과 세 친구가 끌려간 해, cf. 단 1:1)과 주전 597년(에스겔이 여호야긴 왕과 함께 끌려간 해)에 있었던 일을 통해 모두 지불되었기 때문에 이제부터는 좋은 일만 있을 것이라고 생각했다.

하나님은 결코 벌받고 버림받은 사람들이 거하는 바빌론에 거룩한 선지자를 세우실 리 없다고 생각한 것이다. 부정한 이국 땅인 바빌론에서 말씀을 주실 리가 없었다. 그런데 하나님은 바빌론에 거하고 있던 에스겔을 선지자로 세워 그를 통해 말씀을 선포하고자 그를 찾아오셨다!

하나님이 바빌론에 임하셨다는 것은 사람들의 기대와 정서에 역행하는 일이다. 하나님이 사람들의 정서와 기대에 역행하면서까지 포로 생활을 하고 있는 자기 백성을 찾아 바빌론까지 오셨다. 비록 하나님은 이스라엘을 심판하여 이곳까지 보내셨지만, 아직도 이스라엘은 하나님의 백성이며, 하나님은 그들 사이에 거하신다는 것을 확인하기 위해서다(Taylor, Howie).

전통과 관습에 지나치게 몰두해서는 안 된다. 전통과 관습의 일부가 잘못된 신학에서 비롯되었을 수도 있기 때문이다. 우리가 전통이라고 주장하고 고수하고자 하는 모든 것들을 꾸준히 성경의 진리로 평가하고 수정해야 한다.

보수적인 입장을 고수하는 것과 보수주의에 빠지는 것은 별개의 문제다. 보수적인 입장을 가장 적절하게 대변하는 개혁주의의 핵심은 끊임없이 개혁하는 것이다. 한때 대한토지공사가 아파트 광고에서 카피로 사용했던 "변하는 것만이 영원합니다"라는 말은 보수주의를 지향하는 신앙인들에게 도전이 되어야 한다.

하나님이 바빌론을 찾아오신 것은 주님이 아직도 포로민들 사이에 역사하고 있다는 사실을 암시한다(Klein). 이번에는 에스겔을 통해서 사역하고자 하신다. 안타까운 것은 하나님이 에스겔을 통해 선포하시고자 하는 메시지는 화해와 용서의 메시지가 아니라, 심판의 메시지라는 것이다. 하나님은 바빌론을 찾아오심으로써 에스겔이 심판을 선언하는 선지자가 되는 계기를 마련하신다(Brownlee, Ackroyd).

선지자는 자신이 본 것을 '하나님의 이상들'(מַרְאוֹת אֱלֹהִים)이라고 부른다(1절). 에스겔은 자신의 저서를 통해 선포하고자 하는 모든 메시지를 하나님께 받은 이상들로 정의한다. 선지자는 자신이 선포하는 모든 메시지가 선지자 자신에게서 비롯된 것이 아니라, 전적으로 다른 곳에서 비롯되었고, 이상으로 그에게 임했다는 사실을 강조한다.

선지자는 자기가 선포하는 메시지의 성향과 출처가 하나님이라는 것을 확실하게 선언한다. 이러한 사실은 에스겔의 청중들과 독자들에게 매우 확실하게 각인되어야 한다. 앞으로 그가 선포하는 메시지나 제시하는 비전이 익숙한 전통적인 가르침과 상반되는 것들이 많기 때문이다.

기독교 역사를 살펴보면 많은 신비주의자들이 하나님의 이상을 찾아 나섰다. 그들은 이상을 보기 위해 아주 먼 길을 떠났고, 오랜 시간 동안 금식을 하며 수행을 하기도 했다. 스스로 자기 몸을 학대하거나 혹독한 고행을 자청하면서까지 하나님의 이상을 구하기도 했다. 이 신비주의자들은 어떤 대가를 치르고라도 하나님의 환상을 보기를 원했다.

이 같은 인간적인 노력과는 대조적으로 하나님은 에스겔을 찾아와 그에게 이상을 보여주셨다. 신비주의자들이 추구한 이상이 자기만족을 위한 것이었다면, 에스겔의 경우에는 그를 선지자로 세우기 위한 것이었다. 하나님이 우리에게 이상을 주실 때는 우리 개인의 만족보다는 하나님 나라와 주의 백성 공동체를 위한 것임을 기억해야 한다.

에스겔이 책의 표제인 본문에서 '이상들'을 언급하는 것은 앞으로 그의 책에서 이상이 어떤 역할을 하게 될 것인가를 암시한다(Duguid). 에스겔서의 중요한 부분에는 그가 본 '이상들'이 자리를 잡았다. 책을 시작하면서 그는 1장에서 하나님의 보좌-마차 환상을 회고하며, 8-11장에서는 예루살렘 성전에서 본 이상들을 기록하고 있다. 37장에서는 마른 뼈 환상을, 책을 마무리하는 40-48장에서는 새 성전 환상을 기록하고 있다. 에스겔서는 환상으로 시작해 환상으로 끝나는 책이며, 이런 경향이 이미 표제에 암시되어 있다.

I. 에스겔의 소명(1:1-3:27)

B. 여호와의 영광 비전(1:4-28)

에스겔은 정확히 무엇을 보았는가? 에스겔서는 "위엄, 애매함, 난제들로 가득하다"라는 말이 실감난다(Greenhill). 선지자가 본문에서 제시하는 환상은 에스겔서에서 가장 복잡하고 난해한 부분이다(Darr). 전 세대 학자들 중 일부는 그 이유를 여러 편집자들이 본문을 수차례 편집한 것이라는 가설(假設)에서 찾는다. 그러나 오늘날 대부분 학자들은 본문 전체가 에스겔의 펜에서 비롯되었다고 간주한다(Greenberg, cf. Zimmerli).

어렵고 혼란스럽게 느껴지는 에스겔의 환상은 단지 번역본들에 국한되는 문제가 아니다. 마소라 사본(MT)도 많은 불확실성을 내포하고 있기는 마찬가지다. 마소라 사본을 정확하게 해석하는 일이 어렵게 느껴지는 것은 아주 특이하고 흔치 않은 철자법을 사용하는 본문, 혼란스러운 문법과 특이한 문체, 예사롭지 않은 내용 등이 복합적으로 작용하기 때문이다.

여기에 두 가지 요인을 더하고 싶다. 첫째, 에스겔은 난생처음 보는 환상, 그것도 이 세상의 그 무엇과도 비교될 수 없는 환상을 흥분된 감정을 억제하며 묘사하고 있다. 선지자의 혼란스럽고 흥분된 마음이 정확한 묘사를 방해한다. 마치 산골에서 평생을 살아온 사람이 어느 날 서울을 보게 된 것과 비슷하다.

둘째, 선지자가 의도적으로 이러한 혼란을 조성하고 있다는 것도 배제할 수 없다. 에스겔은 분명히 무언가를 보고 있다. 그러나 그가 본 것은 도저히 인간의 언어로 표현할 수 없을 만큼 놀랍고 아름답다. 베일을 통해서 사물을 보면 제한적이고 불확실하게 볼 수밖에 없는 것처럼, 에스겔은 자신이 묘사하는 환상을 불확실하게 보아주기를 원한다. 이 환상이 베일에 가려진 하나님의 모습을 묘사하고 있기 때문이다.

선지자는 하나님의 보좌가 폭풍 속에 오고 있는 모습을 보는데, 고대 근동에서 폭풍은 심판을 상징한다(Roberts). 그러나 모든 것이 비관적인 것은 아니다. 그 폭풍 안에 불이 있기 때문이다. 불도 폭풍처럼 심판을 상징하기도 하지만, 때로는 정결과 정제를 상징한다(Cooper, cf. 말 3:1-6). 게다가 이 환상에는 희미하게나마 소망을 상징하는 무지개가 있다(cf. 28절). 본문은 다음과 같이 구분될 수 있다.

A. 북쪽에서 오는 폭풍(1:4)
  B. 네 생물(1:5-14)
  B′. 네 바퀴(1:15-21)
A′. 하나님의 보좌(1:22-28)

I. 에스겔의 소명(1:1-3:27)
  B. 여호와의 영광 비전(1:4-28)

1. 북쪽에서 오는 폭풍(1:4)

4 내가 보니 북쪽에서부터 폭풍과 큰 구름이 오는데 그 속에서 불이 번쩍번쩍하여 빛이 그 사방에 비치며 그 불 가운데 단 쇠 같은 것이 나타나 보이고

에스겔은 본문에서 '폭풍'(רוּחַ סְעָרָה)이라는 매우 활동적인(온갖 움직임으로 가득한) 환상을 보고 있으며, 앞으로 그의 사역이 어떠할 것인가를 예고하는 듯하다. 그의 삶은 온갖 '행동 예언'으로 가득하며, 그가 소명을 받으면서 본 이 활동적인 환상이 이미 이러한 상황을 암시한다.

또한 선지자가 매우 활동적인 환상을 보고 있다는 것은 그에게 소명을 주신 여호와가 어떤 분인가를 암시한다. 바빌론으로 끌려온 주의 백성들은 여호와가 무능해서 혹은 활동적이지 않은 신이라 그들을 바빌론의 신 마르두크에게 넘겨준 것으로 생각할 수 있다. 그러나 에스겔의 하나님은 일부 이스라엘 사람들이 생각하는 것처럼 무능한 신이 아니다.

선지자는 자신이 만난 하나님을 매우 활동적이고 에너지가 넘치는 분으로 묘사하며 그들의 생각을 바꾸라고 요구한다. 그들이 바빌론으로 끌려온 것은 여호와의 무능함(incompetence)이나 무행동(inaction) 때문이 아니라, 그들의 죄 때문이다. 하나님은 아직도 건재하시며, 에너지(능력)로 충만하신 분이다.

그러므로 만일 그들이 지금이라도 회개하고 돌아오면 능력의 하나님이 그들을 구원하실 수 있다. 또한 하나님은 위대한 능력과 주의 백성에 대한 사랑과 관심으로 가득하신 분이다. 그러므로 마른 뼈와 같은 이스라엘(cf. 37장)을 다시 살리실 것이다.

본문이 회고하는 환상에서는, 구약에서 하나님의 임재를 묘사하는 데 흔히 사용되는 불과 폭풍이 전체를 하나로 묶고 있다. 에스겔은 폭풍, 광채를 발하는 큰 구름과 번쩍이는 불빛을 보았다. 구약 성경을 살펴보면 하나님의 현현 때 이러한 현상이 일어난다(cf. 출 19:16). 하나님이 도와달라고 울부짖는 사람에게 응답하실 때에도 이러한 것들이 현상적으로 드러난다(cf. 시 18:7-14). 욥이 회오리바람 속에 임하신 하나님을 만났을 때에도 이러한 상황이 전개되었다(욥 40:6). 엘리야가 호렙 산에서 하나님을 만났을 때에도 이러한 현상이 그를 압도했다(왕상 19:11).

그러나 에스겔의 경우, 매우 예외적이고 독특하게 하나님의 현현을 회고한다. 그의 묘사가 무척 특이해서 정확히 무엇을 보았는가에 대해 여러 가지 재미있는 설이 제시된다. 심지어 에스겔이 환상에서 보았던 것은 우주선이라고 주장하는 사람들도 있다(E. von Däniken, J. F. Blumrich).

'북쪽에서(מִן־הַצָּפוֹן) 오는 폭풍'이라는 표현에서 사용되는 '북쪽'(הַצָּפוֹן)이란 단어가 일부 근동 신화에서 바알이 거하는 산을 의미한다는 것에 근거해서 어떤 학자들은 에스겔이 여호와를 '신(들)의 산'에서 오시는 것으로 묘사한다고 주장한다(Zimmerli, Darr, cf. ABD). 그러나 본문이 묘사하고 있는 하나님의 현현을 신화에 연관시키기보다는 단순히 바빌론이 유다에게 의미하는 현실적인 위협을 암시하는 것으로 해석하는 것이 바람직하다. 바빌론 군이 유다를 침략하기 위해 이스라엘의 '북쪽에서' 올 것을 이렇게 표현하고 있는 것이다(Greenberg). 역사적으로도 이스라엘과 유다를 침략하는 세력은 주로 북쪽에서 왔다.

그러므로 유다와 이스라엘에게 북쪽은 항상 위험한 곳이었다(Allen). 지형적인 이유(동쪽은 사막이며, 서쪽은 지중해가 위치함) 때문에 그들을 압박하던 아시리아와 바빌론의 침략군들도 항상 북쪽에서 왔다. 예레미야도 소명을 받을 때 북쪽에서 남쪽을 향해 기울어진 끓는 솥을 보았다(렘 1:13).

앞으로도 유다를 심판할 나라는 남쪽(viz., 이집트)에서 오는 것이 아니라 북쪽(viz., 바빌론)에서 올 것이라는 사실을 강조하고 있다(cf. 렘 4:6). 에스겔은 폭풍을 동반한 하나님의 보좌가 북쪽에서 오고 있는 모습을 본다. 일상적으로 하나님의 임재가 주의 백성에게 임할 때는 은혜를 베푸시기 위해서이지만, 이번에는 심판하러 오시는 것이다(Duguid). 그렇다면 선지자는 아시리아, 바빌론 등이 주의 백성을 침략해왔지만, 사실은 그들을 보내신 이는 바로 이스라엘의 하나님 여호와였다는 사실을 명백하게 밝힌다.

에스겔은 무엇을 보았는가? 그는 폭풍 속에서 매우 특이한 것을 보았다. 성경에서 선지자들이 하나님의 영광을 보는 것은 자주 있는 일이지만(cf. 사 6장, cf. 출 33:18-23), 에스겔이 묘사하는 하나님의 영광은 상당히 독특하다. 하나님의 영광이 주의 백성에게 임할 때, 그것은 대개 주님의 은혜로운 임재를 상징하지만(cf. 왕상 8:10-11), 에스겔이 본 하나님의 영광은 주의 백성을 심판하러 오신 여호와의 상징이다.

에스겔의 환상을 종합해보면 한 가지 재미있는 결론에 도달한다. 그는 자신이 본 환상의 각 부분을 상당히 자세하고 확실하게 묘사한다. 문제는 이 모든 부분을 더하면 전체적인 그림이 명확히 드러나야 하는데, 오히려 전체적인 그림은 너무 혼란스러워서 의미 있는 그림을 그리는 것은 거의 불가능하다(cf. Darr).

본문이 묘사하는 대로 그리려면 잘못된 그림을 그리게 되거나 너무 복잡하고 혼란스러워 전혀 그릴 수가 없다. 누가 본문을 바탕으로 정확한 그림을 그린다면 오히려 그 사람이 비정상적이라는 뜻이다. 먼저 선지자가 명확하게 묘사하고 있는 각 부분을 살펴보도록 하자. 그다음에 선지자가 자신의 환상을 왜 이렇게 회고하고 있는지 생각해보자.

I. 에스겔의 소명(1:1-3:27)
B. 여호와의 영광 비전(1:4-28)

2. 네 생물(1:5-14)

5 그 속에서 네 생물의 형상이 나타나는데 그들의 모양이 이러하니 그들에
게 사람의 형상이 있더라 6 그들에게 각각 네 얼굴과 네 날개가 있고 7 그들
의 다리는 곧은 다리요 그들의 발바닥은 송아지 발바닥 같고 광낸 구리 같
이 빛나며 8 그 사방 날개 밑에는 각각 사람의 손이 있더라 그 네 생물의 얼
굴과 날개가 이러하니 9 날개는 다 서로 연하였으며 갈 때에는 돌이키지 아
니하고 일제히 앞으로 곧게 행하며 10 그 얼굴들의 모양은 넷의 앞은 사람의
얼굴이요 넷의 오른쪽은 사자의 얼굴이요 넷의 왼쪽은 소의 얼굴이요 넷의
뒤는 독수리의 얼굴이니 11 그 얼굴은 그러하며 그 날개는 들어 펴서 각기 둘
씩 서로 연하였고 또 둘은 몸을 가렸으며 12 영이 어떤 쪽으로 가면 그 생물
들도 그대로 가되 돌이키지 아니하고 일제히 앞으로 곧게 행하며 13 또 생물
들의 모양은 타는 숯불과 횃불 모양 같은데 그 불이 그 생물 사이에서 오르
락내리락 하며 그 불은 광채가 있고 그 가운데에서는 번개가 나며 14 그 생물
들은 번개 모양 같이 왕래하더라

선지자는 자신이 본 것을 '네 생물의 형상'(דְּמוּת אַרְבַּע חַיּוֹת)으로 묘사한다. 에스겔은 10:1-22에서는 이 생물들이 '그룹'(כְּרוּב)이라고 한다. 그룹은 하나님의 보좌 주변에서 봉사하는 영적인 존재들이며 성경은 여러 곳에서 그들의 모습을 조금씩 다르게 묘사한다. 에스겔은 활활 타오르는 숯불과 같고 그들 사이를 오가는 횃불과 같은 그룹의 환상을 보았다.

네 그룹은 각자 네 얼굴을 가졌다. 이 얼굴들은 사람, 사자, 황소, 독수리의 얼굴들이었다. 네 생물은 각각 네 얼굴을 가졌고 서로 두 날개를 대고 서서 네 방향을 보고 있다. 그러므로 사람이 어느 방향에서 그들을 쳐다보아도 네 가지 얼굴을 동시에 볼 수 있다는 것을 의미한다(Greenberg). 또한 이 생물들의 역할이 온 세상을 지켜보는 것을 포함하고 있다는 뜻이기도 하다.

에스겔이 이 네 가지 얼굴을 언급하는 것이 매우 상황적이고 수수께끼 같은 일이라고 여길 수도 있다. 그러나 이스라엘 문화를 살펴보면 모두 상징적인 의미를 지녔으며, 이곳에서 매우 적절하게 사용되고 있음을 알 수 있다. 첫째, 인간은 창조주 하나님의 모양과 형상대로 창조된 독특한 신분을 지닌 피조물이다(창 1:28, 시 8편). 이러한 이유로 인간은 만물의 영장이며 피조물들 중에서 가장 으뜸이며, 지능이 뛰어난 존재다. 이 생물들이 지닌 네 얼굴 중 하나가 인간의 얼굴이었다는 것은, 생물들이 뛰어난 지능을 가졌다는 것을 강조한다. 그룹들은 세상에서 하나님 다음으로 명석한 존재들이었던 것이다.

둘째, 사자는 야생 동물 중 우두머리다. 사자는 동물 왕국의 왕으로 권위, 용기를 상징하는 짐승이다(삿 14:18, 삼하 1:23, 17:10). 그러므로 성경은 유다 지파를 사자에 비교한다(창 49:9). 또한 사자는 이스라엘의 왕과 왕족을 상징하는 짐승이었으며 하나님이 유다의 사자로 비유되기도 한다(암 1:2). 그룹들이 사자의 얼굴을 지녔다는 것은 그들이 위엄과 용기로 충만했다는 의미다.

셋째, 황소는 고대사회에서 가장 귀하게 여겨졌던 가축이다(잠 14:4). 소는 가축의 우두머리이며, 일부 문화권에서는 신으로 숭배되기도 했다. 소는 힘과 풍요로움의 상징이기도 하다(cf. 시 106:19-20). 그룹들이 소의 얼굴을 지녔다는 것은 힘을 겸비했다는 것을 암시한다.

넷째, 독수리는 새들의 우두머리이며 흔히 그 무엇에도 구속을 받지 않는 자유와 날렵함을 상징한다(신 28:49, 사 40:31, 렘 48:40). 그룹들이 독수리의 얼굴도 지녔다는 것은 매우 자유롭고 날렵하게 움직인다는 뜻이다. 에스겔이 본 생물들은 이처럼 모든 방면에서 완벽함을 갖춘 존재들이다.

생물들의 머리 위에는 창공 모양의 덮개처럼 생긴 것이 있었다(cf. 창 1:7). 이 덮개는 수정처럼 생겼으며 보는 사람에게 큰 두려움을 준다. 이 덮개 밑에 생물들의 날개가 서로 닿아 있다. 각자 네 얼굴을 지닌 생물들은 각각 네 날개를 지녔다. 각 날개 밑에는 사람의 손이 달려 있다. 생물들이 각각 하나의 손을 가지고 있었는지, 아니면 각각의 날개 아래 하나씩, 총 네 개의 손을 가지고 있었는지는 확실하지 않다(cf. Greenberg, Zimmerli).

생물들의 두 날개 끝은 옆에 서 있는 생물의 날개들과 닿아 있다. 생물들이 동서남북 네 방향 중 각자 한 방향을 바라보고 있다. 그들의 네 날개 중 두 날개는 서로 닿아 있다고 생각하면 어느 정도 그림이 그려질 것이다. 그룹들과 그룹들의 날개가 서로 닿아 있다는 것은 성전에 있는 법궤의 뚜껑 역할을 했던 속죄소의 모습을 연상시킨다. 에스겔은 법궤의 모습에서 상당한 영감을 받았음이 확실하다.

이사야가 본 스랍들은 각자 여섯 날개를 지녔는데, 두 날개로 얼굴을 가렸다(cf. 사 6장). 에스겔이 본 그룹들은 날개를 네 개씩 가지고 있는데, 스랍들처럼 날개로 자기 얼굴을 가리지도 않는다. 에스겔이 본 그룹들의 경우, 하나님의 보좌가 있는 궁창을 떠받들고 있기 때문에, 하나님의 얼굴을 직접 뵐 가능성이 없기 때문에 이런 차이를 보이는 것으로 생각된다(Brownlee).

생물들이 각자 지니고 있는 네 날개 중 두 개는 그룹들의 연합을 위해 사용하고 있고, 나머지 둘은 자기 몸을 가리는 데(viz., 부끄러움을 가리는 일에) 사용한다. 이러한 천사들의 모습은 우리의 신앙이 공동체와 개인적인 차원에서 어떻게 균형을 이루어야 하는가를 암시하는 듯하다. 주님의 십자가가 수직(하나님을 향함)과 수평(공동체를 향함) 기둥들이 교차해 형성된 것처럼 이 두 가지 중 어느 하나도 등한시할 수 없다.

그룹들의 다리는 곧고, 발바닥은 송아지의 발바닥 같고, 광낸 놋처럼 반짝였다(7절, cf. 계 1:15).[7] 그룹들의 다리가 곧다(יָשָׁר)는 것은 관절이 없다는 의미이다(Fisch, Greenberg, Zimmerli). 송아지의 다리는 민첩함을 상징한다(cf. 시 29:6, 말 4:2). 방향을 틀기에 좋은 송아지의 둥그런 발바닥을 본문이 언급하는 것은, 이 생물들이 가고자 하는 방향으로 움직이는 데 어떤 어려움도 없었다는 것을 의미한다(Cooper). 이사야와 에스겔은 성전을 배경으로 천사들인 스랍들과 그룹들을 보는 공통점을 지녔다. 그러나 이사야가 거의 정지된 상태의 스랍들을 보았다면, 에스겔은 매우 활동적인 그룹들을 목격하고 있다.

생물들의 모습이 숫자 '4'를 중심으로 설명되고 있다. 고대 근동에서는 세상을 네 방향(동서남북)으로 나누었으며, 이러한 정황 때문에 4는 온 세상을 아우르는 총체성을 지닌 숫자이다. 생물들이 각자 네 얼굴을 지닌 것은 피조물들의 최고봉을 상징하는 대표성을 지녔다(Duguid, cf. Blenkinsopp)는 뜻이며, 또한 그룹들은 자유자재로 온 세상을 왕래할 수 있는 능력을 지녔다는 뜻이다.

네 그룹은 모두 다하여 16개의 얼굴, 16개의 날개를 지녔다. 즉 어느 방향이나 동시에 볼 수 있고, 어느 방향으로 몸을 틀지 않고도 이동할 수 있는 능력을 지닌 존재들이다. 생물들은 자신들에게 주어지는 일이라면 어떤 것도 신속하고 민첩하게 해낼 수 있다는 것을 상징한다(Cooper).

그룹들은 영(רוּחַ, 12절)이 가고자 하는 방향으로 움직였다. '영'을 일부

---

7 일부 학자들은 에스겔의 환상의 상징성을 고대 근동의 도상(圖像, iconography)과 연관해서 찾지만(Barrick, cf. Darr), 구약 자체가 이 환상을 해석하기에 충분한 정보를 제공하고 있기 때문에 그렇게 할 필요는 없다.

학자들은 '바람'으로 해석하기도 하지만, 본문에서는 이 천사들을 움직이는 '영'으로 해석해야 한다(Greenberg). 더 나아가 이 '영'은 보좌에 앉으신 여호와의 뜻에 따라 움직이는, 즉 여호와의 마음을 가장 잘 이해하고 생물들에게 전달하는 하나님이 부리시는 영이다(Cooper). 에스겔서에서 '영'의 활동이 얼마나 활발한지 한 주석가는 에스겔을 '영의 선지자'(the prophet of the spirit)라고 부른다(Block).

생물들은 활활 타는 숯불이나 횃불처럼 보였다(13절). 그 불 속에서는 번개가 튀어나왔다. 그룹들은 완전히 불덩어리였다. 이러한 생물들의 모습은 잠시 후에 에스겔이 보게 될 불에 휩싸인 여호와의 보좌(27-28절)의 모습을 준비하게 한다.

그룹들은 움직일 때에는 몸을 돌리지 않고 곧장 앞으로 나아갔다. 그들은 매우 민첩하고 빠르게 움직였다. 선지자는 그들이 움직일 때마다 힘찬 물소리와 같고, 전능하신 분의 천둥 소리와도 같고, 떠드는 소리, 군인들의 함성과도 같은 소리를 들었다. 이처럼 커다란 소리는 예수님이 재림하실 때와 세상의 종말에 나타난다(살전 4:16, 고전 15:52, 벧후 3:10, 계 1:10, 15, 4:5, 10:3, 11:19).

에스겔은 본문에서 하나님의 보좌를 떠받들고 있는 그룹들의 모습을 묘사한다. 그가 강조하는 것은 이 천사들의 능력과 움직임이다. 심지어 본문에서 그들을 '생물들'(חַיּוֹת, viz., '살아 있고 생기로 가득한 존재들')로 부르며 이 천사들의 생명력과 생동감을 강조한다. 하나님 곁에서 주님을 섬기는 이들도 능력과 움직임으로 가득하다는 것이다.

그렇다면 이처럼 활동성과 생기로 가득한 그룹들 위에 세워진 보좌에 앉으신 분은 얼마나 더 능력과 생명력이 충만하시겠는가! 에스겔은 이스라엘이 타국으로 끌려간 것은 여호와의 무능함에서 비롯된 일이 절대 아니라는 것을 단호하게 선언한다. 우리의 삶을 되돌아보아도 하나님의 무능함에서 비롯된 일은 하나도 없다. 문제가 생기면 그 문제의 원인을 우리의 삶에서 찾아야지 하나님을 원망하는 것은 옳지 않다.

I. 에스겔의 소명(1:1–3:27)
B. 여호와의 영광 비전(1:4–28)

3. 네 바퀴(1:15–21)

[15] 내가 그 생물들을 보니 그 생물들 곁에 있는 땅 위에는 바퀴가 있는데 그
네 얼굴을 따라 하나씩 있고 [16] 그 바퀴의 모양과 그 구조는 황옥 같이 보이
는데 그 넷은 똑같은 모양을 가지고 있으며 그들의 모양과 구조는 바퀴 안
에 바퀴가 있는 것 같으며 [17] 그들이 갈 때에는 사방으로 향한 대로 돌이키지
아니하고 가며 [18] 그 둘레는 높고 무서우며 그 네 둘레로 돌아가면서 눈이
가득하며 [19] 그 생물들이 갈 때에 바퀴들도 그 곁에서 가고 그 생물들이 땅에
서 들릴 때에 바퀴들도 들려서 [20] 영이 어떤 쪽으로 가면 생물들도 영이 가
려 하는 곳으로 가고 바퀴들도 그 곁에서 들리니 이는 생물의 영이 그 바퀴
들 가운데에 있음이니라 [21] 그들이 가면 이들도 가고 그들이 서면 이들도 서
고 그들이 땅에서 들릴 때에는 이들도 그 곁에서 들리니 이는 생물의 영이
그 바퀴들 가운데에 있음이더라

하나님의 보좌를 받치고 있는 네 생물들에 대해 설명을 마친 선지자가 이번에는 그 생물들을 받치고 있는 바퀴들에 대해 묘사한다. 생물들의 머리 아래에 바퀴가 하나씩 있다. 그러나 이 바퀴의 특징은 어느 방향으로 자세를 틀지 않고도 자유롭게 갈 수 있고 무서울 정도로 컸다. 이 바퀴들은 생물들과 완전히 하나가 되어 움직인다. 따라서 생물들이 민첩하게 움직이는 데 어떤 어려움이나 제한이 없다. 네 생물들이 하나로 묶여 있다는 점으로 보아 생물들과 바퀴들 사이에는 절대적인 화합과 하모니가 있었다는 것을 알 수 있다.

생물들과 바퀴들에게 이러한 일치감과 하모니를 준 것은 '생물의 영'(רוּחַ הַחַיָּה, 20절)이었다. 이미 언급한 것처럼 에스겔서에서 '영'(רוּחַ)은 매우 다양한 의미로 사용된다. 또한 영(רוּחַ)은 에스겔의 사역에 직접적인 영향을 미친다. 그는 환상이 시작될 때 이미 북쪽에서 불어오는 바람(רוּחַ) 속에서 하나님의 현현을 보았다(1:4). 환상이 끝날 때 기진맥진한 에스겔에게 새 힘을 주는 것이 바로 영(רוּחַ)이다(2:2, 3:24). 나중에 영(רוּחַ)은 그를 다른 곳(예루살렘)으로 이동시킬 것이다(3:12, 14). 에스겔은 '영의 선지자'이다(Block).

생물들의 이동 수단이 되는 바퀴는 '황옥'(תַּרְשִׁישׁ)처럼 생겼고 바퀴 안에 또 바퀴가 있었다. 새번역은 이 보석을 '녹주석'으로 번역했는데, 노란 빛을 발하는 토파즈(topaz)로 알려진 보석이 거의 확실하다(HALOT). 이 바퀴들 안에 생물들의 영이 있었다. 선지자는 두 차례나 "생물들의 영이 바퀴 안에 있었다"고 기록함으로써(20-21절), 이 바퀴들이 생물들처럼 생동감을 지니고 있다는 것을 강조한다. 에스겔이 환상 속에 보고 있는 모든 것이 생기와 생명력으로 가득 차 있었던 것이다. 생명의 하나님을 전하는 우리의 사역이 사람들을 살리는 생명력으로 가득해야 함을 보여준다.

이 바퀴들은 '눈들'(עֵינַיִם)로 둘러싸여 있다. 선지자가 무엇을 보고 있는가? 확실하지 않다(cf. Greenberg, Zimmerli, Darr). 내부와 외부 바퀴가 일종의 자이로스코프(gyroscope) 형태로 구성되었던 것일까? 한 가지 확실한 것은 선지자는 지금 네 개의 바퀴가 달린 마차 같은 것을 보고 있으며, 이 바퀴들은 수많은 눈들로 장식되어 있다는 사실이다. 눈들은 이 바퀴들이 세상의 모든 곳을 하나도 빠짐없이 낱낱이 지켜보고 있다는 것을 의미한다(Blenkinsopp, Zimmerli). 선지자는 이곳에서도 '4'라는 숫자를 중심으로 환상을 설명하고 있다.

I. 에스겔의 소명(1:1-3:27)
B. 여호와의 영광 비전(1:4-28)

4. 하나님의 보좌(1:22-28)

22 그 생물의 머리 위에는 수정 같은 궁창의 형상이 있어 보기에 두려운데

그들의 머리 위에 펼쳐져 있고 23 그 궁창 밑에 생물들의 날개가 서로 향하
여 펴 있는데 이 생물은 두 날개로 몸을 가렸고 저 생물도 두 날개로 몸을
가렸더라 24 생물들이 갈 때에 내가 그 날개 소리를 들으니 많은 물 소리와
도 같으며 전능자의 음성과도 같으며 떠드는 소리 곧 군대의 소리와도 같더
니 그 생물이 설 때에 그 날개를 내렸더라 25 그 머리 위에 있는 궁창 위에
서부터 음성이 나더라 그 생물이 설 때에 그 날개를 내렸더라 26 그 머리 위
에 있는 궁창 위에 보좌의 형상이 있는데 그 모양이 남보석 같고 그 보좌의
형상 위에 한 형상이 있어 사람의 모양 같더라 27 내가 보니 그 허리 위의 모
양은 단 쇠 같아서 그 속과 주위가 불 같고 내가 보니 그 허리 아래의 모양
도 불 같아서 사방으로 광채가 나며 28 그 사방 광채의 모양은 비 오는 날 구
름에 있는 무지개 같으니 이는 여호와의 영광의 형상의 모양이라 내가 보고
엎드려 말씀하시는 이의 음성을 들으니라

에스겔은 생물들 머리 위에 수정처럼 생긴 궁창이 있었다고 한다(22절). 하나님의 보좌는 생물들의 머리 위에 펼쳐진 이 덮개 위에 있으며, 이 덮개는 보는 사람들에게 두려움을 자아낼 정도로 위엄이 있다(22절). 이 덮개는 서로 두 날개씩 맞대며 네 방향을 바라보는 네 생물이 받치고 있었다(23절).

생물들은 각각 네 날개를 지녔는데, 두 날개로 서로와 맞닿아 있고, 두 날개로는 자기 몸을 가리고 있었다. 하나님을 보좌하기 위하여 창조된 가장 거룩한 천사들마저도 거룩하신 하나님을 감히 바라볼 수 없어 자기 몸을 가린 것이다. 거룩한 천사들이 여호와 앞에서 취하는 자세는 하나님을 함부로 대할 수 있는 사람 정도로 생각하는 이들에게 경고가 되어야 한다.

덮개 위에 세워진 보좌는 남보석(סַפִּיר)처럼 보이는 보석으로 이루어졌다(26절, cf. 시 18:10). '남보석'은 오늘날 사파이어로 알려진 보석이다(HALOT). 그 보좌에 앉아 있는 분은 '인간과 비슷한 모습'(אָדָם

דְּמוּת כְּמַרְאֵה)을 지녔다(26절). 에스겔은 1장의 환상을 묘사하며 '비슷한 모습'(דְּמוּת כְּמַרְאֵה)이라는 표현을 여러 차례 사용했다(5, 16[2x], 26[2x], 27[2x], 28[3x]절).

에스겔이 자기가 본 하나님에 대한 환상을 묘사하면서 이처럼 다소 애매모호한 표현을 지속적으로 사용하는 것은 그가 본 환상을 '베일 뒤에' 두기 위함이다. 그가 본 환상을 독자들이 뚜렷하게 보지 못하도록 하기 위함이다. 선지자는 하나님을 보고 살아남은 사람은 없다는 사실을 의식하기 때문이다(cf. 출 33:20).

또한 '모습/모양'(דְּמוּת)은 태초에 하나님이 인간을 자기 모양(דְּמוּת)대로 창조하셨다고 할 때 사용된 단어다(창 1:26-27). 이 비전에서는 창조주께서 인간의 '모양'을 취하고 있다. 아마도 창조주 하나님과 인간이 누리는 특별한 관계를 암시하는 듯하며(Blenkinsopp), 피조물들 중 유일하게 창조주의 모양을 지니고 있는 인간이 그 특권을 제대로 활용하지 못해 오히려 그를 닮은 창조주에게 심판의 대상이 된 것을 상징하는 듯하다.

보좌에 앉은 '인간과 비슷한 모습'을 하신 분은 평범한 사람의 모습을 지니지는 않았다. '그의 허리처럼 보이는'(מִמַּרְאֵה מָתְנָיו) 것 위아래로 '불꽃처럼 보이는 것'(כְּמַרְאֵה־אֵשׁ)이 가득하다(27절). 보좌와 그 보좌에 앉아 계신 분은 사방으로 광채를 발산하고 있다(27절). 태초 때 해와 달이 창조되기 전에 존재한 빛의 출처였던 분이 이 보좌에 앉아 계신 것이다![8]

하나님을 둘러싼 광채의 모양은 무지개 같았다(28절). 노아의 홍수 이후로 무지개는 성경에서 소망의 상징이다(cf. 창 9장). 이미 언급한 것처럼 에스겔은 주의 백성을 심판하기 위해 북쪽에서 부는 태풍 속에 오신 하나님을 묘사한다. 그러나 이 환상을 무지개로 마무리함으로써

---

8 오래전부터 일부 랍비들은 창조 첫째 날에 이미 빛과 어두움이 나뉘는데, 넷째 날이 되어서야 비로소 빛을 발하는 해와 달과 별들이 창조된 것에 대해, 첫째 날의 빛은 하나님 자신에게서 나오는 거룩한 빛이라고 했다. 에스겔은 그 빛을 발하는 하나님이 보좌에 앉아 계시는 것을 본 것이다.

하나님의 심판은 결코 죽이기 위한 심판이 아니라, 살리기 위한(viz., 회복과 구원을 염두에 둔) 심판이라는 것을 암시한다.

무지개 이미지를 통해 선지자는 지리적인 여건이 주의 백성과 하나님 사이를 나누어놓을 수 없으며, 하나님이 꼭 그들을 도우실 것을 선언한다(Craigie). 그러므로 크리스천들은 설령 하나님의 심판을 받더라도 좌절할 필요가 없다. 머지않아 회복의 은총이 심판을 뒤따를 것을 확신하기 때문이다. 그러나 한 가지 사실을 기억해야 한다. 비가 오지 않으면 무지개가 뜰 수 없다. 즉 죄인의 삶에 무지개(소망, 회복)가 뜨기 전에 먼저 비(심판)를 이겨내야 한다(Duguid).

이 무지개는 전적으로 하나님의 인자하심과 선하심이 죄인에게 주는 선물이지, 벌을 받은 죄인이 요구할 수 있는 것이 아니다. "여호와의 인자와 긍휼이 무궁하시므로 우리가 진멸되지 아니함이니이다. 이것들이 아침마다 새로우니 주의 성실하심이 크시도소이다"(애 3:22–23). 에스겔은 자신이 본 환상을 '여호와의 영광의 형상의 모양'(כְּבוֹד־יְהוָה מַרְאֵה דְּמוּת)이라고 한다(28절, cf. 출 40:35, 시 104:3). 그는 하나님과 그분의 보좌를 본 것이다.

에스겔의 환상을 연구하면 어떤 그림이 그려지는가? 번역의 어려움을 감안하더라도 정확한 그림을 그리기가 어렵다(Clements). 생물들은 각자 네 얼굴을 가졌지만 머리는 하나인 것 같다. 바퀴는 모두 앞으로만 가는데 어떻게 아무 방향으로 자유자재로 가는가? 아무리 정교한 그림을 그려도 결코 만족할 만한 결과가 나오질 않는다. 왜냐하면 에스겔은 의도적으로 자기 독자들이 하나님의 형상을 그릴 수 없도록 하고 있기 때문이다.

인간은 분명히 하나님을 알 수 있다. 그러나 하나님을 그림으로 설명할 정도로 자세히 알 수는 없다. 하나님은 이미 제2계명(출 20:4–6)을 통해 이러한 가능성을 배제하셨다. 만일 인간이 하나님의 형상을 정확하게 표현할 수 있게 된다면, 분명 우상을 만들어놓고 하나님이라고 할 것이기 때문이다(cf. 출 32장에 기록된 금송아지 사건).

에스겔 시대에 유행했던 것이 종교적 복합주의(religious syncretism)였다. 이스라엘 사람들은 처음부터 여호와의 형상을 동물의 형상으로 그리려 했다(cf. 출 32장). 인간은 확실하고 가시적인 것을 좋아하는 존재다. 그러므로 사람이 보이지 않는 하나님을 그리려고 노력하는 것을 어느 정도는 이해할 수 있다. 에스겔은 이러한 욕망에 찬물을 끼얹을 뿐만 아니라 그 어떤 모양으로라도 하나님의 형상을 그리려 해서는 안 된다는 사실을 암시한다.

우리는 매일 묵상을 통해 하나님을 만나고 교제하지만, 정작 하나님이 어떻게 생겼는가에 대해서는 정확하게 말할 수 없다. 하나님은 정확히 묘사될 수 없는 분이기 때문이다. 정확하게 묘사할 수 없다고 해서, 주님이 존재하지 않거나 우리가 착각하고 있는 것은 아니다.

그러므로 자칫 잘못하면 예수님의 초상화, 때로는 예수님의 죽음을 기념하는 십자가까지도 신앙생활의 방해물이 될 수 있다는 사실을 염두에 두어야 한다. 아울러 학문으로서 신학의 한계도 인정해야 한다. 세상에 완벽한 신학은 존재하지 않는다. 완벽한 신학은 하늘나라에 가서나 가능한 일이다.

환상의 신학적 의미를 생각해보자. 바빌론으로 끌려간 주의 백성들에게 이 환상은 무엇을 의미했을까? 자신들이 바빌론으로 끌려오게 된 것은 이스라엘의 수호신 여호와가 강대국 바빌론의 신 마르두크보다 약해서 생긴 일이라고 여긴 사람들에게는 비웃음거리가 되었을지도 모른다. 그러나 여호와께 신실한 사람들에게는 하나님이 타국으로 끌려온 그들을 버리지 않으셨다는 증거가 되었을 것이다. 또한 하나님의 영토는 이스라엘로 제한받을 수 없으며, 온 세상이 그분의 통치 아래 있다는 사실을 드러내는 환상이다. 에스겔의 환상이 암시하는 신학적 의미는 매우 다양하다. 그중 몇 가지를 생각해보자.

첫째, 하나님의 영광은 결코 이 세상의 그 무엇으로도 설명할 수 없다. 선지자는 처음부터 끝까지 하나님의 영광의 화려함과 웅장함에 사로잡혀 있다. 에스겔은 자신이 보았던 것을 설명하려 하지만 잘되지 않는다. 하나님의 영광은 이 세상에 있는 모든 것과는 질적으로 다른 차원을 지녔다. 그러므로 어떤 인간의 언어로도 하나님의 영광을 효과적으로 묘사할 수 없다. 마치 그가 본 환상의 모든 요소들이 "하나님께 영광을!" 하고 외치는 것처럼 기록되어 있다(Block).

둘째, 하나님의 거룩하심은 창조된 세상의 모든 것을 초월한다. 하나님의 거룩하심을 보호하기 위해 거룩하게 창조된 그룹들마저 하나님을 바라보지 못하고, 그저 자신을 가리기에 바쁘다. 천사들의 이 같은 모습은 몰이해로 하나님의 거룩하심을 침해하려는 인간의 죄를 역력하게 드러낸다(Cooper).

비록 이사야 선지자의 환상에서처럼 "거룩, 거룩, 거룩" 하고 외치는 스랍들은 없지만, 에스겔 역시 하나님의 절대적인 거룩하심에 사로잡혀 있다. 그는 진정한 '거룩'(קדש)의 의미를 하나님과 세상 사이에 존재하는, 극복할 수 없는 차이점들에서 의식하게 된다. 그룹들이 하나님의 보좌 밑에서 날개로 자기 몸을 가리고 있는 동안, 하나님은 홀로 보좌에 앉아 계신다. 하나님과 피조물 사이에는 결코 극복될 수 없는 간격이 존재한다.

셋째, 하나님은 절대적인 주권자시다. 생물들의 권위도 대단하지만 그들이 합해 만들어놓은 보좌에는 하나님만이 홀로 앉아 계신다. 주님은 그곳에서 세상의 네 방향(viz., 온 세상)을 모두 통치하신다. 이 같은 주님의 통치는 하나님이 타고 계신 마차의 바퀴가 네 방향으로 자유롭게 움직일 수 있는 것에서도 암시되어 있다. 그렇기 때문에 하나님은 바빌론까지 자기 백성을 찾아오신 것이다.

넷째, 하나님은 자기 백성들의 삶에 관심을 가지고 계신다. 에스겔은 하나님을 "사람처럼 생겼다"고 회고했다. 하나님은 형상이 없으신 분이다. 그러나 여기서 하나님이 인간과 비슷한 모습을 취하는 것으로 묘사되는 것은 창세기 1:26-27을 연상시킨다. 하나님이 '깨어져버린 그의 형상'(그의 백성)의 모습으로 자기 백성을 찾아오신 것이다.

다섯째, 하나님은 자기 백성을 심판하실 것이다. 이 환상은 다양한 각도에서 하나님을 두려움과 공포를 자아내는 분으로 묘사한다. 주님의 보좌가 불에 휩싸여 있는 것도 예사롭지 않다. 하나님의 환상을 보고 난 후 에스겔은 아예 땅에 얼굴을 대고 엎드려 떨었다(28절). 모든 것이 앞으로 다가올 심판에 대한 암시이다.

그렇기 때문에 저자는 이 환상에서 천둥을 동반한 구름에 초점을 맞추고 있다. 곧 심판의 비가 이스라엘에 임할 것을 암시한다. 그러나 28절은 무지개를 묘사한다. 어두운 심판의 먹구름 속에 희미한 소망의 빛이 백성들에게 임하고 있는 것이다.

여섯째, 에스겔의 메시지를 이해하는 데 본문이 묘사하고 있는 환상의 의미를 제대로 이해하는 것은 필수적이다. 앞으로 하나님은 불가능해 보이는 일을 하셔야 한다. 먼저, 마른 뼈와 같이 생기를 잃어버린 민족, 즉 이미 철저히 파괴되어 도저히 회생할 수 없는 나라를 재건하셔야 한다. 무너져버린 하나님의 도성과 처소를 다시 세우고 자신의 백성들을 불러들이셔야 한다. 범우주적인 악의 세력의 권세도 영원히 꺾으셔야 한다. 그러나 가장 어려운 일은 회개하지 않는 백성들을 돌이키시는 일이다.

이 모든 일이 엄청난 창조적 에너지와 능력을 요구한다. 이러한 상황 속에서 우리는 1장에 묘사된 하나님의 모습과 능력이 과연 이 모든 일을 해낼 수 있을까에 대한 잠정적인 평가를 내려야 한다. 선지자는 하나님의 보좌를 떠받들고 있는 생물들과 그 생물들을 지탱하는 바퀴들이 무한한 생명력과 능력으로 가득 차 있다는 사실을 부각시킴으로써 그들 위에 보좌를 두신 하나님은 얼마나 더 큰 능력과 생명력을 지니신 분인가를 깨닫게 한다. 하나님은 이 모든 일을 하실 수 있다는 것이 이 환상의 핵심 메시지이다.

I. 에스겔의 소명(1:1-3:27)

C. 에스겔의 소명(2:1-3:27)

여호와의 영광 환상은 에스겔을 완전히 무기력한 사람으로 만들어버렸다(1:28). 하나님의 거룩하심이 선지자를 압도한 것이다. 몸도 가눌 수 없을 정도로 힘이 빠져버린 선지자는 땅에 누운 채 다음 상황을 응시하고 있다.

이윽고 보좌에 앉으신 분이 그에게 일어나라고 명령하셨다. 그러나 선지자는 어떠한 반응도 보일 수 없다. 그러자 한 영이 선지자에게 들어와서, 그를 일으켜 세웠다. 하나님은 영의 힘에 의지해 일어선 에스겔에게 선지자 소명을 주신다. 여호와께서 때로는 에스겔처럼 자기 힘으로 설 수 없을 정도로 연약한 사람도 사용하신다. 이 부분은 다음과 같이 구분될 수 있다.

A. 소명: 하나님의 부르심(2:1-7)
  B. 준비: 말씀을 먹음(2:8-3:3)
    C. 대상: 악한 이스라엘(3:4-9)
      D. 방법: 말씀 선포(3:10-11)
A'. 반응: 선지자의 번뇌(3:12-15)
  B'. 책임: 파수꾼(3:16-21)
      D'. 시작: 벙어리 행동 예언(3:22-27)

I. 에스겔의 소명(1:1-3:27)
C. 에스겔의 소명(2:1-3:27)

1. 소명: 하나님의 부르심(2:1-7)

[1] 그가 내게 이르시되 인자야 네 발로 일어서라 내가 네게 말하리라 하시며 [2]

그가 내게 말씀하실 때에 그 영이 내게 임하사 나를 일으켜 내 발로 세우시
기로 내가 그 말씀하시는 자의 소리를 들으니 3 내게 이르시되 인자야 내가
너를 이스라엘 자손 곧 패역한 백성, 나를 배반하는 자에게 보내노라 그들과
그 조상들이 내게 범죄하여 오늘까지 이르렀나니 4 이 자손은 얼굴이 뻔뻔
하고 마음이 굳은 자니라 내가 너를 그들에게 보내노니 너는 그들에게 이르
기를 주 여호와의 말씀이 이러하시다 하라 5 그들은 패역한 족속이라 그들이
듣든지 아니 듣든지 그들 가운데에 선지자가 있음을 알지니라 6 인자야 너
는 비록 가시와 찔레와 함께 있으며 전갈 가운데에 거주할지라도 그들을 두
려워하지 말고 그들의 말을 두려워하지 말지어다 그들은 패역한 족속이라도
그 말을 두려워하지 말며 그 얼굴을 무서워하지 말지어다 7 그들은 심히 패
역한 자라 그들이 듣든지 아니 듣든지 너는 내 말로 고할지어다

하나님은 에스겔 선지자를 '인자'(בֶּן־אָדָם)라고 부르신다(2:1). 이 호칭은 에스겔서 안에서만 93회 사용된다. 다니엘서(7:13, 14, cf. 시 8:4)의 영향으로 '인자'라는 용어는 메시아 사상과 연관된다(Van Groningen). 그러므로 복음서에서 예수님이 흔히 자기 자신을 칭하는 표현으로 '인자'를 사용하시지만, 에스겔서에서는 메시아 사상과 전혀 상관이 없다. 단순히 '인간', 곧 오늘은 여기 있으나 내일은 죽어 썩어질, 별 의미 없는 인생을 의미한다(Cooke, Eichrodt, Zimmerli, Greenberg, cf. 민 23:19, 욥 25:6).

창조주이자 구원자인 하나님은 육체와 시간적 한계를 지닌 '인자'와는 달리 영원하신 분이다. 무한하게 거룩하신 하나님 앞에 비추어볼 때 인간은 정말 보잘것없는 존재이다. 물론 인간은 소중하다(cf. 시 8:4-8, 139편). 그러나 주님 앞에서 우리는 몸 둘 바를 모르는 부끄러움과 수치심을 느낄 수밖에 없다. 그러므로 세상에 사는 그 누구도 하나님 앞에 당당할 수는 없는 것이다.

하나님이 에스겔을 '인자'로 부르시는 것은 또 하나의 상징성을 지니고 있다. 여호와께서 주의 백성을 언급할 때 '이스라엘 자손'(lit., '이스라엘의 아들들', בְּנֵי יִשְׂרָאֵל)이라는 용어를 지속적으로 사용하신다(cf. 2:3, 4:3, 6:5, 20:31, 24:21, 25:3, 35:5, 37:16, 21, 43:7, 44:9, 15, 47:22, 48:11). 이와는 대조적으로 에스겔을 '인자'(lit., '아담의 아들', בֶּן־אָדָם)로 부르시는 것은, 선지자가 범죄하는 이스라엘과 질적으로 다른 사람이라는 것을 암시하기 위해서이다(cf. 창 32:28).

그러므로 하나님은 옛적에 아담에게 자기 숨결(생기)을 넣어주셨던 것처럼(창 2:7), 에스겔에게도 영을 불어넣어 주신다. 아담에게 영을 부어준 것처럼 선지자에게 영을 부어주신다. 하나님의 영을 받은 아담이 새로운 창조의 시작이었던 것처럼, 에스겔은 비록 심판을 선언하지만 그의 심판 메시지는 곧 하나님의 새로운 창조 사역으로의 도약이라는 것을 암시한다(Duguid). 하나님의 창조 사역은 마른 뼈 계곡 환상에서 절정에 달한다(cf. 37장).

하나님은 주님의 현현을 목격하고는 꼼짝 못하고 누워 있는 에스겔을 세우고 그와 대화하고 싶어 하신다. 하나님과 에스겔의 이러한 모습은 선지자는 하나님의 도움 없이는 그 어떤 사역도 할 수 없다는 것을 상징한다. 땅에 엎드려 있던 에스겔이 소명을 받기 위해 하나님 앞에 서는 모습은 고대 근동의 여러 문화권에서 마치 왕의 특명을 받는 사람이 왕 앞에 서는 모습을 연상시킨다(Gruber, Kreuzer). 하나님이 에스겔을 선지자로 세우시는 모습이 마치 왕이 신하에게 특명을 주어 내보내는 것처럼 묘사된다. 왕이신 하나님이 그의 종 에스겔에게 왕의 권위와 위엄을 위임해 자기 백성들에게 내보내시는 순간이다.

에스겔이 소명을 받을 때 하나님의 영이 그에게 임한다(1절, cf. 계 1:17). 하나님은 선지자들이 사역을 시작하기 전에 먼저 그들을 자기 영(임재)으로 가득 채우신다. 종들에게 사역을 맡기기 전에 먼저 능력을 주어 충분히 감당할 수 있도록 준비시키시는 것이다. 그러므로 하나님은 사역자를 부르실 때 능력(ability)보다는 하나님의 부르심에 순종할 수 있는 준비됨(availability)을 더 중요하게 여기신다.

"내가 너를 보낸다(שׁוֹלֵחַ אֲנִי אוֹתְךָ, 3절) … 너는 가서 그들에게 '주 여호와께서 말씀하셨다'고 말하여라(אָמַרְתָּ אֲלֵיהֶם כֹּה אָמַר אֲדֹנָי יְהוִה, 4절) … 그들은 알게 될 것이다(יָדְעוּ, 5절)"는 전형적인 선지자들의 소명 양식이다(Zimmerli, cf. Darr). 이 소명 양식은 세 가지 중요한 정보를 제공하고 있다. 첫째, 선지자를 통하여 메시지를 보내는 이는 여호와시다. 둘째, 백성들에게 하나님의 메시지를 가지고 갈 선지자는 에스겔이다. 셋째, 메시지의 대상은 이스라엘이다.

하나님의 부르심을 통해 주님의 권위를 위임받은 에스겔은 이스라엘 백성들에게 말씀을 전하면서 "주 여호와께서 이와 같이 말씀하신다"(4절)라는 표현을 122차례나 사용한다. 또한 이 문구는 참 선지자들이 자주 사용하는 문구이다(cf. 왕하 5:8, 15). 선지자들은 이 말씀을 자주 사용함으로써 자신들의 특별한 위치보다는 거룩하신 여호와의 말씀에 사람들의 관심을 끌어모으려 했다. 인간 저자들이 집필한 성경이 독특한 것도 바로 이것 때문이다. 패커(J. I. Packer)의 말을 빌리자면 "성경이 거룩한 것은 거룩한 것에 대해 언급해서가 아니라 거룩하신 하나님이 진정한 저자이기 때문"이다.

에스겔의 사역은 결코 쉽지 않을 것이다. 이 소명의 핵심은 이스라엘의 영성을 평가하는 일이다. 하나님이 에스겔을 언어가 다른 백성에게 보내셨다면, 선지자의 문제는 단순히 언어적인 것이 되었을 것이다(cf. 3:4-6). 이방인들이 이 언어 문제를 극복하고 선지자의 메시지를 들으면 그들은 회개할 것이다. 그러나 주의 백성이라고 자부하는 이스라엘의 경우에 선지자가 극복해야 할 것은 언어 문제가 아니라, 영적인 문제이다. 그리고 선지자가 주의 백성의 영적인 문제를 극복하는 것은 거의 불가능하다.

순수한 이방인과 주의 백성이라고 자부하는 이스라엘의 완악함을 대조하기 위해 본문은 통상적으로 이방인들(גּוֹיִם)을 뜻하는 히브리어 단어와 주의 백성(עַם)을 뜻하는 히브리어 단어를 바꾸어 사용한다(Duguid). 일상적으로 주의 백성 이스라엘을 의미할 때 성경은 선민적인 명칭인 '백성'(עַם)을 사용하며, 이방 민족을 뜻할 때는 [다른] '백성'(גּוֹיִם)을 사용한다. 이러한 원칙에 예외가 되는 경우는 이스라엘의 죄/반역을 강조하며 그들을 [다른] '백성'(גּוֹיִם)으로 부를 때이다(cf. 사 1:4). 본문은 3절에서 이스라엘을 가리키며 [다른] '백성'(גּוֹיִם)을 사용하고, 3:5는 이방인들을 뜻하며 '백성'(עַם)을 사용한다. 더 나아가 3:11에서 하나님은 반역한 이스라엘에 대해 말씀하시면서 에스겔에게 '네 백성'(עַמְּךָ)이라며 이스라엘과 거리를 두신다.

하나님은 왜 이스라엘과 거리를 두게 되셨는가? 이스라엘 사람들의 완악성 때문이다. 이스라엘은 반항하는 족속이다(3, 5, 6, 7, 8절). 아버지를 몰라보는 자녀들처럼 이스라엘은 지금까지 반항만 해왔다(cf. 사 1:1-4). 그들은 이때까지 죄만 지어왔다(3절). 그들의 역사는 출애굽 때부터 반역의 연속이었다.

이스라엘은 마음이 굳을 대로 굳어버린 족속이다(4절). 패배감과 절망으로 가득 찬 그들은 마음마저 병들었다. 그러므로 이 백성이 회개하고 돌아오는 것은 불가능하다. 물론 이론적으로는 지금이라도 회개하면 돌아올 수 있다. 그러나 현실적으로 생각할 때 주님께 돌아오기에는 너무 멀리 갔다. 에스겔이 그들에게 보내진 것은 그들을 회개시키기 위함이 아니라 단순히 그들 중에 선지자가 있었다는 사실을 증거하기 위해서이다(5절).

하나님은 이스라엘 사람들이 마치 가시(סָרָבִים)와 찔레(סַלּוֹנִים)와 전갈 떼(עַקְרַבִּים) 같다고 하신다(6절). 그러나 가시와 찔레 은유에 왜 갑자기 전갈 떼가 나오는가? 최근 연구 자료들에 의하면 이 단어는 전갈이 아니라 거센 가시가 있는 나무를 의미한다(Garfinkel, Block, Darr). 이렇게 해석하면 훨씬 더 설득력 있는 은유가 지속된다. 이 은유는 이스라엘이 결코 선지자의 말씀에 좋은 반응을 보일 사람들이 아니라는 의미이다. 앞으로 에스겔이 그들에게 전하게 될 메시지는 온갖 애가와 탄식과 재앙에 관한 것들이다(10절). 그러므로 별로 소망이 없어 보인다. 모두 그동안 축적되어왔던 죄의 대가이다.

에스겔의 사역 목적은 그들이 듣든지 말든지 훗날 그들 가운데 선지자가 있었던 사실만 알리는 것이다(5절, 3:11, cf. 사 6:9-10). 선지자의 사역을 통해 주의 백성이 회개할 것을 별로 기대하지 않으신다는 뜻이다. 어떻게 생각하면 하나님은 이미 이스라엘이 돌아오는 것을 포기하셨다. 그러므로 하나님은 매우 냉소적인 자세로 선지자를 보내신다. 하나님의 냉소적인 태도는 앞으로 전개될 선지자의 사역이 매우 어려울 것을 시사한다.

에스겔은 선배 선지자 이사야처럼 매우 어려운 사역을 소명으로 받는다. 그의 앞길은 험난하며 사역의 열매는 거의 없을 것이다. 이런 관점에서 오늘날 일부 사람들이 주장하는 것처럼 “큰 교회는 하나님이 기뻐하시는 사역을 하기 때문에 커진다”라는 말을 어떻게 평가할 수 있을까? 만일 이러한 주장이 사실이라면 세상에는 대형 교회들만 남아야 하고 작은 교회들은 모두 문을 닫아야 한다. 그러나 작은 교회와 ‘작은 사역’이 오히려 큰 교회와 큰 사역보다 더 아름다울 수 있다. 사역의 성공 여부는 하나님이 주신 소명을 얼마나 신실하게 이루려 했는가로 결정되는 것이지, 교인 숫자와 헌금 액수가 기준이 아니기 때문이다.

비록 에스겔에게 맡겨진 사명이 매우 어렵고 힘은 들겠지만, 결코 두려워할 필요는 없다(6절). 좌절할 필요도 없다. 하나님이 에스겔에게 세 차례씩이나 “두려워 말라”(אַל־תִּירָא)라고 권면하시고 “떨지 말라”(אַל־תֵּחָת)고 격려하신다(6절). 왜 떨 필요가 없는가? 여호와께서 이미 모든 것을 알고 그를 보내셨기 때문이다(3절).

하나님이 우리 편이라면 누가, 무엇이 우리를 대적할 수 있겠는가? 그러므로 사역자의 가장 중요한 문제는 ‘내가 하나님 편에 서 있는가?’

여부이다. 사역자로서 우리가 가장 두려워하는 것이 무엇인가를 생각해볼 필요가 있다. 그리고 그것을 기도로 십자가 아래 내려놓으면 된다. 하나님의 종들은 세상 사람들이 두려워하는 것을 두려워하지 말고 하나님을 두려워해야 한다(cf. 사 8:12-13).

하나님은 에스겔 선지자를 반역한 백성에게 보내셨지만 그들을 이길 힘도 주셨다. 하나님의 영이 그와 함께한 것이다(2절). 칼뱅은 그의 주석에서 이렇게 기록하고 있다. "어떤 어려움을 이겨낼 때 하나님만 함께하시면 충분하다는 것을 인정하는 자는 용감하게 자신의 일을 할 수 있다 … 아무것도 생산할 수 없는 교만을 버리고 능력의 하나님을 찾는 것을 배우자. 우리는 에스겔보다 연약하다. 만약에 에스겔이 하나님께 능력을 받아야 했다면 이 시대를 살아가는 우리는 더 말할 필요가 없다." 칼뱅은 에스겔서 주석을 완성하지 못하고 이 말을 남긴 후 한 달 만에 세상을 떠났다.

I. 에스겔의 소명(1:1-3:27)
C. 에스겔의 소명(2:1-3:27)

2. 준비: 말씀을 먹음(2:8-3:3)

8 너 인자야 내가 네게 이르는 말을 듣고 그 패역한 족속 같이 패역하지 말고 네 입을 벌리고 내가 네게 주는 것을 먹으라 하시기로 9 내가 보니 보라 한 손이 나를 향하여 펴지고 보라 그 안에 두루마리 책이 있더라 10 그가 그것을 내 앞에 펴시니 그 안팎에 글이 있는데 그 위에 애가와 애곡과 재앙의 말이 기록되었더라 1 또 그가 내게 이르시되 인자야 너는 발견한 것을 먹으라 너는 이 두루마리를 먹고 가서 이스라엘 족속에게 말하라 하시기로 2 내가 입을 벌리니 그가 그 두루마리를 내게 먹이시며 3 내게 이르시되 인자야 내가 네게 주는 이 두루마리를 네 배에 넣으며 네 창자에 채우라 하시기에 내가 먹으니 그것이 내 입에서 달기가 꿀 같더라

한 주석가(Zimmerli)는 이 부분을 '[선지자] 취임식'(an act of ordination)이라고 부르며 예레미야의 소명에서 공통점들을 찾는다. 에스겔이 선지자로 부르심을 받은 것처럼(2:3-5), 예레미야도 먼저 선지자로 부르심을 받았다(렘 1:5-8). 하나님은 에스겔에게 두려워하지 말라고 당부하신 것처럼(2:6-7), 예레미야에게도 두려워하지 말라고 하셨다(렘 1:8, 17). 예레미야가 선지자로 취임하는 것처럼(렘 1:9), 에스겔도 본문에서 선지자로 취임한다. 예레미야 1:9는 "여호와께서 그의 손을 내밀어 내 입에 대시며 여호와께서 내게 이르시되 보라 내가 내 말을 네 입에 두었노라"라고 기록하고 있는데, 에스겔도 하나님의 말씀을 입으로 먹는 비슷한 체험을 한다.

성경에서 '말씀을 먹은' 이는 예레미야(렘 15:16)와 사도 요한(계 10:8-10)과 에스겔, 세 사람이 있다. 환상에서라도 사람이 두루마리를 먹기는 어려운 일이지만, 그것은 좋은 결과를 초래한다.

에스겔이 삼킨 것은 글이 기록된 두루마리(מְגִלַּת־סֵפֶר)였다(2:9). 보통 두루마리는 한 면에만 글을 새긴다. 그런데 에스겔이 본 두루마리에는 양쪽에 빼곡하게 글이 적혀 있었다(2:10). 그것도 온갖 애가와 탄식에 관한 글들이었다. 앞으로 주의 백성이 당할 고통이 상상을 초월할 정도로 클 것(superabundance)이라는 의미이다(Zimmerli).

하나님이 에스겔에게 먹게 하신 두루마리에 메시지가 앞뒤로 빼곡하게 기록되었다는 것은 선지자에게 선포하도록 주신 메시지에 에스겔이 자기의 생각이나 추가적인 메시지를 더할 수 없다는 것을 암시한다(Block, Taylor, cf. Greenberg, Wilson). 이미 하나님의 완벽한 메시지가 두루마리의 앞면과 뒷면에 빽빽하게 차 있기 때문이다.

이러한 두루마리의 모습은 선지자들이 '선포한 말씀'과 '기록된 말씀'이 어떤 관계를 갖고 있는가를 암시한다. 선지자들이 구두로 전한 메시지가 문서화한 메시지보다 훨씬 더 자세하고 분량이 많을 수는 있지만, 메시지의 권위나 내용 면에서는 별반 다를 바가 없다. 대부분의 기록된 말씀은 선지자들이 먼저 선포하고 훗날 그것을 글로 정리한 것이다. 그러나 에스겔의 경우는 이미 정리된 글을 입으로 선포해야 한다(cf. Davis, Zimmerli). 에스겔이 두루마리를 먹었다는 것은 선지자들의 권위에 대한 상당한 상징적 의미를 보여준다. 그들은 자신들의 몸에 하나님의 말씀을 담고 있었다(Block).

에스겔이 먹을 두루마리는 '애가, 탄식, 통곡'(קִנִים וָהֶגֶה וָהִי) 등으로 가득했다. 일부 주석가들은 본문이 언급하고 있는 '애가, 탄식, 통곡'은 에스겔이 선포한 심판 메시지에 대한 백성의 반응이라고 주장한다(Blenkinsopp, Wevers, Zimmerli). 그러나 선지자가 아직 사역을 시작하지 않은 것을 고려해볼 때, 이 단어들은 에스겔의 메시지를 들은 사람들의 반응이 아니라, 에스겔이 선포할 메시지의 성향을 요약적으로 설명하는 것이다. 에스겔은 애가와 탄식과 통곡을 자아내는 메시지(viz., 혹독한 심판 메시지)를 선포하게 될 것을 암시한다.

그동안 오래 참으면서 이스라엘의 회개를 기다려오셨던 하나님이 더 이상 심판을 지체할 수 없는 상황에 다다랐다. 하나님이 이스라엘을 심판하시면 이스라엘은 애가를 부르며 탄식하고 통곡할 수밖에 없다. 에스겔은 싫든 좋든 빠짐 없이 하나님의 말씀을 온전히 전해야 한다(Stuart).

다행히 모든 상황이 절망적인 것은 아니다. 선지자는 암울하고 슬픈 말씀들로 가득 찬 두루마리였지만 일단 입에 대니 달았다고 자신의 경험을 회고한다. 하나님의 심판이 주의 백성에게는 약이 될 것을 기대하게 하는 대목이다. 게다가 에스겔은 이미 1장 환상에서 무지개를 본 적이 있다(1:28). 그가 전하는 메시지에 분명 하나님의 용서와 자비가 뒤따를 것이라는 소망이 있는 것이다.

선지자의 사역은 험난할 것이다. 그의 청중은 반역하는 백성이며 회개를 거부하는 사람들이기 때문이다. 그러나 에스겔의 사역은 소망이 있는 고난의 길이다. 언젠가는 받아야 할 심판이라면 심판을 이리저리 피해 다니는 것보다 차라리 일찍 받는 것도 지혜이다. 심판이 빠를수록 그 뒤를 따르는 용서와 회복도 빨라질 것이기 때문이다. 하나님은 심판을 위한 심판을 하시지 않는다. 심판 후에는 항상 주님의 자비가 뒤따른다.

하나님이 에스겔에게 "말씀이 적힌 두루마리를 먹으라"는 불가능한 명령을 내리시는 것은 그의 순종을 이스라엘 백성들의 불순종과 대조하기 위해서이다(Greenberg, cf. Cooper). 이스라엘은 언약의 하나님께 불순종하고 있다. 이런 백성들에게 하나님의 말씀을 선포할 선지자는 절대적으로 순종하는 모습을 보여 그들과 대조를 이룰 필요가 있다.

상황을 잘 알고 있는 에스겔은 환상을 통해 현실에서는 불가능한 일을 하라는 명령을 받고도 전혀 저항하지 않고 그대로 순종한다. 선지자는 그만큼 하나님을 섬길 준비가 되어 있다는 것을 보여준다. 그는 하나님의 요구에 따라 다른 선지자들보다 기이한 행동을 더 많이 하게 된다. 그가 특별한 반발이나 반항 없이 하나님께 순종할 수 있었던 것은 이런 원리와 무관하지는 않은 것으로 보인다. 흔한 일은 아니지만, 하나님이 우리에게 황당한 명령을 내리신다면 "우리의 지혜는 하나님의 지시를 따르는 것"(Calvin)임을 기억해야 한다. 우리의 책임은 하나님의 명령을 그대로 따르는 것이고 하나님의 책임은 우리의 이러한 순종이 가능하게 하시는 일이다.

본문은 하나님이 에스겔에게 먹으라고 명령하시는 것과 에스겔이 순종하는 것을 두 차례 반복해 기록하고 있다(2:8-10, 3:1-3). 선지자가 두루마리를 먹는 과정을 두 부분으로 나누어서 기록하는 것이 아니라 같은 일을 반복해 기록한 것이다. 그것은 에스겔의 고유한 문체 특성이다. 앞으로 에스겔은 많은 주제들과 가르침을 두 번씩 기록할 것이다.

또한 '2'라는 숫자는 법정과 매우 중요한 관계가 있다. 율법에 의하면 어떤 경우에도 한 사람의 증언으로는 사람을 처형할 수 없다. 최소한 두 사람의 증언이 있어야 사형을 집행할 수 있다. 억울하게 모함을 당해 죽임당하는 일을 방지하기 위한 안전장치였다. 에스겔서 안에서 같은 메시지가 두 번씩 반복되는 것은 그 내용이 꼭 이루어질 것이며, 그것이 진실이라는 점을 확인하기 위함이다.

"이 두루마리를 먹어라"와 "가서 전하라"는 명령은 선지자 소명의 본질을 잘 표현하고 있다. 더 나아가 에스겔은 예레미야가 이미 제시한 선지적 테마를 발전시키고 있다. "주께서 저에게 말씀을 주셨을 때에, 저는 그 말씀을 받아먹었습니다. 주의 말씀은 저의 기쁨이 되었고, 제 마음에 즐거움이 되었습니다"(렘 15:16, 새번역). 그러나 한 가지 다른 점은 예레미야는 은유적으로 이것을 체험했지만, 에스겔은 환상 속에서 이것을 체험하고 있다.

에스겔은 마치 밥상에 놓인 것을 무조건 먹으라는 부모의 명령을 받은 아이와 같고, 그는 이 명령을 그대로 행동으로 옮기고 있는 어린아이와 같다(Block). 에스겔은 이런 행동으로 자기가 선포할 메시지의 출처가 이스라엘의 하나님 여호와라는 사실을 밝힌다. 그가 하나님께 소명과 말씀을 받았다는 것이 첫째는 개인적으로 큰 격려와 위로가 되었을 것이고(Eichrodt), 둘째는 에스겔의 시대에 선지자라고 자칭하는 사람들과 그를 차별화하기에 충분했다(Darr, cf. Blenkinsopp). 나중에 보겠지만, 당시에도 참 선지자들보다는 거짓 선지자들이 종교 지도자들로 대접을 받고 있었다.

I. 에스겔의 소명(1:1–3:27)
C. 에스겔의 소명(2:1–3:27)

3. 대상: 악한 이스라엘(3:4–9)

4 그가 또 내게 이르시되 인자야 이스라엘 족속에게 가서 내 말로 그들에게 고하라 5 너를 언어가 다르거나 말이 어려운 백성에게 보내는 것이 아니요

이스라엘 족속에게 보내는 것이라 6 너를 언어가 다르거나 말이 어려워 네가
그들의 말을 알아 듣지 못할 나라들에게 보내는 것이 아니니라 내가 너를
그들에게 보냈다면 그들은 정녕 네 말을 들었으리라 7 그러나 이스라엘 족속
은 이마가 굳고 마음이 굳어 네 말을 듣고자 아니하리니 이는 내 말을 듣고
자 아니함이니라 8 보라 내가 그들의 얼굴을 마주보도록 네 얼굴을 굳게 하
였고 그들의 이마를 마주보도록 네 이마를 굳게 하였으되 9 네 이마를 화석
보다 굳은 금강석 같이 하였으니 그들이 비록 반역하는 족속이라도 두려워
하지 말며 그들의 얼굴을 무서워하지 말라 하시니라

본문은 하나님이 에스겔에게 주신 소명(2:3-7)을 재차 확인하는 역할을 한다(Zimmerli). 하나님이 에스겔에게 요구하시는 충성은 메시지를 하나님께로부터 들은 그대로 자기 동족인 이스라엘에게 전하는 것이다(3:4-10). 그것은 결코 쉬운 일이 아니다. 이스라엘이 그들에게 임한 하나님의 심판 메시지와 그 메시지를 전하는 선지자를 같이 거부하기 때문이다. 이스라엘은 듣지 못해서, 혹은 깨닫지 못해서 반역하는 것이 아니라, 의도적으로 반역하고 있다(3:5-6). 그러므로 하나님은 차라리 이방 족속에게 말씀을 전하는 것이 훨씬 쉬울 것이라고 선언하신다(3:6). 타문화권(cross-cultural) 사람들을 상대로 사역하는 것이 영적인 맹인이 되어버린 자기 백성을 상대로 사역하는 것보다 훨씬 더 쉬울 것이라는 의미이다.

이미 언급한 것처럼 하나님은 이스라엘(עַם)과 이방 민족(גּוֹיִם)을 칭하는 히브리어 단어들을 바꾸어 사용하신다(5절, cf. 2:1-7 주해). 또한 그들이 선지자의 말을 알아듣지 못한다는 것은 옛적 바벨탑 사건을 연상케 한다(Blenkinsopp). 선지자의 메시지를 오히려 이방 족속들이 더 잘 알아들을 것이라는 말씀은 요나의 메시지를 듣고 회개한 니느웨 사람들을 생각나게 한다(Darr). 한때는 하나님의 선택을 받은 백성으로 여호와와 특별한 관계를 가졌다고 자랑하던 이스라엘이 이방인들처럼 되었고, 이방인들은 그들보다 훨씬 더 순수하고, 하나님 보시기에 오히려 더 언약 백성처럼 여겨진다는 의미이다. 항상 경각심을 가지고 신앙과 삶에 임하는 자세를 돌아보지 않으면 우리 역시 하나님께 이방인 취급을 받을 것이다.

에스겔은 강한 반대 앞에서도 하나님께 충성해야 한다. '반역'(מְרִי, 9절)이 2장에서 7회, 책 전체에서 25회 사용된다. 이스라엘은 또한 "뻔뻔하고 마음이 굳을 대로 굳어버린" 백성이다(cf. 2:4). 그들은 듣기를 거부한다(3:6, 7, 10, 11, 27, cf. 2:5, 7). 이스라엘은 온 세상에서 자신들만이 선택받은 하나님의 백성이라고 떠들어댔지만, 정작 하나님께 순종할 마음은 전혀 없는 목이 굳은 백성이다. 이처럼 목이 굳은 이스라엘의 근본적인 죄는 하나님의 주권을 인정하지 않는 것이다(Greenberg, Duguid).

반면에 에스겔은 고통을 감안하고도 하나님의 주권을 온전히 인정하며 주님께 충성해야 한다. 그러므로 하나님은 에스겔의 얼굴을 그들의 얼굴과 마주 보도록 억세게 해주신다. 선지자의 얼굴이 반역하는 백성의 뻔뻔한 얼굴에 맞서도록 쇠가죽을 씌우고 선지자의 이마를 바윗돌보다 더 굳게(חָזָק) 하여, 금강석처럼 만들어놓으셨다(8-9절). '굳게/단단하게'(חָזָק)는 선지자의 이름인 에스겔(יְחֶזְקֵאל, viz., '하나님이 강하게/굳게 하신다')의 일부를 구성한다. 일종의 언어유희를 형성하는 것이다(Darr, cf. HALOT). "그들의 마음이 굳은 것처럼 에스겔은 메시지를 전하는 일에 있어서 한 치 양보가 없는 굳은 사람이다."

이 말씀을 통해 사역이 어떤 것인가를 생각해볼 필요가 있다. 이상적인 목회는 모든 성도가 목회자의 리더십에 잘 따라주는 것이라고 생각하는 이들이 있다. 그래서 목회자는 자기 말에 수긍하고 그의 리더십에 적극적으로 따라오는 성도들을 좋아한다. 그러나 목회자에게 무조건 순종하고 따라주는 성도들이 꼭 좋은 성도들일까?

목회는 사람들이 지니고 있는 가치관과 세계관에 도전해 조금 더 하나님 나라의 가치관과 세계관을 가지고 살아가도록 하는 것이다. 그러나 사람이 평소에 지니고 살던 삶의 방식을 바꾼다는 것은 결코 쉬운 일이 아니다. 당연히 저항과 반항이 있을 것이다. 목회자들에게 무조건 순종하는 사람들은 삶의 방식을 바꿀 생각이 없는 사람들일 수도 있다. 목회자는 복음으로 양들과 대립할 각오를 하며 사역에 임해야 한다.

에스겔이 하나님의 말씀을 전해도 이스라엘이 선지자와 그의 메시지를 거부할 것이라는 하나님의 말씀은, 선지자가 고향에서 오히려 배척당할 것이라는 예수님의 말씀을 떠오르게 한다. 얼마나 슬픈 현실인가? 예수님이 세상에 오셔서 하나님의 마음을 전했을 때, 그를 가장 강렬히 거부하고 저항했던 사람들이 바로 하나님을 가장 사랑하고 자신들이 하나님의 말씀을 제일 잘 안다고 자부했던 종교 지도자들이 아니었는가! '하나님의 언어를 사용하는 자들'이 하나님의 메시지를 거부한 것이다.

말이 통하지 않아서가 아니다(cf. 5절). 만일 오늘 누가 하나님의 심중에 있는 메시지를 들고 한국 교회를 향해 외친다면 과연 누가 가장 강력하게 그 메시지를 거부할까? 본문이 강조하는 것이 바로 에스겔의 사역 대상이 되는 이스라엘 사람들의 어둡고 반항적인 모습이다(Clements).

I. 에스겔의 소명(1:1-3:27)
C. 에스겔의 소명(2:1-3:27)

4. 방법: 말씀 선포(3:10-11)

[10] 또 내게 이르시되 인자야 내가 네게 이를 모든 말을 너는 마음으로 받으며 귀로 듣고 [11] 사로잡힌 네 민족에게로 가서 그들이 듣든지 아니 듣든지 그들에게 고하여 이르기를 주 여호와의 말씀이 이러하시다 하라

선지자는 하나님이 주신 메시지 자체에도 충실해야 한다(3:10-11). 그러나 에스겔이 하나님께 받은 메시지는 결코 백성들에게 전하기가 쉽지 않다. 그가 전해야 하는 메시지는 온갖 애가와 탄식과 재앙으로 구성되어 있다(cf. 2:10). 또한 메시지가 '두루마리의 앞뒤로' 빼곡하게 적혀 있다. 선지자가 선포해야 할 메시지는 수정할 수 없도록 이미 정해져 있으며, 그 분량도 무척 많다는 의미이다(Wilson, Greenberg). 선지자가 전할 메시지 중에는 사람들이 환영할 말이 있는가 하면 무척 싫어하고 거부할 말도 있다는 의미이다.

선지자는 백성들의 눈치를 보지 않고 말씀을 받은 그대로 선포하도록 명령을 받았다. 따라서 에스겔은 하나님의 말씀 전체를 온전히 있는 그대로 전해야 한다(3:10). 안타깝게도 그가 전해야 할 메시지는 온통 애가와 통곡뿐이다. 사람들이 별로 좋아할 메시지가 아니다. 그렇기 때문에 "두려워 말라"가 반복된다(2:6[3x], 3:9).

하나님의 말씀을 받은 그대로 전하는 일은 완악하고 저항하는 백성들 때문에 결코 쉽지 않을 뿐만 아니라, 그들의 심각한 위협과 핍박은 선지자를 두렵게 할 것이다. 그러나 에스겔은 하나님을 의지하고 결코 그들을 두려워해서는 안 된다. 하나님이 선지자와 함께하실 것이기 때문이다.

성경을 살펴보면 나단, 엘리야, 아모스, 예레미야 등등 담대함으로 하나님의 말씀을 전한 선지자들이 아름다운 전통을 이루고 있다. 구약에서는 스가랴(cf. 대하 24장)와 신약에서는 스데반(cf. 행 7장)이 하나님의 말씀을 전하다가 순교했다. 이것이 참 사역자의 모습이다. 참 사역자는 자기가 선포한 하나님의 말씀에 자기 피로 인을 칠 각오로 사역에 임해야 한다.

I. 에스겔의 소명(1:1-3:27)
C. 에스겔의 소명(2:1-3:27)

5. 반응: 선지자의 번뇌(3:12-15)

12 때에 주의 영이 나를 들어올리시는데 내가 내 뒤에서 크게 울리는 소리
를 들으니 찬송할지어다 여호와의 영광이 그의 처소로부터 나오는도다 하니
13 이는 생물들의 날개가 서로 부딪치는 소리와 생물 곁의 바퀴 소리라 크게
울리는 소리더라 14 주의 영이 나를 들어올려 데리고 가시는데 내가 근심하
고 분한 마음으로 가니 여호와의 권능이 힘 있게 나를 감동시키시더라 15 이
에 내가 델아빕에 이르러 그 사로잡힌 백성 곧 그발 강 가에 거주하는 자들
에게 나아가 그 중에서 두려워 떨며 칠 일을 지내니라

선지자가 정확히 어디서 소명을 받았는지 확실하지는 않다. 다만 모든 것이 끝나자 요란한 소리가 들리면서 하나님의 보좌가 움직이기 시작하고 에스겔은 영에 들림을 받아 그발(נְהַר־כְּבָר) 강가의 델아빕(אָבִיב תֵּל)으로 돌아왔다. 델아빕(lit., '홍수의 언덕')은 옛 홍수(노아 홍수?) 이후 폐허로 방치된 언덕을 의미한다(Darr). 선지자는 황홀한 환상에서 암담한 현실로 돌아왔다(Greenberg). 그는 이 영적 이동 과정에서 여러 가지 감정을 표현한다. 에스겔이 좀처럼 자기 감정에 대해 언급하지 않는다는 사실을 감안할 때, 이 본문은 그의 마음과 내면의 세계를 보여주는 중요한 단서가 된다. 선지자가 드러내는 감정을 살펴보면 그는 결코 즐거운 마음으로 소명을 받지는 않았다. 마지못해 하나님의 주권에 압도되어 끌려갔다. 그만큼 소명으로 받은 그의 사역이 쉽지 않은 일이라는 것을 의미한다.

선지자는 '괴로웠다'(מַר)고 회고한다. 그가 전해야 할 메시지는 곧 임할 심판에 관한 것이었다. 그 심판을 받을 백성을 생각하면 마음이 매우 씁쓸했다는 것이다(Cooper). 하나님이 그를 선지자로 세우시는 것은 참으로 감사한 일이지만, 그의 메시지에 대한 백성들의 반발과 저항을 상상하면 마음이 착잡해졌을 것이다. 에스겔의 이러한 번민은 그가 말씀 두루마리를 먹었을 때 경험했던 단맛과 대조를 이룬다. 말씀은 꿀같이 달지만, 그 말씀을 전하는 것은 매우 괴로운 일이다. 실제로 사역을 하다 보면 이것이 우리의 고민이기도 하지 않은가. 하나님의 오묘한 말씀은 송이 꿀처럼 달고 생명력을 지닌 봄비와 같지만, 그 말씀을 선포하고 전달하는 것은 매우 괴로운 일이 될 때가 많다. 특히 에스겔처럼 냉냉하거나 저항적인 반응을 보이는 청중에게 말씀을 전할 때는 더욱더 그렇다.

그는 분통이 터지는 심정이었다(בַּחֲמַת רוּחִי)고 말한다. 구약에서 '분통'(חֵמָה)이란 단어가 85차례 사용되는데 이중 31번이 에스겔서에 사용되며, 대체적으로 그의 사역 분위기를 묘사한다(Block). 선지자는 평생 분통으로 가득한 마음으로 사역을 했던 것이다. 그것은 선지자가 이스라엘 백성들을 미워했다는 뜻이 아니었다. 그가 아무리 외치며 호소해도 회개의 필요성을 느끼지 못하고 듣지 못하는 백성들에 대한 답답한 심정을 뜻한다. 에스겔은 이 단어의 주어로 하나님을 자주 사용함으로써 이스라엘을 향한 여호와의 감정이 어떠했는가를 암시하고자 한다(Hengstenberg). 하나님도 선지자처럼 이스라엘의 행동에 대해 답답함을 느끼시다 못해 분통을 터뜨리셨던 것이다. 예수님도 성전이 오용된 것을 보면서 분노하신 적이 있다(마 21:11-12). 목회자들도 불의와 주의 백성의 무관심과 냉담에 대해 분노를 느껴야 한다.

하나님께로부터 소명을 받은 에스겔은 엄청난 충격을 받았다. 환상을 본 후 그는 포로민들이 거하는 그발 강가로 돌아와 7일 동안 '얼이 빠진 사람'(מַשְׁמִים)처럼 앉아 있었다고 회고한다(15절). 충격과 공포에 사로잡혀 아무것도 하지 못하고 멍하니 시간을 보냈다는 뜻이다(Keil). 그가 하나님의 분노를 경험한 다음 포로민들에게 돌아왔다는 것은 하나님의 분노가 주의 백성에게 어떻게 표현될 것인가(viz., 그들이 약속의 땅에서 살지 못하고 타국으로 끌려갈 것)를 단면적으로 보여준다(Duguid). 또한 이 단어의 어근인 동사(שׁמם)는 충격이 너무 커서 아무런 말도 못하고 그저 멍하니 시간을 보내는 모습을 묘사하는 단어이다(HALOT, cf. 스 9:3-4). 성경에는 특별한 경험을 한 후 에스겔처럼 홀로 시간을 보내는 사람들이 많이 있다. 에스라는 백성들의 죄에 대하여 듣고 저녁 번제를 드릴 때까지 괴로워했다(스 9:4). 욥의 험한 몰골을 본 친구들은 7일 밤과 낮이 지날 때까지 아무 말을 하지 못했다(욥 2:13). 바울은 다마스쿠스로 가는 길에서 예수님을 만난 후 3일 동안 가만히 있었다(행 9:9). 또한 제사장은 취임식 전에 7일 동안 자신을 정결케 해야 했다(레 8:33). 혼자만의 시간은 그들의 삶에 아주 오랫동안 영향을 끼쳤을 것이다. 특히 사역이 힘들 때는 그 강렬한 기억을 더욱더 떠올렸을 것이다. 안식년 제도가 필요한 것은 이런 이유 때문이기도 하다.

위에 나열된 감정을 종합해볼 때, 에스겔은 결코 기쁘고 흥분된 마음으로 소명을 받아들이지는 않았다. 어쩌면 7일 동안 얼빠진 사람처럼 아무것도 하지 않고 가만히 있었던 것이 하나님의 명령을 거부하려는 몸부림이었는지도 모른다(Block). 그러나 하나님의 손이 계속 그를 무겁게 짓누르고 있으며(14절), 결국 그는 "천부여 의지 없어서 손들고 옵니다"라는 찬송을 부를 수밖에 없었다. 에스겔은 사역을 시작하기 전에 주의 백성을 향한 하나님의 마음을 충분히 경험하고 있다. 이러한 경험을 바탕으로 그는 주의 백성에게 말씀을 선포할 것이다. 그는 '높은 강단에서 아래에 있는 죄인들을 정죄하는 메시지'를 선포하는 사역이 아니라, 자기가 경험했던 거룩한 안타까움과 분노를 바탕으로, 또한 선지자 자신도 백성 중 하나가 되어 하나님의 안타까운 심정을 마음에 품는 사역을 할 것이다(cf. Duguid). 성경을 살펴보면 하나님이 소명을 주실 때 흥분해서 적극적으로 반응한 이사야가 있었는가 하면 요나처럼 도망간 사람도 있다. 하나님은 매우 다양한 사람들을 다양한 방법을 통해 부르고 사용하신다.

I. 에스겔의 소명(1:1–3:27)
C. 에스겔의 소명(2:1–3:27)

6. 책임: 파수꾼(3:16–21)

16 칠 일 후에 여호와의 말씀이 내게 임하여 이르시되 17 인자야 내가 너를 이스라엘 족속의 파수꾼으로 세웠으니 너는 내 입의 말을 듣고 나를 대신하여 그들을 깨우치라 18 가령 내가 악인에게 말하기를 너는 꼭 죽으리라 할 때에 네가 깨우치지 아니하거나 말로 악인에게 일러서 그의 악한 길을 떠나 생명을 구원하게 하지 아니하면 그 악인은 그의 죄악 중에서 죽으려니와 내가 그의 피 값을 네 손에서 찾을 것이고 19 네가 악인을 깨우치되 그가 그의 악한 마음과 악한 행위에서 돌이키지 아니하면 그는 그의 죄악 중에서 죽으려니와 너는 네 생명을 보존하리라 20 또 의인이 그의 공의에서 돌이켜 악을 행할 때에는 이미 행한 그의 공의는 기억할 바 아니라 내가 그 앞에 거치는 것을 두면 그가 죽을지니 이는 네가 그를 깨우치지 않음이니라 그는 그의 죄 중에서 죽으려니와 그의 피 값은 내가 네 손에서 찾으리라 21 그러나 네가 그 의인을 깨우쳐 범죄하지 아니하게 함으로 그가 범죄하지 아니하면 정녕 살리니 이는 깨우침을 받음이며 너도 네 영혼을 보존하리라

마소라 사본(MT)에 의하면 16절 중간에 단락이 끝났다는 표시(marker)인 'פ'가 들어 있어 이 절을 두 문장으로 나누고 있다. "7일이 끝났다"와 "여호와의 말씀이 내게 임하여 말씀하셨다." MT의 표시에 의하면 "7일이 끝났다"는 앞 문단의 마지막 말씀으로, "여호와의 말씀이 내게 임하여 말씀하셨다"는 새 문단을 시작 문장으로 간주해야 한다. 이처럼 특이한 상황에 대해 여러 학자들이 3:16b–21은 훗날 누군가가 삽입한 것이며, 에스겔이 기록한 것이 아니라는 주장을 펼쳤다(Cooke, Wevers, Zimmerli). 그러나 이렇게 간주할 만한 어떤 증거도 없다(Groningen). 한 주석가는 본문처럼 파수꾼에 대해 다시 언급하고 있는 33:1–9와의 관계 때문에 이러한 표시가 나오는 것이라고 설명한다

(Greenberg). 실제로 33:6과 33:9를 마무리하면서 부분이 끝났다는 표시인 'ס'이 등장한다. 흡족한 설명은 아니지만, 제일 설득력이 있어 보인다.

에스겔이 홀로 보낸 7일은 어떤 의미를 지니고 있을까? 성경에서 7일은 죽은 사람에 대한 애곡 기간이기도 하다(창 50:10, 민 19:11). 에스겔은 자신의 '제사장으로서의 삶'이 죽고 '선지자로서의 삶'이 시작되고 있다는 의미에서 7일 동안 슬퍼한 것일까? 그러나 제사장이 취임하기 전에 자기 자신을 정결하게 하는 기간도 7일이었다(레 8:1-33). 아마도 에스겔은 '제사장-선지자'로서 새로운 사역을 시작하며 7일 동안 자신을 정결하게 하는 시간을 가졌을 것이다(Ellison, Cooper). 이 7일 동안의 성결 시간은 에스겔에게 고통스러운 기간이었다.

7일 동안의 번뇌 후에 에스겔이 하나님의 소명에 순종하자 하나님의 말씀이 그에게 임했다. "여호와의 말씀이 내게 임했다"(16절)는 표현이 에스겔서에서 41차례나 사용된다. 구약 성경 다른 곳에서는 예레미야서에서 아홉 차례, 스가랴서에서 두 차례 등장할 뿐이다(Cooper). 에스겔은 구약의 그 어느 선지자보다도 하나님의 말씀을 지속적으로 접한 사람이었으며, 에스겔처럼 하나님의 말씀을 지속적으로 접하는 것이 예언의 가장 핵심적인 경향이다(Craigie).

하나님은 구체적으로 그에게 이스라엘의 파수꾼(צֹפֶה)으로서 책임을 다할 것을 명령하신다(cf. 사 56:10, 렘 6:17, 합 2:1). 다시 한 번 강조되는 것은 하나님의 말씀이 에스겔에게 임했지, 에스겔이 스스로 만들어 낸 말들이 아니라는 사실이다. 파수꾼 에스겔의 사명은 후에 더 자세하게 언급된다(18:1-32). 파수꾼의 개념은 경비를 선다는 것이다. 하루 24시간 최전방 높은 곳에 올라가 침략자들이 있는지 살피는 것이 파수꾼의 임무이다. 침략군이 있을 경우 나팔을 불거나 봉화를 올려 적의 침략을 미리 알려줌으로써 후방 사람들이 피하거나 침략자들을 상대로 싸울 준비를 하도록 하는 역할이다. 전쟁이 진행되는 경우에 파수꾼은 적군의 동태나 전쟁 경과를 잘 살펴서 그때그때 자기 군대에 잘 알려야 한다(삼하 18:24-27). 만일 파수꾼이 제대로 알리지 않아 주민들에게 피해가 생기면, 그 손실은 파수꾼이 개인적으로 보상해야 한다(Cooper). 그래서 에스겔도 자신의 목숨으로 직무유기에서 비롯되는 손실을 대신해야 하는 것이다.

안타까운 것은 '파수꾼 에스겔'이 경고음을 발해야 할 '침략자'는 다름 아닌 이스라엘의 하나님 여호와이시라는 사실이다(Eichrodt, Duguid). 이스라엘의 보호자가 어느덧 파괴자가 되셨다. 다 주의 백성의 죄 때문이다. 비록 하나님이 이스라엘의 원수(침략자)가 되셨지만, 하나님은 결코 이스라엘을 벌하는 일을 즐기지 않으신다. 그러므로 심판이 시작되기 전에 에스겔을 파수꾼으로 세우신다(Eichrodt).

에스겔이 이스라엘에게 다가오는 심판을 알리는 파수꾼으로 세움을 받았다는 것은 그가 본 비전과 받은 소명이 그를 위한 것이 아니라, 그가 속한 공동체를 위한 것임을 의미한다. 그가 경험한 은사가 그의 개인적인 욕구 충족이나 그의 지위를 높이기 위함은 더욱더 아니다. 그러므로 하나님이 주신 비전을 보고 은사로 사역하는 사람들은 교만하거나 자랑해서는 안 된다.

논리적으로 생각해보면 파수꾼의 침략자들에 대한 긴급한 보고를 듣고 아무런 대책도 세우지 않는 어리석은 사람은 없을 것이다. 듣는다는 것은 행동으로 즉시 연결된다. 즉 에스겔에게 파수꾼 소명을 주시는 것은 이스라엘에게 '듣는 책임'을 묻겠다는 의미이다.

에스겔이 파수꾼으로 소명을 받았다는 것은 매우 적절한 표현이다. 그의 주요 사역은 예루살렘에 다가오는 주전 586년의 참사에 대해 미리 경고하는 일이다. 비록 이 비극적인 전쟁을 막을 수는 없지만, 어떻게 해서든지 한 사람이라도 더 구원하는 것이 하나님이 선지자를 파수꾼으로 세우신 목적이다. 참 선지자는 자신만 신실할 것이 아니라 '신실하게 듣는 모든 사람'(viz., 남은 자들)을 불러모아야 한다. 우리의 사역도 어떤 차원에서는 하나님의 말씀을 신실하게 듣고자 하는 사람들을 모으는 일이라 할 수 있다.

에스겔의 사명은 근본적으로 하나님의 자비/은혜를 내포하고 있다. 그들의 죄가 아무리 흉악하더라도 하나님은 결코 그들을 버리지 않으실 것이다. 다가오는 심판에 대해 알려서 회개하게 하시려는 하나님의 의도가 보인다. 그뿐만 아니라 심지어는 바빌론으로 끌려온 포로민들[죄인들]을 위해서 '탑 위에서 외치는 자'(viz., 파수꾼으로 임명받은 에스겔 선지자)가 있다는 것은 주님의 놀라운 은혜이다. 하나님은 파수꾼 에스겔에게 다음과 같이 가정(假定)적인 상황을 예로 들어가며 구체적인 사역을 주신다. 선지자의 사명은 사람들을 회심시키는 것이 아니라, 하나님의 말씀을 받은 대로 선포하는 것이다(Duguid). 사람들이 회심하는가의 여부는 선지자의 몫이 아니다. 에스겔은 악인과 의인을 가리지 않고 모든 사람에게 다가오는 심판에 대해 경고해야 한다(Greenberg).

첫째, 악한 자들에 대한 선지자의 책임은 이렇다(18-19절). 에스겔이 악한 자(רָשָׁע)들에게 선포하는 하나님의 메시지는 간단히 말해서 "너 죽는다"라는 무시무시한 경고이다. 그들이 선지자의 말을 귀담아듣고 그 순간에라도 회개하면 분명 그들은 하나님의 용서와 자비의 대상이 될 것이다. 물론 이스라엘 민족에 대한 심판은 되돌릴 수 없다. 그러나 온 민족이 심판을 받는다 해서 모든 백성이 다 죽어야 하는 것은 아니다. 하나님은 어느 시대에든 항상 남은 자들을 두시기 때문에 만일 악인들 중 회개하는 사람이 있다면, 국가의 운명은 되돌릴 수 없더라도 자신의 운명은 바꿀 수 있다.

에스겔의 사명은 이런 가능성을 전제하고 온 백성에게 하나님의 뜻을 분명히 전하는 일이다. 만일 선지자가 그들에게 하나님의 음성을 전하지 않아 그들이 사망에 이르게 되면 에스겔이 그들의 생명에 대한 책임을 감수해야 한다. 이런 일을 하기 위해 소명을 받은 자로서 일종의 직무유기를 범하는 것이기 때문이다. 반면에 선지자가 전하는데도 그들이 회개로 반응하지 않으면, 그들은 자신의 죄 때문에 죽게 될 것이며, 에스겔에게는 어떠한 책임도 없다. 그렇다면 악한 자들이 어떻게 하는 것이 죽음의 길에서 돌이키는 것인가? 에스겔은 18:31에서 그 해답을 제시하는 듯하다. "너희는 너희가 범한 모든 죄악을 버리고 마음과 영을 새롭게 할지어다 이스라엘 족속아 너희가 어찌하여 죽고자 하느냐."

둘째, 의로운 사람들에 대한 선지자의 사명은 이렇다(20-21절). 이때까지 의롭게(צַדִּיק) 살아왔던 사람들에게도 같은 원리가 적용된다. 과거의 신실함에도 불구하고 이 순간부터 경건하고 거룩하게 살지 못하면 그들에게도 심판이 임할 것이다. 용두사미(龍頭蛇尾) 삶에 대한 경고이다. 어떻게 해야 의로운 삶을 산다고 할 수 있을까? 구약에 의하면 의로움은 근본적으로 하나님의 언약을 잘 준수하는 것에서 비롯된다. 그래서 선지자들은 의롭게 살기 위해서는 언약을 잘 지켜야 한다고 외쳤다. 그러나 그것은 현실적으로 매우 어려운 일이었다(cf. 사 1:16ff., 암 5:14ff., 미 6:8). 에스겔은 그들을 깨우쳐서 계속 의의 길로 행하도록 하는 사명을 받았다. 만약 듣고도 반응을 보이지 않으면 그들의 죄에 대한 책임은 자신들이 감당해야 한다. 반면에 에스겔이 충분히 경고하지 않아 그들이 의의 길을 떠나 죄의 길에 들어서면 하나님은 에스겔에게 그 책임을 물으실 것이다.

의인들에 대한 경고는 올바른 신앙생활에 대한 경고이기도 하다. 과거에 신실하고 의롭게 살아왔던 일에 집착하지 말고 현재에 충실하라는 것이다. 우리는 성경의 "먼저 된 자가 나중 되고 나중 된 자가 먼저 된다"(마 19:30)라는 경고를 귀담아들어야 한다. 의롭게 살아온 사람들 앞에도 '올무'가 놓여 있다. 이 올무는 하나님이 의인을 망하게 하시려고 의도적으로 놓은 덫이 아니라, 사람이 마음을 먹으면 아무 때라도 죄를 지을 수 있는 여건이 존재한다는 것을 의미한다. 즉 시험이 될 수 있는 요소들을 말한다. 이 올무에 걸리고 걸리지 않고는 각자의 선택이다.

본문에 기록된 삶과 죽음은 단순히 육체적인 현상만을 뜻하지 않는다. 삶과 죽음은 영적인 면모를 지니고 있다. 성경에서 '삶'은 하나님께 순종할 때만 가능한 하나님과의 풍요로운 관계를 의미하며, 죽음은 비록 육체적으로 살아 있다 할지라도 하나님과 언약 공동체에서 단절된 것을 의미하기 때문이다(Zimmerli). 그래서 아담이 죄를 지었을 때, 그는 그 순간에 [영적으로] 죽었지만, [육체적으로는] 살아 있었다(cf. 창 3장).

에스겔이 받은 소명은 특권보다는 책임을 중심으로 하고 있다. 그가 선지자로 세움을 입은 것은 어떤 권력을 마음대로 휘두르기 위해서가 아니다. 오히려 무거운 책임감이 함께할 뿐이다. 사람의 생명이 선지자의 사역에 의해 좌우되는 막중한 사명이다. 또한 선지자는 자신이 선포하는 메시지에 따라 살거나 죽을 것이다(Duguid). 에스겔이 의로우면(viz., 신실하게 하나님의 말씀을 선포하면) 그는 살 것이지만, 그가 악하면(viz., 말씀을 제대로 선포하지 않으면) 그도 죽을 것이기 때문이다(Greenberg). 많은 사역자들이 사역에 임하는 것을 마치 하나님을 대신해서 권력을 휘두르는 것으로 생각하는 오늘날의 교계에 이 말씀은 신선한 도전이 된다. 함부로 선생이 되려 하지 말라는 야고보 사도의 경고도 사역의 막중함을 생각하게 한다.

I. 에스겔의 소명(1:1-3:27)
C. 에스겔의 소명(2:1-3:27)

7. 시작: 벙어리 행동 예언(3:22-27)

22 여호와께서 권능으로 거기서 내게 임하시고 또 내게 이르시되 일어나 들
로 나아가라 내가 거기서 너와 말하리라 하시기로 23 내가 일어나 들로 나
아가니 여호와의 영광이 거기에 머물렀는데 내가 전에 그발 강 가에서 보던
영광과 같은지라 내가 곧 엎드리니 24 주의 영이 내게 임하사 나를 일으켜
내 발로 세우시고 내게 말씀하여 이르시되 너는 가서 네 집에 들어가 문을

닫으라 [25] 너 인자야 보라 무리가 네 위에 줄을 놓아 너를 동여매리니 네가 그들 가운데에서 나오지 못할 것이라 [26] 내가 네 혀를 네 입천장에 붙게 하여 네가 말 못하는 자가 되어 그들을 꾸짖는 자가 되지 못하게 하리니 그들은 패역한 족속임이니라 [27] 그러나 내가 너와 말할 때에 네 입을 열리니 너는 그들에게 이르기를 주 여호와의 말씀이 이러하시다 하라 들을 자는 들을 것이요 듣기 싫은 자는 듣지 아니하리니 그들은 반역하는 족속임이니라

본문의 역할이 선지자의 소명을 묘사하고 있는 1-3장을 마무리하는 것인지(Craigie, Alexander, Taylor, Hals), 아니면 에스겔이 선지자로서 사역을 시작하며 실천으로 옮긴 여러 가지 행동 예언을 기록하고 있는 4:1-5:17 부분을 시작하는 것인지(Keil, Brownlee, Enns, Greenberg, Zimmerli) 분별하기는 쉽지 않다. 이 일이 선지자가 소명을 받을 때 보았던 환상을 바탕으로 하고 있는 점(23절), 소명을 받을 때 그를 일으켜 세웠던 영이 다시 그를 일으켜 세우는 점(24절), 소명을 주실 때 이스라엘을 '패역한 족속'이라고 하셨는데, 이 표현이 다시 등장하는 점(26절) 등을 감안하면, 에스겔은 이 사건을 통해 자신의 소명 이야기(1-3장)를 마무리하는 것 같다.

이야기 진행에서 본문은 1-3장과 4장 이후를 연결해주는 다리 역할도 하고 있다(Biggs). 본문과 앞부분이 연결되는 점들은 다음과 같다. "여호와의 능력이 나에게 임했다"(1:3, 3:22), '여호와의 영광'(1:28, 3:23), 그발 강(1:1, 3, 3:23), 에스겔의 엎드림과 영의 세움(1:28-2:2, 3:23-24), '항'(2:5, 3:11, 3:26). 뒷부분과 연결되는 것들도 많다. 묶음(3:25, 4:4-8), 벙어리(3:26, 24:15-27, 33:21-22), "반항하는 백성에게 말씀을 전하라"가 이 부분의 강조점이다. 이들에게 무엇을 전하는가? 바로 심판이 온다는 것이다(4-24장).

이 환상에서 하나님은 에스겔에게 할 말이 있으니 들로 나가라고 하셨다(22절). 선지자가 들에 나갔더니 그곳에는 전에 그가 그발 강가에서 보았던 하나님의 영광이 머무르고 있었다(23절). 에스겔은 예전에 하나님의 영광을 보고 엎드렸던 것처럼 이번에도 엎드렸다(23절). 전에 하나님의 영이 그의 몸 안에 들어와 그를 일으켜 세웠던 것처럼 이번에도 주님의 영이 그를 세우셨다. 하나님은 자기 앞에 서 있는 선지자에게 집으로 가서 줄에 묶일 것과 벙어리가 될 것을 명령하셨다(25-26절).

정확히 어떤 일이 벌어지고 있는가? 본문과 33:21-22를 비교하면 선지자가 7년 동안 '벙어리'가 되었다는 결론에 이르게 된다. 그러나 이 사실이 에스겔서의 전체적인 내용과 그의 소명에 잘 어울리지 않는다. 첫째, 선지자를 꽁꽁 묶고 벙어리가 되는 것은 그의 '파수꾼' 소명과 상반되는 것이 아닌가? 둘째, 사람들이 에스겔을 꽁꽁 묶는 것과 하나님이 그의 혀를 입천장에 붙게 하시는 것은 무슨 연관이 있는가? 셋째, 선지자가 이곳에서 꽁꽁 묶이는 것과 4장에서 그가 자유자재로 돌아다니며 행동 예언을 하는 것을 어떻게 이해해야 하는가? 넷째, 본문과 에스겔의 벙어리 생활을 언급하는 24:27, 33:22는 무슨 관계가 있는가? 다섯째, 선지자의 '벙어리 생활'은 정확히 어떤 것이었는가? 실제적인 체험이었는가? 아니면 하나의 비유인가? 만약 실제적이었다면 7년 동안 지속된 것인가? 아니면 하루에 몇 시간씩 일어났던 현상인가? 이와 같이 어려운 질문들에 대한 답을 충분히 얻지 못하기 때문에 많은 학자들이 본문을 에스겔서에서 해석하기 가장 어려운 텍스트 중 하나로 여긴다(Zimmerli, Greenberg).

에스겔의 행동을 바라보는 학자들의 입장도 다양하며 대체적으로 부정적이다. 클레멘츠(Clements)가 취하는 입장은 상당수의 학자들을 대표한다. "에스겔은 때때로 심각한 심리적, 육체적 질환을 앓았다 … 3:25-26의 언어는 그가 과다한 스트레스 때문에 잠시 동안 신체 마비 현상과 언어장애를 체험했던 것을 전하고 있다"(cf. Klostermann, Broome). 쉽게 말해서 이들은 에스겔을 정신병자로 취급한다. 그러나 만일 에스겔이 정신병을 앓고 있었다면 포로민들을 대표하는 장로들이 그를 찾아와 하나님의 말씀을 구할 확률이 얼마나 되는가? 장로들은 정신병자와 선지자를 구분할 줄 모르는 바보들이었단 말인가? 그러므로 에스겔이 정신 질환을 앓고 있다는 주장은 전혀 설득력이 없다. 에스겔은 하나님의 명령과 영에 사로잡혀 이 같은 행동을 한다.

에스겔은 첫 번째 행동 예언을 하기 위해 집에만 있어야 한다(3:24). 또한 밧줄로 묶임을 당한다(3:25). 일부 주석가들은 선지자가 움직일 수 없을 정도로 꽁꽁 묶인 것이 아니라, 상징적으로 묶였다고 주장하는데(Fisch, Enns, Greenberg), 그렇게 해석할 만한 근거는 없다. 에스겔은 실제로 꽁꽁 묶였다(Wevers, Taylor). 선지자가 묶이는 것은 그가 하나님의 '포로'임을 상징하며, 동시에 앞으로 이스라엘 백성들이 포로가 되어 끌려가게 될 것을 암시한다(Tromp). 그는 또한 벙어리가 된다(3:26). 그의 몸뿐만 아니라 혀마저도 하나님의 포로가 되었다(Thomas).[9]

에스겔이 벙어리 생활을 하는 동안 전혀 말을 못했을까? 아니면 하나님이 말씀을 주실 때마다 입이 열렸던 것일까? 이 주제에 대한 학자들의 의견은 분분하다. 그가 벙어리로 사는 동안 전혀 말을 할 수 없었다고 주장하기도 하고(Davis, Alexander, Zimmerli), 하나님이 말씀을 주실 때는 말을 할 수 있었다고 주장하기도 한다(Stuart, Wilson, Greenberg, Duguid).

하나님이 에스겔을 벙어리로 만드시는 이유는 그로 하여금 '꾸짖는 자'(מוֹכִיחַ)가 되지 못하게 하기 위해서다(26절). 이 단어의 의미는 '중재자/협상자'이며 이 단어를 파생한 동사(יכח)의 의미는 '[잘못된 것을] 바로잡다, 옳은 것을 보여주다'이다(Darr, cf. TDOT, HALOT). 그러므로 하나님이 에스겔을 벙어리로 만드시는 이유는 그가 죄를 짓고 있는 백성들에게 하나님의 말씀을 '중보/중재'하여 그들이 회개하고 하나님께 돌아오는 일을 막기 위해서다(Greenberg). 하나님은 이미 이들을 심판하기로 작정하셨기 때문이다. 에스겔이 잘못된 길을 가고 있는 주의 백성

9 그가 벙어리가 된 것에 대한 여러 가지 해석은 서론을 참조하라.

에게 회개를 권면하지 않는 한, 다른 말을 할 수 있는 가능성을 배제할 필요는 없다(Wilson, Darr). 게다가 앞으로 에스겔이 하게 될 다른 행동 예언들과 장로들이 그를 찾아와 말씀을 구하는 것, 벙어리 생활을 명령하신 하나님이 "그러나 내가 너와 말할 때에 네 입을 열리니 너는 그들에게 이르기를 주 여호와의 말씀이 이러하시다 하라"(27절)는 말씀과 선지자에게 [구두로] 말씀을 선포할 것을 명령하시는 것 등을 감안하면, 에스겔은 24시간 내내 벙어리가 된 것이 아니라, 대부분의 시간을 '묵언 수행'으로 보냈지만, 상황에 따라 종종 말을 할 수 있었을 것으로 생각된다(cf. 4-5장 주해, Tromp). 에스겔이 벙어리 생활을 하는 동안 유일하게 입을 열 수 있는 때는 하나님이 그에게 말씀을 주셨을 때다(Taylor).

이 일은 약 7년 반이나 계속된다(cf. 33:21-22). 하나님의 말씀을 전하지 않을 때는 완전히 아무 말도 하지 말라는 것을 강조하고 있다. 그러나 하나님이 선지자를 묶고 말을 못하게 하는 것은 그의 사역을 제한하기 위해서가 아니라 그가 받은 사명을 더 효과적으로 실천하게 하기 위해서다(Keil). 그는 지금 백성들에게 충격적인 모습을 보여줌으로써 '실물 교육'(object lesson)을 시도하고 있다. 오늘날 심리학에서 말하는 충격요법(Shock Treatment)의 일종이라고 생각하면 된다. 이 사건의 의미는 에스겔의 몸과 혀가 하나님의 주권의 철저한 통제를 받는다는 뜻이다. 그는 앞으로도 하나님이 명령하시는 일을 하기 위해 수모와 멸시를 감수하게 된다. 이런 면에서 에스겔이 행동 예언으로 벙어리 생활을 하는 것은 선지자의 자기부인을 단면적으로 보여준다(Duguid).

하나님은 에스겔을 주의 백성에게 선지자로 보내지만 많은 열매를 기대하시지는 않는다. 이미 여러 차례 말씀하셨던 "그들은 반역하는 족속이다"라는 말씀이 이 부분을 마무리하고 있다(27절). 더 나아가 선지자의 메시지를 "들을 자는 들을 것이요, 듣기 싫은 자는 듣지 않을 것이다"라고 말씀하신다(27절). 에스겔의 가장 중요한 역할은 훗날 그들 중에 선지자가 있었다는 사실을 증거하기 위해서이다(cf. 2:5). 혹시라도 하나님이 충분한 경고를 주지 않으셨다고 원망하는 사람들이 생기면, 에스겔이 증인이 되어 여호와께서 그들을 심판하시기 전에 충분히 경고하셨음을 증언할 것이다. 때로 사역이 매우 힘이 드는 이유가 에스겔처럼, 사람들이 좋아하지 않는 메시지를 전해야 하기 때문일 것이다. 사람들은 그들이 듣고 싶어 하는 메시지에 열광하기 때문이다. 그러나 우리는 사람들이 듣고 싶은 메시지가 아니라, 하나님이 그들에게 들려주기 원하시는 메시지를 전하도록 부름받았다.

에스겔의 소명 이야기(1–3장)가 우리에게 주는 교훈들을 정리해보자. 첫째, 에스겔은 하나님을 아주 가깝게 체험했으며 이러한 체험은 그의 평생 사역에 영원히 영향을 끼쳤다. 하나님은 에스겔을 선지자로 부르신 순간부터 끝까지 함께하셨다. 하나님은 누구에게 사역을 주시면 끝까지 함께하시며 그 일을 해낼 수 있도록 도우신다.

둘째, 하나님이 역사하시는 방법은 우리의 기대와 상상을 초월할 수 있다. 에스겔에게 파수꾼이 되어 이스라엘에게 경고하라고 하시더니, 그를 꽁꽁 묶음으로써 그의 행동을 제한하셨고, 입을 막아 말을 전하지 못하게 하신다. 이 신비한 하나님의 섭리를 누가 알겠는가!

셋째, 메시지를 전하는 자는 결코 자신의 감정이나 말을 전할 수 없다. 오직 그를 보내신 이의 메시지만을 전해야 한다. 에스겔은 결코 즐거운 마음으로 사역에 임한 것이 아니었다. 그러나 그는 자신의 마음은 숨기고 자신의 말은 버리며 오직 하나님의 말씀과 심정을 전할 뿐이다. 그가 전하는 모든 말씀은 하나님의 말씀이다.

II. 유다와 예루살렘에 대한 심판
(4:1-24:27)

선지자의 소명에 대한 이야기(1-3장)를 이어 책의 전반부를 구성하고 있는 본문은 다가오는 예루살렘과 유다의 운명에 대하여 예언한다. 선지자의 소명 이야기에서 이미 여러 차례 언급된 것처럼 하나님의 심판이 임박했다는 메시지이다. 에스겔 시대에 예루살렘에 남은 사람들은 주전 605년(cf. 단 1:1-3)과 597년(겔 1:1-3)에 있었던 바빌론의 침략과 약탈로 그들의 조상과 자신들이 저지른 죄에 대해 충분히 대가를 치렀다고 생각했다. 그래서 앞으로는 더 이상 하나님의 심판은 없을 것이라고 확신했다. 더 나아가 자신들은 오직 여호와의 축복을 입어 옛날의 영화로운 시절처럼 재건될 거라고 기대했다. 자신들이야말로 하나님이 사용하실 '남은 자들'이라고 생각한 것이다. 거짓 선지자들의 메시지와 이 메시지를 정치적으로 이용한 정치인들은 그들의 이런 생각을 강화하는 데 일조했다.

그러나 이 시대에 바빌론에서 사역했던 에스겔과 예루살렘에서 사역했던 예레미야는 지난 날의 재앙을 잊게 하는, 더 혹독하고 아예 유다를 뿌리째 뽑을 심판의 날이 머지않아 올 것이라고 경고한다. 이 부분을 구성하고 있는 4-24장은 대체적으로 유다와 예루살렘 파괴를 선언하는 메시지로 구성되어 있다. 에스겔의 메시지가 파괴를 중심으로 형성된 이유는 이미 서론에서 언급한 것처럼 이스라엘이 자랑하던 신학의 토대를 무너뜨리기 위함이었다. 이스라엘이 다음 네 가지 신학적 기둥을 중심으로 거짓 안정(false security)을 외치며 회개하지 않고 스스로를 속여왔기 때문이다(Block).

첫째, 그들은 여호와께서 이스라엘과의 언약을 지키기 위해서라도 절대 자기들을 망하게 할 수 없다고 주장했다. 하나님은 시내 산에서 이스라엘과 언약을 통해 결혼하셨다. 하나님은 결코 이스라엘과 이혼하실 수 없기 때문에 시내 산에서 맺은 언약을 저버리지 않으실 것이며, 이 언약을 준수하기 위해서라도 이스라엘을 한 민족으로 유지하셔야 한다는 논리가 당시 사회를 지배했다. 안타까운 것은 이스라엘은 언약을 통해 자신들이 얻고 누릴 것만 생각했지, 언약이 지속되려면 자신들도 언약이 요구하는 책임을 다해야 한다는 생각은 하지 않았다. 또한 그들은 자매 나라인 북왕국 이스라엘의 멸망에서 어떠한 교훈도 얻지 못했다. 유다 사람들은 자신들이 북왕국 사람들과 다르다고 생각했기 때문에 이런 오류를 범했다. 에스겔은 그들이 여호와께 지속적으로 반역해 언약 관계의 축복을 이미 스스로 포기한 상태라고 선포한다(cf. 12:17-16:63, 18:1-32, 20:1-44, 22:1-24:14).

둘째, 에스겔 시대 사람들은 여호와의 이스라엘 땅에 대한 책임을 주장하기도 했다. 그들은 가나안 땅의 주인은 여호와시며, 자신들은 여호와의 땅을 빌려 경작하는 소작민들이라 생각했다. 옳은 생각이다. 그러나 문제는 바로 그다음 단계에 있다. 그들은 자신들이 살고 있는 땅의 주인은 여호와시니 만일 땅에 무슨 일이 생기면 지주인 여호와께서 책임지고 해결해야 한다고 주장했다. 소작민들이 평안히 땅을 가꿀 수 있도록 여건을 마련해주는 것은 지주이신 하나님의 몫이라는 논리이다. 그러므로 그들은 무슨 일이 있어도 이스라엘 땅이 외국군에 넘어가지 않을 것이라고 확신했다. 지주인 여호와께서 허락하지 않으실 것이기 때문이다. 더 나아가 주전 701년에 유다가 아시리아 왕 산헤립의 침략에서 기적적으로 생존한 사실이 이러한 주장을 더 강화시키는 역할을 했다. 반면에 에스겔은 지주인 여호와 자신이 이 땅을 이방인들에게 넘겨주는 것이라고 주장한다(6:1-7:27, 20:45-21:17).

셋째, 당시 사람들은 여호와의 예루살렘에 대한 책임도 논했다. 예루살렘은 여호와께서 거처지로 택하신 곳이다. 성전은 그분의 궁전이며 성전의 지성소는 주님이 머물면서 온 우주를 통치하시는 곳이다. 그래서 사람들은 비록 온 이스라엘이 적들의 손에 무너지더라도 예루살렘만은 결코 함락될 수 없다는 시온의 불가침(不可侵)설을 주장했다. 온 유다가 산헤립의 손에 넘어갔지만, 예루살렘만 기적적으로 생존했던 주전 701년 사건이 이러한 주장을 뒷받침하는 데 일조했다. 그러나 선지자는 예루살렘은 함락될 것이라고 경고한다(4:1-5:17). 여호와께서는 예루살렘과 성전을 버리실 준비가 되어 있으며 실제로 버리실 것이다(cf. 8:1-11:25).

넷째, 여호와께서 다윗과 맺으신 언약(약속)을 지키려면 유다를 망하도록 내버려두실 수는 없다. 일명 '다윗 언약'이라고 불리는 사무엘하 7장에 의하면 여호와께서 다윗과 그의 집안에게 이스라엘의 영원한 통치권을 허락하셨다. 주전 597년에 여호야긴이 바빌론으로 끌려가기는 했지만, 하나님은 다윗의 자손이 끊임없이 이스라엘을 통치하게 될 것을 보장하실 거라고 생각했다. 다윗 후손들의 통치가 지속되려면 그들이 다스릴 민족이 필요하다. 이스라엘이 바로 그 민족이기 때문에, 하나님이 다윗과의 약속을 준수하기 위해서는 자신들을 망하도록 내버려두시지 않을 것이라는 논리이다. 그러나 에스겔은 이 언약마저 파기 위기에 처해 있다고 선언한다(12:1-16, 17:1-24, 19:1-14).

이런 역사적-신학적 정황을 고려할 때 이 본문의 역할은 그들이 얼마나 잘못 생각하고 있는가를 보여준다. 이스라엘이 하나님과 언약을 맺었지만, 그들도 범죄하면 분명 하나님의 심판을 받아야 한다. 하나님과의 언약 관계가 그들의 죄에 대한 면제부는 될 수 없다. 여러 가지 다양한 비유와 예를 들어가며 예루살렘과 사마리아의 죄를 비난하는 본문은 다음과 같이 구분할 수 있다.

A. 이스라엘 멸망에 대한 행동 예언(4:1-5:17)
B. 이스라엘 영토와 백성 멸망(6:1-7:27)
C. 여호와의 영광이 예루살렘을 버림(8:1-11:25)
D. 참 예언과 거짓 예언(12:1-14:11)
E. 심판과 포도나무 비유(14:12-15:7)
F. 음란한 여자들(16:1-63)
G. 독수리, 포도나무, 백향목 비유(17:1-24)
H. 악인의 멸망을 슬퍼하시는 하나님(18:1-32)
I. 유다 왕들에 대한 애가(19:1-14)
J. 하나님의 뜻과 인간의 반역(20:1-44)
K. 심판하는 칼(20:45-21:32)
L. 억울한 피눈물로 얼룩진 예루살렘(22:1-31)
M. 간음한 두 자매(23:1-49)
N. 더러운 솥 예루살렘(24:1-14)
O. 선지자의 아내가 죽음(24:15-27)

II. 유다와 예루살렘에 대한 심판(4:1-24:27)

A. 이스라엘 멸망에 대한 행동 예언(4:1-5:17)

과거에는 행동 예언(sign-act)이 종교 예식이나 마술에서 비롯된 것이거나(Lang), 선지자들의 심리적인 불안감에서 시작된 것이라고 주장하는 사람들도 있었지만(Stalker, Broome, cf. Taylor), 오늘날 학자들은 대부분 행동 예언이 매우 효과적인 의사 전달 방법이라고 생각한다(Orth, Zimmerli, Blenkinsopp, Hals). 과거에는 진보적인 학자들 중 행동 예언이 환상 같은 가상현실에서 이루어진 일이며 선지자들은 이 일을 실천으로 옮기지 않았다고 주장하는 사람들이 제법 많았지만, 지금은 진보적 성향을 지닌 학자들 사이에서도 선지자들이 실제로 이런 일을 행동으로 옮겼다는 여론이 형성되어 있다(Zimmerli, Greenberg, Clements).

선지자들은 이 방법을 통해 그들이 선포하고자 했던 메시지를 '길거리 공연장'(street theatre)으로 가지고 나왔다(Lang). 선지자들이 구두로 선포한 말씀이 청중들의 귀를 자극했다면, 그들의 행동 예언은 청중들의 모든 신경을 자극했을 것이다. 행동 예언은 단순한 말씀 선포보다는 훨씬 더 효율적인 의사 전달의 수단이었다고 생각할 수 있다. 따라서 행동 예언 또한 '신탁'(oracle)으로 간주되어야 한다(Darr).

본문에서 에스겔의 선지자 소명의 중심 요소인 '심판'이 최소한 네 개의 행동 예언으로 표현된다. 에스겔이 행동으로 보여주는 예언들은 한결같이 예루살렘은 주전 597년(viz., 에스겔이 바빌론으로 끌려온 해)에 경험했던 심판보다 더 혹독한 심판을 경험하게 될 것을 예고한다. 이미 자신들이 받아야 할 심판은 모두 받았고 앞으로는 좋은 일만 있을 것으로 믿고 장담하던 사람들에게는 폭탄 선언이다. 에스겔은 이미 바빌론에 끌려와 살고 있지만, 그가 하나님께로부터 받은 메시지는 대부분 예루살렘에 남아 있는 사람들의 미래에 관한 것들이다(Darr). 선지자의 메시지의 목적은 듣는 사람들이 회개하고 하나님께 돌아와 그들이 처한 상황을 바꾸게 하는 것이 아니라, 단순히 그들이 자신의 죄를 고백하고 하나님의 심판을 겸허하게 받아들이게 하는 것이었다(Hals).

본문이 언급하고 있는 행동 예언들은 에스겔이 실제 행동으로 옮긴 것들이 아니며, 환상 혹은 하나의 문학적인 표현일 뿐이라고 일부 학자들은 주장한다(Davis). 하나님이 선지자들을 무식하고 단순한 사람들의 놀림거리가 되도록 하실 리가 없다는 논리가 이러한 해석에 일조한다(Maimondes). 그러나 만일 에스겔이 이런 일들을 행동으로 옮기지 않는다면, 그의 메시지의 효과는 별로 기대할 수 없다(Greenberg, cf. Zimmerli). 게다가 선지자가 하나님의 메시지를 행동 예언으로 전하는 일은 에스겔에게만 국한된 특이한 현상이 아니다. 이사야는 3년 동안 벌거벗고 맨발로 다녔다(사 20장). 예레미야는 하나님의 명령에 따라 질그릇을 깼다(렘 19장). 호세아는 하나님의 명령을 받고 창녀와 결혼했다(호 1장). 물론 선지자들의 이러한 행동들은 사람들의 비난과 조롱을 샀을 것이다. 그들을 선지자가 아니라 정신병자들로 취급하는 사람들도 있었을 것이다. 그러나 선지자들에게 이런 행동을 요구한 이는 다름 아닌 하나님이며, 하나님은 이 행동들을 통해 특별한 메시지를 선포하셨다.

그러므로 선지자들의 이 같은 행동 예언은 몇 가지 공통점 내지는 원리를 지니고 있다. 첫째, 이런 행동은 하나님과 특별한 관계를 유지하던 사람들(viz., 선지자들)에 의해 행해졌다. 하나님과의 관계에서 그들이 전할 메시지와 그 메시지를 전할 힘과 능력이 왔다. 둘째, 이런 행동은 하나님의 명령으로 시작되었다. 또한 이 행동들은 선지자들이 사역하던 시대를 산 사람들이 유지하고 있던 하나님과의 관계를 조명하는 특별한 상황성을 지니고 있다. 그러므로 선지서들은 이러한 행동들이 지니고 있는 의미나 상징성에 대해 설명해준다.

에스겔의 행동 예언들은 그 어느 선지자의 것보다 독특하고 충격적이다. "에스겔은 구약의 그 어느 누구보다도 극적인 기술과 표현을 아주 효과적으로 잘 사용하고 있다"(Clements). 특이한 것은 하나님께 "벙어리가 될 것"이라는 말씀을 이미 받은 에스겔이(3:26) 신탁을 선포하라는 명령을 받는다는 사실이다(4:7). 그의 '벙어리 생활'은 그가 7년 동안 아무 말도 할 수 없었던 것이 아님을 암시한다. 에스겔의 행동 예언들로 구성되어 있는 본문은 다음과 같이 구성된다.

A. 토판 예언(4:1-3)
B. 고난의 잠자리 예언(4:4-8)
C. 피난민 음식 예언(4:9-17)
D. 삭발 예언(5:1-17)

II. 유다와 예루살렘에 대한 심판(4:1-24:27)
A. 이스라엘 멸망에 대한 상징 예언(4:1-5:17)

1. 토판 예언(4:1-3)

1 너 인자야 토판을 가져다가 그것을 네 앞에 놓고 한 성읍 곧 예루살렘을
그 위에 그리고 2 그 성읍을 에워싸되 그것을 향하여 사다리를 세우고 그것
을 향하여 흙으로 언덕을 쌓고 그것을 향하여 진을 치고 그것을 향하여 공
성퇴를 둘러 세우고 3 또 철판을 가져다가 너와 성읍 사이에 두어 철벽을 삼
고 성을 포위하는 것처럼 에워싸라 이것이 이스라엘 족속에게 징조가 되리라

선지자는 하나님의 명령에 따라 반반한 토판/흙벽돌(לְבֵנָה)에 예루살렘을 그렸다. 예루살렘에서 끌려온 사람들은 벽돌에 새겨진 그림을 보는 순간 예루살렘이라는 것을 알 수 있었을 것이다. 흙벽돌은 주로 건축자재로 사용되었고 크기는 가로 15-35센티미터, 세로 25-60센티미터 정도로 다양한 크기였다(Duguid). 선지자는 예루살렘의 모습이 새겨진 흙벽돌 주변에 성을 공략할 때 쓰이는 전쟁 무기들을 그리거나 배치했다. 공격용 사다리, 흙 언덕, 성벽을 허무는 다양한 기구들의 모형이 동원되었다. 에스겔은 아시리아나 바빌론 군이 어떤 전략과 무기들로 성을 공략했는지에 대하여 잘 알고 있다(Fisch, Greenberg). 선지자는 예루살렘이 침략자들에게 함락될 수밖에 없는 위태로운 상황을 전개하고 있으며, 그들을 멸망시킬 바빌론 군이 예루살렘을 공략할 때 온갖 전술과 전쟁 무기들을 동원해 적극적으로 공격에 나설 것을 암시한다(Duguid).

이어 선지자는 자신과 예루살렘의 모습을 담고 있는 흙벽돌 사이에 '철판'(מַחֲבַת בַּרְזֶל)을 가져다놓았다. 그가 사용한 철판은 요리에 사용되는 도구였으며 오늘날로 말하면 일종의 '프라이팬'이었다(cf. Block). 이 철판이 예루살렘을 상징하는 흙벽돌과 선지자 사이에 있다는 것은 이 도시 모형과 선지자의 관계가 단절되었음을 뜻한다. 더 나아가 하나님과 예루살렘의 단절된 관계를 상징한다. 그래서 한 주석가는 철판을 하나님과 이스라엘 사이를 가로막는 죄를 상징하는 것으로 해석하기도 한다(Greenberg). 침략자들이 예루살렘을 공격하기 시작하면 하나님이 성안에 있는 백성들로부터 고개를 돌리실 것이다. 도와달라고 울부짖는 주의 백성들의 음성을 듣지 않을 것이라는 의지를 밝히시고 있는 것이다.

하나님이 선지자에게 "그 도성을 포위하고 지켜보아라"라고 말씀하시는 것은 적들의 예루살렘 공략이 여호와께로부터 비롯된 재앙이라는 사실을 암시한다. 언약 파괴에 따르는 저주 중 하나가 바로 이런 하나님의 모습이다(신 31:17, 18, 32:20). 그동안 이스라엘에게 임했고 앞으로도 임할 재앙들은 하나님이 오래전 그들의 조상들과 맺은 언약을 그대로 이행하시는 것에 불과하다. 여호와께서 이스라엘의 하나님 되심을 선언하는 것이 바로 이스라엘이 감당해야 할 재앙이다. 그러므로 이스라엘 사람들에게 적군의 침략보다는 하나님의 '무감각'이 더 심각한 문제다.

II. 유다와 예루살렘에 대한 심판(4:1-24:27)
A. 이스라엘 멸망에 대한 상징 예언(4:1-5:17)

2. 고난의 잠자리 예언(4:4-8)

4 너는 또 왼쪽으로 누워 이스라엘 족속의 죄악을 짊어지되 네가 눕는 날수
대로 그 죄악을 담당할지니라 5 내가 그들의 범죄한 햇수대로 네게 날수를
정하였나니 곧 삼백구십 일이니라 너는 이렇게 이스라엘 족속의 죄악을 담

당하고 [6] 그 수가 차거든 너는 오른쪽으로 누워 유다 족속의 죄악을 담당하라 내가 네게 사십 일로 정하였나니 하루가 일 년이니라 [7] 너는 또 네 얼굴을 에워싸인 예루살렘 쪽으로 향하고 팔을 걷어 올리고 예언하라 [8] 내가 줄로 너를 동이리니 네가 에워싸는 날이 끝나기까지 몸을 이리저리 돌리지 못하리라

에스겔은 왼쪽으로 누워서 390일 동안 흙벽돌에 새겨진 예루살렘을 지켜본 후 오른쪽으로 누워서 40일 동안 다시 예루살렘을 지켜보라는 명령을 받는다. 선지자는 '이스라엘 족속'(בֵּית־יִשְׂרָאֵל)의 죄악을 담당하기 위해 왼쪽으로 390일을(5절), '유다 족속'(בֵּית־יְהוּדָה)의 죄악을 담당하기 위해 오른쪽으로 40일을 누워 있어야 한다고 한다(6절). '이스라엘 족속'은 유다와 예루살렘에 남아 있는 사람들을, '유다 족속'은 이미 에스겔처럼 바빌론에 끌려온 사람들을 의미한다는 해석이 있다(Allen, Duguid). 북왕국은 이미 오래전에 망했으므로 남왕국 유다를 의미하는데 이 두 용어를 사용하기 때문이다. 에스겔서에서 '이스라엘'이라는 용어는 북왕국이 아니라 남왕국 유다를 뜻하는 것으로 일상적으로 사용되어왔다. 그러나 고대 근동 사람들은 방향을 분별할 때 동쪽을 바라보았다. 그러므로 동쪽을 바라보는 상태에서 왼쪽으로 눕는다는 것은 머리가 북쪽을 향한다는 것을 의미한다(cf. Cooper). 또한 오른쪽으로 눕는다는 것은 머리가 남쪽을 가리키고 있음을 뜻한다. 그러므로 왼쪽으로 누워 390일, 오른쪽으로 누워 40일을 지내는 행위는 각각 북왕국 이스라엘(왼쪽)과, 남왕국 유다(오른쪽)와 연관시키고 있다(Zimmerli). 북왕국이 이미 망한 것은 사실이지만, 선지자는 북왕국을 유다와 함께 지속적으로 언급한다(cf. 16, 23, 37장).

사람이 한쪽으로만 누워 390일과 40일을 보낸다는 것은 거의 불가능한 일이다. 그러므로 오래전부터 일부 학자들은 이러한 일이 실제가 아닌 에스겔의 환상 속에서 일어났다고 간주했다(Calvin, Skinner,

Fairbairn). 일종의 정신 질환의 증세로 보는 사람도 있다(Garfinkel). 이런 행동은 선지자가 실제로 한 일이거나 환상 속에서 한 일이 아니라, 교훈을 주기 위해 도입한 일종의 문학적 이미지(그림)라고 주장하는 사람도 있다(Eichrodt). 그러나 본문 어디에도 이와 같은 일이 환상이거나 문학적 표현이라고 해석할 만한 대목은 없다. 그러므로 에스겔이 실제로 한 일이라고 볼 수밖에 없다(Keil, Alexander). 그는 매일 일정한 시간 동안 대중 앞에서 이런 일을 했을 것으로 생각된다(Taylor, Allen, Friebel).[10]

선지자는 1년을 하루로 계산해서 총 430년 동안 자행되었던 이 두 자매 나라의 죄악을 고발한다(6절). 1년을 하루로 계산하는 방식은 구약에서 자주 사용된다(cf. 민 14:34, 단 9:24ff.). 그러나 정확히 430년은 어떤 의미에서 주어지는 것인가? 아무도 모두가 납득할 만한 답을 제시하지 못하고 있다. 이 주제에 대해 학자들은 다음과 같이 본문이 언급하는 숫자 430, 390, 40을 해석한다. 첫째, 430년은 분열 왕국(주전 931년)에서 유다가 바빌론으로부터 귀향하기까지(주전 538년)의 393년을 의미한다. 이처럼 통일 이스라엘의 분열을 중심으로 해석할 경우, 다윗 언약과 예루살렘의 성전에 등을 돌린 북왕국 이스라엘은 처음부터 죄를 지으며 살았다는 것을 의미한다. 그러나 393년과 430년이 같은 기간을 의미한다고 보는 것은 별로 설득력이 없어 보인다. 한 세대주의 주석가는 430년이 여호야긴 왕과 선지자 에스겔이 바빌론으로 끌려갔던 주전 597년부터 셀레우코스 왕조의 안티오코스 4세(cf. 단 11장)가 유다를 지배하던 167년에 있었던 마카비 혁명 때까지를 뜻한다고 주장한다(Cooper). 세대주의 서클을 벗어나면 이러한 해석을 받아들이는 사람은 거의 없다.

둘째, 일부 학자들은 칠십인역(LXX)이 에스겔이 왼쪽으로 누운 날수를 390일 대신 190일로 기록하고 있다는 사실을 근거로, 190년은 북왕국의 멸망(주전 722년)에서 유다가 귀향하기까지(주전 538년)를 상징한다

10 이 부분에 대하여는 다음 섹션에서 자세하게 설명하고자 한다.

고 주장한다(cf. Taylor, Howie, Cooke). 그러나 실제 기간은 184년이기 때문에 이 해석도 별로 설득력이 없다. 게다가 마소라 사본은 390일이라고 한다.

셋째, 40년은 예루살렘 함락(주전 586년)에서 귀향까지(주전 539년)의 시간을 상징한다(cf. Duguid). 이 해석은 성경에서 40은 시련과 연단의 숫자라는 사실을 근거로 한다. 노아의 홍수 때 비가 온 날짜 수, 모세의 광야 생활, 이스라엘의 광야 생활, 예수님의 금식 기간 등등이 바로 이런 성격을 띤다. 이 해석의 장점은 숫자들의 문자적 의미가 아니라 상징적 의미를 부각시키는 것이다. 그러므로 예루살렘이 함락한 해인 주전 586년에서 1차 귀향민이 돌아온 주전 538년까지의 실제적인 햇수는 48년이지만, 고난과 연단의 상징으로 이 기간을 '40년의 포로 생활'로 이야기할 수 있다. 바빌론 포로 생활이 40년으로 상징되는 '한 세대' 동안 진행될 것을 의미한다(Darr).

그러나 숫자 430, 390, 40을 설명하는 일은 의외로 간단할 수 있다. 먼저 성경에서 430이 어떤 상징성을 지니고 있는지 생각해보자. 솔로몬의 성전 건축이 시작된 해(주전 967년)에서 귀향민들이 돌아와 파괴된 성전 재건을 결정하는 해(주전 538)까지가 430년이다. 이스라엘이 이집트에서 종살이한 햇수도 430년이다(출 12:40-41). 더 나아가 열왕기 저자는 430을 매우 상징적인 의미에서 사용하는 듯하다. 다윗의 대를 이어 솔로몬이 통일 왕국의 왕이 된 해가 주전 970년이다. 이때부터 예루살렘이 함락되고 유다가 바빌론으로 끌려간 주전 586년까지 실제적인 햇수는 384년이다. 그러나 일부 유다 왕들은 섭정(coregency, 아버지와 아들이 같이 통치하는 것)을 하는데, 이 섭정 기간을 배(double)로 계산하면 이 기간 동안 유다 왕들의 통치 햇수가 430년이다(Blenkinsopp). 열왕기 저자는 솔로몬 이후 포로기까지를 430년으로 묘사함으로써 이스라엘의 왕정 기간이 주의 백성에게는 또 하나의 종살이(마치 그들이 이집트에서 430년 동안 종살이를 했던 것처럼)였음을 암시한다. 이때는 주의 백성이 왕들(cf. 삼상 8장)과 죄에 속박된 종살이를 하는 기간이었음을 의미하는 것이다.

하나님은 5절에서 '430'을 두 자매 나라가 '범죄한 햇수'라고 말씀하신다. 에스겔서도 이런 의미로 숫자 430을 사용한다(cf. Duguid). 선지자는 주의 백성이 타국으로 끌려가게 된 것은 오래 지속된 그들의 종살이(죄의 노예가 된 것) 때문이라는 것을 430이라는 숫자로 상징한다. 그렇다면 390과 40은 무엇을 의미하는가? 일부 학자들은 390을 '규정할 수 없는 시간'(indefinite periods of time)을 뜻하는 것으로 해석한다(Eichrodt, cf. Ellison, Greenberg). 그러나 본문이 '년'(5절)을 강조하는 점을 감안하면 어떤 구체적인 시간을 뜻하는 것으로 해석할 수 있다. 선지자에 의하면 남왕국 유다의 죄를 비교할 북왕국이 더 많은 죄를 지은 것이 확실하다(cf. 5-6절). 그래서 북왕국 이스라엘의 죄를 400(40x10)으로(viz., 왼쪽, cf. 5절), 남왕국 유다의 죄를 40(유다를 구성하고 있는 지파 수가 북왕국 이스라엘에 비해 확연히 작기 때문)으로(viz., 오른쪽, cf. 6절)[11] 표현하지만, 동시에 노예와 속박의 숫자인 430과 맞추기 위해 북왕국의 숫자에서 10을 감했다.

한 가지 생각해볼 주제가 또 있다. 이스라엘이 이집트에서 430년 동안 종살이를 한 후에 어떻게 자유의 몸이 되었는가? 하나님은 이스라엘을 억압한 이집트를 매우 혹독한 재앙으로 벌하셨고, 자기 백성 이스라엘은 매우 자비롭고 인자한 은혜로 구원하셨다. 이와 같이 이스라

11 그렇다고 해서 유다가 북왕국보다 더 낫다는 의미는 아니다. 숫자 40은 이미 언급한 것처럼 광야에서 방황한 햇수이자 세대를 상징하는 숫자이기도 하다(Hals, cf. Greenberg). 남왕국 유다도 하나님의 심판을 받기에 충분한 죄를 저질렀다. 400과 40은 상징성에서 별 차이가 없는 숫자들이다. 오히려 북왕국의 400에서 10이 감해졌으니 오히려 북왕국이 남왕국보다 죄를 조금 덜 지었다는 의미일 수도 있다. 선지자들은 주전 722년에 하나님이 북왕국 이스라엘을 망하게 하셨으면서도 유다는 훨씬 더 오랫동안 보존해주신 것을 의아해하면서도, 이 모든 것은 하나님과 다윗의 약속(viz., 다윗 언약) 때문이라고 설명한다(cf. 사 7, 36-39장). 에스겔도 분명 이렇게 생각하고 있다(cf. 16, 23장). 북왕국 이스라엘에 비해 남왕국 유다가 절대 더 나아서 그때까지 심판을 받지 않은 것은 아니라는 것이다. 모든 것이 하나님의 신실하심에서 비롯된 은혜이다.

엘이 앞으로 바빌론을 통해 심판을 받고 나면, 그들의 앞날에는 하나님의 자비롭고 인애로운 구원의 빛, 곧 옛적 출애굽의 구원에 버금가는 은혜가 임할 것을 암시하며 기대하게 한다(Stuart, Zimmerli, Darr, cf. 20:33-44). 하나님은 심판을 위한 심판을 하지 않으시는 분이기 때문이다. 출애굽과 연관된 숫자 430은 노예와 속박을 의미할 뿐만 아니라, 새로운 구원에 대한 소망의 숫자가 되고 있다.

하나님은 에스겔에게 "이스라엘 집안의 죄악을 떠맡아라"(בֵּית־יִשְׂרָאֵל נָשָׂאתָ עֲוֹן, 4-5절)라고 명하신다. 정확히 무엇을 의미하는가? 구약에서 대속의 개념은 곳곳에서 암시되어왔다(레 10:17, 16:21-22, 사 42:1-4, 52:13-53:12). 이러한 맥락에서 랍비들은 에스겔이 이스라엘의 죄를 대속하고 있다고 해석했다(Rashi, Levey). 그렇다면 에스겔은 그가 민족의 죄를 지고 간다는 차원에서 예수님의 모형으로 이해될 수 있다(Taylor). 그러나 '떠맡다'(נשׂא)라는 개념은 속죄일에 제사장들이 행했던 예식과 연관되어 있다는 것이 학자들의 일반적인 견해이다(Block, Blenkinsopp, cf. Zimmerli). 즉 대속이 아니라, 그들을 위하여 중보/중재하라는 의미이다. 선지자로서 에스겔은 주의 백성들을 위하여 중보하는 사명을 받았다. 오늘날에도 성도들은 중보 기도로 이런 선지자적 역할을 계속해 나가야 한다.

하나님은 에스겔에게 왼쪽으로 누워서 390일, 오른쪽으로 누워서 40일을 보내라고 하시면서, 이 기간에 예루살렘을 그려놓은 흙벽돌을 바라보며 심판을 예언하라고 명하신다(7절). 이 기간 동안 에스겔을 줄에 꽁꽁 묶어 이쪽저쪽으로 돌려 눕지 못하도록 하겠다고도 하신다(8절, cf. 3:25). 그렇다면 에스겔서는 벙어리 행세, 줄에 묶여 꼼짝 못하는 일, 왼쪽으로 390일과 오른쪽으로 40일 누워 보내는 일 모두 동시다발적으로 진행되고 있음을 암시한다(cf. Darr). 에스겔은 이 같은 일을 매일 일정한 시간을 정해서 한 것이지, 24시간 내내 이런 모습으로 430일을 보냈다고 생각할 필요는 없다. 그런 생각을 하면 오히려 더 혼란스러워진다(cf. 다음 부분 주해). 또한 390일 동안 다음 행동 예언(피난민 음식을 먹는 일, 4:9-17)도 동시에 행했다.

II. 유다와 예루살렘에 대한 심판(4:1-24:27)
A. 이스라엘 멸망에 대한 상징 예언(4:1-5:17)

3. 피난민 음식 예언(4:9-17)

[9] 너는 밀과 보리와 콩과 팥과 조와 귀리를 가져다가 한 그릇에 담고 너를
위하여 떡을 만들어 네가 옆으로 눕는 날수 곧 삼백구십 일 동안 먹되 [10] 너
는 음식물을 달아서 하루 이십 세겔씩 때를 따라 먹고 [11] 물도 육분의 일 힌
씩 되어서 때를 따라 마시라 [12] 너는 그것을 보리떡처럼 만들어 먹되 그들의
목전에서 인분 불을 피워 구울지니라 [13] 또 여호와께서 이르시되 내가 여러
나라들로 쫓아내어 흩어 버릴 이스라엘 자손이 거기서 이같이 부정한 떡을
먹으리라 하시기로 [14] 내가 말하되 아하 주 여호와여 나는 영혼을 더럽힌 일
이 없었나이다 어려서부터 지금까지 스스로 죽은 것이나 짐승에게 찢긴 것
을 먹지 아니하였고 가증한 고기를 입에 넣지 아니하였나이다 [15] 여호와께서
내게 이르시되 보라 쇠똥으로 인분을 대신하기를 허락하노니 너는 그것으
로 떡을 구울지니라 [16] 또 내게 이르시되 인자야 내가 예루살렘에서 의뢰하
는 양식을 끊으리니 백성이 근심 중에 떡을 달아 먹고 두려워 떨며 물을 되
어 마시다가 [17] 떡과 물이 부족하여 피차에 두려워 하여 떨며 그 죄악 중에서
쇠패하리라

하나님은 에스겔에게 꽁꽁 묶인 채 예루살렘 성이 새겨진 흙벽돌을 주시하며 왼쪽으로 누워서 보내라고 하신다. 하나님은 그 390일 동안 극히 적은 양의 음식을 먹으며 지내라고 명령하신다(9-11절).[12] 다

12 에스겔이 왼쪽으로 누운 390일 동안만 이런 음식을 먹었는지, 아니면 40일을 더해 430일 동안 이런 음식을 먹었는지는 확실하지 않다. 9절에서 왼쪽으로 누운 390일 동안 이

른 지역에 비해 상대적으로 먹을 것이 풍부했던 바빌론에서 에스겔은 굶주림을 피할 수 없는 양의 음식을 먹고 갈증을 해소할 수 없는 양의 물을 마시며 약 13개월을 지내야 한다. 에스겔이 먹을 수 있는 곡식의 양은 매일 20세겔(총 230그램)로 제한되었다. 그것도 별로 칼로리가 높지 않은 밀(חִטָּה), 보리(שְׂעֹרָה), 콩(פּוֹל), 팥(עֲדָשָׁה), 조(דֹּחַן), 귀리(כֻּסֶּמֶת) 등이었다(9절). 오늘날에는 이러한 잡곡들을 '건강식'이라고 하겠지만, 당시에는 칼로리가 낮은 가난한 사람들의 음식이었다. 게다가 하나님이 선지자에게 여러 가지 곡식을 섞어 음식을 해 먹도록 하신 것은 앞으로 바빌론 군에게 포위될 예루살렘 상황이 얼마나 나빠질 것인지를 암시한다. 이 잡곡들 중 한 가지 곡식으로 요리를 해 먹을 수 없게 될 것(viz., 한 가지 곡식을 충분히 구할 수 없어서)이다(Greenberg, Duguid, cf. Taylor).

영양사들은 사람이 매일 이 정도의 음식만을 섭취하면 머지않아 영양실조로 아사(餓死)할 수 있다고 한다(cf. Zimmerli). 탈무드는 주후 3세기에 실제로 어떤 사람이 '에스겔의 음식'을 만들어 개에게 주었더니 개도 먹지 않더라는 실험 결과를 언급한다(Erubin 81a, cf. Greenberg). 선지자는 맛도 영양가도 없는 음식, 그것도 한 끼 겨우 먹을 수 있는 양의 음식을 먹으며 390일을 지내야 한다. 그것은 머지않아 예루살렘에서 음식이 무척 귀한 시대가 임할 것이라는 경고다(16-17절). 그나마 선지자는 생존하기에는 턱없이 부족한 음식을 걱정에 휩싸여 먹어야 한다(cf. 16절). 당장은 이런 음식이라도 먹지만, 다음 음식을 언제 먹게 될 것인지, 어디서 올 것인지를 걱정하면서 먹으라는 의미이다.

선지자가 마실 수 있는 물은 하루에 6분의 1힌(610밀리리터, cf. ABD)으로 제한된다(11절). 그나마 바들바들 떨면서 마셔야 한다(16절). 사람이 탈수 증세를 겪지 않으려면 하루 최소 2리터의 물을 섭취해야 한다

런 음식을 먹으라고 하지만, 오른쪽으로 누울 때는 이런 말씀이 없기 때문이다. 대체적으로 학자들은 에스겔이 390일 동안 이런 음식을 먹은 것으로 생각한다(Darr).

고 한다. 그러므로 이 정도의 음식과 물로는 오랫동안 생명을 연명할 수 없다. 그래서 많은 학자들은 에스겔이 이런 행동을 대중 앞에서 상징적으로 행했고 '커튼 뒤에서'는 제대로 식사를 했을 것으로 생각한다(Taylor, Allen, Friebel). 하나님이 선지자에게 "시간을 정해놓고 물을 마시라"(11절)고 하시고, "그들이 보는 앞에서 빵을 먹으라"(12절)고 하시는 것을 감안하면 이런 해석이 옳다.

쉽게 설명하자면 에스겔은 매일 일정한 시간(아마도 유다에서 끌려온 포로민들이 제일 많이 거리를 오가는 시간)을 정해서(cf. Cooper) 가장 분주한 거리로 나가 예루살렘 모형이 새겨진 토판을 놓고 그 앞에서 몸이 묶인 채로(아마도 그를 돕는 사람들이 있었을 것이다, cf. 3:25) 왼쪽으로 누워 390일, 그 이후 오른쪽으로 누워 40일 등 약 14개월 동안 대중 시위를 했다. 지나가는 사람들이 모두 볼 수 있도록 하는 것이 행동 예언의 진정한 목적이다(Lang). 에스겔이 시위하는 390일 동안 마실 수 있는 물의 양은 6분의 1힌(610밀리리터), 음식의 양은 20세겔(230그램)의 잡곡으로 빚어 만든 빵으로 제한되었다. 이때 에스겔은 사람들이 어떤 질문을 하고, 무슨 말을 하더라도 벙어리처럼 행동했다(cf. 3:26).

선지자의 이 같은 행동은 머지않아 예루살렘에 임할 전쟁과 그 전쟁으로 인한 처절한 배고픔과 목마름을 예언한다(16-17절). 예루살렘 사람들은 원래 곡식을 성 밖에서 조달해 먹었다. 이런 곳이 적군에게 포위되어 식량을 조달할 수 없게 되면, 성안에 음식이 얼마나 귀해지겠는가. 이미 오래전에 망해버린 북왕국의 사마리아에서는 시리아에게 포위당했을 때 먹을 것이 없어 인육까지 먹는 일이 있었다(cf. 왕하 6장). 유다에서는 에스겔 선지자와 함께 바빌론으로 끌려온 여호야긴 왕이 이런 문제를 의식하고 아버지로부터 왕위를 이어받은 지 3개월 만에 항복했다. 포위된 성안의 백성들이 굶어 죽지 않도록 하기 위한 양심적인 행동이었다.

이와는 대조적으로 여호야긴의 뒤를 이어 왕이 된 시드기야는 개인적인 이권을 유지하기 위해 끝까지 버티다가 예루살렘 주민들에게 매우 비참한 종말을 안겨주었다(왕하 25:1-8). 기록에 의하면 느부갓네살의 예루살렘 포위는 2년 가까이 계속되었다. 2년 동안 외부에서 오는 물자 조달이 끊기고 성안에는 농사를 지을 땅도 없었다. 엎친 데 덮친 격으로 이 2년 동안 온 땅에 기근이 계속되었다. 그들이 얼마나 비참한 상황에 처했을지 상상해보라(왕하 25:3). 결국 그들은 식인까지 하게 되었다(렘 19:9, cf. 5:10). 식인은 결코 새로운 것이 아니다. 하나님과의 언약을 어겼을 때 일어나는 당연한 결과다(신 28:53).

하나님이 에스겔에게 4-5장에 기록된 온갖 행동 예언을 실행하도록 하시는 목적이 바빌론에 끌려온 유다 사람들에게 다가오는 심판(viz., 몇 년 후인 주전 586년에 있을 바빌론 군의 침략)에 대해 경고하기 위함(cf. 에스겔의 파수꾼 소명)이라면, 에스겔이 굳이 하루 내내 꽁꽁 묶여 있을 필요도, 매일 20세겔의 잡곡만을 먹고, 6분의 1힌의 물만 마실 필요가 전혀 없다. 다가오는 심판에 대해 대중 시위를 하는 것이라면 더욱더 그렇다. 에스겔은 사람들 앞에서 행동 예언을 하는 동안 이런 음식을 먹고 물을 마셨다. 그러다가 거리에 사람들의 발자국이 뜸해지는 밤이 되면 자연스럽게 집으로 돌아가 휴식을 취했다. 그리고 다음 날 다시 정한 시간에 그곳으로 가서 누워 똑같은 일을 반복해도 여호와께서 백성들에게 전하고자 하는 메시지에는 어떠한 손상도 가지 않는다. 날마다 반복된 그의 이 독특한 행동은 사람들 앞에서 상징적인 의미를 부여하기 위함이었다. 이것이 그의 일상생활의 전부가 아니었을 것이라는 결론이다. 물론 하나님이 에스겔에게 이러한 가혹한 소명을 주셨기에 특별히 그분의 영력과 창조력으로 에스겔의 생명을 초자연적으로 연명하셨다는 해석도 배제할 수 없지만, 본문이 제시하는 여러 가지 증거를 종합해보면 에스겔이 매일 일정한 시간을 정해놓고 많은 사람들이 왕래하는 거리로 나와 이런 일을 한 것으로 해석할 수 있다.

일정한 시간을 정해놓고 이 같은 행동 예언을 했다고 해석하면 에스겔의 건강에 대한 염려를 할 필요도 없다. 그는 대중 앞에서 다가오는 예루살렘 심판을 알리는 사역을 했지만, 집에 도착하면 부족한 물과 음식을 섭취했기 때문에 건강 문제도 생기지 않았을 것이다. 자유로운 상태로 잠도 편안하게 잘 수 있었고, 한쪽으로 오랫동안 지내는 일로 빚어질 수 있는 욕창 문제도 걱정할 필요가 없다.

에스겔 선지자에게 430일의 고뇌보다 더 어려운 하나님의 명령은 사람들이 보는 앞에서 인분 말린 것을 연료로 삼아 요리를 하라는 것이다(12절). 예루살렘 성 포위가 몇 달 동안만 지속되면 성안에 있는 짐승들은 모두 사람들의 음식이 되어 씨가 마를 것이다. 그렇기 때문에 인분 말린 것이 유일한 연료가 될 가능성이 많다(Thomas). 더 나아가 인분은 불쾌하고 모욕적일 뿐만 아니라 부정한 것이다(신 23:12-14). 인분으로 연료를 삼아 구운 빵을 먹는 것은 이스라엘 사람들의 부정함을 보여주는 동시에 그들이 포로가 되어 타국으로 끌려가면 그곳에서 부정한 빵을 먹게 될 것이라는 사실을 경고하는 행위이다(13절).

이때까지 개인적인 수치를 유발하는 하나님의 여러 가지 요구를 아무 말도 하지 않고 수용했던 선지자가 이번에는 하나님께 하소연한다. 에스겔은 어려서부터 이때까지 한 번도 부정한 음식으로 자신을 더럽힌 적이 없다고 항변한다(14절). 제사장이 되기 위해서 어렸을 때부터 훈련을 받았다는 사실을 생각해보면 그가 다른 사람들보다 이 문제에 대해 더 민감한 반응을 보이는 것은 당연한 일이다(Alexander). 에스겔이 호소하자 하나님이 쇠똥으로 인분을 대처하도록 허락하셨다. 고대사회뿐만 아니라 지금도 일부 나라에서는 쇠똥을 조리용 연료와 난방 연료로 사용한다(cf. Fisch, Stalker). 쇠똥은 부정하지 않다.

에스겔이 부정한 음식을 먹지 않은 것은 '부정한 땅' 바빌론에 끌려와 사는 주의 백성에게 하나의 모델을 제시하고 있다(Duguid). 그들이 마음먹고 노력하면 바빌론에서 자기 자신을 부정한 음식으로 오염시키지 않을 수 있는 가능성을 보여준다. 주의 백성이 이 땅에서 살면서 어떠한 죄도 짓지 않고 살 수 있는 가능성을 예수님이 보여주신 것처럼 말이다. 중요한 것은 에스겔이 처음으로 하나님께 이미 내리신 명령에 대해 다시 한 번 생각해주실 것을 요청한다는 사실이다. 더 놀라운 것은 하나님이 끝까지 에스겔에게 순종을 요구하는 것이 아니라 에스겔이 원하는 대로 허락하신다는 것이다. 이점에 대하여 크레이기(Craigie)는 다음과 같이 말한다. "하나님의 이러한 양보는 메시지가 가지고 있는 상징적인 의미의 일부분을 잃게 할 수밖에 없다. 그럼에도 불구하고 하나님은 사자(messenger)를 위해 메시지(message)를 수정하시는 놀라운 은혜를 베푸신다." 하나님은 우리가 준비된 만큼 사용하신다는 말이 더욱 의미심장하게 들린다.

왜 이처럼 혹독한 기근이 예루살렘에 임할 것인가? 무엇보다도 지난 수백 년 동안 이스라엘이 하나님께 저지른 죗값을 치를 때가 되었기 때문이다(Enns). 드디어 올 것이 온 것이다. 성경은 사람은 떡으로만 살 수 없음을 분명히 한다(신 8:3, 마 4:1-4). 또한 기근은 언약 파괴에 따르는 결과이기도 하다(신 28:52-57). 즉 이스라엘이 경험할 기근의 원인은 그들의 영적인 기근에 있다. 본문은 이 모든 일이 그들의 '죄 때문'에 일어나게 되었음을 강조한다(4:17). 솔로몬 시대 이후 이스라엘은 계속 영적으로 내리막길을 걸었다. 이 모든 것은 기나긴 죄의 역사의 당연한 결과이다.

II. 유다와 예루살렘에 대한 심판(4:1-24:27)
A. 이스라엘 멸망에 대한 상징 예언(4:1-5:17)

4. 삭발 예언(5:1-17)

[1] 너 인자야 너는 날카로운 칼을 가져다가 삭도로 삼아 네 머리털과 수염을
깎아서 저울로 달아 나누어 두라 [2] 그 성읍을 에워싸는 날이 차거든 너는 터

럭 삼분의 일은 성읍 안에서 불사르고 삼분의 일은 성읍 사방에서 칼로 치
고 또 삼분의 일은 바람에 흩으라 내가 그 뒤를 따라 칼을 빼리라 [3] 너는 터
럭 중에서 조금을 네 옷자락에 싸고 [4] 또 그 가운데에서 얼마를 불에 던져
사르라 그 속에서 불이 이스라엘 온 족속에게로 나오리라 [5] 주 여호와께서
이와 같이 이르시되 이것이 곧 예루살렘이라 내가 그를 이방인 가운데에 두
어 나라들이 둘러 있게 하였거늘 [6] 그가 내 규례를 거슬러서 이방인보다 악
을 더 행하며 내 율례도 그리함이 그를 둘러 있는 나라들보다 더하니 이는
그들이 내 규례를 버리고 내 율례를 행하지 아니하였음이니라 [7] 그러므로 나
주 여호와가 말하노라 너희 요란함이 너희를 둘러싸고 있는 이방인들보다
더하여 내 율례를 행하지 아니하며 내 규례를 지키지 아니하고 너희를 둘러
있는 이방인들의 규례대로도 행하지 아니하였느니라 [8] 그러므로 나 주 여호
와가 말하노라 나 곧 내가 너를 치며 이방인의 목전에서 너에게 벌을 내리
되 [9] 네 모든 가증한 일로 말미암아 내가 전무후무하게 네게 내릴지라 [10] 그
리한즉 네 가운데에서 아버지가 아들을 잡아먹고 아들이 그 아버지를 잡아
먹으리라 내가 벌을 네게 내리고 너희 중에 남은 자를 다 사방에 흩으리라
[11] 그러므로 나 주 여호와가 말하노라 내가 나의 삶을 두고 맹세하노니 네
가 모든 미운 물건과 모든 가증한 일로 내 성소를 더럽혔은즉 나도 너를 아
끼지 아니하며 긍휼을 베풀지 아니하고 미약하게 하리니 [12] 너희 가운데에
서 삼분의 일은 전염병으로 죽으며 기근으로 멸망할 것이요 삼분의 일은 너
의 사방에서 칼에 엎드러질 것이며 삼분의 일은 내가 사방에 흩어 버리고
또 그 뒤를 따라 가며 칼을 빼리라 [13] 이와 같이 내 노가 다한즉 그들을 향한
분이 풀려서 내 마음이 가라앉으리라 내 분이 그들에게 다한즉 나 여호와가
열심으로 말한 줄을 그들이 알리라 [14] 내가 이르되 또 너를 황무하게 하고 너
를 둘러싸고 있는 이방인들 중에서 모든 지나가는 자의 목전에 모욕 거리가
되게 하리니 [15] 내 노와 분과 중한 책망으로 네게 벌을 내린즉 너를 둘러싸
고 있는 이방인들에게 네가 수치와 조롱 거리가 되고 두려움과 경고가 되리
라 나 여호와의 말이니라 [16] 내가 멸망하게 하는 기근의 독한 화살을 너희에

게 보내되 기근을 더하여 너희가 의뢰하는 양식을 끊을 것이라 17 내가 기근과 사나운 짐승을 너희에게 보내 외롭게 하고 너희 가운데에 전염병과 살륙이 일어나게 하고 또 칼이 너희에게 임하게 하리라 나 여호와의 말이니라

430일의 고난이 끝나니 이제는 하나님이 에스겔에게 머리와 수염을 칼로 잘라내라고 하신다(1절). 날카로운 칼을 삭도로 삼아 자르라고 하시는데(1절), 날카로운 칼(חֶרֶב חַדָּה)은 전쟁에서 사용하는 살생 무기를 뜻하며, 삭도(תַּעַר)는 머리를 다듬기 위해 사용하는 미용용 칼을 뜻한다(HALOT). 하나님이 선지자에게 전쟁용 칼을 사용해 머리를 밀라고 하시는 것은 앞으로 유다에 임할 심판과 전쟁에 대해 경고하기 위함이다(Darr, Cooper). 전쟁용 칼이 에스겔의 머리를 베어내는 것처럼 유다 주민들 중 상당수가 다가오는 전쟁에서 '베임을 당할 것'이다(Fisch).

구약에서 머리를 자르는 것은 수치와 슬픔을 표현하는 행위다(cf. 삼하 10:4, 대상 19:4, 욥 1:20). 그러나 율법은 제사장들이 머리를 자르는 것을 금한다(레 21:5, 신 14:1, cf. 겔 44:20). 그런데도 제사장인 에스겔에게 삭발을 하라는 것은 이스라엘이 당면할 슬픔과 수치가 극에 달할 것을 암시한다. 앞으로 주의 백성이 겪게 될 슬픔과 수치가 얼마나 큰지 평상시에는 삭발이 금지된 제사장마저도 머리를 깎고 슬퍼해야 한다. 선지자의 이러한 모습은 머지않아 유다가 '죽게 될 것'을 상징하는 것으로 해석되기도 한다(Blenkinsopp).

하나님은 에스겔에게 베어낸 털을 버리지 말고 저울에 달아 세 묶음으로 나누라고 하신다(1절). 성경에서 저울질은 판결과 거기에 따른 심판을 상징한다(단 5:27, 잠 21:2). 에스겔은 하나님이 이스라엘의 행위에 대해 판결하고 심판하실 날이 임박했음을 암시한다(Brownlee). 선지자는 첫 번째 묶음을 그가 흙벽돌에 새겨둔 예루살렘 성 한가운데서 불에 태우라는 명령을 받는다(2절).[13] 성경에서 불은 전염병으로 죽거나 굶어

13 일부 주석가들은 에스겔이 [바빌론?] 성벽 안에서와 밖에서 이 일을 행하는 것으로 해석

죽을 것을 상징한다(Eichrodt, cf. 12절, Thomas). 에스겔이 성안에서 자기 머리털의 3분의 1을 태웠다는 것은 앞으로 예루살렘이 바빌론 군에 포위되었다가 함락되면 성의 주민들 중 3분의 1이 병이나 굶주림으로 죽을 것을 예고하고 있다.

에스겔은 두 번째 머리털 묶음을 예루살렘 성을 새겨놓은 흙벽돌 둘레를 돌면서 칼로 내리치라는 명령을 받았다(2절). 이 행위는 전쟁의 참혹함을 그대로 보여주고 있다. 예루살렘 주민들 중 3분의 1이 바빌론 군의 칼에 맞아 죽을 것을 경고하고 있다.

에스겔은 세 번째이자 마지막 머리 묶음을 바람에 흩으라는 명령을 받았다(2절). 바빌론 군이 예루살렘을 함락시키는 날, 예루살렘 주민의 3분의 1이 포로가 되어 타국으로 끌려가 흩어질 것을 의미한다. 한 주석가는 타국으로 끌려가 흩어질 사람들을 유다의 군인들로 제한하지만(Taylor), 본문은 민간인과 군인들에 차별을 두지 않는다. 하나님은 타국으로 흩어지는 사람들마저도 '칼을 들고' 뒤따라가신다(2절, cf. 신 32:41).

다행히 모든 것이 절망적이지는 않다. 하나님이 에스겔에게 베어낸 머리털을 조금 남겨 옷자락으로 쌓아두라고 하시기 때문이다(3절). 남은 자들이 있을 것을 암시하는 대목이다. 그러나 숫자는 매우 적을 것이다. 하나님이 선지자에게 남겨둔 머리털 중 일부를 꺼내서 불에 던져 태우라고 하시기 때문이다(4절). 바빌론 군이 예루살렘을 함락시키는 날, 유다의 대부분 사람들이 죽게 될 것이며 지극히 적은 숫자의 생존자만 남을 것이라는 경고이다.

하나님은 자기 백성을 왜 이처럼 혹독하게 심판하시는가? 주님은 큰 기대와 함께 예루살렘을 세상의 중심으로 삼으셨다(5-6절). 그러나 세상의 중심이 되어 온 열방에 하나님의 율법을 지키며 사는 모범을 보

한다(Craigie, Keil). 이 모든 일은 포로민들에게 주시는 메시지이며 예루살렘에 관한 메시지라는 사실을 생각하면, 흙벽돌에 새겨진 예루살렘 모형을 중심으로 이루어지는 것으로 간주해야 한다(cf. Cooper).

여야 하는 이스라엘이 제 역할을 하기는커녕 오히려 이방인들보다 더 악하고 비윤리적으로 살자, 하나님은 더 이상 참을 수 없게 되신 것이다. 하나님은 자신들만이 주의 백성이며 여호와의 율법을 지녔다고 자부하던 이스라엘이 "이방인들보다도 더 규례를 지키지 않았다"고 탄식하신다(6절). 더 나아가 주의 백성이라고 자부하는 자들이 이방인들의 규례도 따르지 않았다고 하신다(7절). '규례'(מִשְׁפָּט)는 판결/기준을 뜻한다(cf. HALOT). 그러므로 하나님은 이스라엘이 율법의 기준에 미치지 못하는 삶을 살았을 뿐만 아니라, 이방인들이 지향하는 [선한] 기준에도 미치지 못하는 삶을 산 것을 심판의 이유로 드신다. 하나님은 많은 것을 허락한 사람들에게 많은 것을 요구하시는 분이다. 많은 것을 받은 사람이 하나도 받지 못한 사람보다 더 형편없이 살고 있으니 가만두실 리 없다.

결국 옛적에는 이스라엘에게 복을 주셨던 하나님이 어느덧 그들을 치는 원수가 되셨다(8절). 이스라엘을 두르고 있는 열방 민족들 앞에서 자기 백성을 직접 벌하실 것이다. 이스라엘이 하나님께로부터 받을 재앙은 전에도 없었고 앞으로도 다시 없을 혹독한 고통이다(9절). 한때 열방의 선망이 되도록 하나님이 선택하신 민족이 열방의 멸시와 비아냥을 받게 되었다(14-15절). 이런 상황을 지켜보아야 하는 하나님의 마음은 얼마나 착잡하고 아프셨을까? 인간은 죄를 지으면 자신이 받을 벌에 대해서만 생각한다. 그러나 벌을 내리셔야 하는 하나님의 마음도 헤아려볼 필요가 있다.

하나님이 이스라엘에게 내리실 벌이 "전에도 없었고 앞으로도 다시는 없을 그런 일"(9절)이라고 하시는데, 과연 어떤 재앙이 그들에게 임할 것인가? 선지자가 5장에서 언급하는 재앙들은 이미 하나님이 레위기 26장을 통해 경고하신 '언약적 저주들의 모음집'이다(Cooper, Duguid). 이스라엘이 하나님과 맺은 언약을 지키지 않아서 빚어지는 일들인 것이다. 선지자는 먼저 10절에서 다가올 재앙의 참혹함을 요약해 선언한다. 예루살렘 성안에서는 인육을 먹는 일이 있을 것이다. 아버지가 자식을, 자식이 아버지를 잡아먹는 일이 벌어질 것이다. 포위된 성읍의 식량난이 얼마나 심각할지를 보여주는 경고이다. 이렇게 혹독한 시간이 지나 생존자들이 몇이라도 있으면, 그들을 사방으로 흩으실 것이다. 포로가 되어 타국으로 끌려갈 것이라는 뜻이다. 에스겔의 머리털 세 묶음으로 말씀하신 내용(2절)이 재차 확인되고 있다.

하나님이 이스라엘을 벌하시는 것은 그들의 우상 중독증 때문이기도 하다(11절). 그들은 우상숭배로도 모자라 하나님의 성전까지 우상들로 더럽혔다. 그러므로 질투하시는 하나님이 그들을 넘어뜨리실 것이다. "건기를 지나는 팔레스타인에 불을 지르기는 아주 쉽지만 그 불을 끄기는 어렵다. 하나님의 진노도 그렇다"(Stott, cf. Thomas). 그들에 대해 전혀 불쌍히 여기지도 않을 것이라고 선언하신다(11절). 앞으로 이스라엘은 하나님께 자비와 긍휼을 기대할 수 없을 것이라는 의미이다. 하나님의 자기 백성에 대한 분노가 얼마나 큰지를 실감할 수 있는 대목이다.

하나님이 에스겔의 세 묶음 머리털 행동 예언이 무엇을 의미하는지를 말씀해주신다(12절). 성안에서 태운 3분의 1은 전염병에 걸려 죽거나 굶어 죽는 일을 상징하며, 성읍 둘레에서 칼질을 당한 3분의 1은 예루살렘 성 주변에서 적들의 칼에 맞아 죽을 주민들을 뜻하며, 3분의 1은 온 세상에 흩어질 주의 백성들을 뜻한다(12절). 그나마 하나님이 칼을 들고 열방에 끌려가는 사람들을 뒤쫓을 것이다. 포로가 되어 타국으로 끌려갈 사람들 중 상당수가 목적지에 도착하기 전에 죽을 것을 예고한다.

하나님은 이렇게 하심으로써 지난 세월 동안 이스라엘에 대하여 품었던 분노와 질투를 해소하실 것이다(13절). 본문의 중심 메시지 중 하나는 하나님의 격한 감정의 폭발이다(Hals). 한때는 열방의 선망의 대상이던 이스라엘이 하나님의 심판을 받고 폐허 더미가 되며 세상의 웃음거리가 될 것이다(14절). 하나님이 자기 백성을 어떻게 심판하셨는가가 세상에 알려지면 이방 사람들에게는 더할 나위 없이 좋은 두려움과 경고가 될 것이다(15절).

하나님은 자신이 보내는 기근과 재앙의 면모를 다시 한 번 강조하면서 이 부분을 마무리하신다. 그들이 경험하게 될 기근과 재앙은 단지 경고에 지나지 않는 것이 아니라 그들을 죽이는 것을 목표로 삼고 있다(16절). 기근이 얼마나 혹독한지 도시 안에서 빵이 끊어진다(16절). 또한 온 사회가 엄청난 혼란과 재앙에 휩싸일 것이다(17절). 5장이 언급하고 있는 모든 재앙은 언약적 저주에 해당한다(Greenberg, Zimmerli). 이스라엘이 시내 산에서 하나님과 맺은 언약을 준수하지 않아서 하나님이 그들에게 내리신 벌이다.

에스겔은 이미 바빌론에 끌려와 사는 사람들에게 왜 예루살렘에 대한 심판을 선언하는가? 아마도 바빌론으로 끌려온 사람들의 의식구조를 바꾸어놓고 그들이 자격지심에서 헤어나오게 하기 위해서일 것이다. 포로가 되어 바빌론으로 끌려온 사람들은 예루살렘에 남은 사람들을 부러워했다. 자신들은 하나님의 심판을 받아 바빌론까지 끌려온 매우 불행한 사람이며, 예루살렘에 남은 사람들은 하나님이 이스라엘을 재건하기 위해 남겨두신 자들이라고 생각했다. 이 메시지를 통해 에스겔은 포로민들에게 사고를 바꾸라고 요구한다. 머지않아 예루살렘에 임할 하나님의 심판을 생각하면 이미 바빌론에 와 있는 그들은 '복 받은 자' 내지는 '남은 자'들이 확실하기 때문이다.

하나님의 오래 참으심도 한계가 있다는 사실을 깨달아야 한다(cf. Cooper). "내가 친히 너희를 대적하겠다"(עָלַיִךְ גַּם־אָנִי, 5:8)라는 문장이 에스겔서 안에서 12차례 사용된다. 또한 13절은 "나 여호와가 열심으로 말한 줄을 그들이 알리라"며 이 모든 재앙이 다름 아닌 이스라엘과 언약을 맺으신 여호와로부터 비롯된 것이라는 사실을 확실히 한다(Darr, cf. 레 26장). "내가 너희를 넘어뜨리겠고, 너희를 아끼지 않겠으며, 너희를 불쌍하게 여기지도 않겠다"(5:11)는 '하나님이 함께하다'(시 56:9, 롬

8:31)에 정반대되는 개념이다(cf. Block). 예루살렘이 이 같은 일을 당한 것은 하나님이 그들을 미워해서가 아니다. 오히려 사랑하기에 하나님은 범죄한 나라를 묵인하실 수가 없다. 하나님은 이스라엘에 대한 자기 사랑이 거부당한 것에 대해 이처럼 반응하신다(Craigie).

II. 유다와 예루살렘에 대한 심판(4:1-24:27)

B. 이스라엘 영토와 백성 멸망(6:1-7:27)

"하나님의 말씀이 나에게 임하니"(6:1)라는 말씀은 새로운 부분이 시작되고 있음을 암시한다. 기근과 재난의 화살(6:11-12, 7:15)은 앞부분인 4-5장에서도 언급되었다(5:16). 본문은 또한 8-11장에서 '하나님의 영광'이 성전을 떠나는 신학적 이유를 제시함으로써 뒷부분과도 연결고리를 유지한다. 1-5장에서는 예루살렘에 집중되었던 하나님의 심판이 6-7장에서는 온 이스라엘로 퍼진다. 이 부분은 다음과 같이 두 부분으로 구성되어 있다. 두 부분 모두 이스라엘이 절대 피할 수 없는 심판을 중심으로 메시지를 선포한다.

A. 이스라엘의 우상숭배 심판(6:1-14)
B. 심판의 날이 이스라엘을 덮침(7:1-27)

II. 유다와 예루살렘에 대한 심판(4:1-24:27)
B. 이스라엘 영토와 백성 멸망(6:1-7:27)

1. 이스라엘의 우상숭배 심판(6:1-14)

이스라엘 사람들은 가나안에 정착했을 때 곳곳에 세워진 우상들의 산당들(בָּמוֹת)을 보았다(cf. ABD). 하나님은 이스라엘이 가나안에 입성하기 전부터 산당들을 헐어버리라고 명하신다(민 33:52, 신 12:2-4). 그러나 이스라엘은 대부분의 산당들을 헐지 않고, 여호와의 예배 처소로 바꾸었으며, 여호와께서는 그곳에서 예배를 드리는 것을 허락하셨다. 훗날 하나님이 한곳을 정하면 그때부터는 그곳에서만 예배를 드려야 한다(cf. 신 12장). 산당에서 드리는 예배는 한시적이기에 묵인하신 것으로 생각된다.

세월이 지나면서 하나님이 성전 터전으로 마음에 두신 곳이 예루살렘이라는 것이 밝혀졌다. 솔로몬이 이곳에 성전을 지은 이후부터 이스라엘은 이곳에서만 예배를 드릴 수 있었다. 그러나 세월이 지나면서 이스라엘은 다시 산당들을 곳곳에 세우고 이곳에서도 하나님께 예배를 드렸다. 또한 원래 산당에서 행해지던 이방 종교의 풍습들이 다시 살아나기 시작했다. 결국 이스라엘은 산당들에서 하나님께 죄를 범했다(사 2:14, 65:7, 렘 2:20, 3:2, 6, 호 4:13-14). 이스라엘이 산당들에서 바알과 아세라 등 여러 우상들과 여호와를 함께 숭배했기 때문이다(cf. Dever).

산당 문제는 므낫세 시대(주전 695-642)에 절정에 이르렀다. 므낫세는 아예 예루살렘 성전을 폐쇄하고 산당에서 온갖 우상들을 숭배했으며, 심지어는 자기 자식들을 그 우상들에게 불살라 바치기에 이르렀다. 므낫세의 아버지 히스기야와 므낫세의 손자 요시야 시대 때 모든 산당을 허무는 획기적인 개혁이 있었으나, 이러한 개혁은 오래 지속되지 못했다. 결국 산당들은 다시 세워졌으며, 그곳에서 우상숭배가 다시 시작되었다.

이스라엘은 왜 산당에 중독되었을까? 아마도 가장 기본적인 이유는 편리성 때문이었을 것이다. 산당은 이스라엘 전역에 세워져 있기 때문에 아무 때라도 편하게 예배를 드릴 수 있다. 또한 예배를 드려야 할 때 준수해야 할 규칙들도 느슨했다(Duguid). 반면에 예루살렘 성전에서만 예배를 드리려면 예루살렘에서 멀리 떨어진 곳에 사는 사람들은 오고 가는 길에서만 일주일을 보내야 한다. 둘째, 전통과 관례 때문이었을 것이다. 산당은 이스라엘이 가나안에 입성할 때부터 있었던 곳이며, 이스라엘 신앙의 영웅인 사무엘과 다윗도 이곳에서 하나님께 예배를 드렸다. 그런 곳이 왜 나쁘겠냐는 생각도 지배적이었을 것이다.

게다가 종교개혁을 주도하던 히스기야와 요시야도 산당을 제거했다가 된통 혼이 났다는 생각이 사람들을 두렵게 했다. 주전 701년에 아시리아의 산헤립이 침략해왔을 때(cf. 왕하 18장), 그는 예루살렘 주민들을 동요시키기 위하여 '산당의 주인 여호와'께서 히스기야가 산당을 제거한 일로 분노해 자기를 보내셨다고 거짓말을 했다(사 36:7). 히스기야보다 더 대대적으로 산당 제거에 나섰던 요시야는 므깃도에서 이집트 왕 느고에게 죽임을 당했다. 이후 요시야가 주도했던 개혁의 바람은 잠잠해졌으며, 이 두 사건을 경험한 이스라엘 사람들은 산당을 제거하는 일을 금기(taboo)처럼 여겼을 것이다. 이러한 상황은 충분히 이해할 수 있다. '하나님이 왜 이스라엘의 대표적인 종교개혁자를 죽게 버려두셨는가? 아마도 여호와는 개혁을 원하지 않을 뿐만 아니라 산당에서 예배드리는 옛날 방식을 더 선호하시는 것 같다'라는 생각이 무지한 백성들 사이에 팽배해졌을 것이다. 그러나 우리가 잘 알다시피 산당을 제거하는 것은 이스라엘의 왕들 중 영적인 거인들과 보통 사람들을 구분하는 잣대가 되었다(cf. 열왕기). 이스라엘이 산당에서 행한 우상숭배를 강력하게 비난하는 본문은 다음과 같이 세 부분으로 구분된다. 파괴로 시작한 메시지(A)가 파괴 메시지(A')로 마무리된다. 전쟁에서 생존한 자들이 타국으로 끌려가 비참한 삶을 살면서 자신들의 죄를 생각하게 될 것이라는 말씀이 중앙(B)에 위치한다.

A. 완전한 파괴(6:1-7)
　B. 열방에 흩어지는 생존자들(6:8-10)
A'. 완전한 파괴(6:11-14)

II. 유다와 예루살렘에 대한 심판(4:1-24:27)
B. 이스라엘 영토와 백성 멸망(6:1-7:27)
1. 이스라엘의 우상숭배 심판(6:1-14)

(1) 완전한 파괴(6:1-7)

1 여호와의 말씀이 내게 임하여 이르시되 2 인자야 너는 이스라엘 산을 향하
여 그들에게 예언하여 3 이르기를 이스라엘 산들아 주 여호와의 말씀을 들으
라 주 여호와께서 산과 언덕과 시내와 골짜기를 향하여 이같이 말씀하시기
를 나 곧 내가 칼이 너희에게 임하게 하여 너희 산당을 멸하리니 4 너희 제
단들이 황폐하고 분향제단들이 깨뜨려질 것이며 너희가 죽임을 당하여 너희
우상 앞에 엎드러지게 할 것이라 5 이스라엘 자손의 시체를 그 우상 앞에 두
며 너희 해골을 너희 제단 사방에 흩으리라 6 내가 너희가 거주하는 모든 성
읍이 사막이 되게 하며 산당을 황폐하게 하리니 이는 너희 제단이 깨어지고
황폐하며 너희 우상들이 깨어져 없어지며 너희 분향제단들이 찍히며 너희가
만든 것이 폐하여지며 7 또 너희가 죽임을 당하여 엎드러지게 하여 내가 여
호와인 줄을 너희가 알게 하려 함이라

이때까지 에스겔은 예루살렘에 대해 행동으로 예언했다. 이번에는 신탁을 통해 말씀을 선포하지만, 그가 얼굴을 이스라엘의 산에 고정하는 것은 이번에도 어느 정도의 행동 예언을 동반하고 있음을 의미한다(Hals). 그동안 예루살렘에 대해 메시지를 선포했던 선지자는 이 말씀을 통해 온 이스라엘을 대상으로 말씀을 선포한다(Boadt). 바빌론에 포로로 끌려와 있는 이스라엘 사람들에게 조국에 있는 산은 향수를 불러일으켰다(Allen). 이스라엘은 산악 지대에 형성된 나라였으며, 시리아 사람들은 여호와를 '산악 지대에서 강한 신'으로 이해했다(왕상 20:28). 산들은 이스라엘의 가장 이상적인 면모를 보여주는 것으로 생각된다(Duguid).

사실 산들 중에서도 예루살렘 성안에 있는 시온 산은 유다의 종교를 상징하는 대표적인 산이다. 그러므로 이스라엘의 산을 언급하는 이 말씀에서 예루살렘이나 시온에 대한 언급을 기대하는 것은 당연하다(Alexander). 그러나 선지자는 의도적으로 시온 산/예루살렘에 대한 언급을 피한다. 잘못된 신학으로 하나님이 예루살렘과 시온 산을 버리셨다는 것을 암시하기 위해서이다(Boadt).

한때는 훌륭했던 이스라엘의 산들은 하나님께 주의 백성들이 행하는 우상숭배의 상징에 지나지 않는다(3절). 추억이 악몽으로 변하고 있다. 하나님이 주신 아름다운 산들에 이스라엘이 산당들(בָּמוֹת)을 세웠기 때문이다. 질투하시는 하나님은 자기 백성이 우상을 숭배하도록 내버려두실 리 없다. 그래서 선지자에게 온갖 우상숭배가 행해지는 이스라엘의 산과 언덕과 시내와 골짜기를 향해 심판을 선언하라고 명하신다(1-3절). 여호와께서 전쟁으로 주의 백성을 심판하시는 날, 백성들이 숭배하던 이방 신들의 제단들은 무너져 내리고 그들이 숭배하던 우상들도 산산조각 날 것이다(4절). 이 심판 역시 미래를 기약하며 진행된다. 산들이 본문에서는 심판을 받지만, 36:1-15에서는 하나님의 축복의 대상이 되기 때문이다.

고대인들이 우상과 신을 숭배한 가장 큰 이유는 풍요로움을 누리고 환난 때 도움을 받기 위해서였다. 유다 사람들이 숭배하던 우상들이 참 신이었다면, 여호와께서 그들의 제단을 파괴하실 때 잠잠히 있으면 안 된다. 자신들의 처소가 허물어지고 있는데 지켜만 보고 있다면, 그 인간의 숭배를 받을 자격이 없다. 만일 능력이 되는데 잠잠히 있다면 그 우상들은 악한 신들이다. 만일 능력이 되지 않아서 가만히 있다면, 인간이 숭배할 가치조차 없는 무능한 장식에 불과하다. 그러나 선지자들의 말에 따르면 우상들은 신적인 존재들도 아니다. 우상들은 왜 가짜인가? 우상들은 스스로 존재하는 자들이 아니라 인간이 만들어낸 것들이다. 인간이 만들어낸 것이기에 인간 없이는 존재할 수 없다. 우상이 인간을 타락시키는 것이 아니라, 부패한 인간이 우상을 만든다는 것이 선지자들의 가르침이다.

산당들에서 숭배되던 우상들과 제단들만 폐허가 되어 나뒹구는 것이 아니라 이 신전들과 신상들 앞에서 가증스러운 짓들을 하며 우상들을 숭배했던 이스라엘 사람들의 해골과 시체도 파괴된 제단과 신상들과 섞여 나뒹군다(4-5절). 고대사회에서 제단을 오염시키기 위해 사람의 시체를 태우거나 해골을 뿌리는 일은 종종 있었다(cf. 왕상 13:2, 왕하 23:16). 본문은 죽임당한 우상숭배자들의 시체가 이것들을 장식할 것이라고 한다. 이 사람들이 죽임당한 이유가 그들이 그토록 사모하던 우상들 때문이라는 사실을 상기시키기 위해서이다. 또한 우상숭배자들이 살던 집들도 황폐해진다(6-7a절). 도저히 다시 일어설 수 없도록 완전히 파괴하시는 것이다. 하나님이 이렇게 하시는 이유는 6절 마지막 부분이 증언하는 것처럼 "너희가 손으로 만든 것들이 모두 말끔히 없어지게 하려는 것"이다. 제단을 세우고 우상을 숭배한 사람들은 우상과 제단만 잃는 것이 아니라, 자신들이 평생 쌓아온 모든 것을 잃는 심판을 받게 될 것이다.

이 모든 파괴와 재앙을 통해 여호와가 하나님이심을 알게 된다(7b절). 이미 언급한 것처럼 고대인들이 신을 섬긴 것은 환난 때 보호받기 위한 일종의 보험이었다. 그렇다면 그들이 숭배하던 신들이 진짜인지 가짜인지는 환난이 닥칠 때 확실하게 드러난다. 가짜는 어떤 도움도 줄 수 없기 때문이다. 이스라엘에 심판이 임하면 그들이 따르던 이방 신들이 모두 가짜라는 것이 명백히 드러날 것이다. 반면에 이스라엘은 이 모든 재앙이 여호와께로부터 왔고, 이 재앙들은 여호와 하나님이 시내 산에서 그들의 선조들과 맺으신 언약을 이행하는 것뿐이라는 사실을 깨닫게 될 것이다. 그들은 이 세상에 진정한 하나님은 오직 여호와 한 분이시라는 것을 시인하게 될 것이다. 심판이 임하기 전에 이 사실을 깨달았더라면 하는 아쉬움은 남지만, 그래도 값진 깨달음이다. 심판을 받은 이스라엘이 여호와는 유일하신 하나님이라는 사실을 먼저 깨닫고, 옆에서 모든 것을 지켜보던 주변 민족들도 이 사실을 인정하게 될 것이다.

에스겔은 그 당시 예루살렘 주민, 특히 지도층 사람들 사이에 유행했던 신학적 주장이 착각에 불과했다는 사실을 드러낸다. 그들은 자신들이 어떻게 살든 상관없이 예루살렘은 망하지 않을 것이라고 생각했다. 예루살렘에 하나님의 거처지인 성전이 있기 때문에 예루살렘은 결코 이방인들의 손에 파괴되지 않을 것이라고 주장했다(cf. 렘 7:4). 그러나 성경은 예루살렘 성 자체가 어떤 신비력을 지닌 것이 아니라, 하나님이 함께하시는 동안에만 이 도성이 안전하다는 사실을 거듭 강조한다. 반면 하나님이 떠나신 예루살렘은 이방인들에게 쉽게 무너질 수 있으며 심지어 예루살렘에 거하시던 하나님이 스스로 이방인들을 도성 안으로 불러들여 파괴하실 수 있다.

II. 유다와 예루살렘에 대한 심판(4:1–24:27)
B. 이스라엘 영토와 백성 멸망(6:1–7:27)
1. 이스라엘의 우상숭배 심판(6:1–14)

(2) 열방에 흩어지는 생존자들(6:8–10)

[8] 그러나 너희가 여러 나라에 흩어질 때에 내가 너희 중에서 칼을 피하여 이방인들 중에 살아 남은 자가 있게 할지라 [9] 너희 중에서 살아 남은 자가 사로잡혀 이방인들 중에 있어서 나를 기억하되 그들이 음란한 마음으로 나를 떠나고 음란한 눈으로 우상을 섬겨 나를 근심하게 한 것을 기억하고 스스로 한탄하리니 이는 그 모든 가증한 일로 악을 행하였음이라 [10] 그 때에야 그들이 나를 여호와인 줄 알리라 내가 이런 재앙을 그들에게 내리겠다 한 말이 헛되지 아니하니라

다행히 모든 것이 끝장난 것은 아니다. 선지자는 심판 메시지(1–7절)

와 심판 메시지(11-14절) 사이에 슬며시 소수의 생존자들에 대한 본문(8-10절) 말씀을 삽입하고 있다. 하나님이 전쟁에서 죽지 않게 하신 소수를 열방에 흩어져 살게 할 것이라고 하신다. 그러나 이 생존자들이 비로소 열방으로 끌려가서야 하나님을 기억하게 된다는 사실은 살아남은 사람들마저도 하나님의 구원을 받을 자격이 없다는 것을 시사한다(9절). 그들은 성경이 말하는 '부끄러운 구원'을 체험할 사람들이다.

이방 나라로 끌려가서야 비로소 자신들이 행한 모든 혐오스러운 일들을 기억하고 스스로 몸서리를 쳐가며 회개하게 될 것이다. 이방 지배자들의 압제에 시달리면서 자신들의 삶을 돌아보고 하나님이 이유 없이 심판하신 것이 아니라 정당한 벌을 내리셨다는 것을 인정하게 된다(10절). 결국 그들은 여호와가 참 하나님이라는 사실을 고백한다. 이미 늦었지만 그들은 하나님은 공갈이나 협박으로 심판하는 것이 아니며, 하나님은 자신의 말씀대로 행하는 능력의 하나님이심을 드디어 깨닫게 된다.

생각해보면 인간의 죄 문제는 상당 부분 영적 기억상실증(spiritual amnesia)에서 시작된다. 하나님이 우리의 죄를 잊으시는 것은 은혜이지만, 하나님의 은혜를 우리가 잊는 것은 심각한 결과를 초래한다. 다행히 남은 자들은 구사일생의 경험 끝에 하나님을 기억하게 된다(9절). 하나님을 기억하라는 것은 모세가 광야에서 이스라엘에게 주었던 교훈의 중심을 이루기도 한다(신 8장). 웃시야 왕이 비참한 종말을 맞게 된 것도 그의 영적 '기억상실증' 때문이다(대하 26:5-16). 에스겔에 의하면 이스라엘이 이렇게 된 것도 그들의 기억상실증 때문이다(16:22, 43). 바빌론으로 끌려온 자들은 스스로 자신의 죄를 기억하게 할 것이다(cf. 20:43, 36:31).

본문은 이미 바빌론으로 끌려와 사는 사람들의 잘못된 사고를 지적하기도 한다. 그들은 자신들이 바빌론까지 끌려온 것은 지난 수백 년 동안 쌓인 조상들의 죗값 때문이라고 생각한다. 이스라엘 공동체에 속한 사람들의 죄가 쌓여가다가 드디어 하나님의 혹독한 심판을 초래했다. 그러나 이러한 상황을 전적으로 조상 탓으로 돌릴 수는 없다는 것이 선지자들의 가르침이다. 하나님은 이스라엘을 심판하기로 오래전에 결정하셨지만, 형벌의 집행은 항상 보류될 수 있기 때문이다. 만일 에스겔의 청중들이 하나님 앞에 회개하고 돌이켰다면, 하나님의 심판을 취소하지는 못해도 그 시기를 보류할 수 있다. 하나님은 히스기야 시대와 요시야 시대에도 심판을 잠시 보류하셨다. 이런 상황에서 에스겔은 포로민들의 사고가 잘못되었다며 철저하게 회개할 것을 권유하고 있다. 오직 진정한 회개만이 하나님의 용서와 자비를 바랄 수 있기 때문이다.

II. 유다와 예루살렘에 대한 심판(4:1–24:27)
B. 이스라엘 영토와 백성 멸망(6:1–7:27)
1. 이스라엘의 우상숭배 심판(6:1–14)

(3) 완전한 파괴(6:11–14)

[11] 주 여호와께서 이같이 이르시되 너는 손뼉을 치고 발을 구르며 말할지어다 오호라 이스라엘 족속이 모든 가증한 악을 행하므로 마침내 칼과 기근과 전염병에 망하되 [12] 먼 데 있는 자는 전염병에 죽고 가까운 데 있는 자는 칼에 엎드러지고 남아 있어 에워싸인 자는 기근에 죽으리라 이같이 내 진노를 그들에게 이룬즉 [13] 그 죽임 당한 시체들이 그 우상들 사이에, 제단 사방에, 각 높은 고개 위에, 모든 산 꼭대기에, 모든 푸른 나무 아래에, 무성한 상수리나무 아래 곧 그 우상에게 분향하던 곳에 있으리니 내가 여호와인 줄을 너희가 알리라 [14] 내가 내 손을 그들의 위에 펴서 그가 사는 온 땅 곧 광야에서부터 디블라까지 황량하고 황폐하게 하리니 내가 여호와인 줄을 그들이 알리라

"너는 손뼉을 치고, 발을 구르며 말하라"(הַכֵּה בְכַפְּךָ וּרְקַע בְּרַגְלְךָ, 11절)는 정확히 무슨 뜻인가? 이스라엘이 주님의 벌을 받게 된 상황을 비웃고 조롱하라는 의미로 해석되기도 하지만(Taylor), 이스라엘의 반역에 대한 하나님의 진노를 표현하는 것으로 이해하는 것이 바람직하다(Fisch, Biggs, Darr, cf. 신 28:63). 선지자는 발을 동동 구르고 손뼉을 쳐 하나님의 분노를 표현해야 한다. 오늘날에도 유대인들은 극한 분노와 슬픔을 표현할 때 손뼉을 치고, 발을 구르며 "오호라"(אָח)라고 외친다(Fisch, Cooper).

지금까지 선지자는 이스라엘의 운명을 결정지을 혹독한 파괴가 올 것임을 시사했다. 그렇다면 이 파괴는 과연 어떤 방법으로 올 것인가? 저자는 하나님이 온갖 방법을 사용해 그들을 치실 것이라고 한다. 기근과 전염병과 전쟁이 동원될 것이다(12절). 하나님이 이처럼 세 가지(전염병, 전쟁, 기근)로 말씀하시는 것은 앞에서 선지자가 깎은 머리털을 세 묶음으로 나누어 선포한 예언과 맥을 같이한다. 또한 레위기 26장에 기록된 언약적 저주를 상기시키기에 충분하며(Allen), 전쟁이 임하면 이 세 가지가 동시다발적으로 임한다. 선지자들은 이미 오래전부터 이스라엘의 최후가 전쟁으로 올 것을 예언했다. 그러므로 에스겔의 경고는 선배 선지자들의 예언을 더 발전시키고 구체화한다. 선지자가 세 가지 재앙을 언급하는데, 숫자 3은 만수(萬壽)이며 그 누구도 이 심판을 피할 수 없음을 암시한다.

이스라엘이 이처럼 혹독한 심판을 받게 된 것은 그들의 우상숭배 때문이다. 그래서 하나님은 심판을 받아 죽은 자들의 시체들로 그들이 숭배하던 우상들과 제단들을 도배하실 것이다(13절). 마치 그들이 자신들의 삶을 우상들로 도배했던 것처럼 말이다. 선지자는 자칭 주의 백성이라는 사람들이 얼마나 그들의 삶을 우상들로 가득 채웠는지를 보여준다. 주님의 심판을 받아 죽은 자들의 시체가 그들이 우상을 숭배하던 장소 일곱 군데를 오염시킬 것이라고 말한다(13절). (1) '우상들 사이', (2) '제단 사방', (3) '각 높은 고개 위', (4) '모든 산 꼭대기', (5) '모든 푸른 나무 아래', (6) '무성한 상수리나무 아래', (7) '우상에게 분향하던 곳.' 이스라엘은 우상 중독자들이었다. 그들이 하나님께 중독되었으면 하나님이 얼마나 기뻐하셨을까! 또한 자신들도 얼마나 행복했을까!

여호와의 심판이 우상에 중독되어 있던 주의 백성에게 임하는 날, 그들은 비로소 하나님이 여호와라는 사실을 알게 될 것이다(13절). "내가 여호와인 줄 너희가 알리라"라는 말씀이 심판을 선언하는 6장에서만 네 차례나 사용된다(7, 10, 13, 14절). 심판을 포함해 하나님이 하시는 모든 일은 사람들이 그분을 알게 하기 위함이다(Taylor).

이 말씀은 여호와에 대한 지식을 사람들의 자기 성찰이나 철학적 명상을 통해 얻을 수 있는 것이 아니라, 역사 속에 운행하시는 하나님의 사역을 통해 얻을 수 있다는 것을 의미한다(Zimmerli, Duguid). 주의 백성에 대한 하나님의 심판도 역사 속에서 운행하시는 하나님을 알게 하는 것이 목적이라는 뜻이다(Greenberg, Cooper). 하나님은 빈말을 하시는 분이 아니며, 한번 말씀하시면 꼭 그대로 이루신다는 사실을 깨닫게 될 것이라는 의미이다. 안타까운 일은 그들은 하나님의 심판을 통해 그 사실을 깨달았다. 하나님의 심판이 아니라 축복이 실현되는 삶을 살았으면 좋았을 텐데!

이스라엘에 사는 그 누구도 하나님의 심판을 피할 수는 없다. 하나님이 광야에서 디블라까지 온 땅을 심판하실 것이기 때문이다(14절). '광야'(מִדְבָּר)는 유다의 남쪽 지역을 뜻한다(Zimmerli, Darr, Duguid). 문제는 '디블라'(דִּבְלָה)이다. 이스라엘에는 이런 이름을 지닌 도시나 지역이 없기 때문이다. 대부분의 주석가들이 디블라(דִּבְלָה)를 성경에서 자주 등장하는 '리블라'(רִבְלָה)로 바꾸기를 제안한다(cf. 새번역 각주). 히브리어로 'ㄹ'(ר)과 'ㄷ'(ד)이 종종 혼선을 빚기 때문이다. 리블라는 시리아와 이스라엘의 접경지대인 하맛(Hamath)에 위치했기 때문에 북쪽을 상징하는 데 적합하다. 이스라엘의 남쪽에서 북쪽에 이르는 모든 영토가 하나님의 심판을 피할 수 없다는 사실을 강조하고 있는 상황이라는 것을 감안하면 리블라로 읽는 것이 바람직하다.

에스겔이 이 말씀을 선포한 지 몇 년 안 되어 리블라는 이스라엘에게 수치와 충격을 상징하는 곳이 된다. 유다의 마지막 왕이었던 시드기야가 예루살렘이 함락되기 며칠 전에 예루살렘 성을 버리고 야반도주했다가 바빌론 군에게 잡혀 끌려간 곳이 리블라이다. 시드기야는 리블라에서 바빌론 사람들이 그의 아들들을 처형하는 것을 지켜보아야 했다. 아들들의 처형이 끝나자 바빌론 사람들은 시드기야의 두 눈을 뽑은 다음 밧줄에 묶어 바빌론으로 끌고 갔다(cf. 왕하 25:6-7, 렘 39:6-7, 52:8-11, 26-27). 리블라는 유다 왕족이 살해당하고 수치를 당한 것을 상징하는 곳이 되었다.

에스겔서 6장은 우리에게 몇 가지 깊이 생각할 거리를 준다. 첫째, 하나님은 감정이 격렬하게 살아 계시는 분이다. 주님은 감격하실 수도 있지만, 큰 상처를 받으실 수도 있다. 본문에서는 주의 백성 때문에 상처를 받을 대로 받으신 하나님의 감정이 폭발하고 있다. 둘째, 하나님을 향해 어느 정도 진실된 헌신을 보이면서도 신앙적인 실수를 범할 수 있다. 이스라엘 사람들은 자신들이 여호와를 아주 잘 섬긴다고 생각했다. 또한 여호와와 함께 우상을 숭배하는 것이 문제가 될 것이라고는 생각하지 않았다. 질투하시는 하나님을 간과한 것이다. 셋째, 하나님의 분노는 결코 그분의 은혜를 무효화하거나 지울 수 없다. 여호와의 심판이 온 세상을 휩쓸 수 있지만, 그 와중에서도 꼭 남은 자들을 보존하신다. 하나님은 이 남은 자들을 통해 새로운 세상을 창조하실 것이다.

II. 유다와 예루살렘에 대한 심판(4:1-24:27)
B. 이스라엘 영토와 백성 멸망(6:1-7:27)

2. 심판의 날이 이스라엘을 덮침(7:1-27)

구약에는 하나님의 이름과 연관된 단어들이 많다. 여호와 이레(lit., '여호와가 예비하신다', 창 22:14), 여호와 닛시(lit., '여호와는 나의 깃발이시다', 출 17:15), 여호와 라파(lit., '여호와가 치유하신다', 출 15:26) 등을 예로 들 수 있다. 이 이름들은 하나님의 성호들이며, 여호와는 어떤 분인가를 가장 잘 요약하고 있다. 일종의 압축된 계시이다. 이런 유형의 성호들은 에스겔의 청중들이 매우 친숙하게 여겼던 것들이다. 본문은 그들이 알고 있는 하나님의 성호에 하나를 더한다. '여호와 막게'(יְהוָה מַכֶּה, lit. '여호와가 [내리]치신다/때리신다', 9절). 성호들은 대부분 하나님의 자비와 은총을 강조하던 것들이다. 반면에 이 성호는 하나님이 그들을 치시는 분임을 강조한다. 에스겔의 청중들이 이 성호를 처음 들었을 때의 충격을 상상해보라.

'여호와 막게'를 통해 매우 새로운 진노와 심판의 하나님이 제시된다. 여호와 막게는 다름 아닌 이스라엘을 뿌리째 뽑아버릴 여호와의 날이 그들에게 임했음을 뜻한다. 이스라엘 사람들은 그동안 여호와의 날이 임하면 자신들은 무조건 위로받고 그들의 적은 모두 하나님의 심판을 받아 멸망할 것이라고 생각했다. 선지자들은 이런 안일한 생각에 대해 끊임없이 경고해왔다. 여호와의 날에 대한 에스겔의 이해도 이미 아모스 시대 때부터 시작된 선지적인 사상의 전통을 잇고 있다(Block, Hoffman). 그러나 백성들은 들으려 하지 않았다. 하나님의 온전한 말씀보다는 일부만 선호하는 영적 편식 때문이다. 듣기 좋은 메시지에는 열광하지만, 조금이라도 불리하다고 느껴지는 말씀과 가르침은 없는 것처럼 여겼다. 선지자는 다시 한 번 백성들이 기대하던 것과는 완전히 대조적인 여호와의 날을 묘사하고 있다. 주의 백성이라 할지라도 하나님의 뜻대로 살지 않은 사람들에게 여호와의 날은 위로의 날이 아니라 공포의 날이다. '여호와 막게'께서 드디어 이스라엘을 끝장내시는 날을 경고하고 있는 본문은 다음과 같이 구분된다.

A. 그날이 임했다(7:1–4)
　B. 지속되는 심판(7:5–9)
　　C. 여호와의 날(7:10–13)
　B′. 피할 수 없는 심판(7:14–18)
A′. 그날의 파괴력(7:19–27)

II. 유다와 예루살렘에 대한 심판(4:1–24:27) 　B. 이스라엘 영토와 백성 멸망(6:1–7:27) 　　2. 심판의 날이 이스라엘을 덮침(7:1–27)

(1) 그날이 임했다(7:1–4)

1 또 여호와의 말씀이 내게 임하여 이르시되 2 너 인자야 주 여호와께서 이스
라엘 땅에 관하여 이같이 말씀하셨느니라

끝났도다
이 땅 사방의 일이 끝났도다
3 이제는 네게 끝이 이르렀나니
내가 내 진노를 네게 나타내어 네 행위를 심판하고
네 모든 가증한 일을 보응하리라
4 내가 너를 불쌍히 여기지 아니하며
긍휼히 여기지도 아니하고
네 행위대로 너를 벌하여
네 가증한 일이 너희 중에 나타나게 하리니
내가 여호와인 줄을 너희가 알리라

본문은 선지자가 7장에서 강조하고 싶어 한 메시지를 요약적으로 정리한다(Duguid). 하나님의 심판이 온 이스라엘에게(2절), 이 순간(3절) 임했다는 것이다. 에스겔은 자신의 선배 선지자들 때부터 지금까지 지속적으로 경고해왔던 종말이 임박했음을 7장 전체에서 다양하게 반복적으로 강조한다. '끝이 왔다'(קֵץ בָּא, 2, 6절), '너희에게 끝이 왔다'(עָלַיִךְ הַקֵּץ, 3절), '정해진 멸망이 들이닥쳤다'(בָּאָה הַצְּפִירָה אֵלֶיךָ, 7절), '그 시각이 왔고, 그날이 다가왔다'(בָּא הָעֵת קָרוֹב הַיּוֹם, 7절), '그날이다. 보아라, 들이닥쳤다'(הִנֵּה הַיּוֹם הִנֵּה בָאָה, 10절), '그 시각이 왔고 그날이 이르고야 말았다'(בָּא הָעֵת הִגִּיעַ הַיּוֹם, 12절). 선지자가 이처럼 여러 차례 '드디어 올 것이 왔다'는 사실을 반복하는 것은 이스라엘에게 더 이상 하나님의 심판을 피할 여지가 없다는 사실을 강조하기 위해서다. 일상적으로 선지자들은 "회개하라, 심판의 날이 임박했다"라는 메시지를 전하는 사람들로 여겨지는데, 본문에서 에스겔은 이런 메시지를 전하지 않는다. 그는 회개의 가능성을 완전히 배제하는 메시지를 선포한다(Duguid). 드디어 모든 것이 끝장날 순간이 온 것이다.

이미 아모스 선지자 시대 때부터 이스라엘의 종말이 선포되었지만(암 8:2) 하나님은 혹시라도 하는 기대에서 지금까지 기다리며 참아오셨다.[14] 아모스 선지자의 선포 이후 '이스라엘 땅의 종말'은 부분적으로 실행되어왔다. 그러나 이제는 온 이스라엘이 심판을 받아 멸망하는 때가 왔다. 아모스가 북왕국 이스라엘에게 경고한 여호와의 날이 드디어 남왕국 유다에게도 임하게 된 것이다(Duguid). 여호와의 날이 주의 백성에게 임하면 그 뒤에는 회복이 임할 것을 알기 때문에 모든 것이 절망적인 것은 아니다. 그러나 여호와의 날을 견뎌내는 일은 참으로 떨리고 두려운 일이기 때문에 백성들은 긴장해야 한다.

한 가지 특이한 점은 선지자가 사용하고 있는 '이스라엘 땅'(יִשְׂרָאֵל

14 에스겔서 7장과 아모스서의 연관성에 대해서는 블렌킨숍(Blenkinsopp)을 참조하라(cf. Darr).

אַדְמַת, 2절)이라는 표현은 이 책에서만 사용되고 있다는 사실이다. 에스겔은 이 표현을 17차례 사용하지만, 에스겔서 이외의 곳에서는 아무도 이 표현을 사용하지 않는다. '땅/영토'를 표현하는 일상적인 히브리어 단어는 '에레츠'(אֶרֶץ)이다. 이 둘은 분명 비슷한 말이어서 서로 대입되어 사용될 수 있지만, 뉘앙스에는 약간 차이가 있다. '에레츠'(אֶרֶץ)는 상당히 사무적이고 별 감정이 이입되지 않은 개념이지만, 에스겔이 사용하고 있는 '아다마'(אֲדָמָה)는 흙과 먼지, 더 나아가는 인류 최초의 인간 아담을 떠올리게 하는, 곧 땅의 아름다운 면모를 떠올리게 한다(Zimmerli, Darr, Duguid). 선지자는 이 단어를 사용해 이스라엘 영토를 떠올리면 생각나는 가장 좋은 것들이 파괴될 날이 임박했음을 강조한다(Zimmerli).

에스겔은 또한 이 표현을 전략적으로 사용한다. 에스겔은 5장에서 심판을 선언할 때 예루살렘에서 시작했다. 6장에서는 나라의 산들로 범위를 확대했다. 본문에서는 온 '이스라엘 땅'으로 범위를 더 확대하고 있다. 드디어 하나님의 심판이 '이 땅 네 모서리'(אַרְבַּעַת כַּנְפוֹת הָאָרֶץ)에까지 임하게 된 것이다. 일부 주석가들은 이스라엘에 임하는 심판이 범세계적인 심판으로 묘사되고 있다며 문제를 제기하지만(cf. Eichrodt, Hals, Zimmerli), 선지자들의 입장에서 주의 백성의 종말은 곧 세상의 종말을 의미한다(Greenberg, Duguid).

하나님의 오래 참음에도 끝이 왔다. 에스겔의 청중들은 에스겔의 임박한 심판 경고에 대해 콧방귀를 뀌고 있었다. 순서적으로 말하자면 에스겔의 말이 성취되기 전에, 이미 오래전 다른 선지자들이 선포한 말씀들이 성취되어야 하는데 그들의 메시지 중 아직도 성취되지 않은 것들이 있었다. 그래서 이스라엘 백성들은 에스겔이 선포한 심판 경고를 최소한 몇 십 년 내지는 몇 백 년 동안 무시해도 된다고 생각했다. 이제 드디어 하나님이 그들의 경건하지 못한 행실과 안일한 생각에 벌을 내릴 날이 임했다(3절).

하나님의 심판은 이스라엘이 그분과 맺은 언약과 연관이 있다. 동사 '보응'(נתן, 3, 4, 9절)이 반복됨으로써 "죄는 하나님으로부터 정당한 대가를 받아야 된다"는 원리를 강조하고 있다. 그 이상도 아니고 그 이하도 아니다. 에스겔은 여러 곳에서 죄를 언약 파괴와 연결한다(cf. 5:6-7). 이스라엘은 한 나라로 출발하는 순간부터 하나님과의 언약 관계를 준수하도록 끊임없이 권면을 받아왔다. 죽음이 다가오고 있음을 의식한 모세는 가나안 정복을 눈앞에 둔 이스라엘에게 "너는 마음을 다하고 뜻을 다하고 힘을 다하여, 네 하나님 여호와를 사랑하라"(신 6:5)고 가르쳤다. 이스라엘은 그동안 이러한 권면이 무색한 삶을 살았다. 이제 그 대가를 치러야 할 때가 온 것이다.

선지자는 이스라엘의 종말이 임박했다는 사실뿐만 아니라 이 심판은 하나님의 무서운 진노가 이스라엘에게 퍼부어지는 것이라는 사실을 7장 전체에서 다양한 단어와 문구를 통해 표현하고 있다. '분노'(חֵמָה, 8절), '분'(אַף, 3, 8, 12, 14, 19절), '심판'(שׁפט, 8절), '[하나님이] 얼굴을 돌리시다'(וַהֲסִבּוֹתִי פָנַי מֵהֶם, 22절). 현실적으로 생각할 때 이스라엘이 임박한 종말보다 더 우려해야 할 것은 하나님의 분노를 어떻게 삭이느냐이다. 하나님은 언제라도 자비와 사랑의 얼굴로 자기 백성을 대하시는 분이 아님을 암시한다.

> II. 유다와 예루살렘에 대한 심판(4:1-24:27)
> B. 이스라엘 영토와 백성 멸망(6:1-7:27)
> 2. 심판의 날이 이스라엘을 덮침(7:1-27)

(2) 지속되는 심판(7:5-9)

5 주 여호와께서 이같이 이르시되
재앙이로다, 비상한 재앙이로다
볼지어다 그것이 왔도다

6 끝이 왔도다, 끝이 왔도다
끝이 너에게 왔도다
볼지어다 그것이 왔도다
7 이 땅 주민아
정한 재앙이 네게 임하도다
때가 이르렀고 날이 가까웠으니 요란한 날이요
산에서 즐거이 부르는 날이 아니로다
8 이제 내가 속히 분을 네게 쏟고
내 진노를 네게 이루어서 네 행위대로 너를 심판하여
네 모든 가증한 일을 네게 보응하되
9 내가 너를 불쌍히 여기지 아니하며
긍휼히 여기지도 아니하고 네 행위대로 너를 벌하여
너의 가증한 일이 너희 중에 나타나게 하리니
나 여호와가 때리는 이임을 네가 알리라

본문이 1-4절과 매우 흡사하다고 에스겔 선지자 이후에 살았던 사람에 의해 이곳에 삽입되었다고 주장하는 학자들도 있지만(cf. Zimmerli), 그것은 섣부른 결론이다. 이 두 본문은 상당한 차이를 지니고 있기 때문이다(Darr). 같은 선지자가 비슷하거나 같은 신탁을 반복적으로 언급할 수 없다는 전제(前提)는 큰 설득력이 없다. 선지자들을 포함한 성경 저자들은 자주 비슷한 내용을 반복하는 특성을 지니고 있다.

선지자는 계속 심판을 경고한다. "재앙이로다, 비상한 재앙이로다"(רָעָה אַחַת רָעָה, 5절)를 문자적으로 풀이하면 "악이다, 한[큰/특별한] 악이다"가 된다. 선지자는 어떤 일을 염두에 두고 그들이 들어보지 못한 '큰 재앙'이라고 하는 것일까? 학자들은 예루살렘 성전의 파괴를 의미하는 것으로 생각한다(Fisch, Cooper). 유대인들은 성전은 절대 파괴될 수 없다고 단정했기 때문이다. 그러나 이제 하나님이 스스로 자기 성전을 허물 시간이 다가왔다.

본문의 핵심 메시지는 '끝이 왔다'(קֵץ בָּא)이다. 그래서 선지자는 6절에서 이 사실을 세 차례나 강조한다(cf. 2절). 그동안 선지자들이 다가오는 심판에 대해 예언했다면, 에스겔은 이 순간 드디어 그 심판이 이스라엘에 임했다고 말한다. 하나님이 주의 백성을 심판하는 날로 정하신 날이 밝아온 것이다(7절). 이날은 하나님이 백성들에게 그들의 행위대로 갚아주시는 날인데, 안타깝게도 하나님의 진노와 징계밖에는 없다(8절). 이스라엘을 심판하시는 하나님은 그들을 불쌍히 여기지 않으실 것이며, 어떠한 긍휼과 자비도 베풀지 않으실 것이다. 오로지 그들이 행한 대로 벌을 내리시되, 그들이 행한 가증한 일들(viz., 우상숭배)에 대해 혹독한 벌을 내리신다는 사실이 두 차례 강조되고 있다(8, 9절). 여호와께서 주의 백성에게 이처럼 혹독한 벌을 내리시면 이스라엘과 세상은 여호와는 때리시는 분, 곧 '여호와 막게'이심을 알게 될 것이다(9절). 하나님의 심판은 교육적인 목적을 지니고 있다는 사실을 강조하는 대목이다.

주의 백성이 하나님의 심판을 피할 길은 더 이상 없으며, 하나님은 백성들의 회개를 기다리시지 않는다. 드디어 올 것이 왔고, 하나님의 심판을 받는 것만이 이스라엘의 유일한 운명이다. 참으로 안타깝고 비참하다. 이스라엘은 원래 하나님의 사랑과 배려를 독차지한 민족이었다. 오죽하면 모세 역시 죽으면서 남긴 마지막 노래에서 다음과 같이 그들의 복됨을 부러워했겠는가(신 33:26-29).

여수룬이여 하나님 같은 이가 없도다
그가 너를 도우시려고 하늘을 타고 궁창에서 위엄을 나타내시는도다
영원하신 하나님이 네 처소가 되시니 그의 영원하신 팔이 네 아래에 있도다
그가 네 앞에서 대적을 쫓으시며 멸하라 하시도다
이스라엘이 안전히 거하며 야곱의 샘은 곡식과 새 포도주의 땅에 홀로 있나니

곧 그의 하늘이 이슬을 내리는 곳에로다
이스라엘이여 너는 행복한 사람이로다
여호와의 구원을 너 같이 얻은 백성이 누구냐
그는 너를 돕는 방패시요 네 영광의 칼이시로다
네 대적이 네게 복종하리니 네가 그들의 높은 곳을 밟으리로다

이제는 모든 것이 바뀌었다. 하나님은 더 이상 이스라엘에게 복을 주시는 분도, 그들을 보호하시는 분도 아니다. 오히려 그들을 벌하고 죽이시는 분이 되었다. 주의 백성이 하나님이 복으로 주신 특권을 활용해 더 거룩하고 경건한 삶을 살아야 하는데, 그렇게 하지 못한 것에 대한 책임 추궁이다. 어떤 면에서는 이스라엘이 여호와를 몰랐으면 당하지 않았을 고통을 당하고 있다. 사랑에는 항상 책임이 동반되기 때문이다. 하나님은 자기 백성의 죄에 대하여 모른 척하시기에는 그들을 너무 사랑하신다. 그래서 하나님은 치는 분이 되어 그들을 찾아오셨다.

주전 8세기 이후 메소포타미아 지역의 정치 무대에서 약소국가들인 유다와 이스라엘은 희생 제물에 불과했다. 백여 년 이상 아시리아를 군주로 섬기며 조공은 조공대로 바치고도 온갖 수모와 어려움을 겪어왔다. 그러다가 주전 605년 이후 바빌론이 근동의 새 군주가 되었는데, 바빌론의 지배 아래서도 유다의 삶은 마찬가지로 고달펐다. 그래도 독립 국가로 명을 이어갈 수 있었다. 그러나 이제 그 신분마저 사치가 될 것이다. 하나님이 이스라엘을 치시면 그들은 더 이상 한 국가로 존재할 수 없기 때문이다. 하나님이 자기 백성을 쳐서 온 세상에 흩어버리신다는 것이 충격적일 수도 있지만, 이것이 죗값이다.

본문이 강조하는 한 가지는 심판의 주체이다. 하나님이 직접 이스라엘을 치신다(8-9절, cf. 암 3:6). 비록 바빌론이 유다를 몰락시키겠지만, 바빌론은 여호와께서 자기 백성을 치는 데 사용하시는 하나의 도구에

불과하다. 이스라엘의 하나님은 인류의 모든 역사를 주관하시는 분으로, 바빌론을 마음대로 움직일 수 있는 능력과 주권을 가지고 계신 분이다. 이스라엘이 알아야 할 진리는 비록 자신들은 침략자들에게 패배하고 포로가 되어 바빌론으로 끌려간다 하더라도 여호와께서는 실패하지 않으셨다는 사실이다. 이스라엘의 패배와 상관 없이 하나님은 건재하신다.

II. 유다와 예루살렘에 대한 심판(4:1–24:27) B. 이스라엘 영토와 백성 멸망(6:1–7:27) 2. 심판의 날이 이스라엘을 덮침(7:1–27)

(3) 여호와의 날(7:10–13)

10 볼지어다 그 날이로다
볼지어다 임박하도다
정한 재앙이 이르렀으니
몽둥이가 꽃이 피며 교만이 싹이 났도다
11 포학이 일어나서 죄악의 몽둥이가 되었은즉
그들도, 그 무리도, 그 재물도 하나도 남지 아니하며
그 중의 아름다운 것도 없어지리로다
12 때가 이르렀고 날이 가까웠으니
사는 자도 기뻐하지 말고 파는 자도 근심하지 말 것은
진노가 그 모든 무리에게 임함이로다
13 파는 자가 살아 있다 할지라도 다시 돌아가서 그 판 것을 얻지 못하리니
이는 묵시가 그 모든 무리에게 돌아오지 아니하고, 사람이 그 죄악으로 말미암아 자기의 목숨을 유지할 수 없으리라 하였음이로다

주의 백성에게 임할 심판의 날은 하나님이 보응하시는 날(day of

reckoning)이다. 선지자는 두 개의 은유(imagery)로 이 상황을 설명하고 있다. 첫째, 나뭇가지에 움이 튼 것을 보거나 꽃눈을 보면 봄이 왔음을 깨닫는다(10절). 이스라엘의 경건하지 못한 행실과 교만도 꽃을 피워 심판의 계절이 도달했음을 알린다(Hals). 이 말씀의 배경이 되는 이미지는 아론의 싹튼 지팡이이다(민 17:8, Cooper, Darr). 안타깝게도 한때는 이스라엘을 선택하신 하나님의 특별한 은혜를 상징했던 이미지가 이곳에서는 이스라엘을 심판하는 이미지로 사용되고 있다. 본문은 선택사상의 어두운 패러디(grim parody)를 형성하고 있다(Greenberg).

꽃을 피운 주의 백성의 죄악과 교만은 그들을 칠 몽둥이에도 꽃이 피게 했다. 하나님은 바빌론을 심판의 몽둥이로 삼아 이스라엘의 죄와 교만을 벌하실 것이다(Duguid). 이 몽둥이는 아무것도 남지 않을 때까지 주의 백성을 내리칠 것이다. 하나님의 '심판의 봄'이 왔음을 암시한다. 또한 봄에 핀 꽃의 아름다움이 시들면 봄도 지나고 여름이 다가오고 있음을 깨달아야 한다. 봄이 끝이 나면서 아름다운 꽃이 사라지듯 이스라엘 사람들과 그들의 재물도 하나도 남지 않고 모두 사라질 때가 되었다(11절). 유다가 피운 악과 난폭함의 꽃이 지고 있으니 하나님께 심판을 받을 때가 다가오고 있음을 알아야 한다(11절). 성경은 하나님이 악인의 성공과 번성에 대해 결코 오랫동안 침묵하지 않으실 것을 누누이 강조한다.

둘째, 파는 자와 사는 자가 같이 기다리는 날이 있다(12절).[15] 사전에 맺었던 계약에 대해 잔금을 치르고 소유권을 양도하는 계약 이행 날이

---

15 한 주석가는 12-27절의 구조를 다음과 같이 두 개의 전반적인 내용에서 구체적인 내용으로 전개되는 순환구조로 본다(Greenberg).

A. 상업적 계약의 헛됨(12-13절)
  B. 전쟁과 파괴에 대한 경고와 실현(14-16절)
    C. 전반적 무능함, 공포, 애도(17-18절)
A'. 금과 은의 헛됨(19-20절)
  B'. 빼앗김, 약탈, 파괴(21-24절)
    C'. 무능함, 공포, 애도(25-27절)

다. 안타깝게도 파는 사람에게나 사는 사람에게나 좋지 않은 날이 온다. 하나님의 심판이 임하는 날, 그들이 맺은 계약은 아무런 효력도 발휘하지 못하는 무용지물이 될 것이다(13절). 선지자는 이스라엘이 저지른 죄에 대해 값을 지불할 날이 임박했음을 선언하고 있으며, 이날은 세상의 모든 상업적인 계약을 무의미하게 만들 것이다(Stalker, Alexander, cf. Darr). 그러므로 예루살렘에 거하는 사람들은 어떠한 상업적 계약도 체결하지 않는 것이 좋다. 머지않아 나라가 망하면 그들의 계약이 무용지물이 될 것이기 때문이다. 이스라엘에게 이날은 여호와의 날이다.

II. 유다와 예루살렘에 대한 심판(4:1–24:27)
B. 이스라엘 영토와 백성 멸망(6:1–7:27)
2. 심판의 날이 이스라엘을 덮침(7:1–27)

(4) 피할 수 없는 심판(7:14–18)

14 그들이 나팔을 불어 온갖 것을 준비하였을지라도
전쟁에 나갈 사람이 없나니
이는 내 진노가 그 모든 무리에게 이르렀음이라
15 밖에는 칼이 있고 안에는 전염병과 기근이 있어서
밭에 있는 자는 칼에 죽을 것이요
성읍에 있는 자는 기근과 전염병에 망할 것이며
16 도망하는 자는 산 위로 피하여
다 각기 자기 죄악 때문에 골짜기의 비둘기들처럼 슬피 울 것이며
17 모든 손은 피곤하고
모든 무릎은 물과 같이 약할 것이라
18 그들이 굵은 베로 허리를 묶을 것이요
두려움이 그들을 덮을 것이요
모든 얼굴에는 수치가 있고 모든 머리는 대머리가 될 것이며

본문은 임박한 심판에 대해 어떤 대책도 세우지 못하는 이스라엘의 무력함을 묘사한다. 이스라엘의 전통에 따르면 여호와의 날은 하나님이 이스라엘의 원수들을 모두 쳐부수는 날이다(Darr). 그러나 실상 여호와의 날이 임했을 때 하나님은 그들을 대적하신다! 바빌론 군대가 하나님의 진노의 막대기가 되어 유다를 치러 온다. 지도자들이 백성들에게 전쟁을 준비시켜도 별 의미가 없다. 침략군에게 대항할 만한 힘이 없기 때문이다(14절). 공포에 휩싸여 도망하는 사람들에게 숨을 곳마저 마땅치 않다(16절). 성 밖에는 이들을 삼키려는 칼날이 도사리고 있고, 포위된 성안에서는 질병과 기근이 이들을 삼킨다(15절). 적이 내리치는 칼을 겨우 피한 사람들은 굶주림으로 죽어갈 것이다. 선지자가 이미 5장에서 머리털을 통해 선언한 말씀이 다시 한 번 확인되고 있다(5:2-4, 12, cf. 6:11-12). 한마디로 말해서 이스라엘은 설 곳을 모두 잃게 될 것이다.

상황이 얼마나 절박한지 손에서 맥이 풀리고 "모든 무릎은 물과 같이 약하게 될 것이다"(17절). "모든 무릎은 물과 같이 약하게 될 것이다"(כָל־בִּרְכַּיִם תֵּלַכְנָה מָּיִם)의 문자적 의미는 "모든 무릎은 물과 같이 걸을 것이다"이다. 이 말씀의 의미는 대부분 번역본들이 제시하는 것처럼 무릎이 '물과 같이 약해질 것'을 의미하는 것이 아니라(cf. 개역개정, 아가페, NAS, TNK, NRS, ESV), 너무 두려워서 옷에다 오줌을 싸고, 그 오줌이 다리로 흘러내리는 모습이다(Greenberg, Darr, cf. 공동, 현대인, NIV). 침략자들은 순수한 공포 그 자체일 것이다.

슬픔과 근신을 상징하는 베옷을 입고 삭발해보지만 별 도움이 되지 않는다(18절). 그들이 자기 하나님 여호와에게 먼저 등을 돌렸으니, 하나님도 그들의 기도와 탄식을 모른 체하실 것이다. 주님의 자비를 구하기에는 때가 너무 늦었기 때문이다. 이처럼 주의 백성은 대항 한번 못해보고 무너져 내릴 것이다. 그만큼 하나님의 진노가 극에 달했다. 또한 이스라엘의 숨통을 끊는 나라가 강대국 바빌론인데, 가나안의 약

소국가인 유다가 무슨 힘을 발하겠는가!

II. 유다와 예루살렘에 대한 심판(4:1–24:27)
B. 이스라엘 영토와 백성 멸망(6:1–7:27)
2. 심판의 날이 이스라엘을 덮침(7:1–27)

(5) 그날의 파괴력(7:19–27)

19 그들이 그 은을 거리에 던지며 그 금을 오물같이 여기리니
이는 여호와 내가 진노를 내리는 날에
그들의 은과 금이 능히 그들을 건지지 못하며
능히 그 심령을 족하게 하거나 그 창자를 채우지 못하고
오직 죄악의 걸림돌이 됨이로다
20 그들이 그 화려한 장식으로 말미암아 교만을 품었고
또 그것으로 가증한 우상과 미운 물건을 만들었은즉
내가 그것을 그들에게 오물이 되게 하여
21 타국인의 손에 넘겨 노략하게 하며
세상 악인에게 넘겨 그들이 약탈하여 더럽히게 하고
22 내가 또 내 얼굴을 그들에게서 돌이키리니
그들이 내 은밀한 처소를 더럽히고
포악한 자도 거기 들어와서 더럽히리라
23 너는 쇠사슬을 만들라
이는 피 흘리는 죄가 그 땅에 가득하고 포악이 그 성읍에 찼음이라
24 내가 극히 악한 이방인들을 데려와서
그들이 그 집들을 점령하게 하고
강한 자의 교만을 그치게 하리니
그들의 성소가 더럽힘을 당하리라
25 패망이 이르리니 그들이 평강을 구하여도 없을 것이라

26 환난에 환난이 더하고 소문에 소문이 더할 때에
그들이 선지자에게서 묵시를 구하나 헛될 것이며
제사장에게는 율법이 없어질 것이요
장로에게는 책략이 없어질 것이며
27 왕은 애통하고 고관은 놀람을 옷 입듯 하며
주민의 손은 떨리리라
내가 그 행위대로 그들에게 갚고 그 죄악대로 그들을 심판하리니
내가 여호와인 줄을 그들이 알리라

하나님의 심판이 이스라엘을 치는 날이 되면 그들이 소중히 간직하거나 여기던 모든 것이 이방인들에게 약탈을 당할 것이다. 평상시뿐만 아니라 전쟁터에서도 귀하게 여겨지는 금과 은이 이번에는 쓸모가 없다. 상황이 얼마나 두렵고 어려운지 이 보화들은 아무것도 보장하지 못하기 때문이다(19절). 에스겔보다 150년을 앞서 사역한 이사야 선지자가 그날이 되면 사람들이 금 우상과 은 우상을 두더지와 박쥐에게 던질 것이라고 했는데(사 2:20), 드디어 그날이 임했다. 이스라엘 사람들의 소중한 재산은 전쟁의 노획물이 될 것이며(21절), 살육과 폭력이 온 땅을 채울 것이다(23절). 하나님의 이러한 계획은 세상에서 가장 악한 민족을 불러들임으로써 성취될 것이다(24절). 이스라엘을 가장 잔인하게 괴롭히고 가장 확실하게 착취할 수 있는 군대(viz., 바빌론)를 보내시는 것은 하나님의 백성에 대한 분노가 어느 정도인지를 상상하게 한다.

이스라엘이 소중하게 여기는 것들의 상당 부분이 우상숭배와 연루되어 있다(20절). 그들의 부패와 타락은 하나님께 등을 돌리고 우상들을 섬긴 것에서 비롯된다. 그러므로 이스라엘 백성들의 멸망은 그들 중에 뿌리내리고 있던 이방 종교들의 종말이기도 하다. 그뿐만 아니라 여호와의 '거룩한 것'들도 이방인들에게 짓밟히고 약탈당할 것이다(24절). 마음이 함께하지 않은 여호와 숭배는 가증스러운 것이었으며 하

나님이 분노하시는 행위이다. 선지자들은 마음이 함께하지 않는 형식적인 예배는 하나님 앞에 죄를 쌓아가는 일이라고 한다. 하나님이 주의 백성을 심판하실 때 제일 먼저 제거하는 것이 예배인 이유도 그 때문이다. 그러므로 하나님은 전혀 거리낌 없이 여호와 종교의 거룩한 것들도 이방인들에게 약탈당하도록 허락하신다(22절). 이 말씀은 장차 하나님이 예루살렘 성전을 떠나실 것을 암시하는 듯하다(Wevers, Fisch, Davidson). 백성들은 하나님의 거룩한 것들이 파괴되는 것을 보고 여호와가 바빌론의 신 마르두크에게 무릎을 꿇었다고 생각하지 않고 이 모든 일이 여호와가 하시는 일이라는 것을 인정해야 한다(27절).

사회의 질서와 정의를 확립하는 제도들이 모두 파괴되고 무시무시한 혼란이 온 땅을 채운다. 왕도, 왕자들도 어찌할 바를 모른다(27절). 당연하다. 그동안 그들은 여호와 신학을 앞세워 백성들을 우롱하고 하나님을 이용하려 들었다(Alexander). 여호와를 온전히 섬긴 것이 아니라 여호와 종교를 정치적-통치적 수단으로 이용했던 것이다. 그들이 떠벌린 말들이 여호와의 심판을 통해 거짓으로 드러났으니 대책이 없을 수밖에 없다. 정치인들과 한통속이 되어 백성들을 우롱했던 제사장들도 이제는 해줄 말이 없다(26절). 백성들을 잘못 인도했던 선지자들이 아무리 기도하고 하나님의 환상을 구해도 예전처럼 거짓 환상을 보고 말할 뿐이다(26절). 이스라엘이 하나님의 말씀을 등한시해서 초래된 심판이 임하자 하나님의 말씀의 기갈은 더 심해진다. 이 사회의 지도층은 그 어떤 대안이나 방향을 제시할 수 없는 무기력한 상태에 빠져 있다. 주의 백성들은 이 모든 환난을 통해 이 일은 여호와가 하신 일임을 알게 될 것이다(27절).

선지자는 '너희'(1-9절)의 2인칭 언어를 '그들'(10-27절)의 3인칭 언어로 대체하고 있다. 심판을 객관화/일반화하려는 의도 때문이다(cf. Zimmerli). 에스겔의 청중들은 이 모든 말씀을 믿기 어려웠을 것이다. 비록 자신들의 죄를 인정하지만 이 정도까지 가혹한 하나님의 심판이 임한다는 것은 매우 충격적이었을 것이다. 인간이 죄를 지으면서 자신의 죄가 얼마나 심각하고 두려운 결과를 초래할 것인가를 잠시라도 상상해본다면, 죄를 짓는 일이 많이 줄어들 것이다. 그러나 죄를 짓는 사람들치고 이런 생각을 하는 사람이 몇이나 되겠는가! 결국 죄의 심각성을 이해하고 두려운 결과를 의식하는 것마저도 하나님이 죄인들을 위해 베푸시는 은혜가 아닌가?

하나님의 심판은 임의적이거나 갑자기 결정한 것이 아니다(cf. 7:3, 4, 8, 27). 하나님은 노하기를 더디하시는 분이다(시 103:8). 주님은 징계를 꺼려하시는 분이다(애 3:33). 그분은 죄인의 죽음을 즐기시는 분이 아니다(겔 18:23, 32). 그러므로 하나님의 심판이 임할 때에는 이미 오래전부터 진행되어온 하나님의 계획과 심사숙고가 서려 있음을 의식해야 한다. 하나님은 즉흥적으로 움직이시는 분이 아니다. 하나님은 모든 것에 대해 신중하고 만전을 기하시는 분이다. "죄는 시계의 종이 울리게 하는 무게이다"(Swinnock).

여호수아는 가나안에 정착하는 이스라엘의 여러 지파를 모아놓고 그의 고별 설교에서 이렇게 살라고 권면한 적이 있다. "그러므로 삼가 조심하여 주 당신들의 하나님을 사랑하십시오"(수 23:11, 새번역). 이 권면(수 23장)에서 여호수아는 하나님과의 언약을 이행하지 않을 때 일어날 전쟁에서의 패배, 환난, 수치 등에 대해 분명히 경고하고 있다(23:12-13, 15-16). 이런 것들은 벌써 우리가 의식하고 있는 바와 같이 에스겔서의 주요 테마를 이루고 있다. 여호수아가 경고한 언약적 저주가 에스겔 시대에 주의 백성에게 임한 것이다.

신명기는 여호수아가 경고한 것 외의 저주들을 언급하는데, 에스겔서에서 그대로 발견된다(cf. 다음 도표). 즉 에스겔서는 파괴된 여호와-이스라엘의 언약 관계에 따르는 저주를 중심으로 하나님의 메시지를 펼치고 있다. 아울러 하나님의 진노는 편파적이거나 사회의 일부에게만 적용되는 것은 아니다. 평민이나 왕이나 똑같이 하나님의 진노의 대상이 된다(7:26-27). 하나님의 말씀 앞에서는 모든 사람이 동등한 것이다.

저주	신명기	에스겔서
전쟁	28:25, 49, 52-57, 32:23, 25, 30, 42	4:1-2
기근	28:53-57, 32:24	4:9-17, 14:13
칼	32:41-42	5:1, 11:10, 21:3-17
맹수의 위험	32:24	5:16-17, 14:15, 21, 33:27
식인	28:53-56	5:10
파괴된 성읍	28:52, 29:23	6:14, 12:20, 14:15
화재	28:24, 32:22	20:47, 21:32
두려움, 무능력	28:65	21:15
포로 생활	28:36	12:11
환난	28:52-57	22:17-22
공포감	28:66-67	23:46
하나님께 버림받음	31:17-18, 23:20	10:1-22, 13:8-9

에스겔은 이스라엘에게 이처럼 혹독한 심판이 임한 것은 그들이 여호와를 모르기 때문이라고 한다. 그래서 그는 심판이 그들에게 여호와를 알리는 역할을 할 것이라고 한다(27절). 에스겔이 가장 문제 삼는 것 중 하나가 이스라엘의 '기억상실증'이다. 본문에서 주의 백성의 기억상실증은 어떤 문제들을 유발하는가? 선지자는 기억상실증에 대해 네 가지 문제점을 지적하고 있다(cf. Craigie). 첫째, 하나님을 망각한 것이 교만한 마음을 갖게 했다. 교만의 '몽둥이'가 싹텄다(7:10). 둘째, 하나님을 기억하지 못하는 것이 허영심을 유발했다. 바빌론이 침략할 때 그들은 하나님이 싸워주셔야 자신들이 승리하게 된다는 것을 망각하고 스스로 전쟁 준비를 한다(7:14). 그러나 그들의 자부심은 비참한 결과

를 초래할 뿐이다(7:17). 그들의 조상 여호사밧에게 주어졌던 하나님의 말씀이 생각난다(대하 20:15, 출 15:3).

셋째, 하나님을 잊고 살면 재물의 덫에 걸리게 된다. 전쟁이 임하면 그들은 평소 그들이 그렇게 흠모하고 원했던 금과 은을 길거리에 내다 버릴 것이다. 그들은 모든 재물을 바빌론 사람들에게 빼앗길 것이다. 또한 은과 금이 그들을 넘어뜨리는 역할을 한다(7:19). "부는 선물이다. 그것은 축복이 될 수 있다. 그러나 그것은 항상 시험이다"(S. Ferguson)라는 말이 생각난다. 종교개혁자 루터(Luther)는 다음과 같이 인상적인 말을 남겼다. "세 가지의 필수적인 회심(conversion)이 있다. 마음(heart)의 회심, 정신(mind)의 회심 그리고 지갑(purse)의 회심."

넷째, 하나님에 대한 망각은 때를 분별하지 못한다. 심판이 임할 때 백성은 선지자, 제사장, 장로 등을 찾을 것이다. 그러나 이들은 할 말이 없다(7:25-26). 평상시에 그들을 찾으며 참된 가르침을 받았더라면 이처럼 비참한 종말을 맞을 필요가 없었다. 루터(Luther)는 "타락한 크리스천에게는 환난이 가장 훌륭한 신학자이다"라고 말했다. 그러나 에스겔의 청중들은 이런 루터의 말을 실감할 여유도 없다. 모든 것이 추락하는 순간이다.

II. 유다와 예루살렘에 대한 심판(4:1-24:27)

C. 여호와의 영광이 예루살렘을 버림(8:1-11:25)

선지자는 1-7장에서 이스라엘의 죄에 대한 전반적인 비난과 심판을 선언했다. 이 부분에서는 앞으로 다가올 무시무시한 심판의 동기/이유를 제시한다. 이 부분의 시작 부분(8:3)과 끝부분(11:24)에는 '주님의 영의 에스겔 운송 작전'이 언급되어 본문의 범위를 다른 부분에서 자연스럽게 구분 짓는다. 내용이 얼마나 실감나게 묘사되었는지 독자들이 본문에 순식간에 몰입해 이 모든 것이 에스겔의 환상이라는 사실을 금세 잊게 만든다.

본문에 기록된 에스겔의 환상은 예루살렘과 유다의 죄가 얼마나 심각한가를 적나라하게 드러내준다. 에스겔은 하나님의 영에 이끌려 예루살렘으로 가서 가장 거룩한 곳인 성전에서 가장 거룩해야 할 사람들인 제사장들이 중심이 되어 가장 가증스러운 죄인 우상숭배를 범하고 있는 것을 목격했다. 그 누구보다도 백성들을 여호와의 품으로 돌아오도록 해야 할 사람들이 오히려 백성들이 하나님을 섬기는 것을 훼방하고 우상을 권장하고 우상숭배에 앞장서고 있다면, 그 시대의 여호와 종교가 어떤 상태에 처했는지 짐작할 수 있다. 이스라엘은 겉에서 속까지 총체적으로 썩어 있다.

이 환상은 또한 '예루살렘은 결코 망하지 않는다. 여호와의 거처지(성전)가 거기 있기 때문이다'라는 사람들의 믿음이 얼마나 잘못되었는가를 보여준다. 에스겔은 이 환상을 통해 "예루살렘은 하나님이 심판하신다. 이 일을 위해 하나님은 벌써 오랫동안 준비 작업을 해오셨다. 그리고 하나님의 영광이 예루살렘에서 떠났다"라고 선포하고 있다. 출애굽 이후 '여호와의 영광'(כְּבוֹד יְהוָה)은 하나님 임재의 상징이었다. 이 환상에서 솔로몬이 성전을 완공한 이후 줄곧 예루살렘 성전에 계신 것으로 알았던 하나님의 영광이 예루살렘을 떠난다. 하나님의 임재를 상징하는 주님의 영광이 성전과 예루살렘을 떠난다면 이 도성은 세상 그 어느 성읍과 다를 바가 없다. 예루살렘은 하나님이 함께하실 때 특별했기 때문이다.

그 당시 이스라엘 사람들에게 성전 파괴는 '여호와의 죽음'을 의미하는 것으로 생각되었다. 그러나 에스겔은 성전 파괴는 하나님의 죽음이 아닌 하나님의 살아 계심과 건재하심을 의미하는 사건이라고 한다. 또한 예루살렘 성전을 외국 군대의 손에 파괴시킬 분도 여호와이다. 그렇다면 하나님의 상징적인 성전 임재와 성전 파괴의 관계를 어떻게 이해할 것인가? 에스겔은 성전이 외국군들의 손에 파괴되는 주전 586년으로부터 5년 전인 주전 591년에 이미 하나님의 영광이 성전을 떠났다고 한다. 하나님이 미리 사전에 성전 파괴의 준비 작업을 하셨을 뿐만 아니라, 외국군이 성전을 침입해도 하나님의 거룩하심은 침해받지 않도록 조치를 취하신 것이다.

하나님의 영광이 성전을 떠난다는 것은 매우 중요한 신학적 문제이다. 훗날 에스겔의 성전 회복 환상(40-48장)을 통해 암시되는 것은 이상적인 성전이 재건되면 그때에야 비로소 하나님의 영광이 다시 예루살렘 성전에 임하실 것이라는 사실이다. 일부 유대인들은 이 시점이 주전 520년대에 있었던 스룹바벨의 성전 재건 시점이거나 귀향민들이 세운 오래된 성전을 무너뜨리고 헤롯이 새로 성전을 지었을 때라고 기대했지만 결국 그들의 모든 기대는 무너져 내렸다. 계시록은 에스겔이 예고하는 성전 재건은 예수님의 재림 이후에 있을 일이라고 가르친다(계 21-22장). 또한 에스겔이 이 순간 목격하고 있는 하나님의 영광이 떠나가는 환상은 베드로의 '심판은 하나님의 집에서 시작된다'(벧전 4:17)는 사상에 영향을 미친 것 같다.

에스겔이 본문에 묘사된 환상을 보는 것에 대해 상당히 부정적인 측면에서 평가하는 주석가가 있다. 클레멘츠(Clements)는 본문이 묘사하고 있는 에스겔의 체험에 대해 다음과 같이 말한다.

> 이 환상을 볼 때 에스겔은 지나치게 흥분하고 감정이 격한 사람처럼 보인다[viz. 정신 질환을 앓는 사람]. 그러나 그가 처해 있는 상황 두 가지를 생각해보면 그가 결코 그런 사람은 아니라는 것이 확실하다 … 그는 제2차 세계대전 때 유대인 학살에서 살아남은 자들과 같은 경험을 했기 때문에 심리적으로 약간의 치료가 필요하다. 예루살렘 성전이 파괴되어야 한다는 생각에 사로잡혀 있기 때문에 예루살렘 성전을 유대교의 가장 중요한 요소로 생각하던 그가 이런 감정을 느낀 것은 충분히 이해가 간다.

이 주석가는 본문에 묘사되어 있는 이상이 정신 질환 내지는 감당하기 힘들 정도의 정신적인 충격을 받은 사람이 볼 법한 환각/환상이라고 주장한다. 만일 이게 사실이라면 정신 질환을 앓는 사람의 환각을 통해 하나님의 음성을 듣겠다는 우리는 뭔가? 어이없는 주장이다. 예루살렘 성전에 관한 환상을 담고 있는 본문은 다음과 같이 구분될 수 있다.[16]

A. 우상숭배로 가득한 성전(8:1-18)
 B. 예루살렘 심판(9:1-11)
A'. 하나님의 영광이 없는 성전(10:1-22)
 B'. 예루살렘 심판(11:1-25)

II. 유다와 예루살렘에 대한 심판(4:1-24:27)
 C. 여호와의 영광이 예루살렘을 버림(8:1-11:25)

1. 우상숭배로 가득한 성전(8:1-18)

선지자의 예루살렘 경험의 첫 부분을 언급하고 있는 본문은 그가 하나님의 영에 머리채가 잡혀 예루살렘 성전으로 가게 된 일로 이야기

16 한 주석가는 8-11장을 다음과 같은 구조를 지닌 것으로 분석한다(Duguid). 이 제안의 장점은 하나님의 영광의 임재와 부재를 부각시킨다는 것이다(A, A', E, E'). 그러나 이 구조는 너무 복잡하고, 텍스트 분배가 편파적이다(cf. 'C'는 거의 2장을 차지한다).
A. 환상 시작과 하나님의 영광(8:1-4)
 B. 네 가지 가증함, 리더십과 사회적 부조리 비난(8:5-18)
  C. 가증함과 죄에 대한 심판이 리더십 심판으로 시작됨(9:1-10:7)
   D. 선지자가 자비를 호소함(9:8)
    E. 하나님의 영광이 성전과 도시에서 떠남(10:8-22)
 B'. 사회적 부조리, 리더들에게 초점이 맞추어짐(11:1-6)
  C'. 리더들 심판과 우두머리 블라댜 심판(11:7-13)
   D'. 선지자가 남은 자들을 위하여 중보함(11:13)
    E'. 포로민이 고향을 돌아갈 것, 주님의 영광이 함께할 것(11:14-21)
A'. 환상 마무리와 하나님의 영광(11:22-25)

를 시작한다. 이어 선지자는 신원을 밝히지 않는 안내자의 인도를 받아 예루살렘 성전을 둘러보게 된다. 비록 정확한 정체는 밝혀지지 않지만, 아마도 이 안내자는 여호와 하나님일 것이다(Block). 16-18절에서 지속적으로 사용되는 일인칭 '나'를 여호와로 결론지을 수 있기 때문이다.

본문은 에스겔 선지자가 성전에서 본 네 가지 가증한 일을 중심으로 구성되어 있다. 숫자 4가 다시 등장한다. 총체성을 상징하는 숫자로 선지자가 성전에서 목격한 네 가지 가증한 일은 이스라엘의 심각한 우상숭배를 증명하기에 충분하다. 이스라엘 사람들은 하나님이 그들을 보지 못한다고 생각하며 이런 짓을 하고 있다(12절). 그러나 하나님은 가장 비밀스러운 곳에서 행해지는 일도 모두 보고 계신다. 이 장(章)의 핵심 메시지는 '하나님이 모든 것을 지켜보고 계신다'이다(Duguid). 이 모든 일은 에스겔이 본 환상에서 진행된다.

A. 예루살렘 성전 방문(8:1-4)
B. 첫 번째 가증함: 질투의 우상숭배(8:5-6)
C. 두 번째 가증함: 짐승들과 벌레들 숭배(8:7-13)
D. 세 번째 가증함: 담무스 숭배(8:14-15)
E. 네 번째 가증함: 태양 숭배(8:16-18)

II. 유다와 예루살렘에 대한 심판(4:1-24:27)
C. 여호와의 영광이 예루살렘을 버림(8:1-11:25)
1. 우상숭배로 가득한 성전(8:1-18)

(1) 예루살렘 성전 방문(8:1-4)

1 여섯째 해 여섯째 달 초닷새에 나는 집에 앉았고 유다의 장로들은 내 앞
에 앉아 있는데 주 여호와의 권능이 거기에서 내게 내리기로 2 내가 보니 불

같은 형상이 있더라 그 허리 아래의 모양은 불 같고 허리 위에는 광채가 나
서 단 쇠 같은데 3 그가 손 같은 것을 펴서 내 머리털 한 모숨을 잡으며 주의
영이 나를 들어 천지 사이로 올리시고 하나님의 환상 가운데에 나를 이끌어
예루살렘으로 가서 안뜰로 들어가는 북향한 문에 이르시니 거기에는 질투의
우상 곧 질투를 일어나게 하는 우상의 자리가 있는 곳이라 4 이스라엘 하나
님의 영광이 거기에 있는데 내가 들에서 본 모습과 같더라

에스겔이 처음 환상을 본 지 14개월 만인 여섯째 해 여섯째 달 5일(주전 592년 9월 18일, Taylor, Zimmerli, 1절)에 이 환상이 임했다. 이때는 또한 4:4-8에 언급된 430일 중 420일이 경과한 때였다. 에스겔은 앞으로 열흘간만 오른쪽으로 누워 흙벽돌에 그려진 '예루살렘 조감도'를 지켜보며 행동 예언을 하면 된다(cf. Taylor, Greenberg). 이스라엘의 장로들이 선지자를 찾아왔다. 포로민들을 대표하는 장로들이 있었다는 것은 그들이 바빌론에서도 어느 정도 조직적인 면모를 갖춘 공동체를 형성하고 있었음을 의미한다(Fisch). 장로들은 아마도 포로 생활이 곧 끝날 것이라는 긍정적인 예언을 기대하며 찾아왔을 것이다(Duguid). 그러나 에스겔은 그들이 기대하는 것과는 정반대의 메시지를 알려줄 수밖에 없다.

선지자가 그들을 만나고 있는 동안 하나님이 그를 찾아오셨는데, 1장에서 선지자가 보았던 바로 그 하나님의 모습이었다(2절, cf. 1:26-27). 에스겔은 이번에도 하나님을 묘사하면서 '… 같은'이라는 말을 여러 차례 사용한다(2-3절). 선지자는 분명 하나님을 가까이에서 보고 있지만, 정확히 바라볼 수도, 묘사할 수도 없기 때문이다.

하나님의 '손 같은 것'(3절)이 그의 머리채를 잡아 땅과 하늘 사이(공중)로 들어 올렸다. 이윽고 그는 하나님의 영에 사로잡혀 예루살렘 성전을 방문했다(3절). 에스겔은 자신의 회고에서 어디까지가 실제로 있었던 일이고 어디서부터가 환상 속에서 있었던 일인가에 대해 정확한 선을 그어주지 않는다. 그러므로 선지자가 정확하게 어떤 경험을 했는지 명확하게 말하기는 어렵다. 일부 학자들이 주장하는 것처럼 그가 실제적으로 예루살렘을 다녀온 일을 이렇게 묘사하는 것일까(cf. Eichrodt, Zimmerli). 그러나 그렇게 해석할 만한 근거는 찾아볼 수 없다. 그가 이 환상을 유다의 장로들을 대면하는 자리에서 보았다고 회고하는 사실(1절) 또한 선지자가 걸어서 예루살렘을 다녀왔다는 주장을 약화시킨다.

에스겔의 예루살렘 성전 견학은 북쪽 문 어귀에서 시작된다. 일부 학자들은 에스겔이 질투의 우상을 보고 있는 곳이 성전의 북쪽 문이 아니라, 예루살렘 성의 북쪽 문이라고 하는데(Duguid), 문맥은 성전의 북쪽 문을 의미한다. 에스겔은 하나님의 영광으로 가득 차 있어야 할 성전에서 이루어지고 있는 네 가지의 가증한 행위를 목격한다. 이 네 가지의 가증한 일들은 죄의 심각성이 점차적으로 증폭되는 순서를 취한다. 이 네 가지 가증함은 주변 국가들(가나안, 이집트, 바빌론)의 신들을 모아놓은 것이며, 종류도 남자, 여자, 짐승, 벌레, 천체/항성 등 다양하다(Duguid). 이스라엘은 어느덧 주변 국가로부터 다양한 신들을 수입해 숭배하고 있다.

이 일들이 예루살렘 성전에서 직접 행해졌던 실제적인 상황을 보여준다는 것이라기보다는 예루살렘과 유다 전 지역에 팽배해 있던 우상숭배를 상징적으로 표현하는 것으로 보는 것이 바람직하다(Taylor). 동시에 선지자는 이 모든 일들이 예루살렘 성전에서 행해지고 있음을 묘사함으로써 이스라엘의 종교가 뿌리째 썩어 있음을 강조한다(Block).

II. 유다와 예루살렘에 대한 심판(4:1-24:27)
C. 여호와의 영광이 예루살렘을 버림(8:1-11:25)
1. 우상숭배로 가득한 성전(8:1-18)

(2) 첫 번째 가증함: 질투의 우상숭배(8:5-6)

**5 그가 내게 이르시되 인자야 이제 너는 눈을 들어 북쪽을 바라보라 하시기
로 내가 눈을 들어 북쪽을 바라보니 제단문 어귀 북쪽에 그 질투의 우상이
있더라 6 그가 또 내게 이르시되 인자야 이스라엘 족속이 행하는 일을 보느
냐 그들이 여기에서 크게 가증한 일을 행하여 나로 내 성소를 멀리 떠나게
하느니라 너는 다시 다른 큰 가증한 일을 보리라 하시더라**

에스겔이 예루살렘 성전에서 처음으로 목격한 것이 질투의 우상이었는데(3절), 하나님은 그 우상에 대해 말씀하시기 시작한다(5절). 선지자가 목격한 질투의 우상은 과연 무엇이었을까? 가나안 사람들이 숭배하던 다산의 여신 아세라였을 것으로 추정한다(cf. 왕하 21:7, 렘 7:18, 44:17-30, Taylor, Thomas, Darr, Duguid). 제사장들이 성전에서 행해지는 예배와 예식을 율법이 요구하는 대로 철두철미하게 따르지 않고 대충해서 그들의 행위가 '질투의 우상'처럼 가증스럽게 여겨지는 상황이라는 해석도 있다(Block). 이 경우 하나님께 예배를 드린다고는 하지만 실제로는 하나님을 무시하거나 하나님과 상관없는 예배를 드린 행위를 의미한다. 그러나 선지자가 자신이 본 것을 '질투의 동상'(סֵמֶל הַקִּנְאָה)이라고 구체적으로 밝히고 있는 점을 감안하면 이런 해석은 별로 설득력이 없다.

어떤 우상이든 간에 하나님의 질투를 자극하기는 마찬가지이다. 그러므로 정확히 무엇인지는 알 수 없지만, 일종의 우상 이미지 혹은 신[들]을 상징하는 동상으로 보는 것이 좋을 것이다. 이스라엘 사람들이 이처럼 가증한 것을 성전에 들여놓기는 했지만, 동기는 의외로 순수할 수도 있다. 예를 들자면 그들이 다신(多神)주의를 지향하는 상황에서

예배의 분위기를 조성하기 위해서나, 더 깊이 하나님과의 교제를 돕는답시고 이런 짓을 했을 수도 있다. 그러나 사람들을 잘못 인도할 수 있고 하나님의 관점에서 용납되지 않는 것을 예배에 도입해서는 안 된다.

질투의 우상이 세워진 곳이 성전의 북쪽 문이라는 사실은 중요한 의미를 지니고 있다. 북쪽 문은 왕궁과 가장 가까이 있는 문으로 왕들이 성전에 예배 드리러 올 때 사용했던 문이다(Stuart). 이런 문 바로 옆에 질투의 우상이 서 있다는 것은 유다의 지도층이 영적인 간음을 하고 있다는 것을 의미하는 듯하다. 또한 북문은 '제단문'(שַׁעַר הַמִּזְבֵּחַ, 5절)이라 불리기도 했다. 제물로 바쳐질 짐승들이 '하나님 앞에서 제단의 북쪽에서 죽임을 당했기 때문'이다(레 1:11). 북쪽 문은 하나님께 드릴 제물을 죽이는 곳에 근접해 있다는 뜻이다. 그러므로 예배의 가장 기본적인 행위(viz., 예배의 시작이라고 할 수 있는 제물 준비를 하는 것)가 이루어지는 곳에 하나님을 질투하게 하는 우상이 세워져 있다는 것은 그들의 죄의 심각성을 드러내고 있다. 이스라엘이 하나님께 질투의 우상을 통해 저지르고 있는 죄를 크리스천의 삶과 연관시키면서 칼뱅은 다음과 같이 말한다.

> 하나님은 자신과 우리의 관계를 표현할 때 흔히 부부 관계로 말씀하신다. 교회를 통한 하나님과 우리와 관계를 결혼으로 표현하시는 것이다. 결혼이란 두 사람이 서로에게 진실할 것을 전제하고 성립된다 … 우리는 절대로 하나님과 경쟁하는 사탄에게 우리의 영혼을 맡길 수 없다. 거룩하고 순결한 남편일수록 아내가 자신의 경쟁자에게 마음을 주면 매우 화를 내는 것처럼 하나님도 그렇다. 주님은 진심으로 우리와 결혼했기에 우리가 엉뚱한 것에 마음을 쓰면 진노하실 수밖에 없다.

II. 유다와 예루살렘에 대한 심판(4:1-24:27)
C. 여호와의 영광이 예루살렘을 버림(8:1-11:25)
1. 우상숭배로 가득한 성전(8:1-18)

(3) 두 번째 가증함: 짐승들과 벌레들 숭배(8:7-13)

7 그가 나를 이끌고 뜰 문에 이르시기로 내가 본즉 담에 구멍이 있더라 8 그
가 내게 이르시되 인자야 너는 이 담을 헐라 하시기로 내가 그 담을 허니 한
문이 있더라 9 또 내게 이르시되 들어가서 그들이 거기에서 행하는 가증하고
악한 일을 보라 하시기로 10 내가 들어가 보니 각양 곤충과 가증한 짐승과
이스라엘 족속의 모든 우상을 그 사방 벽에 그렸고 11 이스라엘 족속의 장로
중 칠십 명이 그 앞에 섰으며 사반의 아들 야아사냐도 그 가운데에 섰고 각
기 손에 향로를 들었는데 향연이 구름 같이 오르더라 12 또 내게 이르시되 인
자야 이스라엘 족속의 장로들이 각각 그 우상의 방안 어두운 가운데에서 행
하는 것을 네가 보았느냐 그들이 이르기를 여호와께서 우리를 보지 아니하
시며 여호와께서 이 땅을 버리셨다 하느니라 13 또 내게 이르시되 너는 다시
그들이 행하는 바 다른 큰 가증한 일을 보리라 하시더라

성전 안쪽으로 담을 헐고 들어가니 문이 있었다(7-8절). 그 문을 열고 들어가니 거기에 온갖 벌레와 불결한 짐승들과 이스라엘 모든 족속의 우상이 방의 사방 벽에 그려져 있다(10절). 우상숭배를 유발하는 이미지들이다(Block). 그러나 정확히 무엇일까? 아마도 이집트에서 신들로 숭배되었던 온갖 벌레와 짐승의 이미지들을 의미하는 것으로 생각된다(Biggs, Craigie, Duguid). 여기에 신화적인 짐승들 내지는 여호와를 호위하는 것으로 간주된 것들(viz., 예, 해, 달)의 이미지를 더할 수 있다(Clements). 한때는 이집트 신들의 손아귀에서 벗어나기 위해 안간힘을 썼던 사람들이 이번에는 바빌론의 손에서 벗어나기 위해 이집트의 신들에게 기도하고 있다(Cooper).

70명의 이스라엘을 대표하는 장로들이 각기 손에 향로를 들고 우상들 앞에 서 있다(11절). 우상들을 숭배하기 위해서다. 고대인들이 이런 이미지들을 숭배한 것은 악의 세력으로부터 자신을 보호하기 위해서였다(Block). 하나님의 백성들이 미신을 믿고 있는 것이다. 이 70명의 장로는 숫자적으로 중요한 의미를 지니고 있다. 모세가 이스라엘과 하나님 사이에 언약을 중개할 때 이스라엘의 대표로 선발되어 하나님을 직접 뵈었던 장로들의 숫자가 70이다(출 24:1-11). 또한 모세와 함께 이스라엘을 다스린 장로들 숫자도 70이다(민 11:16-30). 선지자는 온 이스라엘과 지도자들이 우상을 숭배하고 있음을 고발하고자 한다.

에스겔은 그중 사반의 아들 야아사냐(יַאֲזַנְיָהוּ בֶן־שָׁפָן)를 대번에 알아본다(11절). 에스겔이 야아사냐를 알아본다는 것은 선지자가 주전 597년에 포로로 끌려가기 전부터 이 사람을 알고 있었다는 뜻이다. '야아사냐'(יַאֲזַנְיָהוּ)의 이름 뜻은 '여호와가 듣고 계신다'이다. 이 사람은 이름값을 못하는 정치인이다. 자신의 이름과는 너무나도 동떨어진 삶을 살아가고 있기 때문이다.

많은 학자들이 주장하는 것처럼 만일 야아사냐의 아버지 사반이 열왕기하 22:3-14에 언급된 요시야 왕 시대의 사반과 같은 인물이라면(Block, Greenberg, Duguid, cf. 대하 34:15-21), 야아사냐가 우상을 섬기고 있다는 것이 우리 마음을 더욱더 아프게 한다. 사반은 요시야를 도와 종교개혁을 주도하던 사람이었기 때문이다. 아버지는 종교개혁에 앞장섰는데, 아들은 앞장서서 우상숭배에 참여하고 있다! 당시 이스라엘의 예배가 얼마나 빨리 부패했는지를 암시한다(Stuart).

마치 히스기야-므낫세의 신앙이 재현되는 듯하다. 만일 그의 형제 중 하나가 위기에 처했던 예레미야를 보호했던 아히감이었고(cf. 렘 26:24), 다른 형제는 예레미야의 편지를 바빌론에 있는 포로민들에게 전했던 엘라사(cf. 렘 29:3)였다면, 이 사람의 타락은 더욱 슬픈 일이다. 아버지는 종교개혁에 앞장섰고, 형제들은 여호와의 선지자 예레미야를 존경하고 보호하며 함께 사역했는데, 야아사냐는 우상을 숭배해 온 집안에 수치와 아픔을 안겨주고 있다. 그러나 이처럼 기막힌 일들이 우리 주변에서도 종종 일어나지 않는가!

이 70명의 장로들이 이처럼 어리석은 짓을 하게 된 동기는 "여호와께서 우리를 보지 아니하시며 여호와께서 이 땅을 버리셨다"(12절)는 생각에서였다. 이 장로들의 생각과는 대조적으로 에스겔은 8장에서도 하나님은 모든 것을 보시는 분임을 누누이 강조한다(Block, cf. 6, 12, 15, 17절). 선지자가 1장에서 본 환상도 온통 '눈'으로 가득했다. 하나님은 세상에서 일어나고 있는 모든 일을 보고 계신다. 그런데도 이스라엘의 신앙의 모범이 되어야 할 장로들이 고작 한다는 생각이 이렇다! 그들은 하나님이 더 이상 그들의 기도를 듣지 않으신다는 생각에 사로잡혔다. 그들은 하나님이 먼저 이스라엘을 버리셨으니 이제 그들도 하나님을 버리고 다른 신을 찾아나서야 한다고 생각한다.

이스라엘을 대표하는 장로들은 자신들이 처한 신학적 현실에 대해 매우 심각한 오류를 범하고 있다. 그들은 영적으로 눈이 먼 사람들이다. 이런 사람들이 지도자가 되면 백성들은 방황하고 공동체는 망할 수밖에 없다. 하나님은 왜 이스라엘의 기도를 들어주실 수 없는가? 그들이 먼저 하나님을 버렸기 때문이다. 또한 이 나라의 어려움이 누구에게서 시작되었는가? 이 사람들은 하나님이 그들을 먼저 버리셨기 때문에 자신들은 죄의 길로 들어설 수밖에 없다는 주장을 펼친다. 그러나 선지자는 그들의 죄가 하나님으로 하여금 그들을 떠나게 했다고 한다(cf. 6절). 즉 그들이 먼저 하나님을 버린 것이다. 그러면서도 그들은 하나님께 실망했다고 주장한다! 참으로 어이없는 일이다.

장로들은 은밀한 곳에서 우상을 섬기고 있다. 여호와 하나님이 그들의 행위를 보지 못하실 것이라고 생각한다. 장로들의 생각은 하나의 아이러니를 형성하고 있다. 그들은 여호와께서는 보지 못하시지만, 그들이 지금 은밀한 곳에서 절하고 있는 우상들은 자기들을 보고 있다고 생각한다. 그러나 사실은 우상들이 보지 못하고 하나님은 그들을 보신다. 여호와와 우상들의 차이점들 중 하나가 바로 이것이 아닌가! 하나님은 아무리 어두운 곳에서 행해지는 것도 마치 밝은 대낮에 행해지는 것처럼 보실 수 있다(신 4:28, 시 115:4–8, 135:15–18, 사 44:12–20). 반면에 우상들은 아무것도 보지 못한다.

인간이 아무리 은밀한 곳에서 행하는 죄악이라도 하나님에게는 결코 숨길 수 없다는 사실을 깨달아야 한다. 또한 하나님은 우리 마음의 가장 깊고 어두운 곳까지도 꿰뚫어보고 계신다는 것을 기억해야 한다. '하나님이 보고 계신다'라는 생각이 마음속에 각인되기만 한다면 얼마나 많은 죄를 범하지 않게 될까! 에스겔은 실제적으로 이런 하나님의 능력을 강조한 적이 있다(1:18).

II. 유다와 예루살렘에 대한 심판(4:1–24:27)
C. 여호와의 영광이 예루살렘을 버림(8:1–11:25)
1. 우상숭배로 가득한 성전(8:1–18)

(4) 세 번째 가증함: 담무스 숭배(8:14–15)

14 그가 또 나를 데리고 여호와의 전으로 들어가는 북문에 이르시기로 보니 거기에 여인들이 앉아 담무스를 위하여 애곡하더라 15 그가 또 내게 이르시되 인자야 네가 그것을 보았느냐 너는 또 이보다 더 큰 가증한 일을 보리라 하시더라

성전 북문 근처에서 여인들이 앉아서 담무스(תַּמּוּז)를 위하여 애곡하고 있다(14절). 담무스/탐무즈는 수메르–바빌론(Sumerian–Babylonian) 사람들이 숭배하던 식물의 신(god of plant life)이었다. 이 신은 고대 근동 신화들에서 자주 등장하는 대홍수(Great Deluge) 이전에 밧티비라(Bad–tibira)를 36,000년 동안 통치했던 전설 속의 목자–왕이었다(Darr). 주전 3000년대 말에 이 전설 속에 등장하는 왕은 신으로 승격되었다

(Yamauchi, cf. Gurney). 이때부터 이 신을 중심으로 한 많은 독자적인 신화가 등장했고, 때로는 다른 신들에 관한 신화들과 섞이기도 하였다.

탐무즈는 매년 봄이면 그의 아내 이슈타르(Ishtar)/이난나(Inanna)의 도움을 받아 새로 탄생/부활을 하고 비가 오지 않는 여름에 죽어서 저세상(underworld)으로 갔다(Taylor, ABD). 이 신은 근동의 농사의 순환과 연관된 신이었다(Darr). 탐무즈 숭배자들은 이때(6-7월)에 그의 죽음을 애도하는 노래를 부르며 슬퍼했다. 사람들은 탐무즈가 저세상에 머물다가 이듬해 봄에 누이 이슈타르의 도움으로 다시 이 땅으로 온다고 믿었다. 그는 훗날 다산(多産)의 신으로 숭배되었으며 헬라인들은 탐무즈를 아도니스(Adonis)와 아프로디테(Aphrodite)와 연결시켰다.

이스라엘 여인들이 탐무즈를 위해 애곡한다는 것은 두 가지 상징적인 의미를 지닌다. 첫째, 어느 종교에서든 여인들이 풀뿌리(grassroot) 역할을 한다. 그러므로 여인들이 탐무즈를 애곡한다는 것은 여호와 종교의 풀뿌리가 썩고 있음을 의미한다. 둘째, 이스라엘의 하나님은 생명력과 생기로 가득하신 분이다(cf. 1장). 이스라엘 여인들은 살아 계신 하나님에 대한 예배를 죽은 신에 대한 애곡으로 바꾸어버렸다(Block).

탐무즈 숭배와 여인들의 애곡이 잘 맞지 않는 것이 하나 있는데, 이미 8:1에서 언급한 것처럼 에스겔은 이 환상을 주전 592년 9월 18일(8:1)에 보았다. 반면에 원래 탐무즈에 대한 애곡은 여름 가뭄이 시작되는 6-7월에 행해진다(cf. Fisch, Greenberg). 이러한 차이를 설명하는 것에 별 문제는 없다. 에스겔의 환상은 이스라엘의 죄를 포괄적으로 고발하는 역할을 하고 있기 때문에 계절적인 차이는 별 문제가 되지 않는다(cf. Cooper).

이스라엘의 여인들이 여호와의 성전에서 왜 하필이면 이 신의 죽음을 애도하는 것일까? 에스겔의 환상이 강조하는 현실은 이스라엘의 여호와 종교와 신앙생활이 매우 심각한 위험수위에 도달했다는 것이다.

여호와와 우상들이 구분이 되지 않을 정도로 이스라엘의 영적인 상태가 혼탁해져버렸다. 또한 이 신이 성전에서 숭배된다는 것은 이스라엘 사람들이 이미 바빌론의 영향을 많이 받고 있음을 보여준다.

II. 유다와 예루살렘에 대한 심판(4:1-24:27)
C. 여호와의 영광이 예루살렘을 버림(8:1-11:25)
1. 우상숭배로 가득한 성전(8:1-18)

(5) 네 번째 가증함: 태양 숭배(8:16-18)

**16 그가 또 나를 데리고 여호와의 성전 안뜰에 들어가시니라 보라 여호와의
성전 문 곧 현관과 제단 사이에서 약 스물다섯 명이 여호와의 성전을 등지
고 낯을 동쪽으로 향하여 동쪽 태양에게 예배하더라 17 또 내게 이르시되 인
자야 네가 보았느냐 유다 족속이 여기에서 행한 가증한 일을 적다 하겠느냐
그들이 그 땅을 폭행으로 채우고 또 다시 내 노여움을 일으키며 심지어 나
뭇가지를 그 코에 두었느니라 18 그러므로 나도 분노로 갚아 불쌍히 여기지
아니하며 긍휼을 베풀지도 아니하리니 그들이 큰 소리로 내 귀에 부르짖을
지라도 내가 듣지 아니하리라**

성전의 문과 제단 사이에 25명이 태양이 뜨는 동쪽을 향해 절을 하고 있다(16절). 이들은 태양신을 섬기고 있다. 이 사람들의 신분은 확실하지 않다. 일부 주석가들은 9:6을 근거로 이들이 장로라고 주장하지만(Duguid), 제단과 성전 문 사이에 있다는 것을 볼 때 제사장들로 간주하는 것이 바람직하다(Zimmerli, cf. Alexander, Greenberg, 욜 2:17). 게다가 70명의 장로들은 이미 비난을 받았다. 태양을 신으로 섬기는 것은 근동 지방에서 아주 흔한 일이었다. 이집트의 어떤 왕조의 왕들은 모두 한결같이 레(-re)라는 접미사를 이름 뒤에 붙였는데, '태양의 아들'이라는 의미를 지녔다.

제사장들은 태양신을 향해 절을 하는 과정에서 서쪽에 위치한 성소에 등을 돌리고 있다(16절). 매우 심각한 결과를 초래하는 상징적인 행동이다. 그들은 지금 하나님께 등을 돌리고 있는 것이다. 우상을 섬기는 일의 근본적인 문제가 여기 있다. 우상을 섬기기 위해서는 하나님께 등을 돌려야 한다.

이스라엘 사람들은 종교적인 복합주의를 여호와와 우상들을 함께 놓고 그 앞에서 절하는 것으로 생각했다. 여호와와 우상을 함께 섬길 수 있다는 것이 복합주의의 기본적인 취지이다. 그러나 선지자들은 이 같은 생각은 인간의 망상이지 사실이 아니라는 것을 분명히 경고한다. 평생을 여호와만을 섬기다가도 한순간 우상을 숭배하면 그는 이미 하나님께 등을 돌린 것이다. 그래서 에스겔은 평생 의인으로 살아왔다 할지라도 죄를 지으면 죽을 것이라고 경고했다(3:20). 또한 하나님은 그 무엇보다도 이방 신들과 함께 취급되는 것을 싫어하고 분노하신다.

결국 이스라엘의 우상숭배와 악한 행실은 자신들의 코에 나뭇가지를 쑤셔넣는 격이 되었다(17절). '코에 나뭇가지를 쑤셔넣다'(שֹׁלְחִים אֶת־הַזְּמוֹרָה אֶל־אַפָּם)는 설명하기가 매우 어려운 문장이다(cf. Zimmerli, Greenberg, Taylor). 이 문장이 묘사하고 있는 행동을 일종의 이방 풍습으로 설명하는 사람들도 있지만(cf. Block), 이스라엘의 행동이 하나님의 분노를 사는 것을 묘사하는 행위로 이해할 수 있다(Cooper, Darr).

선지자가 8장에서 묘사하는 네 가지 가증함은 이스라엘의 영적 타락과 부패가 얼마나 심각했는가를 강조한다. 북쪽 문에서 이루어지는 우상숭배는 이스라엘에 일반화되어 있는 것들을 의미한다. 비밀스러운 장소에서 이루어지는 짐승과 벌레 이미지 숭배는 지도자들의 타락을 드러낸다. 탐무즈 신을 위하여 애곡하는 것은 여성 신도들의 타락을 묘사하고 있다. 태양신을 섬기는 행위는 제사장들의 타락을 강조한다. 말 그대로 "세상에 여호와를 믿는 놈이 하나도 없다"라는 비관적인 시각을 갖게 한다.

그러나 아합과 이세벨이 여호와 종교를 노골적으로 핍박하던 어두운 시대에도 하나님은 바알에게 무릎을 꿇지 않은 7000명을 보존하셨다. 에스겔 시대에도 분명 여호와를 경외하고 사랑하던 사람들이 있었다. 당장 떠오르는 사람들이 제법 된다. 예루살렘에서 사역하는 예레미야와 그를 돕는 손길들, 에스겔과 함께 바빌론에서 사역하는 다니엘과 세 친구들, 그 외 이름이 알려지지 않은 수많은 사람들이 바로 하나님의 남은 자들이다. 아무리 세상이 암울해도 좌절할 필요는 없다. 하나님이 역사를 주관하시기 때문이다. 주님은 거룩한 백성의 역사가 지속되게 하기 위해서라도 남은 자들을 보존해두실 것이다.

II. 유다와 예루살렘에 대한 심판(4:1-24:27)
C. 여호와의 영광이 예루살렘을 버림(8:1-11:25)

2. 예루살렘 심판(9:1-11)

성전을 중심으로 행해지는 우상숭배는 이스라엘의 죄를 총체적으로 보여준다. 이러한 총체성을 상징하며 선지자는 그곳에서 우상숭배와 연관된 네 가지(viz., 총체성을 상징하는 숫자) 가증함을 보았다. 그동안 참아오신 하나님이 부정한 백성을 심판하기 위해 자리에서 일어나셨다. 하나님은 이미 오래전부터 이들을 심판하기로 결정하셨다(8:18). 그동안 이스라엘 역사 속에서 조금씩 재앙을 내림으로써 그 결정에 변함이 없음을 경고해오셨다. 이미 주전 732년에는 갈릴리와 요단강 동편 지역이 아시리아에게 넘어갔으며 주민들은 아시리아 군에 강제로 끌려갔다(왕하 15:29). 이 일이 있은 지 10년 후인 주전 722년에는 사마리아와 북왕국이 멸망했으며 백성들은 아시리아로 끌려가 곳곳에 흩어져 살았다. 그러나 하나님의 경고에도 불구하고 유다 사람들은 자신들에게도 이러한 재앙이 올 수 있다는 사실을 의식하지 못했다. 역사를 보고 배우지 못했던 것이다. 그러므로 이 무지한 백성에게 하나님의 심판이 현실로 드러나는 것이다.

이 세상에 인간을 대적하고 용서의 가능성을 완전히 배제하신 하나님보다 더 무서운 분이 있을까? 하나님이 사람들에게 베푸는 자비를 거두어가실 때마다 우리는 두려워해야 한다(Calvin). 그러나 하나님의 진노와 심판을 부정적으로만 볼 필요는 없다. 만일 하나님이 악을 보고 진노하지 않는다면 주님은 하나님으로서 우리의 존경과 경외를 받지 못하실 것이다. 정의로우신 하나님의 분노와 심판은 이 세상에서 억울하게 당하고 부당하게 착취당하는 모든 사람들에게 소망의 메시지가 될 뿐만 아니라, 불의한 세상이라도 언젠가는 정의가 이루어질 것이라는 소망을 지니고 살 수 있다는 동기부여를 제공하기 때문이다. 죄인들은 하나님의 오래 참음에도 끝이 있다는 것을 마음에 새겨야 한다. 그들은 후환을 두려워하지 않고 세상에서 갖은 횡포와 착취를 감행하지만, 언젠가는 하나님이 이들을 대적하고 재판하실 것임을 깨닫게 될 것이다. 하나님의 오래 참음이 끝나는 날, 악인들은 그분의 진노를 체험하지만, 우리는 예수님의 재림을 환영하고 있을 것이다. 유다가 경험하게 될 심판을 묘사하고 있는 본문은 다음과 같이 구분된다.

A. 죽음의 사자 여섯(9:1-2a)
　B. 생명의 사자 하나(9:2b-4)
A′. 하나님의 명령과 살생(9:5-7)
　B′. 생명 보존 호소와 응답(9:8-11)

(1) 죽음의 사자 여섯(9:1-2a)

1 또 그가 큰 소리로 내 귀에 외쳐 이르시되 이 성읍을 관할하는 자들이 각
기 죽이는 무기를 손에 들고 나아오게 하라 하시더라 2 내가 보니 여섯 사람
이 북향한 윗문 길로부터 오는데 각 사람의 손에 죽이는 무기를 잡았고

하나님은 여섯 명의 '성읍을 관할하는 자들'(פְּקֻדּוֹת הָעִיר)과 한 명의 생명의 표를 찍는 사자를 부르셨다(cf. 2b절). '성읍을 관할하는 자들'은 일상적으로 도시를 보호하는 일을 맡은 자들이다(Fisch, Taylor). 원래 성읍을 보호하는 일을 맡은 자들이 오히려 주민들을 죽이고 있다! 게다가 죽음과 삶의 비율이 6대 1이다. 그만큼 살아 남은 자에 비해 죽는 자들이 많을 것이라는 사실을 강조한다. 죽이는 천사들에게는 살생 무기로 몽둥이(혹은 전쟁용 도끼)가 들려 있다(Fisch, Darr). 그들은 윗문 길로부터 성전으로 들어온다(2절). '윗문'(שַׁעַר הָעֶלְיוֹן)은 성전의 북동쪽에 위치한 문으로, 요담이 건축했다(왕하 15:35). 선지자는 이 문에서 질투의 우상(8:5)을 보았다. 또한 북쪽은 바빌론 군이 이스라엘을 침략할 때 진군해 올 방향이다. 즉 이 죽음의 사자들은 예루살렘을 멸망시킬 바빌론 군을 상징하기도 한다.

선지자는 주의 백성을 죽이는 사자들이 인간인지, 천사인지 밝히지 않는다(cf. Zimmerli, Greenberg). 선지자는 하나님의 명령대로 움직이는 사자들의 정체에는 관심이 없다. 그는 모든 관심을 이 '사자들이 하는 일'에 집중한다. 중요한 건 인간이든 천사이든 간에 하나님의 백성이라고 자부하던 이스라엘이 드디어 그들의 손에 죽게 된 것이다. 성경에서 파괴하는 일은 주로 천사들이 도맡아 했다(cf. 삼하 24:16, 왕하 19:35). 하나님이 이렇게 예루살렘에 심판을 선고하시자 여섯 명의 사자가 죽이는 무기를 휘두르기 시작했다. 온 도성을 지나며 사람을 죽이는 천사들의 모습은 마치 옛날 이집트에서 벌어진 유월절의 죽음을 연상시킨다(cc. 출 12:23). 이집트 사람들에게 행해진 열 번째 재앙에서 죽음의 천사들이 이집트 사람들을 지나간 것(עבר, 출 12:23)처럼, 이번에도 지나간다(עבר, 5절). 안타깝게도 이번에는 죽음의 사자들이 주의 백성을 지나간다. 예루살렘 주민들 사이에 있는 의인들도 하나님의 심판을 멈추지 못한다(Darr). 그들도 겨우 자기 생명을 구할 뿐이다(cf. 다음 부분 주해).

II. 유다와 예루살렘에 대한 심판(4:1–24:27)
C. 여호와의 영광이 예루살렘을 버림(8:1–11:25)
2. 예루살렘 심판(9:1–11)

(2) 생명의 사자 하나(9:2b–4)

[2b] 그 중의 한 사람은 가는 베 옷을 입고 허리에 서기관의 먹 그릇을 찼더라 그들이 들어와서 놋 제단 곁에 서더라 [3] 그룹에 머물러 있던 이스라엘 하나님의 영광이 성전 문지방에 이르더니 여호와께서 그 가는 베 옷을 입고 서기관의 먹 그릇을 찬 사람을 불러 [4] 여호와께서 이르시되 너는 예루살렘 성읍 중에 순행하여 그 가운데에서 행하는 모든 가증한 일로 말미암아 탄식하며 우는 자의 이마에 표를 그리라 하시고

여섯 명이 사람들을 죽이러 나가기 전에 한걸음 먼저 나가 하나님이 살리고자 하시는 사람들에게 표시를 해놓는 역할을 감당한 사자가 하나 있다. 그는 '모시옷'(בַּדִּים)을 입었다. 하얀 옷을 입었다는 의미이다. 이러한 모습은 제사장(출 28:42, 레 16:4, 삼상 22:18), 혹은 천사의 옷차림이다(단 10:5). 허리에는 서기관의 먹 그릇(קֶסֶת הַסֹּפֵר)을 차고 있다(2절). '먹 그릇'은 오늘날의 필통이다. 이 단어는 이집트어에서 빌려온 단어로, 서기관들이 펜대, 흑색, 적색 잉크와 조그만 칼, 종이/가죽 조각 등 필기도구를 담아 다니는 통을 뜻했으며 짐승의 뿔로 만들었다(Cooke, Greenberg). 만일 죽이는 사자들을 바빌론으로 해석한다면, 살리는 사자는 역할로 볼 때 에스겔 선지자로 해석할 수 있다(Duguid). 에스겔은 사람들을 살리는 일을 하도록 부르심을 입었다.

모시옷을 입은 사자는 죽음의 천사들보다 앞서 예루살렘을 돌아다니며 "그 가운데에서 행하는 모든 가증한 일로 말미암아 탄식하며 우는 자"의 이마에 표를 그렸다(4절). 이 표는 여호와의 소유임을 상징하는 것으로, 표를 받은 사람은 죽음을 면한다. 이렇게 해서 죽을 자들과 살 자들을 구분하는 것은 첫 유월절에 이스라엘 백성들이 문지방에 양의 피를 발라 죽음의 사자를 피할 수 있었던 것(출 12장)과 라합이 창문에 빨간 줄을 달아 죽음을 면했던 사건을 연상시킨다(수 6장). 하나님의 증표가 있으면 죽지 않는 것이다. 훗날 요한은 마지막 날에 사람들이 어린 양의 표를 받든지, 짐승의 표를 받을 것이라고 말한다(cf. 계 14-16장).

천사는 왜 하필이면 사람들의 이마에 표를 주는 것일까? 이마는 가장 쉽게 눈에 띄는 곳이다. 혹시라도 죽음의 천사들이 표를 보지 못하고 죽일까 봐 가장 잘 보이는 곳에 표시를 한다. 계시록에 의하면 대환난 때 사람들은 짐승의 표를 이마에 받는데, 이것도 본문에 묘사된 사건과 무관하지 않다.

천사로부터 표를 받는 사람들은 이스라엘에 성행하고 있는 온갖 우상숭배에 동요되지 않았거나 이스라엘의 영적 어두움을 보고 심히 괴로워하는 사람들이었다(4절, cf. 암 6:6). 그들이 인정받게 된 동기는 종교 예식을 잘 따라서가 아니라 마음 자세 때문이었다. 하나님은 어느 시대에든지 주님께 신실한 사람들을 보존하신다(cf. 왕상 19:18). 하나님의 백성은 아무리 절망적이고 암울한 시대를 살아가더라도 보이지 않는 곳에서 주를 사랑하는 성도들이 있음을 의식하고 위로를 얻을 수 있다.

생명의 천사가 사람들의 이마에 새기는 표는 히브리어의 마지막 알파벳 '타브'(תָו)이다. 이 글자가 히브리어로 '온전한'(תָמִים)을 뜻하는 단어의 약자라는 해석도 있다. 제사장 모습을 한 사자의 표시를 받은 사람들은 하나님 앞에 온전한 사람들이었다는 뜻이다. 그러나 추측일 뿐 확실하지는 않다('타브'의 다양한 해석에 대해서는 cf. Fisch, Tay, Craigie, Wevers, Cooke, Finberg의 주석을 확인하라).

에스겔 선지자 시대에 타브는 오늘날의 'X'와 비슷하게 표기되었다. 이 천사는 사람들의 이마에 가위표를 그리고 다녔다. 초대교회 신자들은 이 구절에서 예수님의 십자가를 보았다. 그러나 이스라엘 사람들은 이 표시를 일종의 사인/서명을 대신하는 표 이상으로는 생각하지 않았다. 욥기 31:35도 이런 의미로 이 글자를 사용한다. 그러나 엘리슨(Ellison)은 이렇게 말한다. "성경에는 히브리 선지자들이 알고 있던 것보다 더 잘(많이) 말하는 예들이 많다. 본문은 이러한 경향의 좋은 예이다."

소수이지만 생명을 유지하게 될 남은 자들은 누구인가? 본문은 확실하게 설명하고 있지 않다. 세 가지의 가능성이 있다(Biggs). 사독의 자손 제사장들(44:15), 예레미야와 그를 돕는 자들, 이미 바빌론으로 끌려갔거나 앞으로(주전 586) 끌려갈 사람들. 훗날(주전 539 이후) 이 사람들을 통해 이스라엘이 재건된다. 정확히 누구인지는 알 수 없다. 그들의 정체가 중요하지도 않다. 다만 확실한 것은 이들은 단순히 결백하거나 순수하기만 한 사람들이 아니었다. 이들은 예루살렘의 죄에 대해 슬퍼하고 탄식하는 자들이었다. 의로운 슬픔과 탄식에 휩싸인 사람들에게 하나님의 구원이 임한 것이다.

이 모든 일이 일어나기 전에 '이스라엘의 하나님의 영광'(אֱלֹהֵי יִשְׂרָאֵל כְּבוֹד)이 성전을 떠나기 시작했다(3절). 지성소에 있던 법궤의 뚜껑인 속죄소(시은좌)를 형성하고 있는 두 그룹 위에 위치한 보좌에 머물러 있던 하나님의 영광이 그룹에서 떠올라 성전 문지방으로 옮겨갔다. 하나님의 영광이 예루살렘 성전을 떠날 준비를 하고 있는 것이다. 하나님의 영광이 떠난 성전은 더 이상 거룩한 장소가 아니며, 성전을 찾는 사람들에게 피난처도 될 수 없다(Darr).

하나님은 성전과 예루살렘을 버리실 것이다. 하나님의 영광이 10장에서는 완전히 성전 주변을 벗어난다. 심판과 파괴, 성전이 더럽혀지기 전에 하나님의 떠나심. 이것은 그분이 더 이상 이 백성과 함께하시지 않는다는 것을 의미할 뿐만 아니라, 성전이 어떤 모양으로 파괴되고 더러워져도 하나님은 아무런 침해나 손해를 당하지 않으실 것을 의미한다. 하나님의 영광이 예루살렘을 떠나는 일을 통해 장로들이 "주께서 우리를 버리셨다"(8:12)며 자신들의 우상숭배를 정당화시켰던 말이 성취되고 있다(Block). 그러나 그들은 하나님이 그들을 버리시기 전에 하나님께 등을 돌렸다.

II. 유다와 예루살렘에 대한 심판(4:1-24:27)
C. 여호와의 영광이 예루살렘을 버림(8:1-11:25)
2. 예루살렘 심판(9:1-11)

(3) 하나님의 명령과 살생(9:5-7)

5 그들에 대하여 내 귀에 이르시되 너희는 그를 따라 성읍 중에 다니며 불쌍히 여기지 말며 긍휼을 베풀지 말고 쳐서 6 늙은 자와 젊은 자와 처녀와 어린이와 여자를 다 죽이되 이마에 표 있는 자에게는 가까이 하지 말라 내 성소에서 시작할지니라 하시매 그들이 성전 앞에 있는 늙은 자들로부터 시작하더라 7 그가 또 그들에게 이르시되 너희는 성전을 더럽혀 시체로 모든 뜰에 채우라 너희는 나가라 하시매 그들이 나가서 성읍 중에서 치더라

여호와께서는 죽음의 사자들에게 사람들을 쳐서 죽이되 그들을 불쌍히 여기지 말고, 가엾게 여기지도 말라고 하신다(5절). 여섯 천사들이 죽일 자들은 '노인과 젊은이와 처녀와 어린아이와 부녀들'을 모두 포함하고 있다(6절). 이스라엘의 전통 중 하나인 성전(聖戰)이 행해지고 있는데(Duguid), 이번에는 대상이 이방인들이 아니라, 주의 백성이다. 주의 백성이 진멸되고 있으며, 일상적으로 여호와의 보호 대상이었던 가장 연약한 사회적 약자들도 이 심판에서는 예외가 아니다(Block). 어느 영화의 제목처럼 '인정사정 볼 것 없다.' 이 심판에서 제외되는 사람들은 오직 일곱 번째 천사에게 표를 받은 자들이다.

심판이 시작되자 죽음의 사자들은 성전 앞에 서 있던 장로들부터 죽이기 시작했다(6절). 하나님이 사자들에게 하나님의 집에서부터 살생을 시작하라고 하셨기 때문이다. 옛적에 아합과 이세벨의 딸 아달랴는 유다로 시집을 와 온갖 만행을 저지른 적이 있다(cf. 왕하 11장). 사람들이 그녀를 처형할 때도 사람의 피로 성전 터를 오염시키지 않으려고 아달랴를 성전에서 끌어내 죽였다. 이번에는 다르다. 하나님은 이미 인간의 죄로 오염된 성전에 사람의 피를 더하신다. 성전이 이미 오염될 대로 오염되었기 때문이다(Duguid).

베드로전서 4:17은 세상의 심판이 하나님의 집에서부터 시작된다고 선언한다. 하나님은 왜 심판이 성전에서 시작되도록 하시는가? 하나님은 많은 것을 받은 사람들에게 많은 것을 요구하신다. 성전에서 사역하고 성전을 찾던 사람들은 이스라엘 사회에서 하나님에 대해 가장 많이 알고 있던 사람들이다. 그러나 그들은 하나님께 등을 돌렸다(cf. 8:16). 그러므로 그들을 먼저 심판해야 나머지 사람들이 하나님의 심판이 공평하다고 하지 않겠는가.

성전에서 살육을 마친 뒤 죽음의 천사들은 도시로 나가서 남녀노소 가리지 않고 모두 죽였다(6-7절). 다만 생명의 천사가 표시를 해놓은 사람들만 살려두었다(cf. 6절). 출애굽 때 이집트의 모든 장자들을 죽였던 죽음의 천사의 사역과 비슷하다(cf. 출 12장). 천사들은 죽인 사람들의 시체로 성전과 뜰을 더럽혔다(7절). 부정해진 성전은 더 이상 하나님이 거하실 만한 장소가 되지 못한다(cf. Zimmerli, Greenberg).

II. 유다와 예루살렘에 대한 심판(4:1–24:27)
C. 여호와의 영광이 예루살렘을 버림(8:1–11:25)
2. 예루살렘 심판(9:1–11)

(4) 생명 보존 호소와 응답(9:8–11)

8 그들이 칠 때에 내가 홀로 있었는지라 엎드려 부르짖어 이르되 아하 주 여
호와여 예루살렘을 향하여 분노를 쏟으시오니 이스라엘의 남은 자를 모두
멸하려 하시나이까 9 그가 내게 이르시되 이스라엘과 유다 족속의 죄악이 심
히 중하여 그 땅에 피가 가득하며 그 성읍에 불법이 찼나니 이는 그들이 이
르기를 여호와께서 이 땅을 버리셨으며 여호와께서 보지 아니하신다 함이라
10 그러므로 내가 그들을 불쌍히 여기지 아니하며 긍휼을 베풀지 아니하고
그들의 행위대로 그들의 머리에 갚으리라 하시더라 11 보라 가는 베 옷을 입
고 허리에 먹 그릇을 찬 사람이 복명하여 이르되 주께서 내게 명령하신 대
로 내가 준행하였나이다 하더라

에스겔은 하나님의 사자들이 사람을 죽이기 시작하자 땅에 엎드려 하나님께 부르짖기 시작했다(8절). 중보기도를 시작한 것이다. 하나님이 그에게 주신 소명은 얼굴에 '쇠가죽'을 쓰는 사역이었다(3:8–9). 무시무시한 심판만 전하는 선지자, 심지어는 사랑하는 아내의 죽음 앞에서도 감정을 보이지 않아야 하는 사람이었기에 자칫 에스겔을 아무런 감정이나 느낌도 없이 하나님이 명령하시는 것을 로봇처럼 행동으로 옮기는 사람으로 오해할 수 있다. 그러나 에스겔은 마음이 따뜻한 사람이며, 자기 백성을 무척 애틋하게 생각하는 사람이었다. 이것이 죄인을 향한 주님의 마음이며, 우리 목회자들이 성도들에 대해 지녀야 할 마음이다.

에스겔의 눈물 어린 호소에 대하여 하나님은 당연히 해야 할 일을 하시는 것뿐이라고 냉정하게 말씀하신다(9–10절). 그동안 이스라엘이 하나님께 범죄하며 자기 땅과 성읍을 오염시킨 것을 감안하면 이 심판은 결코 가혹 행위로 여겨질 수 없다는 것이다(9절). 하나님이 특별히 분노하시는 것은 그들이 죄를 짓게 된 동기를 하나님께 돌리고 있다는 것이다. 하나님이 먼저 그들을 버리셨기에 자신들은 죄를 지을 수밖에 없다는 것이 그들의 망언적인 주장이다(9절, cf. 8:12). 그러나 심은 대로 거두는 것처럼 이스라엘은 자신들의 행동에 적절한 보응을 받고 있다.

하나님이 심판을 약화시키거나 거둘 생각을 하지 않으시니 모든 것이 절망적이다. 바로 그때, 하나님의 말씀이 끝나자마자 제사장 모습을 한 천사가 나타나서 “주님께서 저에게 명하신 대로, 제가 다 수행하였습니다”(11절, 새번역, viz., 살아남게 될 자들을 표시해두는 일을 다 마쳤다는 의미)라고 보고했다. 남은 자들을 보존하는 일을 마무리했다는 뜻이다. 매우 중요한 순간에 하나님의 구원이 선지자의 질문에 답을 하고 있다. 마치 1장에 묘사된 심판의 먹구름 속에 무지개가 보인 것(cf. 1:28)과 마찬가지로 이 순간 구원이 모습을 드러내고 있다(Duguid). 이 생명의 천사의 보고는 하나님이 모든 백성들을 다 죽이시지 않을 것을 암시한다. 성경에는 아모스(암 7:2-7), 아브라함(창 18장), 모세(출 32장) 등 중보 기도를 통해 남에게 자비를 베푸는 사람이 많이 나온다.

에스겔서 9장을 묵상하면서 몇 가지 교훈을 얻을 수 있다. 첫째, 하나님은 사람들을 구분하신다는 사실이다. 어떤 때는 창조주께서 의인과 악인을 구분하지 않으시는 듯한 느낌을 받을 수 있지만, 성경은 반복적으로 분명히 살릴 자들과 죽일 자들을 구분하신다는 사실을 강조한다. 둘째, 성전처럼 특별한 장소라도 결코 하나님의 임재를 보장하거나 묶어둘 수는 없다. 성전이 인간의 죄로 얼룩지니 하나님이 그곳을 떠나신다. 그렇다면 우리의 삶에서도 더욱더 그렇지 않겠는가! 우리는 하나님의 임재를 지속적으로 즐기기 위해서라도 매일 거듭나야 하며, 옛사람을 십자가 아래 내려놓는 일을 반복해야 한다. 셋째, 세상의 죄를 보고 탄식하고 괴로워하는 사람은 복이 있다. 하나님이 보시지 않는 것 같아도 보고 계신다. 그리고 적절한 때에 세상의 죄와 자신의 죄에 대해 애통하는 사람들을 구분하실 것이다. 넷째, 하나님의 백성이라고 자부했던 이스라엘 백성에게 하나님의 심판이 임하고 있다. 경각심을 지니고 신앙생활을 하지 않으면 우리에게도 부지불식간에 심판이 임할 수 있다.

II. 유다와 예루살렘에 대한 심판(4:1-24:27)
C. 여호와의 영광이 예루살렘을 버림(8:1-11:25)

3. 하나님의 영광이 없는 성전(10:1-22)

에스겔은 1장에서 경험한 환상과 흡사한 상황을 다시 체험하고 있다. 새로이 제시되는 정보는 별로 없다. 다만 '생물'이 그룹(כְּרוּב)이라고 밝혀지는 것(2절)과 생물 밑에 있는 바퀴들의 이름이 '도는 것'(הַגַּלְגַּל בְּאָזְנָי, 13절)이란 새로운 정보가 주어질 뿐이다. 한 가지 다른 점은 14절에서 제시되는 생물의 네 얼굴 중 1:10에 묘사된 '소의 얼굴'이 '그룹의 얼굴'로 대체되고 있다는 것이다. 왜 이런 변화가 있는 것일까?

바빌론 탈무드에 의하면 소는 전통적으로 우상숭배와 관련이 있기 때문에(cf. 출 32장) 에스겔은 소를 볼 때마다 이스라엘의 죄를 떠올리고 매우 속상해했다. 그래서 에스겔은 하나님께 소의 얼굴을 그룹의 얼굴로 바꾸어달라고 했다고 청한다(Fisch). 가능성을 전적으로 배제할 수는 없지만, 이 차이에 대한 설명으로는 그다지 설득력이 없다. 일부 학자들은 필사하던 사람의 실수라고 생각한다(BHS). 선지자는 하나님의 영광이 예루살렘을 떠나는 것을 목격한 체험담을 본문에 기록하고 있다. 본문은 다음과 같이 두 부분으로 구분할 수 있다.

A. 사자와 불의 심판(10:1-8)
B. 성전을 떠나는 영광(10:9-22)

II. 유다와 예루살렘에 대한 심판(4:1-24:27)
C. 여호와의 영광이 예루살렘을 버림(8:1-11:25)
3. 하나님의 영광이 없는 성전(10:1-22)

(1) 사자와 불의 심판(10:1-8)

**1 이에 내가 보니 그룹들 머리 위 궁창에 남보석 같은 것이 나타나는데 그들
위에 보좌의 형상이 있는 것 같더라 2 하나님이 가는 베 옷을 입은 사람에게
말씀하여 이르시되 너는 그룹 밑에 있는 바퀴 사이로 들어가 그 속에서 숯
불을 두 손에 가득히 움켜 가지고 성읍 위에 흩으라 하시매 그가 내 목전에
서 들어가더라 3 그 사람이 들어갈 때에 그룹들은 성전 오른쪽에 서 있고 구
름은 안뜰에 가득하며 4 여호와의 영광이 그룹에서 올라와 성전 문지방에 이
르니 구름이 성전에 가득하며 여호와의 영화로운 광채가 뜰에 가득하였고
5 그룹들의 날개 소리는 바깥뜰까지 들리는데 전능하신 하나님이 말씀하시
는 음성 같더라 6 하나님이 가는 베 옷을 입은 자에게 명령하시기를 바퀴 사
이 곧 그룹들 사이에서 불을 가져 가라 하셨으므로 그가 들어가 바퀴 옆에
서매 7 그 그룹이 그룹들 사이에서 손을 내밀어 그 그룹들 사이에 있는 불을
집어 가는 베 옷을 입은 자의 손에 주매 그가 받아 가지고 나가는데 8 그룹
들의 날개 밑에 사람의 손 같은 것이 나타나더라**

이곳에 선지자에게 소명(cf. 1-3장)을 주셨던 하나님이 다시 등장하는 것은 이 심판에 대한 환상도 그분이 주신 것이라는 사실을 강조하기 위해서이다. 에스겔은 전에 하나님의 보좌를 바빌론의 그발 강가에서 처음 보았다. 이제 똑같은 보좌를 예루살렘 성전에서 보고 있다(cf. 9-17, 19-22절). 에스겔에게 소명을 주신 하나님은 그 어떠한 제한이나 구속을 받지 않고 자유롭게 세상 어디에든지 임하실 수 있는 분이다.

에스겔이 그발 강가에서 처음 환상을 보았을 때 하나님의 보좌를 떠받들고 있던 생물들이 이곳에서는 더 구체적으로 '그룹'(כְּרוּב)으로 밝혀지고 있다(1-3절). 아카디아어에서도 이 이름이 발견된다. 아카디아어

로 karâbu는 '기도하다', karibu는 '중보인'(신약의 '보혜사' 개념과 비슷함)이라는 뜻이다(Cooke). 이 천사들의 히브리어 이름 '그룹'(כרוב)도 '중보하다, 축복하다'라는 어원에서 파생된 것으로 이해된다(cf. NIDOTTE).

그룹들은 먼저 거룩한 제단을 보호하고 거기서 시중드는 일을 했다(cf. 41:18-20). 그룹들은 에덴동산에서도 생명과 나무를 보호하는 일을 맡았다(창 3:24). 이들은 하나님의 보좌 앞에서 그분을 경배하는 일을 했다(사 6장). 속죄소의 두 그룹은 이 두 가지 역할을 동시에 해내는 모습을 보여주는 듯하다(Taylor). 한 시편에서는 하나님이 이들을 마치 교통수단처럼 타고 다니신다(시 18:10). 에스겔이 제시하는 환상도 비슷하다.

예루살렘이 받아야 할 불의 심판은 옛적에 소돔과 고모라가 받았던 불의 심판을 방불케 하는 재앙을 동반한다(2절). 제사장처럼 모시옷을 입은 천사가 다시 모습을 보인다. 9장에서는 이 천사가 사람들을 구원하는 일을 했는데, 이번에는 그들을 파괴하는 일을 맡는다. 선지자는 천사의 정체에 대해 어떤 언급도 하지 않는다. 훗날 많은 사람들은 이 천사를 미가엘, 라파엘 등으로 부르지만 별 의미는 없는 일이다.

그가 하는 일은 그룹들이 서 있는 바퀴들 사이에 있는 숯불을 가져다가 예루살렘 위에 뿌리는 것이다(2절). 어떤 학자는 천사의 행동을 이사야 6장에서 스랍이 숯불을 가져다 이사야의 입술을 정결케 하던 것과 연관시켜 심판이 아닌 정결케 하는 예식으로 해석한다(Houk). 그러나 본문의 내용은 분명히 심판을 전제한다(Greenberg). 선지자들이 심판을 정결하게 하는 과정으로 취급했다는 사실을 생각해보면 두 해석 모두 나름 설득력이 있다. 하나님의 심판은 심판으로 끝나지 않고 회복을 목표로 하고 있기 때문이다. 에스겔이 1장에서 보았고 지금 다시 보고 있는 하나님의 보좌가 불에 휩싸여 있는 모습의 진가가 예루살렘에 내려지는 불의 심판에서 드러나고 있다.

그룹들이 성전의 오른쪽—성전에서 동쪽을 향해 바라볼 때 오른쪽이므로, 성전 남쪽을 뜻함—에 서 있다. 북쪽에 가증한 질투의 우상이 서 있기 때문에 이 우상에서 가장 먼 곳에 그룹들이 서 있는 것이다(Duguid). 이 그룹들 위에는 하나님의 영광이 있다. 그래서 9장에서 지성소에 있는 법궤의 뚜껑인 속죄소를 떠난 하나님의 영광이 성전 문지방에 서 있다(4절). 한 가지 생각해볼 문제는 만일 지성소에 아직도 그룹들이 날개를 대고 있는 속죄소(법궤 뚜껑)가 있다면(cf. 9:4, 10:4), 에스겔이 환상에서 보고 있는 뜰에 서 있는 이 그룹들(cf. 10:1-2, 5-22)은 누구인가? 곧 속죄소 그룹들과 뜰에 서 있는 그룹들은 어떤 관계가 있는가? 대체적으로 주석가들은 속죄소에서 날개를 대고 있는 그룹들은 모형/복제품(replica)이며, 뜰에 서 있는 그룹들은 실제 천사들이라고 주장한다(Greenberg, Block). 여호와께서 지성소에 있는 모형/복제품을 버리시자 실제 천사가 와서 그를 섬기고 있다는 것이다(Darr). 적절한 설명이라고 생각된다. 이 일이 있은 후에도 예루살렘 성전에는 그룹의 모형이 남아 있었기 때문이다.

하나님의 영광이 성전 문지방에 이르자 온 성전이 구름/연기로 가득하다(3절). 옛날 솔로몬이 성전을 헌당할 때 하나님이 솔로몬의 기도를 들으셨다는 것과 성전을 가득 채웠던 하나님의 임재를 상징한다. 솔로몬이 헌당할 때 성전에 임하셨던 하나님이 이제 그 성전을 떠나실 때가 된 것이다. 흔쾌히 즐겁게 떠나는 것이 아니라, 미련 때문에 쉽게 떠나지 못하다가 더 이상 어쩔 수 없어서 떠나는 모습이다(Greenberg). 주의 백성의 죄가 하나님을 성전에서 몰아내고 있다(cf. 8:6).

9장에서 이 천사는 구원 사역(viz., 인구의 7분의 1에게 징표를 주어 살게 함)의 일부를 담당했다. 이제는 심판 사역의 한 부분을 감당하고 있다. 예루살렘의 종말이 소돔과 고모라를 방불케 하는 파괴를 통해 아주 비참하게 올 것이라는 뜻이다. 천사가 예루살렘 위에 뿌릴 숯불을 하나님의 보좌를 떠받들고 있는 그룹들에게서 가져온다는 것은 유다에 임할 재앙의 근원지가 하나님이심을 뜻한다. 유다를 멸망시키지만, 바빌론은 하나님의 진노를 표현하는 수단에 불과하다.

II. 유다와 예루살렘에 대한 심판(4:1-24:27)
C. 여호와의 영광이 예루살렘을 버림(8:1-11:25)
3. 하나님의 영광이 없는 성전(10:1-22)

(2) 성전을 떠나는 영광(10:9-22)

[9] 내가 보니 그룹들 곁에 네 바퀴가 있는데 이 그룹 곁에도 한 바퀴가 있고
저 그룹 곁에도 한 바퀴가 있으며 그 바퀴 모양은 황옥 같으며 [10] 그 모양은
넷이 꼭 같은데 마치 바퀴 안에 바퀴가 있는 것 같으며 [11] 그룹들이 나아갈
때에는 사방으로 몸을 돌리지 아니하고 나아가되 몸을 돌리지 아니하고 그
머리 향한 곳으로 나아가며 [12] 그 온 몸과 등과 손과 날개와 바퀴 곧 네 그룹
의 바퀴의 둘레에 다 눈이 가득하더라 [13] 내가 들으니 그 바퀴들을 도는 것이
라 부르며 [14] 그룹들에게는 각기 네 면이 있는데 첫째 면은 그룹의 얼굴이요
둘째 면은 사람의 얼굴이요 셋째는 사자의 얼굴이요 넷째는 독수리의 얼굴
이더라 [15] 그룹들이 올라가니 그들은 내가 그발 강 가에서 보던 생물이라 [16]
그룹들이 나아갈 때에는 바퀴도 그 곁에서 나아가고 그룹들이 날개를 들고
땅에서 올라가려 할 때에도 바퀴가 그 곁을 떠나지 아니하며 [17] 그들이 서면
이들도 서고 그들이 올라가면 이들도 함께 올라가니 이는 생물의 영이 바퀴
가운데에 있음이더라 [18] 여호와의 영광이 성전 문지방을 떠나서 그룹들 위
에 머무르니 [19] 그룹들이 날개를 들고 내 눈 앞의 땅에서 올라가는데 그들이
나갈 때에 바퀴도 그 곁에서 함께 하더라 그들이 여호와의 전으로 들어가는
동문에 머물고 이스라엘 하나님의 영광이 그 위에 덮였더라 [20] 그것은 내가
그발 강 가에서 보던 이스라엘의 하나님 아래에 있던 생물이라 그들이 그룹
인 줄을 내가 아니라 [21] 각기 네 얼굴과 네 날개가 있으며 날개 밑에는 사람
의 손 형상이 있으니 [22] 그 얼굴의 형상은 내가 그발 강 가에서 보던 얼굴이
며 그 모양과 그 몸도 그러하며 각기 곧게 앞으로 가더라

이 부분의 핵심 메시지는 하나님의 영광이 성전을 떠나고 있다는 사실이다(18-19절, cf. 4절). 사무엘 시대 때 실로에 위치한 장막에서 사역

하던 제사장 엘리의 임신한 며느리는 남편이 죽고 하나님의 궤는 블레셋 사람들 손에 넘어갔다는 말에 충격을 받아 죽으면서 낳은 아이의 이름을 이가봇(אִי־כָבוֹד, lit., 영광이 없다)이라 불렀다(삼상 4:21). 안타깝게도 하나님의 영광이 이스라엘을 떠나는 '이가봇'의 슬픈 역사가 되풀이되는 순간이다.

본문은 하나님의 영광이 성전을 떠나는 모습을 묘사한다. 하나님의 영광이 이동할 때마다 모세 시대 이스라엘을 처음 찾으셨을 때 동반했던 연기도 함께 움직이고 있다. 다음 장에서는 하나님의 영광이 아예 예루살렘을 떠난다(11:22-25). 하나님이 자기 백성과 도성을 버리시는 일이 우리에게는 충격적으로 들릴지 모르지만, 고대 근동에서 비슷한 일을 자주 찾아볼 수 있다. 고레스 통도장/키루스 실린더(Cyrus Cylinder)는 페르시아 군이 바빌론을 정복할 수 있었던 이유는 바빌론의 수호신 마르두크가 바빌론 왕의 종교적-사회적 죄로 인해 분노했기 때문이라고 말한다(Allen). 에스겔이 끌려와 있는 바빌론에도 비슷한 이야기가 있었다(Bodi, cf. Darr).

하나님의 영광이 예루살렘 성전을 떠나는 것은 여호와와 이스라엘의 관계가 단절되는 것을 의미한다. 여호와의 임재를 상징했던 영광이 떠나감은 하나님이 더 이상 이 백성과 함께하지 않으심을 상징한다. 하나님이 무엇을 타고 성전을 떠나시는가? 바로 에스겔이 1장에서 보았던 병거/마차였다. 선지자가 1장에서 보았던 병거를 이곳에서 다시 자세하게 기록하는 것이 다소 의아할 수 있다. 그러나 자세한 반복은 꼭 필요하다. 10장의 초점이 바로 이 병거와 병거의 움직임에게 맞추어져 있기 때문이다(Duguid). 에스겔이 1장에서 이 환상을 볼 때에는 바빌론에 있었다. 선지자는 같은 환상을 지금 예루살렘 성전에서 보고 있다! 하나님이 에스겔을 찾아 바빌론까지 오신 것이다. 참으로 놀라운 은혜이다.

선지자가 그발 강 가에서 보았던 병거를 예루살렘 성전에서 다시 봄으로써 환상에 대한 자세한 묘사가 가능해진다. 1장에서 생물로 불렸던 천사들은 이곳에서 '그룹'이란 이름을 가진 천사들로 밝혀진다. 천사들이 지닌 네 얼굴 중 하나인 '소의 얼굴'이 그룹의 얼굴로 확인된다. 그룹들이 서 있는 바퀴 안에 있는 불이 10장에서 심판하는 불이라는 사실이 확인된다. 병거는 하나님의 영광을 선포하는 도구이고 동시에 백성을 심판하는 숯을 싣고 다니던 화덕이었다. 이처럼 선지자가 1장에서 본 환상보다 10장에서 본 환상의 세부 사항들을 더 구체적으로 묘사할 수 있는 것은 처음에는 상당히 흥분되어 있었지만, 이번에는 훨씬 더 차분하게 환상을 대하고 있기 때문이다(Cooper). 실제로 선지자가 1장에서 사용하는 히브리어 문법보다 10장에서 사용하는 문법이 훨씬 더 차분한 분위기를 조성한다(Block). 선지자가 본 병거는 하나님의 영광을 성전에서부터 옮기는 수레가 된다.

앞으로 예루살렘에 거하는 사람들과 바빌론에 포로로 끌려간 사람들은 예루살렘이 망하고 유다가 망하는 것을 보고 통곡하게 된다. 그러나 사실 그들이 통곡해야 할 더 커다란 이유는 바로 이가봇(viz., 하나님의 영광이 이스라엘에 머물지 않으시는 것)에 있다. 한 주석가가 말하는 것처럼 "하나님이 옆에 계시기만 한다면 우리가 받는 그 어떤 어려운 징계와 심판도 하나님이 함께하시지 않는 평화보다 좋다"(Craigie).

예수님은 "사람이 온 세상을 얻고도 생명을 잃는다면 무슨 소용이 있는가"라는 실존적인 질문을 던지셨다. 우리가 부와 명예를 누린다 해도 하나님이 함께하시지 않는다면 그 삶이 무슨 의미가 있겠는가? 차라리 하나님이 안 계시는 순탄한 삶보다는 비록 풍랑이 일더라도 하나님이 함께하시는 삶이 더 의미 있는 것이 아닐까? "내가 사망의 음침한 골짜기로 지날지라도 해를 두려워하지 않을 것은 주께서 나와 함께 하심이라"라는 다윗의 고백이 생각난다(시 23:4).

II. 유다와 예루살렘에 대한 심판(4:1-24:27)
C. 여호와의 영광이 예루살렘을 버림(8:1-11:25)

4. 예루살렘 심판(11:1-25)

주의 백성에 대한 여호와의 심판이 계속되고 있다. 주의 백성이 방종하여 만들어낸 말도 하나님이 심판하신다. 출애굽 때 이스라엘에게 가나안 땅을 주신 하나님이 스스로 그들을 그 땅에서 내치고 계신다. 일종의 반(反)출애굽(anti-exodus)이 진행되고 있는 것이다(Duguid, cf. Allen). 다행히 혹독한 심판이 전부는 아니다. 하나님은 심판이 지난 후 언젠가는 주의 백성이 다시 회복될 것을 약속하신다. 그리고 하나님의 영광이 예루살렘을 떠나 동쪽으로 간다. 이러한 상황을 묘사하고 있는 본문은 다음과 같이 구분할 수 있다.

A. 정치인들 심판(11:1-13)
B. 회복의 소망(11:14-21)
C. 떠나는 영광(11:22-25)

II. 유다와 예루살렘에 대한 심판(4:1-24:27)
C. 여호와의 영광이 예루살렘을 버림(8:1-11:25)
4. 예루살렘 심판(11:1-25)

(1) 정치인들 심판(11:1-13)

[1] 그 때에 주의 영이 나를 들어올려서 여호와의 전 동문 곧 동향한 문에 이르시기로 보니 그 문에 사람이 스물다섯 명이 있는데 내가 그 중에서 앗술의 아들 야아사냐와 브나야의 아들 블라댜를 보았으니 그들은 백성의 고관이라 [2] 그가 내게 이르시되 인자야 이 사람들은 불의를 품고 이 성 중에서 악한 꾀를 꾸미는 자니라 [3] 그들의 말이 집 건축할 때가 가깝지 아니한즉 이 성읍은 가마가 되고 우리는 고기가 된다 하나니 [4] 그러므로 인자야 너는 그

들을 쳐서 예언하고 예언할지니라 5 여호와의 영이 내게 임하여 이르시되 너
는 말하기를 여호와의 말씀에 이스라엘 족속아 너희가 이렇게 말하였도다
너희 마음에서 일어나는 것을 내가 다 아노라 6 너희가 이 성읍에서 많이 죽
여 그 거리를 시체로 채웠도다 7 그러므로 주 여호와께서 이같이 말씀하셨느
니라 이 성읍 중에서 너희가 죽인 시체는 그 고기요 이 성읍은 그 가마인데
너희는 그 가운데에서 끌려 나오리라 8 나 주 여호와가 말하노라 너희가 칼
을 두려워하니 내가 칼로 너희에게 이르게 하고 9 너희를 그 성읍 가운데에
서 끌어내어 타국인의 손에 넘겨 너희에게 벌을 내리리니 10 너희가 칼에 엎
드러질 것이라 내가 이스라엘 변경에서 너희를 심판하리니 너희는 내가 여
호와인 줄을 알리라 11 이 성읍은 너희 가마가 되지 아니하고 너희는 그 가운
데에 고기가 되지 아니할지라 내가 너희를 이스라엘 변경에서 심판하리니 12
너희는 내가 여호와인 줄을 알리라 너희가 내 율례를 행하지 아니하며 규례
를 지키지 아니하고 너희 사방에 있는 이방인의 규례대로 행하였느니라 하
셨다 하라 13 이에 내가 예언할 때에 브나야의 아들 블라댜가 죽기로 내가 엎
드려 큰 소리로 부르짖어 이르되 오호라 주 여호와여 이스라엘의 남은 자를
다 멸절하고자 하시나이까 하니라

에스겔은 다시 주의 영에 이끌려 성전 동쪽에 있는 문으로 갔다. 그곳에서 스물다섯 명이 서 있는 곳을 보았고 그들 중에 백성의 지도자들인 앗술의 아들 야아사냐(יַאֲזַנְיָה בֶן־עַזֻּר)와 브나야의 아들 블라댜(פְּלַטְיָהוּ בֶן־בְּנָיָהוּ)가 있는 것을 목격했다. 일부 주석가들은 이 사람들이 8장에서 동쪽을 향해 절을 한 25명이라고 하지만(Duguid), 8:16에서 태양을 향해 절을 한 자들은 제사장들이었고, 본문에 나오는 이들은 예루살렘 정치에서 고위직을 맡고 있는 관료들이다(Duguid). 선지자가 그들을 '백성의 지도자들'(שָׂרֵי הָעָם, lit., '백성의 왕자들')이라 부르는 것에서(1절), 그들이 정치인들이라는 것을 알 수 있다(cf. Darr, Cooper).

이 정치인들이 하나님의 심판을 받게 된 이유는 그들이 백성을 현혹

해 우상숭배를 하게 했기 때문이다. 그들은 하나님의 법도를 버리고 "이방인의 규례대로 행했기 때문"(viz., 우상을 숭배했기 때문)이다(12절). 신정 통치를 지향하던 이스라엘에서는 종교와 정치가 함께했다. 그러므로 백성들이 잘못된 종교 행위를 하면 종교 지도자들뿐만 아니라 정치인들도 함께 책임 추궁을 당해야 하는 것은 당연한 일이다.

성경은 왜 우상숭배를 철저하게 배척하는가? 첫째, 우상숭배는 창조주를 경배하는 것이 아니라 창조물을 숭배하는 행위이다. 그렇기 때문에 우상숭배는 처음부터 잘못된 생각에 기초를 둔 어리석은 일이다. 둘째, 우상숭배는 인간이 자신의 능력으로 신을 찾을 수 있다는 생각을 전제하고 있다. 이렇게 할 경우 종교를 인간이 지배하게 되는데, 이런 종교는 신을 인간이 이용할 수 있는 하나의 물건과 능력 정도로 생각한다. 그러나 이러한 문제가 꼭 우상숭배자들에게만 국한되지는 않는다. 오늘날 교회 안에도 하나님을 섬긴다면서 하나님을 경배하기는 커녕 이용해서 자기의 잇속을 챙기려는 사람들이 있다.

선지자는 무리 중 야아사냐와 블라댜를 보았는데, 성경은 이들에 대해 더 이상 언급하지 않는다. 한 가지 확실한 것은 에스겔이 이 환상을 본 시드기야 시대에 이들은 유다의 정치권에서 큰 영향력을 끼친 자들이라는 것이다. 야아사냐가 앗술의 아들이라는 것이 한 가지 가능성을 제시한다. 예레미야를 핍박했던 거짓 선지자 하나냐는 앗술의 아들로 기록되어 있다(렘 28:1). 다만 앗술의 표기법이 조금 다르다. 예레미야서에서는 '앗주울'(עַזּוּר)로, 에스겔서에서는 '앗줄'(עַזֻּר)로 되어 있다. 이러한 유형의 요약 표기법(defective writing)이 성경에서 자주 사용되는 것을 감안하면 이 두 사람은 형제일 가능성이 높다. 형제 중 하나는 거짓 선지자요, 하나는 타락한 정치인의 모습을 하고 있다. 예레미야를 핍박했던 하나냐는 예레미야의 예언대로 몇 달 후에 하나님의 심판을 받아 죽었다(렘 28:17). 이제 그의 형제 야아사냐도 에스겔의 예언에 따라 죽을 날이 멀지 않았다.[17] 하나님을 경외하지 않은 집안의 몰락을 보고 있는 것이다.

정치인들이 범한 죄는 무엇인가? 그들의 정치 계획과 추구하는 외교 정책이 문제가 되고 있다. 그들이 지향하던 정치 계획이 정확하게 무엇이었는가는 번역하기 난해한 히브리어 문구(לֹא בְקָרוֹב בְּנוֹת בָּתִּים, 3절)를 어떻게 해석하고 이해하느냐에 따라 달라진다. 첫째, 새번역의 각주(cf. NAS, NIV) 등은 이 문구를 질문형으로 이해해 "집을 지을 때가 곧 오지 않겠느냐?"(Is not the time near to build houses)로 번역했다. 이렇게 번역할 경우 어렵고 힘든 시대는 다 지났고 이제는 좋은 일(viz., 집을 짓고 세우는 일)만 남았다는 의미이다(Wevers). 예루살렘 정치인들은 에스겔이 선포하고 있는 임박한 종말과는 너무나도 동떨어진 엉뚱한 소리를 하고 있는 것이다. 아니면 암울한 미래가 그들을 기다리고 있다는 것을 알면서도 일부러 이런 말로 백성들을 현혹시키고 있다. 그들은 주전 605년과 주전 597년에 있었던 바빌론 침략 사건이 하나님의 심판의 전부인 것처럼 정치적으로 이용하고 있다.

둘째, 일부 영어 번역본들(cf. AV)은 이 문구를 둘로 나누어 "아직 때가 아니다. 집을 짓자"(It is not near, let us build houses)로 해석하고 있다. 심판의 때는 멀었고, 현재는 모든 것이 잘되어가고 있으니 아무 염려 말고 집을 짓자는 의미이다. 바빌론 군의 침략에 전혀 신경 쓸 필요 없다라는 것이다. 혹은 카일(Keil)이 예레미야 29:5에 근거해서 주장하는 것처럼, 유다가 바빌론에 포로로 끌려갈 시간이 아직 안 되었으니, 침략에 신경 쓰지 말고 끌려갈 때 끌려가더라도 지금은 현실에 힘쓰자는 의미로 해석할 수도 있다. 즉 방심과 나태(false security)에 빠져 있는 것이 문제라는 것이다. 『공동번역』도 이러한 맥락에서 "집은 지어놓았것

---

17 13절은 블라댜가 에스겔이 보는 앞에서 죽었다고 기록했지만, 본문은 에스겔이 환상으로 본 것을 기록하고 있기 때문에 블라댜가 실제로 그 순간에 죽었는지, 아니면 앞으로 그가 죽을 것을 이렇게 표현하고 있는지는 확실하지 않다(cf. Wevers, Darr).

다. 우리는 냄비 속에 고이 담겨 있는 살점 아니냐?"로 해석하고 있다. 그렇다면 여기에서 대조되고 있는 것은 바빌론으로 끌려간 사람들과 예루살렘에 남아 있는 사람들의 운명이다(Block).

셋째, 대부분 번역본들(개역, 개역개정, 새번역, NRS/NKJ/JPS)은 "집을 건축할 때가 가깝지 않다"(The time is not near to build houses)로 번역한다. 지금은 집을 지을 만한 여유가 없는 시대(viz., 전쟁을 하는 시대)라는 의미이다. 지금은 당장 발등에 떨어진 불 문제를 먼저 해결해야 될 때라는 것이다. 바빌론 군의 침략을 대비하는 것은 좋은 일인데, 그나마 이들은 자만에 빠져 있다. 그들은 자신들은 고깃덩어리이고 예루살렘은 그들을 안전하게 보호해줄 가마라고 한다. 이스라엘 정치인들은 자신들 힘으로 바빌론 군을 물리치든지, 아니면 하나님의 도우심으로 바빌론 군이 예루살렘에 입성할 수 없다고 확신한다. 용기를 가지고 최선을 다하는 것은 좋지만, 이미 그들이 멸망할 것이라는 운명이 결정된 상황이다. 또한 이렇게 백성들을 동요시켜 무모한 싸움을 하게 해 무시무시한 대가를 치르게 한다면 그들은 결코 좋은 지도자들이 아니다. 백성들이 의미 없는 희생을 강요당하고 있기 때문이다.

넷째, 일부 학자들은 "집을 짓는 일은 가까운 사람을 위한 것이 아니다"(It is not for the one who is near to build houses)라고 해석할 것을 제안한다. 이렇게 해석하면 예루살렘에 남아 있는 사람들이 바빌론으로 끌려간 사람들에 비해 집 짓는 장소에 더 가깝다는 의미이다(Zimmerli, Fairbairn, Duguid).

위 네 가지 중 11:7, 11, 15를 근거로 해석하면 첫 번째 번역(새번역 각주, NIV, NAS)이 가장 문맥과 잘 어울리는 올바른 해석으로 생각된다. 유다 정치인들은 나라의 어려운 시대는 다 지났으니(viz., 여호와께 받을 벌은 모두 받았으니), 이제부터는 좋은 시대만 남았다며 백성들을 자만과 오만으로 이끌고 있다. "이 성읍은 가마가 되고 우리는 고기가 된다"(3절)라는 말의 의미는 사람이 고기를 요리할 때 필요 없는 부분이나 찌꺼기를 불에 던지고 고기는 솥에 남겨두는 것처럼 하나님이 포로로 끌려간 사람들은 불에 던지셨고 자신들은 솥에 보호하듯 예루살렘에 보호하셨다는 뜻이다(Allen, Greenberg). 또한 고기가 가마솥 안에 있는 한 온갖 불순물과 위험에서 보호되는 것처럼 자신들이 예루살렘에 있는 한 모든 위험에서 보호를 받을 것이라고 착각하고 있다(Wevers, Cooke, Fisch, Eichrodt). 이렇게 사리판단이 약하고 착각 속에 헤매는 지도자들 밑에 있던 백성들이 불쌍할 따름이다. 지도자들이 잘못되면 따라가는 사람들이 다 잘못될 수밖에 없다. 그들의 잘못된 사리판단은 잘못된 외교정책을 만들어내고 결국에는 온 나라를 망하게 한다.

이스라엘에 대한 하나님의 심판은 전쟁으로 임할 것이며, 그들은 외국군들에게 망하게 될 것이다(8-9절). 그래서 "이스라엘 국경에서 심판하겠다"는 말씀이 반복된다(10, 11절). 이 말씀은 일차적으로 예루살렘은 결코 이스라엘 백성들을 보호하는 솥이 되지 못할 것이라는 선언이다(11절). 만일 그 시대 정치인들이 주장했던 것처럼 예루살렘이 솥이 되어 살코기인 자신들을 든든히 보호할 수 있다면, 하나님의 이런 선고는 의미가 없다. 그러나 하나님이 이 말씀을 직접 하시는 것은 그들의 믿음과 생각대로 되지 않을 것을 시사한다(cf. 11절).

이 말씀은 또한 간접적으로나마 유다의 마지막 왕 시드기야의 종말을 염두에 둔 예언이다(cf. 렘 39:4-7). 시드기야는 성이 함락되자 야반도주하다 바빌론 군에게 잡혀 느부갓네살이 있던 리블라로 끌려갔다. 느부갓네살은 시드기야가 지켜보는 가운데 그의 아들들을 모두 처형했으며, 시드기야의 눈을 빼버린 다음에 사슬에 묶어 바빌론으로 끌고 갔다. 그 외 리블라에서 큰 학살이 있었다(렘 39:4-7). 아마도 이 사건을 예고하는 것 같다(cf. Fisch, Cooper).

이 예언이 선포되는 과정에서 브나야의 아들 블라댜가 그 자리에서 죽었다(13절). 선지자가 유독 블라댜의 죽음을 기록하는 것(13절)은 그의 이름과 관련된 상징적인 의미가 내포되어 있기 때문이다. 블라댜

(פְּלַטְיָהוּ)는 브나야(בְּנָיָהוּ)의 아들이었다. 블라댜라는 이름은 '여호와께서 구하셨다'라는 뜻을 지녔고, 브나야는 '여호와께서 세우셨다'라는 뜻을 지녔다. 그러므로 이들의 이름은 이스라엘의 소망을 상징한다. 그러나 이제 그 소망이 완전히 무너져 내리고 있다. 블라댜의 죽음은 이스라엘의 소망이 물거품처럼 사라져가는 것을 의미하기 때문이다(Hals, Darr, Cooper). 그의 죽음은 하나님이 선언하시는 재앙이 그대로 임할 것을 시사한다.

II. 유다와 예루살렘에 대한 심판(4:1–24:27)
C. 여호와의 영광이 예루살렘을 버림(8:1–11:25)
4. 예루살렘 심판(11:1–25)

(2) 회복의 소망(11:14–21)

14 여호와의 말씀이 내게 임하여 이르시되 15 인자야 예루살렘 주민이 네 형
제 곧 네 형제와 친척과 온 이스라엘 족속을 향하여 이르기를 너희는 여호
와에게서 멀리 떠나라 이 땅은 우리에게 주어 기업이 되게 하신 것이라 하
였나니 16 그런즉 너는 말하기를 주 여호와의 말씀에 내가 비록 그들을 멀
리 이방인 가운데로 쫓아내어 여러 나라에 흩었으나 그들이 도달한 나라들
에서 내가 잠깐 그들에게 성소가 되리라 하셨다 하고 17 너는 또 말하기를 주
여호와의 말씀에 내가 너희를 만민 가운데에서 모으며 너희를 흩은 여러 나
라 가운데에서 모아 내고 이스라엘 땅을 너희에게 주리라 하셨다 하라 18 그
들이 그리로 가서 그 가운데의 모든 미운 물건과 모든 가증한 것을 제거하
여 버릴지라 19 내가 그들에게 한 마음을 주고 그 속에 새 영을 주며 그 몸에
서 돌 같은 마음을 제거하고 살처럼 부드러운 마음을 주어 20 내 율례를 따
르며 내 규례를 지켜 행하게 하리니 그들은 내 백성이 되고 나는 그들의 하
나님이 되리라 21 그러나 미운 것과 가증한 것을 마음으로 따르는 자는 내가
그 행위대로 그 머리에 갚으리라 나 주 여호와의 말이니라

바로 앞부분의 마지막 절에서 블라댜의 죽음을 목격한 에스겔이 소리 높여 하나님께 호소했다. "다 죽이시렵니까"(13절, cf. 9:8). 본문은 선지자의 울부짖음에 대한 하나님의 대답이다. 하나님의 대답으로 온 회복에 대한 약속은 매우 의외의 면모를 지닌다. 하나님이 계획하신 회복은 예루살렘에 남아 있는 사람들이 아니라, 다니엘과 에스겔처럼 인질이 되어 이미 타국으로 끌려간 사람들을 중심으로 성취될 것이라는 사실이다(16, 17절). 예루살렘에 남은 정통파 사람들은 끌려간 사람들이 여호와의 저주를 받았다고 주장했다. 포로민들 또한 자신들을 가장 불행한 사람들로 여겼으며 예루살렘에 남은 사람들을 부러워했다.

이런 상황에서 이미 바빌론으로 끌려간 사람들을 중심으로 주의 백성을 재건하시겠다는 하나님의 말씀은 정말 충격적이었을 것이다. 특히 자신들은 여호와께 버림받은 자들이라고 생각했던 포로민들에게는 더할 나위 없는 위로와 소망을 준다. 사실 에스겔의 이 같은 신탁이 새로운 것은 아니다. 에스겔 시대에 예루살렘에서 사역하고 있는 예레미야도 비슷한 말씀을 선포했다. 예레미야 선지자는 과일 광주리 비유(렘 24장)를 통해 너무 익어서(썩어서) 버려야 하는 과일 광주리가 예루살렘에 남아 있는 자들이며, 싱싱해 먹기 좋은 과일 광주리는 이미 바빌론으로 끌려간 사람들을 의미한다고 했다. 예레미야는 하나님이 바빌론으로 끌려간 사람들을 내치신 것이 아니라, 예루살렘에 임할 무시무시한 심판을 피할 수 있도록 그들을 보호하기 위해 미리 보내신 것이라고 주장한다. 본문에서 하나님은 에스겔을 통해서 같은 맥락의 말씀을 하신다.

더 나아가 하나님은 이미 바빌론으로 끌려간 포로민들에게 잠시나마 '성소'(מִקְדָּשׁ)가 되어줄 것을 약속하신다(16절). 하나님은 새로운 출애굽도 약속하신다(17절). 하나님이 열방에 흩어져 있는 자기 백성을 모으고 다시 약속의 땅으로 인도해 그들에게 나라를 허락하실 것이다. 하나님의 성전이 있는 예루살렘에서 멀리 떨어진 곳, 그것도 이방인의 땅에 끌려와 사는 것에 대해 심각한 콤플렉스를 느끼고 살던 사람들에게 이 말씀은 모든 것을 반전시키기에 충분한 약속이다.

바빌론에 머물고 있는 피난민들이 먼 훗날 고향으로 돌아가면, 그들은 그 땅에 있는 모든 우상들을 없앨 것이다(18절). 주전 538년에 스룹바벨과 세스바살이 인도했던 1차 귀향민들과 주전 458년에 에스라가 인도했던 2차 귀향민들과 주전 444년에 느헤미야가 이끌었던 3차 귀향민들을 통해 이 예언이 성취된다. 클레멘츠(Clements)는 이 부분을 '소망의 전환기'(the turning point of hope)라고 부른다. 남은 자에 대한 소망이 구체적으로 제시될 뿐만 아니라 그들에 대한 메시지가 비중을 차지하며 선포되는 것이 인상적이다. 반면에 이 말씀은 우상을 따르는 자들은 구속을 받지 못할 것이라고 경고한다(21절). 하나님이 이루실 제2 출애굽 사건의 수혜자는 모든 이스라엘 사람들이 아니라 하나님이 구원하시고자 하는 사람들로 제한되어 있다.

선지자가 예언하고 있는 회복이 어떻게 가능한가? 본문은 이 놀라운 회복이 하나님의 절대적인 주권으로 실현될 것이라는 사실을 강조한다. "내가 그들에게 … 내가 그들의 몸에서 …"(19절)를 생각해보라. 이 일은 하나님의 순수한 은혜가 이루시는 구원이다. 예레미야 선지자가 의식했던 문제가 이 선언을 더욱더 빛나게 한다. 예레미야 17:9에서 선지자는 이렇게 고백한다. "만물보다 더 거짓되고 아주 썩은 것은 사람의 마음이니, 누가 그 속을 알 수 있습니까?"(새번역). 인간의 부패성을 잘 아는 하나님은 그들과 새 언약을 세우시고 그 언약을 지킬 수 있는 능력도 주실 것이다.

에스겔은 하나님이 하실 일을 세 가지로 묘사한다(19절). (1) 하나님이 일치된/한마음(לֵב אֶחָד)을 주실 것이다. (2) 하나님이 새 영(רוּחַ חֲדָשָׁה)을 주실 것이다. (3) 하나님이 돌과 같이 굳은 마음(לֵב הָאֶבֶן)을 제거하시고 부드러운 살과 같은 마음(לֵב בָּשָׂר)을 주실 것이다. 첫째, 일치된 마음은 온 공동체가 한 사람처럼 생각하고 행동할 것을 의미하는 것이 아니라, 하나님께 충성하고 주님을 섬기는 일에 있어서 한마음이 된다는 뜻이다(Duguid, cf. 렘 32:39). 공동체가 성령 충만하다는 것은 곧 온 공동체가 온전히 하나님을 섬기고 사랑하는 것을 의미한다. 둘째, 새로운 영을 주신다는 것은 새로운 시대가 시작될 것을 의미한다. 신약의 언어로 표현하자면, 새 술을 새 부대에 담을 때가 올 것이라는 뜻이다. 셋째, 하나님이 돌과 같이 굳은 마음을 제거하고 부드러운 살과 같은 마음을 주신다는 것은 요즈음 말로 '심장이식 수술'(organ transplant)에 해당한다(cf. Darr).

영적인 갱신은 결코 인간의 힘으로 이룰 수 없다. 영적 갱신은 인간의 마음이 변화될 때에만 가능하다. 그러나 인간의 마음은 인간의 노력으로 개혁될 수 없으며 오직 외부에서 행해지는 심장이식 수술만이 유일한 길이다. 그러므로 영적 갱신은 하나님의 주도 아래 성령의 바람이 불어야만 가능하다.

선자자들은 표현은 다르지만 같은 날을 노래한다. 예레미야는 에스겔의 '심장이식 수술'이 이루어지는 날을 하나님이 주의 백성과 '새 언약'을 세우시는 날로 표현한다(렘 31:31-34). 이사야는 이날을 여호와께서 '새 일'을 하시는 날로 표현한다(사 42:9, 43:19, 48:6, 62:2, 65:17, 66:22). 에스겔의 '심장이식 수술' 예언은 36:26에서 다시 한 번 사용된다. 이 같은 선지자들의 사상은 신약의 중생 개념과 별 차이가 없다. 현존하는 것들이 재생되는 것이 아니라, 완전히 새로운 시대가 시작되는 시대를 예고하고 있다. 또한 이러한 예언들은 본질적으로 메시아적이다(Hengstenberg).

그렇다면 하나님이 왜 자기 백성에게 새로운 심장을 주시는가? 그 목적은 20절에 밝혀진다. "그들은 내 백성이 되고 나는 그들의 하나님이 될 것이다." 호세아는 간음한 아내와의 사이에서 태어난 아들의 이름을 '로암미'(לֹא עַמִּי, lit., '내 백성이 아니다')라고 지었다(호 1:9). 이스라엘과 하나님의 깨어진 관계를 상징하기 위해서였다. 다행히 얼마 후에 하나님이 로암미('내 백성이 아니다')의 이름을 '암미'(내 백성이다)라고 부르셨다(호 2:23). 호세아가 경험했던 은혜가 본문에서는 에스겔에게 임한다. 그날이 되면 하나님이 거부하셨던 자들을 다시 자기 백성으로 세우시겠다는 말씀이다.

그들이 어떻게 하나님의 백성이 되는지, 혹은 하나님의 백성은 어떤 성향을 띠고 있는지가 중요하다. 본문은 이 점에 대해 명확하게 선언한다. 하나님의 백성의 특징은 하나님의 '율법대로 생활하고, 그의 규례를 지키고 그대로 실천하는 자들'이다(20절). 주변에서 성령을 받았다고 하면서도 성경이 제시하는 가치관과 세계관으로 살지 않는 사람들을 목격한다. 그들의 부도덕한 삶을 보면서 그들이 받았다는 '성령'이 정말 성경에서 말하는 성령인가에 대해 의심이 생기기도 한다. 순종이 없이는 남은 자가 될 수 없다(cf. Duguid).

진정한 하나님의 백성은 결코 외형적인 것으로 판단될 수 없다. 할례도, 율법도, 성전도 이런 신분을 보장할 수 없었다. 다만 하나님의 율법에 순종하려고 노력하고 그분의 뜻대로 살아가려고 안간힘을 쓰는 것으로 판단될 뿐이다. 하나님의 백성은 분명 하나님의 말씀대로 사는 사람들이다.

우리가 깨달아야 할 중요한 점 한 가지는 '새 심장과 새 영'을 주시는 목적은 이미 옛적에 하나님이 주신 말씀을 행하게 하기 위해서라는 사실이다. 이단들의 공통점은 '새 진리'를 찾아나서는 것이다. 옛적에 주신 말씀대로 살기 쉽지 않은데, 그들은 왜 성경 밖에 있는 '새 진리'를 찾아나서는 것일까?

II. 유다와 예루살렘에 대한 심판(4:1-24:27)
C. 여호와의 영광이 예루살렘을 버림(8:1-11:25)
4. 예루살렘 심판(11:1-25)

(3) 떠나는 영광(11:22-25)

**22 그 때에 그룹들이 날개를 드는데 바퀴도 그 곁에 있고 이스라엘 하나님
의 영광도 그 위에 덮였더니 23 여호와의 영광이 성읍 가운데에서부터 올라
가 성읍 동쪽 산에 머무르고 24 주의 영이 나를 들어 하나님의 영의 환상 중
에 데리고 갈대아에 있는 사로잡힌 자 중에 이르시더니 내가 본 환상이 나
를 떠나 올라간지라 25 내가 사로잡힌 자에게 여호와께서 내게 보이신 모든
일을 말하니라**

하나님의 영광이 성읍 가운데서(viz., 성전에서) 떠올라 동쪽에 있는 산꼭대기에 머물렀다(23절). 이 동쪽에 있는 산은 감람산이다(Taylor, Darr).[18] 본문에서 동사 '머물다'(עמד, 23절)의 의미는 세 가지로 해석된다. 첫째, 하나님의 영광이 성전을 떠나고 예루살렘 성을 떠나야 하지만, 주의 백성들이 회개하지 않아 떠나지 못하고 머뭇거리는 모습이다(Greenberg, Fisch). 즉 회개만 하면 다시 돌아올 자세를 취하고 있는 것이다. 한 랍비는 하나님의 영광이 예루살렘 주변을 맴돌며 3년 반 동안 백성의 회개를 기다리다가 그들이 끝까지 회개하지 않자 어쩔 수 없이 동쪽으로 갔다는 해석을 남겼다(Greenberg). 둘째, 마지막으로 성읍을 한눈에 볼 수 있는 장소에서 성을 바라보고 난 후에 바빌론으로 끌려간 자들에게로 옮겨가는 모습이다(cf. Block, Zimmerli). 훗날 하나님의 영광이 다시 돌아올 때에 이 영광이 동쪽에서부터 돌아온다(43:1-4). 셋째, 한 주석가는 이 본문에서 심판만을 본다. "하나님의 영광이 감람산에 머무른 것은 약속된 심판을 이행하기 위해서다"(Keil, cf. 슥 14:4, 눅

18 감람산에 얽힌 사건들에 대해서는 사무엘하 15장, 스가랴 14장, 마태복음 21, 24, 26장을 참조하라.

19:41, 24:50). 학자들은 대체적으로 두 번째 해석을 선호한다.

하나님의 영광이 성전과 예루살렘을 떠난다는 것은 참으로 안타까운 일이다. 특히 하나님의 거처지라는 이유 때문에 예루살렘이 영원히 무너지지 않을 것이라고 생각해왔던 사람들에게는 치명적으로 들렸을 것이다. 다만 이러한 충격과 두려움이 에스겔의 청중들로 하여금 여호와께 돌아오게 하기를 바랄 뿐이다. 에드워즈(Jonathan Edwards)는 다음과 같은 말을 남겼다. "어떤 사람은 두려움을 통해 사람들을 하늘나라로 이끄는 것이 합당치 않다고 생각한다. 그러나 나는 두려움을 통해 사람들을 지옥에 가지 못하게 하는 것은 합리적이라 생각한다. 그들은 지옥의 가장자리에 서 있다. 어느 순간에 지옥으로 빠질지 모른다. 또한 불행하게도 자신들의 이런 위치를 모르고 있다. 두려움을 통해 불이 난 집에서 사람들을 도피하게 하는 것은 당연한 일이다"(Thomas). 한 가지 위로를 삼을 수 있는 것은 하나님의 영광이 예루살렘과 성전을 떠나는 것은 안타까운 일이지만, 이 영광이 바빌론으로 가서 포로민들에게 성소가 되어준다는 사실이다. 에스겔은 예루살렘 성전의 조그마한 모형이 바빌론에 세워지고 그곳에서 예루살렘 성전에 드려졌던 예배에 비하면 초라하게 느껴지는 예배가 계속될 것을 선언하고 있다(Zimmerli, Greenberg). 이 환상이 끝난 후 그는 바빌론에 있는 자기의 거처지로 돌아왔으며 자신이 본 환상에 대한 모든 것을 포로로 끌려온 사람들에게 전해주었다(25절).

II. 유다와 예루살렘에 대한 심판(4:1–24:27)

D. 참 예언과 거짓 예언(12:1–14:11)

에스겔은 환상을 통해 본 예루살렘 성전과 다가오는 심판과 회복에 대한 메시지를 모두 포로민들에게 전했다(11:25). 하나님이 예루살렘에 남아 있는 사람들이 아니라, 이미 바빌론에 끌려온 사람들을 남은 자들로 삼으실 것이라는 소식과 주님께서 그들의 성소가 되어주실 것이라는 소식은 좋게 들렸겠지만, 유다와 예루살렘이 망할 것이라는 소식은 달갑지 않았을 것이다. 이스라엘이 국가로서 막을 내린다는 뜻이며, 포로민들 중 조만간 조국으로 돌아갈 것을 꿈꾸고 있던 사람들에게는 청천병력의 소식이었을 것이다. 그러므로 선지자의 메시지는 결코 쉽게 받아들여지지 않았으며, 많은 반발을 불러일으켰을 것이다(Darr).

선지자가 날짜를 제공하지 않기 때문에 이 부분에 기록된 메시지들은 그가 앞부분에서 환상을 본 지 얼마의 시간이 흐른 다음에 선포한 말씀인지는 알 수가 없다. 그러나 예루살렘이 아직 함락되지 않은 것은 확실하다. 이러한 상황에서 에스겔이 거짓 선지자들을 비난하는 신탁을 쏟아내는 것은 그의 메시지에 반론을 제기하는 선지자들이 있었음을 암시한다. 포로민들 중 많은 사람들이 아직도 선지자의 메시지에 설득되지 않았다는 것이다. 하나님이 훗날 나라를 재건하는 데 거룩한 씨앗으로 사용하실 무리 중에는 아직도 하나님의 음성을 듣지 못하는 사람들이 있었던 것이다. 본문은 다음과 같이 구분할 수 있다.

A. 진실: 두 가지 행동 예언(12:1-20)
  B. 반응: 유행하는 속담들(12:21-28)
A'. 거짓: 거짓 예언자들(13:1-23)
  B'. 반응: 장로들의 죄(14:1-11)

II. 유다와 예루살렘에 대한 심판(4:1-24:27)
D. 참 예언과 거짓 예언(12:1-14:11)

1. 진실: 두 가지 행동 예언(12:1-20)

환상을 통해 예루살렘을 방문해 예루살렘 주민들의 범죄를 모두 보고 돌아온 에스겔이 다시 하나님의 말씀을 받았다. 먼저 그는 두 개의 행동 예언으로 바빌론에 살고 있는 이스라엘 사람들에게 하나님의 말씀을 선포한다. 지난 환상에서 예루살렘에 남아 있는 사람들의 죄를 노골적으로 드러내신 하나님이 바빌론에 끌려온 사람들도 별반 다를 바가 없다는 사실을 강조하신다. 이미 끌려온 포로민들은 앞으로 예루살렘에 임할 혹독한 심판을 미리 피하게 될 것이며 훗날 하나님이 그들을 사용해 주의 백성을 회복하실 것임을 암시한다. 또한 이 모두가 전적으로 하나님의 은혜임을 암시한다.

포로민들에 대한 하나님의 이 같은 평가는 에스겔이 반항하는 백성들 가운데 거하고 있다는 선언에서도 역력히 드러난다(2절). 그들은 귀가 있으면서도 들으려 하지 않고, 눈이 있으면서도 진실을 보려고 하지 않는, 반역하는 사람들이다(2절, cf. 2:5, 7). 보고 있으면서도 보지 못하는 것이 본문의 핵심 주제이다(Duguid). 이 사람들은 아직도 '돌과 같이 굳은 마음'(11:19)을 지닌 자들이다. 신앙생활을 열심히 하고 있다고 자부하는 성도들도 혹시 하나님의 음성을 들어야 할 들을 귀와 하나님의 역사를 보아야 할 볼 눈이 없어진 것은 아닌지 종종 자신들을 돌아보아야 한다. 이 장(章)은 다음과 같이 두 부분으로 구성된다.

A. 포로민의 짐 예언(12:1-16)
B. 공포에 질린 식사 예언(12:17-20)

II. 유다와 예루살렘에 대한 심판(4:1-24:27)
D. 참 예언과 거짓 예언(12:1-14:11)
1. 진실: 두 가지 행동 예언(12:1-20)

(1) 포로민의 짐 예언(12:1-16)

[1] 또 여호와의 말씀이 내게 임하여 이르시되 [2] 인자야 네가 반역하는 족속 중

에 거주하는도다 그들은 볼 눈이 있어도 보지 아니하고 들을 귀가 있어도
듣지 아니하나니 그들은 반역하는 족속임이라 3 인자야 너는 포로의 행장
을 꾸리고 낮에 그들의 목전에서 끌려가라 네가 네 처소를 다른 곳으로 옮
기는 것을 그들이 보면 비록 반역하는 족속이라도 혹 생각이 있으리라 4 너
는 낮에 그들의 목전에서 네 포로의 행장을 밖에 내놓기를 끌려가는 포로의
행장 같이 하고 저물 때에 너는 그들의 목전에서 밖으로 나가기를 포로되어
가는 자 같이 하라 5 너는 그들의 목전에서 성벽을 뚫고 그리로 따라 옮기
되 6 캄캄할 때에 그들의 목전에서 어깨에 메고 나가며 얼굴을 가리고 땅을
보지 말지어다 이는 내가 너를 세워 이스라엘 족속에게 징조가 되게 함이라
하시기로 7 내가 그 명령대로 행하여 낮에 나의 행장을 끌려가는 포로의 행
장 같이 내놓고 저물 때에 내 손으로 성벽을 뚫고 캄캄할 때에 행장을 내다
가 그들의 목전에서 어깨에 메고 나가니라 8 이튿날 아침에 여호와의 말씀
이 또 내게 임하여 이르시되 9 인자야 이스라엘 족속 곧 그 반역하는 족속이
네게 묻기를 무엇을 하느냐 하지 아니하더냐 10 너는 그들에게 말하기를 주
여호와의 말씀에 이것은 예루살렘 왕과 그 가운데에 있는 이스라엘 온 족속
에 대한 묵시라 하셨다 하고 11 또 말하기를 나는 너희 징조라 내가 행한 대
로 그들도 포로로 사로잡혀 가리라 12 무리가 성벽을 뚫고 행장을 그리로 가
지고 나가고 그 중에 왕은 어두울 때에 어깨에 행장을 메고 나가며 눈으로
땅을 보지 아니하려고 자기 얼굴을 가리리라 하라 13 내가 또 내 그물을 그의
위에 치고 내 올무에 걸리게 하여 그를 끌고 갈대아 땅 바벨론에 이르리니
그가 거기에서 죽으려니와 그 땅을 보지 못하리라 14 내가 그 호위하는 자와
부대들을 다 사방으로 흩고 또 그 뒤를 따라 칼을 빼리라 15 내가 그들을 이
방인 가운데로 흩으며 여러 나라 가운데에 헤친 후에야 내가 여호와인 줄을
그들이 알리라 16 그러나 내가 그 중 몇 사람을 남겨 칼과 기근과 전염병에서
벗어나게 하여 그들이 이르는 이방인 가운데에서 자기의 모든 가증한 일을
자백하게 하리니 내가 여호와인 줄을 그들이 알리라

본문은 행동 예언(1-7절)과 이 예언에 대한 설명(8-17절) 등 두 부분으로 구성되어 있다. 에스겔은 대낮에 사람들에게 잘 보이는 장소에서 포로로 끌려가는 사람처럼 짐을 꾸려 길을 떠났다(3절). 그들은 보지만 보지 못한다는 하나님의 비난이 말씀의 바탕이 되고 있다.[19] 이 행동 예언은 돌이킬 수 없는 심판을 전제로 하지만, 하나님의 마음은 아직도 '에스겔의 행위를 보고 혹시 회개하는 자가 있지 않을까?' 하는 미련으로 가득 차 있다(3절). 비록 온 공동체적 운명(viz., 국가의 멸망)은 이미 결정되었고 번복할 수 없지만, 마지막 순간까지 개인에 대한 하나님의 용서는 가능성으로 남아 있음을 암시한다. 마치 아브라함의 중보기도가 소돔과 고모라가 멸망을 막을 수는 없었지만, 하나님이 소돔에서 살던 롯과 두 딸은 구원하신 것처럼 말이다.

에스겔은 대낮에 사람들이 지켜보는 상황에서 짐을 집 밖에다 내다놓고 저녁 때에 그들이 보는 앞에서 벽에 구멍을 뚫고 '피난민 행장/짐'(כְּלֵי גוֹלָה, 3절)을 지고 길을 떠나는 모습을 행동으로 옮긴다. 당시 피난민의 짐은 물과 음식을 담는 가죽부대(잠을 잘 때는 베개로 사용), 잠을 잘 때 깔고 잘 자리, 물과 음식을 담을 수 있는 접시 하나가 고작이었다(Greenberg). 짐을 낮에 내다놓고 어느 정도 시간이 지나 해 질 녘에 지라는 명령은 실용적인 의미를 지녔다. 에스겔이 하려는 일이 무엇인지 궁금해서라도 그의 짐 주변에 모여드는 사람들에게 이 행동 예언을 실천으로 옮겨 보여주라는 것이다. 또한 피난민 짐을 가져다놓은 때부터 해가 질 때까지 어느 정도 시간이 지나는 것처럼, 심판의 시간(viz., 밤)이 임하기 전까지 하나님이 기다려주신다는 것을 상징한다(Duguid, cf. Greenberg).

그 당시 바빌론의 주택들은 대부분 태양에 말린 흙벽돌로 건축되었으며, 조금만 노력하면 이 벽돌들의 일부를 빼낼 수 있었다(Taylor). 에

19 이런 사실을 강조하기 위해 "그들이 보는 앞에서"(לְעֵינֵיהֶם)라는 말씀은 3-7절에서 일곱 차례나 사용되고 있다.

스겔이 어두컴컴해진 상황에서 자기 집 벽돌을 뜯어내 집을 탈출하는 모습은 조만간 예루살렘 사람들이 포로민들의 짐을 지고 벽을 뚫고 도망가야 할 때가 올 것이라는 것(Cooke), 혹은 바빌론 군이 예루살렘에서 포로들을 끌어내기 위해 성벽에 구멍을 뚫는 일(Allen)을 예언하는 것으로 해석되기도 한다. 여러 가지로 해석될 수 있는 여지가 있는 행동 예언은 두 해석 모두 가능하다. 예루살렘은 적에게 공격을 받아 포위될 것이며, 그 전쟁에서 유일하게 살아남을 수 있는 방법은 아주 간단하게 짐을 꾸려 성을 탈출하거나, 침략자들에게 저항하지 않고 포로가 되어 성 밖으로 끌려나오는 방법밖에는 없다는 것이다.

포로민들은 에스겔이 그들 앞에서 행하는 행동 예언이 어떤 일을 상징하고 있는가는 모르지 않았을 것이다. 그들도 몇 년 전에 에스겔이 재연하는 모습을 한 채 바빌론까지 끌려왔기 때문이다. 그러나 안타깝게도 이 행동 예언이 그들에게 주고자 하는 메시지는 깨닫지 못한다(Duguid, Greenberg). 그들은 보고도 보지 못하는 사람들이기 때문이다(cf. 27절). 성경을 보면 에스겔의 메시지만 무시된 것은 아니다. 수많은 선지자들의 메시지가 선포된 당시에는 무시되었다. 에스겔의 시대에 예루살렘에서 사역했던 예레미야도 마찬가지이다. 그의 메시지는 여호야김(렘 36:1-32)과 제사장들(렘20:1-6)에게 무시되었다.

에스겔의 행동을 지켜보는 사람들 중에 선지자의 행동 예언의 의미를 엉뚱하게 해석하는 사람들이 있었으리라 추정할 수 있다(Eichrodt). 그들은 에스겔의 행동이 머지않아 자신들이 '바빌론의 성벽'을 뚫고 다시 고향 예루살렘으로 돌아갈 날을 상징한다고 풀이했다. 이처럼 엉뚱하게 선지자의 메시지를 해석하는 사람들이 있었지만, 다음날 선지자에게 임한 하나님의 말씀(8-10절)은 그들의 해석이 얼마나 잘못되었는가를 확실하게 보여주었다(Eichrodt). 이 행동 예언은 그나마 예루살렘에 남아 있는 사람들이 모두 죽거나 타국으로 끌려갈 것을 의미하는 것이지, 포로로 끌려온 사람들이 고향으로 돌아간다는 뜻이 아니기 때문이다.

하나님은 피난민의 짐을 지고 떠나는 선지자에게 두 손으로 얼굴을 가리고 떠나라고 하시는데(6절), 얼굴을 가리는 것은 비통함과 수치를 상징한다(Rashi, Kimchi, cf. 삼하 15:30, 에 6:12, 7:8 믹 3:7, 렘 14:3). 상황이 너무 슬프고 어려워서 차마 볼 수 없다는 뜻이다(Cooke). 이 예언은 예루살렘을 탈출하게 될 모든 피난민들의 이야기이기도 하지만 동시에 유다의 마지막 왕인 시드기야에 대한 예언이기도 하다(10, 12절). 시드기야는 바빌론 군에 포위된 예루살렘을 탈출하려다 성공하지 못하고 잡혀 바빌론으로 끌려갈 것이다(13절). 또한 시드기야는 바빌론 땅을 보지도 못하고 죽는다(13절). 이 예언의 성취는 열왕기하 25:4-7과 예레미야 39:4-7에 기록되어 있다(cf. 렘 52:7-11). 열왕기하 25:4-7은 다음과 같이 기록하고 있다.

> 4 그 성벽이 파괴되매 모든 군사가 밤중에 두 성벽 사이 왕의 동산 곁문 길로 도망하여 갈대아인들이 그 성읍을 에워쌌으므로 그가 아라바 길로 가더니 5 갈대아 군대가 그 왕을 뒤쫓아가서 여리고 평지에서 그를 따라잡으매 왕의 모든 군대가 그를 떠나 흩어진지라 6 그들이 왕을 사로잡아 그를 리블라에 있는 바벨론 왕에게로 끌고 가매 그들이 그를 심문하니라 7 그들이 시드기야의 아들들을 그의 눈앞에서 죽이고 시드기야의 두 눈을 빼고 놋 사슬로 그를 결박하여 바벨론으로 끌고 갔더라

에스겔이 예루살렘 환상을 본 지 얼마 안 되어서 이 말씀이 선지자에게 임했다면, 불과 몇 년 후에 있을 일이다. 한 치 앞도 내다보지 못하면서 교만했다가 낭패를 본 시드기야의 이야기는 연약한 인간의 모습을 잘 보여준다.

하나님은 피난민 짐을 지고 집을 나서는 선지자에게 다시는 그 땅을 [돌아]보지 말라고 하신다(6절). 예루살렘 사람들이 일생에 자신들

이 살던 성으로 돌아오는 일은 없을 것이니 미련을 버리라는 뜻이다(cf. Darr). 다행히 모두 죽는 것은 아니고 하나님이 '부끄러운 구원'을 입을 자들을 남겨두신다(16절). 행실을 보면 벌을 받아 죽어 마땅한 사람과 별반 다를 것이 없는 자들을 구원하신다는 뜻이다. 하나님의 은혜를 경험한 그들은 비로소 자신들이 저지른 일들이 얼마나 역겨운 일들인지 깨닫게 된다. 하나님의 은혜가 죄인들을 감동시킨 것이다. 회개할 기회도 하나님이 마련해주셔야 가능하다.

하나님이 예루살렘에 이처럼 혹독한 심판을 내리시는 목적이 다시 한 번 강조된다. "그때에야 비로소 그들이, 내가 주인 줄 알 것이다"(15, 16절). 이스라엘 사람들은 자신들이 엄청난 재앙을 당할 때 비로소 하나님을 알고 주님의 주권을 인정하게 될 것이다. 이스라엘이 누군가? 세상에서 가장 하나님에 대한 지식과 전통을 많이 전수받은 자들이 아닌가! 영적으로 가장 많은 것을 전수받은 사람들이 하나님을 모른다! 우리도 방심하거나 나태해지지 않도록 이 사실을 마음에 새겨야 한다. 인간이 평안할 때, 일이 잘될 때 하나님을 알고 주님의 주권을 인정하기가 그렇게 어려운 일인가?

II. 유다와 예루살렘에 대한 심판(4:1-24:27)
D. 참 예언과 거짓 예언(12:1-14:11)
1. 진실: 두 가지 행동 예언(12:1-20)

(2) 공포에 질린 식사 예언(12:17-20)

[17] 여호와의 말씀이 또 내게 임하여 이르시되 [18] 인자야 너는 떨면서 네 음식을 먹고 놀라고 근심하면서 네 물을 마시며 [19] 이 땅 백성에게 말하되 주 여호와께서 예루살렘 주민과 이스라엘 땅에 대하여 이르시기를 그들이 근심하면서 그 음식을 먹으며 놀라면서 그 물을 마실 것은 이 땅 모든 주민의 포악으로 말미암아 땅에 가득한 것이 황폐하게 됨이라 [20] 사람이 거주하는 성읍

들이 황폐하며 땅이 적막하리니 내가 여호와인 줄을 너희가 알리라 하셨다 하라

하나님은 선지자에게 사람들 앞에서 심히 두려워 떨면서 음식을 먹으라 하신다(17절, cf. 4:9-17). 또한 두려움과 근심에 싸여 물을 마시라 명령하신다(17절). 일부 주석가들은 선지자가 이런 상태에서 음식을 먹고 물을 마시는 것은 정신 질환에서 비롯되었다고 주장한다(Eichrodt, Zimmerli). 이미 여러 차례 언급한 것처럼 에스겔은 하나님의 명령에 따라 메시지를 전하기 위해 이런 일을 하는 것이지(cf. 18절), 정신 질환을 앓는 것이 아니다.

하나님은 전에도 에스겔에게 음식과 물에 대해 말씀하신 적이 있다(4:9-11). 그러나 그때는 음식과 물이 예루살렘에서 매우 귀해질 것에 강조점을 두었다면, 이번에는 적들에게 포위된 예루살렘 사람들이 매우 두렵고 떨리는 상황에서 음식을 먹을 것을 강조한다. 상황이 점차 더 어려워지고 있다. 더 이상 먹을 것이 부족한 상황이 아니라, 먹을 것도 부족한데 공포감이 온 도성을 휩쓰는 상황이 묘사되고 있다.

공포에 질려 먹는 음식과 물에 대한 행동 예언은 피난민의 짐을 싸서 성을 탈출하지 못한 예루살렘 주민들이 바빌론 군에게 당할 일들을 보여준다. 그들은 충격과 공포를 체험할 것이다. 성을 포위하고 있는 적들이 언제 또다시 공격할 것인지, 언제 예루살렘이 함락될 것인지를 알지 못하니 얼마나 두렵고 떨리겠는가? 이러한 상황에서는 음식을 먹어도 먹는 것 같지 않고, 마셔도 마신 것 같지 않다. 오직 불안과 공포가 있을 뿐이다. 포위된 성에서 먹는 음식과 물이 얼마나 부족하고 형편 없을 것인가를 충분히 상상할 수 있다(cf. 4:9-11).

예루살렘 주민들이 이런 운명을 맞아야만 하는 이유가 명백히 제시된다. "이 땅의 모든 주민이 저지른 폭행 때문이다"(19절). 예루살렘 주민들은 자신들이 저지른 죄에 대한 대가를 치르기 위해 두려움과 공포

속에 음식을 먹고 물을 마신다. 많은 사람들이 뒤에 치러야 하는 죄의 대가는 생각하지 않고 죄를 짓는다. 만약에 죄를 지으려는 순간에 그 죄에 대한 값을 치러야 한다는 것을 생각한다면, 상당히 죄를 줄이며 살 수 있다.

심판의 목적이 다시 한 번 강조된다. "그들이 내가 주인 줄 알 것이다"(20절). 이 표현은 12장에서 이미 두 차례 사용되었다(12:15, 16). 앞으로도 이 책 안에서 43차례 더 사용된다. 하나님의 진노, 심판, 징계의 목적을 확실하게 드러내주고 있다. 그러나 하나님은 심판을 즐기시는 분이 아니다. 심판을 해야 하고 징계를 해야 하는 하나님의 아픈 심정을 이해해야 한다.

성도들이 하나님을 두려워해야 하는가? 많은 기독교인들이 불신자는 하나님을 두려워해야 하지만 믿는 사람들은 하나님을 두려워할 필요가 없다고 생각한다. 머리(John Murray)는 이렇게 말했다. "이 질문에 대한 유일한 답은 하나님을 두려워해야 할 이유가 있음에도 그분을 두려워하지 않는 것이 불신이라는 사실이다"(cf. Thomas). 믿는 사람이든 믿지 않는 사람이든 하나님을 두려워해야 할 이유가 있을 때는 두려워해야 한다. 두려워해야 하는데도 두려워하지 않는다면 그것은 착각이다. 오늘날 일부 목회자들도 착각의 메시지를 전하고 있으며, 성도들은 그들의 농간에 놀아나고 있다.

II. 유다와 예루살렘에 대한 심판(4:1–24:27)
D. 참 예언과 거짓 예언(12:1–14:11)

2. 반응: 유행하는 속담들(12:21–28)

행동 예언으로 사람들의 관심을 집중시켜 그 행동들이 무엇을 의미하는가를 바빌론에 끌려온 포로민들에게 선포했던 선지자는 이제 그들 사이에 돌고 있는 속담을 예로 들어 그들의 생각이 매우 잘못되었음을 지적한다. 앞부분에서 선지자가 두 가지의 행동 예언을 한 것처럼, 본문에서는 두 개의 잘못된 속담을 지적한다. 본문은 다음과 같이 나뉜다.

A. 첫 번째 속담(12:21–25)
B. 두 번째 속담(12:26–28)

II. 유다와 예루살렘에 대한 심판(4:1–24:27) D. 참 예언과 거짓 예언(12:1–14:11) 2. 반응: 유행하는 속담들(12:21–28)

(1) 첫 번째 속담(12:21–25)

[21] 여호와의 말씀이 또 내게 임하여 이르시되 [22] 인자야 이스라엘 땅에서 이르기를 날이 더디고 모든 묵시가 사라지리라 하는 너희의 이 속담이 어찌 됨이냐 [23] 그러므로 너는 그들에게 이르기를 주 여호와께서 이같이 말씀하시기를 내가 이 속담을 그치게 하리니 사람이 다시는 이스라엘 가운데에서 이 속담을 사용하지 못하리라 하셨다 하고 또 그들에게 이르기를 날과 모든 묵시의 응함이 가까우니 [24] 이스라엘 족속 중에 허탄한 묵시나 아첨하는 복술이 다시 있지 못하리라 하라 [25] 나는 여호와라 내가 말하리니 내가 하는 말이 다시는 더디지 아니하고 응하리라 반역하는 족속이여 내가 너희 생전에 말하고 이루리라 나 주 여호와의 말이니라 하셨다 하라

선지자의 메시지에 대한 포로민들의 반응은 "세월이 이만큼 흐르는 동안, 환상으로 본 것치고 그대로 이루어진 것이 있더냐"(22절, 새번역)라는 비아냥이 섞인 속담이다. '속담'(מָשָׁל)은 사람들 사이에 유행하는 격언, 비유, 풍유, 교훈적 가르침 등 다양한 유형의 스피치를 뜻한다(Fontaine, cf. Darr). 그들은 이 속담을 통해 에스겔만 비웃는 것이 아니라 에스겔을 앞서간 모든 선지자들의 예언을 비웃고 있다. 옛적에 이사야도 에스겔과 비슷한 경험을 했고(cf. 사 5:19), 에스겔 시대에 예루살렘에서 사역하고 있는 예레미야도 에스겔과 같은 경험을 하고 있다(cf. 렘 17:15). 냉담은 하나님과 그분의 종들에 대한 비방으로 이어진다. 그러므로 우리는 하는 말에 신중해야 한다. 우리가 흘리는 말이 하나님을 향한 비방이 될 수도 있기 때문이다.

우리에게 책을 남긴 선지자들 중 가장 먼저 사역했던 사람은 아모스이다. 아모스는 북왕국이 경제적으로 부유함을 누릴 때인 주전 760년대에 사역을 시작했으며, 다가오는 하나님의 심판을 선포했다. 그는 나르시시즘(narcissism)에 빠져 있던 북왕국 사람들에게 '여호와의 날'은 그들이 기대하는 빛의 날(viz., 그들에게 축복과 위로가 임할 날)이 아니라 어두운 날(viz., 심판과 정죄가 임할 날)이 될 것이라고 전했다(암 5:18). 아모스는 더 나아가 이스라엘의 패망을 예언했고(암 2:6ff.) 그의 예언은 약 30년 후에 성취되었다. 그러나 이것은 옛날 일이다. 유다 사람들의 기억에서 사라진 지 오래다. 아모스는 예루살렘의 멸망에 대해서도 언급했다(암 2:4-5). 그러나 이 예언은 성취되지 않은 채 170여 년이 흘렀다. 예루살렘은 아직 건재하다. 그러므로 그들은 선지자들이 오래전에 한 예언을 더 이상 신임하지 못하겠다고 한다. 한 주석가는 에스겔서에서 사람들이 선지자들의 '심판 예언'을 비웃거나 거부하며 거짓 평안과 소망을 붙잡는 이유를 여덟 가지나 찾아낸다(Alexander).

1	만일 하나님의 심판이 그들에게 올 것이라면, 그들의 일생 동안에는 오지 않는다.	12:1-28
2	포로 생활이 곧 끝날 것이라고 선언한 [거짓] 선지자들이 많은데, 왜 굳이 에스겔과 예레미야의 예언을 믿어야 하는가?	13:1-14:23
3	심판은 지도자들이 받는 것이지 백성들은 받지 않는다.	14:1-11
4	의인들이 중보하면 심판이 취소된다.	14:12-23
5	하나님은 자기 선민을 심하게 심판하지 않으신다.	15:1-16:63
6	조상의 죄 때문에 후손들이 벌을 받는 것은 정의가 아니다.	17:1-24

7	만일 심판을 피할 수 없다면, 회개는 무용지물이 된다.	18:1–32
8	시드기야 왕이 바빌론 군을 물리칠 방법을 찾을 것이다.	19:1–14

사람들의 분위기가 이러한 상황인데, 게다가 이러한 분위기를 부추기는 자들이 있었다. 바로 거짓 선지자들이다. 거짓 선지자들은 항상 '거룩한' 방식으로 예언한 것은 아니다. 여러 가지 점술과 요술 등을 통해 '여호와의 말씀'을 전하기도 했다(cf. 24절). 그러나 이들이 전한 것은 진실이 아니라 '허탄한 묵시'(חֲזוֹן שָׁוְא)에 불과하다(24절). 거짓 선지자들에 대한 이 같은 비난은 다음 장에서 에스겔이 그들을 얼마나 맹렬하게 비난할지를 미리 보여준다(Duguid, cf. 13:6).

예레미야와 하나냐의 대결도 이런 맥락에서 생각할 수 있다(cf. 렘 28장). 예레미야와 하나냐는 모두 하나님께 받은 말씀을 전한다고 하면서 너무나도 다른 메시지들을 선포했다. 참 선지자와 거짓 선지자를 판단하는 기준이 되는 신명기 18:22의 '성취'는 당장에 일어나지 않는 한 분별하기가 어렵다. 예레미야는 하나냐의 죽음을 예언하고 책은 이 예언이 그대로 성취된 것을 전한다. 그러나 이 두 선지자들의 대결을 지켜보는 사람들의 입장은 상당히 혼란스러웠을 수밖에 없다. 결국 백성들이 경험한 혼란은 종교계에 대한 총체적인 불신으로 변했다(cf. Block). 이러한 문제는 구약 시대에만 있었던 것은 아니다(cf. 살전 5:21ff., 살후 2:1-3, 요일 2:18-23, 요일 4:1-3). 사도 베드로도 비슷한 문제를 접했다(벧후 3:4).

아모스 이후 여러 선지자들이 예언했던 예루살렘 멸망이 아직 성취되지 않은 것은 선지자들이 하나님의 말씀을 잘못 전했기 때문이 아니다. 성취가 지연되는 것이 하나님의 무능함을 의미하는 것은 더욱이 아니다. 사실 심판이 아직 예루살렘에 임하지 않은 것은 하나님의 오래 참으심으로 인한 은혜이다. 그런데 에스겔의 청중들은 하나님의 은혜를 선지자들의 말을 들을 필요가 없는 변명으로 삼고 있다. 때로는 하나님의 은혜와 오래 참음이 이렇게 엉뚱하게 해석되기도 한다. 은혜를 은혜로 받아들이지 못하고 비뚤어지게 생각하는 것이 죄인들의 본성이다.

하나님은 이들이 더 이상 이런 말을 하지 못하도록 하실 것이다(23절). 하나님이 선지자들의 예언을 신속하게 성취하실 때가 이르렀다(25절). 이런 말을 한 사람들은 자기 생전에 선지자들의 모든 예언이 성취되는 것을 목격하게 될 것이며, 하나님이 자신의 명예를 걸고 이렇게 하실 것이다(25절). 하나님의 오래 참으심을 은혜로 생각하지 않고 빈정대고 있으니, 이런 사람들에게 더 이상 하나님의 오래 참음은 의미가 없다. 하나님의 심판이 그들의 코앞에 다가와 있다.

II. 유다와 예루살렘에 대한 심판(4:1-24:27) D. 참 예언과 거짓 예언(12:1-14:11) 2. 반응: 유행하는 속담들(12:21-28)

(2) 두 번째 속담(12:26-28)

26 여호와의 말씀이 또 내게 임하여 이르시되 27 인자야 이스라엘 족속의 말이 그가 보는 묵시는 여러 날 후의 일이라 그가 멀리 있는 때에 대하여 예언하였다 하느니라 28 그러므로 너는 그들에게 이르기를 주 여호와의 말씀에 나의 말이 하나도 다시 더디지 아니할지니 내가 한 말이 이루어지리라 나 주 여호와의 말이니라 하셨다 하라

첫 번째 속담은 '성취되지 않는 예언'을 근거로 한다. 반면 두 번째 속담은 선지자들이 본 환상들을 바탕으로 한다. 그 환상은 '언젠가는 모두 이루어지기는 하겠지만, 이 시대에 일어날 일은 아니다'라는 안일한 생각을 바탕으로 한다. 설령 그렇다 하더라도 올바른 태도는 근신하면서 하나님이 마음을 돌리시도록 기도하는 것이다. 그러나 그들은 이렇게 생각하기는커녕 자신들의 시대만 좋으면 된다(viz., 요즘 말로 '나만 아니면 된다'는 못된 심보)는 이기주의적인 생각으로 가득했다. 그들의 조상 히스기야도 비슷한 생각을 표현한 적이 있다(cf. 사 39장).

우리는 다음 세대를 위해 얼마나 준비하고 기도하고 있는가? 많은 기독교인들은 영적 축복의 원인을 자신의 행위에서 찾는다. 그렇지 않다. 오늘 우리가 누리고 있는 영적인 열매는 우리 선배들의 눈물과 헌신으로 얼룩진 신앙생활의 대가이다. 우리의 신앙생활의 대가는 다음 세대가 누릴 것이다. 그러나 앞으로 다음 세대가 무엇을 누릴까를 상상할 때마다 흥분보다는 불안이 앞서는 이유는 무엇일까? 오늘 우리가 뿌리는 씨앗을 다음 세대가 거두게 될 것이라는 원리는 단순히 신앙적인 차원에서만의 문제는 아니다. 파괴되고 있는 자연과 산더미 같은 나라의 빚을 생각한다면 정말 우리가 오늘을 열심히 기도하며 살아야 한다는 사명감이 생긴다.

포로민들의 안일한 생각에 대한 하나님의 대답은 확고하다. "환상으로 본 것이 이루어질 그 날이 가까이 왔다"(23, 25, 28절, 새번역). 그동안 선지자들을 통해 보여주셨던 환상과 예언이 성취될 날이 도래했다. 하나님이 보장하신다. "나의 모든 말은 더 지체하지 않는다. 내가 한 번 말한 것은 이루어지고 만다"(28절, 새번역). 이것이 거짓 예언과 참 예언의 가장 기본적인 차이이다(Duguid). 거짓 예언은 사람이 출처이지만, 참 예언의 출처는 하나님이시다. 그래서 하나님은 모든 참 예언이 성취될 것을 보장하신다.

하나님의 오래 참음이 비웃음거리가 되었을 때 하나님은 어떤 심정이셨을까? 우리가 깨달아야 할 중요한 사실은 사람들이 어떻게 생각하고 어떻게 떠들어 대는 것과 상관없이 최종적인 말씀은 여호와께 있으며, 그분의 말씀이 진리라는 것이다.

3. 거짓: 거짓 예언자들(13:1-23)

바로 앞부분에서(cf. 12:24)는 간단히 암시되었던 거짓 선지자들에 대한 이야기가 본문에서 구체적으로 자세하게 언급되고 있다. 참 선지자와 거짓 선지자의 관계는 항상 대립된 관계이다(cf. 렘 23:9-40). 에스겔은 분명히 '이스라엘의 예언하는 예언자들'(אֶל־נְבִיאֵי יִשְׂרָאֵל הַנִּבָּאִים)을 규탄하라는 명령을 받는다(2절). 일종의 아이러니가 형성되고 있다(Block, cf. Duguid). 원래 예언자들은 하나님의 말씀을 대언하는 사람들이다. 그런데 이 이스라엘의 예언자들은 다른 것은 다 해도 하나님을 대언하지는 않는다!

오늘날 일부 목사들은 '기성 교회와 기성 교회 목사'를 비판하는 사람들을 이단으로 정죄해버린다. 정말 기성 교회와 기성 교회 목회자를 비판하면 안 되는가? 그들은 정말 비판을 받지 않을 정도로 떳떳하게 살며 목회하고 있다는 것인가? 이러한 주장은 영적인 교만에 불과하다. 오늘날 목회 현장은 양의 탈을 쓴 이리들이 득실거리는 곳이라는 사실은 삼척동자도 인정하는 사실인데 어찌 삯꾼 목자들과 거짓 교회들이 면제부를 받을 수 있단 말인가? 에스겔이 대적하고 있는 거짓 선지자들은 오늘날로 말하면 일부 기성 교회의 목회자들이 아니겠는가! 선지자는 다음과 같이 남자와 여자 선지자 두 그룹으로 나누어 비난한다.

A. 남자 거짓 예언자들(13:1-16)
B. 여자 거짓 예언자들(13:17-23)

II. 유다와 예루살렘에 대한 심판(4:1–24:27)
D. 참 예언과 거짓 예언(12:1–14:11)
3. 거짓: 거짓 예언자들(13:1–23)

(1) 남자 거짓 예언자들(13:1–16)

[1] 여호와의 말씀이 내게 임하여 이르시되 [2] 인자야 너는 이스라엘의 예언하
는 선지자들에게 경고하여 예언하되 자기 마음대로 예언하는 자에게 말하기
를 너희는 여호와의 말씀을 들으라 [3] 주 여호와의 말씀에 본 것이 없이 자기
심령을 따라 예언하는 어리석은 선지자에게 화가 있을진저 [4] 이스라엘아 너
의 선지자들은 황무지에 있는 여우 같으니라 [5] 너희 선지자들이 성 무너진
곳에 올라가지도 아니하였으며 이스라엘 족속을 위하여 여호와의 날에 전쟁
에서 견디게 하려고 성벽을 수축하지도 아니하였느니라 [6] 여호와께서 말씀
하셨다고 하는 자들이 허탄한 것과 거짓된 점괘를 보며 사람들에게 그 말이
확실히 이루어지기를 바라게 하거니와 그들은 여호와가 보낸 자가 아니라 [7]
너희가 말하기는 여호와의 말씀이라 하여도 내가 말한 것이 아닌즉 어찌 허
탄한 묵시를 보며 거짓된 점괘를 말한 것이 아니냐 [8] 그러므로 주 여호와께
서 이같이 말씀하셨느니라 너희가 허탄한 것을 말하며 거짓된 것을 보았은
즉 내가 너희를 치리라 주 여호와의 말씀이니라 [9] 그 선지자들이 허탄한 묵
시를 보며 거짓 것을 점쳤으니 내 손이 그들을 쳐서 내 백성의 공회에 들어
오지 못하게 하며 이스라엘 족속의 호적에도 기록되지 못하게 하며 이스라
엘 땅에도 들어가지 못하게 하리니 너희가 나를 여호와인 줄 알리라 [10] 이렇
게 칠 것은 그들이 내 백성을 유혹하여 평강이 없으나 평강이 있다 함이라
어떤 사람이 담을 쌓을 때에 그들이 회칠을 하는도다 [11] 그러므로 너는 회칠
하는 자에게 이르기를 그것이 무너지리라 폭우가 내리며 큰 우박덩이가 떨
어지며 폭풍이 몰아치리니 [12] 그 담이 무너진즉 어떤 사람이 너희에게 말하
기를 그것에 칠한 회가 어디 있느냐 하지 아니하겠느냐 [13] 그러므로 나 주 여
호와가 말하노라 내가 분노하여 폭풍을 퍼붓고 내가 진노하여 폭우를 내리
고 분노하여 큰 우박덩어리로 무너뜨리리라 [14] 회칠한 담을 내가 이렇게 허

물어서 땅에 넘어뜨리고 그 기초를 드러낼 것이라 담이 무너진즉 너희가 그 가운데에서 망하리니 나를 여호와인 줄 알리라 15 이와 같이 내가 내 노를 담과 회칠한 자에게 모두 이루고 또 너희에게 말하기를 담도 없어지고 칠한 자들도 없어졌다 하리니 16 이들은 예루살렘에 대하여 예언하기를 평강이 없으나 평강의 묵시를 보았다고 하는 이스라엘의 선지자들이니라 주 여호와의 말씀이니라

에스겔은 백성들을 현혹하는 거짓 선지자들에게 하나님의 심판 신탁을 선언하고 있다. 참 선지자와 거짓 선지자의 가장 기본적인 차이는 그들이 선포하는 메시지의 출처에 있다(Cooke, Duguid). 거짓 선지자들도 "여호와의 말씀을 들으라"(cf. 2절)와 "여호와께서 말씀하셨다"(cf. 6절) 등 참 선지자들이 사용하는 용어들을 사용했다. 그러나 참 선지자는 하나님께 실제로 받은 말씀을 선포했고, 반면에 거짓 선지자들은 하나님께 말씀을 받은 적이 없으면서도 자신의 생각을 하나님의 말씀으로 속여 백성들에게 선포했다. 그래서 에스겔은 거짓 선지자들을 '어리석은 선지자들'(הַנְּבִיאִים הַנְּבָלִים)이라며 언어유희('한네비임 한네발림'으로 소리가 남)를 통해 그들이 백성뿐만 아니라 자신들까지 속이는 자들이라고 비난한다(3절).

오늘날에는 그들이 거짓 선지자들이고 그들과 대립하고 있는 에스겔이 참 선지자라는 사실이 확연히 드러나지만, 에스겔이 이 메시지를 선포하던 시대에는 이 같은 구분이 쉽지는 않았을 것이다. 왜냐하면 이 거짓 선지자들은 대부분 제도권에서 선지자로 사역하는 자들이었고, 그들 중 일부는 선지자로 사회의 존경을 받는 사람들이었기 때문이다. 이들은 하나님과 상관없이 종교의 이름으로 정치인들이 듣고 싶어 하고, 백성들이 열광하는 메시지를 전했다. 그들은 진리이지만, 죄인들이 싫어하는 신탁을 선포하는 참 선지자들보다 훨씬 높은 대중적 인기와 인지도를 가졌을 것이라고 짐작할 수 있다. 결과적으로 거짓 선지자들은 당시 사회에서 선지자 계층의 주류를 형성했으며, 오히려 에스겔과 같은 참 선지자를 책망하고 첨예하게 대립했다.

에스겔을 앞서간 선지자들도 끊임없이 거짓 선지자들과 갈등했다(cf. 사 28:7, 미 3:4-7). 참 선지자들이 다가오는 심판과 재앙을 선언할 때, 이 거짓 선지자들은 평화와 번영을 선언했기 때문이다(cf. 10, 16절). 특히 이스라엘이 위기를 맞이했을 때 이들의 대립은 극에 달했다. 예레미야는 "주 하나님, 저 예언자들이 이 백성에게 주님의 말씀이라고 하면서 '전쟁이 일어나지 않는다. 기근이 오지 않는다. 오히려 주님께서 이 곳에서 너희에게 확실한 평화를 주신다' 합니다"(렘 14:13, 새번역, cf. 렘 6:14, 8:11, 28장)라며 거짓 선지자들의 행태를 하나님께 고발한다.

어떻게 선지자라는 자들이 평화가 없는데 평화를 외칠 수 있는가? 하나님은 예레미야를 통해 거짓 선지자들에 대해 이렇게 경고하신다. "너희에게 예언하는 선지자들의 말을 듣지 말라 그들은 너희에게 헛된 것을 가르치나니 그들이 말한 묵시는 자기 마음으로 말미암은 것이요 여호와의 입에서 나온 것이 아니니라"(렘 23:16). 에스겔도 본문에서 거짓 선지자들의 가장 기본적인 문제는 자기 생각을 하나님의 말씀으로 둔갑시키는 것이라고 한다(13:3). 예레미야는 예루살렘에 있는 선지자들에게 비난을 쏟아낼 뿐만 아니라, 이미 바빌론으로 끌려간 포로민들 사이에도 거짓 선지자들이 성행하고 있음을 의식하고 포로민들에게 그들의 메시지에 현혹되지 말 것을 경고한다(렘 29장).

본문은 거짓 선지자들을 어떻게 설명하는가? 첫째, 거짓 선지자들은 거짓을 전하는 자들이다(2-3절). 그들은 자신들이 하나님께 받은 예언을 전한다고 주장한다(6-7절). 그러나 이들의 주장은 거짓말이다(9절, cf. 렘 29:30-32). '하나님께 받았다는 예언'을 전하는 거짓 선지자들에게 진짜 '하나님의 말씀'이 에스겔을 통해 임했다. 임자를 만난 것이다! 구약을 살펴보면 참 선지자의 자격 중 하나는 하나님이 직접 자기 말씀을 선지자의 입에 넣어주신다는 것이다(cf. 신 18:18, 출 4:12, 렘 1:9).

오늘날에도 자기 생각을 하나님의 말씀으로 둔갑시키는 사람들이 얼마나 많은가! 하나님은 분명히 이런 자들을 심판하실 것이다.

둘째, 거짓 선지자들은 자신의 잇속을 채우는 데 관심이 있는 자들이다(4-5절). 하나님은 그들을 '폐허 더미 위에 서 있는 여우'에 비교하신다. 폐허 더미에 있는 여우는 어디에 고깃덩어리라도 없나 하며 자기의 잇속을 챙기는 데 급급하지 폐허를 어떻게 재건할 것인가 등에는 관심이 없다. 거짓 선지자들은 이렇다는 것이다. 겉으로는 하나님의 백성을 생각해주는 척하지만, 속으로는 자신들의 욕심 챙기기에 급급하다. 안타까운 것은 그들이 찾는 '고깃덩어리'가 바로 주의 백성이라는 사실이다(Wevers). 더 속상한 것은 그들이 자기 잇속을 챙기는 수단으로 하나님의 말씀과 이름을 남용하고 빙자한다는 것이다. 오늘날에도 자신이 세운 교회나 단체의 재산을 사유화해서 자식들에게 물려주려는 추한 목사들의 실체가 종종 드러나지 않는가? 복음과 교회를 생활 수단으로, 더 나아가 자기의 꿈을 이루기 위한 방법으로 이용한다면, 결코 선지자가 지적하는 이 죄에서 자유로울 수 없다. 예수님은 이런 자들을 '흉포한 늑대들'이라 부르신다(마 7:15).

'폐허 더미 위에 서 있는 여우' 비유를 역으로 생각해보면 참 선지자와 목자는 어떤 사람인가가 드러난다. 참 목자는 폐허 더미를 보수하고 다시 세우는 사람이다. 그는 폐허 더미에 갇혀 신음하는 백성을 구조하고, 폐허 더미를 떠날 수 없는 사람들과 함께 괴로워하는 사람이다. 신음하는 주의 백성과 함께 생사고락을 같이하는 사람이다. 그래서 복음이 듣는 자들의 현실을 무시하면 생명력을 잃은 추상적인 교리로 전락한다.

셋째, 거짓 선지자들은 의도적으로 백성을 속이는 자들이다(10-16절). 그들은 무엇 하나 잘되어가는 것이 없는데 다 잘되어간다고 사람을 속인다(10, 16절). 거짓 선지자들이 이렇게 하는 것은 그들이 무지해서가 아니라 의도적으로 사람들을 잘못된 길로 인도하기 위해서이다

(3절). '어리석은 자'(נָבָל, 3절)는 바보스러움을 초월한다. 이 사람은 하나님을 모독하는 경향이 있다(시 74:18). 또한 하나님의 존재를 부인하기도 한다(시 14:1). 아비가일의 남편이었던 갈멜의 나발처럼 인색하고 교만하기도 했다(삼상 25장). '어리석은 자'는 심각한 부도덕 행위를 할 수 있다(삼하 13:13). 실제적으로 예레미야는 거짓 선지자들은 간음하는 자들과 같다고 말한다(렘 23:14, 29:23). 지혜로운 자의 삶과 반대되는 것이 바로 이 단어(נָבָל)가 의미하는 삶이다. 거짓 선지자들은 자신들의 어리석음으로 사람들을 현혹해 함께 멸망의 길로 가는 자들이다.

넷째, 거짓 선지자들은 날림 공사를 하는 자들이다(10절). 담을 세울 때 부실하고 금이 가도 상관없다. 벽에다 하얀 석회를 입혀 겉모습을 반질반질하게 해서 내용물이 마치 튼튼한 것처럼 속인다. 본문에서 사용되는 '담'(חַיִץ)은 매우 빈약한 임시/간이 막 정도의 역할을 한다(HALOT, Kimchi). 거짓 선지자들은 결코 건설적이고 견고한 하나님의 말씀을 전하는 자들이 아니다.

하나님이 이 '석회'의 눈속임을 드러내는 심판을 하신다. 하나님이 폭우와 우박과 폭풍을 회칠한 벽에 보내실 것이다(11절). 우박, 폭풍, 폭우 등은 예수님의 '모래와 반석 위에 세운 집' 비유를 연상케 한다(cf. 마7 장). 거짓 선지자들은 절대 반석 위에 집을 짓는 자들은 아니다. 본문은 두 가지 이미지를 동시에 제시하고 있다. 첫째, 홍수가 나게 해서 회칠한 벽이 완전히 물에 잠긴 이미지이다. 물에 완전히 잠겨버린 방어벽이 무슨 소용이 있겠는가? 무용지물에 불과하다. 둘째, 거짓 선지자들이 회칠한 '석회'를 완전히 씻어내려 그들이 가리고자 했던 내부의 부실을 드러내는 이미지를 사용한다. 이때 거짓 선지자들이 세운 벽은 무너지고 그들은 그 벽 밑에 깔려 죽을 것이다(14절).

폐허 더미에 올라가 고깃덩어리를 찾는 여우와 회칠로 부실 공사를 무마하려는 이미지는 거짓 선지자들의 근본적인 문제점들을 매우 확실하고 적절하게 묘사한다. 그들이 일명 '사역'에 임하는 이유는 남이야 어떻게 되든 간에 자신의 이익을 추구하기 위해서이다. 또한 그들의 사역을 실질적으로 평가해보면 부실 공사밖에 되지 않는다. 특히 잘못 세워진 벽은 허물고 다시 지어야 한다. 사람들을 살리기는커녕 오히려 사람들을 죽이는 덫이 될 수 있기 때문이다. 참 선지자를 통해 선포된 하나님의 말씀은 영원히 서리라는 말씀과는 대조되는 그림이 제시되고 있다.

거짓 선지자들에 대한 심판은 하나님이 직접 하신다(8절). 세상에서 제일 혹독한 하나님의 심판을 받는 사람들은 하나님의 이름으로 악을 행하거나, 하나님께로부터 받은 메시지가 아닌데 마치 주님에게서 온 것처럼 위장해 자기의 생각을 가르치는 사람들이다. 맹인이 맹인들을 인도하는 격이기 때문이다. 거짓을 선포하는 자들만 죽는 것이 아니라, 그들을 따르는 무리들도 함께 죽기 때문에 하나님은 이런 자들을 묵인하실 수 없다. 예수님도 당시 하나님을 가장 사랑하고, 하나님의 말씀을 제일 잘 알고 가르친다고 자부했던 부류인 바리새인들과 끊임없이 충돌하셨다. 야고보 사도도 함부로 선생이 되지 말라고 경고한다.

거짓 선지자들에 대한 하나님의 심판은 세 가지로 요약된다(9절). 첫째, 그들은 하나님 백성의 공회에 들어갈 수 없다. 이 순간에는 백성들을 거짓으로 현혹해 인기몰이를 하고 있지만, 그들의 실체가 드러나면 아무도 그들을 존경하지 않을 것이다. 더 나아가 그들은 일반 성도들이 속한 공회에도 속할 수 없다. 하나님의 심사 기준에서 자격 미달로 판명되었기 때문이다. 종교적 지도자라며 거들먹거리던 자들은 가장 기본적인 종교 단체의 회원 자격도 없다! 참으로 아이러니하다.

둘째, 거짓 선지자들은 이스라엘의 호적에 등록될 수 없다(cf. 느 7:63-64, 스 2:62-63). 자신들은 모두 아브라함의 자손들이라고 자부했던 이스라엘 사람들에게 참으로 치명적인 일이다. 종교적 사회뿐만 아니라, 일반 사회에서도 거짓 선지자들은 발을 붙이고 살 수 없다. 설령 그들이 이스라엘 땅에 산다고 해도 그곳에 거주하는 이방인에 준한 대우를 받을 것이다. 지도자라며 존경과 선망을 한 몸에 받았던 자들이 한순간에 이방인 취급을 받는다!

셋째, 거짓 선지자들은 아예 이스라엘 땅으로 들어갈 수도 없게 하실 것이다. 선지자는 가장 약한 수위의 심판에서 가장 강한 수위의 심판으로 이어가며 심판을 선언한다. 심판을 받는 사람의 입장에서는 이 세 번째가 가장 혹독한 심판이다. 종교 사회의 멤버십을 박탈당하고, 이스라엘 사회에서 이방인 취급을 받게 된 그들은 아예 이스라엘 땅에 들어설 수 없다. 바빌론에서 에스겔의 비난을 받고 있는 거짓 선지자들에게 이 말씀이 어떤 의미로 들렸을 것인지 상상해보라. 그들은 한결같이 조만간 바빌론 포로 생활이 끝나고 고향인 예루살렘으로 돌아갈 것이라며 백성들을 현혹해왔다. 더 나아가 귀향하는 이 무리의 선봉에 설 날을 꿈꾸어왔을 것이다. 그런데 하나님은 그들이 약속의 땅에 발을 들여놓는 것을 아예 차단하실 것이라 한다! 또한 이 말씀은 바빌론에서 활동하고 있는 모든 거짓 선지자들은 죽을 때까지 바빌론의 포로로 살다가 바빌론 땅에 묻혀야 한다는 뜻이다.

II. 유다와 예루살렘에 대한 심판(4:1-24:27)
D. 참 예언과 거짓 예언(12:1-14:11)
3. 거짓: 거짓 예언자들(13:1-23)

(2) 여자 거짓 예언자들(13:17-23)

17 너 인자야 너의 백성 중 자기 마음대로 예언하는 여자들에게 경고하며 예언하여 18 이르기를 주 여호와의 말씀에 사람의 영혼을 사냥하려고 손목마다 부적을 꿰어 매고 키가 큰 자나 작은 자의 머리를 위하여 수건을 만드는 여자들에게 화 있을진저 너희가 어찌하여 내 백성의 영혼은 사냥하면서 자기를 위하여는 영혼을 살리려 하느냐 19 너희가 두어 움큼 보리와 두어 조각 떡을 위하여 나를 내 백성 가운데에서 욕되게 하여 거짓말을 곧이 듣는 내 백

성에게 너희가 거짓말을 지어내어 죽지 아니할 영혼을 죽이고 살지 못할 영혼을 살리는도다 [20] 그러므로 나 주 여호와가 이같이 말하노라 너희가 새를 사냥하듯 영혼들을 사냥하는 그 부적을 내가 너희 팔에서 떼어 버리고 너희가 새처럼 사냥한 그 영혼들을 놓아 주며 [21] 또 너희 수건을 찢고 내 백성을 너희 손에서 건지고 다시는 너희 손에 사냥물이 되지 아니하게 하리니 내가 여호와인 줄을 너희가 알리라 [22] 내가 슬프게 하지 아니한 의인의 마음을 너희가 거짓말로 근심하게 하며 너희가 또 악인의 손을 굳게 하여 그 악한 길에서 돌이켜 떠나 삶을 얻지 못하게 하였은즉 [23] 너희가 다시는 허탄한 묵시를 보지 못하고 점복도 못할지라 내가 내 백성을 너희 손에서 건져내리니 내가 여호와인 줄을 너희가 알리라 하라

에스겔은 앞부분(1-16절)에서 남자 거짓 선지자들에 대해 심판을 선언했다. 이제 선지자는 여자 선지자들을 대상으로 심판의 말씀을 선언한다. 율법은 여자가 제사장이 되는 것을 금한다. 반면에 선지자와 왕은 될 수 있다. 또한 여자 사사도 있다. 본문은 에스겔 시대에 이스라엘에는 여자의 선지자직이 제도화되어 활동하고 있었음을 전제한다.[20] 남자 선지자들은 참 선지자들이 사용하는 용어를 사용해 자기 생각을 하나님의 말씀으로 둔갑시킨 것에 반해, 여자 선지자들은 부적과 장식들을 사용해 자신의 상상력을 하나님의 뜻이라고 주장했다.

이 여자 선지자들은 하나님의 말씀을 구하며 찾아오는 사람들의 팔목에다 '신통력의 부적/장식물'(אַצִּילֵי יָדַי, magic charm)을 달아주고, 키(길이)가 다른 각종 너울/수건(מִסְפָּחָה, veil)을 씌워주었다. 이 물건들이 정확히 어떻게 생겼고 어떤 용도로 사용되었는지는 알 수 없지만(cf. Greenberg, Zimmerli), 부적과 점쟁이들에게 익숙한 한국 문화에서는 그

20 구약에서 여자 선지자로는 드보라(삿 4:4), 훌다(왕하 22:14), 미리암(출 15:20), 노아디아(느 6:14), 이사야의 아내(사 8:3) 등이 언급된다.

모습을 대충 상상할 수 있다. 아마도 이 부적들과 너울들은 사용 용도에 따라서 디자인과 무늬와 크기가 달랐던 것으로 생각된다. 하나님의 말씀을 부적들로 대체한 것이다. 그렇다면 결국 하나님의 신탁은 액땜이나 하는 부적에 지나지 않으며, 살아 계신 창조주의 말씀이 아니다. 참으로 어이 없는 미신적인 일들이 이 여자 선지자들의 주요 사역이 되었다! 가장 타락한 여호와 종교의 모습을 보고 있다. 하나님의 이름으로 거짓을 전하는 남자 선지자들과 온갖 미신적인 것들로 사람들을 현혹하는 여자 선지자들은 다른 방법으로 참 선지자 에스겔이 하는 사역을 방해한다(Duguid).

이 여자 선지자라는 자들이 하는 짓은 오늘날 점쟁이들이 하는 짓과 매우 비슷하다. 선지자라는 자들이 어떻게 하나님의 신성한 직분을 이렇게 오용할 수 있을까 하는 질문을 할 수 있겠지만, 사실 오늘날 일부 한국 교회와 기도원에서 행해지는 '[영험한] 기도 받는 일'과 별반 다를 바가 없다. 예언을 받기 위해 목사나 기도원 원장에게 내미는 '헌금'이 점쟁이한테 내는 '복채'와 뭐가 다른가? 심지어는 권사, 장로라는 자들이 자녀들의 결혼을 위해 점쟁이를 찾아가 궁합을 보고, 교회 안에 사주팔자를 알아보는 사람들이 있다! 한국 교회가 바로 서려면 하루 속히 이런 미신적인 행위들에서 벗어나야 한다.

여자 선지자들이 이런 짓을 하는 목적은 분명하다. 결코 하나님의 영광이나 이스라엘 공동체를 위한 것이 아니다. 자기 잇속을 채우기 위해 하나님을 욕되게 한 그들의 '사역'은 더욱더 하나님을 분노하게 했다(19절). 그들은 빵 몇 조각 때문에 이런 일을 하고 있다! 학자들 사이에 '두어 움큼 보리와 두어 조각 떡'(19절)이 점을 치는 데 사용된 것인지(Greenberg), 이 여자들이 점을 쳐준 대가로 받은 것인지(Zimmerli, Clements)를 두고 다소 논쟁이 있다. 문맥을 고려할 때 그들이 점을 쳐주고(예언해주고) 수고비로 받은 것으로 볼 수 있다(Cooper). 어느 쪽으로 해석되든 간에 이 여자들은 여호와를 바빌론의 신들과 악령들처럼 인간에게 조종되는 존재로 전락시켰다(Block).

우리 사역 목적이 잘 먹고 잘살기 위한 것이라면 분명하고 철저하게 회개해야 한다. 이러한 목적을 이루기 위해 사역하는 사람들은 삯꾼밖에 되지 않는다. 참으로 비참한 일이며 하나님과 자신을 속이는 일이다. 안타깝게도 이런 현상은 한국 교계의 현실이기도 하다. 1970-1980년대에 한국 교회가 급성장하면서 이전에 비해 목사의 위상이 많이 높아졌다. 한때는 목사가 결혼 상대자의 상위권에 오르기도 했다. 일부 목회자들이 신학교를 찾은 이유도 사명보다는 잘 먹고 잘살기 위해서였다. 즉 세상의 눈에 목사가 괜찮은 '업종'으로 간주되었다. 상황이 이렇게 된 가장 큰 원인은 목사들이 제대로 하나님과 성도들을 섬기지 못하고 누리는 자로 전락했기 때문이다. 이러한 부분에 대해 철저하게 회개해야 한다. 목사직은 경제적인 이유 때문에 선망하는 직업이 되어서는 안 된다.

하나님의 정죄를 받고 있는 여자 선지자들은 그들의 '사역'을 통해 혼돈을 조장하고(19절), 의인을 괴롭히고, 악인을 지지했다(22절). 가치관과 영적인 질서가 완전히 파괴된 모습이다. 역시 이 정죄의 말씀도 오늘날의 우리 한국 교회와 무관하다고 볼 수 없다. 그러나 거짓 목회자들만 탓할 것은 아니다. 이렇게 되기까지는 그들의 거짓말을 이용하려고 알면서도 묵인하거나, 별 생각 없이 곧이곧대로 들어준 성도들이 있었기 때문이다. "손바닥도 마주쳐야 소리가 난다"라는 말이 있다. 교회에는 하나님의 음성을 듣고도 자신이 '듣고자 하는 메시지'만 골라서 듣는 사람들이 많다. 영적인 편식은 금물이다. 영적 분별력을 위해 기도해야 한다.

하나님의 백성이 의식해야 할 현실적인 문제는 때와 장소에 상관없이 이러한 위험에 항상 노출되어 있다는 사실이다(cf. Cooper). 또한 어려운 상황에 처할 때에는 더욱더 '거짓 음성'에 동요되기 쉽다는 사실이다. 이런 원리가 새로운 것은 아니다. 사람이 다급하면 무엇이든 잡고 싶어 한다. 그래서 이러한 상황에 처할 때 가장 강력한 영적인 분별력이 요구된다. 하나님의 백성은 이런 유혹을 뿌리치고, 어려울수록 하나님만을 바라보아야 한다.

거짓 선지자들이 활동하면 가장 큰 피해자는 분별력이 없어 그들에게 미혹되는 성도들이다. 하나님은 주의 백성이 말씀의 자유와 풍요로움을 누리기 원하시는데, 그들은 '하나님의 말씀'이라면서 백성을 두려움으로 가두고 공포로 억압하기 때문이다. 그들에게 미혹되지 않으려면 성도들은 어떻게 영적인 분별력을 키울 수 있는가? 거짓을 분별하기 위해서는 진짜를 잘 알아야 한다. 미국 조폐공사에서의 훈련 과정을 생각해보자. 위조지폐를 감정하는 사람들이 받는 훈련은 진짜를 확실하게 알게 하는 것이다. 옳은 논리다. 성경은 모든 사람들의 가르침을 성경으로 평가하고 판단하는 사람들을 귀하게 여긴다(cf. 행 17:10).

하나님의 종들이 기억해야 할 교훈은 그들에게 주어진 영적인 능력은 결코 자신의 이익을 추구하기 위하여 사용되어서는 안 된다는 사실이다. 영적인 은사는 하나님의 교회를 위해 사용하라고 우리에게 맡겨진 것이다. 영적인 은사를 개인적인 이익을 위해 남용하기 시작하면 거짓 선지자들과 다를 바가 없다. 하나님은 많은 것을 허락하신 사람들에게 더 많은 책임과 노력을 요구하신다는 것을 명심해야 한다. 한 주석가는 거짓 선지자에 대하여 가르치고 있는 13장에서 그들에 대해 다음과 같이 열 가지를 관찰한다(Cooper).

	내용	구절
1	거짓 선지자들은 하나님의 뜻이 아니라, 자기들의 뜻을 말한다.	1-3, 17
2	거짓 선지자들은 주의 백성을 섬기는 것이 아니라 그들을 먹이로 삼았다.	4
3	거짓 선지자들은 '위기 사역'(crisis ministry)을 하지 않았다.	5

4	거짓 선지자들은 자신들의 신탁이 하나님께로부터 온 것이라며 백성과 자신들을 속였다.	6-7
5	거짓 선지자들은 죄에 대항하지 않았고 진리가 아닌 빈말만 선포했다.	6-9
6	거짓 선지자들은 임박한 멸망에 아랑곳하지 않고 평안, 번영, 안전을 선포했다.	10-12
7	거짓 선지자들의 사역은 하나님의 분노와 심판을 샀다.	13-16
8	거짓 선지자들은 거짓과 점성술을 사용해 자신들의 사역을 정당화시키고 사람들을 지배했다.	17-21
9	거짓 선지자들은 말과 자신들의 선행(先行)으로 사람들의 죄를 권장했다.	22-23
10	거짓 선지자들이 세운 최악의 우상은 바로 그들의 의지(意志)였다.	1-7

II. 유다와 예루살렘에 대한 심판(4:1-24:27)
D. 참 예언과 거짓 예언(12:1-14:11)

4. 반응: 장로들의 죄(14:1-11)

1 이스라엘 장로 두어 사람이 나아와 내 앞에 앉으니 2 여호와의 말씀이 내
게 임하여 이르시되 3 인자야 이 사람들이 자기 우상을 마음에 들이며 죄악
의 걸림돌을 자기 앞에 두었으니 그들이 내게 묻기를 내가 조금인들 용납하
랴 4 그런즉 너는 그들에게 말하여 이르라 나 주 여호와가 말하노라 이스라
엘 족속 중에 그 우상을 마음에 들이며 죄악의 걸림돌을 자기 앞에 두고 선
지자에게로 가는 모든 자에게 나 여호와가 그 우상의 수효대로 보응하리니
5 이는 이스라엘 족속이 다 그 우상으로 말미암아 나를 배반하였으므로 내
가 그들이 마음먹은 대로 그들을 잡으려 함이라 6 그런즉 너는 이스라엘 족
속에게 이르기를 주 여호와의 말씀에 너희는 마음을 돌이켜 우상을 떠나고
얼굴을 돌려 모든 가증한 것을 떠나라 7 이스라엘 족속과 이스라엘 가운데
에 거류하는 외국인 중에 누구든지 나를 떠나고 자기 우상을 마음에 들이며

죄악의 걸림돌을 자기 앞에 두고 자기를 위하여 내게 묻고자 하여 선지자에게 가는 모든 자에게는 나 여호와가 친히 응답하여 [8] 그 사람을 대적하여 그들을 놀라움과 표징과 속담 거리가 되게 하여 내 백성 가운데에서 끊으리니 내가 여호와인 줄을 너희가 알리라 [9] 만일 선지자가 유혹을 받고 말을 하면 나 여호와가 그 선지자를 유혹을 받게 하였음이거니와 내가 손을 펴서 내 백성 이스라엘 가운데에서 그를 멸할 것이라 [10] 선지자의 죄악과 그에게 묻는 자의 죄악이 같은즉 각각 자기의 죄악을 담당하리니 [11] 이는 이스라엘 족속이 다시는 미혹되어 나를 떠나지 아니하게 하며 다시는 모든 죄로 스스로 더럽히지 아니하게 하여 그들을 내 백성으로 삼고 나는 그들의 하나님이 되려 함이라 주 여호와의 말씀이니라

거짓 선지자들에 대한 심판 선언이 끝난 뒤, 하나님은 에스겔을 찾아온 포로민 공동체의 리더인 장로들의 죄를 책망하신다(1-2절, cf. 8:1, 20:1). 지난 수백 년 동안 이스라엘은 왕들의 지배를 받았고, 에스겔 시대에도 예루살렘과 유다는 시드기야 왕의 지배를 받았지만, 바빌론의 포로민들 경우에는 장로들이 치리하는 시스템이 옛 체제를 대신했다(Duguid). 하나님은 장로들이 주님의 말씀을 듣기 위해 에스겔을 찾아왔다지만, 사실 그들의 마음은 우상들로[21] 가득하다고 하신다(3절, cf. 8, 20장). 포로민들을 다스리는 장로들의 마음이 우상들로 가득하다는 것은 에스겔이 예루살렘 성전에서 보았던 장로들의 마음이 우상들로 가득한 것과 마찬가지이다(cf. 8:8-12).

이스라엘에 남아 있는 장로들이나, 바빌론에 포로로 끌려온 장로들이나 우상숭배자들이기는 마찬가지라는 사실이 우리의 마음을 무겁게 한다. 이스라엘은 안팎으로 우상숭배의 죄에서 자유롭지 못하다. 더 안타까운 것은 포로민 지도자들의 삶에서 하나님은 여러 신들 중 하나

21 주석가들은 '우상들'(גִּלּוּלִים)을 '배설물(dung) 우상들'로 해석하는데, 이 단어는 성경에서 항상 우상들을 비하하는 데 사용된다(Cooper, Darr, cf. HALOT).

에 불과하다는 사실이다. 포로로 끌려오면서 많이 혼났으면 하나님을 인정해야 했을 텐데 말이다. 유일하신 하나님, 세상의 모든 것을 창조하신 창조주를 이렇게 대해서는 안 된다.

바빌론에 끌려온 이스라엘 사람들이 우상숭배의 유혹에 빠져 다신주의를 지향하는 것에 대해 어느 정도 이해할 수 있다. 그들은 자신들이 바빌론까지 끌려온 것이 그들의 수호신 여호와가 바빌론의 신 마르두크에게 무릎을 꿇었기 때문이라며, 그들의 전통 신 여호와보다 마르두크를 숭배하고 싶은 충동을 느꼈을 것이다. 또한 그들이 정착해 살고 있는 바빌론은 온갖 우상들과 점술로 가득 찬 곳이다. 이러한 상황에서 "담 저쪽 풀이 더 싱그럽다"(the grass is greener over the fence)라는 말처럼, 여호와가 마르두크에게 패해서 자신들이 바빌론에 끌려왔다고 생각한 사람들이 바빌론의 신들에게 호감을 느낄 수 있다(cf. Duguid). 그러나 조상 대대로 섬겨오던 여호와를 온전히 떠날 수는 없어서 여호와와 함께 여러 신들을 숭배했을 것이다. 그러나 이럴 때일수록 하나님은 믿음을 요구하신다.

이 장로들이 포로민들의 대표로 뽑혀 여호와의 선지자 에스겔을 찾아온 것을 보면 이 사람들은 주변에 여호와를 잘 섬기는 자들로 인정을 받았음이 확실하다. 그러나 하나님은 그들의 마음에 우상들이 가득하다고 하신다. 사람들의 눈은 속일 수 있어도 하나님은 속일 수 없다는 뜻이리라. 또한 우리도 꾸준히 삶을 되돌아보며 지속적으로 자신을 성찰해야 한다. 우리도 이러한 오류에서 자유로울 수 있다는 보장이 없기 때문이다.

이 장로들은 여호와께로부터 좋은 소식을 듣기 위해 찾아왔을 것이다. 언제쯤 자신들의 포로 생활이 끝나고, 언제 다시 예루살렘으로 돌아갈 수 있는가를 알아보기 위해 왔을 것이다. 그러나 하나님이 그들에게 주실 수 있는 유일한 말씀은 그들 마음속에 가득한 우상숭배에 대한 심판이다. 심판의 말씀이 선포되는 직접적인 대상은 이 장로들이지만 메시지는 포로민들과 아직 유다에 생존한 이스라엘 사람들과 그들 중에 거하는 외국인(גֵּר)들에게도 모두 적용된다(7절). 비록 포로민들은 에스겔이 8장에서 목격한 예루살렘에 남아 있는 사람들처럼 노골적인 우상숭배는 하지 않을지라도, 그들의 마음은 우상들로 가득하다는 의미이다. 하나님이 본문에서 문제 삼는 우상숭배는 유형(有形)적인 것뿐만 아니라 무형(無形)적인 것도 포함한다는 사실을 마음에 새겨야 한다(cf. Block).

우상을 섬기는 자들의 근본적인 죄는 하나님을 떠나는 것이다(7절). 사람이 하나님께로부터 얼굴을 돌려 우상을 바라보면 하나님도 자기 얼굴을 그 사람으로부터 다른 곳으로 돌리신다. 이런 경우 "우상숭배자가 얼굴을 돌리는 것은 죄다. 하나님이 얼굴을 돌리는 것은 죽음이다"(Craigie). 이스라엘 사람들은 여호와를 완전히 떠나는 것을 우상숭배라고 생각했지만, 하나님은 주의 백성이 온전하게 주님만을 바라보지 않는 것을 우상숭배라 하신다. 그러므로 주의 백성이 살 수 있는 방법은 딱 한 가지이다. 하나님의 얼굴이 바라보는 곳에 머물며 하나님만 바라보는 것이다(Zimmerli).

'이 사람들/이 자들'(הָאֲנָשִׁים הָאֵלֶּה, 3절)은 하나님이 의도적으로 자신과 그들과의 거리감을 조성해 그들의 가증함에 불만을 표현하는 문구이다. 믿음의 본보기가 되어야 할 이스라엘의 장로들이 왜 이런 대우를 받는가? 하나님이 진노하시는 까닭은 그들이 마음속으로 우상을 섬기고 있기 때문이다(3절). 바빌론으로 끌려온 뒤에도 그들은 겉으로는 별로 달라진 것이 없다. 그러나 마음속에는 벌써 바빌론 신들의 영향을 받아서 우상을 섬기고 있다(cf. 사 29:13). 종교적인 복합주의(religious syncretism)는 결코 고대 이스라엘 사람들에게만 적용되는 문제는 아니다. 모든 시대를 살아가는 하나님의 백성들에게 적용되는 위험이다.

하나님은 우리의 중심을 보시는 분이다(삼상 16:7). 겉으로는 하나님을 섬기지만, 마음에는 우상들을 숭배하는 포로민들의 행동은, 자신들 앞에 걸려 넘어질 수 있는 올가미를 스스로 놓는 것 같은 행동이다(3절). '걸려 넘어져서 죄를 짓게 하는 올가미'라는 말은 에스겔의 고유한 표현이다(7:19, 14:3, 4, 7, 18:30, 44:12). 기본적인 의미는 우상숭배와 연결되어 '죄를 지을 수 있는 기회'를 뜻한다. 하나님은 우리의 마음을 독점하기를 원하시는 분이다. 외적으로나 내적으로나 주님은 우리의 전부를 원하신다. 아무리 어두운 곳에서라도 우리가 엉뚱한 쪽으로 마음을 돌릴 때 하나님은 우리의 기도를 들어주시지 않는다. 비록 하나님이 사람들에게 "돌아오라!"고 외치시고, 설상 사람들이 돌아온다 하더라도 하나님께는 그들의 기도를 들어주셔야 할 의무가 없다. 특히 마음을 개혁하지 않은 사람의 기도는 더욱이 들어주실 필요가 없다.

하나님은 우상숭배자들이 되어버린 이 사람들에게 직접 대응하실 것이다. "나 주가 직접, 그 많은 우상에 걸맞게 그에게 답변하겠다"(4절, 새번역)는 말씀은 듣는 이들에게 공포를 조성하는 것처럼 들릴 수도 있다. 그러나 5, 11절을 감안하면 매우 긍정적이고 소망적인 대응이다. 이 일이 끝나면 여호와는 그들의 하나님이 되고 그들은 그의 백성이 되는 특권을 회복할 것이기 때문이다(cf. Blenkinsopp). 그래서 아모스는 이러한 하나님의 심판을 '[곡식] 체질'로 표현한 적이 있다(암 9:9). 알곡은 체의 밑에 남고, 쭉정이와 이물질들은 걸러져 버려질 것이라는 의미이다. 하나님의 심판은 알곡과 쭉정이를 구분하실 것이다.

하나님이 심판을 통해 회복과 정결을 계획하신다고 해서 이 회복과 정결이 자동적으로 그들에게 임하는 것은 아니다. 하나님의 이 같은 은총이 주의 백성에게 다시 임하려면 백성들도 책임 있는 행동으로 하나님의 은혜가 임하도록 해야 한다. "너희는 회개하여라"(6절). 즉 회개하는 자들만 하나님의 백성으로 회복되는 특권을 누리게 된다.

그렇다면 과연 '회개'란 무엇인가? 6절 후반이 정의를 내려준다. 회개란 '우상에게서 돌아서는 것'이며 '모든 역겨운 것'에서 얼굴을 돌리는 것이다. 두 표현 모두 가던 길에서 180도로 돌이키는 것을 의미하는 '돌다/돌아오다'(שוב)라는 단어를 사용한다. 즉 삶의 방향성이 완전히 바뀐다는 의미이다. 예수를 믿는다는 것은 바로 이런 것이다. 그것은 삶이라는 아이스크림 위에 단지 생크림(whip cream)을 올려놓는 것이 아니라 삶의 본질이 완전히 다른 것을 추구하는 일이다.

하나님이 백성들이 돌아오도록 사용하시는 도구가 그의 종 선지자들이다. 그러므로 선지자가 잘못 전하면 같이 망한다. 특권보다 책임이 앞서는 것이 하나님의 사역이다. 선지자, 제사장, 목사, 장로라 해서 특별한 면책권을 부여받는 것은 아니다. 오히려 더 막중한 책임을 동반한다. 더 나아가 하나님의 뜻을 확실하게 전달하려면 선지자는 사람들의 말에 동요되지 않고 주님께서 주신 진리만을 전할 의무가 있다.

만일 선지자가 사람들에게 동요되면 하나님은 결코 그 일을 막지 않겠다고 하신다(9-10절, cf. 왕상 22:22-23, 대하 18:21-22, 렘 20:7). 이런 일은 하나님의 단순한 '허락'에 의해 일어나는 일만은 아니다. 칼뱅은 이 부분에 대해 이렇게 표현한다. "불행이나 나쁜 일도 하나님의 허락 없이 일어나지 않는다. 그러므로 우리는 정신을 차리고 하나님의 일을 판단해야 한다—특히 그분의 비밀스러운 계획은 더더욱 그렇다."

그렇다면 하나님은 왜 죄인을 회개시키지 않고 이처럼 죄를 짓도록 버려두시는가? 아우구스티누스(Augustinus)는 이렇게 말했다. "하나님은 전능하시기에 악인의 의지를 선으로 바꾸실 수 있다. 당연히 그렇게 하실 수 있다. 그렇다면 왜 그렇게 하시지 않는가? 주님의 뜻이 다른 데 있기 때문이다. 왜 그것을 다르게 하시는지는 그분에게 달려 있는 문제이다"(cf. Thomas).

II. 유다와 예루살렘에 대한 심판(4:1-24:27)

E. 심판과 포도나무 비유(14:12-15:7)

지금까지 하나님은 이스라엘을 심판할 것을 지속적으로 선언하셨다. 또한 하나님의 심판은 더 이상 지연되지 않을 것이며 가까운 미래에 임할 것이라고 하셨다. 이 부분에서는 다가오는 심판을 그 누구도 막을 수 없으며(14:12-23), 그 심판으로 유다는 무용지물이 될 것이라고 선언하신다(15:1-7). 본문은 다음과 같이 두 부분으로 나뉜다.

A. 막을 수 없는 심판(14:12-23)
B. 쓸모 없는 예루살렘(15:1-7)

II. 유다와 예루살렘에 대한 심판(4:1-24:27)
E. 심판과 포도나무 비유(14:12-15:7)

1. 막을 수 없는 심판(14:12-23)

**12 여호와의 말씀이 또 내게 임하여 이르시되 13 인자야 가령 어떤 나라가 불
법을 행하여 내게 범죄하므로 내가 손을 그 위에 펴서 그 의지하는 양식을
끊어 기근을 내려 사람과 짐승을 그 나라에서 끊는다 하자 14 비록 노아, 다
니엘, 욥, 이 세 사람이 거기에 있을지라도 그들은 자기의 공의로 자기의 생
명만 건지리라 나 주 여호와의 말이니라 15 가령 내가 사나운 짐승을 그 땅에
다니게 하여 그 땅을 황폐하게 하여 사람이 그 짐승 때문에 능히 다니지 못
하게 한다 하자 16 비록 이 세 사람이 거기에 있을지라도 나의 삶을 두고 맹
세하노니 그들도 자녀는 건지지 못하고 자기만 건지겠고 그 땅은 황폐하리
라 주 여호와의 말씀이니라 17 가령 내가 칼이 그 땅에 임하게 하고 명령하기
를 칼아 그 땅에 돌아다니라 하고 내가 사람과 짐승을 거기에서 끊는다 하
자 18 비록 이 세 사람이 거기에 있을지라도 나의 살을 두고 맹세하노니 그**

들도 자녀는 건지지 못하고 자기만 건지리라 나 주 여호와의 말이니라 19 가
령 내가 그 땅에 전염병을 내려 죽임으로 내 분노를 그 위에 쏟아 사람과 짐
승을 거기에서 끊는다 하자 20 비록 노아, 다니엘, 욥이 거기에 있을지라도
나의 삶을 두고 맹세하노니 그들도 자녀는 건지지 못하고 자기의 공의로 자
기의 생명만 건지리라 주 여호와의 말씀이니라 21 주 여호와께서 이같이 이
르시되 내가 나의 네 가지 중한 벌 곧 칼과 기근과 사나운 짐승과 전염병을
예루살렘에 함께 내려 사람과 짐승을 그 중에서 끊으리니 그 해가 더욱 심
하지 아니하겠느냐 22 그러나 그 가운데에 피하는 자가 남아 있어 끌려 나오
리니 곧 자녀들이라 그들이 너희에게로 나아오리니 너희가 그 행동과 소행
을 보면 내가 예루살렘에 내린 재앙 곧 그 내린 모든 일에 대하여 너희가 위
로를 받을 것이라 23 너희가 그 행동과 소행을 볼 때에 그들에 의해 위로를
받고 내가 예루살렘에서 행한 모든 일이 이유 없이 한 것이 아닌 줄을 알리
라 주 여호와의 말씀이니라

본문은 두 부분으로 구성되어 있다. (1) 하나님의 심판이 얼마나 확고한 현실로 주의 백성에게 임박해 있는지(12–20절)와 심판이 임하면 예루살렘이 어떻게 될 것인지(21–23절). 하나님의 심판은 네 가지로 이스라엘에게 임한다(21절). (1) 전쟁(cf. 17–18절), (2) 기근(cf. 13–14절), (3) 사나운 짐승(cf. 15–16절), (4) 전염병(cf. 19–20절). 숫자 '4'는 총체성(viz., 심판의 완전한 파괴력을 강조함)을 상징하는 숫자이며, 이미 언급한 것처럼 에스겔은 자신의 책에서 이 숫자를 매우 잘 활용한다. 에스겔은 이미 5장에서 이 네 가지 재앙을 언급한 적이 있다.

본문이 언급하고 있는 네 가지 재앙은 모두 모세의 율법이 이스라엘에게 언약을 파괴했을 때 그들에게 임할 것이라고 경고했던 언약적 저주이다(cf. 레 26장). 이스라엘은 책임을 회피할 수 없다. 만약 그들이 "몰라서 그랬다"고 변명한다면 옛적 말씀이 그들에게 증거물로 제시될 것이기 때문이다. 하나님의 뜻대로 산다는 것은 결코 새로운 진리를

밝혀서 그대로 살아간다는 것이 아니다. 오래전에 선포된 말씀대로 살아가면 되는 것이다.

상황이 얼마나 절박한지 고대 근동을 대표할 수 있는 의인들이 이들 속에 거하며 중보하더라도 그들만 구원에 이르지 결코 그들의 의가 다른 사람들에게 구원을 베풀지는 못할 것이라는 사실을 강조한다. 또한 본문은 창세기 18장에 기록된 아브라함과 소돔의 이야기를 연상케 한다. 이 말씀은 이스라엘의 현실에 대해 매우 심각하게 말씀하고 있다. 예루살렘 사람들의 죄가 얼마나 심각한지 이처럼 훌륭하고 의로움의 상징이 되어 있는 인물이 그 성에 거하며 백성들을 위해 하나님께 간구해도 결코 그들의 의가 온 도시를 구할 수 없다. 그들도 겨우 자기 목숨을 구할 뿐이다. 에스겔이 온 인류를 대표하는 의인들로 언급하는 세 사람을 생각해보자.

욥과 노아는 성경에서 잘 알려진 인물들이다. 노아는 하나님의 은혜를 입어 자신의 시대에 걸맞지 않게 의롭게 살다가 온 인류가 심판을 받아 죽을 때 자기 가족과 함께 방주를 통해 죽음을 모면한 사람이다(cf. 창 6:8–9). 노아의 의는 자기 가정을 죽음에서 구하기에 충분했던 것이다. 욥은 의로웠지만 사탄과 하나님과의 갈등 때문에 어려운 연단을 받은 사람이었다(cf. 욥 1:8). 그러나 끝에 가서는 하나님께로부터 의로움을 인정받았고, 재산과 자녀들을 통해 보상을 받은 사람이다(욥 42장). 이 두 의인에 대해서는 별 논쟁이 없다.

에스겔이 언급하고 있는 세 번째 의인 다니엘(דָּנִיאֵל)에 대해서는 상당한 논쟁이 있다(14:14, 28:3). 전통적으로 이 다니엘을 다니엘서의 주인공 다니엘 선지자로 이해해왔으나 그렇지 않다고 오늘날 많은 학자들이 주장한다(Brownlee, Zimmerli, Greenberg, Darr, cf. Day). 다음 세 가지가 주요 증거로 제시된다.

1	이름을 표기하는 방법이 다르다. 다니엘서의 다니엘(דָּנִיֵּאל)과 에스겔의 다니엘(דָּנִאֵל)은 서로 다르게 표기되어 있다.
2	다니엘은 주전 605년경에 강제로 바빌론으로 끌려갔다(단 1:1-3). 그가 끌려갔을 때에 그는 소년이었다. 에스겔이 이 메시지를 받았을 때가 8-11장에 기록된 환상을 본 때(주전 592년)로부터 얼마 지나지 않았을 때로 추정된다. 그렇다면 이 짧은 시간 사이에 다니엘이 에스겔에게까지 알려졌을 가능성이 별로 없다.
3	본문에서 다니엘이 언급되는 것은 그의 의(צְדָקָה) 때문이지 그의 신실함이나 꿈을 해몽할 수 있는 능력 때문은 아니다.

본문의 다니엘이 바빌론에 살고 있는 다니엘이 아니라면 이 다니엘은 도대체 누구인가? 1930년대에 시리아의 북쪽에 위치한 라스샴라(Ras Shamra)에서 주전 1400년경의 우가릿(Ugarit) 유물들이 발견되었다. 이곳에서 발견된 유물들 중 다니엘이란 인물이 등장한다. 그는 페니키아(Phoenicia) 출신으로 아캇(Aqhat)의 아버지였으며 36,000년을 살았다. 그는 매우 의로운 지도자로, 특히 그의 재판은 고아와 과부들의 송사를 귀담아들어주고 정의와 공의를 베푸는 왕의 대표적인 예로 묘사되었다(ANET). 에스겔 28:1-3의 기록과, 두로(Tyre)의 왕과 다니엘을 대조하는 주전 6세기가 아니라 2세기에 다니엘서가 저작되었다는 비평학자들의 주장도 이 학자들의 결론을 부추겼다(cf. Darr).

그러나 이 학자들이 주장하는 바를 수용하기에는 몇 가지 문제점이 있다(cf. Cooper, Block). 첫째, 이방들의 우상을 신랄하게 비난하고 있는 에스겔이 이방 신화/전설에나 등장하는 가상 인물을 의로움의 예로 언급할 가능성이 얼마나 되는가? 더 나아가 성경의 다니엘도 충분히 의로운 자로 논의될 수 있는 성품을 지녔다(Block, cf. Duguid). 둘째, 에스겔이 본문에서 다니엘서의 다니엘을 의로운 인물로 언급하는 것은 시간적으로 충분히 가능한 일이다. 다니엘은 바빌론에 도착하자마자 유명해지지 않았는가! 그는 분명 이미 바빌론에 끌려온 이스라엘 사람들 사이에 영웅으로 자리잡고 있었다(cf. Block).

셋째, 노아, 욥, 다니엘의 이름들은 에스겔의 청중들이 상상할 수 있는 인류의 온 역사를 대표하고 있다. 노아는 홍수 시대 이전부터 이후까지 살았던 사람으로서 인간의 기억이 회상할 수 있는 최고의 고대 시대를 대표한다. 욥은 이스라엘의 선조 아브라함이 가나안 땅에 살고 있었을 때 이 세상에 거하던 사람이었다. 욥의 시대는 이스라엘 역사의 시작을 상징하는 시대였다. 에스겔의 관점에서 다니엘은 이스라엘 역사의 최후 시대를 상징한다. 즉 선지자가 이 세 명을 언급하는 것은 그동안 이 세상에 살았던 모든 의인들이 하나님께 이스라엘을 용서해 달라고 간구해도 결코 하나님이 자기 백성을 용서하지 않으실 것이라는 뜻이다.

이와 같은 메시지가 전적으로 부정적인 것만은 아니다. 욥, 노아, 다니엘처럼 의롭게 살아온 사람들은 분명히 하나님의 은혜를 입을 것이다. 숫자는 많지 않겠지만, 분명히 있다(22-23절). 그렇다면 그들은 과연 어떻게 해서 죽지 않고 살게 되었는가? 그들은 이 도시에 임한 무시무시한 심판의 증인 역할을 위해 죽음을 면하게 된다(22절). 그래서 저자는 이들이 예루살렘에서 '끌려 나온다'(יצא, 22절, 개역개정, 아가페)라고 한다. 이들은 하나님의 은혜의 트로피가 아니라 전쟁 포로가 되어 도성을 떠나게 되는 것이다(Allen).

그럼에도 불구하고 생존자들은 인류 역사의 대표적인 의인들(viz., 욥, 노아, 다니엘)도 누릴 수 없었던 축복을 누린다. 욥, 노아, 다니엘마저도 자식들을 구할 수 없는데(20절), 이 생존자들은 자식들을 데리고 예루살렘을 떠날 수 있을 것이다(22절). 이 생존자들은 바빌론에 이미 끌려온 포로민들에게 왜 예루살렘이 망하게 되었는지, 하나님의 심판이 얼마나 타당했는지를 증명하는 역할을 할 것이다. 그럼에도 불구하고 이 생존자들도 악하다는 사실을 생각해보면(22-23절), 예루살렘에서 멸망한 사람들은 얼마나 더 악했을지 상상할 수 있다(Cooke). 이 증인들은 바빌론에 도착하면, 하나님의 심판을 충분히 이해할 뿐만 아니라, 당연한 것으로 받아들이게 될 것이다. 또한 포로민들은 예루살렘에서부터 끌려온 이 형편없는 생존자들을 보고 위로를 받게 될 것이다(23절).

II. 유다와 예루살렘에 대한 심판(4:1-24:27)
E. 심판과 포도나무 비유(14:12-15:7)

2. 쓸모 없는 예루살렘(15:1-7)

1 여호와의 말씀이 내게 임하여 이르시되

2 인자야 포도나무가 모든 나무보다 나은 것이 무엇이랴
숲속의 여러 나무 가운데에 있는 그 포도나무 가지가 나은 것이 무엇이랴
3 그 나무를 가지고 무엇을 제조할 수 있겠느냐
그것으로 무슨 그릇을 걸 못을 만들 수 있겠느냐
4 불에 던질 땔감이 될 뿐이라
불이 그 두 끝을 사르고
그 가운데도 태웠으면
제조에 무슨 소용이 있겠느냐
5 그것이 온전할 때에도 아무 제조에 합당하지 아니하였거든
하물며 불에 살라지고 탄 후에 어찌 제조에 합당하겠느냐

6 그러므로 주 여호와께서 이같이 말씀하셨느니라 내가 수풀 가운데에 있는
포도나무를 불에 던질 땔감이 되게 한 것 같이 내가 예루살렘 주민도 그같
이 할지라 7 내가 그들을 대적한즉 그들이 그 불에서 나와도 불이 그들을 사
르리니 내가 그들을 대적할 때에 내가 여호와인 줄 너희가 알리라 8 내가 그
땅을 황폐하게 하리니 이는 그들이 범법함이니라 나 주 여호와의 말이니라
하시니라

대체적으로 성경에서 포도나무 비유는 하나님과 이스라엘의 관계를

상징하는 좋은 비유이다. 하나님은 포도나무를 가꾸시는 농부이고, 이스라엘은 이 농부가 가장 아끼고 사랑하는 포도나무로 묘사된다. 선지자는 이처럼 전통적으로 좋은 의미를 지닌 이미지를 심판과 징계의 메시지를 선포하는 데 사용한다. (긍정적이든 부정적이든) 그들에게 전수된 이미지들이 내포하고 있는 고정관념을 깨뜨리고 새로운 의미를 부여하는 것이 에스겔의 특징이다.

유대인들의 전통에 의하면 커다란 금색 포도나무가 성전 문들을 장식했으며 이 나무들의 넝쿨에 매달려 있는 포도송이들은 거의 2미터까지 이른 것으로 알려졌다(Thomas, cf. Greenberg). 포도나무는 이스라엘은 하나님이 이집트에서 특별히 취하신 가장 좋은 종자의 포도나무라는 것을 의미했다(cf. 시 80:8–14, 사 3:14, 5:1–7). 예수님도 포도나무와 포도원을 예로 들어가며 많은 가르침을 주셨다(마 20:1–16, 9:17, 21:28–32, 21:33–41, 막 12:1–11, 눅 13:6–9, 20:9–18). 또한 주님은 자신을 참 포도나무로 표현하셨다(요 15:1–7).

포도나무 전통은 야곱이 죽기 전에 요셉에게 내려준 축복으로 거슬러 올라간다(창 49:22). 그 이후 포도나무 비유는 대체적으로 나무의 열매와 관련해 사용되었다. 포도나무를 가꾼 농부의 기대와는 달리 이스라엘은 삶에서 좋은 '포도'들을 맺지 않았다(cf. 사 5:1–7). 성경의 다른 포도나무 비유들이 열매에 초점을 맞추는 것과는 달리 에스겔은 본문에서 '포도'에 관심을 두지 않고 '나무'에 초점을 맞추어 메시지를 선포한다. 그는 앞서간 선배 선지자들의 가르침을 통해 이스라엘은 이때까지 좋은 포도를 맺지 못했고 앞으로도 맺지 못할 것임을 뼈아픈 현실로 받아들였다. 그래서 포도나무의 포도에 대한 이야기는 아예 접고, 포도나무 자체를 예로 들어 메시지를 전한다.

본문의 핵심 질문은 '열매 맺지 않는 포도나무는 어떤 쓸모가 있을까?'이다. 포도나무가 포도를 생산하지 않으면 아무 쓸모가 없다는 것이 이 비유의 골자이다(cf. Taylor). 에스겔은 예루살렘을 숲 속의 야생 포도나무로 비유해서 세 개의 질문을 제시하며 이야기를 전개해 나간다. 첫째 질문은 다른 나무와 비교할 때 포도나무는 어떠한 목재를 생산하는가 하는 점이다(2절). 잘 알다시피 목재용으로 포도나무는 다른 나무들과 질적으로 비교할 수 없을 정도로 형편없다. 그래서 목재로는 쓰일 수 없다. 포도를 생산하는 일 외에는 다른 어떤 용도도 상상할 수 없음을 생각하게 한다. 둘째, 만일 포도나무가 목재를 생산한다면, 그 목재(포도나무 줄기)로 가구를 만들 수 있는가 하는 질문이다(3절). 가구는 둘째치고 그릇을 걸 수 있는 나무못(יָתֵד) 하나도 만들 수 없다는 것이 선지자의 결론이다(3절).

만일 포도나무로 쓸 만한 목재나 나무못 하나 만들 수 없다면, 불을 피우는 장작으로는 어떠한가 하는 것이 세 번째 질문이다(4절). 포도나무는 두께나 나무의 밀도를 고려할 때 장작으로도 적당하지 않다. 그나마 타다 만 포도나무는 화력이 더욱더 형편없다. 바로 이스라엘이 반쯤 타버린 포도나무 줄기이다(4절). 이런 포도나무 줄기는 무용지물로, 불태울 수밖에 없다. 사실 불태워도 반쯤 타버린 줄기는 많은 열을 주지는 않는다(cf. 4-5절). 이스라엘의 형편은 이렇다. 그들은 주전 597년에 이미 '반쯤 타버린 나라'가 되었다. 그런데도 "우리는 선민이다"라면서 허영심을 내세우고 영적인 거드름을 피우고 있다. 하나님의 '선택'만을 앞세우면서 삶에서 열매를 맺지 못하는 기독교인들은 하나님 보시기에 어떤 존재들인가?

선지자는 포도나무가 이스라엘이라고 말한다(6-7절). 이스라엘은 주변 국가에 비하면 하찮은 존재였다. 포도나무의 줄기가 목재로서 참나무나 향나무와 비교해 어떤 가치가 있는가는 말할 필요도 없다. 그나마 이스라엘은 여호야김 시대인 주전 605년과 그의 아들 여호야긴 시대인 주전 597년에 원수(viz., 바빌론)가 지른 불에 '반쯤 타버린' 포도나무 줄기가 되었다. 하나님은 반쯤 타버린 포도나무를 다시 불에 던지신다(7절). 이스라엘은 아무 쓸모가 없는 나무라는 것을 확인하시는 것이고, 이스라엘이 이때까지 경험했던 여러 환란이 그들을 반쯤 태웠다면, 앞으로 다가올 환란은 그들을 완전히 태워버릴 것이라는 말씀이다. 반쯤 타버린 나라를 완전히 소멸시킬 심판의 불이 곧 몇 년 후인 주전 586년에 임할 것이다.

제구실을 하지 못해 주인도 좋은 열매 맺는 것을 오래전에 포기해버린 포도나무는 결국 목재로도, 심지어는 땔감으로도 적당치 않다는 판결을 받는다. 우리의 신앙생활은 어떤가? 삶에서 열매 맺는 일의 심각성을 생각해보자. 우리가 고백하는 신앙만큼 신실하게 살지 못하면, 그만큼 더 큰 화를 심판으로 받을 것이다. 이러한 가르침은 이스라엘은 하나님의 선택받은 포도나무이기 때문에 잘릴지는 몰라도(viz. 가지치기) 완전히 멸망하지는 않을 것이라고 생각하는 사람들을 향한 강력한 경고이다. 하나님의 선택이 우리의 언약적 신실함과 쌍을 이루어야 한다는 사실을 깨달아야 한다. 이 비유에서 가장 충격적이고 슬픈 소식이 있다. 쓸모 없는 포도나무를 불에 던지는 이가 다름 아닌 이 포도나무를 심으셨던 농부 여호와 하나님이라는 사실이다.

F. 음란한 여자들(16:1-63)

이 장(章)은 에스겔서 안에서 가장 긴 것이며 총 63절로 구성되어 있다. 에스겔서 평균 장(章) 길이의 3-4배가 된다. 또한 소선지서들 중 여섯 권보다 더 길다. 이스라엘과 여호와의 관계를 풍유로 표현한 본문은 매우 충격적이고 자극적인 언어를 사용한다. 선지자는 본문에서 선포하고 있는 메시지와 이미지를 23장에서 상당히 비슷한 형태로 한 번 더 반복한다. 스펄전(Spurgeon)은 공식석상에서 이 성경 말씀을 읽기가 참 민망하다고 고백했다(Thomas). 유대인들도 회당에서는 이 장을 읽지 않았다고 한다(Fisch).

본문은 내용 면에서 새로운 이미지나 사상을 제시하지는 않는다(cf. Davis). 성경에 자주 등장하는 하나님과 이스라엘의 결혼에 관한 내용으로, 남편 하나님과 아내 이스라엘의 결혼은 시내 산 언약을 토대로 하고 있다. 에스겔의 대선배 호세아는 결혼 주제를 통해 하나님과 이스라엘의 관계가 위기에 처했음을 노골적으로 표현했다.

그러나 표현 방식이나 내용에서 호세아와 에스겔은 현저한 차이를 보인다. 호세아는 끝까지 음란한 아내를 버리지 않을 뿐만 아니라, 가출한 아내를 포기하지 않는, 곧 언약적 사랑으로 간음한 아내 이스라엘을 기다리시는 남편 하나님의 모습을 묘사한다. 반면에 에스겔은 고대 근동에서 종종 사용되었던 한 이야기의 서식을 빌려 놀라운 은총을 베푸신 하나님을 배반하고 우상을 숭배한(viz., 남편을 버리고 창녀의 길로 접어든) 이스라엘과 예루살렘에 대해 진노를 퍼붓는다.[22]

에스겔이 이 부분에서 전하고자 하는 이야기의 중심 테마는 '주의 백성의 음행'(זנה)이다. 성경에서 나라나 민족이 음행을 행한다는 것은 항상 우상을 숭배한다는 뜻이다. 선지자는 이스라엘의 우상숭배를 고발하기 위해 이 동사(זנה)와 파생어들을 본문에서 21차례나 사용한다. 전반부(1-43절)는 아내 예루살렘의 남편 하나님에 대한 배신을 고발한다. 후반부(44-63절)는 예루살렘을 그의 '두 자매'로 불리는 사마리아와 소돔과 비교해가면서 남편을 배신한 아내 테마를 계속 발전시켜 나간다. 선지자는 충격적인 언어와 이미지를 지속적으로 구상하면서 이야기를 전개해 나간다. 더 놀라운 것은 예루살렘의 이러한 철저한 배신에도 불구하고 하나님이 그들을 회복시키실 것을 약속하신다는 사실이다

22 고대 근동에는 버려진 여자아이를 길 가던 부자 남자가 데려다 키워서 나중에 그 아이와 결혼하는 이야기 양식이 있었다(Malul). 이런 이야기 서식은 '거적때기에서 부귀영화'로 운명이 바뀌는 것을 강조했다(Malul, Block, cf. Zimmerli, Greenberg).

(59-63절). 본문은 다음과 같이 구분할 수 있다.

A. 버려진 여자아이 예루살렘(16:1-7)
B. 예루살렘의 결혼과 신분 상승(16:8-14)
C. 예루살렘의 간음(16:15-22)
D. 창녀보다 못한 예루살렘(16:23-34)
D'. 예루살렘에 대한 남편의 심판(16:35-43)
C'. 그 어머니에 그 딸들(16:44-52)
B'. 어머니와 딸들의 회복(16:53-58)
A'. 언약에 따른 예루살렘 구속(16:59-63)

II. 유다와 예루살렘에 대한 심판(4:1-24:27)
F. 음란한 여자들(16:1-63)

1. 버려진 여자아이 예루살렘(16:1-7)

[1] 또 여호와의 말씀이 내게 임하여 이르시되 [2] 인자야 예루살렘으로 그 가증
한 일을 알게 하여 [3] 이르기를 주 여호와께서 예루살렘에 관하여 이같이 말씀
하시되 네 근본과 난 땅은 가나안이요 네 아버지는 아모리 사람이요 네 어머
니는 헷 사람이라 [4] 네가 난 것을 말하건대 네가 날 때에 네 배꼽 줄을 자르지
아니하였고 너를 물로 씻어 정결하게 하지 아니하였고 네게 소금을 뿌리지
아니하였고 너를 강보로 싸지도 아니하였나니 [5] 아무도 너를 돌보아 이 중에
한 가지라도 네게 행하여 너를 불쌍히 여긴 자가 없었으므로 네가 나던 날에
네 몸이 천하게 여겨져 네가 들에 버려졌느니라 [6] 내가 네 곁으로 지나갈 때
에 네가 피투성이가 되어 발짓하는 것을 보고 네게 이르기를 너는 피투성이
라도 살아 있으라 다시 이르기를 너는 피투성이라도 살아 있으라 하고 [7] 내
가 너를 들의 풀 같이 많게 하였더니 네가 크게 자라고 심히 아름다우며 유방
이 뚜렷하고 네 머리털이 자랐으나 네가 여전히 벌거벗은 알몸이더라

하나님이 선지자에게 예루살렘의 가증함을 비난하라고 하셨다(2절). 예루살렘에 대한 하나님의 비난은 "네 근본과 난 땅은 가나안이요, 네 아버지는 아모리 사람이요, 네 어머니는 헷 사람"이라는 알쏭달쏭한 말씀으로 시작된다(3, cf. 45절). 이 말씀이 예루살렘에 선포되고 있으므로, 예루살렘이 이스라엘의 지배 아래 들어오기 전에는 이 가증스러운 족속들로 가득했다는 뜻으로 풀이될 수 있다(Duguid). 그러나 선지자는 이스라엘이 태어날 때부터 위태로웠다는 것을 회고한다. 그러므로 이 말씀을 예루살렘이 아니라 온 이스라엘의 역사와 연결시켜 해석하는 것이 바람직하다.

이스라엘은 가나안으로 이주한 아브라함의 후손들이다. 하나님은 그들에게 가나안을 정복하고 거주민들을 진멸하라고 하셨다. '가나안'은 이스라엘이 처음으로 나라로 출발했던 장소이다. 그러나 '가나안' 하면 도덕적으로 타락한 사회를 상징하기도 했다(Taylor). 가나안의 부패를 잘 아는 하나님은 이스라엘이 가나안 사람들과 피를 섞으며 사는 것을 금하셨다. 그러나 여호수아서를 살펴보면 그들은 정복 시대부터 가나안 사람들을 내쫓지 못하고 함께 살았다. 결국 이스라엘과 가나안 사람들은 결혼 등을 통해 서로 교류하며 종교도 혼합했다. 그래서 하나님은 이스라엘의 아버지는 아모리 사람이고 어머니는 헷 사람이라며 이들의 가나안화(Canaanization)를 비난하신다. 예루살렘은 원래 하나님과의 관계에 적합하지 않은 이방인 성향을 많이 지니고 있었다는 것이다.

아모리 사람과 헷 사람과 가나안 사람은 이스라엘이 가나안을 정복하기 전에 그 지역에 가장 많이 살았던 3대 민족이었다(Block, Greenberg). 아모리 족은 사막에 거하는 족속이었으며 주전 2000년대 초기에 바빌론을 정복하고 그곳에 함무라비(Hammurabi) 왕과 법전으로 유명해진 왕국을 세웠다(ABD). 헷 족은 주전 2000년대에 소아시아 지역에서 번성했던 족속이다(ABD, cf. 창 23:1–20, 26:34, 삼상 26:6, 삼하 11:2–27). 하나님이 이스라엘과 함께 이 족속들을 언급하는 것은 그들을 함께 경멸하기 위해서이다. 이 족속들은 인간 부패와 타락의 상징이다(cf. 44-52절).

그나마 이스라엘은 태어나자마자 부모에게 버려진 여자아이와 같았다(4-5절). 오늘날에 중동 지방의 유목민 가정에 아이가 태어나면 탯줄을 자른 후 물, 소금 그리고 기름으로 온몸을 문지른 다음에 옷감으로 단단하게 싸서 7일을 둔다(Fisch). 7일이 지나면 다시 물과 기름으로 몸을 씻고 또 7일 동안 새 옷감에 싸서 두기를 40일째가 될 때까지 반복한다(Block). 선지자가 강조하는 것은 예루살렘은 갓 태어난 아이가 받아야 할 가장 기본적인 씻김도 받지 못하고, 포대기째 버려진 처량한 신세의 아이와 같은 처지였다는 사실이다. 갓 태어난 아이가 이러한 절차를 거친 것은 단순히 건강 차원의 행위였을 뿐만 아니라, 태어난 아이가 가족의 일원으로 받아들여졌다는 법적인 의미를 지닌 행위였다(Block).

그러므로 이스라엘이 이러한 조치를 받지 않고 버려졌다는 것은 부모가 아이에 대한 법적인 권리와 책임을 포기했다는 의미를 지녔다(Malul). 고대 근동에서는 태어난 아이가 병이 들거나 기형아로 태어난 경우, 또한 건강하지만 부모가 아이를 원하지 않은 경우 이러한 방법으로 버려 죽게 했다(Zimmerli, Greenberg). 흔히 건강하게 태어난 남자아이보다는 여자아이들이 버려졌다(Wevers).

"네가 피투성이가 되어 발짓하는 것을 보고 이르기를 너는 피투성이라도 살아 있으라!"(וָאֹמַר לָךְ בְּדָמַיִךְ חֲיִי וָאֹמַר לָךְ בְּדָמַיִךְ חֲיִי, 6절)의 정확한 해석이 어렵다(cf. NRS, NIV, NAS). 확실한 것은 죽음에 처한 아이에게 살아달라고 간곡히 부탁한다는 것이다. 아이가 탯줄도 자르지 않은 상태 그대로 버려졌다면, 특히 팔레스타인 지역의 뜨거운 태양 아래 버려졌다면, 몇 시간도 견디지 못하고 죽었을 것이다. 여호와께서는 이처럼 부모에게 버려져 죽음에 처한 아이와 같았던 이스라엘에게 살아달라고 선언하신다. 그것은 이 아이를 법적으로 입양한다는 의미였다

(Malul). 하나님이 버려진 이스라엘을 딸로 입양하신 것이다. 그리고 마침내 아이는 살았다(7절). 하나님의 개입으로 죽음의 들판(5절)이 생명의 들판(7절)으로 바뀌었다(Duguid).

"네가 크게 자라고 심히 아름다우며"(וַתָּבֹאִי בַּעֲדִי עֲדָיִים, 7절)의 해석이 어렵다. 개역개정이 '심히 아름답다'로 번역하고 있는 히브리어 문구를 문자적으로 해석하면 '보석 중에 보석'(viz., 가장 아름다운 보석)이 된다. 그래서 NIV는 "너는 성장하고 발전하여 가장 아름다운 보석이 되었다"(You grew up and developed and became the most beautiful of jewels)로 번역한다. NAS는 "너는 크게 자라서 아름다운 치장을 하는 나이가 되었다(Then you grew up, became tall and reached the age for fine ornaments, cf. ESV). 그러나 NRS는 עֲדִי עֲדָיִים의 ע을 נ으로 '월경'으로 해석해 "너는 키가 크게 자라서 [월경하는] 성숙한 여자가 되었다"(You grew up and became tall and arrived at full womanhood)로 번역한다(cf. TNK). 문맥을 고려할 때, 본문이 이 여자아이의 성숙함을 강조하고 있으므로, NRS와 TNK의 번역이 가장 적합한 것으로 생각된다.

선지자는 보잘것없고 초라하고 버려져 죽음에 처한 갓 태어난 어린아이('핏덩어리')의 모습으로 이스라엘의 초라한 시작을 표현한다. 죽을 수밖에 없던 이 아이를 여호와께서 데려다가 잘 자라도록 보살피셨다(7절). 이때가 언제인가? 학자들마다 견해가 다양하다. 데이비드슨(Davidson)은 선조 시대(아브라함-야곱 시대)로, 카일은 이스라엘이 이집트에 거할 때로, 스키너(Skinner)는 다윗과 솔로몬 시대 바로 전(viz., 사사 시대)으로 해석한다(cf. Zimmerli, Block).

벌거벗은 것과 부정한 모습은 이집트에서 종살이 하던 시대를 의미한다. 한 주석가는 6절에 기록된 하나님의 '살아 있으라'는 명령이 요셉을 통해 지속된 기근으로 멸종 위기에 놓인 야곱의 자손들을 구하신 하나님의 의지를 잘 표현한다고 설명한다(Taylor, cf. 시 105:17ff.). 과거를 돌아보면 누구에게나 이런 시절이 있었을 것이다. "개구리 올챙이 시절을 모른다"라는 말이 혹시 우리 신앙생활을 요약한 말이 되지 않았는지 두렵다. 본문은 이스라엘의 자존심을 철저하게 무너뜨리고 있다. 그들은 자신들을 하나님의 선택된/최고급 포도나무로 생각해왔다. 선지자는 그들의 생각은 착각에 지나지 않는다고 한다(cf. Duguid).

II. 유다와 예루살렘에 대한 심판(4:1-24:27)
F. 음란한 여자들(16:1-63)

2. 예루살렘의 결혼과 신분 상승(16:8-14)

**8 내가 네 곁으로 지나며 보니 네 때가 사랑을 할 만한 때라 내 옷으로 너를
덮어 벌거벗은 것을 가리고 네게 맹세하고 언약하여 너를 내게 속하게 하였
느니라 나 주 여호와의 말이니라 9 내가 물로 네 피를 씻어 없애고 네게 기
름을 바르고 10 수 놓은 옷을 입히고 물돼지 가죽신을 신기고 가는 베로 두
르고 모시로 덧입히고 11 패물을 채우고 팔고리를 손목에 끼우고 목걸이를
목에 걸고 12 코고리를 코에 달고 귀고리를 귀에 달고 화려한 왕관을 머리에
씌웠나니 13 이와 같이 네가 금, 은으로 장식하고 가는 베와 모시와 수 놓은
것을 입으며 또 고운 밀가루와 꿀과 기름을 먹음으로 극히 곱고 형통하여
왕후의 지위에 올랐느니라 14 네 화려함으로 말미암아 네 명성이 이방인 중
에 퍼졌음은 내가 네게 입힌 영화로 네 화려함이 온전함이라 나 주 여호와
의 말이니라**

죽게 버려진 여자아이(viz., 이스라엘)를 살려준 남자(viz., 여호와)가 다시 이 아이 앞을 지나가게 된다. 이 비유의 배경이 되고 있는 근동의 문학적 양식의 흐름에 따라 상황을 구성해보자. 원래 먼 길을 가기 위해 떠났다가 버려진 여자아이를 발견한 남자는 아이를 데리고 집으로 돌아왔다. 남자는 자기 종들을 불러 아이를 맡기고는 잘 키우라며 다시 길을 떠났다. 수년이 지나 드디어 남자(주인)는 집으로 돌아왔다. 돌

아와보니 전에 종들에게 맡기고 떠났던 여자아이가 아리따운 처녀로 자라 있었다!

이 시점에서 8절의 이야기가 시작된다. 남자가 맡기고 떠났던 여자아이는 완전히 성숙한 아름다운 여인('사랑을 할 만한 때'[עֵת דֹּדִים] viz., 결혼 적령기)으로 자라 있다(8절). 그러나 아직도 벌거벗고 핏자국이 그대로 남아 있는 부정한 모습을 하고 있었다(8–9절). 에스겔은 이집트에서 종살이하고 있던 이스라엘의 모습을 이렇게 묘사하고 있다. 이스라엘이 이집트를 떠날 즈음에 숫자적으로는 많이 성장했지만 과거의 부정함과 부끄러움은 그대로 지니고 있었다.

남자(여호와)는 자기 겉옷 자락으로 처녀로 성숙한 여자아이(이스라엘)의 벗은 모습을 가려주었다(8절). 고대 근동 문화에서 남자가 여자를 옷자락으로 덮는다는 것은 새로운 관계의 시작(Block), 특히 결혼이 조만간 성립될 것을 의미한다(Kruger). 성경 안에서는 결혼을 상징하기도 한다(cf. 룻 3:9). 이 여인의 이야기는 고대 근동판 신데렐라 스토리이다(cf. Cooper).

여호와는 이스라엘과 언약을 맺었다(8절). 언약을 맺는 것은 결혼식을 의미한다(잠 2:17, 말 2:14). 하나님과 그 백성의 관계가 결혼 관계로 표현되고 있다. 인류가 아는 바로는 결혼보다 더 귀하고 아름다운 관계는 없다. 하나님이 자기 백성이 된 사람들을 이처럼 소중하게 여기신다. 우리는 이러한 하나님의 은혜에 대해 깊이 묵상하고 감사해야 한다.

여호와께서는 신부로 맞아들이신 이스라엘의 모든 부정함을 씻기고 기름도 발라주셨다(9절). '입히다–씻기다–바르다'는 이 여자아이가 버려졌을 때 부모로부터 받지 못했던 보살핌을 반전시키고 있다. 아이는 씻음을 받지 못했으며, 기름(소금) 바름도 받지 못했고, 옷도 입지 못한 채 버려졌다(4절). 분명히 풍유지만 역사적 사실을 빗대 말하고 있다.

일부 주석가들은 이 결혼이 다윗 언약(cf. 삼하 7장)을 상징한다고 한다(Duguid). 만일 이 여자를 예루살렘으로만 제한하면 옳은 해석이다. 그러나 만일 우리가 이 여자를 예루살렘을 포함한 온 이스라엘을 상징하는 것으로 간주한다면, 이 결혼은 이스라엘이 이집트를 떠나온 후 시내 산에서 1년을 머물며 하나님과 언약을 체결해 그의 백성이 된 것을 의미한다(Fisch, Greenberg, Cooper). 이때 비로소 이스라엘은 한 나라로 출발한 것이다. 고대 근동에서 결혼이 이루어지려면 두 사람의 동의가 필요했다. 그러나 여기서 선지자가 강조하는 것은 이 결혼식은 전적으로 여호와의 주도로 이루어진 주님의 은혜라는 사실이다. 하나님의 '신부'로서 도저히 자격이 안 되는 이스라엘을 일방적으로 사랑하신 것이다.

이 이야기는 세상에서 가장 존귀한 분이 가장 비천한 여자를 아내로 맞이하신 것으로 끝나지 않는다. 오히려 시작일 뿐이다. 남편 하나님은 이 보잘것없는(옷도 제대로 입고 있지 못한) 여자 이스라엘을 세상에서 가장 귀한 옷(רִקְמָה)을 입히시고,[23] 장식품들과 보석으로 치장함으로써 아름다움과 부를 겸비한 귀부인(왕비)으로 만들어주셨다(10-13절). 고대 근동의 여인들이 보석과 장식으로 치장하던 신체적 부위들이 11-12절에서 모두 나열되고 있다(Duguid). 하나님이 이 여인을 참으로 영화롭게 하셨다는 의미이다.

여인의 모습이 13절에서 절정으로 묘사된다. "이렇게 너는 금과 은으로 장식하고, 모시옷과 비단옷과 수놓은 옷을 입었다. 또 너는, 고운 밀가루와 꿀과 기름으로 만든 음식을 먹어서, 아주 아름답게 되고, 마침내 왕비처럼 되었다"(13절). 보석과 장식뿐만 아니라, 여인이 먹는 음식도 왕비의 음식으로 주셨다. 가장 비천한 여자의 신분이 가장 높은 지위로 상승한 것이다. 당연한 일이다. 여자가 세상에서 가장 존귀한

23 일부 주석가들은 제사장들의 옷과 지성소와 성소를 구분하는 휘장을 만드는 데 사용된 옷감을 표현할 때 이 단어가 사용된다고 종교적인 의미까지 부여하는데(Darr), 본문에서는 이 여인이 입고 있는 옷의 귀중함을 묘사하는 것으로만 이해하는 것이 바람직하다.

분과 결혼했으니, 그의 아내로서 이 여인의 신분도 덩달아 상승한 것이다.

여기서 생각해야 할 것은 이 모든 일이 결코 여인이 노력해서 얻은 결과가 아니라 하나님이 일방적으로 베푸신 은혜라는 사실이다. 하나님은 이스라엘과 결혼하면서 이 비천한 여인에게 왕인 하나님의 수준에 맞는 것들로 대우하셨다. 스키너(Skinner)는 이 시대를 통일 왕국 시대(다윗-솔로몬 시대)로 해석한다(cf. Wevers, Greenberg, Fisch). 설득력이 있는 말이다. 그러나 이 풍유를 지나치게 역사적인 시간표와 연결해서 해석하는 것은 바람직하지 않다.

한순간에 가장 비천한 여자에서 가장 존귀한 여자로 신분이 바뀐 여인은 어느덧 세상 모든 남자들의 선망의 대상이 되어 있다(14절, cf. 시 48편). 선지자는 시온을 언급하지 않으면서 시온의 이상적인 모습을 그리고 있다. 시온은 진정 온 열방의 선망의 대상이 되어야 했다. 시온이 이렇게 된 것은 하나님이 베푸신 화려함으로 "그녀의 아름다움이 완전하게 되었기 때문"이다(14절). 역시 모든 것이 하나님이 베푸신 은혜의 결과였다. 이러한 사상은 신명기 7:7ff., 9:4ff., 32:10ff., 예레미야 2:2, 호세아 9:10 등에 잘 나타나 있다. 또한 신약에서도 같은 사상이 꽃을 피운다.

II. 유다와 예루살렘에 대한 심판(4:1-24:27)
F. 음란한 여자들(16:1-63)

3. 예루살렘의 간음(16:15-22)

15 그러나 네가 네 화려함을 믿고 네 명성을 가지고 행음하되 지나가는 모든 자와 더불어 음란을 많이 행하므로 네 몸이 그들의 것이 되도다 16 네가 네 의복을 가지고 너를 위하여 각색으로 산당을 꾸미고 거기에서 행음하였나니 이런 일은 전무후무하니라 17 네가 또 내가 준 금, 은 장식품으로 너를 위하

여 남자 우상을 만들어 행음하며 [18] 또 네 수 놓은 옷을 그 우상에게 입히고
나의 기름과 향을 그 앞에 베풀며 [19] 또 내가 네게 주어 먹게 한 내 음식물
곧 고운 밀가루와 기름과 꿀을 네가 그 앞에 베풀어 향기를 삼았나니 과연
그렇게 하였느니라 주 여호와의 말씀이니라 [20] 또 네가 나를 위하여 낳은 네
자녀를 그들에게 데리고 가서 드려 제물로 삼아 불살랐느니라 네가 네 음행
을 작은 일로 여겨서 [21] 나의 자녀들을 죽여 우상에게 넘겨 불 가운데로 지나
가게 하였느냐 [22] 네가 어렸을 때에 벌거벗은 몸이었으며 피투성이가 되어서
발짓하던 것을 기억하지 아니하고 네가 모든 가증한 일과 음란을 행하였느
니라

이 부분과 다음 부분(23-34절)에서 간음(זנה)이란 어원이 18차례나 사용되고 있는데, 모두 이스라엘의 배교 행위를 고발한다. 선지자는 이스라엘이 여호와께서 주셨던 선물을 어떻게 간음하는 데 사용했는가를 고발한다. 본문에서 에스겔은 이스라엘의 종교적인 배교 행위에 대해 전반적으로 비난하고 다음 부분에서는 예루살렘이 간음한 것을 더 구체적으로 비난한다.

하나님은 버려진 여자아이를 키운 후 결혼하면서 많은 기대를 하셨을 것이다. 여자는 자기를 죽음에서 구해주고 천한 신분인 자신과 결혼해주신 남편 하나님을 죽도록 사랑해야겠다는 각오로 살아가는 것이 당연하다. 하나님도 새로 맞이한 아내에게서 이러한 기대를 하셨을 것이다. 그러나 하나님의 기대는 철저하게 무너졌다. 세상에서 가장 훌륭한 남편과 결혼한 후에도 여인의 삶에서는 순결이나 정조라는 것은 찾아볼 수 없었다(cf. 호 2:4-14).

여인은 남편이 그에게 준 고귀한 신분을 앞세워 누구하고든 음행을 서슴지 않았다(15절). 에스겔은 자신이 발전시키고자 하는 논제(thesis statement)를 15절에서 제시한다(Block). 이스라엘이 참으로 어이없는 짓을 하며 우상들과 놀아났다는 것이다. 더 나아가 여인은 남편이 선물

로 준 모든 것을 간음하는 데 사용했다. 남편 여호와께서 이스라엘의 벌거벗음을 가리기 위해 주신 옷을 가지고 가지각색의 산당들을 꾸미고 그 위에서 음행을 했다(16절, cf. 왕하 23:7). 산당은 이스라엘의 영성에게 영원한 걸림돌이었다.

남편이 선물한 금, 은, 보석 등으로 남자 형상을 만들고 그것들과도 음행을 했다(17절). 남편이 준 수 놓은 옷을 가져다가 남자 형상에 걸쳐 주었다(18절). 남편이 준 고급 음식을 가져다가 남자 형상에게 드리는 제물로 삼았다(18-19절). 이 여인의 행동은 여러 가지 면에서 솔로몬을 상기시킨다. 성경에서 가장 많은 물질적 축복을 받은 사람은 솔로몬이다. 그러나 솔로몬은 그 많은 재물을 우상을 숭배하는 일에 썼다(cf. 왕상 11장). 또한 이 여자는 분명 탕자(눅 15:11-32)의 '구약 버전'이다(cf. Duguid).

예루살렘은 남편 하나님께로부터 선물로 받은 온갖 축복을 악용해 죄를 지었다. 아낌없이 선물을 주신 분에 대한 배은망덕(背恩忘德)이다. 선물을 준 사람보다는 선물을 더 사랑한 결과이다. 하나님이 가장 많은 물질을 축복으로 주신 시대인 솔로몬 시대에 이스라엘에 우상숭배가 깊이 뿌리내리기 시작했다. 기독교 역사를 보면 종교개혁이 일어난 뒤 곧바로 교회는 우상숭배와 미신적인 사고에 빠져 큰 피해를 입었다. 하나님은 많이 주신 자들에게 많은 것을 요구하신다(cf. 마 11:20-24).

이스라엘은 심지어 하나님과의 결혼에서 태어난 아이들까지 가져다가 남자 형상에게 제물로 바쳤다(20-21절, cf. 레 18:21, 왕하 23:10, 렘 32:25). 신명기 6:10-12를 생각해보라. 몰렉(Molech)에게 아이를 바친다는 것은 아이를 죽이고 그 시체를 번제물로 태우는 행위였다(cf. 21절). 하나님의 통치를 상징한다는 이스라엘의 왕들 중 아하스(왕하 16:3)와 므낫세(왕하 21:6)도 이런 일을 했으니 평민들은 말할 나위도 없었다. 실제로 예레미야 시대에 이르러서는 인간 번제가 이스라엘에서 흔한 일이 되었다(Zimmerli, cf. 렘 7:31, 19:5, 32:35). 창세기 22장에서 하나님은 아브라함이 이삭을 바치는 것을 금하셨다. 이 사건을 통해 하나님은 결코 이런 제물을 요구하지 않으신다는 것을 이스라엘 사람들에게 확실히 가르쳐주셨을 것이다. 대신 하나님은 그들의 삶에서 정의와 공의가 꽃피기를 원하셨다(미 6:6-8).

여자가 자기 아이를 우상에게 제물로 바치는 일이 무척 슬픈 이유가 또 하나 있다. 한때 이 여인은 부모에게 버려져 죽음의 위기에 처한 아이였다. 그때 하나님이 이 아이의 생명을 구해주셨다. 문제는 개구리 올챙이 시절 모른다고, 이 여인은 자기가 어떻게 부모에게 버림받아 생명을 잃을 뻔했던가를 망각하고 오히려 자기가 낳은 아이를 죽이고 있다(cf. 22절). 남의 은혜를 입어 생명을 유지할 수 있었던 이 여인은 어느덧 기억상실증 환자가 되어 있다. 과거를 기억하지 못하는 여인은 죽음과 춤을 추는 무당이 되어 자기 자식들을 죽인다!

상상할 수 없는 일이 벌어지고 있다. 특히 마음 아픈 것은 이 여인이 간음하는 데 사용하는 자원이 모두 남편으로 받은 사랑의 선물이라는 사실이다. 여자의 행동은 그녀에게 많은 선물을 준 남편의 얼굴에 먹칠을 하고 있다. 이런 아내를 용납할 수 있는 남편이 세상에 몇이나 될까? 그러나 하나님은 용납하셨다(cf. 호세아서). 하나님의 은혜라는 게 이런 것이다. 그러나 이 이야기는 남의 이야기만은 아니다. 하나님이 허락하신 갖가지 축복을 엉뚱한 데다 사용하는 기독교인들이 오늘날에도 얼마나 많은가?

II. 유다와 예루살렘에 대한 심판(4:1-24:27)
F. 음란한 여자들(16:1-63)

4. 창녀보다 못한 예루살렘(16:23-34)

23 주 여호와의 말씀이니라 너는 화 있을진저 화 있을진저 네가 모든 악을

행한 후에 24 너를 위하여 누각을 건축하며 모든 거리에 높은 대를 쌓았도다
25 네가 높은 대를 모든 길 어귀에 쌓고 네 아름다움을 가증하게 하여 모든
지나가는 자에게 다리를 벌려 심히 음행하고 26 하체가 큰 네 이웃 나라 애
굽 사람과도 음행하되 심히 음란히 하여 내 진노를 샀도다 27 그러므로 내가
내 손을 네 위에 펴서 네 일용할 양식을 감하고 너를 미워하는 블레셋 여자
곧 네 더러운 행실을 부끄러워하는 자에게 너를 넘겨 임의로 하게 하였거
늘 28 네가 음욕이 차지 아니하여 또 앗수르 사람과 행음하고 그들과 행음하
고도 아직도 부족하게 여겨 29 장사하는 땅 갈대아에까지 심히 행음하되 아
직도 족한 줄을 알지 못하였느니라 30 주 여호와의 말씀이니라 네가 이 모든
일을 행하니 이는 방자한 음녀의 행위라 네 마음이 어찌 그리 약한지 31 네가
누각을 모든 길 어귀에 건축하며 높은 대를 모든 거리에 쌓고도 값을 싫어
하니 창기 같지도 아니하도다 32 그 남편 대신에 다른 남자들과 내통하여 간
음하는 아내로다 33 사람들은 모든 창기에게 선물을 주거늘 오직 너는 네 모
든 정든 자에게 선물을 주며 값을 주어서 사방에서 와서 너와 행음하게 하
니 34 네 음란함이 다른 여인과 같지 아니함은 행음하려고 너를 따르는 자가
없음이며 또 네가 값을 받지 아니하고 도리어 값을 줌이라 그런즉 다른 여
인과 같지 아니하니라

엄연히 남편이 있는 여인이 아예 거리로 나섰다(24절). 그리고 누구든 남자가 지나가면 다리를 벌려 음행을 한다. 이러한 표현은 창녀에 대한 것 중에서도 가장 추하고 비하적인 표현이다. 시간이 지나면서 여자의 간음은 더 심각해졌다. 선지자는 이 같은 상황을 그나마 산당(בָּמוֹת, 16절)에서만 간음하던 여인이 누각(גֶּב, 24절)과 높은 단(רָמָה, 24, 31절)으로 음란 행위 장소를 확장한 것으로 표현한다(Duguid). LXX는 히브리어 성경을 헬라어로 번역하면서 지속적으로 '누각'(גֶּב)을 '창녀의 집'으로 번역한다(Greenberg). 여인이 간음한 상대는 다양했다. 이집트(26절), 아시리아(28절), 바빌론(29절)이 이스라엘의 상대자들이었다. 이

스라엘이 이 나라들의 우상들을 숭배했다는 종교적인 의미도 포함되어 있지만, 이스라엘의 외교 정책을 이렇게 비유하고 있다. 종교와 정치가 분류되지 않았던 신정통치(theocracy)를 지향하던 나라에서는 당연한 현상이다.

선지자들은 이스라엘이 다른 나라와 정치적-외교적으로 유대 관계를 유지하는 것에 대해 많은 비판을 쏟아냈다(cf. 사 20:5-6, 30:1-5, 31:1, 호 7:11, 12:1). 이스라엘이 주변 국가들과 정치적으로 협력한다는 것은, 그들이 왕이신 여호와를 의지하지 않는다는 것을 의미했기 때문이다. 더 나아가 고대 근동의 군주들은 자신들의 종교를 종속국들에게 강요하기 일쑤였다(Duguid, cf. 왕하 16:10-16). 이런 이유에서라도 유다는 다른 나라를 바라보면 안 된다. 특히 이집트는 아예 상종하지 않아야 된다. 이집트는 그들이 종살이하던 곳이었기 때문이다.

이스라엘은 두 강대국(이집트와 바빌론) 사이에 끼여 있는 매우 작은 나라였다. 그러므로 흔들리는 국제 정세에서 생존하려면 이 길이 유일한 선택이라고 생각할 수 있다. 그러나 그들의 하나님 여호와께서 이러한 사실을 알고도 이스라엘을 이 같은 지형적 위치에 세우셨다면, 분명히 신적 의미가 있다. 그들은 이런 환경에서도 흔들리지 않는 믿음으로 하나님을 의지하며 그분의 뜻이 이루어지기를 바라야 했다.

이스라엘이 이처럼 우상들과 놀아나는 동안 남편인 하나님은 무엇을 하셨는가? 이 질문이 중요한 것은 만일 하나님이 아무런 조치도 취하지 않고 방관만 하셨다면, 하나님께도 직무유기의 책임이 있기 때문이다. 시내 산에서 이스라엘과 언약을 맺을 때 만일 이스라엘이 신실하지 못하면 언약적 저주(cf. 레 26장)를 내려서라도 그들을 돌이키게 하겠다고 하셨다. 이스라엘이 이렇게 되는 동안 하나님은 할 만큼 하셨다는 것이 선지자의 주장이다. 하나님은 이스라엘을 돌이키게 하려고 그들의 양식을 줄이고(viz., 기근을 내리심), 심지어는 이스라엘이 그렇게 싫어하는 블레셋 사람들의 손에 넘겨서 어려움을 당하도록 하셨다(27절). 하나님은 자기의 역할을 충분히 하셨는데도, 이스라엘이 돌아오지 않은 것이다. 이런 이스라엘의 행태가 얼마나 추하고 기가 막힌지 우상숭배에 익숙해진 블레셋 사람들마저도 이스라엘을 보고 얼굴을 붉혔다(27절).

하나님은 이런 이스라엘을 두고 창녀보다 못한 유부녀라고 하신다(32절). 논리는 간단하다. 창녀라면 몸값이라도 받을 텐데 이스라엘은 자신의 정부에게 되려 잠자리를 같이한 대가를 지불하는 여인과 같다는 것이다. 또한 남자들이 이 여인에게 간청한 것이 아니라 이 여인이 되려 남자들에게 선물을 주면서까지 간청했다(33-34절). "간음하는 여자는 '눈먼 사랑'(blind love)을 변명할 수 있지만 창녀는 경제적인 절박함밖에는 변명거리가 없다. 그러나 이스라엘의 경우에는 이런 변명도 통하지 않는다. 그녀는 '사랑하는 자들'로부터 화대를 받은 것이 아니라 오히려 그녀와 재미를 본 자들에게 수고료를 지불했기 때문이다"(Ellison, cf. 호 8:9).

II. 유다와 예루살렘에 대한 심판(4:1-24:27) F. 음란한 여자들(16:1-63)

5. 예루살렘에 대한 남편의 심판(16:35-43)

35 그러므로 너 음녀야 여호와의 말씀을 들을지어다 36 주 여호와께서 이같이 말씀하셨느니라 네가 네 누추한 것을 쏟으며 네 정든 자와 행음함으로 벗은 몸을 드러내며 또 가증한 우상을 위하며 네 자녀의 피를 그 우상에게 드렸은즉 37 내가 너의 즐거워하는 정든 자와 사랑하던 모든 자와 미워하던 모든 자를 모으되 사방에서 모아 너를 대적하게 할 것이요 또 네 벗은 몸을 그 앞에 드러내 그들이 그것을 다 보게 할 것이며 38 내가 또 간음하고 사람의 피를 흘리는 여인을 심판함 같이 너를 심판하여 진노의 피와 질투의 피

를 네게 돌리고 [39] 내가 또 너를 그들의 손에 넘기리니 그들이 네 누각을 헐며 네 높은 대를 부수며 네 의복을 벗기고 네 장식품을 빼앗고 네 몸을 벌거벗겨 버려 두며 [40] 무리를 데리고 와서 너를 돌로 치며 칼로 찌르며 [41] 불로 네 집들을 사르고 여러 여인의 목전에서 너를 벌할지라 내가 너에게 곧 음행을 그치게 하리니 네가 다시는 값을 주지 아니하리라 [42] 그리한즉 나는 네게 대한 내 분노가 그치며 내 질투가 네게서 떠나고 마음이 평안하여 다시는 노하지 아니하리라 [43] 네가 어렸을 때를 기억하지 아니하고 이 모든 일로 나를 분노하게 하였은즉 내가 네 행위대로 네 머리에 보응하리니 네가 이 음란과 네 모든 가증한 일을 다시는 행하지 아니하리라 주 여호와의 말씀이니라

여인에 대한 심판은 그녀와 정을 통한 남자들을 통해 올 것이다(37절). 즉 오늘의 연인이 내일의 원수가 되는 것이다. 그들은 여인의 나체를 공공장소에서 드러낼 것이다(cf. 호 2:10). 한때 여호와께서는 이 여인의 벌거벗은 몸에 자기 옷을 덮어주셨다(10절). 이제 이 여인이 입고 있던 옷이 벗겨지고 있다. 옷을 입히는 것이 결혼을 상징했다면, 옷을 벗기는 일은 이혼을 의미한다(cf. 호 2:4-5). 여인은 간음과 살인죄에 대해 재판을 받는다. 살인죄는 자기 자식들을 우상들에게 불살라 바친 일을 뜻한다.

여인에 대한 남편의 심판은 3단계로 임할 것이다. 첫째, 그녀가 간음하면서 사용했던 '사업 장비들'이 파괴된다. 누각(גַּב), 높은 단(רָמָה), 입고 있는 옷, 장식품들이 모두 파괴되거나 빼앗길 것이다(39절). 둘째, 그녀의 정부들이 무리를 이끌고 와 그녀를 처형한다(40절). 셋째, 이 무리는 다른 여인들이 지켜보는 가운데 예루살렘을 불사른다(41절).

선지자가 묘사하고 있는 상황은 몇 년 후인 주전 586년에 있을 바빌론의 이스라엘 침략과 잘 어울린다. 이때에 바빌론 군만 이스라엘을 공략한 것이 아니라 주변 국가들도 약탈했다(cf. 애 1:2). 시편 137:7은 에돔이 바빌론 군의 앞잡이가 되어 예루살렘을 공략했다고 한다. 이 약탈 때문에 25장은 암몬 족, 모압 족, 에돔 족과 블레셋 족들에 대한 심판을 선포한다. '네가 좋아하던 모든 남자들'(37절)은 이 같은 예언적 의미를 지니고 있다.

남편의 진노는 당연하다. 분노가 완전히 결핍되면 인간의 사랑도 완전하지 못한 것처럼 하나님의 사랑에서 진노가 결핍되면 그 사랑은 완전하지 못하다(Tasker, cf. Thomas). 또한 하나님의 사랑과 거룩하심과 정의는 하나이며, 서로 분리될 수 없다. 그러므로 하나님이 죄를 접할 때 분노하는 것은 사랑을 표현하시는 것이다.

II. 유다와 예루살렘에 대한 심판(4:1-24:27)
F. 음란한 여자들(16:1-63)

6. 그 어머니에 그 딸들(16:44-52)

44 속담을 말하는 자마다 네게 대하여 속담을 말하기를 어머니가 그러하면
딸도 그러하다 하리라 45 너는 그 남편과 자녀를 싫어한 어머니의 딸이요 너
는 그 남편과 자녀를 싫어한 형의 동생이로다 네 어머니는 헷 사람이요 네
아버지는 아모리 사람이며 46 네 형은 그 딸들과 함께 네 왼쪽에 거주하는
사마리아요 네 아우는 그 딸들과 함께 네 오른쪽에 거주하는 소돔이라 47 네
가 그들의 행위대로만 행하지 아니하며 그 가증한 대로만 행하지 아니하고
그것을 적게 여겨서 네 모든 행위가 그보다 더욱 부패하였도다 48 주 여호와
의 말씀이니라 내가 나의 삶을 두고 맹세하노니 네 아우 소돔 곧 그와 그의
딸들은 너와 네 딸들의 행위 같이 행하지 아니하였느니라 49 네 아우 소돔의
죄악은 이러하니 그와 그의 딸들에게 교만함과 음식물의 풍족함과 태평함이
있음이며 또 그가 가난하고 궁핍한 자를 도와주지 아니하며 50 거만하여 가
증한 일을 내 앞에서 행하였음이라 그러므로 내가 보고 곧 그들을 없이 하
였느니라 51 사마리아는 네 죄의 절반도 범하지 아니하였느니라 네가 그들

> **보다 가증한 일을 심히 행하였으므로 네 모든 가증한 행위로 네 형과 아우를 의롭게 하였느니라 52 네가 네 형과 아우를 유리하게 판단하였은즉 너도 네 수치를 담당할지니라 네가 그들보다 더욱 가증한 죄를 범하므로 그들이 너보다 의롭게 되었나니 네가 네 형과 아우를 의롭게 하였은즉 너는 놀라며 네 수치를 담당할지니라**

선지자는 예루살렘의 죄악이 어느 정도 심각한가를 설명하기 위해 이스라엘의 '가나안 계보'를 다시 언급한다(44-45절, cf. 3절). 이어 예루살렘을 사마리아와 소돔에 비교한다(46절). 이 과정에서 사마리아를 '너의 언니'(אֲחוֹתֵךְ הַגְּדוֹלָה)라고 하는데(46절), 어떻게 북왕국이 남왕국 유다의 언니가 되는가? 아마도 이 자매 나라의 영토를 비교할 때 북왕국이 더 컸다는 의미로 사마리아를 예루살렘의 언니라고 부르는 듯하다(Greenberg, Duguid). '언니'인 사마리아는 유다보다 먼저 '심판 시절'로 성숙했다(Cooper).

사마리아가 유다보다 먼저 하나님의 심판을 받은 가장 큰 이유는 북왕국은 태생부터 율법을 어겼기 때문이다. 여로보암은 열 지파를 찢어 나간 다음 벧엘과 단에 성전을 세우고 그곳에 금송아지를 두고는 여호와라고 했다. 또한 제사장이 될 수 없는 사람들을 이 두 곳에 제사장으로 세웠다(cf. 왕상 12장). 이 모든 범법 행위는 북왕국이 출범부터 얼마나 심각한 죄를 지으며 역사를 이어왔는가를 잘 보여준다. 그래서 하나님은 '언니' 북왕국 이스라엘을 '동생'인 남왕국 유다보다 약 130여 년 먼저 심판하신 것이다.

이미 하나님의 심판을 받아 망해버린 이 두 나라(viz., 북왕국과 소돔) 사이에 예루살렘이 있다. 북쪽에서 남쪽으로 지형적인 방향에 따라 이런 순서로 나열되고 있기도 하겠지만, 유다를 하나님의 진노를 사 이미 망해버린 두 나라 사이에 둠으로써 앞으로 유다에 별 소망이 없음을 암시한다. 사마리아(viz., 북왕국)는 벌써 100여 년 전에 하나님의 심판을 받아 망해버린 유다와 피를 나눈 자매 나라이다. 비록 북왕국 이스라엘이 하나님의 심판을 받아 이미 망했지만 아직 생존한 남왕국 유다의 죄에 비하면 북왕국은 남왕국보다 상대적으로 의로웠다는 것이다(51절). 하나님이 법대로 하지 않고 유다에게 지나칠 정도로 관대하셨음을 의미한다. 그러나 하나님의 관대하심도 한계에 도달했다.

소돔은 오래전에 죄 때문에 멸망한 도시였다(cf. 창 19:4-9). 본문이 예루살렘의 우상숭배를 성적인 죄로 묘사하고 있는데, 소돔 역시 성적인 죄(viz., 동성애)로 기억되는 도시였다. 소돔의 죄 역시 상대적으로 생각할 때 유다의 죄보다 크지는 않았다고 선지자는 주장한다. 유다는 하나님이 가장 싫어하시는 교만으로 가득 차 있다(49-50절). 그들은 자급자족에 대해 매우 교만했으며, 이 교만은 도덕적 해이(解弛)로 이어졌다(Fisch). 구약의 그 어느 도시보다도 하나님의 분노와 심판을 샀던 도시들(viz., 사마리아와 소돔)도 에스겔 시대의 예루살렘 같지는 않았다는 탄식이다(51절). 그렇다면 유다와 예루살렘의 심판은 피할 수 없는 현실이다. 하나님이 유다보다 상대적으로 건전한 소돔과 사마리아를 벌하셨다면, 유다는 당연히 벌을 받아야 한다고 선지자는 주장한다. 이 말씀은 유다에 비하면 사마리아와 소돔이 지나치게 가혹한 형벌을 받았다는 뜻이다(Alexander).

에스겔의 메시지를 듣고 있던 사람들은 자신들의 귀를 의심했으며 믿으려 하지 않았을 것이다. 그러나 에스겔보다 거의 150년을 앞서간 이사야 선지자도 유다를 소돔에 비교해 비난한 적이 있다(사 1:10). 이것이 하나님이 바라보시는 이스라엘의 실제 모습이다. 그리스도인이라 하면서 세상 사람들보다 더 많은 악을 행하는 사람들이 우리 주변에도 많지 않은가?

II. 유다와 예루살렘에 대한 심판(4:1–24:27)
F. 음란한 여자들(16:1–63)

7. 어머니와 딸들의 회복(16:53–58)

53 내가 그들의 사로잡힘 곧 소돔과 그의 딸들의 사로잡힘과 사마리아와 그
의 딸들의 사로잡힘과 그들 중에 너의 사로잡힌 자의 사로잡힘을 풀어 주어
54 네가 네 수욕을 담당하고 네가 행한 모든 일로 말미암아 부끄럽게 하리
니 이는 네가 그들에게 위로가 됨이라 55 네 아우 소돔과 그의 딸들이 옛 지
위를 회복할 것이요 사마리아와 그의 딸들도 그의 옛 지위를 회복할 것이며
너와 네 딸들도 너희 옛 지위를 회복할 것이니라 56 네가 교만하던 때에 네
아우 소돔을 네 입으로 말하지도 아니하였나니 57 곧 네 악이 드러나기 전
이며 아람의 딸들이 너를 능욕하기 전이며 너의 사방에 둘러 있는 블레셋의
딸들이 너를 멸시하기 전이니라 58 네 음란과 네 가증한 일을 네가 담당하였
느니라 나 여호와의 말이니라

예루살렘이 소돔보다 더 타락한 것보다 더 놀라운 사실은 이런 무지막지한 죄악의 도시를 하나님이 회복시킬 계획을 갖고 계시다는 것이다. 주께서 소돔 사람들을 사랑하신다! 놀라운 일이지만, 사실 그들이 바로 우리 아닌가!(Stuart). 여호와께서 죄 속에 거하는 '세 자매'를 모두 용서하고 회복시켜줄 것을 약속하신다. 유다는 자기의 어린 시절(viz., 하나님을 처음 만난 시절)을 기억하지 못하지만(22, 43절), 하나님은 그의 어린 시절을 기억하고 영원한 언약을 세우고자 하신다(Duguid, cf. 60절).

선지자는 이러한 여호와의 계획을 53절에서 '회복하다/돌아오다'(שׁוב)라는 단어를 여섯 차례나 사용해 강조한다. 욥기 42:10에서 이 단어는 하나님이 욥의 재산을 예전처럼 회복시켜주시는 일을 묘사하는 데 사용된다. 하나님의 일방적인 회복의 은혜는 그들이 자신들의 죄에 대해 매우 수치스럽게 생각할 수 있도록 기회를 부여할 것이다. 하나님은 때때로 이런 방식으로 사역하신다. 죄인에게 먼저 은혜와 용서를 베풀어 그 죄인이 감격해 자신을 되돌아보게 하신다.

사마리아와 예루살렘을 회복하는 것은 상상할 수 있지만, 어떻게 소돔이 회복될 것인가? 아마도 선지자는 사해 지역을 중심으로 한 유다의 남쪽 지역 전체에 소돔이란 이름을 사용한 것 같다(Block). 혹은 그 날이 되면 하나님이 세상의 모든 도시들을 용서하고 회복시키실 것을 이렇게 표현하는 것으로(viz., "소돔을 회복시키신 분이 어찌 다른 죄악의 도시들을 회복시키지 않으시겠느냐?"라는 의미) 생각할 수 있다(Stuart). 훗날 선지자는 환상을 통해 사해 지역이 생명으로 왕성한 모습을 예언한다(47:3-12). 옛적에 하나님의 심판을 받아 멸망한 소돔도 분명 하나님의 은혜로 회복될 날이 올 것이다.

II. 유다와 예루살렘에 대한 심판(4:1-24:27)
F. 음란한 여자들(16:1-63)

8. 언약에 따른 예루살렘 구속(16:59-63)

59 나 주 여호와가 이같이 말하노라 네가 맹세를 멸시하여 언약을 배반하였은즉 내가 네 행한 대로 네게 행하리라 60 그러나 내가 너의 어렸을 때에 너와 세운 언약을 기억하고 너와 영원한 언약을 세우리라 61 네가 네 형과 아우를 접대할 때에 네 행위를 기억하고 부끄러워할 것이라 내가 그들을 네게 딸로 주려니와 네 언약으로 말미암음이 아니니라 62 내가 네게 내 언약을 세워 내가 여호와인 줄 네가 알게 하리니 63 이는 내가 네 모든 행한 일을 용서한 후에 네가 기억하고 놀라고 부끄러워서 다시는 입을 열지 못하게 하려 함이니라 주 여호와의 말씀이니라

이 장(章)을 마무리하는 말씀은 다시 한 번 하나님의 회복을 확인한다. 그러나 이 말씀은 또한 다가오는 예루살렘의 심판을 전제로 한다.

심판이 먼저 와야 회복이 그 뒤를 따를 수 있기 때문이다. 이스라엘은 하나님의 심판을 주께서 그들을 버리신 징조로 보면 안 된다. 오히려 죄를 짓는 백성에 대한 하나님의 사랑 표현으로 보아야 한다. 하나님은 주의 백성이 율법을 어기면 그들을 벌하셔야 할 의무가 있다. 그러므로 하나님이 주의 백성을 심판하시는 것은 주님이 아직도 그들에게 관심을 가지고 계시다는 것을 의미한다. 회복은 다시 언약을 세움으로써 올 것이다. 이러한 사상은 36:25-32에서 또 한 번 반복된다(cf. 렘 31:31-34).

엘리슨은 이 신탁이 주전 586년에 있었던 예루살렘 함락 사건 이후에 선지자에게 임한 것으로 생각한다. 이 말씀의 내용이 앞뒤 문맥과 별 상관이 없고 예루살렘에 대한 최종 심판 이전에 이런 신탁이 선포된다면 심판의 의미가 약해진다는 것이 그의 생각이다. 그러나 에스겔 선지자만 심판 전부터 회복을 언급하는 것은 아니다(cf. Zimmerli). 이사야, 예레미야, 아모스 등도 이미 에스겔이 선언하는 것과 비슷한 예언을 한 적이 있다. 이것이 바로 선지자들이 우리에게 보여주기 원하는 하나님의 은혜이자 심판의 목적이기 때문이다. 그래서 한 주석가(Clements)는 "본문은 구약의 그 어느 부분보다도 더 강하게 일방적인 하나님의 사랑을 강조하고 있다"라고 말한다. 하나님은 이스라엘이 벌거벗겨진 채 죽어가도록 버려졌을 때 그를 데려다 살리셨다(cf. 4-6절). 그런 하나님이 왜 다시 한 번 동일한 은혜를 이 여자에게 베푸시지 못하겠는가!(Duguid).

하나님은 한번 용서하시면 더 이상 용서한 죄를 기억하지 않으신다(사 43:25, 렘 31:34). 그러나 용서받은 죄인은 결코 자신의 죄를 완전히 잊을 수 없다(고전 15:9). 죄에 대한 이 같은 추억들이 우리를 겸손하게 만든다. 에스겔은 언젠가 용서받은 이스라엘도 하나님 앞에 겸손해질 것을 예언한다.

II. 유다와 예루살렘에 대한 심판(4:1-24:27)

G. 독수리, 포도나무, 백향목 비유(17:1-24)

에스겔 선지자는 '수수께끼와 비유'를 통해 청중에게 메시지를 선포한다. 본문은 주전 597-586년의 유다 역사를 비유로 묘사한 풍유이다. 먼저 비유(1-10절)가 주어지고 이 비유의 설명(11-21절)이 제시되며, 다가오는 위대한 날에 대한 언급으로 마무리된다(22-24절). 본문의 발전과 전개는 다음과 같이 요약되기도 한다(Greenberg).

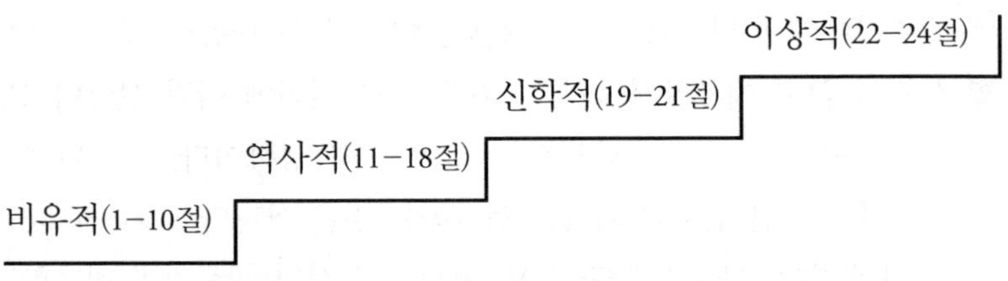

본문은 다음과 같이 세 부분으로 구분될 수 있다.

A. 독수리 두 마리와 포도나무 비유(17:1-10)
  B. 비유 해석(17:11-21)
A'. 백향목 비유(17:22-24)

II. 유다와 예루살렘에 대한 심판(4:1-24:27)
G. 독수리, 포도나무, 백향목 비유(17:1-24)

1. 독수리 두 마리와 포도나무 비유(17:1-10)

1 여호와의 말씀이 내게 임하여 이르시되 2 인자야 너는 이스라엘 족속에게
수수께끼와 비유를 말하라 3 여호와께서 이같이 말씀하여 이르시되
색깔이 화려하고 날개가 크고 깃이 길고 털이 숱한 큰 독수리가

레바논에 이르러 백향목 높은 가지를 꺾되
4 그 연한 가지 끝을 꺾어 가지고
장사하는 땅에 이르러 상인의 성읍에 두고
5 또 그 땅의 종자를 꺾어 옥토에 심되
수양버들 가지처럼 큰 물 가에 심더니
6 그것이 자라며 퍼져서 높지 아니한 포도나무
곧 굵은 가지와 가는 가지가 난 포도나무가 되어
그 가지는 독수리를 향하였고 그 뿌리는 독수리 아래에 있었더라
7 또 날개가 크고 털이 많은 큰 독수리 하나가 있었는데
그 포도나무가 이 독수리에게 물을 받으려고
그 심어진 두둑에서 그를 향하여 뿌리가 뻗고 가지가 퍼졌도다
8 그 포도나무를 큰 물 가 옥토에 심은 것은 가지를 내고
열매를 맺어서 아름다운 포도나무를 이루게 하려 하였음이라
9 너는 이르기를 주 여호와의 말씀에 그 나무가 능히 번성하겠느냐
이 독수리가 어찌 그 뿌리를 빼고 열매를 따며
그 나무가 시들게 하지 아니하겠으며
그 연한 잎사귀가 마르게 하지 아니하겠느냐
많은 백성이나 강한 팔이 아니라도 그 뿌리를 뽑으리라
10 볼지어다 그것이 심어졌으나 번성하겠느냐
동풍에 부딪힐 때에 아주 마르지 아니하겠느냐
그 자라던 두둑에서 마르리라 하셨다 하라

이 비유에는 두 마리의 독수리가 등장한다. 고대 근동의 여러 문화권에서 왕들이 자신들을 표현할 때 독수리에 비유하기를 즐겼다(cf. Darr). 본문에 등장하는 독수리들도 왕들을 의미한다. 색깔이 화려하고 덩치가 큰 독수리 한 마리가 레바논으로 날아갔다. 독수리는 레바논의 백향목 끝에 돋은 순을 따서 상인들의 땅으로 물고 갔다. 그리고 그 땅

에서 난 포도 씨앗을 가져다가 옥토에 심었다. 이 일이 있은 후 또 한 마리의 큰 독수리가 날아왔다. 그리고 옥토에 혼란이 있다. 무슨 뜻인가?

첫 번째 독수리(1-6절)는 큰 날개, 긴 깃, 알록달록한 깃털을 가졌다. 이 독수리는 거대할 뿐만 아니라 화려했다. 이 첫 번째 독수리는 바빌론의 느부갓네살 왕을 뜻한다. 느부갓네살은 주전 598년에 큰 군대를 이끌고 유다를 쳐들어왔다. 그는 순식간에 유다를 정복하고 예루살렘을 포위하기에 이르렀다.

'레바논'은 유다를 상징한다. 독수리가 '백향목의 순'(צַמֶּרֶת הָאָרֶז)을 땄다고 기록하고 있는데 이 순은 바로 여호야긴을 가리키는 말이다(cf. 12절). 그는 주전 598년 12월 바빌론에게 포위당한 예루살렘에서 그의 아버지 여호야김이 사망한 후 대를 이어 왕이 되어 3개월간 통치하다가 느부갓네살에게 항복한 유다의 왕이었다. 여호야긴은 왕이 되자마자 곧 끌려가는 처지가 되었기에 에스겔은 그를 '연한 햇순'(רֹאשׁ יְנִיקוֹתָיו, viz., 새로 돋은 싹)으로 표현한다(4절). 느부갓네살은 항복한 그와 이스라엘의 유지들을 바빌론으로 끌고 갔다. 이때 에스겔도 그 행렬에 섞여 있었다.

독수리가 연한 햇순을 물고 간 '상인들의 땅'(אֶרֶץ כְּנַעַן)은 바로 느부갓네살의 나라 바빌론을 의미한다. 선지자는 이미 16:29에서 이 이름(상인들의 땅)으로 바빌론을 부른 적이 있다. '그 땅에서 난 씨앗'(5절)은 바빌론 군이 여호야긴의 자리에 앉힌 그의 숙부 시드기야를 가리킨다(17:13, cf. 왕하 24:17). 이 씨앗은 옥토(예루살렘/유다)에 심겼으나 왕성하지 못하고 무성하게 자란 포도나무에 불과했다. 그는 항상 독수리(viz., 바빌론 왕)를 향했다. 바빌론에 철저하게 의존했고 통제를 받았다는 의미이다. 에스겔은 독자들이 이 첫 번째 독수리에 공감하도록 분위기를 만들어가고 있다(Block). 바빌론이 세운 유다의 마지막 왕 시드기야의 바빌론에 대한 반역은 참으로 어이없는 일이었음을 강조하기 위해서이다.

선지자가 언급하는 두 번째 독수리는 몸체는 크지만 이렇다 할 화려함이 없는 '수수한' 독수리였다(7-8절). 첫 번째 독수리(viz., 바빌론의 느부갓네살 왕)에 비해 초라하다(Block). 이 독수리는 이집트 왕을 상징한다. 학자들은 일반적으로 그 왕이 삼메티쿠스(Psammetichus II, 주전 595-598년)나 호프라(Hophra, 주전 589-570년)일 것이라고 생각한다(cf. Zimmerli, Greenberg, Cooper). 이 독수리는 아무런 일도 하지 않는데, 느부갓네살이 심어놓은 포도나무가 이 독수리를 사모한다! 바빌론이 세운 유다의 왕 시드기야가 그의 은인인 바빌론을 배반한 일을 묘사한다(cf. 서론, 15절). 선지자는 이런 상황을 바빌론이 심은 포도나무가 '옥토에서 멀리 떨어진 곳'에 물을 대어달라고 한 것으로 표현한다(7절). '멀리 떨어져 있는' 이집트는 유다에게 별 도움을 줄 수 없다는 것을 의미한다. 에스겔은 시드기야의 정치적 움직임을 비판한다. 더 나아가 선지자는 느부갓네살에게 반역하는 것을 하나님께 반역하는 것으로 해석한다(cf. 19절). 시드기야의 행위는 결코 성공하지 못할 것이며 결국에는 동쪽에서 불어오는 열풍(viz., 바빌론)에 말라 죽을 것이다(9-10절).

이 사건은 바빌론의 유다 통치는 여호와께 범죄한 나라에 대한 하나님의 뜻이라는 사실을 강조한다. 하나님의 백성이 열방에게 고통을 당하고 수모를 당하는 것이 하나님의 뜻이라는 사실이 고통당하는 백성에게 어떤 의미로 다가왔을까? 바빌론에 끌려온 사람들뿐만 아니라, 유다에 남아 있는 사람들도 자신들의 처지에 대해 하나님을 원망한다. 그러나 선지자는 그들이 당면한 어려움은 자청한 것임을 강조한다. 주의 백성 이스라엘은 자신들이 겪고 있는 아픔에 대해 하나님께 원망의 신음 소리를 내고 있다. 그러나 선지자는 그들의 아픔이 어디서 비롯되었는가를 생각해보라고 권면한다. 그들의 신실하지 못함에서 비롯되었다.

비록 두 독수리가 등장하고 있지만 초점은 첫 번째 독수리가 옥토에 심어놓은 포도나무의 행동에 맞추어져 있다. 땅에 뿌리를 내려 필요한 양분을 충분히 흡수하기보다는 두 번째 독수리를 향해 줄기차게 뻗어 간다. 그러나 이것은 죽음을 자처하는 행위에 불과하다. 뿌리가 땅 위로 노출되어 있다시피 하니 말라죽는 것은 시간문제이다. 게다가 여호와께서 동쪽으로부터 열풍을 불게 하시니 뿌리가 노출된 포도나무의 운명은 뻔한 것이다. 이야기를 듣고 있던 청중들은 이 포도나무(시드기야 왕)의 어리석음과 배신에 대해 많이 생각해야 하며, 자신들이 하나님을 배신한 어리석음을 회개해야 한다.

II. 유다와 예루살렘에 대한 심판(4:1–24:27)
G. 독수리, 포도나무, 백향목 비유(17:1–24)

2. 비유 해석(17:11–21)

11 여호와의 말씀이 또 내게 임하여 이르시되 12 너는 반역하는 족속에게 묻기를 너희가 이 비유를 깨닫지 못하겠느냐 하고 그들에게 말하기를 바벨론 왕이 예루살렘에 이르러 왕과 고관을 사로잡아 바벨론 자기에게로 끌어 가고 13 그 왕족 중에서 하나를 택하여 언약을 세우고 그에게 맹세하게 하고 또 그 땅의 능한 자들을 옮겨 갔나니 14 이는 나라를 낮추어 스스로 서지 못하고 그 언약을 지켜야 능히 서게 하려 하였음이거늘 15 그가 사절을 애굽에 보내 말과 군대를 구함으로 바벨론 왕을 배반하였으니 형통하겠느냐 이런 일을 행한 자가 피하겠느냐 언약을 배반하고야 피하겠느냐 16 주 여호와의 말씀이니라 내가 나의 삶을 두고 맹세하노니 바벨론 왕이 그를 왕으로 세웠거늘 그가 맹세를 저버리고 언약을 배반하였은즉 그 왕이 거주하는 곳 바벨론에서 왕과 함께 있다가 죽을 것이라 17 대적이 토성을 쌓고 사다리를 세우고 많은 사람을 멸절하려 할 때에 바로가 그 큰 군대와 많은 무리로도 그 전쟁에 그를 도와주지 못하리라 18 그가 이미 손을 내밀어 언약하였거늘 맹세를 업신여겨 언약을 배반하고 이 모든 일을 행하였으니 피하지 못하리라 19 그러므로 주 여호와의 말씀이니라 내가 나의 삶을 두고 맹세하노니 그가 내

맹세를 업신여기고 내 언약을 배반하였은즉 내가 그 죄를 그 머리에 돌리되 [20] 그 위에 내 그물을 치며 내 올무에 걸리게 하여 끌고 바벨론으로 가서 나를 반역한 그 반역을 거기에서 심판할지며 [21] 그 모든 군대에서 도망한 자들은 다 칼에 엎드러질 것이요 그 남은 자는 사방으로 흩어지리니 나 여호와가 이것을 말한 줄을 너희가 알리라

선지자는 앞부분에서 두 독수리와 포도나무에 대한 비유를 선포했는데, 이 부분에서는 그 비유에 등장하는 왕들이 누군가를 설명해준다(cf. 12절). 해석의 중심을 이루고 있는 것은 유다 왕 시드기야와 바벨론 왕 느부갓네살의 관계이다. 느부갓네살은 시드기야를 왕으로 세우고 그의 충성을 약속받았다(13절). 십중팔구 시드기야는 이스라엘의 하나님 여호와의 이름으로 충성을 약속했을 것이다. 만일 시드기야가 이 충성 맹세를 어기면, 하나님의 명예를 훼손하는 범죄를 저지르게 되는 것이다(Wevers, cf. 대하 36:13).

시드기야는 이집트에 도움을 청하며 바벨론에 반역했다(15절). 하나님의 이름으로 맹세한 것을 위반한 것이다. 그러나 시드기야의 기대와는 달리 이집트는 돕지 않았고, 결국 시드기야는 바벨론 군이 내리는 벌을 기다려야 했다. 바벨론 군은 주전 587년 1월에 예루살렘 포위를 시작했다(cf. 왕하 25:1, 렘 52:4).

예레미야서 37장에 의하면, 시드기야의 요청에 따라 이집트가 예루살렘에 군대를 보낸 적이 있다. 이때가 주전 587년 여름이었다. 다가오는 이집트 군을 대적하기 위해 예루살렘을 포위하고 있던 바벨론 군이 잠시 포위를 멈추고 남쪽으로 진군했다. 이집트와 바벨론의 충돌에 대한 기록은 남아 있지 않으나 며칠 후 다시 포위가 시작된 것을 감안하면 이집트가 대패했거나 싸우지도 못하고 돌아간 것으로 추정된다. 예루살렘은 1년 정도 바벨론의 포위를 더 견뎌내다가 결국 이듬해 7월에 함락되었다.

시드기야가 느부갓네살을 배신한 일에 대한 에스겔의 회고는 유다와 바빌론의 정치적인 이야기로 끝나지 않는다. 이 배신 이야기는 신학적 메시지로 이어진다(Greenberg). 하나님과 맺은 언약도 지키지 않은 유다가 다른 나라와 맺은 언약을 깨는 것은 너무나도 당연한 일인지도 모른다. 그러나 독자들의 입장에서 이 이야기가 강조하는 것은 유다는 세상적 관점으로나 하나님의 관점으로나 신뢰할 수 없는 나라라는 사실이다. 역사를 주관하시는 분이 하나님이고, 그분이 유다를 벌하기 위해 바빌론을 보내셨는데, 유다가 바빌론과의 언약을 파괴한 것은 곧 하나님의 뜻을 어기는 것과 같다. 유다 왕 시드기야도 하나님을 배반하듯 바빌론을 배반했다. 이 배신으로 시드기야는 바빌론으로 끌려갈 것이며(20절), 유다 백성 대부분은 전쟁으로 죽게 될 것이다(21절). 바빌론이 배신한 시드기야에게 내리는 벌은 곧 하나님이 신실하지 않은 유다에게 내리는 벌이다(Duguid).

II. 유다와 예루살렘에 대한 심판(4:1-24:27)
G. 독수리, 포도나무, 백향목 비유(17:1-24)

3. 백향목 비유(17:22-24)

22 주 여호와께서 이같이 말씀하시되
내가 백향목 꼭대기에서 높은 가지를 꺾어다가 심으리라
내가 그 높은 새 가지 끝에서 연한 가지를 꺾어
높고 우뚝 솟은 산에 심되
23 이스라엘 높은 산에 심으리니
그 가지가 무성하고 열매를 맺어서 아름다운 백향목이 될 것이요
각종 새가 그 아래에 깃들이며 그 가지 그늘에 살리라
24 들의 모든 나무가 나 여호와는
높은 나무를 낮추고 낮은 나무를 높이며

푸른 나무를 말리고 마른 나무를 무성하게 하는 줄 알리라 나 여호와는 말하고 이루느니라 하라

본문은 미래에 대한 희망의 약속이다. 앞부분과 연결시키는 이미지는 '백향목 끝의 순'이다(cf. 3-4절). 그러나 이미지의 용도는 완전히 다르다. 앞부분에서 '순'은 멸시의 대상이었으나 이곳에서는 회복과 영광의 대상이다. 이 순이 '이스라엘의 높은 산'(הַר מְרוֹם יִשְׂרָאֵל) 위에 심기더니, 거대한 나무로 자라서 많은 열매와 가지로 온갖 새와 짐승들에게 먹이와 안식처를 제공한다(23절). 고대 근동에서 왕들이 열매를 맺어 짐승들에게 먹을 것과 안식처까지 제공하는 나무에 비유되는 일은 흔했다(cf. 단 4:10-12). 본문의 '백향목 끝의 순'(22절)은 다윗 왕조의 한 사람을 의미한다. 또한 '이스라엘의 높은 산'은 시온을 뜻하는 것이 확실하다(Block). 그렇다면 선지자는 언젠가 다윗 왕국이 다시 시온에 뿌리를 내릴 것을 예언한다.

선지자는 이 환상을 통해 다윗 왕조와 시온 테마를 하나로 묶는다. 에스겔은 좌절과 패배감에 쌓여 있는 포로민들에게 여호와께서 결코 그들을 잊지 않으셨으며, 언젠가는 시온에 다시 다윗의 나라를 세우실 것을 소망으로 제시한다. 물론 에스겔의 청중들은 믿지 않으려 했을 것이다. 아니 믿을 수가 없었을 것이다. 그러나 역사는 이 목표를 향해 가고 있다. 하나님의 역사는 우리가 동의하든 거부하든 이 순간에도 최종 목표/목적지를 향해 힘차게 움직이고 있다. 칼뱅은 "이 예언이 예수 그리스도를 의미한다는 것은 의심할 여지가 없다"라고 해석한다(cf. Groningen, Zimmerli, Duguid).

여호와께서는 높은 나무는 낮추고 푸른 나무는 시들게 하실 것이다(24절). 유다의 마지막 두 왕의 상황을 이 말씀에 비추어보면 시드기야를 가리키는 말씀이다. 반면에 낮은 나무는 높이고, 마른 나무는 무성하게 하실 것이라는 말씀은 여호야긴을 가리킨다.

II. 유다와 예루살렘에 대한 심판(4:1-24:27)

H. 악인의 멸망을 슬퍼하시는 하나님(18:1-32)

선지자는 시드기야의 어리석은 외교 정책과 배반을 강력하게 비난한 후, 미래에 대한 소망으로 끝맺었던 17장에 이어 이 신탁에서는 다시 개인의 책임에 대해 강조한다. 그와 함께 바빌론으로 끌려와 살고 있는 포로민들은 그들의 선조 때부터 시작된 반역의 역사 막바지 부분을 살고 있다고 생각했다. 그래서 그들은 자신들이 지난 몇 백 년 동안 온 이스라엘이 쌓아온 죗값을 도맡아 치르고 있다고 생각했다. 조상들의 죗값을 자신들이 치러야 하는 것은 매우 억울한 일이라며 하나님을 원망했다. 에스겔과 같은 시대에 예루살렘에서 사역하던 예레미야도 동일한 불만을 접한다(렘 31:29). 그러나 에스겔과 예레미야는 불평하는 사람들에게 그들을 포함한 모든 사람이 각자 자기 죄에 대한 대가를 치를 뿐, 조상의 죗값을 자손이 치르는 일은 없다고 단호하게 선포한다. 이런 선지자들의 선언은 연좌를 금하는 신명기 24:16에 근거를 두고 있다.

A. 문제 제기: 백성들의 원망(18:1-4)
　B. 세 가지 상황(18:5-20)
A′. 문제 해결: 마음을 새롭게 하라(18:21-32)

II. 유다와 예루살렘에 대한 심판(4:1-24:27)
H. 악인의 멸망과 하나님(18:1-32)

1. 문제 제기: 백성들의 원망(18:1-4)

[1] 또 여호와의 말씀이 내게 임하여 이르시되 [2] 너희가 이스라엘 땅에 관한 속담에 이르기를 아버지가 신 포도를 먹었으므로 그의 아들의 이가 시다고 함

은 어찌 됨이냐 [3] 주 여호와의 말씀이니라 내가 나의 삶을 두고 맹세하노니 너희가 이스라엘 가운데에서 다시는 이 속담을 쓰지 못하게 되리라 [4] 모든 영혼이 다 내게 속한지라 아버지의 영혼이 내게 속함 같이 그의 아들의 영혼도 내게 속하였나니 범죄하는 그 영혼은 죽으리라

에스겔이 사역하던 시대에 포로민들과 예루살렘에 남아 있는 생존자들 중 많은 사람들은 자신들의 고통이 조상의 죗값이라고 주장했다. 이들은 "아버지가 신 포도를 먹으면, 아들의 이가 시다"(2절)라는 속담으로 이러한 고충을 호소했다. 비록 잘못된 관점에서 비롯된 것이기는 하지만, 그들의 불평은 어느 정도 이해할 수 있다. 지난 수백 년 동안 죄를 지어온 이스라엘을 계속 참아오신 하나님이 최근에는 그들의 죄에 대해 계속 심판을 하고 계시기 때문이다. 이 속담은 그 당시 사람들의 공통적인 생각을 반영하고 있는 것으로 여겨진다(cf. 애 5:7). 예레미야도 동일한 속담을 제시하며 그렇지 않다고 단호하게 선언한다(렘 31:29-30, cf. 애 5:7).

이 격언이 반영하고 있는 사고 체계는 모든 것을 운명적(fatalistic)으로 보고 현실을 비관하거나 자신의 행동에 대해 책임을 지지 않으려는 위험성을 안고 있다. 사람들의 이러한 주장에 대해 하나님은 확고한 반응을 보이신다. 앞으로 이 속담은 이스라엘 사회에서 다시 거론되지 않게 될 것이라 하신다(3절). 그들이 하는 말은 사실이 아니라는 것이다. 아비의 영혼이나 자식의 영혼이나 하나님 앞에서 분명히 똑같이(공평하게) 취급된다(4절). 아비의 영혼이나 자식의 영혼이나 죄를 지으면 죽기는 마찬가지라는 뜻이다.

이스라엘의 이 같은 생각은 한순간이 아니라, 오랜 시간을 두고 형성되어왔다. 시내 산 언약에서부터 시작된 잘못된 이해와 전통이 신학적인 근거를 제시했을 것이다. "나, 주 너희의 하나님은 질투하는 하나님이다. 나를 미워하는 사람에게는, 그 죗값으로, 본인뿐만 아니라 삼사 대 자손에게까지 벌을 내린다"(출 20:5). 지금까지 전개된 에스겔의 가르침을 살펴보면 에스겔도 비슷한 원리를 적용한다. 포로민들이 당하는 고통은 이들의 선조들이 지속적으로 저질러온 반역, 우상숭배, 언약 파괴의 결과라는 것이 그의 가르침이었다. 무엇보다도 이들이 이런 사고를 지니게 된 것은 하나님의 심판이 의인에게나 악인에게나 무분별하게 임한 것으로 비추어졌기 때문이다.

II. 유다와 예루살렘에 대한 심판(4:1-24:27)
H. 악인의 멸망과 하나님(18:1-32)

2. 세 가지 상황(18:5-20)

5 사람이 만일 의로워서 정의와 공의를 따라 행하며 6 산 위에서 제물을 먹
지 아니하며 이스라엘 족속의 우상에게 눈을 들지 아니하며 이웃의 아내를
더럽히지 아니하며 월경 중에 있는 여인을 가까이 하지 아니하며 7 사람을
학대하지 아니하며 빚진 자의 저당물을 돌려 주며 강탈하지 아니하며 주린
자에게 음식물을 주며 벗은 자에게 옷을 입히며 8 변리를 위하여 꾸어 주지
아니하며 이자를 받지 아니하며 스스로 손을 금하여 죄를 짓지 아니하며 사
람과 사람 사이에 진실하게 판단하며 9 내 율례를 따르며 내 규례를 지켜 진
실하게 행할진대 그는 의인이니 반드시 살리라 주 여호와의 말씀이니라 10
가령 그가 아들을 낳았다 하자 그 아들이 이 모든 선은 하나도 행하지 아니
하고 이 죄악 중 하나를 범하여 강포하거나 살인하거나 11 산 위에서 제물을
먹거나 이웃의 아내를 더럽히거나 12 가난하고 궁핍한 자를 학대하거나 강탈
하거나 빚진 자의 저당물을 돌려 주지 아니하거나 우상에게 눈을 들거나 가
증한 일을 행하거나 13 변리를 위하여 꾸어 주거나 이자를 받거나 할진대 그
가 살겠느냐 결코 살지 못하리니 이 모든 가증한 일을 행하였은즉 반드시
죽을지라 자기의 피가 자기에게로 돌아가리라 14 또 가령 그가 아들을 낳았
다 하자 그 아들이 그 아버지가 행한 모든 죄를 보고 두려워하여 그대로 행

하지 아니하고 [15] 산 위에서 제물을 먹지도 아니하며 이스라엘 족속의 우상에게 눈을 들지도 아니하며 이웃의 아내를 더럽히지도 아니하며 [16] 사람을 학대하지도 아니하며 저당을 잡지도 아니하며 강탈하지도 아니하고 주린 자에게 음식물을 주며 벗은 자에게 옷을 입히며 [17] 손을 금하여 가난한 자를 압제하지 아니하며 변리나 이자를 받지 아니하여 내 규례를 지키며 내 율례를 행할진대 이 사람은 그의 아버지의 죄악으로 죽지 아니하고 반드시 살겠고 [18] 그의 아버지는 심히 포학하여 그 동족을 강탈하고 백성들 중에서 선을 행하지 아니하였으므로 그는 그의 죄악으로 죽으리라 [19] 그런데 너희는 이르기를 아들이 어찌 아버지의 죄를 담당하지 아니하겠느냐 하는도다 아들이 정의와 공의를 행하며 내 모든 율례를 지켜 행하였으면 그는 반드시 살려니와 [20] 범죄하는 그 영혼은 죽을지라 아들은 아버지의 죄악을 담당하지 아니할 것이요 아버지는 아들의 죄악을 담당하지 아니하리니 의인의 공의도 자기에게로 돌아가고 악인의 악도 자기에게로 돌아가리라

만일 예루살렘과 바빌론에서 사는 유다 백성이 당하는 고통이 조상의 죄 때문이 아니라면, 그들은 왜 고통을 당하고 있다는 말인가? 본문은 이 질문에 대한 하나님의 답을 제시한다. 그러나 하나님은 그들이 처한 구체적인 상황에 대해 말씀하시지는 않고, 주님의 심판 원칙을 말씀하신다. 이 원칙에 의하면 예루살렘과 바빌론에 있는 이스라엘 사람들은 조상의 죄가 아니라, 자신들의 죄 때문에 심판을 받게 된 것이다. 선지자가 특정한 상황을 들어가며 설명하는 기술법(일종의 'case-law', Zimmerli, Duguid, cf. 레 20:9-21)은 율법의 상당한 부분을 차지하고 있으며, 그 외에도 여러 곳에서 사용되는 교훈을 가르치기 위해 사용되는 흔한 방법이다(cf. 사 33:14-16, 시 5:2-7, 15:1-5, 24:3-6). 세 상황을 예로 들어가며 설명하고 있는 본문은 다음과 같이 각 상황의 공통점과 차이를 일목 정연하게 보여준다(cf. Block).

의로운 자가 계속 의를 행하는 경우 (18:5–9)	의로운 아버지에게서 난 악한 아들의 경우 (18:10–13)	악한 아버지에게서 난 의로운 아들의 경우 (18:14–18)
그가 산 위에서 우상에게 바친 제물을 먹지 않으며	산 위에서 우상에게 바친 제물을 먹거나	그가 산 위에서 우상에게 바친 제물을 먹지 않으며
이스라엘 족속의 우상들에게 눈을 팔지 않으며	온갖 우상들에게 눈을 팔거나	이스라엘 족속의 우상들에게 눈을 팔지 않으며
이웃의 아내를 범하지 않으며	이웃의 아내를 범하거나	이웃의 아내를 범하지 않으며
월경을 하고 있는 아내를 가까이하지 않으며		
사람을 학대하지 않으며	가난하고 어려운 사람을 학대하거나	사람을 학대하지 않으며
빚진 사람의 전당물을 돌려주며	전당물을 돌려주지 않거나	전당물을 잡아두지 않으며
아무것도 강제로 빼앗지 않으며	강제로 빼앗거나	아무것도 강제로 빼앗지 않으며
굶주린 사람에게 먹을거리를 주며	역겨운 일을 하거나	굶주린 사람에게 먹을거리를 주며
헐벗은 사람에게 옷을 입혀주며		헐벗은 사람에게 옷을 입혀주며
변리를 위하여 꾸어주지 아니하며	돈놀이를 하거나	변리를 위하여 꾸어주지 아니하며
이자를 받지 아니하며	이자를 받거나 하면	이자를 받지 아니하며
스스로 손을 금하여 죄를 짓지 아니하며		
사람과 사람 사이에 진실하게 판단하며		
내 율례를 따르며		내 율례를 따르며
내 규례를 지켜		내 규례를 지켜
진실하게 행할진대		

위에 언급된 세 상황의 핵심은 과거(조상이 어떻게 살았는가)가 중요한 것이 아니라, 오늘 이 순간 개인이 어떻게 사느냐가 중요하다는 것이다. 선지자가 의로운 자–의로운 아버지에게서 난 악한 아들–악한 아

버지에게서 난 의로운 아들의 3대를 지나는 패턴을 사용하는 것은 아마도 주전 7세기에 유다를 통치했던 유명한 왕들의 삶을 염두에 둔 것 같다. 히스기야(의로운 자가 계속 의를 행하는 경우)-므낫세(의로운 아버지 히스기야에게서 난 악한 아들)-요시야(의로운 히스기야의 손자이자 악한 므낫세의 아들)를[24] 생각해보라(Taylor).

하나님이 거듭 강조하시는 것은 한 사람의 영적 배경이 어떻든 간에, 그 사람은 자신의 삶에 대한 책임만 지면 된다는 것이다. 결코 아버지의 죄 때문에 죽는 아들도 없을 것이요, 아버지의 의로움 때문에 구원을 받게 될 아들도 없을 것이다. "죄를 지은 영혼, 바로 그 사람이 죽을 것이며, 아들은 아버지의 죄에 대한 벌을 받지 않을 것이며, 아들의 죄에 대한 벌도 받지 않을 것이다. 의인의 의도 자신에게로 돌아가고, 악인의 악도 자신에게 돌아갈 것이다"(20절, 새번역)라는 선언이 본문의 핵심이다. 유다의 정치적인 상황 설명으로 시작된 이야기가 15-19절을 통해 언약적 언어로 전환하더니, 20절에서 마침표를 찍는다(Davis, Duguid). 이 원리에 비교해볼 때 한동안 한국 교회를 혼란에 빠뜨리고 우매한 교인들을 현혹한 "가계에 흐르는 저주를 끊어야 산다"라는 논리는 과연 얼마나 타당한가? 참으로 어이없는 일이며 미신적인 논리이다! 그러나 이런 논리와 책이 한때 한국에서 베스트셀러가 되었다는 것이 참 씁쓸하다.

24 요시야는 아몬의 아들이지만, 그의 즉위가 상대적으로 짧고(주전 643-641년), '아들'이라는 개념이 '자손'의 의미를 포함하고 있기 때문에 이 모델에서는 므낫세의 아들로 취급되어도 별반 문제는 없다.

II. 유다와 예루살렘에 대한 심판(4:1-24:27)
H. 악인의 멸망과 하나님(18:1-32)

3. 문제 해결: 마음을 새롭게 하라(18:21-32)

[21] 그러나 악인이 만일 그가 행한 모든 죄에서 돌이켜 떠나 내 모든 율례를
지키고 정의와 공의를 행하면 반드시 살고 죽지 아니할 것이라 [22] 그 범죄한
것이 하나도 기억함이 되지 아니하리니 그가 행한 공의로 살리라 [23] 주 여호
와의 말씀이니라 내가 어찌 악인이 죽는 것을 조금인들 기뻐하랴 그가 돌이
켜 그 길에서 떠나 사는 것을 어찌 기뻐하지 아니하겠느냐 [24] 만일 의인이
돌이켜 그 공의에서 떠나 범죄하고 악인이 행하는 모든 가증한 일대로 행하
면 살겠느냐 그가 행한 공의로운 일은 하나도 기억함이 되지 아니하리니 그
가 그 범한 허물과 그 지은 죄로 죽으리라 [25] 그런데 너희는 이르기를 주의
길이 공평하지 아니하다 하는도다 이스라엘 족속아 들을지어다 내 길이 어
찌 공평하지 아니하냐 너희 길이 공평하지 아니한 것이 아니냐 [26] 만일 의인
이 그 공의를 떠나 죄악을 행하고 그로 말미암아 죽으면 그 행한 죄악으로
말미암아 죽는 것이요 [27] 만일 악인이 그 행한 악을 떠나 정의와 공의를 행
하면 그 영혼을 보전하리라 [28] 그가 스스로 헤아리고 그 행한 모든 죄악에서
돌이켜 떠났으니 반드시 살고 죽지 아니하리라 [29] 그런데 이스라엘 족속은
이르기를 주의 길이 공평하지 아니하다 하는도다 이스라엘 족속아 나의 길
이 어찌 공평하지 아니하냐 너희 길이 공평하지 아니한 것 아니냐 [30] 주 여
호와의 말씀이니라 이스라엘 족속아 내가 너희 각 사람이 행한 대로 심판할
지라 너희는 돌이켜 회개하고 모든 죄에서 떠날지어다 그리한즉 그것이 너
희에게 죄악의 걸림돌이 되지 아니하리라 [31] 너희는 너희가 범한 모든 죄악
을 버리고 마음과 영을 새롭게 할지어다 이스라엘 족속아 너희가 어찌하여
죽고자 하느냐 [32] 주 여호와의 말씀이니라 죽을 자가 죽는 것도 내가 기뻐하
지 아니하노니 너희는 스스로 돌이키고 살지니라

바로 앞부분에서 에스겔은 아들이 아버지의 죄의 그늘에 살 필요가

없다고 했다. 본문에서 선지자는 자식이 아버지의 죄에서 돌이킬 수 있다면 자신의 죄에서도 돌이킬 수 있음을 강조한다. 모든 사람이 죄에서 자유할 수 있으며, 그래야 살 수 있다. 어떤 경우에라도 한 사람이 자신의 운명에 대해 다른 사람 때문이라고 할 수 없다는 것이다.

선지자는 개인은 각자 자신의 행위에 합당한 보상이나 심판을 받을 것을 선언한다(30절). 중요한 것은 한 사람이 아무리 오랫동안 의롭게 살아왔다 해도 오늘 이 순간에 범죄하면 하나님의 심판의 대상이 된다. 또한 한 사람이 아무리 추악한 악을 행해왔다 하더라도 오늘 이 순간에 신실하고 착하게 살면 그의 죄가 모두 용서받고 하나님의 구원의 대상이 되는 것이다. 즉 영적인 '공로 계좌'는 존재하지 않는다(Block). 이러한 선지자의 가르침은 3:16-21의 내용을 반복한다.

우리의 과거는 결코 우리의 현실이나 미래를 옭아매는 올무가 되어서는 안 된다. 또한 과거의 선행이 결코 우리를 현실이나 미래의 죄악에서 구원할 수도 없다. 선지자가 본문에서 거듭 강조하는 것은 모든 사람들이 자신의 행실대로 적절한 심판을 받을 것이라는 사실이다. (1) 죄를 짓는 자는 자신의 죗값 때문에 죽을 것이다. (2) 의는 근본적으로 올바른 고백에서 비롯되는 것이 아니라 올바른 행위에서 비롯된다. (3) 사람의 과거는 결코 그의 미래를 결정지을 수 없다. 한 사람의 미래를 결정짓는 것은 그의 '오늘'이다.

이와 같은 하나님의 원리가 이스라엘 사람들에게는 공평하다고 여겨지지는 않는다. 그들은 하나님이 이러한 기준으로 사람을 판단하시는 것은 매우 불공평한 처사라고 원망한다(25, 29절). 주의 백성은 자신들의 '과거의 선행'이 아무런 효력을 발휘하지 못한다는 사실에 불만을 품은 것으로 보인다. 그러나 하나님은 자신의 원리는 매우 공평하며, 오히려 불공평한 것은 이스라엘의 생각이라고 말씀하신다(29절). 만일 여호와께서 과거의 잘못대로 우리를 심판하기로 작정하신다면, 우리 중 살아남을 자가 과연 몇이나 되는가? 껍데기만 남은 '신앙 유산'을 앞세워 '기독교 귀족 사회'를 형성하고자 하는 사람들에게 이 말씀은 어떤 의미로 들릴까?

하나님은 악인이 죽는 것을 어떻게 생각하시는가? 즐기시는가? 아니다. 선지자는 수사학적인 질문들을 통해 하나님은 결코 자기 백성의 죽음을 기뻐하시는 분이 아니라는 사실을 거듭 강조한다(23절, cf. 32절). 하나님의 간곡한 부탁은 "회개하여 살아남으라"는 것이다(31-32절). 또한 하나님은 죄를 용서하면 그 죄를 더 이상 기억하지 않으시는 분이다(22절). 이 사실에 이스라엘의 소망이 있다. 또한 우리의 소망이기도 하다. 하나님은 근본적으로 생명을 주기를 원하시고, 결코 죽음을 선호하는 분이 아니기 때문에 말라빠진 뼈와 같은 이스라엘도 회생할 소망이 있는 것이다(cf. 37장).

그렇다면 에스겔의 '축적된 조상의 죗값'과 '개인은 자신의 행위에 합당한 심판을 받을 것'의 관계를 어떻게 이해할 것인가? 이스라엘은 한 공동체로서 벌써 그 종말을 선고받았다. 그러므로 이런 의미에서는 축적된 조상의 죗값을 후손들이 치른다(viz., 나라의 패망이 조상 시대에 성취되지 않고 후세에 이루어진다는 것). 그러나 공동체의 한 일원으로서 개인은 자신이 속한 공동체에 다가오는 심판을 멈추게 하지는 못할지라도 자신의 운명에는 영향을 끼칠 수 있다. 가나안 정복 시절에 창녀 라합의 경우가 그랬고, 기브온 사람들이 그랬다. 에스겔이 강조하고자 하는 바가 여기에 있다. 그렇기에 선지자는 예언을 통해 '남은 자들'에 대해 지속적으로 언급한다. 에스겔에 의하면 이 민족에 대한 심판은 벌써 오래전부터 결정되었으며 결코 번복될 수 없다. 그러나 하나님의 뜻은 되도록이면 많은 사람들이 회개하여 살아남는 것이다. 악을 행하는 자들은 다 죽을 것이지만 의인들은 꼭 살아남을 거라고 선포하신다.

I. 유다 왕들에 대한 애가(19:1-14)

본문은 애가(קִינָה)로 불려진 노래이다(1, 14절). 애가는 선지서와 시편에서는 매우 많이 사용되는 장르이며, 에스겔서에서도 자주 사용된다(cf. 26:17ff., 27:3-9, 28:12-19, 32:2-8). 본문은 유다의 마지막 왕들에 대한 비유이다. 이 부분은 다음과 같이 구분할 수 있다.

A. 암사자 비유(19:1-2)
B. 여호아하스 비유(19:3-4)
C. 여호야긴 비유(19:5-9)
D. 시드기야 비유(19:10-14)

1. 암사자 비유(19:1-2)

[1] 너는 이스라엘 고관들을 위하여 애가를 지어 [2] 부르라
네 어머니는 무엇이냐
암사자라
그가 사자들 가운데에 엎드려
젊은 사자 중에서 그 새끼를 기르는데

선지자가 이 애가를 시작하면서 언급하는 암사자는 누구일까? 암사자의 정체는 10-14절을 5-9절의 연장으로 보느냐(viz., 5-14절이 같은 인물에 대해 언급하고 있다고 단정하는 것), 아니면 새로운 인물에 대한 언급으로 보느냐(viz., 5-9절과 10-14절이 각각 다른 왕에 대하여 언급하고 있다고 생각하는 것)에 따라서 암사자의 정체가 결정된다.

5–9절과 10–14절을 연결해서 이해하면 처음 왕은 여호아하스, 두 번째 왕은 시드기야이다. 암사자는 그들의 어머니 요시야의 아내 하무달(Hamutal)이다(왕하 23:31, cf. Duguid). 그러나 위 두 문단이 각기 다른 왕들에 대한 언급이라고 해석하면 처음 왕은 여호아하스, 두 번째 왕은 여호야긴 그리고 세 번째 왕은 시드기야가 된다. 암사자는 유다를 상징적으로 표현한다고 이해되어야 한다.[25]

어느 관점을 따르느냐에 따라 세부적인 해석이 조금씩 달라질 수 있다. 두 번째 해석이 더 매력적으로 보인다. 5–14절이 한 왕이 아니라, 두 왕에 대하여 언급하고 있다는 것이다. 그렇다면 본문이 언급하고 있는 암사자는 유다이며, 이어지는 애가는 유다의 마지막 세 왕에 대한 슬픔을 표현한다. 애가의 근본적인 목적은 확실하다. 다가오는 다윗 왕권의 종말을 슬퍼하기 위해서이다. 이스라엘의 역사가 막바지에 달했음을 예언하고 있다.

II. 유다와 예루살렘에 대한 심판(4:1–24:27)
I. 유다 왕들에 대한 애가(19:1–14)

2. 여호아하스 비유(19:3–4)

3 그 새끼 하나를 키우매 젊은 사자가 되어
먹이 물어뜯기를 배워 사람을 삼키매
4 이방이 듣고 함정으로 그를 잡아
갈고리로 꿰어 끌고 애굽 땅으로 간지라

여호아하스는 요시야의 아들로 아버지가 이집트의 바로 느고(Neco)에게 므깃도에서 살해당한 후 유다의 왕이 되어 3개월을 통치했다(왕하

25 사자 이미지와 유다의 연관성에 대해서는 창세기 49:9–11과 미가 5:8을 보라.

23:31). 이때 느고는 아시리아 군을 도와 바빌론 군대와 전쟁을 치르기 위해 유프라테스강 쪽으로 진군하던 상황이었다. 아시리아 패잔병들과 힘을 합해 바빌론을 이기면 이집트가 고대 근동의 새로운 군주가 될 수 있기 때문이다. 요시야가 왜 느고에게 대항했는지는 아직도 풀리지 않는 수수께끼로 남아 있다(왕하 23:29ff., cf. 대하 35:20ff.).

요시야의 행동을 괘씸하게 여긴 느고는 3개월 후 예루살렘을 정복해 여호아하스를 이집트로 포로로 끌고 갔다(왕하 23:33). 이때가 주전 609년이다. 예레미야가 예언한 대로 여호아하스는 이집트에서 일생을 마쳤다(렘 22:10-12). 선지자는 여호아하스를 "물어뜯기를 배워 사람을 삼키는" 사자(3절)로 묘사한다. 이런 표현은 여호아하스가 사자(viz., 왕)로 잘 성장했음을 의미할 수도 있지만(Zimmerli), 단순히 폭력성을 의미할 수도 있다(Duguid, cf. 6절, 22:25). 겨우 3개월을 통치한 여호아하스의 명성이 널리 알려졌을 리는 없다. 그런데도 본문은 열방이 이 왕에 대해 들었다고 말한다(4절). 그러므로 4절의 사자는 여호아하스가 상징한 '다윗 왕국의 영광'으로 이해되는 것이 바람직하다.

II. 유다와 예루살렘에 대한 심판(4:1-24:27)
I. 유다 왕들에 대한 애가(19:1-14)

3. 여호야긴 비유(19:5-9)

5 암사자가 기다리다가 소망이 끊어진 줄을 알고
그 새끼 하나를 또 골라 젊은 사자로 키웠더니
6 젊은 사자가 되매 여러 사자 가운데에 왕래하며
먹이 물어뜯기를 배워 사람을 삼키며
7 그의 궁궐들을 헐고 성읍들을 부수니
그 우는 소리로 말미암아
땅과 그 안에 가득한 것이 황폐한지라

8 이방이 포위하고 있는 지방에서 그를 치러 와서
그의 위에 그물을 치고 함정에 잡아
9 우리에 넣고 갈고리를 꿰어 끌고
바벨론 왕에게 이르렀나니
그를 옥에 가두어 그 소리가 다시 이스라엘 산에
들리지 아니하게 하려 함이라

두 번째 사자가 누구를 뜻하는가는 학자들 사이에 오랫동안 논란이 되어왔다(Begg). 여호아하스는 이집트로 끌려가고 그의 형제 여호야김이 왕이 되었다. 그래서 본문이 두 번째 사자로 언급하는 사람을 여호야김이라고 해석하기도 하고(Rashi, Kimchi, Block), 시드기야라고 해석하기도 한다(Duguid). 그러나 에스겔은 여호야김을 그냥 지나치고 그의 아들 여호야긴에 대해 언급한다(Wevers, Zimmerli). 9절에 의하면 이 사자는 바벨론 왕에게 끌려가 감옥에 갇혔기 때문이다(9절). 여호야긴도 여호아하스처럼 아버지의 행위에 대해 대가를 치렀다. 여호야김이 바벨론에 반기를 들었기 때문에 느부갓네살이 많은 군사를 이끌고 유다를 쳐들어왔다. 여호야김은 성이 포위된 상태에서 죽었다. 그의 아들 여호야긴이 뒤를 이어 왕위에 오른 다음, 3개월을 버티다가 결국에는 항복했다. 오랫동안 성이 고립되어 있었기 때문에 모든 것이 동이 나 백성들이 비참한 생활을 하는 것을 보고 배려한 처사라고 할 수 있다.

결국 여호야긴은 주전 597년에 바벨론으로 끌려가서 일생을 그곳에서 마쳤다. 에스겔도 이때에 바벨론으로 끌려갔다. 그러나 여호야긴은 포로민들의 마음속에 이스라엘의 마지막 왕으로 자리잡았다. 열왕기가 기록하고 있는 최종적인 사건이 여호야긴이 37년의 감옥 생활을 청산하고 자유인이 되어 바벨론 사람들이 내려준 하사품을 먹으며 여생을 살았던 일이라는 것은 이 왕에 대한 성경의 평가가 상당히 긍정적임을 의미한다(cf. 대하 36:22-23).

II. 유다와 예루살렘에 대한 심판(4:1-24:27)
I. 유다 왕들에 대한 애가(19:1-14)

4. 시드기야 비유(19:10-14)

10 네 피의 어머니는 물 가에 심겨진 포도나무 같아서
물이 많으므로 열매가 많고 가지가 무성하며
11 그 가지들은 강하여 권세 잡은 자의 규가 될 만한데
그 하나의 키가 굵은 가지 가운데에서 높았으며
많은 가지 가운데에서 뛰어나 보이다가
12 분노 중에 뽑혀서 땅에 던짐을 당하매
그 열매는 동풍에 마르고
그 강한 가지들은 꺾이고 말라 불에 탔더니
13 이제는 광야, 메마르고 가물이 든 땅에 심어진 바 되고
14 불이 그 가지 중 하나에서부터 나와 그 열매를 태우니
권세 잡은 자의 규가 될 만한 강한 가지가 없도다 하라
이것이 애가라 후에도 애가가 되리라

에스겔은 이미 포도나무 비유를 두 차례나 사용했다(15:1-6, 17:1-10). 이 비유에서도 포도원은 유다이며 포도나무는 유다의 왕으로 해석된다(10절). 포도나무는 아주 좋은 조건의 땅에 심겨 있다. 11-14절은 시드기야의 종말을 예언하고 있다. 그는 동풍(바빌론)에 망할 것이다. 기름진 땅에서 뽑혀 마른 땅에 심겨(13절) 거기에 불까지 더해진다(14절). 결과적으로 나무는 완전히 말라죽어 더 이상 통치자가 될 만한 가지가 존재하지 않게 된다(14절). 본문에 의하면 시드기야는 바빌론으로 끌려가게 되어 있다. 그러나 그의 대를 이어 유다의 왕이 될 자는 없을 것이다. 중요한 것은 태우는 불이 포도나무 자체에서 나왔다는 점이다(14절). 즉 유다의 죄가 나라가 스스로 망하도록 여건을 만들었다는 것이다. 사실 이것이 죄인의 모습이 아닌가? 멸망하는 죄인도 결국에는

자신의 삶에서 그 이유를 찾을 수 있을 것이다.

J. 하나님의 뜻과 인간의 반역(20:1–44)

본문은 그동안 제시되었던 비유나 풍유와는 달리 이스라엘의 초창기부터 현재까지의 역사를 정리한다. 이스라엘이 이집트에 머물던 시대부터 출애굽, 광야 생활, 가나안 땅에서의 생활 그리고 앞으로 다가올 포로 시대를 요약하고 있다. 학자들은 본문의 장르를 에스겔 시대 유다의 현실을 비약하는 일종의 패러디(parody)로 간주한다.

선지자는 바로 앞 장(章)에서 현재 유다의 왕으로 군림하고 있는 시드기야는 망할 것이요 그의 뒤를 이을 자가 없을 것을 예언했다. 지난 수백 년 동안 유다를 지배해왔던 다윗 왕조의 종말이 예고되었다. 그러므로 선지자의 청중들은 당연히 "그렇다면 이제 구원/회복은 없을 것인가?" 하고 질문할 수 있다. 다윗 왕조가 지속되어야 그들을 구원하실 메시아가 오실 것이기 때문이다.

에스겔은 이 장(章)에서 이스라엘의 초기 역사를 회고하며 구체적으로 이스라엘이 이집트에서 살았던 세대와 광야에서 살았던 세대와 가나안에서 살았던 세대 등 세 세대로 구분한다. 안타까운 것은 이 세 시대를 살았던 주의 백성이 한결같이 여호와 하나님을 멀리하고 우상을 따랐다는 사실이다. 선지자는 주의 백성이 시대에 따라 살던 장소는 달라도 모두 우상숭배에 중독된 죄인들이었다는 점을 강조하기 위해 이 세 세대의 이야기를 다음과 같이 여섯 단계로 형성된 이야기로 반복한다(Duguid).

	내용	이집트 세대 (20:5-10)	광야 세대 (20:11-15)	가나안 세대 (20:18-23)
1	하나님이 스스로 모습을 보이심	5-6절	11절	18-19절
2	하나님께 절대적인 충성 권면	7절	12절	19-20절
3	이스라엘의 반역	8절	13절	21절
4	하나님의 진노 위협	8b절	13b절	21b절
5	하나님의 이름 때문에 진노가 제한됨	9절	14절	22절
6	제한된 심판 실현	10절	17절	23절

우상 중독 현상을 보이고 있는 이스라엘의 초기 역사를 회고하는 이 부분은 다음과 같이 구분된다. 인상적인 것은 선지자의 신탁이 우상숭배에 대한 비난으로만 끝나는 것이 아니라, 이스라엘의 회복을 약속하는 비전(32-44절)으로 마무리되고 있다는 사실이다. 장차 다윗 계열의 메시아가 오셔서 이스라엘의 우상숭배 문제를 완전히 해결해주실 것이라는 사실을 암시하는 신탁이다.

A. 장로들의 방문(20:1-4)
B. 이집트 시절(20:5-9)
C. 광야 시절(20:10-26)
D. 가나안 시절(20:27-29)
E. 우상숭배(20:30-31)
F. 이스라엘의 회복(20:32-44)

II. 유다와 예루살렘에 대한 심판(4:1-24:27)
J. 하나님의 뜻과 인간의 반역(20:1-44)

1. 장로들의 방문(20:1-4)

1 일곱째 해 다섯째 달 열째 날에 이스라엘 장로 여러 사람이 여호와께 물으
려고 와서 내 앞에 앉으니 2 여호와의 말씀이 내게 임하여 이르시되 3 인자
야 이스라엘 장로들에게 말하여 이르라 주 여호와께서 이렇게 말씀하셨느니
라 너희가 내게 물으려고 왔느냐 내가 나의 목숨을 걸고 맹세하거니와 너희
가 내게 묻기를 내가 용납하지 아니하리라 주 여호와의 말씀이니라 4 인자야
네가 그들을 심판하려느냐 네가 그들을 심판하려느냐 너는 그들에게 그들의
조상들의 가증한 일을 알게 하여

이 예언은 선지자에게 7년 다섯째 달 10일(주전 591년 8월 14일)에 임했다(1절). 8-11장에 기록된 성전 환상을 본 이후 11개월이 지난 시점이다. 이때쯤이면 유다의 왕 시드기야는 이집트와 바빌론이 대립하고 있는 국제적 무대에서 자기를 왕으로 세워준 "바빌론에게 반역하고 남쪽의 강대국 이집트 편에 설 것인가?"를 고민하고 있을 때이다.

어느 정도 정상적인 사고 체계를 가진 사람이라면 시드기야는 이런 고민을 하면 안 된다. 그를 약소국가인 유다의 왕으로 세워준 은인인 바빌론을 배반하고 이집트에 충성을 맹세한다는 것 자체가 어이없는 배신이기 때문이다. 게다가 이스라엘의 하나님 여호와를 전적으로 의지하고 모든 군주들로부터 독립을 선언하는 일은 가능하지만, 단순히 유다가 섬겨야 할 종주를 바꾸는 것은 정치적으로 매우 위험한 짓이다.

장로들이 에스겔을 찾아왔다. 본문은 그들이 선지자를 찾은 목적을 밝히지 않는다. 한 학자는 그들의 방문이 예레미야 28장이 언급하는 하나냐라는 거짓 선지자의 예언과 관계가 있다고 본다. 시드기야 즉위 4년(주전 594년)에 바빌론에 인질로 잡혀간 사람들이 2년 안에 예루살렘으로 돌아올 것이라고 예언한 때가 지났으므로(cf. 렘 28:1-4), 앞으로 이 예언이 어떻게 될 것인가를 알아보기 위해서이다(Malamat, cf. Darr). 그러나 예레미야는 하나냐가 거짓 예언으로 백성들을 현혹시킨 죄를 맹렬히 비난하고 이 죄로 그해 일곱째 달에 하나냐가 죽었다고 기록한다(렘 28:15-17). 이런 상황에서 장로들이 참 선지자 예레미야의 예언대로 죽은 하나냐가 죽기 전에 남긴 예언, 그것도 2년 안에 성취된다고 했던 예언이 3년이 지나도록 성취되지 않은 예언이 어떻게 될 것인가를 알아보기 위해서 에스겔을 찾아왔다는 것은 전혀 설득력이 없는 해석이다.

한 주석가는 장로들이 "그러나 네가 거기[끌려간 타국]서 네 하나님 여호와를 찾게 되리니 만일 마음을 다하고 뜻을 다하여 그를 찾으면 만나리라" 한 신명기 4:29 말씀을 실천하기 위해 찾았다고 한다(Block). 그러나 하나님이 이들을 냉대하시는 것을 보면 이 해석도 설득력을 잃는다. 아마도 선지자에게 예루살렘에 대한 소식을 듣기 위해서 왔거나, 앞으로 자신들은 어떻게 될 것인가를 여호와께 알아보기 위해 에스겔을 찾아왔을 것이다.

하나님은 이스라엘의 장로들을 반기지 않으실 뿐만 아니라 그들에게 자신의 뜻을 밝히기를 거부하신다(3절). 이스라엘이 민족으로 출범할 때는 하나님의 영을 받아 주의 백성에게 축복의 통로가 되었던 장로들(cf. 민 11:24-25)이 어느덧 영적으로 타락한 백성의 선봉에 서 있기 때문이다(Duguid). 또한 장로들이 하나님을 찾은 목적이 주님을 예배하기 위해서가 아니라 이용하기 위해서, 곧 그들의 마음자세가 진실하지 않았기 때문에 하나님이 대답을 거부하셨다는 해석이 있다(Calvin, cf. 렘 29:13). 그러나 본문은 이런 뉘앙스를 직접 풍기지는 않는다.

대부분 학자들은 이스라엘의 우상숭배에 대해 비난하고 있는 30-32절이 이 장로들의 삶과 생각을 잘 반영한다고 해석한다. 에스겔서에서 이스라엘 사람들을 향한 하나님의 비난은 자주 장로들을 책망하는 것으로 이루어진다(8:1, 14:1, 20:1). 앞 사례들(8:11, 14:2)에서 보면 그들은 비밀리에 우상숭배를 하고 있기 때문이다(Duguid). 그들은 종교적 복합

주의자들이다(cf. 14:1-5). 그들은 이방 신들을 섬기는 것이 확실하다. 동시에 여호와도 계속 찾았던 자들이다. 하나님은 이런 자들이 주의 백성을 대표한다며 주님을 찾아왔다는 사실에 수치심을 느끼셨을 것이다. 하나님은 우리의 나누어지지 않은 마음을 원하신다.

II. 유다와 예루살렘에 대한 심판(4:1-24:27)
J. 하나님의 뜻과 인간의 반역(20:1-44)

2. 이집트 시절(20:5-9)

**5 이르라 주 여호와께서 이같이 말씀하셨느니라 옛날에 내가 이스라엘을 택
하고 야곱 집의 후예를 향하여 내 손을 들어 맹세하고 애굽 땅에서 그들에
게 나타나 맹세하여 이르기를 나는 여호와 너희 하나님이라 하였노라 6 그날
에 내가 내 손을 들어 그들에게 맹세하기를 애굽 땅에서 인도하여 내어 그
들을 위하여 찾아 두었던 땅 곧 젖과 꿀이 흐르는 땅이요 모든 땅 중의 아름
다운 곳에 이르게 하리라 하고 7 또 그들에게 이르기를 너희는 눈을 끄는 바
가증한 것을 각기 버리고 애굽의 우상들로 말미암아 스스로 더럽히지 말라
나는 여호와 너희 하나님이니라 하였으나 8 그들이 내게 반역하여 내 말을
즐겨 듣지 아니하고 그들의 눈을 끄는 바 가증한 것을 각기 버리지 아니하
며 애굽의 우상들을 떠나지 아니하므로 내가 말하기를 내가 애굽 땅에서 그
들에게 나의 분노를 쏟으며 그들에게 진노를 이루리라 하였노라 9 그러나 내
가 그들이 거주하는 이방인의 눈 앞에서 그들에게 나타나 그들을 애굽 땅에
서 인도하여 내었나니 이는 내 이름을 위함이라 내 이름을 그 이방인의 눈
앞에서 더럽히지 아니하려고 행하였음이라**

선지자는 "손을 들어 맹세하고"(5절)라는 말을 앞으로도 계속 사용한다(6, 15, 23, 28, 42절). 이런 표현은 하나님이 이스라엘과의 언약에 스스로 자신을 묶은 모습, 즉 그분의 은혜를 강조한다(cf. Darr). 이스라엘이

우상을 숭배하고 하나님을 모를 때에 하나님이 그들을 찾아와 자기 백성으로 택하고 그들과 은혜로운 계약을 맺고 그 언약에 자신을 묶으신 모습이다. '선택하다'(בחר, 5절)는 하나님의 선택을 강조하는 동사로, 신명기에서는 하나님이 이스라엘을 백성 삼으신 일을 강조하며 매우 자주 사용되지만, 에스겔서에서는 유일하게 이곳에서 사용되고 있다.

여호와께서는 아직 하나님을 모르고 우상들을 숭배하던 그들에게 젖과 꿀이 흐르는 땅을 약속하시며(6절), 단 한 가지, 곧 우상을 버리는 것을 조건으로 내거셨다(7절). 선지자는 약속의 땅을 하나님이 '그들을 위하여 찾아두셨던 땅'이라고 한다(6절). 이 표현은 하나님이 이스라엘을 위해 가장 적합한 땅을 준비해두셨다는 의미이며 하나님의 이스라엘에 대한 보호와 배려를 매우 확실하게 표현한다.

이집트에 머무는 동안 이스라엘의 종교생활이 어떠했는지에 대해서는 알려진 바가 별로 없다. 성경을 제외하면 이스라엘의 이집트 생활이 거의 미스터리로 남아 있기 때문이다. 한 가지 확실한 것은 출애굽기-신명기에 의하면 모세가 그들을 여호와 하나님의 품으로 돌리는데 상당한 노력이 필요했고 이스라엘의 반역은 광야에서도 계속되었다는 사실이다. 선지자가 이스라엘은 하나님이 그들을 처음 만난 이집트에서부터 우상에 중독된 삶을 살았다고 하는 7-8절의 의미를 생각해보라.

하나님은 주님의 "젖과 꿀이 흐르는 땅으로 인도해줄 테니 너희들이 숭배하는 이집트 우상들을 버리고 나를 따르라"는 제안을 거부한 이스라엘을 어떻게 하셨는가? 버리고 떠나셨는가? 아니다. 하나님은 자신의 이름(명예)을 거룩하게 하기 위해 우상을 버리고 주님을 따르기를 거부한 그들을 가나안 땅으로 데려가기 위하여 이집트에서 이끌어내셨다(9절).

하나님의 입장에서 생각해보면 얼마나 자존심 상하는 일인가? 그러나 하나님은 수백 년 전에 이스라엘의 조상 아브라함에게 주신 약속을 지키기 위해 모든 자존심을 버리고 그들을 품으신 것이다. 남의 이야기 같지만, 사실은 이것이 바로 우리의 이야기이다. 우리가 죄인이었을 때, 또한 죄의 굴레에서 벗어나고 싶어 하지 않고 죄를 즐기고 있을 때 하나님이 먼저 찾아오셔서 우리를 그 죄의 굴레에서 벗어나게 하시지 않았는가!

하나님이 자존심을 구기면서까지 우상에 중독되어 하나님을 섬기기를 거부한 이스라엘을 이집트에서 탈출시키신 것은 하나님의 이름이 더럽혀지지 않도록 하기 위해서였다(9절). 회개하기를 거부하는 이스라엘을 이집트에 그대로 남겨두는 일이 어떻게 하나님의 이름을 더럽히는가? 하나님은 아브라함에게 분명 때가 되면 이집트에서 노예 생활을 하는 그의 후손들을 약속의 땅으로 인도할 것이라고 약속하셨다(창 15:13-16). 드디어 하나님이 약속하신 때가 이르렀으므로 그들을 구원하셔야 한다. 설령 이스라엘이 우상을 숭배하고 있다 할지라도 하나님은 자비와 은혜의 하나님이기 때문에 그들을 구원하셔야 한다(cf. Eichrodt). 만일 이스라엘을 구원하지 않고 이집트에 그대로 방치하시면 세상 사람들은 여호와는 약속을 지키지 않는 신이라고 낙인을 찍을 것이다. 그러므로 하나님은 이스라엘이 주님을 따르지 않고 우상을 숭배하고 있다 하더라도 구원하셔야 한다.

이 말씀을 통해 우리는 여호와 하나님이 얼마나 자신의 이름을 거룩하게 유지하고자 하시는가를 엿볼 수 있다. 하나님의 이름이 거룩하게 보존되어야 한다는 것이 지금까지는 제한적으로 언급되어왔지만 이 말씀에서 새로운 주제로 부각되고 있다. 거룩하신 하나님의 이름이라는 주제는 앞으로 36장과 39장에서 더욱 강조될 것이다.

우리가 죄를 지으면 우리의 문제로만 끝나는 것이 아니라, 하나님의 거룩하신 이름이 더럽혀진다. 그러므로 하나님의 명예를 생각해서라도 죄를 짓지 말아야 한다. 하나님의 이름을 거룩하게 한다는 것은 주님에 대한 올바른 사고를 가지고 주님을 경배하는 것이다. 하나님은 우리가 경배해야 할 창조주이지, 우리의 필요를 채우는 수단이나 도구가 아니다.

칼뱅은 그의 에스겔서 강의 60번째에서 20:1-8을 강해하고 다음과 같은 기도로 마무리지었다.

> 전능하신 하나님, 주님은 주님의 손을 주님의 독생자 예수그리스도를 통해 우리에게 펼치신 적이 있습니다. 그때 주님은 맹세로 주님 자신을 우리에게 묶으셨을 뿐만 아니라 그리스도의 피로 우리와 영원한 언약을 세우셨습니다. 주님, 우리가 하늘나라에 이르러 우리의 믿음의 열매를 아주 오랫동안 즐길 수 있을 때까지 이 땅에서 주님께 신실함으로, 또한 주님의 이름을 순수한 예배에 보존함으로 이러한 주님의 은혜에 보답할 수 있도록 하여주시옵소서.

II. 유다와 예루살렘에 대한 심판(4:1-24:27)
J. 하나님의 뜻과 인간의 반역(20:1-44)

3. 광야 시절(20:10-26)

10 그러므로 내가 그들을 애굽 땅에서 나와서 광야에 이르게 하고 11 사람이
준행하면 그로 말미암아 삶을 얻을 내 율례를 주며 내 규례를 알게 하였고
12 또 내가 그들을 거룩하게 하는 여호와인 줄 알게 하려고 내 안식일을 주어
그들과 나 사이에 표징을 삼았노라 13 그러나 이스라엘 족속이 광야에서 내
게 반역하여 사람이 준행하면 그로 말미암아 삶을 얻을 나의 율례를 준행하
지 아니하며 나의 규례를 멸시하였고 나의 안식일을 크게 더럽혔으므로 내
가 이르기를 내가 내 분노를 광야에서 그들에게 쏟아 멸하리라 하였으나 14
내가 내 이름을 위하여 달리 행하였었나니 내가 그들을 인도하여 내는 것을
본 나라들 앞에서 내 이름을 더럽히지 아니하려 하였음이로라 15 또 내가 내
손을 들어 광야에서 그들에게 맹세하기를 내가 그들에게 허락한 땅 곧 젖과

꿀이 흐르는 땅이요 모든 땅 중의 아름다운 곳으로 그들을 인도하여 들이지
아니하리라 한 것은 16 그들이 마음으로 우상을 따라 나의 규례를 업신여기
며 나의 율례를 행하지 아니하며 나의 안식일을 더럽혔음이라 17 그러나 내
가 그들을 아껴서 광야에서 멸하여 아주 없이하지 아니하였었노라 18 내가
광야에서 그들의 자손에게 이르기를 너희 조상들의 율례를 따르지 말며 그
규례를 지키지 말며 그 우상들로 말미암아 스스로 더럽히지 말라 19 나는 여
호와 너희 하나님이라 너희는 나의 율례를 따르며 나의 규례를 지켜 행하고
20 또 나의 안식일을 거룩하게 할지어다 이것이 나와 너희 사이에 표징이 되
어 내가 여호와 너희 하나님인 줄을 너희가 알게 하리라 하였노라 21 그러나
그들의 자손이 내게 반역하여 사람이 지켜 행하면 그로 말미암아 삶을 얻을
나의 율례를 따르지 아니하며 나의 규례를 지켜 행하지 아니하였고 나의 안
식일을 더럽힌지라 이에 내가 이르기를 내가 광야에서 그들에게 내 분노를
쏟으며 그들에게 내 진노를 이루리라 하였으나 22 내가 내 이름을 위하여 내
손을 막아 달리 행하였나니 내가 그들을 인도하여 내는 것을 본 여러 나라
앞에서 내 이름을 더럽히지 아니하려 하였음이로라 23 또 내가 내 손을 들어
광야에서 그들에게 맹세하기를 내가 그들을 이방인 중에 흩으며 여러 민족
가운데에 헤치리라 하였나니 24 이는 그들이 나의 규례를 행하지 아니하며
나의 율례를 멸시하며 내 안식일을 더럽히고 눈으로 그들의 조상들의 우상
들을 사모함이며 25 또 내가 그들에게 선하지 못한 율례와 능히 지키지 못할
규례를 주었고 26 그들이 장자를 다 화제로 드리는 그 예물로 내가 그들을 더
럽혔음은 그들을 멸망하게 하여 나를 여호와인 줄 알게 하려 하였음이라

이스라엘은 하나님을 처음 만난 이집트에서 "복된 땅으로 데리고 갈 테니 우상을 버리고 나를 섬기라"는 주님의 권면을 받고도 우상을 버리지 않았다. 그럼에도 불구하고 하나님은 자기 명예를 보존하기 위해 이집트에 내린 열 가지 재앙에서 자신은 언제든 어떠한 기적이라도 행할 수 있는 능력의 신이라는 것을 이집트 사람들뿐만 아니라, 이스라

엘 사람들에게도 보여주셨다. 또한 일부 기적에서는 이스라엘 사람들과 이집트 사람들을 구분해 이집트 사람들에게만 재앙이 임하게 하셨다. 이처럼 여호와 하나님의 차별화된 기적을 수없이 경험한 이스라엘이 드디어 하나님의 인도하심에 따라 그들을 노예로 부리던 이집트를 떠나게 되었다. 이집트를 떠나 광야에 도달한 이스라엘이 하나님과 우상들을 대하는 태도를 바꾸었을까?

이스라엘은 변하지 않았다. 그들은 그 수많은 하나님의 기적을 체험하고도 여호와에게 등을 돌리고 우상들을 숭배했다. 하나님이 느끼셨을 허탈감을 생각해보라. 우리는 성경에서 지속적으로 강조하는 교훈을 마음에 새겨야 한다. 기적은 일시적으로 사람들의 관심을 끌 수는 있지만, 그들을 변화시키지는 못한다는 사실이다. 만일 기적이 사람을 변화시킬 수 있다면, 이스라엘이 광야에서 보여준 믿음은 전혀 달랐어야 한다.

광야에서 이스라엘은 매일 하나님의 임재를 상징하는 구름 기둥과 불기둥의 인도를 받았다. 또한 매일 하나님이 내려주시는 만나와 바위를 갈라 솟아나게 하신 물을 마셨다. 그런데도 이스라엘은 하나님을 온전히 따르지 않았다. 그들은 광야에서도 흔들리는 신앙으로 많이 방황했다. 이집트를 나온 뒤 광야에서 40여 년 동안 지속된 방랑 생활은 단순히 이스라엘 역사의 한 사건으로 머물지 않는다. 광야에서의 방랑 생활은 곧 이스라엘의 방황하는 마음과 믿음을 잘 보여주는 사례였다. 선지자들이 수없이 경고했던 미래, 곧 장차 이스라엘이 온 열방에 흩어지게 될 일은 그들의 조상이 가나안 땅에 들어서기 전에 경험했던 광야 생활로 되돌아가는 의미를 지니고 있다(cf. 35절의 '민족/열방의 광야'). 다만 차이점이라면 예전에 광야는 하나님이 가나안 입성을 앞둔 그들의 조상들을 돌보고 먹이시는 곳이었다면, 지금은 하나님이 그들을 심판하시는 곳이라는 사실이다(35절). 하나님의 은혜가 풍성하게 임하던 곳이 어느덧 심판을 행하시는 장소로 변한 것이다.

이미 언급한 것처럼 5-9절에서 이용된 이집트에서의 '은혜-반역-오래 참으심' 양식이 광야 생활을 회고하고 있는 본문에서도 반복된다. 그러므로 본문의 내용을 쉽게 파악할 수 있다. 10-17절은 출애굽을 통한 자비로운 구원을 언급한다. 하나님은 반역하는 이스라엘을 이집트에서 구원하신 후에, 누구나 실천하면 복을 받을 수 있게 해주는 율법과 언약의 상징인 안식일을 축복으로 내리셨다. 신약은 율법과 구원의 관계에서 율법이 지닌 영적인 상징성만 강조하는 경향이 있다(cf. 요 1:17, 행 13:39, 롬 3:20, 갈 3:19f.). 그러나 에스겔서에서는 율법 자체가 하나님의 자비로운 선물로 강조된다.

때로는 사람을 얽어매는 듯한 율법이 어떻게 자비로우신 하나님의 은혜로운 선물이라는 말인가? 율법은 주의 백성이 이 땅에서 어떤 윤리와 어떤 방식으로 개인적인 삶을 살고 공동체를 세워 나가야 하는가를 정의한다. 선하신 하나님은 나쁜 것을 주실 리 없고, 자기 백성들에게 무리한 짐으로 지우지 않으신다. 율법은 그것을 지키려는 사람들과 준수하려는 공동체에 행복을 보장해주는 주의 백성의 '행복보장헌장'이다. 사람이 율법대로만 살면 자신이 행복해질 뿐만 아니라 이웃들의 행복도 보장될 것이기 때문이다. 율법은 이웃의 인권과 재산권 등도 존중하기 때문이다. 그러므로 성경에서 가장 긴 장(章)인 시편 119편은 무려 176절을 통해 율법의 은혜로움과 생명력을 찬양한다. 에스겔도 11절에서 율법의 생명력을 강조하고 있다(cf. 13절). 율법은 주의 백성을 살리는 것이지, 죽이는 것이 아니라는 것이다. 그러나 결과적으로 율법이 이스라엘을 죽였다고 할 수 있다. 그들이 율법대로 살지 않았기 때문이다.

그런데 선지자는 왜 율법을 상징하는 유일한 표징으로 안식일을 언급하는가?(12, cf. 20, 21, 24절, 렘 17:19-27). 첫째, 안식일은 하나님이 자기 백성에게 주신 증표이기 때문이다(출 31:16-17). "이같이 이스라엘 자손이 안식일을 지켜서 그것으로 대대로 영원한 언약을 삼을 것이니

이는 나와 이스라엘 자손 사이에 영원한 표징이며 나 여호와가 엿새 동안에 천지를 창조하고 일곱째 날에 일을 마치고 쉬었음이니라"(cf. 신 5:12-15).

둘째, 안식일은 이스라엘과 주변 민족들을 가장 확실하게 가시적으로 차별화하는 종교적 개념이기 때문이다. 고대 근동 사람들은 시간의 흐름을 농사철과 달(月)의 움직임을 바탕으로 논했다. 이러한 상황에서 하나님이 이스라엘을 자기 백성 삼으면서 안식일을 증표로 주셨다. 이스라엘에 대한 하나님의 주권이 안식일 준수를 통해 온 세상에 드러난 것이다. 왜냐하면 이스라엘이 노예였을 때에는 그들의 주인이 강요하는 달력과 스케줄에 의해 움직여야 했다. 이제 하나님이 그들의 주인이 되면서 그들에게 전혀 새로운 달력과 스케줄을 제시하신다. 안식일은 하나님이 이스라엘의 주인 되심을 온 천하에 가장 극명하게 보여주는 상징이다(cf. Harrelson). 이러한 차원에서 안식일은 이스라엘이 더 이상 이집트의 노예가 아니라 하나님의 백성이 되었음을 상징한다.

그러므로 이스라엘이 안식일을 준수하지 않은 것은 단순히 율법을 위반한 행위가 아니다. 그들의 불순종은 더 나아가 스스로 하나님 백성됨을 부인하는 것이다. 안식일 준수 여부는 이스라엘의 신학적 정체성의 매우 중요한 부분인 것이다. 원래 이스라엘은 안식일을 준수해 하나님을 거룩하게 하라는 명령을 받았다(출 20:8). 에스겔은 본문에서 하나님이 안식일을 통해 이스라엘을 거룩하게 하고자 하셨다고 한다 (Block).

그런데도 이스라엘은 광야에서 주의 백성으로 태어나자마자 안식일을 준수하지 않았다. 그들은 이집트를 떠나오자마자 곧바로 우상들을 숭배하는 죄의 노예가 되었을 뿐만 아니라, 거룩하신 하나님 백성이 되는 것을 포기하고 열방처럼 되기를 자청한 것이다. 여호와는 이런 백성을 어떻게 대하셨는가?

일부 주석가들은 23절이 "또 내가 내 손을 들어 광야에서 그들에게 맹세하기를 내가 그들을 이방인 중에 흩으며 여러 민족 가운데에 헤치리라"고 기록하고 있는 것에 대해 의아해한다. 그러나 신명기 31장은 이미 이러한 상황에 대해 경고한 적이 있다. 에스겔은 광야에서 있었던 일을 세세히 기록하지 않았고, 단지 요점적으로 정리하고 있다. 그러므로 광야에서 모세를 통해 선포된 경고가 이곳에 등장하는 것은 전혀 무리가 없다. 게다가 선지자는 예전에는 광야가 주의 백성이 하나님의 은혜를 경험하는 곳이었지만, 머지않아 그들을 벌하는 '민족/열방의 광야'로 변할 것이라고 한다(35절). 하나님이 머지않아 이스라엘을 열방에 흩으실 것을 경고하고 있다.

여호와께서 그들을 멸하시는 것이 마땅하다. 그러나 하나님은 그들을 멸하지 않고 훗날 때가 되면 그들을 열방에 흩으시겠다고 한다. 이번에도 자기 이름 때문에 참으신 것이다(22 절). 광야에서 있었던 여러 사건들 중에서 하나님의 참으시는 은혜를 가장 확실하게 보여주는 사건 두 가지가 있다. 첫째는 금송아지 사건이다(출 32장). 이때 모세는 율법을 받기 위해 시내 산 정상에서 40일을 보내고 있었다. 모세가 오랫동안 내려오지 않자 그가 죽은 줄 알고 아론과 백성들은 금붙이를 모아 금송아지를 만들어놓고는 "이것이 우리를 이집트에서 구원하신 여호와이다"라며 금덩어리를 숭배하기 시작했다. 상황을 생각해보라. 이때는 이스라엘이 하나님의 백성이 되겠다며 계약서에 서명하고 아직 잉크도 마르지 않은 때이다. 게다가 이 죄악의 주동자가 다름 아닌 이스라엘의 대제사장이 될 아론이었다! 하나님이 그때 이스라엘 백성을 모두 죽이겠다고 하셨고, 설령 그들을 죽이셔도 전혀 문제가 없었다. 그러나 모세의 간곡한 기도를 듣고 참으셨다. 그들에게 은혜를 베푸신 것이다.

둘째는 이스라엘이 모압에 속한 땅 브올이라는 곳에서 바알브올을 숭배했을 때이다(민 25장). 이때는 이스라엘의 40년 광야 생활이 끝나갈 무렵이다. 광야 생활을 시작한 시내 산에서 우상을 숭배한 것에 대해서는 '아직 뭘 몰라서'라는 변명이라도 할 수 있다. 그러나 광야 생활이 끝나가는 이 시점에는 이러한 변명이 통하지 않는다. 이스라엘이 지난 40년 동안 하나님을 겪어왔기 때문이다.

게다가 가데스바네아에서의 반역으로 벌을 받아 지난 40년 동안 광야 생활을 해오지 않았는가! 그러므로 바알브올에서의 우상숭배는 40년 광야 생활 동안 하나님의 함께하심과 자상한 보살핌에도 불구하고 이스라엘은 하나도 변하지 않았다는 사실을 극명하게 보여준다. 하나님은 이런 백성을 어떻게 대하셔야 하는가? 40년 동안 매일 기적으로 먹이고 입혔는데도 전혀 변하지 않았을 뿐만 아니라, 오히려 우상을 좇은 그들을 벌하시는 것이 마땅하다. 그러나 18-26절은 다시 한번 용납하시는 하나님의 용서와 자비가 광야 세대들에게도 주어졌음을 정리하고 있다. 이번에도 하나님이 그들을 죽이지 않으신 것은 자기 이름 때문이었다(21-22절).

"그들이 장자를 다 화제로 드리는 그 예물로 내가 그들을 더럽혔다"(26절)는 말씀은 해석상 난제로 남아 있다(cf. Allen, Eichrodt, Darr). 문자적으로 번역하면 이 말씀이 아이를 죽여서 제물로 바쳤던 일을 상기시키는 것 같기 때문이다. 이 말씀에 대하여 몇 가지 해석이 제시되었지만, 모두 문제를 안고 있다. 첫 번째 해석은 이스라엘이 여호와께 드린 예배가 '아이 번제'를 포함했다는 주장이다. 그러나 모세를 통해 주신 율법이 이미 시내 산에서부터 인간 번제를 금하고 있다는 점을 감안하면 근거가 없는 주장이다.

두 번째 해석은 이 말씀이 이집트에서 이집트 사람들의 장자들을 죽이신 일을 근거로 이스라엘 사람들도 첫아들의 생명에 대한 값을 치르라는 규례를 의미한다는 해석이다(cf. 출 22:29, 민 18:15f.). 그러나 사람의 생명 값으로 드리는 속전이 어떻게 드리는 이들을 더럽힌단 말인가? 잘 납득이 가지 않는다. 세 번째 해석은 에스겔은 그의 시대까지 이스라엘 예배에서 '아이 번제'가 용납되었으므로 이런 행위에 대한 최종적인 책임이 하나님께 있다는 해석이다. 하나님이 이렇게 흉측한 일을 방관하셨기 때문이다. 그러나 이러한 해석도 전혀 설득력이 없다. 하나님은 인간 번제를 금하시는 분이기 때문이다. 어떤 해석도 본문의 의도를 충분히 설명하지 못한다.

그러나 26절 말씀을 25절과 연결하면 어느 정도 설득력이 있는 해석이 가능하다. 25절은 하나님의 선하신 율법을 거부한 이스라엘에게 옳지 않은 율례와 목숨을 살리지 못하는 규례를 지키라며 주셨다고 한다. 반역을 일삼은 이스라엘에게 그들이 사랑하는 우상들과 세상 것들이 얼마나 악하고 나쁜 것인지 스스로 알아보라며 그것들을 숭배하고 따라가보라고 하신다. 우상들과 세상의 방식대로 살아보라고 놓아두었더니 그들이 우상들에게 홀려 타락하기를 자기 자식들까지 우상들에게 불살라 바치는 지경까지 갔다는 것이 선지자의 평가이다(26절, cf. Allen, Heider).

이렇게 해석하면 어느 정도 해석이 가능하다. 여호수아가 요단강을 건너자마자 길갈에서 온 백성에게 광야 40년 동안 행하지 못했던 할례를 행하라고 명한 것도 하나님이 광야에서 반역한 세대를 40년 동안 종교적으로 방치해 이방인들과 별반 다를 바가 없게 하셨다는 증거이다. 인간이 하나님을 멀리하고 세상의 우상들과 가치관을 따르게 되면 자기 자식까지 불살라 바치는 흉측한 짐승으로까지 타락할 수 있다.

II. 유다와 예루살렘에 대한 심판(4:1-24:27)
J. 하나님의 뜻과 인간의 반역(20:1-44)

4. 가나안 시절(20:27-29)

27 그런즉 인자야 이스라엘 족속에게 말하여 이르라 주 여호와께서 이같이 말씀하셨느니라 너희 조상들이 또 내게 범죄하여 나를 욕되게 하였느니라 28 내가 내 손을 들어 그들에게 주기로 맹세한 땅으로 그들을 인도하여 들였더니 그들이 모든 높은 산과 모든 무성한 나무를 보고 거기에서 제사를 드리

고 분노하게 하는 제물을 올리며 거기서 또 분향하고 전제물을 부어 드린지라 [29] 이에 내가 그들에게 이르기를 너희가 다니는 산당이 무엇이냐 하였노라 (그것을 오늘날까지 바마라 일컫느니라)

이스라엘이 약속의 땅에 들어와서도 그들의 삶은 별반 바뀐 것이 없었다. 원래 하나님은 이스라엘에게 가나안 땅을 주시면서 그 땅을 '여호와화하라'는 사명을 주셨다. 그러나 이스라엘은 가나안을 여호와화하기는커녕 그들이 오히려 '가나안화'되었다. 그들은 여호와 하나님께 등을 돌리고 온갖 가나안 사람들의 우상들을 숭배하기도 했다. 이스라엘이 "모든 높은 산과 모든 무성한 나무를 보고 거기에서 제사를 드[린 것]"(28절)은 신명기 12장에 기록된 하나님의 권면을 완전히 무시한 행위이다(신 12:2-3, cf. Greenberg).

에스겔은 이스라엘이 가나안의 모든 높은 산과 언덕에 산당을 차리고 거기서 이방 신들을 숭배했다고 말한다(28절). 산당은 히브리어로 '바아마'(בָּמָה)이다. 선지자는 이 단어로 언어유희를 구상한다. '바아마'는 '가다/오다'는 뜻을 지닌 동사 '바아'(בָּאָה)와 '무엇?'을 뜻하는 의문대명사 '마'(מָה)를 합한 소리와 비슷하다(Block, Darr, cf. Blenkinsopp). 이 사실로 선지자는 "산당의 이름이 이날까지 '바아마'(lit., 무엇 하러 가느냐?)라고 불린다"라는 재담(pun)을 구상한다. 그러므로 산당을 의미하는 히브리어 단어인 '바아마'(בָּמָה)는 "너희들이 찾아가는 것이 무엇이냐?"라는 의미를 지녔다. 이스라엘 사람들은 자신들이 산당에 가서 누구를 찾고 무엇을 하는지를 모르고 그냥 갔다고 선지자는 비난한다. 이스라엘은 우상들에게 얼마나 중독되어 있었는지, 자신이 찾는 우상들의 이름도, 그 우상들이 무엇을 하는지도 모르고 그냥 산당을 찾아가 이것들을 숭배했다는 것이다.

II. 유다와 예루살렘에 대한 심판(4:1-24:27)
J. 하나님의 뜻과 인간의 반역(20:1-44)

5. 우상숭배(20:30-31)

30 그러므로 너는 이스라엘 족속에게 이르라 주 여호와께서 이같이 말씀하셨느니라 너희가 조상들의 풍속을 따라 너희 자신을 더럽히며 그 모든 가증한 것을 따라 행음하느냐 31 너희가 또 너희 아들을 화제로 삼아 불 가운데로 지나게 하며 오늘까지 너희 자신을 우상들로 말미암아 더럽히느냐 이스라엘 족속아 너희가 내게 묻기를 내가 용납하겠느냐 주 여호와의 말씀이니라 내가 나의 삶을 두고 맹세하노니 너희가 내게 묻기를 내가 용납하지 아니하리라

선지자는 이스라엘이 이집트에서 노예로 살 때부터 그들이 가나안에 정착하여 살아왔던 이날까지의 역사를 우상에 중독된 역사로 정리한다. 그들은 하나님의 백성이 되기 전과 이후에도 우상숭배에서 헤어나오지 못했다. 이런 형편없는 사람들을 끝까지 버리지 않고 자기 백성으로 품으신 하나님의 은혜가 그저 놀라울 뿐이다. 우리의 신앙생활은 결코 우리의 노력으로 가능하지 않다. 하나님의 오래 참으심과 용납하심으로 가능하다.

이스라엘 사람들의 우상 중독증은 바빌론에서도 계속되었다. 에스겔을 찾아온 장로들은 바빌론으로 끌려온 이스라엘 포로민의 대표들이다. 그러므로 하나님의 정죄와 비난의 말씀이 그들에게 선포된다. 그들은 조상 때부터 계속되어온 오래전의 우상숭배를 그대로 계승했다. 그들은 조상들의 우상숭배를 탓해서는 안 된다. 그들 스스로도 가증한 것들로 자신들을 더럽히고 행음했기 때문이다(30절).

이스라엘은 우상들의 땅인 바빌론까지 끌려와서도 우상들을 숭배하고 있다! 우상들을 숭배하다가 여호와의 벌을 받아 바빌론으로 끌려왔다는 사실을 깨달은 사람들은 이렇게 하면 안 된다. 이런 상황이니 하나님이 어떻게 이 장로들이 묻는 것에 답을 하시겠는가? 하나님은 절대 그들의 질문에 답하지 않겠다고 선언하신다(31절). 하나님의 침묵이 때로는 주님의 불만이나 심판을 의미할 수도 있다.

II. 유다와 예루살렘에 대한 심판(4:1–24:27)
J. 하나님의 뜻과 인간의 반역(20:1–44)

6. 이스라엘의 회복(20:32–44)

32 너희가 스스로 이르기를 우리가 이방인 곧 여러 나라 족속 같이 되어서
목석을 경배하리라 하거니와 너희 마음에 품은 것을 결코 이루지 못하리라
33 주 여호와의 말씀이니라 내가 나의 삶을 두고 맹세하노니 내가 능한 손
과 편 팔로 분노를 쏟아 너희를 반드시 다스릴지라 34 능한 손과 편 팔로 분
노를 쏟아 너희를 여러 나라에서 나오게 하며 너희의 흩어진 여러 지방에
서 모아내고 35 너희를 인도하여 여러 나라 광야에 이르러 거기에서 너희를
대면하여 심판하되 36 내가 애굽 땅 광야에서 너희 조상들을 심판한 것 같
이 너희를 심판하리라 주 여호와의 말씀이니라 37 내가 너희를 막대기 아래
로 지나가게 하며 언약의 줄로 매려니와 38 너희 가운데에서 반역하는 자와
내게 범죄하는 자를 모두 제하여 버릴지라 그들을 그 머물러 살던 땅에서는
나오게 하여도 이스라엘 땅에는 들어가지 못하게 하리니 너희가 나는 여호
와인 줄을 알리라 39 주 여호와께서 이같이 말씀하셨느니라 이스라엘 족속아
너희가 내 말을 듣지 아니하려거든 가서 각각 그 우상을 섬기라 그렇게 하
려거든 이 후에 다시는 너희 예물과 너희 우상들로 내 거룩한 이름을 더럽
히지 말지니라 40 주 여호와의 말씀이니라 이스라엘 온 족속이 그 땅에 있어
서 내 거룩한 산 곧 이스라엘의 높은 산에서 다 나를 섬기리니 거기에서 내
가 그들을 기쁘게 받을지라 거기에서 너희 예물과 너희가 드리는 첫 열매와
너희 모든 성물을 요구하리라 41 내가 너희를 인도하여 여러 나라 가운데에
서 나오게 하고 너희가 흩어진 여러 민족 가운데에서 모아 낼 때에 내가 너
희를 향기로 받고 내가 또 너희로 말미암아 내 거룩함을 여러 나라의 목전

에서 나타낼 것이며 [42] 내가 내 손을 들어 너희 조상들에게 주기로 맹세한 땅 곧 이스라엘 땅으로 너희를 인도하여 들일 때에 너희는 내가 여호와인 줄 알고 [43] 거기에서 너희의 길과 스스로 더럽힌 모든 행위를 기억하고 이미 행한 모든 악으로 말미암아 스스로 미워하리라 [44] 이스라엘 족속아 내가 너희의 악한 길과 더러운 행위대로 하지 아니하고 내 이름을 위하여 행한 후에야 내가 여호와인 줄 너희가 알리라 주 여호와의 말씀이니라

과거에 출애굽 사건을 주도했던 하나님의 능력이 다시 한 번 이 백성과 함께할 것이다(33-34절, cf. 신 4:34, 5:15, 7:19). 이스라엘은 열방 중 하나가 되어 우상들을 숭배하기를 원하지만 하나님은 결코 그들을 내버려두실 수가 없다(32절). 아브라함의 자손들인 그들을 너무나도 사랑하시기 때문이다. 그래서 열방같이 되어 우상들을 마음껏 숭배하겠다는 이스라엘의 앞길을 막으신다. 하나님의 상한 자존심을 생각해보라. 지난 수백 년 동안 여호와께서는 이스라엘의 신이 되어 그들을 사랑하고 보살펴주셨다. 온갖 기적으로 그들의 필요도 채워주셨다. 그런데도 이스라엘은 하나님을 버리고 우상들에게 가겠다고 한다! 이런 이스라엘의 길을 그들에게 버림받은 하나님이 막으신다! 이스라엘이 택하려는 길은 죽음의 길이고, 그들을 사랑하는 하나님은 도저히 그들이 죽음의 길로 가는 것을 용납하실 수 없기 때문이다.

하나님은 자존심도 없으신가? 죄인을 구원하는 일에 있어서 하나님은 자존심을 모두 버리신 지 오래다! 하나님의 구속이란 이런 것이다. 사랑이란 끝까지 책임지는 것이다. 우리가 당하는 징계도, 어려움도 하나님의 사랑의 표현이다. 징계를 받은 우리가 다시 바른길로 돌아서기를 바라며 징계를 내리시기 때문이다. 주님은 때로 우리를 징계하시지만 절대 우리를 버릴 수 없으며 버리지 않으실 것이다. 우리를 버리기에는 너무나 사랑하시기 때문이다. 현대인들의 문제는 자존감(self-esteem)의 부족이 아니고 신존감(divine-esteem)의 부족이다(Block).

하나님이 우상에게 가려는 주의 백성들의 길을 막았다고 해서 곧바로 가슴으로 품지는 않으신다. 그들을 광야로 데리고 가서 그곳에서 먼저 심판을 하신다(33절). 그들이 저지른 죄(우상숭배)에 대해 분명히 책임을 물으시겠다는 뜻이다. 하나님은 이스라엘을 심판하기 위해 끌려간 여러 나라들에서 그들을 모아 '민족의 광야'로 데려가신다(34-35절). 하나님은 분명 그곳에서 자기 백성을 심판하시지만 '광야', 더 나아가 '민족의 광야'라는 말이 예사롭지 않다. 광야는 옛적에 이집트를 탈출한 이스라엘이 가나안에서 정착하기 전의 중간 단계이다. 선지자는 그 광야 이미지를 사용해 하나님의 심판이 어떨 것인지를 암시한다.

하나님은 분명 우상숭배의 죄를 짓고 온 세상에 흩어져 사는 주의 백성들을 모아 심판하실 것이다. 그런데 장소가 다름 아닌 옛적에 이스라엘이 민족으로 출범한 '민족의 광야'이다. 하나님의 심판이 계기가 되어 이스라엘이 출애굽 때처럼 하나님의 백성으로 새롭게 태어날 것을 암시하는 것이다. 이스라엘은 분명 자기 조상들처럼 벌을 받아야 한다(36절). 그러나 하나님의 징벌이 절망적이지는 않다. 하나님이 그들을 심판하신 후에는 자기 백성으로 다시 안아주실 것이기 때문이다.

그렇다면 정작 '민족의 광야'에서는 어떤 심판이 진행될 것인가? 모든 사람이 '그 지팡이'(הַשָּׁבֶט) 아래로 지나가야 하며 하나님은 그들 중에 구원할 자를 따로 구분해 그들과 언약을 맺으실 것이다(37절). 하나님이 온 열방에서 이스라엘을 모으시는 것은 마치 목자가 양들을 모으는 것과 비슷한 이미지이기 때문에 이 지팡이는 분명 목자의 지팡이다(TNK, 새번역). 일상적으로 목자의 지팡이는 엉뚱한 길로 가는 양들을 바른길로 들어서게 하는 징계나 보호의 상징이지만(cf. 시 23:4), 본문에서는 목자가 양들을 판단하는 잣대로 사용된다. 우리말 번역본들 중에는 현대인의성경이 가장 의미를 잘 살렸다. "목자가 자기 양들을 하나씩 자신의 양몰이 지팡이 밑으로 통과시키는 것과 마찬가지로 나도 너희를 하나씩 내 앞에 세워놓고 조사한 뒤에 너희가 다시 내 백성이 되어 나와 맺은 계약의 규정대로 살게 만들겠다."

하나님이 자기 양이 될 사람들을 구분해 그들과 언약을 맺은 다음 기준에 미치지 못한 사람들은 그 광야에서 죽게 하신다(38절). 비록 열방에서 그들을 이끌어내기는 하셨지만, 이스라엘 땅으로는 들어가지 못하는 것이다(38절). 옛날에는 아브라함의 자손이면 누구든지 이스라엘 백성이 되었지만, 앞으로 이루실 제2의 출애굽에서는 아브라함의 자손들 중에서도 하나님의 백성이 될 사람들과 하나님이 버리실 자들을 구분하시겠다는 뜻이다. 선지자는 그때 형성될 주의 백성 공동체는 더 이상 혈통을 중심으로 형성되는 공동체가 아니라 믿음을 중심으로 형성되는 공동체가 될 것이라고 말한다. 이러한 사실은 선지자들의 '남은 자' 개념에서 매우 중요한 요소이다.

만일 하나님이 아브라함의 후손들 중 일부를 버리신다면, 누가 그들을 대신할 것인가? 선지자들은 한결같이 이방인들이 그들의 자리를 대신할 것이라고 한다. 선지자들은 미래에 형성될 남은 자 공동체의 범위는 넓어지기도 하고 좁아지기도 한다고 생각했던 것이다. 범위가 좁아지는 것은 본문이 말하는 것처럼 아브라함의 후손이라 할지라도 이 공동체에 속하지 못하는 사람들이 생길 것을 의미한다. 남은 자 공동체의 범위가 넓어진다는 것은 과거에는 아브라함의 후손들만 속할 수 있었는데, 장차 이방인들도 믿음이 있으면 이 공동체에 속하게 될 것을 의미한다. 이러한 공동체는 이미 예수님의 사역으로 이 땅에 시작되었고 우리도 바로 선지자들이 예언했던 남은 자들이다.

새로운 언약 공동체가 세워진 다음 하나님은 앞에서와 매우 대조적인 모습을 보이신다. 앞에서는 우상들을 따르겠다고 나선 주의 백성들의 앞길을 막으셨는데(32절), 이번에는 "우상들을 섬길 테면 섬겨라"면서 떠나라 하신다(39절). 하나님의 이 같은 변화는 충분히 설명할 수 있다. 옥석을 가리는 심판이 시작되기 전에는 혹시 알곡이 가라지와 함께 쓸려 나갈까 염려해 모든 사람들의 길을 막으셨다. 심판이 진행된

다음에는 하나님의 백성이 될 사람들과 되지 못할 사람들이 확연히 구분되었다. 그러므로 언약 공동체에 속하지 못한 사람들(이스라엘 땅에 들어가지 못하고 광야에서 죽을 사람들)에게 그들이 원하는 대로 실컷 우상들을 섬기라고 하시는 것이다. 하나님의 구원 범주에는 분명 한계가 있으며, 이 범주에 들어가지 못한 사람들의 삶에는 더 이상 관여하지 않으시겠다는 뜻이다.

오늘날에도 우상을 숭배하며 여호와는 무능하고 예수님은 구세주가 아니라고 떠드는 사람들이 있다. 심지어 교회를 다니며 하나님을 믿지 않는 자들도 있다. 하나님이 왜 이들을 심판하지 않으시는지 이해할 수 있는 대목이다. 하나님은 오직 자기가 선택한 백성들에게 온갖 정성과 애정을 쏟지, 불신자들과 우상숭배자들에게까지 깊은 관심을 보이는 분이 아니다. 그러므로 그들이 하나님께 망언을 하고도 살아남을 수 있는 것은 하나님이 무능하다는 증거가 아니라 무관심의 증거일 뿐이다. 하나님은 그들이 뭘 하든 간에 상관하지 않고 방치하시기 때문이다. 하나님께 버림받아 창조주의 관심을 받지 못하는 삶! 생각만 해도 두렵다.

반면에 하나님이 택하신 백성에게는 제일 먼저 회복될 주님의 나라에서 마음껏 예배드릴 수 있는 특권을 주신다. 심지어는 그들에게 온갖 예물도 요구하고 받으실 것이라고 한다(40절). 에스겔은 예배와 예물은 하나님이 우리에게 요구하시는 의무 사항이 아니라, 우리에게만 주신 특권이라고 주장한다. 그러므로 선지자들은 한결같이 하나님의 심판이 임하면 하나님이 제일 먼저 예배를 드리지 못하도록 하실 것이라고 한다. 예배는 하나님이 택하신 소수만이 누릴 수 있는 특권인데, 그것이 짐이 되거나 부담이 되었다면 드리지 말라는 뜻이다.

하나님이 기뻐하지 않으시는 자들에게는 예물을 요구하지 않으실 뿐만 아니라, 아예 예배를 드리지 못하도록 하신다. 그들에게는 우상들이나 숭배하라고 하신다(39절). 이와는 대조적으로 자기가 택한 백성에게는 주님께 마음껏 예배를 드릴 뿐만 아니라 예물도 드리라고 하신다. 하나님이 그들과 그들의 예배를 기쁘게 받으실 것을 약속하신다(40-41절).

예배와 헌금은 하나님이 택하신 소수만이 드릴 수 있는 특권이라는 사실을 마음에 새겨야 한다. 하나님이 우리에게 지우신 짐이 아니다. 우리는 헌금을 할 때 하나님께 값진 것을 드린다고 생각하기 때문에 마치 우리가 하나님께 호의를 베푸는 것으로 생각하기도 한다. 그러나 그것은 착각이다. 하나님은 아무에게서나 헌금을 받지 않으신다. 오직 자기가 택하신 이들에게만 하나님께 헌금할 수 있는 권한을 주셨다. 오늘날에도 공개적으로 하나님을 예배할 수 없는 나라들이 세계 곳곳에 있다. 이런 곳에서 비밀리에 생명을 걸고 예배를 드리는 성도들을 만나게 되면 예배가 특권이자 매우 큰 하나님의 축복이라는 사실이 새롭게 다가온다.

하나님의 구원이 선택받은 이들에게 임하는 날, 비로소 그들은 여호와만이 유일한 신이고 그들을 구원하는 능력을 지니신 하나님이라는 사실을 깨닫게 될 것이다(42절). 그렇다면 이 사람들은 여호와를 잘 모르는 상황에서 주의 백성이 되었다는 말인가? 선지자는 그렇다고 한다. 하나님을 예배하는 감격을 누린 그들이 비로소 자신들의 과거를 회상하고 부끄러움을 느낀다(43절). 그들이 죄인이었을 때, 하나님의 구원이 먼저 그들을 찾은 것이다. 하나님의 백성이 되어 주님을 마음껏 예배하고 보니 자신들이 과거에 얼마나 어리석었고 많은 죄를 저질렀는지를 깨닫고 부끄러움을 느끼게 되었다. 이런 차원에서 하나님의 구원은 우리를 회개하게 한다.

주님의 백성이 된 죄인들도 벌해 마땅하지만, 하나님이 그렇게 하지 않으신 이유는 자기 이름이 훼손될까 염려해서이다(44절). 주의 백성이 구원에 이르게 된 것은 전적으로 하나님의 은혜이지 그들의 노력이나 신앙에서 비롯되지 않았음을 재차 확인하고 있다. 또한 하나님이 자기 명예에 해가 될까 봐 자기 백성을 벌하지 않으신 것은 이 장(章)에서 반복되는 주제이다. 근동의 여느 신들처럼 자기 백성을 심판해야 하지만, 그들을 용서하고 사랑하신 일을 통해 하나님은 근동의 신들과 질적으로 다르다는 사실을 온 천하에 드러내셨다. 주의 백성이 이 사실을 깨닫는 날, 그들은 비로소 여호와를 알게 될 것이다(44절). 하나님의 구원을 경험한 사람들은 계속 주님을 알아가려고 노력해야 한다.

선지자가 이 부분에서 선포하는 메시지가 포로로 끌려온 이스라엘 사람들의 죄를 맹렬하게 비난하는 부정적인 면을 포함하고 있지만, 분명 소망의 메시지이다. 언젠가는 그들이 가나안 땅으로 돌아갈 수 있는 가능성이 제시되고 있기 때문이다. 비록 '민족의 광야'에서 먼저 심판을 받아야 하기는 하지만 말이다. 하나님은 주의 백성들에게 가장 절망적인 순간이나 상황에서 꼭 소망을 품게 하신다. 그러므로 주님을 섬기는 백성들에게도 절대적인 절망은 없다. 우리에게는 소망적인 절망이 있을 뿐이다.

K. 심판하는 칼(20:45-21:32)

본문은 네 개의 신탁으로 구성되어 있다. 아마도 선포된 시대가 다르지만 신탁의 주제가 같아서 이렇게 한곳에 모여 있는 듯하다. 네 신탁을 하나로 묶는 주제는 '칼'이다. 히브리어 성경은 20:45를 21:1로 삼고 있다. 히브리어 성경에 의하면 에스겔서 21장은 번역본들처럼 32절이 아니라, 37절로 구성되어 있다. 히브리어 성경이 21장과 22장을 이렇게 나눈 것은 아마도 20:45-49에 기록된 비유가 번역본 성경의 21:1-7에서 해석되고 있기 때문일 것이다. 비유와 해석을 같은 장에 묶어두고자 한 것이다. 본문을 구성하고 있는 네 개의 신탁과 하나의 설명은 다음과 같이 구분될 수 있다. 일부 주석가들은 비유(20:45-49)와 비유 풀이

(21:1-7)를 한 부분으로 묶기도 한다(Darr, Duguid).

A. 비유: 남쪽을 태운 불(20:45-49)
B. 비유 풀이: 유다를 친 하나님의 칼(21:1-7)
C. 칼의 노래(21:8-17)
D. 바빌론 왕의 칼(21:18-27)
E. 암몬을 치는 칼(21:28-32)

II. 유다와 예루살렘에 대한 심판(4:1-24:27) K. 심판하는 칼(20:45-21:32)

1. 비유: 남쪽을 태운 불(20:45-49)

45 여호와의 말씀이 또 내게 임하여 이르시되 46 인자야 너는 얼굴을 남으로
향하라 남으로 향하여 소리내어 남쪽의 숲을 쳐서 예언하라 47 남쪽의 숲에
게 이르기를 여호와의 말씀을 들을지어다 주 여호와께서 이같이 말씀하셨느
니라 내가 너의 가운데에 불을 일으켜 모든 푸른 나무와 모든 마른 나무를
없애리니 맹렬한 불꽃이 꺼지지 아니하고 남에서 북까지 모든 얼굴이 그슬
릴지라 48 혈기 있는 모든 자는 나 여호와가 그 불을 일으킨 줄을 알리니 그
것이 꺼지지 아니하리라 하셨다 하라 하시기로 49 내가 이르되 아하 주 여호
와여 그들이 나를 가리켜 말하기를 그는 비유로 말하는 자가 아니냐 하나이
다 하니라

성경에서 침략자들의 칼(전쟁)을 불로 비유하는 것은 자주 있는 일이다. 지금도 그렇지만 그당시에 산불은 대단한 공포를 조성했다. 무시무시한 재난의 상징이기도 했다. 선지자는 '남쪽'을 의미하는 단어를 46절에서 세 차례 사용하고 있다. 그러나 히브리어 단어로, 모두 다른 단어들이다(נֶגֶב, דָּרוֹם, תֵּימָנָה). 선지자가 이처럼 같은 의미를 지녔지만 다른 세 단어를 사용하는 것은 다음 부분에서 이 비유의 의미를 설명하면서 예루살렘과 성전과 이스라엘 땅 등 구체적으로 세 지명을 언급하는 것과 맥을 같이한다(Duguid).

고대 근동의 지리를 따져볼 때 이스라엘은 바빌론의 서쪽에 위치했다. 그러므로 본문에서 선지자가 남쪽을 논하는 것은 예루살렘의 관점에서 심판은 북쪽에서부터 올 것을 의미한다(cf. 1:4). 또한 이스라엘의 남쪽인 네게브(브엘세바가 주요 도시임)는 숲이 없다. 1년 내내 메마른 곳이다. 그러므로 이 비유에 나오는 숲은 이스라엘의 생명력을 상징하는 표현이지, 실제로 그곳에 숲이 있었음을 의미하는 것은 아니다. 푸르른 숲과 같은 유다와 예루살렘은 북쪽에서 진군해오는 바빌론 군의 손에 의해 말라비틀어진 나무들이 있는 생명을 잃은 숲이 될 것, 곧 멸망할 것을 예고하는 이미지이다. 주전 8세기 선지자들이 아시리아가 세상을 호령하던 때 이미 예언했던 일이 드디어 실현되는 순간이다(cf. 사 39장).

이 불의 비유에서 가장 절망적인 것은 그것이 하나님이 직접 지르는 불이라는 것이다(48절). 하나님이 지른 불을 누가 끌 수 있겠는가! 이 불은 숲 속에 있는 모든 푸른 나무와 모든 마른 나무를 태울 것이다(47절). 푸른 나무와 마른 나무는 모든 나무를 상징하는 메리스무스(merismus)이다. 또한 생명력을 지닌 푸른 나무는 의인들을, 마른 나무는 생명력이 없어 열매를 맺지 못하는 악인들을 의미한다(cf. 21:3-4). 다가올 심판은 사람들을 구분하지 않고 모두에게 임할 것이라는 뜻이다. 가난한 사람이나 부자나, 권력가나 약자들이나 남녀노소 가리지 않고 모두 북쪽에서 온 불(바빌론 군)을 통해 하나님의 심판을 받을 것이다. 하나님이 의인들마저도 심판하신다면, 악인들에게 임할 심판은 얼마나 더 혹독할 것인가. 심히 두려운 말씀이다. 이 신탁은 주전 586년에 실현되었다.

이 비유를 선포하라는 하나님의 말씀에 선지자는 포로민들이 그를 '모호한 비유나 들어서 말하는 사람'으로 취급한다고 탄식한다(49절).

에스겔의 고백은 그의 사역의 한 단면을 보여준다. 선지자가 하나님께 받은 말씀을 선포해주면 사람들은 감사히 받고 회개하는 것이 아니라, 오히려 왜 이렇게 이상한 말을 하느냐며 비난과 야유를 퍼부었다. 선지자를 이렇게 대하는 사람들이 에스겔의 신탁이 도저히 알아들을 수 없을 정도로 난해하다고 하는지(Zimmerli), 혹은 선지자를 엔터테이너(entertainer) 정도로 생각하는지(Greenberg) 정확히 알 수는 없지만, 결과는 같다. 그들은 에스겔의 메시지를 거부한다. 선지자가 지금까지 그들에게 선포한 메시지, 특히 행동 예언들을 생각해보면 사람들의 불만은 어느 정도 설득력이 있으며 그들은 에스겔을 도저히 알아들을 수 없는 난해한 신탁을 선포하는 선지자로 생각하는 듯하다.

그러나 중요한 사실이 있다. 그들이 이해하기 어려운 것들을 선지자는 설명해주었다. 다음 부분(21:1-7)에서도 이번 신탁의 의미를 설명해 준다. 하나님은 절대 이해할 수 없는 어려운 메시지를 주면서 순종을 요구하시는 분이 아니다. 그들의 문제는 듣고 깨달을 의지가 없는 것(신약은 '들을 귀가 없는 것'으로 표현)에 있었다. 때로는 우리의 사역이 세상의 눈에는 이렇게 보일 수밖에 없다. 예수님도 비유를 통해 가르치지 않으셨는가? 천국은 모든 사람들을 위한 곳이 아니라 들을 귀가 있어서 듣고 회개하는 이들을 위한 특별한 곳이다.

II. 유다와 예루살렘에 대한 심판(4:1-24:27)
K. 심판하는 칼(20:45-21:32)

2. 비유 풀이: 유다를 친 하나님의 칼(21:1-7)

**1 또 여호와의 말씀이 내게 임하여 이르시되 2 인자야 너는 얼굴을 예루살렘
으로 향하며 성소를 향하여 소리내어 이스라엘 땅에게 예언하라 3 이스라엘
땅에게 이르기를 여호와의 말씀에 내가 너를 대적하여 내 칼을 칼집에서 빼
어 의인과 악인을 네게서 끊을지라 4 내가 의인과 악인을 네게서 끊을 터이**

므로 내 칼을 칼집에서 빼어 모든 육체를 남에서 북까지 치리니 [5] 모든 육체는 나 여호와가 내 칼을 칼집에서 빼낸 줄을 알지라 칼이 다시 꽂히지 아니하리라 하셨다 하라 [6] 인자야 탄식하되 너는 허리가 끊어지듯 탄식하라 그들의 목전에서 슬피 탄식하라 [7] 그들이 네게 묻기를 네가 어찌하여 탄식하느냐 하거든 대답하기를 재앙이 다가온다는 소문 때문이니 각 마음이 녹으며 모든 손이 약하여지며 각 영이 쇠하며 모든 무릎이 물과 같이 약해지리라 보라 재앙이 오나니 반드시 이루어지리라 주 여호와 말씀이니라 하라

선지자가 남쪽으로 머리를 향했던 것은 그가 선포한 메시지(20:45-49)가 '예루살렘과 성전과 이스라엘 땅'을 대상으로 했기 때문이다(2절). 그런데 하나님은 '성전들'(מִקְדָּשִׁים)에게 말씀을 선포하라 하신다. 잘 알려진 대로 성전은 예루살렘에 하나뿐이었다. 그래서 일부 주석가들은 복수를 단수로 수정할 것을 제안한다(Hals). 그러나 단수로 수정하지 않고 성전을 포함한 모든 종교 시설들을 의미하는 '확대적 복수'(plural of extension)로 간주하는 것이 바람직하다(Greenberg).

선지자는 자신이 언급한 푸른 나무와 마른 나무는 의인과 악인을 의미한다고 설명해준다(3-4절). 이 신탁이 가장 두려운 이유는 백성들을 치시는 하나님의 칼이 칼집에 꽂힐 줄 모르기 때문이다(5절). 바빌론 침략군들에게 엄청나게 많은 사람들이 죽어갈 것을 경고하고 있다. 실제로 유다의 멸망을 가져온 주전 586년 전쟁에서 끌려간 인질의 숫자는 에스겔이 바빌론으로 끌려간 주전 597년 침략 때보다 훨씬 적었다(cf. 렘 52장). 너무나도 많은 사람이 죽어서 인질로 잡아갈 사람들이 별로 남지 않았기 때문이다.

하나님은 이어 선지자에게 다시 한 번 행동 예언을 하라고 명령하신다. 바빌론에 끌려온 이스라엘 백성들 앞에서 탄식하되 허리가 끊어지듯 아픈 사람처럼 탄식하라고 하신다(6절). 사람들이 이 광경을 보고 묻거든 머지않아 유다에 임할 심판이 얼마나 혹독한지를 알기 때문이라고 대답하라고 하신다(7절). 선지자의 대답을 들은 사람들은 마음이 녹아내렸을 것이다.

더 두려운 것은 하나님이 자신의 명예를 전적으로 걸고 이처럼 혹독한 재앙이 반드시 이루어질 것이라고 보장하신다는 것이다(7절). 상황이 매우 절망적이다. 그동안 하나님은 심판에 대하여 경고했다가도 용서해주기를 반복하셨는데, 이번에는 그럴 가능성이 완전히 배제되고 있다. 실제로 불과 5년 후에 이 말씀이 그대로 성취된다.

II. 유다와 예루살렘에 대한 심판(4:1–24:27) K. 심판하는 칼(20:45–21:32)

3. 칼의 노래(21:8–17)

8 여호와의 말씀이 또 내게 임하여 이르시되 9 인자야 너는 예언하여 여호와의 말씀을 이같이 말하라

칼이여 칼이여
날카롭고도 빛나도다
10 그 칼이 날카로움은 죽임을 위함이요
빛남은 번개 같이 되기 위함이니
우리가 즐거워하겠느냐
내 아들의 규가 모든 나무를 업신여기는도다
11 그 칼을 손에 잡아 쓸 만하도록 빛나게 하되
죽이는 자의 손에 넘기기 위하여
날카롭고도 빛나게 하였도다 하셨다 하라
12 인자야 너는 부르짖어 슬피 울지어다
이것이 내 백성에게 임하며
이스라엘 모든 고관에게 임함이로다
그들과 내 백성이 함께 칼에 넘긴 바 되었으니

너는 네 넓적다리를 칠지어다
13 이것이 시험이라
만일 업신여기는 규가 없어지면 어찌할까
주 여호와의 말씀이니라
14 그러므로 인자야
너는 예언하며 손뼉을 쳐서 칼로 두세 번 거듭 쓰이게 하라
이 칼은 죽이는 칼이라
사람들을 둘러싸고 죽이는 큰 칼이로다
15 내가 그들이 낙담하여 많이 엎드러지게 하려고
그 모든 성문을 향하여 번쩍번쩍하는 칼을 세워놓았도다
오호라 그 팔이 번개 같고 죽이기 위하여 날카로웠도다
16 칼아 모이라
오른쪽을 치라 대열을 맞추라
왼쪽을 치라 향한 대로 가라
17 나도 내 손뼉을 치며 내 분노를 다 풀리로다
나 여호와가 말하였노라

본문은 보존이 잘 되지 않아 여러 문장과 문구들이 불확실하며 번역하기가 매우 난해하다. 또한 10c절과 13b절이 언급하는 "업신여기는 규"는 번역과 해석이 거의 불가능하다(Hals). 다행히 전체적인 내용을 파악하는 데는 큰 어려움이 없다. 하나님의 도륙하는 칼(심판의 칼)의 위력을 극대화하는 목적을 지닌 노래이다.

이 노래는 두 부분으로 구성되어 있다. 9-11절은 파괴와 살생을 위하여 준비된 예리한 칼의 모습을 묘사한다. 14-16절은 이 검이 실천하는 살생을 묘사한다. 앞 비유에서 에스겔은 유다에 임할 하나님의 불 심판을 칼로 표현했다(21:3, 4, 5). 선지자는 이제 하나님의 심판의 칼을 노래한다.

이 칼은 예리하고, 날카로우며 확실하게 갈려서 날이 번쩍거린다(9-10절). 이 칼의 날이 다시 세워졌고 다시 광이 났다(11절). 살생을 위하여서 만반의 준비를 끝낸 것이다. 문제는 이 칼이 죽이는 자들은 다름 아닌 하나님의 백성들이다(12, 15절). 백성들을 치는 칼의 살생력이 대단하다. 마치 많은 칼들이 대열을 맞추어 왼쪽 오른쪽 가지리 않고 무자비하게 내리치는 모습으로 묘사된다(16절). 하나님은 이 일을 통해 지난 수백 년 동안 쌓였던 분노를 푸신다(17절).

Ⅱ. 유다와 예루살렘에 대한 심판(4:1-24:27)
K. 심판하는 칼(20:45-21:32)

4. 바빌론 왕의 칼(21:18-27)

18 여호와의 말씀이 내게 임하여 이르시되 19 인자야 너는 바벨론 왕의 칼이
올 두 길을 한 땅에서 나오도록 그리되 곧 성으로 들어가는 길 어귀에다가
길이 나뉘는 지시표를 하여 20 칼이 암몬 족속의 랍바에 이르는 길과 유다의
견고한 성 예루살렘에 이르는 길을 그리라 21 바벨론 왕이 갈랫길 곧 두 길
어귀에 서서 점을 치되 화살들을 흔들어 우상에게 묻고 희생제물의 간을 살
펴서 22 오른손에 예루살렘으로 갈 점괘를 얻었으므로 공성퇴를 설치하며 입
을 벌리고 죽이며 소리를 높여 외치며 성문을 향하여 공성퇴를 설치하고 토
성을 쌓고 사다리를 세우게 되었나니 23 전에 그들에게 맹약한 자들은 그것
을 거짓 점괘로 여길 것이나 바벨론 왕은 그 죄악을 기억하고 그 무리를 잡
으리라 24 그러므로 주 여호와께서 이같이 말씀하셨느니라 너희의 악이 기억
을 되살리며 너희의 허물이 드러나며 너희 모든 행위의 죄가 나타났도다 너
희가 기억한 바 되었은즉 그 손에 잡히리라

25 너 극악하여 중상을 당할 이스라엘 왕아
네 날이 이르렀나니 곧 죄악의 마지막 때이니라
26 주 여호와께서 이같이 말씀하셨느니라

관을 제거하며 왕관을 벗길지라
그대로 두지 못하리니
낮은 자를 높이고
높은 자를 낮출 것이니라
27 내가 엎드러뜨리고 엎드러뜨리고 엎드러뜨리려니와
이것도 다시 있지 못하리라
마땅히 얻을 자가 이르면 그에게 주리라

하나님이 에스겔에게 다시 한 번 행동 예언을 하라고 말씀하셨다. 내용은 간단하다. 길의 한 유형을 만들되 바빌론에서 출발해 가나안 지역을 향해 계속 가다가 어느 한곳에서 길이 두 갈래로 갈리도록 하고 거기에 이정표를 세우라고 하신다. 이정표에는 한 길은 예루살렘/유다(북쪽에서 오자면 남/남서) 쪽으로, 다른 길은 암몬의 랍바(북쪽에서 오자면 요단강 동편) 쪽으로 가는 길이라고 표시되어 있다. 선지자가 만들어야 하는, 바빌론에서 가나안을 향해 가는 길의 형태는 뒤집어진 Y라고 생각하면 무난하다. 길이 갈리면서 한 길은 유다의 예루살렘 쪽을, 다른 길은 암몬의 랍바 쪽을 향하는 것으로 보아 이런 이정표는 다마스쿠스 남쪽에 있을 만하다.

이 삼거리에서 바빌론의 왕이 점을 한다. 어느 쪽으로 갈 것인가를 결정하기 위해서이다. 본문은 당시 바빌론 사람들이 자주 사용했던 세 종류의 점술을 언급한다(21절). 첫째, 화살을 흔드는 점술(belomancy)이다. 이 방법은 화살에 사람/물체/지형의 이름을 적어 화살통에 넣은 다음 흔든 후 하나를 고르는 점괘이다(ABD). 당시 아랍 사람들이 자주 사용한 방법이었다(cf. 왕하 13:15-19). 예전에 한국에서도 사용되었던 은행 알 돌리기와 비슷하다.

둘째, 드라빔 우상에게 묻는 점성술이다. 드라빔은 크기가 작은 우상들로 집안의 수호신들이나 죽은 조상들의 모습을 지녔다(ABD, cf. 창

31:19f.). 당시 사회에서는 드라빔을 지니고 있으면 중요한 법적 권리를 부여받기도 했다. 사람들은 드라빔을 사용하여 죽은 사람들과 접해서 미래를 점치기도 했다(necromancy). 드라빔은 이스라엘 사람들도 가까이 한 점성술이었으며(호 3:4), 요시야의 종교개혁 대상이 되기도 했다(왕하 23:24).

셋째, 짐승을 잡아 간(肝)의 모습을 관찰하는 점괘(hepatoscopy)이다. 짐승이나 사람을 죽여 간이나 내장의 생김새를 보고 미래를 점치는 것이다(ABD). 바빌론에서 매우 유행했던 방법이며 로마제국에까지 전파되었다. 고고학적인 발굴에 의하면 이 점술을 배우는 데 상당한 훈련이 필요했던 것으로 전해진다.

가나안을 향해 진군해온 바빌론 왕이 암몬으로 갈 것인지 유다로 갈 것인가를 결정하기 위해 세 가지나 점성술을 동원한다는 것은 그가 매우 신중한 성격임을 보여준다. 그는 참으로 신(들)의 의지에 따라 방향을 결정하고자 한다. 하나님은 이런 바빌론 왕의 신중함을 이용하신다! 바빌론 왕은 하나님이 혐오하는 점성술로 자기 신들의 의지를 알고 싶어 하지만, 그가 숭배하는 우상들은 답할 능력이 없다. 대신 여호와 하나님은 그가 군대를 이끌고 어디를 가야 하는지 정해주신다. 하나님이 죄인인 바빌론 왕의 악한 행동(점술)을 이용해 자신의 계획을 이루어가시는 것이다.

세 가지 점성술의 결과, 모두 예루살렘 쪽으로 갈 것을 명한다. 하나님이 바빌론 왕이 이해하고 납득할 수 있는 방법을 사용해 자기 백성에게 심판이 임하도록 상황을 조작하신 것이다. 결국 예루살렘은 비참한 종말을 맞이하게 된다(22절). 원래 이런 점괘는 아무런 의미가 없는 미신에 불과하다. 그러나 하나님은 이런 이방인들의 어리석음을 통해서도 자신의 계획을 이루어가시고, 때로는 사람들에게 알려주기도 하신다. 하나님의 예루살렘 멸망 계획은 확고하다.

바빌론 왕을 통한 하나님의 심판이 그의 백성 유다에게 임하자 그들의 왕이 폐위된다(25-27절). 에스겔 시대의 왕이자 유다의 마지막 통치자는 시드기야였다. 그러나 선지자는 그를 지명하지 않고 단지 왕이라 한다. 그에게 내릴 하나님의 심판이 시드기야 개인적인 차원의 벌이 아니라, 그의 지위(왕)에 내릴 것임을 암시하기 위해서이다(Duguid).

또한 선지자는 시드기야를 언급할 때 지속적으로 '왕'(מֶלֶךְ)이라는 단어를 피하고 의도적으로 '왕자'(נָשִׂיא)라는 단어를 사용해왔다(7:27, 12:10, 19:1). 이곳에서도 마찬가지다. 왕(מֶלֶךְ)이란 개념이 지니고 있는 '메시아적인 함축'(messianic overtone)을 없애기 위해서이다. 에스겔의 눈에 비추어진 유다의 마지막 왕 시드기야는 구약의 왕권이 함축하고 있는 메시아적 모형으로서 전혀 가치가 없다는 뜻이다.

'터번'(מִצְנֶפֶת, 26절, '왕관' 새번역)은 원래 제사장들이 착용하는 것이다(출 28:4, 37, 39, 29:6, 39:28, 31, 레 8:9, 16:4). 왕권과 연결되어 사용되는 예는 이곳뿐이다. 에스겔이 이 단어를 시드기야 왕과 연관시켜 사용한다고 해서 시드기야가 제사장직을 겸했다는 증거는 그 어디에도 없다.

하나님은 시드기야를 벌하고 '낮은 자를 높이고 높은 자를 낮추실 것'이다(26절). 그동안 이스라엘 사회가 높여야 할 사람들을 낮추고, 낮추어야 할 사람들을 높이는 가치관과 질서의 혼란을 겪고 있었다는 뜻이다. 그러므로 하나님이 자기의 기준에 따라 높일 사람은 높이고 낮출 사람은 낮출 것을 선언하신다. 이스라엘 사회에서 올바른 가치관과 질서를 확립할 것을 예고하신다. 만일 하나님의 심판이 이러한 가치관을 회복시키는 것이라면, 심판이 부정적인 것만은 아니다. 선지자들은 하나님의 심판이 임하면 회복이 뒤를 이을 것을 알았기 때문에 심판을 일정 부분 긍정적으로 보았다.

단어가 세 번 반복되는 것은 히브리어의 비교법에서 최상급을 나타낸다. 이 부분에 대해서는 이사야의 "거룩, 거룩, 거룩"(사 6:3)과 예레미야의 "하나님의 성전, 하나님의 성전, 하나님의 성전"(렘 7:4)을 참조하라. 에스겔은 27절에서 '엎어뜨리고'란 말을 세 차례 반복한다(עַוָּה עַוָּה

עַוָּה). 앞으로 예루살렘에 임할 심판은 파괴력이 전무후무할 것이란 사실을 강조한다. 그러나 모든 것이 절망적이지만은 않다. 27절의 마지막 부분을 생각해보라. "그러나 이런 일(완전히 파괴하는 일)도 다시는 있지 않을 것이다. 다스릴 권리가 있는 그 사람이 오면, 나는 그것을 그에게 넘겨주겠다"(새번역). 에스겔은 창세기 49:10에 기록된 야곱의 유다에 대한 유언을 의식하고 있다.

한 주석가는 에스겔이 이 말씀을 통해 바빌론에 끌려와 있는 여호야긴 왕이 언젠가는 유다의 왕으로 회복될 것을 예언하고 있다고 주장한다(Blenkinsopp). 그러나 그 말씀은 어느 특정한 다윗 왕조 왕을 염두에 둔 말씀은 아니다. 선지자는 단순히 하나님의 유다와 예루살렘에 대한 심판이 처참한 파괴를 가져오고 그들의 왕을 죽이기는 하지만, 그 심판이 메시아에 대한 소망을 꽃피우게 할 것이라는 원론적인 말씀을 선언하고 있을 뿐이다. 하나님의 심판이 임하는 가장 절망적인 순간에 소망을 갖게 하는 것이 하나님의 은혜이다. 그러므로 하나님의 심판은 그다지 부정적인 것이 아니다.

II. 유다와 예루살렘에 대한 심판(4:1–24:27)
K. 심판하는 칼(20:45–21:32)

5. 암몬을 치는 칼(21:28–32)

28 인자야 너는 주 여호와께서 암몬 족속과 그의 능욕에 대하여 이같이 말씀하셨다고 예언하라 너는 이르기를

칼이 뽑히도다 칼이 뽑히도다
죽이며 멸절하며
번개 같이 되기 위하여 빛났도다
29 네게 대하여 허무한 것을 보며

네게 대하여 거짓 복술을 하는 자가
너를 중상 당한 악인의 목 위에 두리니
이는 그의 날 곧 죄악의 마지막 때가 이름이로다
30 그러나 칼을 그 칼집에 꽂을지어다
네가 지음을 받은 곳에서,
네가 출생한 땅에서
내가 너를 심판하리로다
31 내가 내 분노를 네게 쏟으며
내 진노의 불을 네게 내뿜고
너를 짐승 같은 자
곧 멸하기에 익숙한 자의 손에 넘기리로다
32 네가 불에 섶과 같이 될 것이며
네 피가 나라 가운데에 있을 것이며
네가 다시 기억되지 못할 것이니
나 여호와가 말하였음이라 하라

모압과 암몬은 롯과 그의 딸들의 근친상간에서 태어난 형제가 조상인 나라들이며 이스라엘과는 형제 같은 관계를 유지해야 했다(신 2:9, 19). 암몬은 그 영토가 사해의 동북쪽에 위치했으며 이 지역은 오늘날의 요르단이다. 과거의 수도 이름은 랍바로 오늘날의 암만이다.

암몬은 항상 야심을 품은 나라였다. 그들의 야심이 이웃이자 형제 나라인 이스라엘을 모욕했고 선지자들의 눈에는 이런 그들의 모습이 테러리스트(terrorist)로 보였다(cf. 암 1:13-14). 사사 시대 때 암몬은 모압의 에글론 왕을 도와 이스라엘을 괴롭혔다(삿 3:13). 사울이 왕이 되었을 때 그의 첫 번째 사명은 암몬 족이 최근에 점령한 이스라엘 땅 야베스길르앗을 그들 손에서 되찾는 것이었다(삼상 11:1-11, 12:12, 14:47). 여호사밧 시대에 암몬 사람들은 모압 족과 함께 유다를 침략했다(대하

20:1-30). 유다의 요아스 왕이 모압의 여호사밧(Jehozabad)과 암몬의 사밧(Zabad)에게 죽임을 당하기도 했다(대하 24:26).

본문에 기록된 에스겔의 예언이 선포된 지 얼마 지나지 않아 암몬 왕 바알리스(Baalis)는 느부갓네살이 유다의 총독으로 임명한 그달랴(Gedaliah)를 암살함으로써 유다에 정치적인 치명타를 입혔다(렘 40:14, 41:15). 암몬 사람들은 자신들의 행동을 점괘 등으로 정당화했던 것 같다(29절).

하나님이 자기 백성을 칠 때 도구로 사용하시는 나라들은 어떤 운명을 맞게 될 것인가? 이 질문은 이스라엘에서 끌려온 포로민들의 마음속 깊은 곳에 자리잡고 있었을 것이다. 에스겔은 본문을 통해 이 질문에 답하고 있다. "그들도 분명 심판을 받게 될 것이다"(31-32절). 또한 그들에게 임하는 심판은 이스라엘에게 임한 것보다 훨씬 더 무서울 것이다(cf. 25:1-7). 그들은 이 땅에서 잊힌 존재가 될 것이다. 히브리 사람들에게는 잊히는 것보다 더 두려운 것이 없었다. 잊히면 회복도, 회상도, 그 어느 것도 불가능해지기 때문이다.

'칼의 노래'를 마무리하면서 몇 가지 생각해보자. 첫째, 하나님은 "우리는 여호와의 백성이다"라고 자부했던 사람들을 칼로 원수를 치듯이 치셨다. 하나님이 자기 백성들에게 이처럼 진노하신 이유는 그들이 하나님의 백성으로서 특권만 즐기기를 원했지, 주의 백성의 책임과 의무를 완수하는 일에는 별로 관심이 없었기 때문이다. 우리는 그리스도인이란 신분이 책임과 특권을 동반하고 있다는 사실을 기억해야 한다.

둘째, 하나님은 자신의 말씀을 신실하게 지키시는 분이다. 우리는 하나님의 말씀을 생각할 때 좋은 것만 생각하는 경향이 있다. 그러나 하나님은 소위 '부정적인 말씀'(viz., 심판 선언)도 신실하게 지키시는 분이다. 하나님의 말씀을 대할 때 영적 편식은 금물이다. 하나님은 자기가 한 모든 말씀에 신실하신 분이라는 사실을 기억해야 한다.

셋째, 하나님은 모든 상황을 통해 자신의 역사를 이루어 나가신다.

여호와께서는 이방 왕의 점술을 이용해 유다를 치게 하셨다. 하나님은 이 세상 역사의 주인이실 뿐만 아니라 모든 상황을 자신의 목적을 달성하기 위해 사용하실 수 있는 분이다. 그렇다고 결과가 과정을 정당화할 수는 없다. 방법이나 과정이 잘못되었다면 하나님은 그 책임을 분명히 물으시는 분이다.

II. 유다와 예루살렘에 대한 심판(4:1-24:27)

L. 억울한 피눈물로 얼룩진 예루살렘(22:1-31)

본문은 세 개의 신탁으로 구성되어 있다. 각 신탁은 "하나님의 말씀이 내게 임했다"(1, 17, 23절)는 문장으로 시작하기 때문에 쉽게 구분할 수 있다. 세 신탁의 공통적인 테마는 예루살렘의 죄악이 도저히 하나님의 심판을 돌이킬 수 없는 상황으로 치달았다는 것이다. 그러므로 에스겔은 이 부분에서 피고 이스라엘의 죄가 얼마나 심각한지를 입증하는 오늘날의 '검사' 역할을 한다. 이 부분의 수사학적인 효과는 얼마 후에 임할 하나님의 심판이 정당하다는 것을 강조한다.

A. 피바다 예루살렘(22:1-16)
B. 수난의 용광로(22:17-22)
C. 온갖 죄로 오염된 이스라엘(22:23-31)

II. 유다와 예루살렘에 대한 심판(4:1-24:27)
L. 억울한 피눈물로 얼룩진 예루살렘(22:1-31)

1. 피바다 예루살렘(22:1-16)

[1] 또 여호와의 말씀이 내게 임하여 이르시되 [2] 인자야 네가 심판하려느냐 이

피흘린 성읍을 심판하려느냐 그리하려거든 자기의 모든 가증한 일을 그들
이 알게 하라 3 너는 말하라 주 여호와께서 이같이 말씀하셨느니라 자기 가
운데에 피를 흘려 벌 받을 때가 이르게 하며 우상을 만들어 스스로 더럽히
는 성아 4 네가 흘린 피로 말미암아 죄가 있고 네가 만든 우상으로 말미암아
스스로 더럽혔으니 네 날이 가까웠고 네 연한이 찼도다 그러므로 내가 너로
이방의 능욕을 받으며 만국의 조롱거리가 되게 하였노라 5 너 이름이 더럽
고 어지러움이 많은 자여 가까운 자나 먼 자나 다 너를 조롱하리라 6 이스라
엘 모든 고관은 각기 권세대로 피를 흘리려고 네 가운데에 있었도다 7 그들
이 네 가운데에서 부모를 업신여겼으며 네 가운데에서 나그네를 학대하였으
며 네 가운데에서 고아와 과부를 해하였도다 8 너는 나의 성물들을 업신여겼
으며 나의 안식일을 더럽혔으며 9 네 가운데에 피를 흘리려고 이간을 붙이는
자도 있었으며 네 가운데에 산 위에서 제물을 먹는 자도 있었으며 네 가운
데에 음행하는 자도 있었으며 10 네 가운데에 자기 아버지의 하체를 드러내
는 자도 있었으며 네 가운데에 월경하는 부정한 여인과 관계하는 자도 있었
으며 11 어떤 사람은 그 이웃의 아내와 가증한 일을 행하였으며 어떤 사람은
그의 며느리를 더럽혀 음행하였으며 네 가운데에 어떤 사람은 그 자매 곧
아버지의 딸과 관계하였으며 12 네 가운데에 피를 흘리려고 뇌물을 받는 자
도 있었으며 네가 변돈과 이자를 받았으며 이를 탐하여 이웃을 속여 빼앗았
으며 나를 잊어버렸도다 주 여호와의 말씀이니라 13 네가 불의를 행하여 이
익을 얻은 일과 네 가운데에 피 흘린 일로 말미암아 내가 손뼉을 쳤나니 14
내가 네게 보응하는 날에 네 마음이 견디겠느냐 네 손이 힘이 있겠느냐 나
여호와가 말하였으니 내가 이루리라 15 내가 너를 뭇 나라 가운데에 흩으며
각 나라에 헤치고 너의 더러운 것을 네 가운데에서 멸하리라 16 네가 자신 때
문에 나라들의 목전에서 수치를 당하리니 내가 여호와인 줄 알리라 하셨다
하라

선지자는 이미 주의 백성들이 저지르고 있는 다양한 죄들에 대하여

18:15-17에서 언급한 적이 있다. 그러므로 본문은 그곳에서 제시한 목록에 대해 더 자세하게 설명한 것으로 생각할 수 있다. 선지자는 부패한 이스라엘 사회에 대한 전반적인 비난을 1-5절에서 쏟아내고, 이어 6-16절, 특히 6-12절에서는 그들이 저지른 죄들을 구체적으로 지적한다. 에스겔이 나열하는 다양한 죄들은 크게 세 그룹으로 구분할 수 있다. (1) 부패한 법정(6-8절), (2) 도덕적 타락(9-11절), (3) 경제적 착취(12절).

아히로트(Eichrodt)는 본문에서 8절을 삭제하기를 원한다. 종교적인 범죄를 논하는 8절이 윤리적인 죄를 논하는 나머지와 잘 어울리지 않는다는 것이다. 그러나 에스겔이 본문을 특별한 논리에 따라 정리하고 있는 것이 아니기 때문에 그의 주장은 큰 설득력을 얻지 못한다(cf. Hals). 게다가 고대 이스라엘 사회는 종교에 바탕을 두고 있었기 때문에 종교적인 범죄와 윤리적인 범죄를 구분하기가 쉽지 않다.

선지자는 예루살렘이 얼마나 심각한 죄를 지었는가에 대한 전반적인 비난(1-5절)에서 구체적으로 두 가지를 반복해서 예로 들고 있다. 살인과 우상숭배이다. 살인은 인간과 인간의 관계에서 가장 심각한 범죄이다. 어느 사회든 살인이 가득할 정도면 나머지 죄들은 언급할 필요가 없다. 그러므로 에스겔은 사람들 사이에 있을 수 있는 최악의 죄를 예로 들며 하나님의 도성에 살인이 가득하므로 더 이상 심판을 피할 수 없게 되었다고 한다.

그렇다면 하나님과 백성 사이에 빚어지는 가장 심각한 범죄는 무엇인가? 즉 인간과 하나님 사이에서 인간이 행하는 죄들 중 인간과 인간 사이에서는 살인에 해당하는 행위는 무엇일까? 에스겔은 단연코 우상숭배라고 한다. 우상숭배는 주의 백성이 단순히 하나님의 율법이나 계명을 어기는 행위가 아니다. 우상숭배는 여호와의 백성이 자기 삶에서 가장 우선으로 삼아야 할 하나님을 이방 신들로 대처하는 것, 곧 하나님을 자신의 삶에서 '살해하는 행위'에 해당한다. 그러므로 선지자는 인간과 인간의 관계에서 빚어지는 가장 심각한 죄로 살인을 지목하고, 인간과 하나님의 관계에서 빚어지는 가장 심각한 죄로 우상숭배를 지목하는 것이다.

에스겔이 살인과 우상숭배를 함께 논하는 이유가 또 한 가지 있다. 선지자들은 보통 사회의 윤리적 부패를 상징하는 살인과 종교적 타락을 상징하는 우상숭배가 서로 떼어놓을 수 없는 관계라고 가르친다. 선지자들은 건전한 사회인들이 건전한 종교인들이 된다고 하지 않는다. 그들은 항상 건전한 종교인들이 건전한 사회인들이 되는 것이라고 한다. 그러므로 율법도 어떻게 하나님을 예배할 것인가뿐만 아니라, 어떻게 거룩한 사회를 유지할 것인가라는 주제도 중심으로 삼았다. 어떻게 하면 하나님을 올바르게 섬길 수 있는가에 대한 여러 가지 예식과 규례와 건강한 공동체의 기준이 되는 윤리적 지침들이 두 축을 이루는 것이 율법인 것이다.

또한 우상숭배를 살인에 견주는 것은 진리의 실효성과도 연관이 있다. 거룩하신 하나님을 믿는 사람들은 이 땅에서 살면서 하나님 닮기에 노력할 것이고, 하나님 닮기에 노력한다는 것은 곧 도덕적으로도 건전한 삶을 살기 위해 노력한다는 뜻이다. 영향력의 흐름이 사회에서 종교로 가는 것이 아니라, 종교에서 사회로 간다. 우리가 한국 교회에 대해 위기감을 가져야 하는 것에는 이런 논리도 한몫한다. 교회가 건강하면 사회에 긍정적인 영향을 행사할 수 있다. 그러나 사회가 교회에 영향력을 행사할 때는 분명 교회가 바른 삶을 살지 못하는 지표가 될 수 있기 때문이다.

에스겔이 언급하고 있는 다양한 죄들의 상당 부분이 십계명과 관련되어 보이지만 일명 성결 법전(Holiness Code, 레 17-26장)과 더 깊은 관련성이 있다. 본문은 성경에서 발견되는 '죄 목록' 중 가장 자세하고 포괄적인 것들 중 하나이다(cf. 호 4:1-3, 렘 7:6, 9). 인간은 그분 앞에서 이처럼 비참한 죄인의 모습을 보이고 있다. 성결 법전을 포함한 모세 율법과 에스겔이 본문에서 나열하는 죄들의 관계는 다음 도표를 참조하라.

죄	본문	율법
부모를 업신여기는 일	7절	출 20:12
나그네, 과부, 고아 학대	7절	출 22:21f., 레 19:3, 20:9, 19:33
안식일을 준수하지 않음	8절	출 20:8-11, 레 23, 25장
살인, 우상숭배, 음행	9절	레 19:16
집 안에서 저지르는 부정한 성생활	10절	레 18:7, 19
집 밖에서 저지르는 부정한 성생활	11절	레 18:20, 20:10, 12, 17
뇌물 수수	12절	출 23:8, 사 1:23, 암 5:12, 미 3:11

이 죄들을 살펴보면 종교성을 띠는 것과 세속적인 것을 분류하고 있지 않다. 여호와께서 이스라엘의 하나님이 되실 때 그들의 삶의 종교적인 영역만이 아니라, 모든 영역에서 주인이 되셨기 때문이다. 또한 구약의 종교 예식은 남의 피를 흘리는 것(bloodshed)과 흘린 피가 초래하는 결과(bloodguilt)를 동일하게 취급했다. 그러므로 "죄는 미워하되 죄인은 미워하지 말라"는 말이 상당 부분 설득력을 잃는다.

주의 백성들의 종교적인 죄는 세상에 영향을 미쳤고 세상의 죄는 종교에 영향을 미쳤다. 이 모든 죄들이 모두 하나님께 지은 죄라는 사실을 기억해야 한다. 그러므로 이러한 사실은 믿음과 생활이 분리되어 있는 사람들에게 도전이 되어야 한다. 하나님은 인간의 모든 분야를 관찰하고 계시는 분이다. "하나님께 대한 충성은 고백에 있는 것이 아니라 적용에 있다"(Hals).

선지자는 본문에서 '피'와 '피흘림'을 일곱 차례나 사용한다. 경건하고 거룩해야 할 주의 백성들이 올바르게 신앙생활을 하지 못하더니 어느덧 잔인하고 남의 피를 흘리는 것을 대수롭지 않게 생각하는 자들로 전락했다. '피 흘린 성읍'(2절, cf. 24:6, 9)은 상당히 충격적인 용어 사용이다. 이러한 표현은 에스겔 선지자보다 수십 년 전에 나훔이 니느웨를 비난하면서 사용했다(나 3:1). 선지자는 16장에서 예루살렘을 소돔에게 비교한 적이 있다. 이제 그는 예루살렘을 단지 힘이 세다는 이유 하나로 주변 국가들에 온갖 폭력을 일삼았던 니느웨와 비교한다. 예루살렘의 타락을 확실하게 보여주는 대목이다. 니느웨(아시리아)의 폭력성에 시달리던 예루살렘이 니느웨처럼 온갖 폭력성으로 가득한 도성으로 몰락한 것이다. 세상 그 누구보다도 거룩해야 할 주의 백성이 도덕성과 가치관이 완전히 결여된 몰상식하고 무자비한 야만적인 민족으로 타락했다. 이스라엘의 이러한 부도덕적인 성향은 그들의 우상숭배와 연관이 있다(2-3절).

II. 유다와 예루살렘에 대한 심판(4:1-24:27)
L. 억울한 피눈물로 얼룩진 예루살렘(22:1-31)

2. 수난의 용광로(22:17-22)

[17] 여호와의 말씀이 내게 임하여 이르시되 [18] 인자야 이스라엘 족속이 내게 찌꺼기가 되었나니 곧 풀무 불 가운데에 있는 놋이나 주석이나 쇠나 납이며 은의 찌꺼기로다 [19] 그러므로 주 여호와께서 이와 같이 말씀하셨느니라 너희가 다 찌꺼기가 되었은즉 내가 너희를 예루살렘 가운데로 모으고 [20] 사람이 은이나 놋이나 쇠나 납이나 주석이나 모아서 풀무 불 속에 넣고 불을 불어 녹이는 것 같이 내가 노여움과 분으로 너희를 모아 거기에 두고 녹이리라 [21] 내가 너희를 모으고 내 분노의 불을 너희에게 불면 너희가 그 가운데에서 녹되 [22] 은이 풀무 불 가운데에서 녹는 것 같이 너희가 그 가운데에서 녹으리니 나 여호와가 분노를 너희 위에 쏟은 줄을 너희가 알리라

구약에서 용광로 이미지는 종종 사용된다(사 1:22, 25, 48:10, 렘 6:27-30, 9:7, 슥 13:9, 말 3:2-4). 성경 저자들은 용광로 비유를 뜨거운 불로 불순물을 제거하는 일을 상징하는 긍정적인 의미에서 주의 백성이 하나님의 연단을 통하여 정결하게 되는 현상을 염두에 두고 사용한다. 대표적인 예가 욥의 고백이다(욥 23:10). "그러나 내가 가는 길을 그가 아시나니 그가 나를 단련하신 후에는 내가 순금 같이 되어 나오리라."

그러나 에스겔이 용광로 이미지를 본문에서 사용하는 것은 이런 긍정적인 의미를 강조하기 위해서가 아니다. 선지자는 용광로가 사용된 후 남는, 곧 아무 데도 쓸데없어 내버려야 하는 찌꺼기를 이스라엘에 비교하기 위하여 사용한다(17절). 선지자는 분명 은을 생산하는 용광로를 언급하고 있다(20, 22절). 그러나 강조점은 찌꺼기에 가 있다. 이스라엘은 용광로에서 은을 채취하고 남은 불순물 찌꺼기와 같다. 은을 생산하는 과정에서 발생하는 불순물은 깨끗하게 할 수 있는 것이 아니다. 불순물은 버려야 한다. 선지자는 하나님이 이스라엘을 사람이 용광로 찌꺼기 버리듯이 버리실 것이라고 선언하고 있다.

에스겔이 전통적으로 긍정적인 의미를 지닌 개념을 부정적인 의미를 지닌 것으로 바꾸어 사용하는 사례는 이미 포도원 비유(15장)에서도 보았다. 그는 전통적인 가르침이나 비유들을 반대적인 의미로 변화시켜 매우 독특하게 사용한다. 용광로와 연관된 전통적이고 긍정적인 가르침과는 달리 에스겔이 사용하는 용광로 비유는 하나도 긍정적이지 않다. 전통적으로 용광로의 불은 무엇인가 귀한 것이 생산될 것이란 기대를 갖게 한다. 그러나 에스겔은 장차 이스라엘이 겪을 용광로 경험은 그 어떤 쓸 만한 것도 생산하지 않을 것이라고 한다.

이스라엘이 얼마나 타락했으면 장차 그들에게 임할 용광로 경험이 하나도 남기지 않고 모두 태우는 것이란 말인가! 선지자는 이 비유를 통해 예루살렘과 이스라엘은 찌꺼기만 남은 쓰레기 천지일 뿐 살릴 만한 사람들은 하나도 없다고 단언한다. 생각해보면 에스겔의 이 단호한 선언의 이면에는 하나님이 이미 주전 605년에 다니엘과 친구들을 포함한 1차 인질들과 주전 597년에 여호야긴 왕과 에스겔을 포함한

2차 인질들을 바빌론으로 보내신 일이 있다. 그들이 인질이 되어 끌려간 것은 매우 고통스러운 일이었지만, 실제로는 '위장된 축복'(blessing in disguise)이었다. 유다의 생존자들을 거의 다 죽이는 주전 586년 사건 이전에 이들은 바빌론에 끌려간다. 이 두 차례의 비극을 통해 하나님이 장차 자기 백성을 재건하는 일에 사용할 '거룩한 씨앗들'(남은 자들)을 바빌론으로 옮겨두신 것이기 때문이다(cf. 11:14-21).

이미 인질들로 끌려간 사람들이 바로 용광로가 생산한 '은'이고, 예루살렘과 유다에 남아 있는 사람들은 버려야 할 '불순물'에 불과하다. 그러므로 도저히 건질 만한 것이 하나도 없고 찌꺼기만 남은 것과 같은 이스라엘을 두고 선지자는 이처럼 냉혹하고 부정적인 예언을 선포한다. 오직 "그 때에야 비로소 너희는, 나 주가 너희에게 분노를 쏟아부은 줄 알 것이다"(22절, 새번역)가 이 혹독한 심판의 유일한 긍정적인 결과이다. 하나님의 심판이 임하기 전에 여호와가 하나님이시라는 사실을 알고 인정하는 사람은 복이 있다.

II. 유다와 예루살렘에 대한 심판(4:1-24:27)
L. 억울한 피눈물로 얼룩진 예루살렘(22:1-31)

3. 온갖 죄로 오염된 이스라엘(22:23-31)

**[23] 여호와의 말씀이 내게 임하여 이르시되 [24] 인자야 너는 그에게 이르기를
너는 정결함을 얻지 못한 땅이요 진노의 날에 비를 얻지 못한 땅이로다 하
라 [25] 그 가운데에서 선지자들의 반역함이 우는 사자가 음식물을 움킴 같았
도다 그들이 사람의 영혼을 삼켰으며 재산과 보물을 탈취하며 과부를 그 가
운데에 많게 하였으며 [26] 그 제사장들은 내 율법을 범하였으며 나의 성물을
더럽혔으며 거룩함과 속된 것을 구별하지 아니하였으며 부정함과 정한 것을
사람이 구별하게 하지 아니하였으며 그의 눈을 가리어 나의 안식일을 보지
아니하였으므로 내가 그들 가운데에서 더럽힘을 받았느니라 [27] 그 가운데에**

그 고관들은 음식물을 삼키는 이리 같아서 불의한 이익을 얻으려고 피를 흘려 영혼을 멸하거늘 [28] 그 선지자들이 그들을 위하여 회를 칠하고 스스로 허탄한 이상을 보며 거짓 복술을 행하며 여호와가 말하지 아니하였어도 주 여호와께서 이같이 말씀하셨느니라 하였으며 [29] 이 땅 백성은 포악하고 강탈을 일삼고 가난하고 궁핍한 자를 압제하고 나그네를 부당하게 학대하였으므로 [30] 이 땅을 위하여 성을 쌓으며 성 무너진 데를 막아 서서 나로 하여금 멸하지 못하게 할 사람을 내가 그 가운데에서 찾다가 찾지 못하였으므로 [31] 내가 내 분노를 그들 위에 쏟으며 내 진노의 불로 멸하여 그들 행위대로 그들 머리에 보응하였느니라 주 여호와의 말씀이니라

이 말씀은 선지자가 이스라엘의 모든 계층 사람들에게 전한 설교이다(Zimmerli). 그러나 지도층에 대한 비판이 중심을 차지하고 있다. 한 사회가 몰락할 때는 그 사회 지도자들의 책임이 가장 크기 때문이다. 선지자는 지도층의 죄를 비난하면서 다섯 가지 지위를 언급한다. 이스라엘이 회생 불능으로 타락하기까지는 '지도층 인사들의 각별한 노력'이 있었다는 것이다. 에스겔은 마치 스바냐 선지자의 외침을 인용하고 있는 듯하다.

그 안에 있는 대신들은 으르렁거리는 사자들이다.
재판관들은 이튿날 아침까지 남기지 않고
먹어 치우는 저녁 이리 떼다.
예언자들은 거만하며 믿을 수 없는 자들이고,
제사장들은 성소나 더럽히며 율법을 범하는 자들이다.

(습 3:3-4, 새번역)

선지자가 비난하는 첫 번째 지도층은 왕을 중심으로 한 통치자들이다(25절). 마소라 사본에는 25절이 이스라엘의 '선지자들'을 비난하는 것으로 되어 있지만(cf. 개역개정, 새번역, NAS, TNK, ESV), 칠십인역(LXX)은 '왕자들/지도자들'을 비난하는 것으로 되어 있다(cf. 공동, 아가페, 현대인, NIV). 25절에서 에스겔이 왕을 중심으로 한 통치자들을 비난한다고 말할 수 있는 것은 세 가지 이유 때문이다.

첫째, 선지자들에 대한 비난은 28절에 등장하는데, 에스겔은 본문에서 한 계층을 반복적으로 비난하지 않는다. 그러므로 28절이 예언자들에 대한 비난이고, 25절은 통치자들에 대한 비난이다.

둘째, 25절의 내용은 예언자들보다는 통치자들에게 더 잘 어울린다. "음모를 꾸미며, 마치 먹이를 뜯는 사자처럼 으르렁댄다. 그들이 생명을 죽이며, 재산과 보화를 탈취하며, 그 안에 과부들이 많아지게 하였다"(새번역). 이 말씀은 지도층 중에서도 최상위 계층과 어울리지 선지자들과는 어울리지 않는다.

셋째, 에스겔은 다양한 사회 지도층과 백성들을 비난하면서 가장 높은 계층에서 가장 낮은 계층으로 이어가고 있는데, 선지자들은 가장 높은 계층이 아니다. 그러므로 25절은 선지자들이 아니라 왕자들/지도자들에 대한 비난으로 이해되어야 한다.

이스라엘에서 왕은 여호와 하나님의 권위를 위임받아 자기 백성이 아니라 하나님의 백성을 통치하는 대리인이었다. 그러므로 왕의 통치는 곧 여호와의 통치를 상징했다. 그렇다면 이스라엘의 왕은 어떠한 리더십을 발휘해야 하는가? 왕은 무엇보다도 스스로 하나님의 율법을 잘 준수하고 백성들을 율법에 따라 다스릴 의무가 있었다. 그러므로 모세는 이스라엘의 왕에 대한 율법(신 17:14-20)에서 주변 국가들의 규례와는 전혀 다른 것을 요구한다.

왕에 대한 율법은 긍정적인 면과 부정적인 면을 지니고 있다. 먼저 부정적인 면에서 왕은 많은 아내들과 많은 재산과 큰 군사력을 두어서는 안 된다. 이런 것에 마음을 두면 온전히 하나님을 의지하거나 바라볼 수 없기 때문이다. 긍정적인 면에서 왕에게 요구되는 것은 온 백성에게 모범적인 신앙인의 롤모델(role model)이 되는 것이다. 하나님의 말씀을 가르치는 제사장을 항상 옆에 두어 말씀을 배우고 그 말씀을 주야로 묵상하는 삶을 살아야 한다. 하나님은 이스라엘 왕에게 통치 능력을 요구한 것이 아니라 하나님과의 꾸준한 교제를 요구하신다.

그럴 수밖에 없는 것이 만일 이스라엘의 왕이 하나님의 대리인으로서 여호와의 백성을 다스린다면, 하나님의 뜻을 헤아려 하나님이 원하시는 대로 백성을 다스려야 한다. 왕이 하나님의 뜻을 잘 헤아리려면 하나님과의 소통이 중요한데, 하나님과 소통할 수 있는 유일한 방법은 순종과 예배밖에 없다. 그러므로 이스라엘에서는 왕이 하나님의 뜻에 따라 백성들을 잘 다스리는가에 대한 리트머스 시험은 그의 신앙생활이었다. 이러한 차원에서 열왕기 저자는 이스라엘의 왕들을 평가할 때 단 한 가지, 곧 신앙적인 잣대로 그들을 평가했다. "여호와 보시기에 악을 행하였더라/[하나님의 마음에 합한 신앙인이었던] 그의 아비 다윗과 같았더라."

안타깝게도 대부분의 이스라엘 왕들은 하나님의 권면을 무시하고 세상의 방식만을 따라 정치를 했다. 그들은 더 많이 갖기 위해 백성들에게 지나치게 세금을 부과했다. 무리한 세금 징수는 많은 이들의 죽음을 초래했다(25절). 세금을 제대로 내지 못하거나 돈을 갚지 못한 사람들은 감옥에 감금되었고 감금된 자들 중 상당수가 죽어 많은 과부들이 생겨났다(25절). 많은 과부가 생겨난 다른 이유는 잦은 전쟁 때문이었다. 남편들이 징집되어 전쟁터로 끌려갔다가 죽은 것이다. 이스라엘의 왕들이 각자 많은 아내들을 둔 것은 언급할 필요도 없다. 그렇다면 이스라엘의 왕들은 율법이 금한 세 가지(필요 이상의 재산과 아내와 군사력)를 모두 위반했다. 선지자는 왕에 대한 규례를 철저하게 위반한 왕들을 먹이를 뜯는 사자들로 묘사한다. 참으로 안타까운 일이다. 원래 목자가 되어 자기 양들을 사자들에게서 보호해야 하는 이스라엘의 왕들이 사자가 되어 양들을 찢고 있다!

왕을 중심으로 한 귀족층에 대한 비난을 마친 선지자는 제사장들을 비난한다(26절). 에스겔은 최상위 계층에서 최하위 계층으로 순서에 따라 리더십을 비난하고 있는데 제사장들이 왜 두 번째 위치에서 비난을 받는가? 두 가지 이유에서다. 첫째는 왕을 중심으로 한 귀족 계층이 사회를 다스린다면, 제사장들은 종교인들을 '다스리기' 때문이다. 이스라엘 종교에서 제사장들처럼 신분이 높은 사람은 없기 때문이다. 둘째는 제사장들의 귀족 신분 때문이다. 이스라엘뿐만 아니라 주변 민족들을 보면 제사장들은 대부분 많은 재산을 가지고 좋은 가문에서 태어난 최상위 계층이었다. 그들은 태어날 때부터 사회의 엘리트들 중에서도 최상위에 해당하는 귀족들(aristocrats)이었다. 그러므로 선지자가 사회의 귀족들을 비난한 다음에 종교적인 '귀족들'을 비난하는 것은 당연한 일이다.

제사장들은 하나님의 율법을 가르치고 집행하는 자들이다. 그러나 그들 자신이 율법을 범하고 있다. 그들은 하나님의 거룩한 물건들을 더럽혔다. 제사장들이 거룩한 물건들을 더럽혔다는 것은 부정한 상황에서 거룩한 물건들을 만진 것을 의미할 뿐만 아니라 하나님께 속한 재물을 함부로 개인 용도로 유용한 것을 내포하는 것으로 보인다.

제사장들은 백성들에게 하나님의 율법을 제대로 가르치지 않아 하나님에 대한 부정과 불신을 초래했으며 사람들이 안식일을 위반하면 모르는 척해주었다(26절). 앞에서 언급한 것처럼 안식일 준수는 이스라엘의 신학적 정체성과 깊은 관련이 있다. 그러므로 제사장들과 백성들이 안식일을 온전히 지키지 않은 것은 스스로 하나님 백성이기를 포기한 행위이다. 백성들이 이렇게 한 데에는 제사장들의 직무유기와 묵인이 있었다고 선지자는 비난한다. 그러므로 제사장들의 직무유기와 묵인으로 만인 앞에서 하나님이 모독당했다. 오늘날도 하나님의 제사장인 그리스도인이 잘못 가르치고 윤리적으로 바로 살지 못하면 이런 결과가 발생한다.

에스겔의 비난을 받는 세 번째 그룹은 사회의 전반적인 지도층이다(27절). 그들은 귀족들처럼 절대적인 권리를 지닌 사람들은 아니다. 그러나 윗물이 맑아야 아랫물이 맑다고 귀족층이 썩었으니 일반 지도층도 함께 썩는 것은 자연적인 현상이다. 마치 대통령과 장관들이 썩으면 그 밑에 있는 공무원들이 썩는 것처럼 말이다.

사회의 지도자들은 부정한 방법으로 부를 모았다(27절). 지도자들은 사회의 건전성과 백성들의 생명을 보존하기 위해 존재한다. 그러나 그들은 개인적인 욕심을 채우기 위해 생명을 파괴하고 있다. 귀족들이 사자가 먹이를 뜯는 것처럼 백성들을 뜯고 있으니(25절), 이 지도자들도 본 대로 행하고 있다. 선지자는 그들을 '먹이를 뜯는 이리 떼'에 비유한다. 귀족들은 사자처럼 양들에게 달려들고, 지도자들은 이리 떼처럼 양들에게 달려드니, 하나님의 양들인 이스라엘 백성이 어떻게 살 수 있단 말인가? 이런 나라는 차라리 빨리 망하는 것이 하나님의 은혜이다.

에스겔의 네 번째 비난을 받는 그룹은 선지자들이다(28절). 원래 선지자들은 왕을 포함한 사회의 최상위층과 제사장들을 하나님의 말씀으로 권면해 건전한 리더십을 발휘하도록 해야 한다. 그러나 선지자들도 썩어빠진 지도층과 한통속이 되어 불의를 정죄하고 회개를 권면하기는커녕 오히려 부추겼다(28절). 에스겔은 이미 선지자들을 향해 마치 부실 공사를 해놓고 그 위에 석회를 발라 멀쩡한 것처럼 사람들을 속이는 무리와 같다고 비난한 적이 있다(13:10-15). 이번에도 같은 이미지를 사용한다. 이스라엘의 선지자들은 사람들의 죄를 회칠해 덮어주고 있다. 선지자들은 원래 하나님의 말씀으로 사람들의 삶을 밝혀 그들의 죄를 들춰내야 한다. 그러나 그들은 오히려 백성들의 죄를 덮고 있다. 악인을 의인으로 둔갑시키고 있는 것이다. 그들은 하나님의 말씀도 전하지 않는다. 거짓 예언과 환상도 진짜로 둔갑을 시킨다.

선지자들의 여러 죄악들 중에서 가장 심각한 범죄는 하나님이 그들에게 말씀하지 않으셨는데도 하나님의 말씀이라며 사람들에게 거짓말을 하는 것이다(28절). 선지자들의 가장 기본적인 사역은 하나님의 말씀을 대변하는 일이다. 그런데 오직 하나님만 대변해야 할 자들이 하나님을 대신해서 자신들이 꾸며낸 거짓을 말하고 있다!

사회적 지도자들의 부패와 종교적 지도자들의 부패를 각각 두 차례씩 비난한 에스겔은 마지막으로 이스라엘 백성들의 부패를 비난한다(29절). 선지자는 사회와 종교 지도층이 이스라엘의 타락과 부패에 분명히 결정적인 역할을 하기는 했지만, 어느 정도는 백성들에게도 책임이 있다는 것을 분명히 한다. 윗물이 폭력과 억압으로 오염되었으니, 아랫물도 깨끗하지 못한 것은 당연한 일이다.

지도층에게 착취당한 백성들이 사회의 약자들을 착취하고 있다. 그들은 당시 사회의 가장 연약한 자들의 상징인 가난한 자들과 궁핍한 자들과 나그네들을 학대했다(29절). 인간의 폭력성의 가장 비겁한 면모를 보여준다. 만일 그들에게 대항해 싸울 만한 사람들을 상대로 폭력을 행사했다면, 조금은 낫다. 그러나 전혀 대항할 수 없는 약자들을 상대로 폭력을 행사하는 것은 양아치들이나 하는 비겁하고 비열한 짓이다. 이스라엘 사회가 최악으로 치달은 것이다.

하나님의 심판을 도저히 피할 수 없는 상황에 처한 이스라엘을 구할 만한 사람은 없는가? 하나님은 유다의 무너진 성벽 사이에 서서 살려달라고 애원하는 사람이 한 명이라도 있었다면 그를 보시고 온 유다를 용서하셨을 것이다(30-31절). 소돔과 고모라는 의인 열 명이 없어서 망했지만 예루살렘은 의인 한 명이 없어서 망하게 된 것이다. 에스겔 시대에 유다에서 사역하던 선지자 예레미야도 예루살렘에 의인 한 명만 있었어도 하나님이 그를 봐서 이스라엘을 용서하셨을 것이라고 한다(렘 5:1-6).

하나님은 한 명만이라도 의인이 있었다면 그들을 멸하지 않으실 것이라며 유다에게 파격적인 제안을 하셨다. 우리는 이 말씀을 통해 한 사람의 소중함을 깨달아야 한다. 세상이 아무리 악해도 한 사람이 회개하고 중보하면 하나님은 온 세상을 용서하실 수도 있다. 아직도 이 악한 세상이 하나님의 심판을 받지 않고 유지되는 까닭은 아마도 세계 곳곳에서 이 세상을 위해 중보하는 소수의 의인들 때문일 것이다. 우리는 가족들과 속한 교회와 성도들뿐만 아니라 이 사회와 국가를 위해 얼마나 기도하고 있는지 반성해보아야 한다. 이웃과 나라를 위해 기도할 때 모세처럼 비장한 각오로 중보해야 한다.

> 모세가 여호와께로 다시 나아가 여짜오되 슬프도소이다 이 백성이 자기들을 위하여 금 신을 만들었사오니 큰 죄를 범하였나이다 그러나 이제 그들의 죄를 사하시옵소서 그렇지 아니하시오면 원하건대 주께서 기록하신 책에서 내 이름을 지워 버려 주옵소서(출 32:31-32).

불행하게도 하나님의 백성과 유다를 위해 이렇게 간곡하게 중보하는 사람이 에스겔 시대에는 존재하지 않았다. 중보 기도는 성도들에게만 주어진 특권이다. 성도가 이 땅에서 하나님을 사랑하기 때문에 받은 상처가 훈장이 되고 특권이 되어 남을 위해 중보할 수 있는 권한을 부여하기 때문이다.

미국의 남북전쟁 때 이런 일이 있었다. 남부군의 명장 잭슨(Stonewall Jackson)은 자기편이 잘못 쏜 총에 맞아 죽었다. 그의 시신은 버지니아주(Virginia)의 수도인 리치먼드(Richmond)로 이송되어 그곳에서 장례식을 치르게 되었다. 며칠 동안 수만 명의 조문객들이 찾아와 잭슨 장군의 죽음에 애도를 표했다.

조문객을 받는 마지막 날 해가 저물어 더 이상 조문객을 받지 않는 시간이 되었다. 그때 한 군인이 관중을 헤치며 잭슨 장군께 마지막으로 경의를 표하기를 원했다. 경비원들이 그를 밀어내려 하자 그는 잘려나간 오른팔을 가리키며 이렇게 소리쳤다. "내가 조국을 위해 바친

이 오른팔의 권한으로 나의 장군님을 한 번만 더 보기를 원합니다." 옆에서 이 광경을 지켜보던 버지니아 주지사가 그에게 길을 열어주도록 했다. 그리고 그는 이렇게 말했다. "그는 자신의 상처로 들어갈 권리를 얻었다"(cf. 계 5:6-10 참조). 예수의 표적을 가지고 있는 우리는 남을 위해 기도할 수 있는 특권이 있다. 이 특권을 잘 사용했으면 좋겠다.

에스겔서 22장은 우리에게 다음과 같이 두 가지 교훈을 준다. 첫째, 부정과 폭력으로 성장한 사회는 자멸할 뿐만 아니라 우주의 주인이신 여호와 하나님의 심판을 받게 된다. 설령 여호와를 인정하지 않는 나라와 사회라도 심판받아야 한다. 여호와는 기독교인들의 하나님이시기 전에 온 우주를 창조하신 창조주이자 통치자이시기 때문이다.

둘째, 어느 사회에서든 그 사회의 리더들에게는 무거운 책임이 있다. 종교와 정치와 경제 외에 그 어느 분야에서든 리더들은 사회의 건강과 거룩을 위해 일반인들보다 더 노력해야 한다. 리더들에게서 이러한 사명 의식이 사라지는 순간부터 그 사회는 죽음을 향해 질주하기 시작하기 때문이다.

II. 유다와 예루살렘에 대한 심판(4:1-24:27)

M. 간음한 두 자매(23:1-49)

에스겔은 16장에서 풍유를 통해 이스라엘을 창녀보다 못한 유부녀라고 비난했다. 이곳에 소개되는 오홀라와 오홀리바 자매의 비유는 16장과 비슷한 내용의 풍유이지만 더 자극적인 이미지와 언어를 사용해 이야기를 전개해 나간다. 언니 오홀라(אָהֳלָה)는 사마리아를 의미한다. 동생 오홀리바(אָהֳלִיבָה)는 예루살렘을 상징한다.

선지자는 결혼 관계를 구체적으로 언급하지 않지만 "그들은 내 사람이 되어, 나와의 사이에 아들 딸을 낳았다"(4절)는 말씀은 결혼 관계를 전제로 한다. 두 자매는 남편인 하나님과의 사이에 자식들을 가진 후에 정부들과 간음해 남편의 심판을 받게 된 것이다. 선지자가 사용하는 언어는 매우 자극적이다. 또한 이미지의 달인인 에스겔이 본문을 통해 제시하는 이미지는 큰 혐오감을 불러일으키며 하나님을 배반한 이스라엘의 모습이 이렇다는 것을 생생하게 묘사한다. 간음한 두 자매 이야기는 다음과 같이 구분할 수 있다.

A. 상황 설명(23:1-4)
B. 언니 오홀라 이야기(23:5-10)
C. 동생 오홀리바 이야기(23:11-21)
D. 동생 오홀리바의 최후(23:22-35)
E. 자매에게 임한 심판(23:36-49)

II. 유다와 예루살렘에 대한 심판(4:1-24:27)
M. 간음한 두 자매(23:1-49)

1. 상황 설명(23:1-4)

[1] 또 여호와의 말씀이 내게 임하여 이르시되 [2] 인자야 두 여인이 있었으니 한 어머니의 딸이라 [3] 그들이 애굽에서 행음하되 어렸을 때에 행음하여 그들의 유방이 눌리며 그 처녀의 가슴이 어루만져졌나니 [4] 그 이름이 형은 오홀라요 아우는 오홀리바라 그들이 내게 속하여 자녀를 낳았나니 그 이름으로 말하면 오홀라는 사마리아요 오홀리바는 예루살렘이니라

선지자는 '한 어머니의 두 딸'로 사마리아와 예루살렘의 관계를 정리한다(2절). 그는 16:44-52에서 이스라엘과 유다와 소돔을 세 자매로 묘사했는데, 이번에는 소돔을 뺀 두 나라를 매우 질이 좋지 않은 자매에 비유한다. 이스라엘과 유다는 두 나라이지만, 성향적으로는 서로 구분이 가지 않는 하나라는 것이다.

에스겔 시대에는 이스라엘과 유다는 서로 독립국가들로 완전히 다른 나라가 되었을 뿐만 아니라, 북왕국은 아시리아에 멸망한 지 130년이 지났다. 그러므로 선지자는 둘 중 하나가 이미 멸망했고 다른 하나가 아직 생존했다고 해서 두 자매의 특별한 관계가 지워지는 것은 아니라는 것을 암시한다. 이스라엘과 유다는 죽음도 갈라놓을 수 없는 혈육 관계라는 것이다.

오홀라와 오홀리바는 둘 다 텐트/장막을 의미하는 히브리어 '오헬'(אֹהֶל)에서 비롯된 이름이다. 이 단어는 성막을 의미하며 자주 사용되었다(cf. 출 33:7, 민 11:24, 시 15:1 등등). 오홀라(אָהֳלָה)는 '그녀의 텐트'라고 풀이될 수 있다. 테일러(Taylor)는 창세기 36:2에 언급되어 있는 에서의 아내 오홀리바마의 이름이 '산당의 텐트'란 뜻을 지니고 있다는 사실에 근거해서 이 이름이 이방 신들을 섬기던 텐트(장막)를 의미한다고 해석한다. 통일 이스라엘이 솔로몬의 죄로 둘로 나뉜 다음에 북왕국 이스라엘이 얼마나 심하게 지속적으로 우상을 숭배했는가를 생각해보면 설득력이 있는 해석이다.

오홀리바(אָהֳלִיבָה)를 문자적으로 풀이하면 '내 텐트가 그녀 안에 있다'라는 의미이다. 하나님의 장막이 이 여인(예루살렘) 안에 있다는 것이다. 여호와가 예루살렘의 성전을 인정했다는 것을 강조하는 표현이다. 그러므로 유다의 우상숭배는 결코 하나님의 무관심이나 하나님이 그들과 함께하지 않으셔서 빚어진 일이 아니다. 하나님의 임재가 예루살렘에 머물고 있는데도 그들은 우상들을 따랐다.

두 자매는 창녀가 되었다(3절). 젊은 시절부터 남자들이 찾아와 그들과 성관계를 가졌다. 이스라엘은 이집트 시절부터 우상들을 숭배했다는 의미이다. 에스겔은 이스라엘이 이미 이집트에 머물 때부터 우상을 숭배했다는 말을 여러 차례 했기 때문에 새로운 사실은 아니다. 하나님이 이스라엘을 자기 백성으로 삼으신 것은 그들이 경건하거나 거룩하기 때문이 아니라는 사실을 강조한다.

하나님은 한 남자가 몸을 팔고 있는 여자와 결혼해 아이들을 낳는 것처럼 이 두 여인들의 과거를 알면서도 그들을 아내로 맞이해 아이들(이스라엘 백성)을 낳았다. 여인들 중 언니의 이름은 오홀라였으며, 동생은 오홀리바였다. 언니 오홀라는 사마리아였으며, 동생 오홀리바는 예루살렘이다(4절). 북왕국의 사마리아가 두 자매 국가 중 언니로 불리는 이유는 통일 이스라엘이 분열할 때 이스라엘의 12지파들 중 열 지파가 여로보암을 따라 북왕국 이스라엘이 되었고, 두 지파(유다와 베냐민)만이 남왕국 유다가 되었기 때문이다.

II. 유다와 예루살렘에 대한 심판(4:1–24:27)
M. 간음한 두 자매(23:1–49)

2. 언니 오홀라 이야기(23:5–10)

**5 오홀라가 내게 속하였을 때에 행음하여 그가 연애하는 자 곧 그의 이웃 앗
수르 사람을 사모하였나니 6 그들은 다 자색 옷을 입은 고관과 감독이요 준
수한 청년이요 말 타는 자들이라 7 그가 앗수르 사람들 가운데에 잘 생긴 그
모든 자들과 행음하고 누구를 연애하든지 그들의 모든 우상으로 자신을 더
럽혔으며 8 그가 젊었을 때에 애굽 사람과 동침하매 그 처녀의 가슴이 어루
만져졌으며 그의 몸에 음란을 쏟음을 당한 바 되었더니 그가 그 때부터 행
음함을 마지아니하였느니라 9 그러므로 내가 그를 그의 정든 자 곧 그가 연
애하는 앗수르 사람의 손에 넘겼더니 10 그들이 그의 하체를 드러내고 그의
자녀를 빼앗으며 칼로 그를 죽여 여인들에게 이야깃거리가 되게 하였나니
이는 그들이 그에게 심판을 행함이니라**

사마리아의 타락은 오홀라가 아시리아의 연인들과 행음한 것으로 표

현되고 있다(5절). 호세아 선지자도 이러한 사실을 전한 적이 있다(호 8:9, 5:13, 7:11, 12:1). 아시리아의 왕 샬마네세르(Shalmaneser III)의 오벨리스크(Black Obelisk, 주전 840년경으로 추정)에는 이스라엘의 왕 예후가 많은 재물을 가져와 그 앞에 엎드려 있는 모습이 새겨져 있다. 이때 예후가 아시리아를 찾은 것은 다마스쿠스의 하사엘(왕하 8장)을 견제하기 위함이었던 것으로 밝혀졌다. 아시리아의 왕 아다드니라리(Adad-Nirari III, 주전 812-782년)도 '오므리의 나라'에서 공물을 받은 것을 기록하고 있다. 열왕기하 15:19f.와 17:3은 이스라엘이 므나헴 시대 때 아시리아에게 공물을 바친 일을 기록하고 있다.

이처럼 아시리아와 이스라엘은 상당 기간 종주-종속국 관계를 유지했다. 그러므로 에스겔은 이스라엘의 간음이 짙은 정치성을 띠었다고 말한다. 오홀라가 상대한 아시리아의 연인들이 '총독들, 지휘관들, 말을 잘 타는 매력 있는 젊은이들, 기사들'로 표현되고 있다. 그러나 그녀의 간음은 정치적인 동맹으로만 끝나지 않았다. 사마리아는 아시리아 사람들의 우상들까지 숭배했다(7절). 오홀라의 우상숭배 성향은 결코 새로운 것이 아니고 이집트에서부터 시작되었다(8절).

오홀라의 사랑(?)에도 불구하고 그녀는 아시리아 연인들 손에 죽었고 자식들은 그녀를 죽인 자들의 땅으로 끌려갔다(10절). 주전 722년에 아시리아 사람들이 이스라엘을 멸망시키고 생존자들을 아시리아로 끌고 간 일을 뜻한다. 몸도 주고 마음도 주었건만 정부(情夫)는 그녀에게 죽음을 준 것이다.

그 누가 말했던가? "사랑하는 연인의 손에 죽는 것은 행복한 일이다!"라고. 웃기는 소리다. 죄를 사랑하는 자는 죄의 올가미에 걸려 죽는다. 청교도들은 이렇게 외쳤다. "죄가 너를 죽이기 전에 네가 먼저 죄를 죽여라."

II. 유다와 예루살렘에 대한 심판(4:1–24:27)
M. 간음한 두 자매(23:1–49)

3. 동생 오홀리바 이야기(23:11–21)

[11] 그 아우 오홀리바가 이것을 보고도 그의 형보다 음욕을 더하며 그의 형의
간음함보다 그 간음이 더 심하므로 그의 형보다 더 부패하여졌느니라 [12] 그
가 그의 이웃 앗수르 사람을 연애하였나니 그들은 화려한 의복을 입은 고관
과 감독이요 말 타는 자들과 준수한 청년이었느니라 [13] 그 두 여인이 한 길로
행하므로 그도 더러워졌음을 내가 보았노라 [14] 그가 음행을 더하였음은 붉
은 색으로 벽에 그린 사람의 형상 곧 갈대아 사람의 형상을 보았음이니 [15] 그
형상은 허리를 띠로 동이고 머리를 긴 수건으로 쌌으며 그의 용모는 다 준
수한 자 곧 그의 고향 갈대아 바벨론 사람 같은 것이라 [16] 그가 보고 곧 사랑
하게 되어 사절을 갈대아 그들에게로 보내매 [17] 바벨론 사람이 나아와 연애
하는 침상에 올라 음행으로 그를 더럽히매 그가 더럽힘을 입은 후에 그들을
싫어하는 마음이 생겼느니라 [18] 그가 이같이 그의 음행을 나타내며 그가 하
체를 드러내므로 내 마음이 그의 형을 싫어한 것 같이 그를 싫어하였으나 [19]
그가 그의 음행을 더하여 젊었을 때 곧 애굽 땅에서 행음하던 때를 생각하
고 [20] 그의 하체는 나귀 같고 그의 정수는 말 같은 음란한 간부를 사랑하였
도다 [21] 네가 젊었을 때에 행음하여 애굽 사람에게 네 가슴과 유방이 어루만
져졌던 것을 아직도 생각하도다

오홀리바(예루살렘)의 죄악은 사마리아의 죄악보다 더 심했다(11절). 이런 사실은 오홀라는 오직 아시리아 사람들에게만 몸을 내준 것에 반해, 동생 오홀리바는 아시리아와 바빌론과 이집트 등 세 정부(情夫)들에게 몸을 내준 것에서도 알 수 있다. 또한 이집트는 옛적에 정을 나누다가 헤어진 연인이다. 유다는 이 세 나라의 우상들을 숭배했다는 의미이다.

사실 선지자는 유다(오홀리바) 이야기를 하기 위해 이미 망해버린 이스라엘(오홀라) 이야기를 꺼냈다. 이런 사실은 선지자가 오홀라 이야기에는 여섯 절을 할애하는 것에 반해 오홀리바 이야기에는 스물다섯 절(11-35절)을 할애하는 것에서도 알 수 있다. 에스겔은 마치 개가 토한 것을 다시 먹는 것처럼 유다는 예전에 싫다고 버렸던 연인까지 다시 찾는 참으로 추한 여인이라고 한다.

오홀리바는 오홀라(사마리아)처럼 아시리아의 연인들을 찾았다. 동생은 언니 오홀라의 경험에서 전혀 배우지 못한 것이다. 가장 확실한 예는 아하스 시대에 시리아-이스라엘 연합군이 예루살렘으로 쳐들어왔을 때였다(왕하 16장). 아하스는 하나님을 의지하기보다는 아시리아에 많은 돈과 사신을 보내 도움을 요청했다. 이사야는 이런 아하스를 격렬히 비판했다(사 7:7-9).

본문에서 에스겔은 유다가 아시리아와 놀아난 이 사건 이후에 새 '파트너' 바빌론과 어떻게 더 격렬하게 놀아났는가도 회고한다. 선지자는 오홀리바가 바빌론에게 마음을 빼앗긴 상황도 참으로 어이없는 일이라고 한다. 오홀리바가 바빌론의 실물을 본 것이 아니라 벽에 그려진 그림만 보고 반했기 때문이다(14절). 벽화는 오늘날 사진처럼 생생하지도 않는데, 어떻게 이런 일이 있을 수 있단 말인가? 에스겔은 유다의 참으로 어이없는 간음을 비난한다.

이스라엘의 경우에서처럼 유다의 경우에도 그들이 바빌론과 놀아난 것에는 정치적인 이유가 가장 큰 비중을 차지했다(cf. 14f.절). 오홀리바는 요란한 색깔로 그려진 바빌론의 연인들의 벽화를 보고 바빌론으로 사람을 보내 그들을 불러와 간음했지만 결과는 만족스럽지 않았다(16-17절). 이 이미지는 유다가 바빌론의 손에 망하기 전 수십 년 동안 예루살렘 정계에서 계속된 '친바빌론파 대(對) 반바빌론파'의 줄다리기 외교 정책을 배경으로 한다.

바빌론과 잠자리를 같이해본 오홀리바는 실망하고 그들에게 등을 돌렸다(17절). 그러나 돌려진 등은 또 하나 있었다. 여호와(그녀의 남편)께서 그녀에게 등을 돌렸다(18절). 오홀리바의 음행 또한 새로운 것이 아니고 그녀가 이집트에서부터 가지고 있었던 옛 버릇이 나타난 것일 뿐이다(19-21절). 유다의 경우를 생각해보면 사람은 참 바뀌지 않는다는 생각이 든다. 유다는 이집트 시절부터 그때그때 파트너를 바꾸었을 뿐 한 번도 간음을 멈춘 적이 없다. 우상숭배의 중독성을 암시하는 대목이다.

선지자는 유다의 왕들인 여호야김(주전 605-597년)과 시드기야(주전 97-586년)가 추구했던 '친이집트' 외교 정책을 다시 이집트와 잠자리를 같이했던 시절로 돌아가는 것으로 여기며 비난한다. 출애굽 사건 이후로 이집트 쪽은 쳐다보지도 말라고 성경 저자들은 가르친다. 이집트는 주의 백성의 노예 생활을 상징하는 곳이기 때문이다. 안타깝게도 유다는 자꾸 이집트 쪽으로 몸짓을 했다. 기억해야 할 것을 잊고, 잊어야 할 것을 기억하는 것과 마찬가지이다(De Vries).

II. 유다와 예루살렘에 대한 심판(4:1-24:27)
M. 간음한 두 자매(23:1-49)

4. 동생 오홀리바의 최후(23:22-35)

22 그러므로 오홀리바야 주 여호와께서 이같이 말씀하셨느니라 나는 네가 사
랑하다가 싫어하던 자들을 충동하여 그들이 사방에서 와서 너를 치게 하리
니 23 그들은 바벨론 사람과 갈대아 모든 무리 브곳과 소아와 고아 사람과
또 그와 함께 한 모든 앗수르 사람 곧 준수한 청년이며 다 고관과 감독이며
귀인과 유명한 자요 다 말 타는 자들이라 24 그들이 무기와 병거와 수레와
크고 작은 방패를 이끌고 투구 쓴 군대를 거느리고 치러 와서 너를 에워싸
리라 내가 재판을 그들에게 맡긴즉 그들이 그들의 법대로 너를 재판하리라
25 내가 너를 향하여 질투하리니 그들이 분내어 네 코와 귀를 깎아 버리고
남은 자를 칼로 엎드러뜨리며 네 자녀를 빼앗고 그 남은 자를 불에 사르며

26 또 네 옷을 벗기며 네 장식품을 빼앗을지라 27 이와 같이 내가 네 음란과
애굽 땅에서부터 행음하던 것을 그치게 하여 너로 그들을 향하여 눈을 들지
도 못하게 하며 다시는 애굽을 기억하지도 못하게 하리라 28 주 여호와께서
이같이 말씀하셨느니라 나는 네가 미워하는 자와 네 마음에 싫어하는 자의
손에 너를 붙이리니 29 그들이 미워하는 마음으로 네게 행하여 네 모든 수고
한 것을 빼앗고 너를 벌거벗은 몸으로 두어서 네 음행의 벗은 몸 곧 네 음란
하며 행음하던 것을 드러낼 것이라 30 네가 이같이 당할 것은 네가 음란하게
이방을 따르고 그 우상들로 더럽혔기 때문이로다 31 네가 네 형의 길로 행하
였은즉 내가 그의 잔을 네 손에 주리라 32 주 여호와께서 이같이 말씀하셨느
니라

깊고 크고 가득히 담긴 네 형의 잔을
네가 마시고 코웃음과 조롱을 당하리라
33 네가 네 형 사마리아의 잔
곧 놀람과 패망의 잔에 넘치게 취하고 근심할지라
34 네가 그 잔을 다 기울여 마시고
그 깨어진 조각을 씹으며
네 유방을 꼬집을 것은 내가 이렇게 말하였음이라
주 여호와의 말씀이니라
35 그러므로 주 여호와께서 이같이 말씀하셨느니라
네가 나를 잊었고 또 나를 네 등 뒤에 버렸은즉
너는 네 음란과 네 음행의 죄를 담당할지니라 하시니라

동생 오홀리바에게 선포되는 심판인 본문은 "주 여호와께서 말씀하셨다"(22, 28, 32, 35절)에 의해 자연스럽게 다음과 같이 네 부분으로 나뉜다. (1) 한때 정을 나눈 자들에게 심판을 당하는 오홀리바(22-27절), (2) 바빌론의 손에 화를 당하는 오홀리바(28-31절), (3) 언니가 마시고 죽은 잔을 마시는 오홀리바(32-34절), (4) 오홀리바의 최후(35절).

에스겔은 오홀리바를 치는 자들이 다름 아닌 그녀와 정을 나누었던 자들이라며 바빌론과 아시리아를 언급한다(23절). 오홀리바도 언니 오홀라처럼 한때 사랑했던 자들에게 종말을 맞는 것이다. 당연하다. 간음 등 경건하지 못한 관계를 바탕으로 한 사랑은 오래가지 않을 뿐만 아니라, 배신이 허다하다. 브곳(Pekod)과 소아(Shoa)와 고아(Koa)는 바빌론 제국의 동쪽 국경선 주변에 거주했던 작은 민족들로 알려졌다(Zimerli, cf. ABD). 이 족속들은 고고학 자료에서 자주 언급되고 있으며 티그리스 강 동편에 살았던 아람 사람들(Arameans)에 속한 푸쿠두(Puqûdu), 수투(Sutû), 쿠투(Qutû) 족들로 생각된다. 이 도시들이 선택된 것은 이 도시들의 이름이 히브리어로는 '벌하다', '도움을 청하라', '소리를 지르라'는 단어들과 소리가 흡사하기 때문이다(Blenkinsopp, Eichrodt).

선지자는 이 족속들이 유다를 상대로 매우 잔인한 학살을 단행할 것을 경고한다(25절). 앞으로 다가올 이 폭력에서 가장 중요한 사실은 이 모든 일을 주장하고 감독하시는 이가 다름 아닌 이스라엘의 하나님 여호와, 곧 오홀리바의 남편이라는 것이다. 남편에게 잔혹한 벌을 받는 아내! 상황이 참으로 절망적이다.

유다는 이처럼 무시무시한 심판을 통해 한 가지를 얻게 될 것이다. 다시는 우상을 섬기지 않을 것이며 이집트에 거할 때부터 가지고 있던 '옛 버릇'(우상숭배)이 그들의 삶에서 완전히 사라진다는 것이다(27절). 하나님의 심판 과정이 참으로 혹독하다는 것은 안타깝지만, 그 심판으로 인해 이스라엘에서 우상숭배가 없어진다는 것은 매우 좋은 일이다. 하나님은 유다를 정결하게 하고 살리기 위해 심판을 하시는 남편이지, 아내를 죽이고 관계를 끝내시는 분이 아니다. 그러므로 하나님의 심판은 새로이 회복된 관계를 기대하게 하는 면모가 있다.

선지자는 하나님이 오홀리바를 그녀가 '미워하는 사람들의 손에' 넘겨주실 것이라고 하는데(28절), 오홀리바의 숨통을 조이는 이 사람은 바빌론이다(cf. 17절). 에스겔은 31절에서 13절을 회상하며 오홀라와 별반 다를 바 없는 오홀리바도 결국 언니 오홀라와 같은 운명을 맞이할 것을 경고한다. 유다에 대한 심판이 매우 가까이 와 있다. 남편을 배신하고 정부들과 놀아난 오홀리바도 결국 언니 오홀라가 마셨던 잔을 마셔야 한다(31절). 주전 722년에 있었던 북왕국 이스라엘의 종말에서 아무것도 배우지 못한 남왕국 유다는 이 말씀이 선포된 지 5년 후인 주전 586년에 '언니가 마신 잔을 마시고' 종말을 맞이할 것이다.

오홀리바는 오홀라처럼 공포와 멸망의 잔(33절)을 마시고 웃음거리와 조롱거리가 될 것이다(32절). 이스라엘이 하나님을 잊고 주님을 자기 등 뒤로 밀쳐놓은 것에 대한 대가이다(35절). 다른 사람이 아니라 하나님이 직접 말씀하신 것은 앞으로 이런 일이 꼭 있을 것이라는 보장이다(34절). 선지자는 주의 백성이 하나님께 저지른 범죄의 가장 가슴 아픈 부분을 "네가 나[하나님]를 잊었다"(35절, cf. 22:12)라는 말로 요약한다. 자기 백성에게 잊힌 하나님의 마음은 분노보다 상처와 아픔으로 가득하다.

II. 유다와 예루살렘에 대한 심판(4:1-24:27) M. 간음한 두 자매(23:1-49)

5. 자매에게 임한 심판(23:36-49)

36 여호와께서 또 내게 이르시되 인자야 네가 오홀라와 오홀리바를 심판하려
느냐 그러면 그 가증한 일을 그들에게 말하라 37 그들이 행음하였으며 피를
손에 묻혔으며 또 그 우상과 행음하며 내게 낳아 준 자식들을 우상을 위하
여 화제로 살랐으며 38 이 외에도 그들이 내게 행한 것이 있나니 당일에 내
성소를 더럽히며 내 안식일을 범하였도다 39 그들이 자녀를 죽여 그 우상에
게 드린 그 날에 내 성소에 들어와서 더럽혔으되 그들이 내 성전 가운데에
서 그렇게 행하였으며 40 또 사절을 먼 곳에 보내 사람을 불러오게 하고 그

들이 오매 그들을 위하여 목욕하며 눈썹을 그리며 스스로 단장하고 41 화려
한 자리에 앉아 앞에 상을 차리고 내 향과 기름을 그 위에 놓고 42 그 무리와
편히 지껄이고 즐겼으며 또 광야에서 잡류와 술 취한 사람을 청하여 오매
그들이 팔찌를 그 손목에 끼우고 아름다운 관을 그 머리에 씌웠도다 43 내가
음행으로 쇠한 여인을 가리켜 말하노라 그가 그래도 그들과 피차 행음하는
도다 44 그들이 그에게 나오기를 기생에게 나옴 같이 음란한 여인 오홀라와
오홀리바에게 나왔은즉 45 의인이 간통한 여자들을 재판함 같이 재판하며 피
를 흘린 여인을 재판함 같이 재판하리니 그들은 간통한 여자들이요 또 피가
그 손에 묻었음이라 46 주 여호와께서 이같이 말씀하셨느니라 그들에게 무리
를 올려 보내 그들이 공포와 약탈을 당하게 하라 47 무리가 그들을 돌로 치
며 칼로 죽이고 그 자녀도 죽이며 그 집들을 불사르리라 48 이같이 내가 이
땅에서 음란을 그치게 한즉 모든 여인이 정신이 깨어 너희 음행을 본받지
아니하리라 49 그들이 너희 음란으로 너희에게 보응한즉 너희가 모든 우상을
위하던 죄를 담당할지라 내가 주 여호와인 줄을 너희가 알리라 하시니라

선지자가 이때까지 따로 분류해 언급했던 오홀라-오홀리바 자매가 본문에서는 함께 취급된다. 에스겔이 23장이 시작된 이후 이 두 자매에 대해 밝힌 내용에 비교할 때 새로운 내용은 없다. 그동안 언급한 것들을 다시 한 번 요약해서 제시한다. 선지자는 유다의 종교적인 죄들을 37-39절에서 언급하고 정치적인 죄들을 40-44절에 나열한다. 이 두 자매는 짐승만도 못하다는 게 선지자의 판정이다. 짐승들도 이들처럼 여러 파트너들과 성관계를 갖지는 않는다는 것이다.

종교적-정치적으로 타락한 이 자매들에게 심판이 두 단계로 실현된다. 의인들이 그들을 심판한다(45절). 여기서 의인이란 것은 옳고 그름을 제대로 판단할 줄 아는 이들, 곧 두 자매가 음탕한 여인들이라는 사실을 인정할 자들을 말한다. 둘째, 의인들이 자매의 죄를 확인한 후 형벌을 선언하고는 대중들에게 사형을 집행하라고 그들을 넘겨준다(46절).

선지자는 오홀라(이스라엘)와 오홀리바(유다)를 '창녀'(תַּזְנוּת, prostitute)로 칭하며, '음행[하다]'(זָנָה, prostitution)라는 말을 23장에서 14회나 사용한다(23:3, 5, 7, 8, 11, 14, 18, 19, 27, 29, 35, 43, 44). 여기에 '간음[하다]'(נָאַף, adultery)라는 단어를 추가할 수 있으며 이 단어는 다섯 차례 사용된다(23:37[2x], 43, 45[2x]). 모두 그들이 우상들과 이방 신들을 숭배한다는 의미이다. 중요한 것은 38절에 의하면 오홀라(북왕국)와 오홀리바(남왕국)가 함께 예루살렘 성전을 더럽혔다는 사실이다. 솔로몬 시대 이후 이스라엘이 둘로 갈라진 것에 대한 안타까움이 아직도 선지자의 마음 속에 존재하는 것으로 생각된다.

하나님은 오홀라와 오홀리바를 사랑하셨고 그들에게 많은 것을 주셨다. 그러나 그들은 오히려 하나님의 은혜를 자신들의 정욕을 만족시키는 도구로 삼았다. 시대를 막론하여 이런 위험은 항상 하나님의 백성들 주변에 도사리고 있다.

II. 유다와 예루살렘에 대한 심판(4:1–24:27)

N. 더러운 솥 예루살렘(24:1–14)

1 아홉째 해 열째 달 열째 날에 여호와의 말씀이 내게 임하여 이르시되 2 인
자야 너는 날짜 곧 오늘의 이름을 기록하라 바벨론 왕이 오늘 예루살렘에
가까이 왔느니라 3 너는 이 반역하는 족속에게 비유를 베풀어 이르기를

주 여호와께서 이같이 말씀하시기를
가마 하나를 걸라
4 건 후에 물을 붓고
양 떼에서 한 마리를 골라 각을 뜨고
그 넓적다리와 어깨 고기의 모든 좋은 덩이를
그 가운데에 모아 넣으며 고른 뼈를 가득히 담고

5 그 뼈를 위하여 가마 밑에 나무를 쌓아 넣고
잘 삶되 가마 속의 뼈가 무르도록 삶을지어다
6 그러므로 주 여호와께서 이같이 말씀하셨느니라
피를 흘린 성읍, 녹슨 가마
곧 그 속의 녹을 없이하지 아니한 가마여
화 있을진저
제비 뽑을 것도 없이
그 덩이를 하나하나 꺼낼지어다
7 그 피가 그 가운데에 있음이여
피를 땅에 쏟아 티끌이 덮이게 하지 않고
맨 바위 위에 두었도다
8 내가 그 피를 맨 바위 위에 두고
덮이지 아니하게 함은
분노를 나타내어 보응하려 함이로라
9 그러므로 주 여호와께서 이같이 말씀하셨느니라
화 있을진저
피를 흘린 성읍이여
내가 또 나무 무더기를 크게 하리라
10 나무를 많이 쌓고
불을 피워 그 고기를 삶아 녹이고
국물을 졸이고 그 뼈를 태우고
11 가마가 빈 후에는
숯불 위에 놓아 뜨겁게 하며
그 가마의 놋을 달궈서
그 속에 더러운 것을 녹게 하며
녹이 소멸되게 하라
12 이 성읍이 수고하므로 스스로 피곤하나

많은 녹이 그 속에서 벗겨지지 아니하며
불에서도 없어지지 아니하는도다
13 너의 더러운 것들 중에 음란이 그 하나이니라
내가 너를 깨끗하게 하나
네가 깨끗하여지지 아니하니
내가 네게 향한 분노를 풀기 전에는
네 더러움이 다시 깨끗하여지지 아니하리라
14 나 여호와가 말하였은즉
그 일이 이루어질지라
내가 돌이키지도 아니하고 아끼지도 아니하며
뉘우치지도 아니하고 행하리니
그들이 네 모든 행위대로
너를 재판하리라
주 여호와의 말씀이니라

이 예언은 주전 588년 1월 15일(1절)에 선지자에게 임했다. 이날은 열왕기하 25:1과 예레미야 52:4에도 기록되어 있다. 바빌론의 느부갓네살 왕이 예루살렘 포위를 시작한 날이기 때문이다. 예루살렘은 약 1년 반 후에 그의 손에 함락되어 최후를 맞는다. 개역개정이 '가까이 왔다'로 번역하고 있는 히브리어 단어(סָמַךְ)는 사람이 짐승을 제물로 드릴 때 그 짐승을 잡기 전에 손을 얹는 행위를 의미하며 사용된다(레 1:4, 3:2). 느부갓네살이 예루살렘을 공략하는 것이 마치 사람이 제물로 바치기 위해 짐승에게 안수하는 듯한 이미지를 구상한다(Duguid). 스가랴 8:19에 의하면 이날은 훗날 온 이스라엘이 금식하는 날로 지정되었다.

본문은 에스겔의 선지자 사역의 절정이라고 할 수 있다(cf. Blenkinsopp). 에스겔이 12-23장을 통해 지속적으로 강조해왔던 사실, 즉 이스라엘은 과거뿐만 아니라 현재에도 계속 하나님 앞에 죄를 짓고 있기 때문에 어떠한 심판이 그들에게 임해도 당연하다는 것이 본문에서 절정에 도달하기 때문이다. 이때까지 선지자가 경고했던 피할 수 없는 하나님의 심판이 드디어 그들의 삶에서 실현된다.

하나님은 에스겔에게 이날을 잘 기록하라고 하신다. 예루살렘의 심판이 시작된 날이기 때문이다. 이때부터 200여 년 전인 주전 8세기 선지자들이 경고했던 유다의 멸망이 드디어 실현되고 있다. 바빌론의 왕 느부갓네살은 이날 예루살렘을 포위하기 시작해 약 1년 반 후에 함락시킨다.

가마솥(סִיר)은 좋은 요리 도구이다. 온갖 요리를 하는 데 유용하다. 요리에 사용되지 않을 때에는 음식을 보호하는 역할을 하기도 했다. 음식을 가마솥 안에 넣어두고 뚜껑을 닫으면 불순물이 음식을 오염시키지 않기 때문이다. 그러므로 전통적으로 가마솥은 좋은 상징성을 지녔다. 그러나 이번에도 에스겔은 가마솥에 부여된 전통적인 의미를 뒤집어 사용한다.

가마솥은 예루살렘이다. 그러나 더러워서(녹이 쓸어서) 요리를 할 때마다 내용물을 먹을 수 없게 하는 솥이다(6절). 아무리 닦아도 녹이 제거되지 않아 국을 끓이면 녹물탕이 되고 고기를 요리하면 녹이 들어붙어 먹을 수가 없다. 예루살렘은 아무리 닦아도 깨끗해지지 않는 녹슨 솥이다. 일부 주석가들은 당시 가나안 사람들이 사용하던 솥은 구리로 만들었기 때문에 이 비유에 대해 문제를 제기하거나 다른 해석을 제안하지만, 비유의 핵심은 솥 안에 있는 내용물이 오염되었다는 것이다. 비유이기 때문에 이야기를 구성하고 있는 모든 요소를 지나치게 자세히 논하는 것도 바람직하지 않다.

예레미야 선지자도 비슷한 이미지를 사용한 적이 있다(렘 1:13f.). 의미는 다르지만 에스겔도 이미 비슷한 이미지를 사용한 적이 있다(11:3, 7, 11). 에스겔 선지자는 11장에서 이스라엘 사람들이 예루살렘을 가마솥으로, 자신들은 그 안에 있는 고기로 생각해 이 도성에 어떤 환란이 임해도 자신들은 안전할 것으로 생각한다고 비난했다. 설령 전쟁이 일어난다 할지라도 마치 가마솥이 그 안에 있는 고기를 보호하듯 예루살렘이 자신들을 잘 보호할 것이라는 안일한 생각을 하고 있었기 때문이다. 하나님은 이 '고깃덩어리들'(예루살렘 안에 있는 사람들)을 모두 내던질 것이라고 경고하셨다.

이번 가마솥 비유에서도 예루살렘은 솥으로, 도시의 거주민들은 고기에 비유되고 있다. 그러나 이번에는 하나님이 솥 안에 있는 고기를 내던지는 것이 아니라, 솥 안에 두고 태우신다! 먼저 솥 안에 있는 국물이 마를 때까지 장작불을 지피고, 이어 솥에 들어붙은 고기와 솥을 태우신다.

하나님이 왜 이렇게 하시는가? 그 솥 내부에 아무리 씻어도 제거할 수 없는 녹이 있기 때문이다. 예루살렘이 어떻게 해도 제거되지 않는 죄들로 얼룩졌다는 것을 의미한다. 예루살렘은 부조리와 불의의 녹으로 가득하다(6-8절). 주민들이 흘린 무고한 피가 덮이지 않고 흙 위에 그대로 남아 있다(7-8절). 억울하게 죽임을 당한 사람들의 피가 하나님께 부르짖은 것이다(cf. 창 4:10, 욥 16:18, 사 26:21).

또한 예루살렘은 음란하다고 말씀하신다(13절). 성경에서 도성이 음란하다는 것은 항상 우상숭배를 뜻한다. 하나님의 처소인 성전 안팎에서 하나님이 가장 혐오하시는 우상들을 숭배하고 있다는 것은 그들의 죄의 심각성을 가장 적나라하게 드러낸다.

그러므로 예루살렘은 분명 파괴될 것이다. 하나님은 절대 결정을 번복하지 않으리라 다짐하신다(14절). 무슨 일이 있어도 예루살렘은 망하지 않을 것이라고 믿고 장담하던 사람들에게는 치명적인 예언일 수밖에 없다. 이러한 말씀을 듣고 회개하면 얼마나 좋을까! 그러나 그들은 회개하지 않아 1년 반 후에 멸망한다.

II. 유다와 예루살렘에 대한 심판(4:1–24:27)

O. 선지자의 아내가 죽음(24:15–27)

15 여호와의 말씀이 또 내게 임하여 이르시되 16 인자야 내가 네 눈에 기뻐하
는 것을 한 번 쳐서 빼앗으리니 너는 슬퍼하거나 울거나 눈물을 흘리거나
하지 말며 17 죽은 자들을 위하여 슬퍼하지 말고 조용히 탄식하며 수건으로
머리를 동이고 발에 신을 신고 입술을 가리지 말고 사람이 초상집에서 먹는
음식물을 먹지 말라 하신지라 18 내가 아침에 백성에게 말하였더니 저녁에
내 아내가 죽었으므로 아침에 내가 받은 명령대로 행하매 19 백성이 내게 이
르되 네가 행하는 이 일이 우리와 무슨 상관이 있는지 너는 우리에게 말하
지 아니하겠느냐 하므로 20 내가 그들에게 대답하기를 여호와의 말씀이 내게
임하여 이르시되 21 너는 이스라엘 족속에게 이르기를 주 여호와의 말씀에
내 성소는 너희 세력의 영광이요 너희 눈의 기쁨이요 너희 마음에 아낌이
되거니와 내가 더럽힐 것이며 너희의 버려 둔 자녀를 칼에 엎드러지게 할지
라 22 너희가 에스겔이 행한 바와 같이 행하여 입술을 가리지 아니하며 사람
의 음식물을 먹지 아니하며 23 수건으로 머리를 동인 채, 발에 신을 신은 채
로 두고 슬퍼하지도 아니하며 울지도 아니하되 죄악 중에 패망하여 피차 바
라보고 탄식하리라 24 이같이 에스겔이 너희에게 표징이 되리니 그가 행한
대로 너희가 다 행할지라 이 일이 이루어지면 내가 주 여호와인 줄을 너희
가 알리라 하라 하셨느니라 25 인자야 내가 그 힘과 그 즐거워하는 영광과
그 눈이 기뻐하는 것과 그 마음이 간절하게 생각하는 자녀를 데려가는 날 26
곧 그 날에 도피한 자가 네게 나와서 네 귀에 그 일을 들려주지 아니하겠느
냐 27 그 날에 네 입이 열려서 도피한 자에게 말하고 다시는 잠잠하지 아니
하리라 이같이 너는 그들에게 표징이 되고 그들은 내가 여호와인 줄 알리라

하나님이 에스겔의 아내를 죽게 하신다. 그러나 선지자는 슬퍼하거나 울어서는 안 된다(16절). 에스겔은 아내의 죽음에 대해 조용히 마음

속으로만 탄식할 뿐 어떤 내색도 해서는 안 된다는 명령을 받았다(17절). 에스겔이 아내가 죽을 때 울지 못했던 것같이 포로민들도 예루살렘의 패망을 슬퍼할 수 없다. 충격이 너무 커서 울지 못할 것이다. 에스겔의 슬픔은 앞으로 온 이스라엘 민족에게 다가올 슬픔에 비하면 아무것도 아니라는 것이다.

에스겔이 울지 않아야 하는 이유는 한 가지가 있다. 고대 근동에서는 죄로 인해 사형이 집행될 때에는 사람들이 울지 못하도록 했다(Stuart). 에스겔이 아내의 죽음에 대해 울지 못하는 것은 예루살렘의 사형 집행을 상징하기 때문이다. 그러므로 본문은 아내의 죽음을 지켜보는 심정이 어땠는가에 대해 에스겔의 감정을 표현하지 않는다. 당시 사람들은 십 대에 결혼했다. 어린 나이에 아내와 결혼한 에스겔은 함께 바빌론으로 끌려온 뒤로 그녀를 의지하며 살아왔는데 그 아내를 잃었다. 하루아침에 웬 날벼락이란 말인가! 선지자는 상상을 초월하는 아픔을 경험하고 있다. 그러나 그 아픔을 표현할 수 없다는 사실이 그를 더 아프게 한다.

참으로 충격적인 내용이다. 하나님이 정말 그의 종에게 이런 일을 요구하실 수 있는가? 혹은 이런 요구를 하셔도 되는가? 헹스텐버그(Hengstenberg)는 하나님이 도저히 이런 일을 하실 수 없다고 주장하며, 이것은 일종의 비유이지 실제로 벌어진 일이 아니라고 해석했다. 그러나 이 사건이 강조하는 것은 아내의 죽음을 묵묵히 지켜보는 에스겔의 심정이 아니라, 예루살렘의 함락을 지켜보는 하나님의 심정이다. 하나님의 마음을 상상해보라. 하나님이 '가장 사랑했던 아내 이스라엘'의 죽음을 대할 때 마음이 어떠셨을까?

아침에 하나님의 말씀이 오고 저녁에 아내가 죽었다. 다음날 에스겔은 하나님이 지시하신 대로 마치 아무 일도 없었던 것처럼, 혹은 죽은 여인이 자기와 전혀 상관이 없는 사람처럼 행동했다(18절). 선지자에게 사랑하는 아내가 죽은 밤은 얼마나 길고, 괴롭고, 잔인한 밤이었을까?

에스겔서에 비추어진 선지자의 모습은 마치 감정과 기분도 없는 '철인'처럼 느껴진다. 그러나 이 사건은 에스겔도 우리처럼 감정이 있는 사람이었다는 사실을 암시한다. 에스겔에게 하나님이 건네는 '너의 눈에 들어 좋아하는 사람'(16절)에 대해 스키너(Skinner)는 이렇게 말한다. "이 한마디가 단호하고 엄격한 설교자 에스겔의 가슴에 눈물의 샘이 숨겨져 있다는 것을 보여준다." 에스겔은 감정이 없는 철인이 아니라, 무척 아프면서도 아픔을 내색할 수 없는 불쌍한 남편이었다.

본문은 당시 상을 당한 사람이 슬픔을 표현하는 다양한 방식을 언급한다. 첫째, '고요한 탄식'(17절)은 상처를 당한 사람이 내는 신음 소리를 '탄식'으로 표현한다. 당시 사람이 죽으면 장례식에서 자주 볼 수 있는 애도의 표시였다. 하나님은 에스겔에게 매우 조용한 신음 소리를 내라는 명령을 받았다. 둘째, '머리를 수건으로 동이는 것'(17절)은 상을 당한 남자가 평소에 하고 다니던 터번(turban)을 풀고 먼지와 재를 머리에 뿌린 일을 뜻한다(수 7:6, 삼상 4:12, 욥 2:12). 그러나 아내가 죽었는데도 에스겔은 터번을 착용하고 다녀야 한다.

셋째, '발에 신발을 신는 것'(17절)은 절박하고 슬픈 상황에서 신발을 벗는 유대인들의 관습에 유래한다(삼하 15:30). 에스겔은 아내의 죽음에도 불구하고 절박하고 슬픈 상황을 연출해서는 안 된다. 넷째, '수염을 가리는 일'(17절)은 나병 환자들의 행위가 그 배경이다(레 13:45, 미 3:7). 나병 환자들은 자신이 당한 수치와 슬픔을 표현하기 위해 코에서 수염까지 가리고 다녔다. 에스겔은 아내가 죽었음에도 이런 수치나 슬픔을 표현해서는 안 된다. 다섯째, '초상집 음식'(17절)은 '슬픔의 빵'이란 뜻이다(cf. 렘 16:5-8, 암 6:7). 평소 때 먹던 음식과는 구별된 장례식 음식을 의미한다. 에스겔은 아내가 죽었는데도 절대 그녀의 장례식 음식을 입에 대면 안 된다.

선지자가 왜 이렇게 해야 하는가? 에스겔의 아내가 죽은 이날, 예루살렘이 바빌론 군에 함락되었다. 이 말씀은 앞부분(24:1-14)에 기록된 신탁이 선포된 지 약 1년 반 후에 에스겔에게 임했다. 에스겔이 아내의 죽음을 자신과 전혀 상관없는 사람의 죽음처럼 무덤덤하게 대해야 하는 이유는 하나님이 이날 유다가 멸망한 일을 이렇게 대하실 것임을 상징하기 때문이다. 마치 에스겔의 선배 선지자였던 호세아가 하나님과 이스라엘의 관계를 상징하기 위해 창녀 고멜과 결혼한 것처럼 말이다.

에스겔은 아내의 죽음을 아무런 감정이 없는 사람처럼 대해야 할 뿐만 아니라 이날 함락한 예루살렘에서 탈출한 사람이 바빌론으로 와서 이 사실을 확인해줄 때까지 계속 '벙어리'로 있어야 한다(벙어리 해석은 서론을 참조하라). 선지자는 빠르면 3개월, 늦으면 1년까지도 벙어리로 살아야 하는 것이다. 33:21에 의하면 에스겔은 약 7개월 동안 벙어리로 지냈다.

에스겔은 하나님을 섬기기 위해 그 누구보다도 커다란 대가를 치러야 했다. 본문이 묘사하는 아내의 죽음을 대하는 선지자의 자세에 대해 한 주석가는 가장 잔인한 행동 예언이라고 묘사한다(Hals). 그러나 선지자만 아픈 것은 아니다. 에스겔의 아픔으로 표현되는 하나님의 고통도 매우 심각하다.

우리는 하나님과 함께하기 위해 어떤 대가를 치르고 있는가? 하나님의 메시지는 그 메시지를 전하는 종의 삶에서 육화될 때 가장 설득력이 있고 능력이 있다. 그러므로 우리가 선포하는 메시지를 우리의 삶에서 살아내는 것을 꺼려하지 말고 기꺼이 받아들여야 한다.

에스겔이 아내를 잃은 이날 예루살렘이 함락되었다. 머지않아 성전도 불타게 된다. 이스라엘 사람들은 예루살렘이 여호와의 성전이 있는 곳이기 때문에 절대 망하지 않는다며 '시온 불가침설'(inviolability of Zion)을 믿었다. 그런데 정작 성전의 주인이신 여호와께서 예루살렘 성전을 파괴하신다!

생각해보자. 하나님은 예루살렘과 성전을 자기 백성들에게 선물로 주셨고 성전은 그들의 삶의 중심 요소가 되었다. 그러나 시간이 흐르면서 성전은 그들의 우상숭배의 터전이 되었고 또한 액땜이나 하는 '부적'일 뿐 더 이상 주의 백성이 자기 하나님과 교통하는 곳이 아니었다. 하나님은 이제 그들의 문제를 해결하기 위해 사역을 시작하셨다.

이 세상에서 그 무엇도, 심지어는 성전도 거룩해야 할 하나님의 백성보다 더 거룩할 수는 없다. 솔로몬이 건축한 이후 성전은 여호와의 영광과 거룩하심의 상징이 되었다. 그러나 머지않아 그 성전이 불에 타게 될 것이다. 그래도 소망이 있는 것은 하나님의 심판은 성전을 중심으로 살았던 백성들을 더 거룩하게 하기 위한 과정이라는 사실이다.

III. 열방에 대한 심판 선언
(25:1–32:32)

에스겔서의 새로운 부분이 25장부터 시작된다. 1–24장은 유다와 예루살렘의 미래에 대해 초점을 맞추었으며 특히 다가오는 예루살렘의 종말에 강조점을 두었다. 그러므로 책의 전반부를 형성하고 있는 1–24장의 메시지는 24:25–27에 기록된 대로 예루살렘이 함락되면서 절정에 이른다. 드디어 올 것이 온 것이다. 바빌론에 거하던 에스겔과 유다에서 끌려온 포로민들은 이 소식을 7개월 후(cf. 33:21–22)에나 듣게 된다.

이제부터 선지자는 메시지의 초점을 바빌론 군에 함락되어 파괴된 채로 방치되어 있는 이스라엘의 회복에 맞춘다. 하나님은 심판을 위한 심판, 곧 자기 백성을 완전히 없애기 위해 심판하시는 분이 아니라 새로운 시작을 위해 자기 백성을 심판하시는 분이기 때문에 이런 일이 가능하다. 메시지의 모든 초점을 예루살렘과 유다에 맞춘 1–24장과는 달리 25장부터는 이스라엘의 주변 국가들의 미래에 초점을 맞추면서 선지자의 메시지가 시작된다.

이스라엘이 기대할 수 있는 회복에 대한 메시지는 구체적으로 34장에서 선포되기 시작한다. 그 이전(25–33장)에는 그동안 이스라엘을 괴롭혔던 주변 국가들에 대한 심판 선언이 중심을 이룬다. 선지자는 열방에 대한 심판 선언(Oracles Against Nations, OAN)을 일종의 신학적 완충 지대(buffer zone)로 도입한다. 주의 백성에 대한 심판에서 회복으로 주제를 바꾸기 전에 숨을 고르는 주제로 삼고 있다고 생각할 수 있다.

에스겔이 이 부분에서 사용하는 양식은 1-24장처럼 심판 신탁이 큰 비중을 차지한다. 열방이 이스라엘의 하나님 여호와의 심판을 받아야 하는 이유는 사회적 죄와 교만 등 이스라엘이 심판을 받았던 이유와 별로 다를 바가 없다. 열방이 받는 형벌도 이스라엘이 받은 것과 비슷하다. 그러므로 내용 면에서는 그동안 유다에 선포된 심판과 저주가 방향을 바꿔 열방을 향한 것으로 생각할 수 있다.

주의 백성이 심판을 받아 몰락한 상황에서 왜 열방도 심판을 받아야 하는가? 훗날 이스라엘이 회복되어 평화와 안식을 누리려면 먼저 그들을 괴롭혀왔던 원수들(열방) 문제가 해결되어야 하기 때문이다. 그러므로 에스겔은 34장에서부터 이스라엘의 회복에 대한 구체적인 비전을 제시하기 전에 이곳에서 열방 심판을 선언함으로써 여호와의 온 세상에 대한 주권을 강조할 뿐만 아니라 이스라엘의 회복에 대한 메시지를 준비한다.

그렇다고 해서 열방에 대한 심판 선언이 모두 25-32장에 모여 있는 것은 아니다. 35장에는 에돔에 대한 심판이, 38-39장에는 곡에 대한 심판이 기록되어 있다. 그러나 전반적으로 생각할 때 에스겔서의 이러한 구조(이스라엘 심판 선언-열방 심판 선언-이스라엘 구원/회복 선언)는 이사야서, 스바냐서 그리고 칠십인 역의 예레미야서의 구조와 매우 흡사하다(cf. Blenkinsopp).

열방 심판 선언을 살펴보면 이스라엘을 괴롭히던 모든 나라가 정죄와 징계를 받는다. 다만 한 나라에 대한 선언이 없다. 유다의 숨통을 끊어놓은 바빌론이다. 에스겔과 비슷한 시대에 예루살렘에서 사역했던 예레미야는 바빌론에 대한 심판 선언을 남겼는데(렘 50-51장), 에스겔의 침묵을 어떻게 이해해야 하는가? 여러 가지 이유가 있지만, 정치적인 위험부담(에스겔은 바빌론에서 사역하고 있기 때문에 반역죄로 오인받을 수 있음)도 빼놓을 수 없는 요인으로 작용했을 것이다.

열방 심판을 모아둔 25-32장의 중심점이라 할 수 있는 28:24-26은 열방 심판의 목적을 확연하게 드러내는 역할을 한다. 먼저 이 말씀의 내용을 살펴보라. 또한 이 예언이 차지하고 있는 구조적 위치를 생각해보라(Block).

> "이스라엘 족속을 멸시하는 사방의 모든 사람이, 다시는 이스라엘을 가시로 찌르거나 아프게 하지 않을 것이다. 그 때에야 비로소 그들이, 내가 주인 줄을 알 것이다." 주 하나님이 이렇게 말씀하신다 "내가 이스라엘 족속을 그들이 흩어져 살던 여러 민족 가운데서 모아 오고, 이방 사람들이 보는 앞에서 내가 거룩한 하나님임을 그들에게 나타낼 때에, 그들이 자기들의 땅, 곧 내가 내 종 야곱에게 준 땅에서 살게 될 것이다. 그들이 집을 짓고, 포도나무를 심고, 평안히 그 땅에서 살 것이다. 내가, 그들을 멸시하는 사람들을 모두 심판하면, 그들이 평안히 살 것이다. 그 때에야 비로소 그들이, 나 주가 자기들의 하나님임을 알게 될 것이다(새번역)."

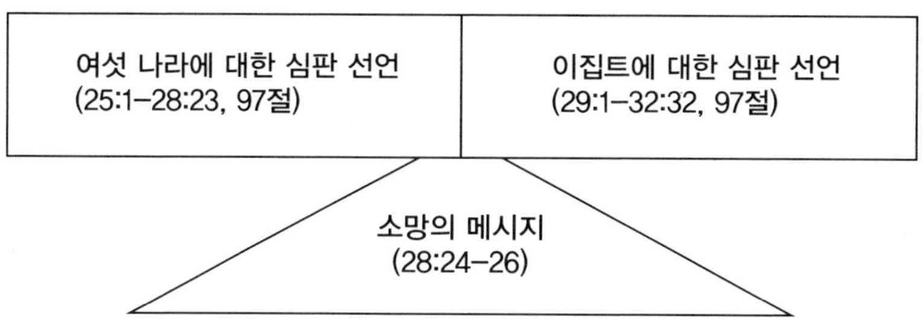

이 부분은 숫자 '7'을 중심으로 형성되어 있다. 먼저 심판을 받을 나라로 7개국이 언급된다. 암몬(25:1-7), 모압(25:8-11), 에돔(25:12-14), 블레셋(25:15-17), 두로(26:1-28:19), 시돈(28:20-23), 이집트(29:1-

32:32). 에스겔보다 200년 먼저 열방에 대한 심판을 선언했던 아모스도 숫자 7을 중심으로 했기 때문에, 에스겔의 일곱 나라 언급은 아모스가 선포했던 열방 심판을 연상시킨다(cf. 암 1:3-2:5) 그러나 에스겔은 이 나라들을 언급할 때 방향감각에서 아모스의 언급과는 다른 패턴을 보이고 있다. 에스겔은 유다의 지리적 위치에서 동쪽을 바라보고 있다. 그러므로 정면으로 보이는 나라가 암몬이며, 그다음부터는 시계방향을 따라 하나의 원을 그린다. 암몬-모압-에돔-블레셋-두로-시돈(cf. Blenkinsopp, Darr, Duguid).

에스겔은 이집트를 따로 취급한다. 앞의 다이아그램에서 드러나는 것처럼 처음 여섯 나라에 대한 선언이 이집트에 대한 선언과 같은 분량을 차지하고 있다. 처음 여섯 나라에 대한 심판은 일곱 개의 작은 신탁으로 구성되어 있으며, 이집트에 대한 선언도 일곱 개로 형성되어 있다. 또한 열방에 대한 심판 선언문들은 일곱 개의 말씀-사건 형식을 사용하고 있으며(29:1, 17, 30:1, 20, 31:1, 32:1, 17), 일곱 개의 날짜를 제시한다(26:1, 29:1, 17, 30:20, 31:1, 32:1, 17).

에스겔을 포함한 선지자들이 이스라엘의 주변 국가들에 대해 심판/예언하는 것은 매우 보편적인 현상이다(cf. 사 13-23, 렘 46-51, 암 1-2장). 주변 국가들에 대한 선지자들의 비난을 살펴보면 단순히 그들의 영적인 타락만을 문제 삼는 것이 아니라, 그들이 행하는 모든 사회적, 윤리적 문제들을 정죄한다. 하나님은 자기 백성뿐만 아니라 열방의 도덕성도 심각하게 문제 삼는 온 우주의 하나님이시기 때문이다. 또한 본문은 한 나라가 남의 아픔을 즐거워하면 하나님의 심판의 대상이 될 수도 있다는 사실을 암시한다. 선지자가 24-32장에서 언급하는 나라들의 순서는 다음과 같다. 하나님의 심판을 받을 일곱 나라와 여호와의 구원을 받을 이스라엘의 대조적인 운명(28:24-26)은 신탁이 선포되는 근본적인 목적을 보여준다. 하나님의 백성은 꼭 회복될 것이며, 이와는 대조적으로 그들을 시기하거나 미워하는 족속들은 모두 멸망할 것이다.

A. 암몬(25:1-7)
B. 모압(25:8-11)
C. 에돔(25:12-14)
D. 블레셋(25:15-17)
E. 두로(26:1-28:19)
F. 시돈(28:20-23)
G. 열방 심판과 이스라엘의 구원(28:24-26)
H. 이집트(29:1-32:32)

III. 열방에 대한 심판(25:1-32:32)

A. 암몬(25:1-7)

1 여호와의 말씀이 또 내게 임하여 이르시되 2 인자야 네 얼굴을 암몬 족속에
게 돌리고 그들에게 예언하라 3 너는 암몬 족속에게 이르기를 너희는 주 여
호와의 말씀을 들을지어다 주 여호와께서 이같이 말씀하셨느니라 내 성소
가 더럽힘을 받을 때에 네가 그것에 관하여, 이스라엘 땅이 황폐할 때에 네
가 그것에 관하여, 유다 족속이 사로잡힐 때에 네가 그들에 대하여 이르기를
아하 좋다 하였도다 4 그러므로 내가 너를 동방 사람에게 기업으로 넘겨 주
리니 그들이 네 가운데에 진을 치며 네 가운데에 그 거처를 베풀며 네 열매
를 먹으며 네 젖을 마실지라 5 내가 랍바를 낙타의 우리로 만들며 암몬 족속
의 땅을 양 떼가 눕는 곳으로 삼은즉 내가 주 여호와인 줄을 너희가 알리라
6 주 여호와께서 이같이 말씀하셨느니라 네가 이스라엘 땅에 대하여 손뼉을
치며 발을 구르며 마음을 다하여 멸시하며 즐거워하였나니 7 그런즉 내가 손
을 네 위에 펴서 너를 다른 민족에게 넘겨 주어 노략을 당하게 하며 너를 만

민 중에서 끊어버리며 너를 여러 나라 가운데에서 패망하게 하여 멸하리니 내가 주 여호와인 줄을 너희가 알리라 하셨다 하라

에스겔은 이미 암몬에 대한 심판을 선언한 적이 있다(21:28-32). 암몬은 모압과 함께 아브라함의 조카 롯의 자손들이었다. 그러므로 이스라엘과는 친척이 되는 나라였다. 그러나 역사를 보면 암몬과 모압은 항상 이스라엘의 적대자들(antagonists)로 존재했다. 암몬의 수도는 랍바(Rabbah, 오늘날 요르단의 수도 암만 근처에 위치했음)였다. 암몬은 이스라엘의 통치를 여러 번 받았다(삼하 10-12장, cf. 대하 26:8, 27:5).

주전 605년에 갈그미스 전쟁에서 바빌론이 아시리아-이집트 연합군에게 치명타를 입힌 후 암몬은 친바빌론 정책을 펼쳤다. 그뿐만 아니라 주전 598년에 느부갓네살이 여호야김의 반역을 제압하기 위해 유다를 침략했을 때, 암몬 군은 모압과 아람 사람들과 함께 바빌론 군대의 일부로 유다를 공격했다(왕하 24:1-2). 그러다가 시드기야 시대에 암몬은 유다를 중심으로 형성된 반바빌론 연합에 가담했다(cf. 렘 27:3). 이 일로 암몬은 유다처럼 큰 위기를 맞이했다. 느부갓네살이 암몬을 치지 않고 유다를 치기로 결정했을 때 안도의 한숨을 내쉬었을 것이다(cf. 21:18-22).

암몬의 죄는 형제 나라이자 하나님의 백성이 멸망하는 것을 보고 안타까워하지 않고 오히려 기뻐한 일이다(3, 6절). 그들은 유다가 망하는 것을 보고 기뻐했으며, 하나님의 성전이 더럽혀지는 것을 보고 환호했고, 백성들이 포로로 끌려가는 것을 보고 즐거워했다. 성전과 유다와 백성의 멸망은 이스라엘의 정체성에서 중심 사상을 이루고 있던 '여호와-영토-백성' 관계의 파괴를 의미했다. 형제 나라가 경험하고 있는 비극을 기뻐하는 나라는 창조주의 심판을 받아야 한다. 형제 나라의 패망을 만끽하던 암몬 사람들은 정작 자신들에게 다가오는 종말은 의식하지 못하고 있었다(4절). 얼마나 어리석은가?

주전 586년에 있었던 예루살렘 함락 이후에도 암몬은 계속 유다를 곤경에 처하게 만들었다. 바빌론 왕 느부갓네살이 그달랴라는 유대인을 유다의 총독으로 세웠다. 온유하고 포용성이 있는 그달랴는 전쟁으로 인해 주변 국가들에 흩어져 살던 유대인들을 다시 모으는 일에 적임자였다. 그러나 유다가 회복되는 것을 싫어한 암몬 왕 바알리스(Baalis)가 이스마엘이라는 자를 이용해 그달랴를 암살하고 느부갓네살이 남겨둔 소수의 바빌론 주둔군을 모두 죽였다(cf. 렘 40-41장). 이스마엘은 곧바로 암몬으로 도주했으며, 유다 사람들은 바빌론 사람들의 보복이 두려워 이집트로 피신했다. 이때 강제로 끌려간 사람이 선지자 예레미야이다.

암몬의 땅은 동방 사람들(바빌론 사람들)이 차지하며 폐허가 된다. 여호와께서 그들의 종말을 구체적으로 세 가지로 묘사하신다. "내가 너를 만민 가운데서 끊어 버리며(כרת)", "여러 나라 가운데서 망하게 하겠다"(אבד), "내가 너를 망하게 놓아두겠다"(שמד, 7절). 여호와께서 친히 이 나라의 종말을 가져오겠다고 선언하신다. 남의 아픔을 기뻐하던 자들이 그대로 당하게 될 것이다.

III. 열방에 대한 심판(25:1-32:32)

B. 모압(25:8-11)

8 주 여호와께서 이같이 말씀하셨느니라 모압과 세일이 이르기를 유다 족속은 모든 이방과 다름이 없다 하도다 9 그러므로 내가 모압의 한편 곧 그 나라 국경에 있는 영화로운 성읍들 벧여시못과 바알므온과 기랴다임을 열고 10 암몬 족속과 더불어 동방 사람에게 넘겨 주어 기업을 삼게 할 것이라 암몬 족속이 다시는 이방 가운데에서 기억되지 아니하게 하려니와 11 내가 모압에 벌을 내리리니 내가 주 여호와인 줄을 너희가 알리라

모압은 암몬의 바로 남쪽 지역인 사해 동편의 고지대(高地帶)를 차지하고 있었다. 이 나라도 암몬처럼 이스라엘의 형제라고 할 수 있지만, 역사를 살펴보면 이스라엘에게 적대적인 나라였다. 모압도 암몬처럼 이스라엘의 멸망을 즐거워했다(cf. 렘 48:27-35, 습 2:8). 그들은 이스라엘이 여호와의 선민인 것을 알면서도 이스라엘이 망하자 "여호와를 섬긴다는 이스라엘도 별수 없구먼"("여호와도 바빌론의 신들 앞에서는 별수 없구먼")이라고 비아냥거리며 그들의 멸망을 지켜보았다. 그러나 그 빈정댐은 단순히 이스라엘에 대한 비웃음이 아니라, 그들의 하나님 여호와의 능력을 빈정대는 행위였다.

모압도 암몬처럼 동방 사람들의 심판을 받아 망하게 될 것이다. 여호와께서 침략자들이 모압의 서쪽 국경을 열게 하여 모압의 모든 도시들을 빼앗도록 하실 것이다(9절). 모압의 세 도시가 대표적으로 언급된다. 벳여시못, 바알므온, 기랴다임. 벳여시못은 사해에서 2.5킬로미터 떨어져 있던 곳이다(ABD). 바알므온은 벳바알므온(수 13:17, cf. 민 32:38, 렘 48:23)으로도 알려졌던 곳이며 사해에서 동쪽으로 13킬로미터 떨어져 있다(ABD). 기랴다임 또한 사해에서 10킬로미터 정도 떨어진 도시였다(ABD).

이 도시들은 모두 암몬의 중심부라 할 수 없는 곳들이다. 또한 모두 아르논 강 북쪽에 위치한 곳들로 원래 르우벤 지파에게 기업으로 주어진 땅에 속해 있다. 그러므로 이 도시들이 망하는 것이 어떻게 모압의 종말을 의미하는가는 아직까지 잘 이해되지 않는다(Block). 가장 유력한 해석은 르우벤 지파가 북왕국과 함께 망한 이후 이 땅이 암몬 족속에게 속했던 사실에 근거해 에스겔이 이렇게 선포한다고 이해하는 것이다. 한 가지 재미있는 것은 에스겔이 이상적인 이스라엘의 회복에 대한 비전을 제시하는 47:13-48:29에서 요단강 건너편의 땅에 대한 언급은 전혀 하지 않고 있다는 점이다.

왜 모압은 이스라엘을 '이방과 다를 바 없는 나라'로 보고 있는가?

이것의 책임은 분명히 이스라엘에게 있다. 이스라엘은 열방과 차별화된 삶을 살지 못했다. 선택민의 특권만 강조했지 책임과 사명은 감당하지 않았기 때문이다. 그러다가 지금 하나님의 손에 비참한 종말을 맞고 있다.

III. 열방에 대한 심판(25:1-32:32)

C. 에돔(25:12-14)

**[12] 주 여호와께서 이같이 말씀하셨느니라 에돔이 유다 족속을 쳐서 원수를
갚았고 원수를 갚음으로 심히 범죄하였도다 [13] 그러므로 주 여호와께서 이같
이 말씀하셨느니라 내가 내 손을 에돔 위에 펴서 사람과 짐승을 그 가운데
에서 끊어 데만에서부터 황폐하게 하리니 드단까지 칼에 엎드러지리라 [14] 내
가 내 백성 이스라엘의 손으로 내 원수를 에돔에게 갚으리니 그들이 내 진
노와 분노를 따라 에돔에 행한즉 내가 원수를 갚음인 줄을 에돔이 알리라
주 여호와의 말씀이니라**

에돔은 야곱의 쌍둥이 형 에서의 후손이었다(창 32:3). 그러므로 이스라엘과 친척 관계였지만, 에돔도 이스라엘과 항상 적대적 관계를 유지했던 나라다. 유다가 주전 586년에 바빌론에 함락될 때, 에돔은 힘없는 유다의 남쪽 성읍들을 습격했다(cf. 시 137편). 에스겔은 이 사건을 12절에서 언급한다. 선지자 오바댜는 에돔이 바빌론의 손아귀에서 벗어난 유다 사람들을 습격했다고 기록한다(옵 14절).

이스라엘의 하나님 여호와께서 에돔을 쳐서 황폐하게 하실 때 에돔의 모든 백성과 짐승들이 칼에 맞아 죽을 것을 선언하신다(13절). 에돔에 대한 하나님의 심판은 '데만에서 드단에 이르기까지' 임할 것이다. 데만은 에돔의 남쪽을 상징하며, 드단은 에돔의 북쪽 지역을 뜻한다

(Block). 하나님이 에돔을 치시는 날, 얼마나 포괄적인 파괴가 임하는지 회복이 불가능해질 것이다.

에돔의 '즐거움'은 매우 짧을 것이며, 훗날 그들은 이스라엘의 손에 그 대가를 치르게 될 것이다. 에돔은 주전 5세기에 사막에서 나타난 나바티아 사람들(Nabatians)의 손에 멸망했다. 이 지역에 살던 사람들은 주전 164년에 마카베우스(Judas Maccabaeus)에 의해, 주전 120년에는 히루카누스(John Hyrcanus)에 의하여 정복되었다. 아마도 에스겔이 이 정복 사건들을 염두에 두고 에돔에 임할 심판에 대하여 예언하고 있는 것으로 생각된다.

중요한 것은 하나님이 직접 에돔에게 '이스라엘의 원수를 갚아주신다'는 사실이다. 구약에서 '원수 갚음'은 언약과 매우 밀접한 관계가 있다(레 26:25, 신 32:41, 사 34:8, 렘 46:10 등등). 우리가 억울한 일을 당해도 견딜 수 있는 것은 우리와 언약을 맺은 하나님이 보고 계시기 때문이다. 하나님은 분명히 자기 백성인 우리의 억울함을 가만 보고 계시지 않으실 것이다. 주님이 우리를 대신해서 보복하신다.

III. 열방에 대한 심판(25:1–32:32)

D. 블레셋(25:15–17)

15 주 여호와께서 이같이 말씀하셨느니라 블레셋 사람이 옛날부터 미워하여 멸시하는 마음으로 원수를 갚아 진멸하고자 하였도다 16 그러므로 주 여호와께서 이같이 말씀하셨느니라 내가 블레셋 사람 위에 손을 펴서 그렛 사람을 끊으며 해변에 남은 자를 진멸하되 17 분노의 책벌로 내 원수를 그들에게 크게 갚으리라 내가 그들에게 원수를 갚은즉 내가 여호와인 줄을 그들이 알리라 하시니라

아모스 선지자에 의하면 블레셋은 갑돌(Caphtor)에서 유래된 민족이었다(암 9:7). 갑돌은 대체로 오늘날의 크레타(Crete)로 간주된다. 블레셋은 이스라엘을 만나는 순간부터 이스라엘의 '가시'가 되었다(사사기 참조). 두 나라는 적대적인 관계를 오랫동안 유지했다. 두 나라의 갈등의 역사는 다윗이 통일왕국의 왕으로 등극하면서 막을 내렸다(삼하 5:17-25). 이후 블레셋은 다시는 이스라엘의 생존을 위협하지 못했다. 블레셋은 주전 8세기에 아시리아의 속국이 되었다. 바빌론의 왕 느부갓네살은 복종을 거부하는 아스글론을 완전히 폐허로 만든 적이 있다.

블레셋 사람들이 '옛날부터 품어온 원한'(אֵיבָה, 15절)은 창세기 3:15에서 '여자와 뱀 사이의 관계'를 설명할 때 사용된 단어로, 이 두 나라 사이에 지속된 관계를 잘 표현하고 있다. 블레셋이 이스라엘에게 행했던 보복을 하나님이 그들에게 그대로 갚아줄 것을 선언하신다. 심는 대로 거두는 것이다. 블레셋 사람들이 받게 될 심판의 특징은 하나님이 직접 벌을 내리실 것이며, 이렇다 할 도구를 고용하시지 않는다는 점이다. 또한 심판은 블레셋 백성들만을 대상으로 삼고 있지 땅까지 대상으로 삼지는 않는다.

III. 열방에 대한 심판(25:1-32:32)

E. 두로(26:1-28:19)

암몬을 시작으로 이스라엘의 주변 국가들을 시계 방향으로 돌아가며 심판을 선언했던 선지자가 이번에는 예언의 초점을 두로에 맞추고 있다. 두로에 대한 비난은 이때까지 선지자가 비난한 여러 나라들보다 훨씬 더 많은 분량으로 구성되어 있다. 다른 나라들에 대한 심판 선언은 각각 불과 몇 절로 제한되는데, 두로에 대한 심판 선언은 장장 세 장(章)을 차지한다. 또한 두로에 대한 심판 선언은 일곱 개의 신탁으로 구성되어 있으며 각 신탁마다 "여호와께서 말씀하셨다"라는 문장으로 시작하기 때문에 구분하기가 쉽다. (1) 26:1-6, (2) 26:7-14, (3) 26:15-18, (4) 26:19-21, (5) 27:1-36, (6) 28:1-10, (7) 28:11-19. 이 중 처음 네 개는 같은 주제이기 때문에 하나로 묶일 수 있다. 다음을 참조하라.

A. 두로에 대한 심판 선언(26:1-21)
  B. 두로의 멸망에 대한 애가(27:1-36)
A'. 두로의 왕에 대한 심판 선언(28:1-10)
  B'. 두로의 왕의 멸망에 대한 애가(28:11-19)

III. 열방에 대한 심판(25:1-32:32)
  E. 두로(26:1-28:19)

1. 두로에 대한 심판 선언(26:1-21)

1 열한째 해 어느 달 초하루에 여호와의 말씀이 내게 임하여 이르시되 2 인자야 두로가 예루살렘에 관하여 이르기를 아하 만민의 문이 깨져서 내게로 돌아왔도다 그가 황폐하였으니 내가 충만함을 얻으리라 하였도다 3 그러므로 주 여호와께서 이같이 말씀하셨느니라

두로야 내가 너를 대적하여
바다가 그 파도를 굽이치게 함 같이
여러 민족들이 와서 너를 치게 하리니
4 그들이 두로의 성벽을 무너뜨리며 그 망대를 헐 것이요
나도 티끌을 그 위에서 쓸어 버려 맨 바위가 되게 하며
5 바다 가운데에 그물 치는 곳이 되게 하리니
내가 말하였음이라 주 여호와의 말씀이니라
그가 이방의 노략 거리가 될 것이요

6 들에 있는 그의 딸들은 칼에 죽으리니
그들이 나를 여호와인 줄을 알리라
7 주 여호와께서 이같이 말씀하셨느니라 내가 왕들 중의 왕 곧 바벨론의 느
부갓네살 왕으로 하여금 북쪽에서 말과 병거와 기병과 군대와 백성의 큰 무
리를 거느리고 와서 두로를 치게 할 때에
8 그가 들에 있는 너의 딸들을 칼로 죽이고
너를 치려고 사다리를 세우며
토성을 쌓으며 방패를 갖출 것이며
9 공성퇴를 가지고 네 성을 치며
도끼로 망대를 찍을 것이며
10 말이 많으므로 그 티끌이 너를 가릴 것이며
사람이 무너진 성 구멍으로 들어가는 것 같이
그가 네 성문으로 들어갈 때에
그 기병과 수레와 병거의 소리로 말미암아
네 성곽이 진동할 것이며
11 그가 그 말굽으로 네 모든 거리를 밟을 것이며
칼로 네 백성을 죽일 것이며
네 견고한 석상을 땅에 엎드러뜨릴 것이며
12 네 재물을 빼앗을 것이며
네가 무역한 것을 노략할 것이며
네 성을 헐 것이며
네가 기뻐하는 집을 무너뜨릴 것이며
또 네 돌들과 네 재목과 네 흙을 다 물 가운데에 던질 것이라
13 내가 네 노래 소리를 그치게 하며
네 수금 소리를 다시 들리지 않게 하고
14 너를 맨 바위가 되게 한즉
네가 그물 말리는 곳이 되고

다시는 건축되지 못하리니
나 여호와가 말하였음이니라 주 여호와의 말씀이니라
15 주 여호와께서 이같이 두로에 대하여 말씀하시되 네가 엎드러지는 소리에
모든 섬이 진동하지 아니하겠느냐 곧 너희 가운데에 상한 자가 부르짖으며
죽임을 당할 때에라 16 그 때에 바다의 모든 왕이 그 보좌에서 내려 조복을
벗으며 수 놓은 옷을 버리고 떨림을 입듯 하고 땅에 앉아서 너로 말미암아 무
시로 떨며 놀랄 것이며 17 그들이 너를 위하여 슬픈 노래를 불러 이르기를
항해자가 살았던 유명한 성읍이여
너와 너의 주민이 바다 가운데에 있어 견고하였도다
해변의 모든 주민을 두렵게 하였더니
어찌 그리 멸망하였는고
18 네가 무너지는 그날에
섬들이 진동할 것임이여
바다 가운데의 섬들이
네 결국을 보고 놀라리로다 하리라
19 주 여호와께서 이같이 말씀하셨느니라 내가 너를 주민이 없는 성읍과 같
이 황폐한 성읍이 되게 하고 깊은 바다가 네 위에 오르게 하며 큰 물이 너를
덮게 할 때에 20 내가 너를 구덩이에 내려가는 자와 함께 내려가서 옛적 사
람에게로 나아가게 하고 너를 그 구덩이에 내려간 자와 함께 땅 깊은 곳 예
로부터 황폐한 곳에 살게 하리라 네가 다시는 사람이 거주하는 곳이 되지
못하리니 살아 있는 자의 땅에서 영광을 얻지 못하리라 21 내가 너를 패망하
게 하여 다시 있지 못하게 하리니 사람이 비록 너를 찾으나 다시는 영원히
만나지 못하리라 주 여호와의 말씀이니라

이 말씀이 에스겔에게 임한 때는 11년째 되던 해 어느 달 초하루이다(1절). 바빌론이 예루살렘을 함락시킨 주전 586년에 하나님이 선지자에게 이 말씀을 주셨지만, 어느 달에 말씀하셨는지는 밝히지 않는다. 예

루살렘이 바빌론 군에 함락된 상황이라는 걸 감안할 때(2절), 이해 가을쯤으로 생각된다(cf. Allen, Cooke). 예루살렘이 주전 586년 여름에 함락되었기 때문이다.

두로는 북쪽으로 40킬로미터 떨어져 있는 곳에 위치한 시돈과 함께 고대 근동 상업 교류의 중심지였던 페니키아(오늘날의 레바논에 위치함)의 대표적인 도시였다. 페니키아는 항구들을 중심으로 한 상업 도시들로 이루어져 있었다. 페니키아 사람들은 자신들의 배가 닿는 곳이라면 어디든지 진출했고 여건이 허락하면 식민지를 개척했다. 그들은 상선을 운항하며 아프리카에서 오늘날의 스페인 남부에까지 식민지를 두었다.

페니키아 사람들의 노력은 두 가지 결과를 낳았다. 첫째, 그들은 지중해의 해상 상권을 모두 장악했다. 바다 위에서는 아무도 그들의 적수가 될 수 없었다. 둘째, 그들은 대단한 부를 축적했다. 그러나 문제는 그들의 부와 권력은 상대적으로 빈곤한 나라들(유다를 포함)을 착취해 형성되었다는 점이다.

다윗과 솔로몬 시대 이후로 두로와 이스라엘은 긴밀한 우호관계를 유지했다. 두로 왕 히람(Hiram)은 "항상 다윗을 사랑했다"(왕상 5:1). 그는 다윗의 아들 솔로몬과도 계약을 체결했으며(왕상 5:12), 솔로몬이 성전을 짓는 데 많은 도움을 주었다(왕상 5:6f.). 우리가 아는 한도 내에서 발견할 수 있는 유일한 갈등은 솔로몬이 성전 건축에 쓰인 자재 값을 지불하는 과정에서 정당한 대가를 주지 않아 히람의 마음을 상하게 한 일이다(왕상 9:10f.).

이후 페니키아는 참으로 좋지 않은 영적 영향력을 이스라엘에 행사했다. 솔로몬은 페니키아인 아내들을 맞이했으며, 솔로몬의 페니키아인 아내들은 시돈의 아스다롯(Ashtoreth) 종교를 이스라엘에 소개했다(왕상 11:1, 5). 이 종교의 신전은 이스라엘에 오래 남아 있었고(왕하 23:13), 에스겔은 두로가 어떻게 솔로몬(그리고 온 이스라엘)을 영적으로 부패시켰는가를 의식하면서 살았을 것이다.

솔로몬의 죄로 인해 이스라엘이 두 나라로 분열한 이후 페니키아는 북왕국 종교에 더 많은 영향을 미쳤다. 이스라엘의 왕 아합이 시돈의 공주 이세벨을 아내로 맞았을 때 이세벨은 바알과 아세라 종교를 이스라엘의 국교로 삼다시피 했다. 더 나아가 여호와 종교를 핍박하기도 했다. 한때는 시돈의 신 바알이 이스라엘에서 여호와를 대체하다시피 했다(왕상 16, 18장). 이처럼 부정적인 영적 영향력으로 선지자들은 페니키아 지역을 고운 눈으로 보지 않았다(사 23장, 렘 47:4, 암 1:9f., 욜 4:4, 슥 9:2-4). 아마도 에스겔도 이 같은 이유에서 가나안 지역의 그 어느 나라보다도 페니키아를 맹렬하게 비난하는 듯하다. 이스라엘이 하나님의 심판을 받아 멸망하게 된 것은 그들의 영적 몰락 때문이었는데, 이스라엘의 영적 몰락에 가장 많이 기여한 나라가 페니키아라는 것이다.

두로는 페니키아 지역의 최남단에 위치한 도시로, 뒤로는 레바논의 울창한 숲을, 앞으로는 지중해를 바라보았던 항구였다. 두로는 뭍에 도시의 한 부분을 세웠고 조금(약 800미터) 떨어진 바다에 있는 섬에 도시의 나머지 부분을 세웠다. 이 섬은 길이 1.5킬로미터, 넓이 1킬로미터 정도의 비교적 큰 섬이었다. 뭍에 있는 도시가 침략을 받으면 두로 주민들은 섬으로 옮겨가 외부 세력에 대항하는 매우 효과적이고 전략적인 위치를 차지하고 있었다. 두로는 주전 5세기 전까지 페니키아의 가장 중요한 도시였다.

에스겔은 하나님이 여러 민족들에게 두로를 공격하게 하면, 두로는 다시 회복하지 못할 것이며(3-4, 14, 20-21절) 한때 근동 지역의 교역 중심지였던 곳은 고장 어부들이 그물이나 말리는 곳으로 전락할 것이라고 말한다(5, 14절). 두로를 칠 '여러 민족들'은 바빌론이며 그들을 칠 바빌론 왕은 느부갓네살이다(7절). 에스겔 시대에 바빌론 왕이 느부갓네살이었으니, 두로가 멸망할 날이 그리 많이 남지 않았다는 것을 경고한다. 그런데 바빌론 군이 어떻게 '여러 민족들'인가? 고대 근동에서는 용병제도가 매우 활성화되어 있었기 때문에, 어느 나라 군대이든, 특히 제국의 군대는 여러 민족들로 구성되어 있었다. 그러므로 하나님이 바빌론 군과 느부갓네살을 들어 두로를 치시지만, 바빌론 군은 또한 '여러 민족들'인 것이다.

두로는 왜 이처럼 혹독한 심판을 받아야 하는가? 선지자는 그들이 예루살렘의 멸망을 기뻐했기 때문이라고 한다(2절). 다윗과 솔로몬 시대에 이스라엘의 형제 나라였던 두로가 이제는 형제의 죽음을 기뻐하고 있다. 그들은 예루살렘의 멸망이 자신들에게는 번영의 기회를 줄 것이라며 흥분했다. 두로의 이런 행동을 참으로 어이없는 배신이라고 생각할 수도 있는 것은 바로 몇 년 전인 주전 594년경에 두로는 유다와 함께 바빌론의 느부갓네살에게 반역을 꿈꾸었던 나라이기 때문이다(렘 27:3). 어제의 아군이 오늘의 적이 되었다.

이스라엘과 전혀 상관없는 나라가 주의 백성의 멸망을 기뻐하는 것도 심각한 문제인데, 하물며 형제 나라라는 두로가 기뻐하고 있으니 이스라엘의 하나님 여호와께서 그들을 가만히 두실 리 없다. 하나님은 신의를 배신하고 형제 나라의 슬픔을 자신이 번영할 수 있는 기회로 삼은 두로를 가만히 두실 수 없다. 하나님은 아파하는 사람과 아파하는 이를 기뻐하신다.

결국 깊은 바닷물이 두로를 삼키면 이 도시가 다시는 수면 위로 올라오지 못한다(19-20절). 선지자는 두로의 멸망을 다양한 신화적인 개념들과 표현들로 선언한다. 이런 표현은 두로의 멸망을 확실히 하고자(당시 사람들이 신화들을 진실이라고 믿은 것처럼) 하는 것으로만 이해하는 것이 바람직하다. 세세한 사항들에 대해 논하는 것은 지나친 해석이다.

III. 열방에 대한 심판(25:1-32:32)
E. 두로(26:1-28:19)

2. 두로의 멸망에 대한 애가(27:1-36)

[1] 여호와의 말씀이 내게 임하여 이르시되 [2] 인자야 너는 두로를 위하여 슬픈
노래를 지으라 [3] 너는 두로를 향하여 이르기를

바다 어귀에 거주하면서 여러 섬 백성과 거래하는 자여
주 여호와께서 이같이 말씀하시되
두로야 네가 말하기를 나는 온전히 아름답다 하였도다
[4] 네 땅이 바다 가운데에 있음이여
너를 지은 자가 네 아름다움을 온전하게 하였도다
[5] 스닐의 잣나무로 네 판자를 만들었음이여
너를 위하여 레바논의 백향목을 가져다 돛대를 만들었도다
[6] 바산의 상수리나무로 네 노를 만들었음이여
깃딤 섬 황양목에 상아로 꾸며 갑판을 만들었도다
[7] 애굽의 수 놓은 가는 베로 돛을 만들어 깃발을 삼았음이여
엘리사 섬의 청색 자색 베로 차일을 만들었도다
[8] 시돈과 아르왓 주민들이 네 사공이 되었음이여
두로야 네 가운데에 있는 지혜자들이 네 선장이 되었도다
[9] 그발의 노인들과 지혜자들이 네 가운데에서
배의 틈을 막는 자가 되었음이여
바다의 모든 배와 그 사공들은 네 가운데에서 무역하였도다
[10] 바사와 룻과 붓이 네 군대 가운데에서 병정이 되었음이여
네 가운데에서 방패와 투구를 달아 네 영광을 나타냈도다
[11] 아르왓 사람과 네 군대는 네 사방 성 위에 있었고
용사들은 네 여러 망대에 있었음이여
네 사방 성 위에 방패를 달아 네 아름다움을 온전하게 하였도다

[12] 다시스는 각종 보화가 풍부하므로 너와 거래하였음이여 은과 철과 주석과

납을 네 물품과 바꾸어 갔도다 13 야완과 두발과 메섹은 네 상인이 되었음이
여 사람과 놋그릇을 가지고 네 상품을 바꾸어 갔도다 14 도갈마 족속은 말과
군마와 노새를 네 물품과 바꾸었으며 15 드단 사람은 네 상인이 되었음이여
여러 섬이 너와 거래하여 상아와 박달나무를 네 물품과 바꾸어 갔도다 16 너
의 제품이 풍부하므로 아람은 너와 거래하였음이여 남보석과 자색 베와 수
놓은 것과 가는 베와 산호와 홍보석을 네 물품과 바꾸어 갔도다 17 유다와 이
스라엘 땅 사람이 네 상인이 되었음이여 민닛 밀과 과자와 꿀과 기름과 유
향을 네 물품과 바꾸어 갔도다 18 너의 제품이 많고 각종 보화가 풍부하므로
다메섹이 너와 거래하였음이여 헬본 포도주와 흰 양털을 너와 거래하였도다
19 워단과 야완은 길쌈하는 실로 네 물품을 거래하였음이여 가공한 쇠와 계
피와 대나무 제품이 네 상품 중에 있었도다 20 드단은 네 상인이 되었음이여
말을 탈 때 까는 천을 너와 거래하였도다 21 아라비아와 게달의 모든 고관은
네 손아래 상인이 되어 어린 양과 숫양과 염소들, 그것으로 너와 거래하였
도다 22 스바와 라아마의 상인들도 너의 상인들이 됨이여 각종 극상품 향 재
료와 각종 보석과 황금으로 네 물품을 바꾸어 갔도다 23 하란과 간네와 에덴
과 스바와 앗수르와 길맛의 장사꾼들도 너의 상인들이라 24 이들이 아름다운
물품 곧 청색 옷과 수 놓은 물품과 빛난 옷을 백향목 상자에 담고 노끈으로
묶어 가지고 너와 거래하여 네 물품을 바꾸어 갔도다 25 다시스의 배는 떼를
지어 네 화물을 나르니

네가 바다 중심에서 풍부하여 영화가 매우 크도다
26 네 사공이 너를 인도하여 큰 물에 이르게 함이여
동풍이 바다 한가운데에서 너를 무찔렀도다
27 네 재물과 상품과 바꾼 물건과
네 사공과 선장과 네 배의 틈을 막는 자와 네 상인과
네 가운데에 있는 모든 용사와 네 가운데에 있는 모든 무리가
네가 패망하는 날에 다 바다 한가운데에 빠질 것임이여
28 네 선장이 부르짖는 소리에 물결이 흔들리리로다

[29] 노를 잡은 모든 자와 사공과
바다의 선장들이 다 배에서 내려 언덕에 서서
[30] 너를 위하여 크게 소리 질러 통곡하고
티끌을 머리에 덮어쓰며 재 가운데에 뒹굴며
[31] 그들이 다 너를 위하여 머리털을 밀고
굵은 베로 띠를 띠고 마음이 아프게 슬피 통곡하리로다
[32] 그들이 통곡할 때에 너를 위하여
슬픈 노래를 불러 애도하여 말하기를
두로와 같이 바다 가운데에서 적막한 자 누구인고
[33] 네 물품을 바다로 실어 낼 때에
네가 여러 백성을 풍족하게 하였음이여
네 재물과 무역품이 많으므로
세상 왕들을 풍부하게 하였었도다
[34] 네가 바다 깊은 데에서 파선한 때에
네 무역품과 네 승객이 다 빠졌음이여
[35] 섬의 주민들이 너로 말미암아 놀라고
왕들이 심히 두려워하여
얼굴에 근심이 가득하도다
[36] 많은 민족의 상인들이 다 너를 비웃음이여
네가 공포의 대상이 되고
네가 영원히 다시 있지 못하리라 하셨느니라

두로가 창조주 하나님의 심판을 받아 멸망하면 다시는 회복하지 못할 것이라고 선언한 선지자는 이러한 사실을 재차 확인하기 위해 애가를 부른다. 애가는 장례식에서 부르는 노래로 망자의 죽음을 애도하는 노래이다. 그러므로 에스겔이 아직도 멀쩡한 두로에 대하여 애가를 부르는 것은 일종의 '확인 사살'이다. 두로는 창조주 하나님의 심판을 받아 꼭 망할 것을 강조하는 것이다.

에스겔이 부르는 애가의 내용은 두로가 당시 가장 큰 상선들을 앞세워 큰 교역을 한 나라였음을 증명한다. 그러나 두로를 상징하는 큰 상선이 하나님의 심판을 받아 온갖 물건들을 실은 채 바다 속으로 침몰해 다시는 떠오르지 못한다. 이 일로 단순히 두로만 두려워하는 것이 아니라, 두로와 교역을 했던 모든 나라들과 그들의 왕들이 함께 두려워한다(35절). 그러나 두로가 이렇게 된 것이 그들이 이스라엘의 멸망을 즐겼기 때문이었던 것처럼, 두려워하던 열방, 특히 두로의 경쟁자들이 두로의 몰락을 기뻐한다(36절). 하나님이 두로에게 심은 대로 거두게 하신 것이다. 두로에 대한 에스겔의 애가는 크게 세 부분으로 구분할 수 있다. (1) 두로를 상징하는 배의 화려함(1-11절), (2) 두로의 무역 파트너들과 물품들(12-24절), (3) 두로의 침몰(25-36절).

두로를 상징하는 상선 제작에 수많은 족속들과 각 분야별 최상의 자재들과 전문가들이 동원된다(1-11절). 최고조에 달한 두로의 영화를 강조하고 그들이 거래하던 족속들이 얼마나 많았는가를 강조하기 위해서이다(cf. 3절). 에스겔은 두로가 참으로 교만을 떨 만한 위치에 있었다는 것을 인정한다. 두로의 상선을 제작하고 운영하는 데 동원된 것들을 보라. (1) 스닐의 잣나무(5절), (2) 레바논의 백향목(5절), (3) 바산의 상수리나무(6절), (4) 깃딤 섬의 황양목과 상아(6절), (5) 애굽의 수놓은 가는 베(7절), (6) 엘리사 섬의 청색 자색 베(7절), (7) 시돈과 아르왓 주민들(8절), (8) 두로의 지혜자들(8절), (9) 그발의 노인들과 지혜자들(9절), (10) 바사와 룻과 붓의 용병들(10절), (11) 아르왓 사람들(11절), (12) 두로의 군사들(11절).

두로가 무역 상대로 삼은 족속들과 물품들도 참으로 많다(12-24절). 한마디로 두로는 수많은 족속들과 생필품뿐만 아니라 사치품들에 이르기까지 다양한 물건들을 교역했다. 에스겔이 나열하는 교역 상대들과 물품들을 정리해보면 다음과 같다. (1) 다시스의 각종 보화와 은과 철과 주석과 납(12절), (2) 야완과 두발과 메섹 사람들의 노예와 놋그릇(13절), (3) 도갈마 사람들의 말과 군마와 노새(14절), (4) 드단 사람들(15절), (5) 여러 섬들(15절), (6) 상아와 박달나무(15절), (7) 아람의 남보석과 자색 베와 수놓은 것과 가는 베와 산호와 홍보석(16절), (8) 온갖 제품과 각종 보화(18절), (9) 다메섹 사람들, (10) 헬본 포도주와 흰 양털(18절), (11) 워단과 야완의 길쌈하는 실(19절), (12) 쇠와 계피와 대나무 제품(19절), (13) 드단 사람들의 말안장(20절), (14) 아라비아와 게들의 고관들(21절), (15) 양과 숫양과 염소들(21절), (16) 스바와 라아마의 향 재료와 보석과 황금(22절), (17) 하란과 간네와 에덴과 스바와 앗수르와 길맛의 상인들(23절), (18) 청색 옷과 수놓은 물품과 빛난 옷(24절). 선지자가 언급하고 있는 지역 이름들을 생각해보면 그는 먼저 소아시아 지역(12-15절)에서 팔레스타인 지역을 남쪽에서 북쪽으로(16-17절) 언급한 다음 시리아(18-19절)와 아라비아(20-22절)를 거쳐 메소포타미아 지역(23-24절)으로 이동한다(Zimerli).

세상 곳곳에서 동원된 장인들이 가장 완벽하게 만든 두로의 배들은 세계 곳곳을 돌아다니며 많은 민족들과 가장 다양한 물건들을 교역한다. '다시스(תַּרְשִׁישׁ)의 배들'(25절)은 바다를 항해할 수 있는 큰 배들을 뜻한다(cf. 왕상 10:22, 22:48, 시 48:7, 사 2:16, 23:1, 60:9, 욘 1:3). 다시스의 정확한 위치는 알 수 없으나, 대부분의 학자들은 오늘날 스페인의 도시였을 것으로 추정한다. 유력한 가능성으로 떠오르는 곳은 과달키비르(Guadalquivir) 강에 위치한 타르테수스(Tartessus)이다. 이 지역에 페니키아의 식민지가 있었던 증거는 주전 12세기까지 거슬러 올라간다(ABD).

이처럼 대단한 위용을 자랑하는 상선이 한순간에 풍랑을 맞이해 침몰한다(26절). 일부 주석가들은 두로의 배를 침몰시키는 동풍을 바빌론으로 해석하지만(Duguid), 그렇게 해석할 필요는 없다. 선지자는 바람의 방향보다는 하나님이 그 바람을 보내신다는 사실을 강조하기 때문이다.

사람이 아무리 완벽하게 준비해도 창조주 하나님의 영역에 속한 자연재해가 임하면 속수무책으로 당할 수밖에 없다. 이런 결과가 빚어진 데에는 두로의 교만이 화근이 되었다. 두로는 자신의 배를 지나치게 신뢰했다. 무거운 물건들로 배를 가득 채우고 바다 한가운데로 가는 것을 두려워하지 않았다(25절). "너는 너무 무겁게 가득 싣고 바다로 나갔다"(공동).

하나님이 풍랑을 보내자 두로의 배에 타고 있던 전문가들도 어찌할 바를 모른다(27절). 보통 풍랑이 아니라 배를 완전히 침몰시킬 수 있는 두려운 풍랑이라는 의미이다. 배에 탄 사람들이 배를 버리고 겨우 육지로 올라온다(28-29절). 선지자는 두로를 상징하는 배가 파손된 일을 매우 간단 명료하게 묘사한다. 두로의 아름다움을 자세하게 묘사한 앞부분과는 매우 대조적이다. 한순간에 두로가 몰락할 것을 암시한다(Duguid).

구사일생으로 육지에 올라온 선원들은 침몰하는 배를 바라보며 통곡하고 재를 머리에 덮어쓰고 애곡하는 등 극에 달한 슬픔을 표현한다(30-36절). 소식을 들은 두로의 교역 상대들은 심히 놀라고 두려워한다(35절). 그러나 그들의 두려움은 순식간에 두로에 대한 비웃음으로 변한다(36절). 한번 망한 두로는 다시는 힘을 회복하지 못할 것이다(36절).

에스겔뿐만 아니라 선지자 이사야도 두로의 멸망을 매우 확실하게 예언한 적이 있다(사 23장). 두 선지자가 일맥상통하는 예언을 남긴 것이다. 그런데 에스겔이 예언하고 있는 두로의 멸망은 역사적으로 어느 시대를 의미하는가? 예언 전체가 상당한 보편성/일반성을 띠고 있기 때문에 정확한 역사적 상황을 지목하기는 어렵다. 에스겔 시대부터 주전 332년에 이르기까지 두로는 세 번이나 외부의 침략을 받았다. 첫째, 바빌론의 느부갓네살(Nebuchadnezzar)의 침략이다. 이 침략은 주전 585-573년에 있었다. 둘째, 페르시아의 아하수에로/아르타크세르크세스(Artaxerxes III Ochus)가 주전 343년에 침략했다(Duhm, Marti, Kaiser).

셋째, 그리스의 알렉산드로스(Alexandros) 대왕이 주전 332년에 두로를 함락시켰다(Procksch, Fohrer, Lindblom).

이중 알렉산드로스 대왕만이 두로를 성공적으로 정복할 수 있었다. 가장 큰 이유는 앞에서 언급한 것처럼 두로의 독특한 지형 때문이었다. 도시의 일부가 뭍에 있고 나머지는 약 800미터 떨어진 섬에 있었기 때문에 해병을 동원하지 않는 한 이 도시를 완전히 정복하기가 어려웠다. 게다가 고대 근동 나라들의 군사력은 대부분 육지와 육군들을 중심으로 이루어졌기 때문에 바다에서는 두로의 배들과 견줄 만한 나라가 없었다.

알렉산드로스 대왕도 뭍에 있는 도시의 반은 쉽게 정복했지만, 섬으로 옮겨간 두로 사람들은 버젓이 배를 타고 아프리카에서 유럽을 왕래했다. 이러한 대치 상태는 7개월 동안 지속되었으며 자존심이 상한 알렉산드로스는 뭍에 있는 도시를 완전히 파괴한 다음에 거기서 나온 흙, 돌, 건축 폐기물 등으로 섬까지 둑길(causeway)을 만들었다. 알렉산드로스의 군대는 그 둑길을 이용해 마치 육지에서 싸우듯 섬에서 살던 두로 군대와 싸워 주전 332년에 이 도시를 완전히 정복했다.

이 일로 두로에 사는 사람들은 혹독한 대가를 치러야 했다. 알렉산드로스 대왕이 두로 사람들 중에 2,000명을 십자가에 못 박아 죽이고 30,000명을 노예로 팔았다는 기록이 남아 있다. 이 일이 있은 후 두로는 다시 회복하지 못했다. 오늘날 그 도시에는 6,000명 정도가 살고 있다(cf. ABD). 당시 알렉산드로스는 둑길을 건설해 섬을 공격했는데, 이후 이 둑길 옆으로 바다의 침전물이 쌓였다. 오늘날에는 이 지역이 모두 육지로 변해 있다.

III. 열방에 대한 심판(25:1-32:32)
E. 두로(26:1-28:19)

3. 두로의 왕에 대한 심판 선언(28:1-10)

[1] 또 여호와의 말씀이 내게 임하여 이르시되 [2] 인자야 너는 두로 왕에게 이르
기를 주 여호와께서 이같이 말씀하시되

네 마음이 교만하여 말하기를
나는 신이라
내가 하나님의 자리
곧 바다 가운데에 앉아 있다 하도다
네 마음이 하나님의 마음 같은 체할지라도
너는 사람이요 신이 아니거늘
[3] 네가 다니엘보다 지혜로워서
은밀한 것을 깨닫지 못할 것이 없다 하고
[4] 네 지혜와 총명으로 재물을 얻었으며
금과 은을 곳간에 저축하였으며
[5] 네 큰 지혜와 네 무역으로 재물을 더하고
그 재물로 말미암아 네 마음이 교만하였도다
[6] 그러므로 주 여호와께서 이같이 말씀하셨느니라
네 마음이 하나님의 마음 같은 체하였으니
[7] 그런즉 내가 이방인
곧 여러 나라의 강포한 자를 거느리고 와서
너를 치리니 그들이 칼을 빼어
네 지혜의 아름다운 것을 치며
네 영화를 더럽히며
[8] 또 너를 구덩이에 빠뜨려서
너를 바다 가운데에서
죽임을 당한 자의 죽음 같이

바다 가운데에서 죽게 할지라
9 네가 너를 죽이는 자 앞에서도
내가 하나님이라고 말하겠느냐
너를 치는 자들 앞에서
사람일 뿐이요 신이 아니라
10 네가 이방인의 손에서 죽기를
할례 받지 않은 자의 죽음 같이 하리니
내가 말하였음이니라
주 여호와의 말씀이니라 하셨다 하라

에스겔은 두로에 대한 애가에서 아프리카와 유럽을 아우르는 두로의 무역이 얼마나 대단했는가를 묘사했다. 두로의 교역에 대한 에스겔의 평가는 절대 과장이 아니었다. 이스라엘이 추진한 가장 큰 프로젝트에서도 두로의 교역은 큰 역할을 했다. 이스라엘이 여호와의 성전을 건축하기 전부터 다윗은 두로의 왕 히람과 좋은 관계를 유지했다. 솔로몬이 성전을 건축할 때 두로가 잘 돕도록 하기 위해서였다. 드디어 솔로몬이 성전을 건축할 때 그는 제일 먼저 두로에게 도움을 청했다.

솔로몬이 두로에게 도움을 청한 것은 매우 당연하다. 솔로몬은 세상에서 가장 진귀한 것들과 가장 좋은 공법으로 여호와의 성전을 건축하고 싶어 했다. 당시 두로가 가장 활발하게 온 세상을 누비며 교역을 했으므로 세상의 가장 진귀한 것들을 그들을 통해서 구할 수 있고, 최첨단 공법 역시 그들을 통해 얻을 수 있기 때문이다. 실제로 솔로몬은 두로의 도움을 받아 세상에서 가장 좋을 것들로 성전을 건축할 수 있었다. 또한 두로가 제공한 최첨단 공법을 사용해 성전을 건축하면서 건설 현장에서는 돌을 다듬는 망치 소리가 들리지 않도록 하는 등 소음을 최소화했다.

이러한 정황을 고려하면 온 세상을 돌아다니며 세상의 모든 진귀한 것들을 교역하던 두로의 왕이 교만했던 것이 당연한 일일 수도 있다. 그는 마치 자기가 신이나 되는 것처럼 우쭐댔다(2, 6절). 인간이 마치 신이 된 것처럼 우쭐댈 수 있는가? 고대 근동에서는 흔한 일이었다. 조상들 중 훌륭한 사람들을 신격화해서 숭배한 것이 드라빔이다. 또한 여러 나라들이 남긴 문헌들을 보면 왕들 중 어느 정도 업적을 남기면 죽은 후 신들로 추대되기 일쑤였다. 아시리아의 왕 산헤립은 아예 살아서 자신을 신격화했다(cf. 사 36-37장). 바빌론 왕도 자신을 신격화했다(cf. 사 14:13-14). 그러므로 기고만장한 두로의 왕이 스스로 신이나 되는 것처럼 우쭐대는 것은 당연한 일이었다.

두로 왕의 교만은 크게 두 가지이다. (1) 지혜(3, 5절), (2) 부(富, 4-5절). 그러나 교만은 스스로 망하는 길이며, 창조주 하나님이 가장 싫어하시는 것이다. 창조주 하나님이 창조하신 세상과, 창조된 세상 속에서 자신의 위치를 의식하게 되면 절대로 교만할 수 없기 때문이다. 그러므로 하나님은 우쭐대는 두로 왕에게 "너는 사람이요, 신이 아니다"라고 단호하게 말씀하신다(2절).

또한 하나님은 이 세상을 살았던 다른 사람들에 비교해보아도 두로 왕이 교만할 만한 이유가 없다고 말씀하신다. 다니엘(דָּנִאֵל)을 예로 드신다(3절). 에스겔은 이미 다니엘을 노와와 욥과 함께 두 차례 언급한 적이 있다(14:12, 20). 다니엘에 대한 설명은 14장 주해를 참조하라. 에스겔은 자기 시대에 바빌론 왕을 섬기고 있는 다니엘을 염두에 두고 이 말을 한다. 선지자는 세상의 모든 비밀을 알다시피 한 다니엘의 지혜에 비교하면 두로 왕은 절대 교만해서는 안 된다고 말한다. 자랑할 수 있는 자(다니엘)도 가만히 있는데 왜 자격이 안 되는 자가 우쭐대느냐는 것이다.

두로의 왕은 침몰하는 배와 같은 자기 나라와 운명을 같이할 것이다. 하나님이 이방 사람들 가운데서도 가장 잔인한 외국 사람들을 보내 그들을 치실 것이기 때문이다(7절). 훗날 알렉산드로스 대왕이 주전

332년에 두로를 멸망시킨 일을 의미한다.

두로 왕은 망하기 전에 교만했다는 사실을 기억해야 한다. 겸손은 자랑할 만한 일이 있어도 자랑하지 않는 것이다. 반면에 자랑할 것이 없는 사람이 자랑하는 것이 교만이다. 선지자는 두로 왕의 형편을 일종의 비극으로 묘사한다. 왕은 분명히 교만한 자기 운명을 예측하고 있었다. 그러나 교만을 멈출 수는 없었다. 교만은 이러한 성향을 띠었다.

Ⅲ. 열방에 대한 심판(25:1–32:32)
E. 두로(26:1–28:19)

4. 두로의 왕의 멸망에 대한 애가(28:11–19)

11 여호와의 말씀이 또 내게 임하여 이르시되

12 인자야
두로 왕을 위하여 슬픈 노래를 지어
그에게 이르기를 주 여호와의 말씀에
너는 완전한 도장이었고
지혜가 충족하며 온전히 아름다웠도다
13 네가 옛적에 하나님의 동산 에덴에 있어서
각종 보석 곧 홍보석과 황보석과 금강석과
황옥과 홍마노와 창옥과 청보석과
남보석과 홍옥과 창옥으로 단장하였음이여
네가 지음을 받던 날에
너를 위하여 소고와 비파가 준비되었도다
14 너는 기름 부음을 받고 지키는 그룹임이여
내가 너를 세우매
네가 하나님의 성산에 있어서
불타는 돌들 사이에 왕래하였도다

15 네가 지음을 받던 날로부터 네 모든 길에 완전하더니
마침내 네게서 불의가 드러났도다
16 네 무역이 많으므로
네 가운데에 강포가 가득하여 네가 범죄하였도다
너 지키는 그룹아
그러므로 내가 너를 더럽게 여겨
하나님의 산에서 쫓아냈고
불타는 돌들 사이에서 멸하였도다
17 네가 아름다우므로 마음이 교만하였으며
네가 영화로우므로 네 지혜를 더럽혔음이여
내가 너를 땅에 던져 왕들 앞에 두어
그들의 구경 거리가 되게 하였도다
18 네가 죄악이 많고 무역이 불의하므로
네 모든 성소를 더럽혔음이여
내가 네 가운데에서 불을 내어
너를 사르게 하고 너를 보고 있는 모든 자 앞에서
너를 땅 위에 재가 되게 하였도다
19 만민 중에 너를 아는 자가
너로 말미암아 다 놀랄 것임이여
네가 공포의 대상이 되고
네가 영원히 다시 있지 못하리로다 하셨다 하라

에스겔은 두로를 비난할 때 신화적인 용어를 사용해 이 나라의 몰락을 예언했다(cf. 26:19-21). 이번에도 비슷한 맥락에서 초현실적인 용어를 사용해 두로 왕을 비난한다. 다만 차이라면 두로를 비난할 때는 고대 근동의 신화적 언어가 배경이 되었는데, 두로의 왕을 비난할 때는 역사적 사실에 대해 고대 근동의 그 어느 신화보다 더 초자연적으로

생각될 수 있는 성경의 창조 이야기(창 1-3장)가 배경이 된다.

메시지의 핵심은 두로의 왕이 교만해서 창조주의 버림을 받았다는 것이다. 하나님은 두로의 왕을 그가 말하는 대로 참으로 아름답게 창조하셨다고 한다. 하나님은 두로의 왕을 자기의 권위를 대표하는 정교하고 아름다운 도장(성경적인 언어로는 하나님의 모양과 형상에 따라 창조되었다는 것과 비슷함)으로 만드셨다(12절). 그리고 그를 에덴동산에 두고 온갖 호화로운 보석들로 치장해주셨다(13절). 또한 두로 왕의 창조를 기뻐하기 위하여 음악도 준비해두셨고(13절), 천사들을 경호원으로 붙여주셨다(14절). 에스겔이 강조하는 것은 두로 왕은 매우 아름답고 존귀한 자이지만, 그의 주장처럼 신이 아니라 피조물에 불과하다는 것이다.

두로 왕은 처음에는 경건하게 살다가 물건을 사고파는 비즈니스를 시작하더니 폭력적으로 변하기 시작했다(16절). 결국 하나님은 두로 왕을 부정하고 더럽다고 여겨 하나님의 동산에서 내치셨다(16절). 이러한 사실을 아는지 모르는지 하나님께 버림받은 두로 왕은 더 교만해졌고 그나마 지니고 있던 지혜를 잃어버려 그 사실을 깨닫지 못할 정도로 타락했다(17절).

하나님은 이런 두로 왕을 심판하신다. 두로의 중심부에 불을 지르실 것이다(18절). 두로와 두로의 왕이 심판을 받는 날, 세상 사람들은 깜짝 놀랄 것이다. 예전에 두로와 왕이 누리던 영화와 너무나도 상반된 초라하고 초췌해진 모습을 보게 되었기 때문이다. 더 슬픈 것은 이런 두로와 왕에게 재기의 기회가 주어지지 않는다는 것이다(19절). 하나님이 자기 백성을 심판할 때에는 꼭 재기의 기회를 주시는데, 자기 백성이 아닌 두로에게는 주시지 않는다.

III. 열방에 대한 심판(25:1-32:32)

F. 시돈(28:20-23)

[20] 여호와의 말씀이 또 내게 임하여 이르시되 [21] 인자야 너는 얼굴을 시돈으
로 향하고 그에게 예언하라 [22] 너는 이르기를

주 여호와께서 이같이 말씀하시되
시돈아 내가 너를 대적하나니
네 가운데에서 내 영광이 나타나리라 하셨다 하라
내가 그 가운데에서 심판을 행하여
내 거룩함을 나타낼 때에
무리가 나를 여호와인 줄을 알지라
[23] 내가 그에게 전염병을 보내며
그의 거리에 피가 흐르게 하리니
사방에서 오는 칼에 상한 자가
그 가운데에 엎드러질 것인즉
무리가 나를 여호와인 줄을 알겠고

두로와 왕에 대해 맹렬한 비난을 쏟아낸 에스겔이 이번에는 두로와 함께 페니키아의 가장 중요한 두 도시인 시돈을 향해서 말씀을 선포한다(21절). 에스겔은 그동안 암몬(25:1-7), 모압(25:8-11), 에돔(25:12-14), 블레셋(25:15-17), 두로(26:1-28:19) 등 다섯 나라에 대해 여호와의 심판을 선언했다. 잠시 후에는 이집트와 이집트 왕에 대해 심판을 선언한다(29:1-32:32). 그렇다면 그는 총 여섯 나라에 대한 신탁을 선언하는데, 여기에 시돈을 추가해 만수인 '7'을 만든다(Blenkinsopp).

시돈은 두로와 쌍벽을 이루었던 도시였으며 두로가 쇠퇴하기 시작한 주전 5세기 이후로는 페니키아의 가장 중요한 도시로 자리를 굳혔다. 페니키아의 가장 중요한 도시인 두로를 심판하신 하나님이 이번에는

시돈을 멸하겠다는 것은 페니키아가 다시 회복될 가능성을 완전히 차단하겠다는 의지를 표현하시는 것이다.

하나님의 시돈 심판은 전염병을 통해 진행된다(23절). 엎친 데 덮친 격이라고 사방에서 적들이 침략해 전염병에서 겨우 생존한 자들을 모두 죽인다(23절). 처참한 학살이 시돈에 임할 것을 경고하는 것이다.

두로와 시돈에 대한 심판과 연관해서 한 가지 생각해보자. 두로와 시돈은 고대 근동에서 가장 상업적인 나라였다. 그들은 상선으로 온 지중해를 돌아다니며 교역했다. 그래서 이사야 선지자도 그들을 상업주의의 상징으로 평가한다(cf. 사 23장). 두 도시의 심판을 통해 하나님이 경고하시는 것은 돈이 다가 아니라는 것이다. 세상에는 돈보다 더 귀하고 아름다운 것들이 있다. 바로 여호와를 알고 경외하는 것이다. 또한 피조물로서 자신의 위치를 알고 겸손한 자세로 사는 것이다.

III. 열방에 대한 심판(25:1–32:32)

G. 열방 심판과 이스라엘의 구원(28:24–26)

24 이스라엘 족속에게는 그 사방에서 그들을 멸시하는 자 중에 찌르는 가시와 아프게 하는 가시가 다시는 없으리니 내가 주 여호와인 줄을 그들이 알리라 25 주 여호와께서 이같이 말씀하셨느니라 내가 여러 민족 가운데에 흩어져 있는 이스라엘 족속을 모으고 그들로 말미암아 여러 나라의 눈 앞에서 내 거룩함을 나타낼 때에 그들이 고국 땅 곧 내 종 야곱에게 준 땅에 거주할지라 26 그들이 그 가운데에 평안히 살면서 집을 건축하며 포도원을 만들고 그들의 사방에서 멸시하던 모든 자를 내가 심판할 때에 그들이 평안히 살며 내가 그 하나님 여호와인 줄을 그들이 알리라

열방에 대한 심판 선언(25–32장) 서론 부분에서 언급한 것처럼 에스겔 선지자의 OAN 구조는 다음과 같다. 여섯 나라(시돈을 따로 취급하면 일곱 나라)에 대한 신탁이 97절로 구성되어 있으며, 29-32장에서 선포될 이집트에 대한 심판이 97절을 구성하고 있다. 그사이에 이스라엘의 구원을 예언하는 본문이 끼여 있어 하나의 시소(seesaw)를 형성한다. 다음 도표를 참조하라(Block).

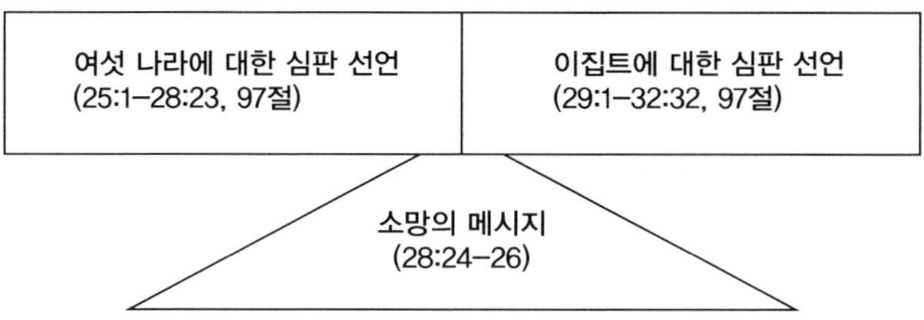

이런 구조는 선지자가 OAN을 선포하는 목적이 이스라엘의 회복을 선언하기 위한 것임을 암시한다. 하나님이 열방을 벌하시는 이유는 열방이 창조주 하나님께 범죄했기 때문이기도 하지만, 궁극적으로는 이스라엘의 회복을 보장하기 위해서라는 것이다. 왜냐하면 열방이 이스라엘을 멸망시킨 하나님의 도구가 되었을 뿐만 아니라, 이스라엘의 회복을 가장 반대하는 자들이 열방이기 때문이다. 그러므로 에스겔은 OAN의 가장 중심 부분에 이스라엘의 회복을 예언하는 메시지를 삽입함으로써 하나님의 진노의 도구가 된 열방이 하나님의 심판을 받아 반드시 망할 것을 강조한다.

에스겔은 하나님이 열방을 심판하시는 이유를 그동안 그들이 이스라엘을 괴롭혔기 때문이라 한다. 열방은 이스라엘에게 '찌르는 가시'와 '아프게 하는 가시' 같은 존재였다(24절). 그날이 되면 하나님은 이 가시 같은 열방을 꺾어 더 이상 그들이 자기 백성을 찌르지 못하게 하실 것이다. 여호와께서 자신의 명예를 걸고 보장하신다(25절).

열방이 하나님의 심판을 받아 세상에서 사라지는 날, 여호와께서는 온 열방에 흩어져 살던 자기 백성을 모아 다시 약속의 땅에서 살게 하실 것이다(25절). 에스겔의 아내가 죽던 날 예루살렘이 함락되었다는 사실을 생각하면 이 말씀은 주의 백성의 미래에 대한 가장 낙관적이고 긍정적인 약속이다. 비록 그들이 범죄해 약속의 땅에서 내쳐졌지만, 타국에서 죗값을 치르고 나면 언젠가는 다시 그곳에서 살게 될 것을 보장하기 때문이다.

열방에서 조상의 땅으로 돌아온 주의 백성은 각자 집을 건축하고 포도원을 가꾸며 평안히 살 것이다(26절). 농경사회에서는 가장 이상적인 비전이 제시되고 있다. 이 모든 일이 여호와께서 자기 백성을 멸시하던 열방을 심판하실 때 실현될 것이다(26절). 그러므로 이스라엘의 회복과 평안을 위해서라도 열방은 심판을 받아 망해야 한다. 주님은 이 모든 일을 자신이 여호와인 줄을 알게 하기 위해서 행하신다(24, 26절).

III. 열방에 대한 심판(25:1–32:32)

H. 이집트(29:1–32:32)

걷잡을 수 없이 높아만 가는 바빌론의 기세를 그나마 견제할 가능성을 지닌 나라는 이집트뿐이었다. 에스겔 시대까지 이집트의 과거는 한마디로 화려했다. 그 화려했던 이집트의 영화가 앞으로도 유지될 것인가? 바빌론을 두려워한 모든 나라는 이집트의 영화가 현실화되기를 바랐다. 유다도 이런 바람을 그대로 표시한 적이 있다(17:15–16, cf. 렘 37:5). 국제 정세라는 것이 이렇다. 한 나라의 세력이 지나치게 커지면 다른 나라들이 특별한 이유가 없다 할지라도 불안을 느끼게 되고, 불안을 느끼는 나라들은 세력이 커진 나라를 견제할 만한 나라가 나타나 주기를 염원한다.

안타깝게도 하나님의 말씀은 이 나라들의 소망의 싹을 자른다. 이집트가 바빌론을 견제할 만한 나라가 될 가능성은 없다는 것이다. 하나님이 이집트를 심판해 망하게 하실 것이기 때문이다. 그럼에도 불구하고 옛적부터 이집트는 가나안 지역의 약소국가들에게 공수표를 남발했다. 이번에도 이집트는 가나안 지역의 여러 나라들이 바빌론에 반역하면 군사적으로 도와주겠다고 했다. 그러나 이집트는 한 번도 아시리아나 바빌론의 적수가 된 적은 없다.

이집트는 결국 종이호랑이에 불과했고 이 나라를 의존하고 믿었던 국가들에게는 아무런 도움을 주지 못했다(29:6-7, cf. 사 36:6). 또한 선지자들은 이집트와 연합하는 것을 신학적인 차원에서 결사반대했다. 이집트는 주의 백성에게 죽음과 노예 생활을 상징하던 나라였다(cf. 출애굽기). 그러므로 무슨 일이 있어도 다시는 그곳으로 돌아가서는 안 된다는 것이 선지자들의 확고한 가르침이었다. 이스라엘이 이집트를 의지하고 이집트로 가는 것은 개가 토해낸 것을 다시 먹는 것과 별반 다를 바가 없는 것으로 여겨졌다.

예레미야는 그 누구보다도 이집트에 관심을 가졌던 선지자였으며 에스겔도 예레미야처럼 이집트에 대한 관심이 각별하다. 무엇보다도 이집트는 오랫동안—거의 1000년 동안—이스라엘에 직접적인 영향을 끼쳐왔다. 특히 솔로몬이 이집트의 공주를 아내로 맞이한 이후로 이집트의 영향력은 매우 커졌다(왕상 3:1, 7:8, 9:16, 11:1). 게다가 이집트는 예레미야와 에스겔이 사역하던 시대이자 유다의 마지막 때에 바빌론을 제치고 가나안 지역에 가장 커다란 영향력을 발휘했던 나라였다.

이집트에 대한 선언은 일곱 개의 담론으로 나뉜다. 에스겔서에는 이처럼 정확하고 확실하게 '7'을 중심으로 구성된 예언이 없다(Block, cf. Blenkinsopp). 이 일곱 개의 신탁 중 세 번째 신탁(30:1-19)에만 날짜가 언급되어 있지 않고 나머지는 모두 날짜를 포함하고 있다. 날짜들은 일곱 개의 신탁이 대체로 시대 순서에 따라 정리되었음을 시사한다. 두 번째 신탁(29:17-21)만이 예외적이다.

일곱 신탁 중 하나는 날짜가 없고 다른 하나는 시대 순서를 따르지 않기 때문에 일부 학자들은 원래 이집트에 대한 에스겔의 OAN이 시대 순서에 따라 정리된 다섯 개로 구성되었다가 훗날 예외적인 현상을 보이는 이 두 개를 더해 일곱 개를 만든 것이라고 주장한다(Blenkinsopp). 이집트에 대한 두 번째 신탁(29:17-21)은 에스겔서가 제시하는 날짜들 중 가장 늦은 것이며 주전 571년 4월에 선포된 말씀이다. 이것을 제외하면 나머지 여섯 개의 신탁은 주전 587년 1월에서 585년 초봄까지 약 2년 반 사이에 선포된 것들이다. 선지자가 이집트에 대해 선포하는 일곱 개의 신탁은 다음과 같다.

A. 나일강의 악어 바로에 대한 심판(29:1-16)
B. 느부갓네살의 상급이 된 이집트(29:17-21)
C. 이집트에 임할 여호와의 날(30:1-19)
D. 팔이 꺾인 바로(30:20-26)
E. 바로를 상징하는 나무의 종말(31:1-18)
F. 바로를 상징하는 괴물의 종말(32:1-16)
G. 스올로 몰락한 이집트(32:17-32)

III. 열방에 대한 심판(25:1-32:32)
H. 이집트(29:1-32:32)

1. 나일강의 악어 바로에 대한 심판(29:1-16)

**1 열째 해 열째 달 열두째 날에 여호와의 말씀이 내게 임하여 이르시되 2 인
자야 너는 애굽의 바로 왕과 온 애굽으로 얼굴을 향하고 예언하라 3 너는 말
하여 이르기를 주 여호와께서 이같이 말씀하시되**

애굽의 바로 왕이여
내가 너를 대적하노라
너는 자기의 강들 가운데에 누운 큰 악어라
스스로 이르기를 나의 이 강은 내 것이라
내가 나를 위하여 만들었다 하는도다
4 내가 갈고리로 네 아가미를 꿰고
너의 강의 고기가 네 비늘에 붙게 하고
네 비늘에 붙은 강의 모든 고기와 함께
너를 너의 강들 가운데에서 끌어내고
5 너와 너의 강의 모든 고기를 들에 던지리니
네가 지면에 떨어지고 다시는 거두거나 모으지 못할 것은
내가 너를 들짐승과 공중의 새의 먹이로 주었음이라
6 애굽의 모든 주민이 내가 여호와인 줄을 알리라
애굽은 본래 이스라엘 족속에게 갈대 지팡이라
7 그들이 너를 손으로 잡은즉
네가 부러져서 그들의 모든 어깨를 찢었고
그들이 너를 의지한즉
네가 부러져서 그들의 모든 허리가 흔들리게 하였느니라

8 그러므로 주 여호와께서 이같이 말씀하셨느니라 내가 칼이 네게 임하게 하
여 네게서 사람과 짐승을 끊은즉 9 애굽 땅이 사막과 황무지가 되리니 내가
여호와인 줄을 그들이 알리라 네가 스스로 이르기를 이 강은 내 것이라 내
가 만들었다 하도다 10 그러므로 내가 너와 네 강들을 쳐서 애굽 땅 믹돌에
서부터 수에네 곧 구스 지경까지 황폐한 황무지 곧 사막이 되게 하리니 11 그
가운데로 사람의 발도 지나가지 아니하며 짐승의 발도 지나가지 아니하고
거주하는 사람이 없이 사십 년이 지날지라 12 내가 애굽 땅을 황폐한 나라들
같이 황폐하게 하며 애굽 성읍도 사막이 된 나라들의 성읍 같이 사십 년 동
안 황폐하게 하고 애굽 사람들은 각국 가운데로 흩으며 여러 민족 가운데로

헤치리라 13 주 여호와께서 이같이 말씀하셨느니라 사십 년 끝에 내가 만민
중에 흩은 애굽 사람을 다시 모아내되 14 애굽의 사로잡힌 자들을 돌이켜 바
드로스 땅 곧 그 고국 땅으로 돌아가게 할 것이라 그들이 거기에서 미약한
나라가 되되 15 나라 가운데에 지극히 미약한 나라가 되어 다시는 나라들 위
에 스스로 높이지 못하리니 내가 그들을 감하여 다시는 나라들을 다스리지
못하게 할 것임이라 16 그들이 다시는 이스라엘 족속의 의지가 되지 못할 것
이요 이스라엘 족속은 돌이켜 그들을 바라보지 아니하므로 그 죄악이 기억
되지 아니하리니 내가 여호와인 줄을 그들이 알리라 하셨다 하라

이 예언은 주전 587년 1월에 에스겔에게 임한 것이다(1절). 이때에 예루살렘은 바빌론 군에 포위되어 있었다. 유다의 왕 시드기야는 이집트가 도와주겠다는 약속을 믿고 그를 왕으로 세워준 바빌론에게 반역을 했다가 바빌론 군에게 포위당한 후 이집트의 도움을 간절히 기다리고 있었다(cf. 29:16). 이집트 왕은 그 어떤 도전도 용납하지 않는 '나일강의 악어'로 자신을 묘사하며 교만을 떨었다. 결코 바빌론의 불손함을 용서하지 않겠다는 각오의 표현이었다.

그러나 문제는 이집트는 '갈대 지팡이'(מִשְׁעֶנֶת קָנֶה)에 불과하다는 것이다(6절). 지팡이는 다치거나 장애가 있는 사람들이 사용하는 오늘날의 목발(crutch) 역할을 했다. 문제는 이집트가 도움은커녕 사용하는 자의 손이나 어깨 밑만 베는 쓸모 없는 목발이라는 것이다. 이집트를 갈대 지팡이로 묘사하는 것은 에스겔이 처음이 아니다. 주전 701년에 아시리아의 속국으로 있던 유다가 반역한 것을 벌하려고 아시리아 군이 예루살렘을 에워쌌다. 그때 아시리아 군의 장관이었던 랍사게는 히스기야가 이집트를 믿고 아시리아에 반역한 일을 갈대 지팡이를 의지해 일어서려는 것과 같다고 비유한 적이 있다(사 36장, 왕하 18장). 갈대 지팡이는 의지하는 사람에게 전혀 도움이 되지 않고 그 사람의 손을 벨 뿐이라는 의미이다. 그럼에도 불구하고 이스라엘은 마치 이집트가 바빌론의 억압에서 그들을 구원해줄 메시아인 것처럼 사모했다. 그러므로 이집트도 바빌론의 손에 유다와 동일한 종말을 맞이할 것이라는 에스겔의 예언은 이집트뿐만 아니라 이스라엘의 유일한 소망마저도 산산조각 내는 효과를 지녔다.

유다의 멸망이 지닌 긍정적인 면도 있다. 예루살렘이 함락되고 유다가 망하면 주전 605년과 597년에 이미 바빌론으로 잡혀와 살던 유다의 포로민들에게는 그들의 '억울함'을 증명하는 기회가 될 것이다. 바빌론으로 끌려가지 않고 이스라엘에 남아 있는 자들은 포로가 되어 바빌론으로 끌려간 이들을 '죄인들'이라고 정죄했다. 그들은 저지른 죗값을 치르기 위해 바빌론으로 끌려간 것이고, 자신들은 의인이라 하나님이 예루살렘에 남겨두셨다고 주장했다. 또한 머지않아 여호와께서 자기 백성 이스라엘을 재건하실 때 예루살렘에 남아 있는 자들을 '거룩한 씨앗'으로 사용할 것이라고 확신했다. 물론 잘못된 생각이고 잘못된 종교 지도자들의 가르침을 따른 결과이다.

바빌론으로 포로가 되어 끌려간 사람들이나 예루살렘에 남아 있는 자들이나 모두 죄인이기는 마찬가지이다. 오히려 이미 두 차례(주전 605년, 597년)에 걸쳐 바빌론으로 끌려간 사람들이 예루살렘에 남은 사람들보다 더 의롭다. 하나님은 예루살렘에 남은 사람들이 아니라, 바빌론으로 끌려간 사람들을 거룩한 씨앗으로 사용하실 것이다. 실제로 주전 538년에 스룹바벨과 세스바살이 이끈 1차 귀향민들과 주전 458년에 에스라가 인도한 2차 귀향민들과 주전 444년에 느헤미야가 이끌고 돌아온 3차 귀향민들이 주의 백성을 재건했다.

바빌론에게 반역한 유다가 도움을 기대한 이집트는 악어와 같은 존재였다. 악어는 물속에 있을 때에는 두려운 상대가 없는 동물이다. 그만큼 파괴력과 공격성을 겸비한 짐승이다. 그러나 하나님의 눈에 비추어진 이집트는 어떤 존재인가? 마른 땅에 내동댕이쳐진 악어에 불과하다(5절). 악어가 물을 떠나, 그것도 완전히 말라비틀어지고 물에서 멀리 떨어진 사막에 버려진다면 다른 동물에게 위협을 가하는 것은 고사하고 생존할 수나 있겠는가?

이스라엘은 마른 땅에 내동댕이쳐진 악어와 같은 이집트를 의지해 바빌론에게 반역했다! 결말은 불 보듯이 뻔하다. 게다가 반역한 시드기야 왕은 도대체 이해할 수 없는 행동을 했다. 그는 이미 선지자 예레미야로부터 바빌론과 싸우지 말고 항복하고 복종하라는 말을 여러 번 들었다. 바빌론은 하나님이 유다를 치기 위해 사용하시는 하나님의 도구라는 사실도 수차례 들었다. 게다가 여호야긴을 폐위시키고 시드기야를 왕으로 세워준 이가 바빌론 왕 느부갓네살이다. 느부갓네살은 시드기야에게 은인인 셈이다. 그런데 그런 느부갓네살에게 반역했다! 시드기야는 인간적으로도 배은망덕한 사람인 것이다. 그러므로 여호와께서는 바빌론을 통한 하나님의 징계를 거부하는 유다를 치기 위해서라도 그들이 하늘처럼 믿고 의지하는 이집트를 꺾으셔야 한다.

그런데 선지자는 이집트 왕을 묘사하면서 왜 하필이면 악어에 비유하는가? 이집트 문헌들을 보면 이집트의 왕권과 악어는 많은 연관성을 지녔다. 이집트의 신들 중 하나인 아문(Amun)은 투트모세(Thutmose III) 왕에게 "내가 너의 적들이 너의 왕권을 악어, 곧 물에서 도저히 근접할 수 없는 두려움을 자아내는 짐승으로 보도록 만들었다"라는 말을 한다(cf. Zimmerli). 또한 여러 동물 모습을 한 신들을 숭배했던 이집트에서 세베크(Sebek)라는 신은 악어였다. 이러한 이유로 에스겔은 이집트 왕을 악어로 묘사하고 있다.

III. 열방에 대한 심판(25:1–32:32)
H. 이집트(29:1–32:32)

2. 느부갓네살의 상급이 된 이집트(29:17–21)

17 스물일곱째 해 첫째 달 초하루에 여호와의 말씀이 내게 임하여 이르시되
18 인자야 바벨론의 느부갓네살 왕이 그의 군대로 두로를 치게 할 때에 크게
수고하여 모든 머리털이 무지러졌고 모든 어깨가 벗어졌으나 그와 군대가
그 수고한 대가를 두로에서 얻지 못하였느니라 19 그러므로 주 여호와께서
이같이 말씀하셨느니라 내가 애굽 땅을 바벨론의 느부갓네살 왕에게 넘기리
니 그가 그 무리를 잡아가며 물건을 노략하며 빼앗아 갈 것이라 이것이 그
군대의 보상이 되리라 20 그들의 수고는 나를 위하여 함인즉 그 대가로 내가
애굽 땅을 그에게 주었느니라 주 여호와의 말씀이니라 21 그 날에 나는 이스
라엘 족속에게 한 뿔이 돋아나게 하고 나는 또 네가 그들 가운데에서 입을
열게 하리니 내가 여호와인 줄을 그들이 알리라

이 예언은 이집트에 대한 첫 신탁(29:1–16)이 에스겔에게 임한 지 16년 만에 임한 것으로(17절) 주전 571년 봄에 있었던 일이다. 에스겔이 바빌론으로 끌려온 지 26년이 지난 때이며 예루살렘이 망한 지 15년이 지난 후이다. 그는 아직도 포로민들 사이에서 선지자 사역을 하고 있었다.

역사적 기록에 의하면 바빌론의 느부갓네살 왕은 주전 585–572년 동안 13년에 걸쳐 두로를 포위했고 드디어 두로 왕의 항복을 받아 종속국으로 삼았다. 큰 바빌론이 조그마한 도시 국가에 불과한 두로를 정복하는 데 이처럼 오랜 시간이 걸린 것은, 앞에서 언급한 것처럼 두로의 반(半)은 뭍에, 반은 섬에 있었고, 바다에서는 견줄 세력이 없었기 때문이다. 육군으로만 구성된 바빌론은 뭍에 있는 두로는 쉽게 장악했지만, 섬에 있는 두로에 대해서는 손을 쓰지 못하고 수수방관했다. 두로가 바빌론에 항복했을 때에는 오랜 포위로 인해 경제력 등이

이미 소진된 상태였다. 결과적으로 바빌론은 두로와의 전쟁에서 이겼지만, 이렇다 할 성과를 올리지 못했다(Josephus, *Antiq*. 10.228, cf. 18절).

바빌론의 이집트 침략은 이 일이 있은 후에 일어날 것이며, 승리다운 승리와 큰 약탈을 찾고 있던 바빌론에게 이집트는 참으로 탐나는 트로피였을 것이다. 또한 조그마한 도시국가에 불과한 두로의 포위가 오랫동안 지속되었지만 이렇다 할 결과가 없어서 사기가 떨어질 대로 떨어진 바빌론 군대에게 많은 약탈물을 지닌 이집트 정복은 사기를 순식간에 회복해줄 만한 일이었다. 게다가 바빌론이 고대 근동의 군주국으로 계속 군림하려면 그 자리를 탐하는 이집트를 견제해야 한다. 바빌론이 이집트를 쳐야 하는 명분이 여러 가지 있었던 것이다.

그런데 하나님은 두로를 치고도 별다른 성과가 없었던 바빌론 군인들에게 이집트를 치는 일을 통해 적절한 보수를 지불하려 하시는가? 선지자는 그 이유를 20절에서 밝히고 있다. "그들이 나를 도와서 한 것이었으므로…"(새번역.) 에스겔의 역사관은 확실하다. 인류 역사의 모든 것이 통치자이신 여호와의 지휘 하에 이루어지고 있다는 것이다. 하나님이 비록 여호와를 모르는 이방 국가라 할지라도 자기 도구로 사용하실 수 있다는 사실을 확인하고 있다.

하나님은 이런 분이다. 사람들뿐만 아니라 심지어는 말 못하는 짐승을 사용해 자기 계획을 이루어 나가시는 분이다. 그러므로 주님의 자녀들이 현실과 미래에 대하여 두려워할 필요는 없다. 하나님의 허락이 없으면 하늘을 나는 참새 한 마리도 결코 땅에 떨어지지 않는다는 예수님의 가르침이 의미하는 바를 생각해보자. 바빌론의 이집트 정복은 주전 568년에 이루어졌다. 이 예언이 에스겔에게 임한 후 3년만의 일이었다.

III. 열방에 대한 심판(25:1-32:32)
H. 이집트(29:1-32:32)

3. 이집트에 임할 여호와의 날(30:1-19)

[1] 또 여호와의 말씀이 내게 임하여 이르시되 [2] 인자야 너는 예언하여 이르라
주 여호와께서 이와 같이 말씀하시되
너희는 통곡하며 이르기를
슬프다 이 날이여 하라
[3] 그 날이 가깝도다 여호와의 날이 가깝도다
구름의 날일 것이요 여러 나라들의 때이리로다
[4] 애굽에 칼이 임할 것이라
애굽에서 죽임 당한 자들이 엎드러질 때에
구스에 심한 근심이 있을 것이며
애굽의 무리가 잡혀 가며 그 터가 헐릴 것이요
[5] 구스와 붓과 룻과 모든 섞인 백성과 굽과 및
동맹한 땅의 백성들이 그들과 함께 칼에 엎드러지리라
[6] 여호와께서 이같이 말씀하셨느니라
애굽을 붙들어 주는 자도 엎드러질 것이요
애굽의 교만한 권세도 낮아질 것이라
믹돌에서부터 수에네까지 무리가
그 가운데에서 칼에 엎드러지지라
주 여호와의 말씀이니라
[7] 황폐한 나라들 같이 그들도 황폐할 것이며
사막이 된 성읍들 같이 그 성읍들도 사막이 될 것이라
[8] 내가 애굽에 불을 일으키며 그 모든 돕는 자를 멸할 때에
그들이 나를 여호와인 줄 알리라
[9] 그 날에 사절들이 내 앞에서 배로 나아가서 염려 없는 구스 사람을 두렵
게 하리니 애굽의 재앙의 날과 같이 그들에게도 심한 근심이 있으리라 이것

이 오리로다

10 주 여호와께서 이같이 말씀하셨느니라
내가 또 바벨론의 느부갓네살 왕의 손으로
애굽의 무리들을 끊으리니
11 그가 여러 나라 가운데에 강포한 자기 군대를 거느리고 와서
그 땅을 멸망시킬 때에 칼을 빼어
애굽을 쳐서 죽임 당한 자로 땅에 가득하게 하리라
12 내가 그 모든 강을 마르게 하고
그 땅을 악인의 손에 팔겠으며
타국 사람의 손으로 그 땅과
그 가운데에 있는 모든 것을 황폐하게 하리라
나 여호와의 말이니라
13 주 여호와께서 이같이 말씀하셨느니라
내가 그 우상들을 없애며 신상들을 놉 가운데에서 부수며
애굽 땅에서 왕이 다시 나지 못하게 하고
그 땅에 두려움이 있게 하리라
14 내가 바드로스를 황폐하게 하며
소안에 불을 지르며 노 나라를 심판하며
15 내 분노를 애굽의 견고한 성읍 신에 쏟고
또 노 나라의 무리를 끊을 것이라
16 내가 애굽에 불을 일으키리니
신 나라가 심히 근심할 것이며
노 나라는 찢겨 나누일 것이며
놉 나라가 날로 대적이 있을 것이며
17 아웬과 비베셋의 장정들은 칼에 엎드러질 것이며
그 성읍 주민들은 포로가 될 것이라
18 내가 애굽의 멍에를 꺾으며

그 교만한 권세를 그 가운데에서 그치게 할 때에
드합느헤스에서는 날이 어둡겠고
그 성읍에는 구름이 덮일 것이며
그 딸들은 포로가 될 것이라
19 이같이 내가 애굽을 심판하리니
내가 여호와인 줄을 그들이 알리라 하셨다 하라

이 신탁의 특징은 에스겔 선지자가 이집트의 여러 도시들을 언급하지만 이렇다 할 논리에 따라 순서를 정리하지 않았다는 것이다. 어떤 패턴도 보이지 않는다. 이런 현상에 대해 학자들의 의견이 분분하다. 첫째, 에스겔이 이집트에 머물렀던 적이 없기 때문에 도시 이름들을 생각나는 대로 기록했다. 둘째, 특별한 논리나 패턴에 따르지 않고 도시들을 혼란스럽게 나열한 것은 여호와의 날에 있을 '대혼돈'을 극대화해 묘사하기 위해서이다. 셋째, 도시 이름들이 혼란스럽게 나열되어 있지만 이 모든 도시들은 한때 대단한 명성을 날리던 이집트의 도시들이었다. 도시들을 이렇게 나열함으로써 에스겔은 '영원 무궁한 이집트의 영광'을 묘사하고자 했다. 모두 어느 정도 일리가 있는 해석들이다. 그러나 그 어떤 해석도 본문을 이해하는 데 이렇다 할 영향을 미치지는 않는다.

이 말씀은 '여호와의 날'을 중심으로 형성된 예언이다(cf. 사 2:12, 17, 습 1:14-15, 암 5:18-20). 전통적으로 이스라엘은 여호와의 날이 자신들만을 위한 날로 생각하기 일쑤였다. 에스겔은 여호와의 날이 이스라엘뿐만 아니라 이방인들에게도 임할 것이며, 동일한 방법과 목적으로 임할 것이라고 말한다. 그는 여호와의 날에 대해 다음과 같이 가르친다.

첫째, 여호와의 날은 어둠의 날이다(3, 18절). 전통적으로 이스라엘은 여호와의 날이 그들에게는 위로를 받는 소망의 날이고 그들을 대적하는 이방인들에게는 심판의 날이라고 여겨왔다(von Rad). 이런 상황을 배경으로 여호와의 날은 밝은 빛의 날(위로의 날)이라며 속히 임할 것을 기대하며 살았다. 이런 사상에 처음으로 찬물을 끼얹은 선지자가 아모스이다. 아모스는 여호와의 날은 하나님의 뜻대로 살지 못하는 주의 백성들에게도 빛의 날이 아닌 어둠의 날이며, 위로의 날이 아닌 심판의 날이라고 말했다. 이제 에스겔은 이 이미지를 이방 나라의 상징이라고 할 수 있는 이집트에도 적용한다. 공평하신 하나님 여호와의 날은 주의 백성뿐만 아니라 이방인들에게도 어둠의 날이라는 것이다. 하나님의 뜻대로 살지 않으면 주의 백성도 하나님의 심판을 피할 수 없다는 것을 암시한다.

둘째, 여호와의 날이 곧 임할 것이다(3절). 에스겔보다 거의 200년 앞서 사역했던 아모스가 여호와의 날이 임할 것이라고 강력하게 경고한 후, 한동안 이스라엘 사람들은 여호와의 날을 두려워했다. 그러나 선지자들이 경고한 여호와의 날이 지연되자 백성들은 여호와의 날이 임할 가능성을 배제했을 뿐만 아니라 그날이 속히 임할 것이라고 말하는 선지자들을 비웃기까지 했다. 아모스가 곧 임할 것이라고 선언한 여호와의 날이 200년이 지나도록 성취되지 않았다는 것이다. 에스겔은 다시 한 번 여호와의 날이 곧 임할 것이라고 말한다. 하나님의 진노가 임하는 날이 더 이상 지체되지 않을 것이니 속히 회개하라는 의미이다.

셋째, 여호와의 날은 심판의 날이다(2, 4, 7, 13-19절). 그날이 되면 여호와께서 이집트뿐만 아니라 온 열방을 심판하실 것이다. 이스라엘은 이러한 상황에 대해 그저 좋아할 수만은 없다. 그들도 심판을 받아야 한다. 공평하신 하나님이 이방 나라들만 심판하실 리 없기 때문이다. 그러므로 주의 백성들은 이방인들만큼이나 여호와의 날을 두려워해야 한다. 주의 백성이 여호와의 날에 위로를 받는다는 것은 먼저 그들에게 심판이 진행된 다음의 일이다. 열방만 심판을 받는 것이 아니라 온 세상과 주의 백성이라고 자부하는 이스라엘도 하나님의 심판을 피해

갈 수는 없다.

넷째, 주의 날은 세상 모든 민족에게 임하는 날이다(13–18절). 본문을 통해 에스겔이 선포하는 말씀의 중요성이 여기에 있다. 주의 날은 이스라엘에게만 임하는 날이 아니라 온 세상에 임하는 날이다. 또한 이스라엘에게는 위로의 날이지만 열방에게는 심판의 날이 되는 것도 아니다. 주의 백성을 포함한 세상 모든 사람들에게 심판이 임하는 날이다. 이스라엘을 자기 백성으로 택하신 언약의 하나님이 아니라, 세상을 창조하신 창조주 하나님의 온 세상을 통치하는 권세가 가장 확실하게 드러나는 날이다. 여호와의 날이 이 땅에 임하는 날, 하나님은 우리를 어떻게 대하실까?

III. 열방에 대한 심판(25:1–32:32)
H. 이집트(29:1–32:32)

4. 팔이 꺾인 바로(30:20–26)

20 열한째 해 첫째 달 일곱째 날에 여호와의 말씀이 내게 임하여 이르시되 21
인자야 내가 애굽의 바로 왕의 팔을 꺾었더니 칼을 잡을 힘이 있도록 그것
을 아주 싸매지도 못하였고 약을 붙여 싸매지도 못하였느니라 22 그러므로
주 여호와께서 이같이 말씀하셨느니라 내가 애굽의 바로 왕을 대적하여 그
두 팔 곧 성한 팔과 이미 꺾인 팔을 꺾어서 칼이 그 손에서 떨어지게 하고
23 애굽 사람을 뭇 나라 가운데로 흩으며 뭇 백성 가운데로 헤칠지라 24 내가
바벨론 왕의 팔을 견고하게 하고 내 칼을 그 손에 넘겨 주려니와 내가 바로
의 팔을 꺾으리니 그가 바벨론 왕 앞에서 고통하기를 죽게 상한 자의 고통
하듯 하리라 25 내가 바벨론 왕의 팔은 들어 주고 바로의 팔은 내려뜨릴 것
이라 내가 내 칼을 바벨론 왕의 손에 넘기고 그를 들어 애굽 땅을 치게 하리
니 내가 여호와인 줄을 그들이 알리라 26 내가 애굽 사람을 나라들 가운데로
흩으며 백성들 가운데로 헤치리니 내가 여호와인 줄을 그들이 알리라

시대는 다시 주전 587년, 바빌론이 예루살렘을 포위하던 때로 거슬러 올라간다. 이집트에게서 도움을 애타게 기다리던 이스라엘에게 철퇴를 가하는 예언이다. 내용은 간단하다. 하나님이 바로의 두 팔을 부러뜨려 칼을 잡을 수 없게 하신다는 것이다(22절). 이집트는 싸울 수 있는 능력을 완전히 상실한 상태에서 바빌론 군을 맞이할 것이다. 반면에 바빌론 군에게는 여호와께서 직접 자신의 칼을 손에 쥐여주신다.

선지자는 이집트 왕의 두 팔 중 하나가 꺾인 상태에서 예언을 시작한다(21절). 언제 무슨 일이 있었는가? 주전 605년에 있었던 갈그미스 전투를 염두에 둔 말씀이다. 바빌론은 패망한 아시리아 군의 뒤를 추격하고 있었고, 고대 근동의 패권을 바빌론에게 넘겨주기 싫었던 이집트 왕 느고는 아시리아 패잔병들과 힘을 합해 바빌론 군과 싸웠다. 처음에는 바빌론 군이 밀리는 듯했지만, 메디아-페르시아 연합군이 전쟁에 가세하면서 순식간에 바빌론의 승리로 끝이 났다. 이 전쟁으로 아시리아는 영원히 사라졌으며, 패배한 이집트 군은 황급히 자기 나라로 돌아가 몸을 낮추고 살았다. 이때 이집트 왕의 '한 팔이 꺾인 것'이다.

하나님이 이번에는 바로의 나머지 팔을 꺾으실 것이다(22절). 성경은 하나님의 능력을 표현할 때 자주 '하나님의 팔'로 표현하는데, 바로 이 하나님의 팔(능력)이 별 볼일 없으면서 마치 자신이 신이나 되는 것처럼 거드름을 피우는 바로의 팔을 부러뜨린다. 그것도 두 팔 모두 부러뜨린다! 하나님은 모든 사람의 교만을 벌하시는 분이다.

바로의 첫 번째 팔이 주전 605년에 부러졌다면, 두 번째 팔은 언제 어떻게 부러졌는가? 주전 587년에 시드기야의 반역을 제압하기 위해 바빌론 군이 출동했다. 느브갓네살은 대군을 이끌고 왔으며, 순식간에 유다를 정복하고 예루살렘 성을 포위했다. 시드기야가 이집트에 도움을 청하자, 이집트 군이 출동했다. 이집트 군이 가나안을 향해 오고 있다는 소식을 접한 느부갓네살은 잠시 예루살렘 포위를 풀고 이집트 접경 지역으로 내려갔다. 전쟁은 바빌론 군의 승리로 끝이 났고, 가나안으로 돌아온 느부갓네살은 예루살렘 포위를 계속했다. 에스겔은 이 일을 예언하고 있다.

III. 열방에 대한 심판(25:1–32:32)
H. 이집트(29:1–32:32)

5. 바로를 상징하는 나무의 종말(31:1–18)

[1] 열한째 해 셋째 달 초하루에 여호와의 말씀이 내게 임하여 이르시되 [2] 인자
야 너는 애굽의 바로 왕과 그 무리에게 이르기를

네 큰 위엄을 누구에게 비하랴
[3] 볼지어다 앗수르 사람은 가지가 아름답고
그늘은 숲의 그늘 같으며 키가 크고
꼭대기가 구름에 닿은 레바논 백향목이었느니라
[4] 물들이 그것을 기르며
깊은 물이 그것을 자라게 하며
강들이 그 심어진 곳을 둘러 흐르며
둑의 물이 들의 모든 나무에까지 미치매
[5] 그 나무가 물이 많으므로
키가 들의 모든 나무보다 크며
굵은 가지가 번성하며
가는 가지가 길게 뻗어 나갔고
[6] 공중의 모든 새가 그 큰 가지에 깃들이며
들의 모든 짐승이 그 가는 가지 밑에 새끼를 낳으며
모든 큰 나라가 그 그늘 아래에 거주하였느니라
[7] 그 뿌리가 큰 물 가에 있으므로
그 나무가 크고 가지가 길어 모양이 아름다우매

[8] 하나님의 동산의 백향목이 능히 그를 가리지 못하며
잣나무가 그 굵은 가지만 못하며
단풍나무가 그 가는 가지만 못하며
하나님의 동산의 어떤 나무도
그 아름다운 모양과 같지 못하였도다
[9] 내가 그 가지를 많게 하여
모양이 아름답게 하였더니
하나님의 동산 에덴에 있는
모든 나무가 다 시기하였느니라

[10] 그러므로 주 여호와께서 이같이 말씀하셨느니라 그의 키가 크고 꼭대기가
구름에 닿아서 높이 솟아났으므로 마음이 교만하였은즉 [11] 내가 여러 나라의
능한 자의 손에 넘겨줄지라 그가 임의로 대우할 것은 내가 그의 악으로 말
미암아 쫓아내었음이라 [12] 여러 나라의 포악한 다른 민족이 그를 찍어버렸으
므로 그 가는 가지가 산과 모든 골짜기에 떨어졌고 그 굵은 가지가 그 땅 모
든 물 가에 꺾어졌으며 세상 모든 백성이 그를 버리고 그 그늘 아래에서 떠
나매

[13] 공중의 모든 새가 그 넘어진 나무에 거주하며
들의 모든 짐승이 그 가지에 있으리니

[14] 이는 물 가에 있는 모든 나무는 키가 크다고 교만하지 못하게 하며 그 꼭
대기가 구름에 닿지 못하게 하며 또 물을 마시는 모든 나무가 스스로 높아
서지 못하게 함이니

그들을 다 죽음에 넘겨 주어
사람들 가운데에서 구덩이로 내려가는 자와 함께
지하로 내려가게 하였음이라

[15] 주 여호와께서 이같이 말씀하셨느니라 그가 스올에 내려가던 날에 내가
그를 위하여 슬프게 울게 하며 깊은 바다를 덮으며 모든 강을 쉬게 하며 큰
물을 그치게 하고 레바논이 그를 위하여 슬프게 울게 하며 들의 모든 나무

를 그로 말미암아 쇠잔하게 하였느니라 [16] 내가 그를 구덩이에 내려가는 자와 함께 스올에 떨어뜨리던 때에 백성들이 그 떨어지는 소리로 말미암아 진동하게 하였고 물을 마시는 에덴의 모든 나무 곧 레바논의 뛰어나고 아름다운 나무들이 지하에서 위로를 받게 하였느니라 [17] 그러나 그들도 그와 함께 스올에 내려 칼에 죽임을 당한 자에게 이르렀나니 그들은 옛적에 그의 팔이 된 자요 나라들 가운데에서 그 그늘 아래에 거주하던 자니라 [18] 너의 영광과 위대함이 에덴의 나무들 중에서 어떤 것과 같은고 그러나 네가 에덴의 나무들과 함께 지하에 내려갈 것이요 거기에서 할례를 받지 못하고 칼에 죽임을 당한 자 가운데에 누우리라 이들은 바로와 그의 모든 군대니라 주 여호와의 말씀이니라 하라

이 신탁은 네 번째 예언이 주어진 지 53일 만에 에스겔에게 임한 예언이다(1절). 이번에도 선지자는 신화적인 용어들을 상당 부분 사용하고 있다. 나무는 고대 근동에서 찾아볼 수 있는 가장 흔한 성상(聖像)이자 신화적 상징이었다. 경우에 따라서 나무는 신들을 묘사하거나 온 우주를 보호하는 신비력으로, 혹은 생명력과 번성의 상징(symbol)으로 사용되었다. 그러므로 이집트의 바로를 큰 나무에 비유하는 것은 두로의 왕을 신에 비유한 것과 비슷한 효과를 발휘한다.

당시 거대한 나라 이집트의 왕이 누리던 위상을 생각하면 에스겔이 그를 신처럼 묘사하는 것은 새로운 일이 아니다. 그러나 선지자는 이 노래를 통해 세상에서 가장 위대한 나무에 비교되는 바로가 베어져 넘어지는 것을 묘사하며 애가(funeral dirge)를 부르고 있다. 장송곡인 애가를 부른다는 것은 이 예언이 머지않아 꼭 성취될 것을 재차 확인하는 효과를 발휘한다. 이집트와 왕은 분명 망할 것이다. 창조주 하나님이 심판하셨기 때문이다.

미국의 세쿼이아 국립공원(Sequoia National Park)에 가면 셔먼 장군 나무(General Sherman Tree)라는 것이 있다. 셔먼 장군 나무는 높이 97미터,

지름이 12미터에 달하는 거인 나무이다. 나이는 약 3,500세로 추정된다. 이 나무는 세상에 알려진 나무 중 가장 위대한 나무로 손꼽힌다. 미국 사람들에게 이집트 왕에 대한 에스겔의 이 예언은 마치 이 나무가 톱에 잘려 넘어지는 것 같은 상상을 하게 한다. 만약에 이런 나무가 넘어진다면 나무에 의존하고 있는 모든 짐승은 어떤 운명을 맞을 것인가? 나무가 넘어지면 짐승들도 큰 피해를 입을 수밖에 없다(cf. 단 4:10-12). 이집트 왕의 몰락은 단순히 개인 일이 아니라, 주변에 엄청난 파장을 일으키는 일이었다.

III. 열방에 대한 심판(25:1-32:32)
H. 이집트(29:1-32:32)

6. 바로를 상징하는 괴물의 종말(32:1-16)

[1] 열두째 해 열두째 달 초하루에 여호와의 말씀이 내게 임하여 이르시되 [2] 인
자야 너는 애굽의 바로 왕에 대하여 슬픈 노래를 불러 그에게 이르라

너를 여러 나라에서 사자로 생각하였더니
실상은 바다 가운데의 큰 악어라
강에서 튀어 일어나 발로 물을 휘저어 그 강을 더럽혔도다
[3] 주 여호와께서 이같이 말씀하셨느니라
내가 많은 백성의 무리를 거느리고 내 그물을 네 위에 치고
그 그물로 너를 끌어오리로다
[4] 내가 너를 뭍에 버리며 들에 던져
공중의 새들이 네 위에 앉게 할 것임이여
온 땅의 짐승이 너를 먹어 배부르게 하리로다
[5] 내가 네 살점을 여러 산에 두며
네 시체를 여러 골짜기에 채울 것임이여
[6] 네 피로 네 헤엄치는 땅에 물 대듯 하여

산에 미치게 하며 그 모든 개천을 채우리로다
7 내가 너를 불 끄듯 할 때에
하늘을 가리어 별을 어둡게 하며
해를 구름으로 가리며
달이 빛을 내지 못하게 할 것임이여
8 하늘의 모든 밝은 빛을 내가 네 위에서 어둡게 하여
어둠을 네 땅에 베풀리로다
주 여호와의 말씀이니라
9 내가 네 패망의 소문이 여러 나라
곧 네가 알지 못하는 나라들에 이르게 할 때에
많은 백성의 마음을 번뇌하게 할 것임이여
10 내가 그 많은 백성을 너로 말미암아 놀라게 할 것이며
내가 내 칼이 그들의 왕 앞에서 춤추게 할 때에
그 왕이 너로 말미암아 심히 두려워할 것이며
네가 엎드러지는 날에
그들이 각각 자기 생명을 위하여 무시로 떨리로다
11 주 여호와께서 이같이 말씀하셨느니라
바벨론 왕의 칼이 네게 오리로다
12 나는 네 무리가 용사
곧 모든 나라의 무서운 자들의 칼에 엎드러지게 할 것임이여
그들이 애굽의 교만을 폐하며 그 모든 무리를 멸하리로다
13 내가 또 그 모든 짐승을 큰 물가에서 멸하리니
사람의 발이나 짐승의 굽이
다시는 그 물을 흐리지 못할 것임이여
14 그 때에 내가 그 물을 맑게 하여
그 강이 기름 같이 흐르게 하리로다
주 여호와의 말씀이니라

[15] 내가 애굽 땅이 황폐하여 사막이 되게 하여
거기에 풍성한 것이 없게 할 것임이여
그 가운데의 모든 주민을 치리니
내가 여호와인 줄을 그들이 알리라
[16] 이는 슬피 부를 노래이니
여러 나라 여자들이 이것을 슬피 부름이여
애굽과 그 모든 무리를 위하여 이것을 슬피 부르리로다
주 여호와의 말씀이니라

선지자에게 주전 585년 초봄에 임한 말씀이다. 에스겔 주변에 있던 동료 포로들이 예루살렘이 무너졌다는 소식을 전해들은 지 얼마 되지 않은 상황에서 이 신탁이 선포되었다. 내용 면에서는 이집트에 대한 첫 번째 예언(29:1-16)과 비슷하다. 본문에서 전개되는 괴물의 모습(2절)도 첫 번째 예언에 등장하는 악어의 모습과 흡사하다. 이집트 왕을 상징하는 악어가 그물에 걸려들어 강둑에 버려져 피를 흘리며 죽게 된다는 내용이다.

바로의 죽음을 가져오는 이는 창조주 하나님이다. 다시 한 번 온 세상을 다스리시는 하나님의 권위를 강조하는 예언이다. 그러므로 선지자는 하나님이 이 괴물에게 행하시는 것을 구체적으로 묘사한다. (1) 그물로 괴물을 잡으신다(3절), (2) 잡은 괴물을 들판에 내동댕이치신다(4절), (3) 괴물의 몸을 온 땅의 들짐승들에게 먹이로 주신다(5-6절), (4) 괴물의 빛을 끄신다(7-8절), (5) 괴물의 일로 모든 사람이 여호와를 두려워하게 하신다(9-10절).

III. 열방에 대한 심판(25:1-32:32)
H. 이집트(29:1-32:32)

7. 스올로 몰락한 이집트(32:17-32)

[17] 열두째 해 어느 달 열다섯째 날에 여호와의 말씀이 내게 임하여 이르시되
[18] 인자야 애굽의 무리를 위하여 슬피 울고
그와 유명한 나라의 여자들을
구덩이에 내려가는 자와 함께 지하에 던지며 [19] 이르라
너의 아름다움이 어떤 사람들보다도 뛰어나도다
너는 내려가서 할례를 받지 아니한 자와 함께 누울지어다
[20] 그들이 죽임을 당한 자 가운데에 엎드러질 것임이여 그는 칼에 넘겨진 바
되었은즉 그와 그 모든 무리를 끌지어다 [21] 용사 가운데에 강한 자가 그를 돕
는 자와 함께 스올 가운데에서 그에게 말함이여 할례를 받지 아니한 자 곧
칼에 죽임을 당한 자들이 내려와서 가만히 누웠다 하리로다 [22] 거기에 앗수
르와 그 온 무리가 있음이여 다 죽임을 당하여 칼에 엎드러진 자라 그 무덤
이 그 사방에 있도다 [23] 그 무덤이 구덩이 깊은 곳에 만들어졌고 그 무리가
그 무덤 사방에 있음이여 그들은 다 죽임을 당하여 칼에 엎드러진 자 곧 생
존하는 사람들의 세상에서 사람을 두렵게 하던 자로다 [24] 거기에 엘람이 있
고 그 모든 무리가 그 무덤 사방에 있음이여 그들은 다 할례를 받지 못하고
죽임을 당하여 칼에 엎드러져 지하에 내려간 자로다 그들이 생존하는 사람
들의 세상에서 두렵게 하였으나 이제는 구덩이에 내려가는 자와 함께 수치
를 당하였도다 [25] 그와 그 모든 무리를 위하여 죽임을 당한 자 가운데에 침
상을 놓았고 그 여러 무덤은 사방에 있음이여 그들은 다 할례를 받지 못하
고 칼에 죽임을 당한 자로다 그들이 생존하는 사람들의 세상에서 두렵게 하
였으나 이제는 구덩이에 내려가는 자와 함께 수치를 당하고 죽임을 당한 자
가운데에 뉘었도다 [26] 거기에 메섹과 두발과 그 모든 무리가 있고 그 여러
무덤은 사방에 있음이여 그들은 다 할례를 받지 못하고 칼에 죽임을 당한
자로다 그들이 생존하는 사람들의 세상에서 두렵게 하였으나 [27] 그들이 할례

를 받지 못한 자 가운데에 이미 엎드러진 용사와 함께 누운 것이 마땅하지
아니하냐 이 용사들은 다 무기를 가지고 스올에 내려가서 자기의 칼을 베개
로 삼았으니 그 백골이 자기 죄악을 졌음이여 생존하는 사람들의 세상에서
용사의 두려움이 있던 자로다 [28] 오직 너는 할례를 받지 못한 자와 함께 패
망할 것임이여 칼에 죽임을 당한 자와 함께 누우리로다 [29] 거기에 에돔 곧
그 왕들과 그 모든 고관이 있음이여 그들이 강성하였었으나 칼에 죽임을 당
한 자와 함께 있겠고 할례를 받지 못하고 구덩이에 내려간 자와 함께 누우
리로다 [30] 거기에 죽임을 당한 자와 함께 내려간 북쪽 모든 방백과 모든 시
돈 사람이 있음이여 그들이 본래는 강성하였으므로 두렵게 하였으나 이제는
부끄러움을 품고 할례를 받지 못하고 칼에 죽임을 당한 자와 함께 누웠고
구덩이에 내려가는 자와 함께 수치를 당하였도다 [31] 바로가 그들을 보고 그
모든 무리로 말미암아 위로를 받을 것임이여 칼에 죽임을 당한 바로와 그
온 군대가 그러하리로다 주 여호와의 말씀이니라 [32] 내가 바로로 하여금 생
존하는 사람들의 세상에서 사람을 두렵게 하게 하였으나 이제는 그가 그 모
든 무리와 더불어 할례를 받지 못한 자 곧 칼에 죽임을 당한 자와 함께 누이
리로다 주 여호와의 말씀이니라

이 말씀은 주전 586년에 여섯 번째 예언이 주어진 지 2주만에 에스겔에게 임했다. 에스겔과 바빌론에서 함께 포로 생활을 하고 있는 이스라엘 사람들의 처지가 아무리 어려워도 장차 이집트와 그의 주변 나라들이 당할 여호와 하나님의 심판에 비하면 별것 아니라는 사실을 절실하게 깨닫게 하는 예언이다. 그러므로 이 예언의 목적은 참으로 힘든 삶을 살고 있다고 생각하는 포로민들을 위로하는 일도 포함한다.

이집트와 그의 우방국들은 각자의 무덤도 차지하지 못한 채, 함께 매장되는 수치스러운 종말을 맞게 될 것을 예언한다. 죽음을 매우 신성하게 여겼던 고대 근동 사회에서 사람이 경험할 수 있는 가장 치욕적인 일 중 하나가 죽은 후 제대로 된 묘에 묻히지 못하는 일이었다.

하나님의 백성에게 임하는 어려움은 이 세상 사람들이 당해야 하는 고통에 비하면 별것 아니라는 것이 선지자의 주장이다(cf. 사 27:7). 여호와께서 자기 백성들에게 내리시는 징계가 때로는 감당하기 힘들게 느껴지지만, 주님의 원수들에게 임할 심판에 비하면 아무것도 아니다. 그들이 당할 심판은 훨씬 더 고통스럽고 견디기 힘들 것이다.

이스라엘의 입장에서 이 예언은 매우 소망적이며 위로가 된다. 사실 소망만이 영적 침체를 회복시킬 수 있다. 오직 소망만이 넘어진 영혼들을 일으킬 수 있다. 소망만이 암흑 같은 현실을 꿰뚫을 수 있으며, 소망만이 불확실한 미래에 대한 두려움을 이길 수 있다. 이스라엘의 현실을 잘 아는 선지자는 그들을 미워하고 괴롭히는 모든 나라들이 다 망할 것이라고 예언함으로써 그들을 위로한다. 그는 하나님이 그들을 징계한 후에 펼쳐 나가실 미래를 기대하라고 권면한다.

OAN을 구성하고 있는 25–32장은 공통의 목적을 지니고 있다. 모든 심판은 여호와가 하나님이심을 온 세상이 알게 하기 위해서 진행된다는 것이다(25:11, 17, 26:6, 29:9, 16, 21, 30:8, 19, 26, 32:15). 두로는 참으로 위대한 배였지만, 주님의 심판을 받아 침몰할 것이다(27장). 두로의 왕은 에덴동산에 거하는 거의 신적인 존재였지만, 그 동산에서 쫓겨날 것이다(28:1–19). 나일강의 악어와 같은 바로는 물에서 내몰려 사냥꾼들에게 쫓겨다닐 것이다(29:1–16). 세상의 가장 위대한 나무와 같은 이집트는 나무꾼에게 잘릴 것이다(32장).

하나님의 사역은 결코 선민들에게만 제한될 수 없으며 온 우주 영역을 포함하고 있다. 우리는 인류의 역사 속에 일어나고 있는 모든 일들이 주님의 지배(control)를 벗어날 수 없다는 사실을 시인해야 한다. 인간의 의지나 불신이 결코 주님의 통치권을 약화시킬 수는 없다.

IV. 유다와 예루살렘에 임할 축복
(33:1-48:35)

예루살렘이 바빌론 군의 손에 함락된 순간, 이 일을 상징하며 에스겔의 아내가 죽었다(24장). 예루살렘 함락 소식이 바빌론까지 도달하려면 몇 달이 걸리는데, 드디어 이 부분을 시작하는 33장에서 소식이 들려왔다(33:21-22). 에스겔은 하나님께 받은 여러 나라들에 대한 심판 선언을 예루살렘이 함락된 순간(24장)부터 그 소식이 바빌론에서 살고 있는 포로민들에게 들려올 때(33장)까지 그사이(25-32장)에 두었다. 독자들에게 하나님의 심판이 드디어 예루살렘에 임했으니 잠시 숨을 고르고 다음 부분으로 이어가라는 의미에서이다.

에스겔서의 세 번째 주요 부분을 구성하고 있는 33-48장은 1-24장의 중심을 차지했던 예루살렘에 다시 초점을 맞춘다. 그러나 바빌론의 손에 무너져내린 예루살렘과 유다에 초점을 맞춘 전반부와는 달리 이 부분에서는 망해버린 이스라엘의 위로와 회복 약속을 바탕으로 한 소망이 중심을 차지한다. 구원과 회복의 메시지를 본격적으로 선포하기 전에 선지자의 파수꾼 소명을 재차 확인하는 33장만 예외이다. 이스라엘의 곪은 죄를 수술해 나쁜 부분을 제거하는 시간은 이미 지났다. 이제는 상처를 꿰매고 싸매는 시간이 시작되는 것이다.

그러므로 이 부분은 많은 '구원 오라클'(*Heilsworte*, Salvation Oracle)로 구성되어 있다. 구원 오라클은 하나님이 어려움과 역경에서 자기 백성들을 구원하실 것을 선포하는 양식이다. 구약에서 자주 사용되는 구원 오라클은 다음 네 가지로 구분된다(Westermann).

첫째, 일방적인 구원과 회복 선포(unilateral announcements of deliverance and restoration)이다. 하나님이 아무런 전제 조건을 달지 않고 일방적으로 구원하실 것을 선포하는 서식이다. 대체적으로 '해방–다시 모음–고국으로 돌아옴' 순서로 이루어진다. 에스겔서에서 이 양식은 여러 곳에 분포되어 있지만, 34–48장에 가장 많이 집중되어 있다.

둘째, 쌍방적인 구원 선포(bilateral announcements of the destruction of the enemy)이다. 이스라엘의 적이 이스라엘의 손에 망하게 될 것 혹은 이스라엘이 다시 자신의 땅을 차지하게 될 것을 선언한다. 에스겔서에서는 35:1–15, 38:1–39:29 등이 대표적이다.

셋째, 조건적인 구원 선포(conditional announcements of salvation)이다. "만일 너희들이 이렇게 하면 내가 너희를 구원하리라"라는 형태를 취한다. 신명기의 약속과 비슷하다. 에스겔서에서는 18장과 33장 등이 대표적이다.

넷째, 신실한 지혜를 통한 구원 선포(announcements of salvation associated with the motif of pious wisdom)이다. 지혜서 등을 통해 비교되는 지혜로운 자와 어리석은 자의 운명이다. 에스겔서에서 이런 오라클은 존재하지 않는다.

더 나아가 베스터만(Westermann)은 선지서에서 이 네 가지 종류의 구원 오라클의 숫자를 다음과 같이 정리했다. 선지서에서 가장 많이 사용되는 구원 오라클 양식은 첫 번째(일방적인 구원과 회복 선포) 유형이다. 에스겔서에서는 아예 사용되지 않는 네 번째 양식은 예레미야서에서도 사용되지 않는다. 두 선지자 모두 같은 시기에 활동한 점을 감안하면 이때(예루살렘 멸망 전후)는 넷째 양식이 별로 사용되지 않았음을 알 수 있다.

선지서	제1양식	제2양식	제3양식	제4양식
이사야 1-39	29	14	5	7
이사야 40-55	35		2	
이사야 56-66	6	4	4	3
예레미야	38	3	10	
에스겔	15	2	2	
소선지서들	34	19	13	6
총계	157	42	36	16

에스겔 선지자는 이제부터 이스라엘의 회복을 중점적으로 예언한다. 그러므로 회복이라는 주제로 34-48장을 분석해보면 다음과 같이 구분할 수 있다. 34장 이후의 메시지는 전적으로 소망적인 것이다.

성구	내용
34:1-34	여호와의 목자/이스라엘의 왕 역할 회복
35:1-36:15	여호와의 땅 회복
36:16-38	여호와의 명예 회복
37:1-14	여호와의 백성 회복
37:15-28	여호와의 언약 회복
38:1-39:29	여호와의 지배권 회복
40:1-46:24	여호와의 백성들 중 임재 회복
47:1-48:35	여호와의 영토 중 임재 회복

선지자가 34-48장을 통해 제시하는 이스라엘의 미래는 매우 낙관적이고 소망적이다. 심판을 외쳤던 처음 24장의 심판 분위기와는 사뭇 다르다. 탈무드는 에스겔서의 이러한 성향을 의식해 대선지서들의 순서를 예레미야-에스겔-이사야로 엮어갔다(*Judaica*). 탈무드에 의하면

예레미야는 전적으로 '심판'을, 이사야는 전적으로 '소망과 회복'을 선언하는 반면, 에스겔은 '심판-회복'의 순서로 메시지를 전하고 있다는 것이다. 탈무드는 세 선지서의 순서를 이같이 정하여 메시지의 흐름을 '전적 심판-심판 뒤 회복-회복'이라고 강조하려 했다. 장차 회복될 이스라엘을 노래하는 이 부분은 다음과 같이 구분할 수 있다.

A. 파수꾼 에스겔(33:1-33)
B. 이스라엘의 목자들(34:1-31)
C. 에돔 심판(35:1-15)
D. 이스라엘의 산에게 주는 예언(36:1-38)
E. 마른 뼈 계곡(37:1-14)
F. 하나가 된 두 막대기(37:15-28)
G. 곡과 마곡(38:1-39:29)
H. 회복된 예루살렘에 대한 환상(40:1-48:35)

Ⅳ. 유다와 예루살렘에 임할 축복(33:1-48:35)

A. 파수꾼 에스겔(33:1-33)

에스겔은 이미 이스라엘의 파수꾼으로 세우심을 받은 적이 있다(3:16-21). 그는 파수꾼으로서 다가오는 심판과 이 심판을 맞는 개인의 책임에 대해 경고했다(cf. 18장). 본문은 이 두 부분을 바탕으로 다시 한 번 에스겔의 소명을 확인하는 역할을 한다. 내용이 거의 비슷해 일부 주석가들은 본문을 바탕으로 3:16-21이 구성되었다고 하지만(Blenkinsopp), 에스겔은 같은 내용을 두 차례씩 반복하는 특징이 있다. 그러므로 이 둘 중 하나가 다른 하나를 인용하고 있다기보다는 에스겔의 독특한 표기법이라고 할 수 있다.

본문이 시작되는 에스겔서의 세 번째 부분에서 선지자가 선포할 메시지는 주의 백성의 회복과 그들이 누릴 축복에 관한 것들이 대부분이다. 이런 상황에서 에스겔이 다시 한 번 파수꾼으로 세움을 받는다는 것은 하나님이 심판의 메시지뿐만 아니라 회복의 메시지도 주신다는 것이다. 선지자는 하나님이 주신 메시지를 선포하는 메신저일 뿐이라는 사실을 강조한다. 또한 하나님은 자기 백성을 죽이기 위한 심판, 곧 심판을 위한 심판이 아니라, 회복과 구원을 염두에 둔 심판을 하신다는 사실을 암시한다. 에스겔의 소명을 재확인하는 본문은 다음과 같이 구분될 수 있다.

A. 에스겔의 소명(33:1-9)
B. 각 개인의 책임(33:10-20)
C. 예루살렘 함락 소식(33:21-22)
D. 예루살렘에 유행하는 말(33:23-29)
E. 겉과 속이 다른 백성(33:30-33)

Ⅳ. 유다와 예루살렘에 임할 축복(33:1-48:35)
A. 파수꾼 에스겔(33:1-33)

1. 에스겔의 소명(33:1-9)

[1] 여호와의 말씀이 내게 임하여 이르시되 [2] 인자야 너는 네 민족에게 말하여 이르라 가령 내가 칼을 한 땅에 임하게 한다 하자 그 땅 백성이 자기들 가운데의 하나를 택하여 파수꾼을 삼은 [3] 그 사람이 그 땅에 칼이 임함을 보고 나팔을 불어 백성에게 경고하되 [4] 그들이 나팔 소리를 듣고도 정신차리지 아니하므로 그 임하는 칼에 제거함을 당하면 그 피가 자기의 머리로 돌아갈 것이라 [5] 그가 경고를 받았던들 자기 생명을 보전하였을 것이나 나팔 소리를 듣고도 경고를 받지 아니하였으니 그 피가 자기에게로 돌아가리라 [6] 그러나

> **칼이 임함을 파수꾼이 보고도 나팔을 불지 아니하여 백성에게 경고하지 아**
> **니하므로 그 중의 한 사람이 그 임하는 칼에 제거 당하면 그는 자기 죄악으**
> **로 말미암아 제거되려니와 그 죄는 내가 파수꾼의 손에서 찾으리라 [7] 인자야**
> **내가 너를 이스라엘 족속의 파수꾼으로 삼음이 이와 같으니라 그런즉 너는**
> **내 입의 말을 듣고 나를 대신하여 그들에게 경고할지어다 [8] 가령 내가 악인**
> **에게 이르기를 악인아 너는 반드시 죽으리라 하였다 하자 네가 그 악인에게**
> **말로 경고하여 그의 길에서 떠나게 하지 아니하면 그 악인은 자기 죄악으로**
> **말미암아 죽으려니와 내가 그의 피를 네 손에서 찾으리라 [9] 그러나 너는 악**
> **인에게 경고하여 돌이켜 그의 길에서 떠나라고 하되 그가 돌이켜 그의 길에**
> **서 떠나지 아니하면 그는 자기 죄악으로 말미암아 죽으려니와 너는 네 생명**
> **을 보전하리라**

이 말씀의 문화적 배경은 떼강도가 날뛰고, 강한 족속이 단지 강하다는 이유 하나만으로 약한 족속들에게 무차별 공격을 취하던 시대이다. 이런 상황에서 파수꾼의 역할은 한 사회의 생존에 결정적인 역할을 했다. 당시 파수꾼들은 하루 24시간 외부의 동태를 살피기에 가장 적합한 자리에서 주변을 감시하다가 조그만 위험이 돌발하면 나팔을 불거나 봉화를 올려 위험을 알리는 역할을 했다. 그러므로 파수꾼이 방심하거나 자기 일을 게을리하면 그 성의 운명은 돌이킬 수 없게 된다.

하나님은 에스겔에게 이스라엘의 파수꾼(צֹפֶה)으로서 책임을 다할 것을 명령하신다(7절, cf. 사 56:10, 렘 6:17, 합 2:1). 에스겔이 처음으로 파수꾼의 소명을 받은 3장에서와 같이 이번에도 강조되는 것은 하나님의 말씀이 에스겔에게 임했지, 에스겔이 스스로 만들어낸 말들이 아니라는 사실이다. 또한 에스겔이 파수꾼 역할을 해야 한다는 것은 이스라엘의 선지자들이 어떤 사역을 하도록 소명을 받았는가를 설명한다. 그들은 단지 백성들에게 경고음을 발하는 역할을 했고, 선지자들이 울리는 경고음에 대해 어떻게 반응하는가는 각자의 몫이었다. 파수꾼으로 임명받은 에스겔이 해야 할 일은 다음 부분(33:10-20)에서 더 자세하게 설명된다(cf. 18장).

전쟁 중에 파수꾼이 맡은 중요한 임무는 적군의 동태나 전쟁 경과를 잘 살펴서 그때그때 자기 군대에 알리는 것이었다(cf. 삼하 18:24-27). 만일 파수꾼이 제대로 알리지 않아 주민들에게 피해가 생기면, 그 손실은 파수꾼이 개인적으로 보상해야 한다(Cooper). 그러므로 에스겔도 자기 목숨으로 직무유기에서 비롯되는 손실을 대신해야 한다(8절).

에스겔은 3장에서 예루살렘 심판을 경고하는 파수꾼으로서의 소명을 받았다. 그런데 이미 망해버린 예루살렘(cf. 24장)에 대해 무엇을 더 경고하라는 것인가? 비록 예루살렘이 망하기는 했지만, 아직도 하나님의 심판이 남아 있다는 사실을 암시하기 위해서이다(cf. 34-35장). 그러나 앞으로 선지자가 선포할 전반적인 메시지는 회복이다. 이런 상황에서 에스겔의 파수꾼 소명이 다시 한 번 확인된다. 이스라엘에 임한 심판뿐만 아니라 앞으로 그들에게 임할 회복과 축복도 하나님이 주실 것이라는 사실을 알리라는 의미이다.

주전 592년에 에스겔이 파수꾼으로 소명을 받았을 때(cf. 3장) 그의 임무는 예루살렘에 있는 사람들에게 바빌론의 침략을 알리는 것이었다. 비록 선지자가 몇 년 후인 주전 586년에 일어날 이 비극적인 전쟁을 막을 수는 없지만, 그 전쟁에 대해 미리 경고함으로써 '들을 귀'가 있는 한 사람이라도 더 구원하기 원하시는 하나님의 뜻이 선지자의 소명에 담겨 있었다.

그런데 장차 임할 회복과 축복을 예언하는 상황에서 하나님은 왜 에스겔을 다시 파수꾼으로 세워 주의 백성들에게 경고하게 하시는가? 선지자가 파수꾼으로 선포해야 할 경고의 메시지도 예전 것과 같은데 말이다(cf. 3장, 18장). 예전에 에스겔이 경고한 심판 메시지가 모든 사람을 위한 것이 아니라, 귀담아듣고 회개하는 소수를 살리기 위한 목적으로 선포되었던 것처럼, 이번의 회복과 축복의 메시지 역시 모든 사람을 위한 것이 아니라, 귀담아들을 소수를 위한 것이라는 사실을 암시하기 위해서이다. 물론 에스겔은 악인과 의인을 가리지 않고 모든 사람에게 다가오는 심판에 대해 경고해야 한다(Greenberg). 선지자의 사명은 사람들을 회심시키는 것이 아니라, 하나님의 말씀을 받은 대로 선포하는 것이다(Duguid). 사람들이 회심하고, 하지 않고는 선지자의 몫이 아니다.

하나님은 파수꾼으로 임명된 선지자의 메시지에 귀를 기울이는 자들은 살 것이지만, 귀를 기울이지 않는 자들은 죽을 것이라고 하신다. 이러한 차원에서 선지자는 장차 하나님의 축복을 누리게 될 사람들의 숫자를 제한하고 있다. 아브라함의 모든 자손들이 회복되는 것이 아니라 오직 듣고 믿는 자들만이 회복될 것이다. 우리의 사역도 이런 차원에서 세상 모든 사람들을 위한 것이 아니라, 하나님의 말씀을 신실하게 듣고자 하는 소수를 모으는 일이다.

에스겔은 분명 파수꾼으로 부르심을 받았지만, 그가 받은 소명의 초점이 파수꾼인 그의 역할보다는 파수꾼의 보고를 들은 사람들의 반응에 맞추어져 있다. 하나님은 자기 종들을 [사역에] 성공하라고 부르신 것이 아니다. 하나님이 종들에게 원하시는 것은 신실함이다. 얼마나 신실하게 하나님의 명령을 잘 이행했는가가 가장 중요하다.

파수꾼이 소식을 알리면 소식을 접한 백성들은 살아남기 위해 민첩한 반응을 보여야 할 책임이 있다. 예전에 이스라엘의 파수꾼으로서 에스겔은 다가오는 하나님의 심판에 대해 소리 높여 알렸다. 그러나 이스라엘은 민첩한 대책(회개)을 강구하지 않아 오히려 죽음을 택했다. 이런 상황에서 파수꾼 에스겔의 책임은 어디까지였는가? 회개하지 않는 백성들의 종말에 대한 책임은 누가 져야 하는가? 이런 질문에 본문은 회개하지 않는 사람 자신이 져야 한다는 것을 확실하게 드러내고 있다(9절).

이와 마찬가지로 앞으로 파수꾼 에스겔이 선포하게 될 회복의 메시지도 듣는 사람들이 각자 믿음의 분량에 따라 다른 반응을 보일 것이며, 각자의 반응에 대해서는 스스로 책임을 져야 한다. 우리의 소명과 임무도 이런 것이다. 우리가 이 세상 사람들을 모두 구원할 수는 없다. 다만 우리에게는 다가오는 하나님의 심판과 예수 그리스도 안에 있는 참 평안을 있는 그대로 전할 의무가 있다. 우리가 선포하는 메시지에 사람들이 어떻게 반응하는지는 그들의 몫이지 우리의 책임이 아니다.

Ⅳ. 유다와 예루살렘에 임할 축복(33:1-48:35)
A. 파수꾼 에스겔(33:1-33)

2. 각 개인의 책임(33:10-20)

10 그런즉 인자야 너는 이스라엘 족속에게 이르기를 너희가 말하여 이르되
우리의 허물과 죄가 이미 우리에게 있어 우리로 그 가운데에서 쇠퇴하게 하
니 어찌 능히 살리요 하거니와 11 너는 그들에게 말하라 주 여호와의 말씀이
니라 나의 삶을 두고 맹세하노니 나는 악인이 죽는 것을 기뻐하지 아니하고
악인이 그의 길에서 돌이켜 떠나 사는 것을 기뻐하노라 이스라엘 족속아 돌
이키고 돌이키라 너희 악한 길에서 떠나라 어찌 죽고자 하느냐 하셨다 하라
12 인자야 너는 네 민족에게 이르기를 의인이 범죄하는 날에는 그 공의가 구
원하지 못할 것이요 악인이 돌이켜 그 악에서 떠나는 날에는 그 악이 그를
엎드러뜨리지 못할 것인즉 의인이 범죄하는 날에는 그 의로 말미암아 살지
못하리라 13 가령 내가 의인에게 말하기를 너는 살리라 하였다 하자 그가 그
공의를 스스로 믿고 죄악을 행하면 그 모든 의로운 행위가 하나도 기억되지
아니하리니 그가 그 지은 죄악으로 말미암아 곧 그 안에서 죽으리라 14 가령
내가 악인에게 말하기를 너는 죽으리라 하였다 하자 그가 돌이켜 자기의 죄
에서 떠나서 정의와 공의로 행하여 15 저당물을 도로 주며 강탈한 물건을 돌
려보내고 생명의 율례를 지켜 행하여 죄악을 범하지 아니하면 그가 반드시
살고 죽지 아니할지라 16 그가 본래 범한 모든 죄가 기억되지 아니하리니 그

가 반드시 살리라 이는 정의와 공의를 행하였음이라 하라 [17] 그래도 네 민족
은 말하기를 주의 길이 바르지 아니하다 하는도다 그러나 실상은 그들의 길
이 바르지 아니하니라 [18] 만일 의인이 돌이켜 그 공의에서 떠나 죄악을 범하
면 그가 그 가운데에서 죽을 것이고 [19] 만일 악인이 돌이켜 그 악에서 떠나
정의와 공의대로 행하면 그가 그로 말미암아 살리라 [20] 그러나 너희가 이르
기를 주의 길이 바르지 아니하다 하는도다 이스라엘 족속아 나는 너희가 각
기 행한 대로 심판하리라 하시니라

포로가 되어 바빌론으로 끌려온 이스라엘 사람들은 절망한다. 자신들은 하나님의 심판을 받아 죽은 목숨이나 다름 없다는 것이다(10절). 포로민들의 좌절감은 그들이 쉽게 떨치지 못하는 하나님에 대한 원망에 근거한다(cf. 17, 20절). 그들이 하나님께 버림받았다는 느낌을 갖는 것은 어느 정도 이해할 수 있다. 그러나 이런 느낌은 자신들의 잘못된 신학에 근거한 것이지 하나님께 책임이 있는 것이 아니다. 오늘날에도 이런 일을 종종 주변에서 보고 있지 않은가? 잘된 것은 모두 자기 탓이고, 잘못된 것은 모두 하나님 탓으로 돌리는 사람들이 있다. 그들은 까딱하면 하나님이 '치셨다'고 하고 자신들은 하나님께 '맞았다'라고 한다. 하나님이 치지 않으셨는데도 자신들은 하나님께 맞았다고 한다!

종종 어쩔 수 없이 자기 백성을 심판하시는 하나님은 결코 죄인이 죽는 것을 기뻐하지 않으신다(11절, cf. 18:23, 32). 오히려 심판을 받아 죽어 마땅한 악인이라도 회개하고 살길을 찾는 것을 기뻐하신다. 그러므로 하나님은 주의 백성들에게 회개하면 살 수 있는데, "왜 죽으려 하느냐?"고 탄식하신다(11절). 문제는 인간은 이런 메시지를 듣고도 하나님의 일들을 이해하지 못한다는 사실이다. 어떤 사람들은 구약의 하나님은 진노의 하나님이고 심판의 하나님이라고 하지만 참으로 잘못된 생각이다. 주님은 은혜와 자비의 하나님이며 심판을 즐기시는 분이 아니다.

파수꾼으로 부르심을 받은 에스겔은 의인과 악인들에게 경고의 메시지를 선포해야 한다. 선지자는 3장과 18장에서 먼저 악인들에게, 그다음 의인들에게 메시지를 선포했다. 그러나 이번에는 먼저 의인들에게 메시지를 선포한 다음 악인들에게 메시지를 선포한다. 에스겔이 의로운 사람들에게 선포해야 할 메시지는 이렇다(12-13, 18절). 이때까지 그들이 의롭게(צַדִּיק) 살아왔다 할지라도 이 순간부터 경건하고 거룩하게 살지 못하면 하나님의 심판을 받을 것이다. 용두사미(龍頭蛇尾) 삶에 대한 경고이다.

그렇다면 어떻게 해야 의로운 삶을 산다고 할 수 있을까? 구약에서 말하는 의로움은 근본적으로 하나님의 언약을 잘 준수하는 것이다. 선지자들은 의롭게 살기 위해서는 언약을 잘 지켜야 한다고 외쳤다. 그러나 그것은 현실적으로 매우 어려운 일이었다(cf. 사 1:16ff., 암 5:14ff., 미 6:8). 에스겔은 그들을 깨우쳐서 계속 의의 길로 행하도록 하는 사명을 받았다. 그들이 만약에 듣고도 반응을 보이지 않으면 그 죄에 대한 책임은 자신들이 감당해야 한다. 반면에 에스겔이 충분히 경고하지 않아 그들이 의의 길을 떠나 죄의 길에 들어서면 하나님은 에스겔에게 책임을 물으실 것이라고 한다(cf. 8절).

의인들에 대한 경고는 올바른 신앙생활에 대한 경고이기도 하다. 과거에 신실하고 의롭게 살아왔던 일에 집착하지 말고 현재에 충실하라는 것이다. 성경의 "먼저 된 자가 나중 되고 나중 된 자가 먼저 된다"(마 19:30)라는 경고를 귀담아들어야 한다. 의롭게 살아온 사람들 앞에도 '올무'가 놓여 있다. 자신이 쌓아온 업적을 생각하며 교만해지는 것이다. 이 올무는 하나님이 의인을 망하게 하시려고 의도적으로 놓은 덫이 아니라는 뜻이다. 이 올무에 걸리고 걸리지 않고는 각자의 선택이다.

둘째, 악한 자들에 대한 선지자의 책임은 이렇다(14-16, 19절). 에스겔이 악한 자(רָשָׁע)들에게 선포해야 하는 하나님의 메시지는 간단히 말해서 '너 죽는다'라는 무시무시한 경고이다(14절). 그러나 그들이 선지자의 말을 귀담아듣고 그 순간에라도 회개하면 분명 하나님의 용서와 자비의 대상이 될 것이다. 물론 이스라엘 민족에 대한 심판은 되돌릴 수 없다. 그러나 온 민족이 심판을 받는다 해서 모든 백성이 다 죽어야 하는 것은 아니다. 하나님은 어느 시대에든 항상 남은 자들을 두시는 분이기 때문에 만일 악인들 중 선지자의 메시지를 듣는 순간에라도 회개하는 사람이 있다면, 그들이 국가의 운명은 되돌릴 수 없더라도 자신의 운명은 바꿀 수 있다는 것을 의미한다.

에스겔의 사명은 이런 가능성을 전제하고 온 백성에게 하나님의 뜻을 분명히 전하는 일이다. 만일 선지자가 그들에게 하나님의 음성을 전하지 않아 그들이 사망에 이르게 되면 에스겔이 그들의 생명에 대한 책임을 감수해야 한다. 이런 일을 하기 위해 소명을 받은 자로서 일종의 직무유기를 범하는 것이기 때문이다. 반면에 선지자가 전하는데도 그들이 회개하지 않으면, 그들은 자신의 죄 때문에 죽게 될 것이며, 에스겔에게는 어떤 책임도 없다(8절).

본문에서 말하는 의인의 삶과 악인의 죽음은 육체적인 현상만을 뜻하지는 않는다. 삶과 죽음은 영적인 면모를 지니고 있다. 성경에서 '삶'은 하나님께 순종할 때만 가능한 하나님과의 풍요로운 관계를 의미한다. 죽음은 비록 육체적으로 살아 있다 할지라도 하나님과 언약 공동체에서 단절된 것을 의미하기 때문이다(Zimmerli). 그래서 아담도 죄를 지었을 때, 그는 그 순간에 [영적으로] 죽었지만, [육체적으로는] 살아 있었다(cf. 창 3장).

에스겔이 받은 소명은 특권보다는 책임을 중심으로 하고 있다. 그가 선지자로 세워진 까닭은 어떤 권력을 마음대로 휘두르기 위해서가 아니다. 오히려 소명에는 무거운 책임감이 따른다. 사람의 생명이 선지자의 사역에 의해 좌우되기 때문이다. 또한 선지자는 자신이 선포하는 메시지에 따라 살거나 죽을 것이다(Duguid). 에스겔이 의로우면(viz., 신실하게 하나님의 말씀을 선포하면) 살 것이지만, 그가 악하면(viz., 말씀을 제대로 선포하지 않으면) 그도 죽을 것이기 때문이다(Greenberg). 많은 사역자들이 사역에 임하는 것을 마치 하나님을 대신해서 권력을 휘두르는 것으로 생각하는 오늘날의 교계에 신선한 도전이 되는 말씀이다. 함부로 선생이 되려 하지 말라는 야고보 사도의 경고가 생각난다.

Ⅳ. 유다와 예루살렘에 임할 축복(33:1-48:35)
A. 파수꾼 에스겔(33:1-33)

3. 예루살렘 함락 소식(33:21-22)

[21] 우리가 사로잡힌 지 열두째 해 열째 달 다섯째 날에 예루살렘에서부터 도망하여 온 자가 내게 나아와 말하기를 그 성이 함락되었다 하였는데 [22] 그 도망한 자가 내게 나아오기 전날 저녁에 여호와의 손이 내게 임하여 내 입을 여시더니 다음 아침 그 사람이 내게 나아올 그 때에 내 입이 열리기로 내가 다시는 잠잠하지 아니하였노라

선지자가 바빌론으로 끌려간 지 12년째 되던 해 10월 5일(주전 585년 1월)에 예루살렘 성이 함락되었다는 소식이 바빌론에 전해졌다(21절). 성이 무너진 지 5개월이 지난 때였다. 우리에게는 참으로 긴 시간으로 느껴지지만 당시 상황을 고려하면 충분히 이해되는 시간이다. 에스라는 평화스러운 시기에 바빌론을 출발해 예루살렘에 도착할 때까지 4개월을 길에서 소비했다(스 7:9, 8:31. 함락 소식을 전한 자가 5개월 만에 바빌론에 도착했다는 기록으로 보아, 그 역시 바빌론의 포로가 되어 끌려왔을 가능성이 매우 높다(Block, Blenkinsopp)). 바빌론에 소식을 전한 자에 대해 선지자가 쓴 '도망하여온 자'(פָּלִיט)라는 표현은(21절), 포로가 되어 바빌론으로 끌려온 사람들을 묘사할 때에도 사용했다(6:8-10, 14:22). 만일 그가 바빌론 사람들에게서 도망했다면, 이집트나 유다의 산악 지대로 가지 않고 왜 적군의 수도로 오겠는가? 그러므로 이날 유다에서 끌려온 포로 행렬이 바빌론에 도착한 것을 알 수 있다.

이때는 에스겔이 선지자로 소명을 받고 예루살렘의 멸망을 예언하기 시작한 지 7년이 지난 시점이다. 아마도 지난 7년 동안 선지자는 그의 메시지를 받아들이기를 거부하는 사람들의 따가운 눈초리와 비웃음을 견뎌야 했을 것이다. 특히 그가 수시로 행했던 행동 예언은 사람들의 비아냥을 사기 일쑤였을 것이다. 그러나 예루살렘 함락 소식과 함께 포로민들이 바빌론에 도착한 순간, 그의 사역과 메시지의 정당성과 진실함이 모두 입증되었다. 때로는 우리의 사역과 이 땅에서의 삶도 그렇다. 우리의 메시지와 삶이 사람들의 비웃음을 살 수도 있지만, 언젠가는 여호와께서 인정하신 메시지이고 삶이라는 것이 입증될 것이다.

에스겔은 3:26에서 '벙어리'가 되었다(cf. 서론). 예루살렘이 함락된 날(cf. 24장)에도 그의 '벙어리' 역할이 강조되었다. 선지자는 예루살렘이 함락되었다는 소식이 바빌론에 사는 이스라엘 백성들에게 전해지기 전날 밤에 드디어 이 벙어리 생활을 청산할 수 있었다(22절). 이제부터는 귀가 어두워 알아듣지 못하는 백성들에게 다시 하나님의 말씀을 지속적으로 전해야 한다.

Ⅳ. 유다와 예루살렘에 임할 축복(33:1-48:35)
A. 파수꾼 에스겔(33:1-33)

4. 예루살렘에 유행하는 말(33:23-29)

23 여호와의 말씀이 내게 임하여 이르시되 24 인자야 이 이스라엘의 이 황폐한 땅에 거주하는 자들이 말하여 이르기를 아브라함은 오직 한 사람이라도 이 땅을 기업으로 얻었나니 우리가 많은즉 더욱 이 땅을 우리에게 기업으로 주신 것이 되느니라 하는도다 25 그러므로 너는 그들에게 이르기를 주 여호와께서 이같이 말씀하시되 너희가 고기를 피째 먹으며 너희 우상들에게 눈을 들며 피를 흘리니 그 땅이 너희의 기업이 될까보냐 26 너희가 칼을 믿어

가증한 일을 행하며 각기 이웃의 아내를 더럽히니 그 땅이 너희의 기업이
될까보냐 하고 [27] 너는 그들에게 이르기를 주 여호와께서 이같이 말씀하시되
내가 나의 삶을 두고 맹세하노니 황무지에 있는 자는 칼에 엎드러뜨리고 들
에 있는 자는 들짐승에게 넘겨 먹히게 하고 산성과 굴에 있는 자는 전염병
에 죽게 하리라 [28] 내가 그 땅이 황무지와 공포의 대상이 되게 하고 그 권능
의 교만을 그치게 하리니 이스라엘의 산들이 황폐하여 지나갈 사람이 없으
리라 [29] 내가 그들이 행한 모든 가증한 일로 말미암아 그 땅을 황무지와 공
포의 대상이 되게 하면 그 때에 내가 여호와인 줄을 그들이 알리라 하라

주전 605년에 다니엘 일행과 주전 597년에 여호야긴 왕과 에스겔 일행이 바빌론으로 끌려간 이후 예루살렘에 남은 사람들은 하나님의 공의로운 심판이 모두 이루어졌다고 생각했다. 바빌론으로 끌려간 사람들은 자신들의 죄 때문에 끌려간 것이지 이스라엘 공동체의 죄 때문에 희생양이 된 것이 아니라고 했다. 또한 예루살렘에 남겨진 사람들은 의롭기 때문에 하나님이 그들이 끌려가지 않도록 하셨다고 주장했다. 예루살렘에 남은 생존자들이야말로 여호와의 선택받은 백성이자 선지자들이 말하던 '남은 자'들이라고 생각한 것이다(cf. 11:14-21).

두 차례(주전 605년과 주전 597년)의 상류층 귀양과 주전 586년 예루살렘이 멸망하고 난 후 있었던 총체적인 귀양은 유다와 예루살렘에 남은 생존자들의 수를 대폭 줄이는 효과를 발휘했다. 특히 순수 혈통의 유대인들은 많지 않았다. 어떤 학자들은 그달랴가 주전 582년에 암살당한 다음 예루살렘 지역에 남았던 유대인들의 숫자를 2만 명 이하로 보기도 한다. 이 사람들은 가장 가난하고 보잘것없는 사회 계층에 속했다(cf. 왕하 25:12). 바빌론 사람들이 쓸 만한 사람들(귀족들, 상류층, 각 분야 장인들, 많이 배운 사람들 등등)을 모두 바빌론으로 잡아갔기 때문이다.

이런 상황에서 예루살렘('황무한 땅')에 남은 자들은 같은 동족이 끌려간 것에 대해 상당한 통쾌감을 느꼈던 것 같다. 그들은 당장 포로민들이 버리고 떠나야 했던 집과 과수원 등을 취하게 되었다. 그들은 이런 것들을 취하면서 드디어 자신들이 하나님이 오래전에 아브라함에게 약속하셨던 땅을 얻는 것뿐이라고 생각했다(24절). 자신들이야말로 진정한 아브라함의 후손들이라고 떠들어댄 것이다.

그러므로 본문에 기록된 생존자들의 말은 그들의 오만과 방종을 잘 드러내고 있다. 그들은 "우리의 선조 아브라함이 혈혈단신이었을 때도 하나님이 이 땅을 주셨고, 그가 이 땅을 차지했었는데 하물며 우리는 숫자도 많은데 이 일이 되풀이되지 않을 이유가 어디 있느냐?"라는 논리를 펴 나갔다. 일부 주석가들은 예루살렘에 남아 있는 자들이 교만해서가 아니라 나라를 새로이 건설하고 싶은 좋은 열망에서 이런 말을 했다고 하고(Zimmerli), 어떻게든 자신들의 뿌리를 붙잡으려는 절박감에서 이런 말을 했다고 하기도 하지만(Greenberg), 하나님이 그들을 책망하시는 것으로 보아 교만한 말로 보는 것이 바람직하다. 선지자 이사야도 비슷한 말을 한다(사 51:2-3). 그러나 이사야서에서는 하나님이 하신 말씀이고, 본문에서는 예루살렘에 남아 있는 자들이 하는 말이다. 그들의 논리를 아포르티오리(a fortiori) 논법이라고 한다.

예루살렘에 남아 있는 자들은 그들의 정복자인 바빌론 사람들이 자기 나라로 잡아갈 가치도 느끼지 못한 별 볼일 없는 사람들이다. 그런 그들이 우쭐대며 마치 자신들이야말로 하나님이 자기 백성을 재건하는 데 사용할 '거룩한 씨앗'이라며 떠들어대고 있다. 이것은 자존감이 아니라 교만이다. 설령 하나님이 그들을 사용하실지라도 나라가 망한지 얼마 되지 않은 이 시점에는 회개와 근신을 해야 한다. 게다가 하나님은 이들을 사용해 나라를 재건하지 않으신다. 훗날 하나님은 세 차례에 걸쳐 바빌론에서 예루살렘으로 돌아온 귀향민들을 '거룩한 씨앗'으로 사용해 자기 백성을 재건하신다. 하나님은 이 일을 위해 두 차례(주전 605년과 597년)에 걸쳐 그나마 거룩한 이들을 바빌론으로 미리 보내셨다(11:14-21).

그러므로 선지자는 바빌론으로 끌려올 자격도 갖추지 못해 예루살렘에 방치된 자들이 남은 자들이라고 떠들어대는 것에 대해 어이없어 한다. 에스겔은 그들에게 "그 땅이 너희의 기업이 될까 보냐?"며 두 차례나 수사학적인 질문을 던져(25, 26절) 그들의 주장이 가당치 않음을 강조한다. 또한 선지자는 그들의 죄들 중 가장 추악한 것들을 지적하고 있다(26-27절). 에스겔은 예루살렘에 남아 있는 사람들의 죄를 네 가지로 지적한다.

첫째, 그들은 의식법(ritual laws)을 범했다(25절). 모세 율법 중 고기를 피째 먹지 말라는 것은 매우 강하게 표현된 의식법 중 하나이다. 그런데 그들은 이 강력한 금지법을 범했다. 예루살렘에 남아 있는 자들이 피째 고기를 먹은 것은 그들이 여호와의 율법을 얼마나 무시하고 등한시하고 있는가를 잘 드러낸다.

둘째, 그들은 우상들을 숭배했다(25절). 비록 그들은 종종 여호와의 이름을 들먹거리지만, 동시에 다른 신들에게 한눈을 팔았다. 성경은 이런 행위를 [영적]간음이라고 한다. 문제는 하나님이 이스라엘에게 거듭 강조하신 것은 "나는 거룩하다"(viz., 나는 다른 신들과는 다르다)는 사실이었다. 그런데 이스라엘은 여호와를 다른 잡신들처럼 취급했다. 하나님의 거룩하심을 짓밟은 것이다. 그러므로 거룩하신(다른 신들과 다른) 하나님이 그들을 심판해 자신의 거룩(다른 신들과 다르다는 사실)을 드러내셨다.

셋째, 그들은 윤리와 사회법을 위반했다(25절). 예루살렘에 남아 있는 자들은 이 순간에도 의인과 연약한 자들의 피를 흘리고 있다. 구약에서 하나님을 가장 진노케 하는 것 중 하나가 바로 의인과 약한 자들을 짓밟는 일이다. 특별히 하나님의 공동체 안에서는 더욱이 그렇다. 그런데 이런 일들이 이스라엘 안에서 그대로 행해지고 있었다.

넷째, 가치관이 무너졌다(26절). 하나님을 경외하고 의지하는 일은 실종되었고 대신 폭력과 무력으로 의지해 가증스러운 짓을 하고 있다.

간음도 일삼고 있다(26절). 그들의 행동은 여호와를 무늬만 하나님으로 만들어버린 것이다. 성경이 거듭 강조하는 것은 우리의 삶과 신앙이 결코 이분화될 수 없다는 사실이다. 신앙이 우리의 삶을 지배할 때 비로소 우리는 하나님의 백성에 걸맞은 삶을 살게 된다.

이처럼 여호와를 철저하게 무시한 자들이 하나님과 아브라함이 맺었던 언약을 들먹거리는 것은 정말 기가 막히는 일이 아닌가? 아브라함의 언약에 따르는 책임(도덕적으로 살아야 하는 의무감)은 전혀 생각하지 않고 자신들이 편리한 대로만 그 언약을 적용하려는 자들의 가증스러운 처사를 생각해보라. 그러나 이 문제 또한 과거의 일만은 아니다. 이스라엘의 파렴치한 태도에서 우리의 모습도 보아야 한다.

그러므로 여호와께서 자신들이야말로 남은 자들이라고 떠들어대는 백성들에게 그들이 바라는 바에 따라 유다 땅을 허락하시는 대신에 철저한 심판을 내리실 것이다(27-29절). 그들은 칼, 들짐승, 온역(pestilence)으로 망하게 될 것이다(27절). 신명기 27-28장에 의하면 이 세 가지는 언약을 파괴할 때 내려지는 저주이다(cf. 레 26:22, 25). 그렇다면 아브라함의 언약을 들먹거리는 자들에게 언약적 축복이 아니라 오히려 언약에 명시된 저주가 내려지고 있다!

무엇을 의미하는가? 한때는 하나님의 축복의 대상이었던 이스라엘이 이제는 주님의 저주의 대상이 되고 있다. 이스라엘은 심판과 저주를 당하고 난 다음에야 비로소 여호와가 이 일을 행하셨다는 것을 알게 될 것이다(29절). 하나님이 심판하시는 목적은 심판당하는 자들이 여호와를 알게 하려는 데 있다.

Ⅳ. 유다와 예루살렘에 임할 축복(33:1–48:35)
A. 파수꾼 에스겔(33:1–33)

5. 겉과 속이 다른 백성(33:30–33)

30 인자야 네 민족이 담 곁에서와 집 문에서 너에 대하여 말하며 각각 그 형
제와 더불어 말하여 이르기를 자, 가서 여호와께로부터 무슨 말씀이 나오는
가 들어 보자 하고
31 백성이 모이는 것 같이 네게 나아오며 내 백성처럼 네
앞에 앉아서 네 말을 들으나 그대로 행하지 아니하니 이는 그 입으로는 사
랑을 나타내어도 마음으로는 이익을 따름이라
32 그들은 네가 고운 음성으로
사랑의 노래를 하며 음악을 잘하는 자 같이 여겼나니 네 말을 듣고도 행하
지 아니하거니와
33 그 말이 응하리니 응할 때에는 그들이 한 선지자가 자기
가운데에 있었음을 알리라

예루살렘에 생존해 있는 자들이 참으로 악하다면 이미 두 차례에 걸쳐 바빌론으로 끌려온 사람들은 좀 달랐을까? 이미 바빌론으로 끌려온 자들도 별반 다를 바 없는 죄인들이라는 것이 선지자의 평가이다. 그들의 문제는 무엇보다도 하나님의 말씀을 듣고도 행하지 않는 데 있다(30–31절). 그들은 하나님의 말씀을 찾고 듣는 일에 진지한 듯한 모습을 취한다. 그러나 자신들이 들은 하나님의 말씀을 순종해야 한다는 책임감은 갖지 않고, 오히려 말씀을 듣고 나서도 자신들의 입으로 표현된 정욕을 따르고(우리 번역이 혼선을 빚고 있음), 자신들의 이익만을 추구하는 일에 전념한다.

차라리 하나님의 말씀을 모르고 행하지 않았더라면 변명이라도 할 수 있었을 것이다. 그러나 버젓이 듣고 행하지 않는 것은 악하고 하나님을 무시하는 행위라는 것이다. 이사야 선지자도 비슷한 상황을 한탄한 적이 있다(사 29:13). 우리는 어떤가? 혹시 설교를 한 귀로 듣고 한 귀로 흘려버리지는 않는가? 말씀을 통한 하나님의 권면이 선포되면 남에게만 적용되는 것처럼 생각하지는 않는가? 신앙인의 삶은 끊임없는 자기 성찰을 요구한다.

하나님의 말씀을 듣고도 행하지 않는 일보다 더 심각한 것은 그들은 하나님의 말씀을 대언하는 선지자를 두려워하기보다는 자신들의 신앙생활에 필요한 하나의 장식품(악기) 정도로 간주한다는 점이다(32절). 하나님의 사자인 선지자의 메시지를 귀담아듣고 실천하려는 각오는 없고 그저 선지자를 악기나 잘 다루어 감미로운 노래나 하는 가수로 듣는다. 또한 선지자를 그들의 마음속에 성적(性的) 동요나 일으키는 음악 정도로 간주한다!

하나님의 사자의 권위와 위신이 땅에 추락한 것이다. 그들은 선지자들을 하나님의 말씀을 대언하는 주님의 사자가 아니라 꼬리 치는 강아지 정도로 취급한 것이다. 얼마나 비참한 일인가? 그런데 오늘날 한국 교회에 이런 일들이 그대로 반복되고 있지 않은가? 일부 성도들에게 목회자는 설교 시간에 우스갯소리나 하고 노래나 하는 엔터테이너(entertainer)에 불과하다.

상황이 이렇게 된 데에는 목회자들의 책임이 가장 크다. 그들이 스스로 하나님의 말씀에 더하지도, 빼지도 않고 그대로 선포하는 일을 포기하고 사람들에게 웃음이나 선사하는 연예인의 길을 자청했기 때문이다. 하나님은 정신이 번쩍 드는 날이 그들에게 분명 임할 것을 경고하신다. 예루살렘에 대한 모든 예언이 그대로 성취되는 날, 그들은 자신들 중에 선지자가 있었다는 사실을 비로소 의식하게 될 것이다. 사람들은 자신들이 몰라서 이렇게 살았다는 변명을 늘어놓지 못할 것이다. 하나님이 그들 중에 바른말을 해주었던 선지자를 증인으로 세우실 것이기 때문이다.

한 가지 놀라운 것은 끊임없는 하나님의 임재이다. 이미 하나님은 백성들의 죄악과 심지어 성전에서 이루어지는 갖은 가증한 죄들 때문에 예루살렘을 떠나셨다(cf. 8-10장). 그럼에도 불구하고 아직도 자기 백성과 함께하면서 그들의 일거일동을 지켜보고 계신다. 더 나아가 언젠가는 더 이상 이 백성을 벌하지 않고 다시 일으켜세우고 회복시키실 것이다. 하나님의 은혜는 참으로 놀랍다.

주전 586년 전쟁 후에 예루살렘에 남아 있는 생존자들에게서 한 가지 배워야 한다. 그들은 이웃의 슬픔을 자신들의 이익으로 간주했고, 자신들이 바빌론으로 끌려가지 않은 것을 하나님의 적절한 보상이라고 생각했다. 자신들의 선행에 감동한 하나님이 그들을 끌려가지 않게 보상하실 것으로 생각했다. 이런 마음자세는 자신의 의를 자축하는 행위밖에 되지 않는다. 그러나 선지자는 그들이 자축할 만한 일을 한 적이 없으며, 하나님이 감동받으신 일도 없었다고 한다. 꿈에서 깨어나 현실을 직시하는 사람은 복이 있다.

B. 이스라엘의 목자들(34:1-31)

34장은 에스겔의 메시지 중 새로운 전환점을 제시하고 있다. 지금까지 선지자는 부분적으로, 경우에 따라서는 희미하게 이스라엘의 영광스러운 미래에 대해 언급해왔다(6:8-10, 11:14-21, 16:60-63, 17:22-24). 이제 예루살렘 함락으로 이스라엘 위에 머물던 심판의 먹구름이 완전히 걷혔다. 마치 긴 장마 뒤에 찾아오는 무지개처럼 머지않아 구원의 빛이 이스라엘을 찾아올 것이다.

예루살렘 함락 소식(33장)은 지난 몇 년 동안 에스겔이 사람들의 멸시와 비웃음을 받으면서도 끊임없이 선포했던 메시지가 진실이었음을 입증했다. 그러나 포로민들이 품고 있었던 귀향에 대한 소망을 완전히 산산조각 낸 소식이기도 했다. 이스라엘의 장래를 염려했던 사람들과 이미 바빌론으로 끌려온 포로민들에게는 가장 당혹스럽고 절망스러운 소식이었다.

다행히 이스라엘의 역사 속에 가장 암울하고 절망적인 이 순간에 하나님은 자기 백성을 모른 체하지 않으신다. 백성들이 절망하는 바로 이 순간에 가장 아름답고, 소망적인 메시지가 하나님께로부터 에스겔을 통해 온다. 언젠가는 메시아가, 그것도 다름 아닌 제2의 다윗의 모습으로 오실 것이라는 말씀이다. 메시아는 하나님과 그분의 백성 사이에 '화평의 언약'(בְּרִית שָׁלוֹם, 25절)을 중재할 것이다. 모든 것이 '목자-양'의 아름다운 그림으로 제시된 은유로 표현되고 있다.

일부 주석가들은 본문 중 상당 부분(7-9, 25-30, 31절)은 에스겔 선지자가 쓴 것이 아니라고 주장한다. 훗날 다른 사람들이 삽입하거나 편집했다고 주장하는데(Zimmerli, Brownlee), 그들의 논리를 살펴보면 사람은 미래에 대해 예언을 할 수 없다는 선입견이나 신학적인 전제가 깔려 있다. 그러므로 큰 설득력이 있는 것은 아니다(cf. Blenkinsopp, Darr). 이스라엘의 목자들에 대한 신탁으로 구성되어 있는 본문은 다음과 같이 두 부분으로 나뉜다.

A. 악한 목자들(34:1-10)
B. 선한 목자 여호와(34:11-31)

Ⅳ. 유다와 예루살렘에 임할 축복(33:1-48:35)
B. 이스라엘의 목자들(34:1-31)

1. 악한 목자들(34:1-10)

1 여호와의 말씀이 내게 임하여 이르시되 2 인자야 너는 이스라엘 목자들에게 예언하라 그들 곧 목자들에게 예언하여 이르기를 주 여호와께서 이같이 말씀하시되 자기만 먹는 이스라엘 목자들은 화 있을진저 목자들이 양 떼를 먹이는 것이 마땅하지 아니하냐 3 너희가 살진 양을 잡아 그 기름을 먹으며 그 털을 입되 양 떼는 먹이지 아니하는도다 4 너희가 그 연약한 자를 강하게

아니하며 병든 자를 고치지 아니하며 상한 자를 싸매 주지 아니하며 쫓기는 자를 돌아오게 하지 아니하며 잃어버린 자를 찾지 아니하고 다만 포악으로 그것들을 다스렸도다 [5] 목자가 없으므로 그것들이 흩어지고 흩어져서 모든 들짐승의 밥이 되었도다 [6] 내 양 떼가 모든 산과 높은 멧부리에마다 유리되었고 내 양 떼가 온 지면에 흩어졌으되 찾고 찾는 자가 없었도다 [7] 그러므로 목자들아 여호와의 말씀을 들을지어다 [8] 주 여호와의 말씀에 내가 나의 삶을 두고 맹세하노라 내 양 떼가 노략 거리가 되고 모든 들짐승의 밥이 된 것은 목자가 없기 때문이라 내 목자들이 내 양을 찾지 아니하고 자기만 먹이고 내 양 떼를 먹이지 아니하였도다 [9] 그러므로 너희 목자들아 여호와의 말씀을 들을지어다 [10] 주 여호와께서 이같이 말씀하시되 내가 목자들을 대적하여 내 양 떼를 그들의 손에서 찾으리니 목자들이 양을 먹이지 못할 뿐 아니라 그들이 다시는 자기도 먹이지 못할지라 내가 내 양을 그들의 입에서 건져내어서 다시는 그 먹이가 되지 아니하게 하리라

'목자'(רֹעֶה)는 고대 근동의 지도자들을 칭하는 일반적인 단어였다(사 44:28, 렘 2:8, 10:21, 23:1-6, 25:34-38). 이미 주전 3000년대부터 목자 이미지는 왕과 신들에게 적용되었다(Blenkinsopp). 함무라비 법전(Code of Hammurabi)에서도 왕을 목자로 묘사하고 있으며 고대 바빌론에는 "왕이 없는 백성은 목자 없는 양 떼와 같다"라는 속담이 있었다(Block). 이스라엘의 위대한 지도자였던 모세와 다윗도 목자로 불렸다(사 63:11, 시 78:70-72). 특히 다윗은 사울 왕의 부름을 받기 전에 목자였다(삼상 16:11). 또한 목자는 여호와 하나님의 여러 호칭들 중 하나였으며(cf. 시 23편), 예수님도 자신을 가리키며 사용하신 명칭이었다(cf. 요 10장).

또한 고대사회에서 왕을 포함한 사회 지도자들을 '목자'로 부르는 것은 그들의 정치와 지배 철학을 잘 보여준다. 지도자는 무엇보다도 자신이 다스리는 백성들의 안전과 평안을 우선으로 삼아야 한다는 것이

다. 이러한 배경에서 예수님도 자기 양들을 위해 자기 생명까지 내주신 것이다. 우리도 생명을 다해 성도들을 섬기고 보살피는 목자가 되도록 부르심을 받았다.

다가올 하나님의 통치와 메시아 시대를 목자 개념과 연관시키는 일은 에스겔에게만 국한된 독특한 성향은 아니다. 여러 선지자들이 하나님의 통치와 연관된 목자상을 제시한다. 특히 예레미야는 이러한 면모를 가장 확실하게 보여준다. 예레미야 23:1-6은 다음과 같이 예언한다.

> 여호와의 말씀이니라 내 목장의 양 떼를 멸하며 흩어지게 하는 목자에게 화 있으리라 그러므로 이스라엘의 하나님 여호와께서 내 백성을 기르는 목자에게 이와 같이 말씀하시니라 너희가 내 양 떼를 흩으며 그것을 몰아내고 돌보지 아니하였도다 보라 내가 너희의 악행 때문에 너희에게 보응하리라 여호와의 말씀이니라 내가 내 양 떼의 남은 것을 그 몰려 갔던 모든 지방에서 모아 다시 그 우리로 돌아오게 하리니 그들의 생육이 번성할 것이며 내가 그들을 기르는 목자들을 그들 위에 세우리니 그들이 다시는 두려워하거나 놀라거나 잃어 버리지 아니하리라 여호와의 말씀이니라 여호와의 말씀이니라 보라 때가 이르리니 내가 다윗에게 한 의로운 가지를 일으킬 것이라 그가 왕이 되어 지혜롭게 다스리며 세상에서 정의와 공의를 행할 것이며 그의 날에 유다는 구원을 받겠고 이스라엘은 평안히 살 것이며 그의 이름은 여호와 우리의 공의라 일컬음을 받으리라

이스라엘의 왕이신 여호와는 그들의 목자이며, 이스라엘은 하나님의 양 떼이다. 목자 하나님은 양 떼인 자기 백성을 직접 인도하고 보호하실 수도 있었다. 그러나 여호와께서는 직접 그들을 치리하기보다는 중간에 인간 지도자들을 두어 양 떼를 돌보기를 원하셨다. 목자의 권위를 이스라엘의 지도자들에게 위임하신 것이다. 그런데 문제가 생겼다. 하나님의 양 떼인 이스라엘을 지키고 보호해야 할 목자들(지도자들)

이 엉뚱한 짓들을 한 것이다. 그들은 하나님이 맡겨주신 양을 보호하고 보살피기는커녕, 오히려 양 떼 중 좋은 짐승들을 골라 잡아먹었다! 선지자는 이스라엘 목자들의 죄를 세 가지로 정리한다.

첫째, 이스라엘 목자들은 자기 욕심만 채우는 이기주의에 사로잡힌 자들이었다(1-3절). 목자는 거느리고 있는 양 떼의 안전과 평안을 가장 우선으로 삼아야 한다. 그런데 이스라엘의 목자들은 양을 잡아 자신의 배를 채우고 양털을 깎아 옷을 만들어 입는 데 급급했다. 하나님의 양들을 보살피도록 부르심을 받은 자들이 오히려 양 떼에 해를 입힌 것이다.

목자들이 양 떼를 잘 보살피며 적절한 대가로 짐승을 잡아먹고 양털을 사용해 옷을 만들어 입는 일은 당연하다. 필요한 만큼 양을 도살할 수도 있고, 양털을 깎아 사용하거나, 양의 우유를 먹을 수도 있다. 그러나 문제는 이스라엘의 목자들은 그 정도가 지나치다는 것이다. 이스라엘의 목자들은 하나님의 양 떼를 먹이는 일에는 관심이 없고, 그저 잡아먹을 궁리나 하고 있다!

게다가 양을 잡아도 그저 좋은 것들만 골라 잡아먹는다. 그들의 손에 있는 양 떼의 미래가 별로 밝지 않다. 이렇게 가다가는 머지않아 하나님의 양 떼는 절단이 날 것이다. 그러므로 하나님은 그들에게 수사학적인 질문을 하신다. "목자들이란 양 떼를 먹이는 사람들이 아니냐?"(2절). 자연의 이치에 맞지 않는 어이없는 일이 지금 이스라엘에서 벌어지고 있다는 의미이다. 그런데 이러한 상황이 별로 낯설지 않게 느껴지는 이유는 무엇 때문일까? 우리는 하나님이 우리에게 맡겨주신 주님의 양 떼를 어떻게 대하고 있는가에 대하여 반성해볼 필요가 있다.

둘째, 이스라엘의 목자들은 직무유기의 죄를 범하고 있다(4절). 설령 양을 보호하기는커녕 오히려 잡아먹는 목자라도 양들의 필요는 채워주어야 한다. 그래야 그들의 '포식'이 오랫동안 지속될 것이다. 그러나 이러한 지혜마저도 결여된 자들이 바로 이스라엘의 목자들이다. 그들은 양들을 전혀 보살피지 않는다. 병든 양은 버리고, 약한 양은 보살피지 않고 방치하며, 상한 양은 치료하지 않는다. 이 목자들은 길을 잃은 양을 찾아나서려 하지도 않았다. 목자들은 양들에게 자유를 준 것이라고 둘러댈 수 있겠지만, 양들의 주인이신 하나님의 관점에서 바라볼 때 목자들의 행위는 방임이며 직무유기이다.

또한 이스라엘 목자들은 하나님이 그들에게 맡겨주신 양들을 폭력과 강압으로 다스렸다(4절). 목자의 의무는 양 떼를 흩어지지 않도록 한곳으로 모으는 것이다. 그런데 이런 폭력과 강압으로 다스리면 오히려 더 흩어질 것이 아닌가? 목자의 일에 대해 기본 지식도 없는 자들이다. 오늘날에도 우리 한국 교회를 생각할 때 목사가 무엇인지도 모르고 목회에 임하는 자들이 얼마나 많은가? 치유보다는 상처를, 위로보다는 죄책감으로 성도들을 억압하는 행위가 빈번하게 일어나고 있지 않은가? 자녀 양육은 어떤가? 부모가 되는 것이 무엇을 의미하는지도 모르고 좌충우돌하며 아이들을 키우다 보니 아이들에게 상처와 아픔만 주는 부모들이 태반이다.

셋째, 이스라엘의 목자들은 자기 양 떼에 무관심한 자들이다(5-8절). 양 떼가 모두 흩어져 사라지는데도(길을 잃고 헤매는데도) 목자들은 아랑곳하지 않는다. 무리에서 흩어져 길을 헤매는 양들을 방치하면 결과는 뻔한 것이다(7-8절). 무리에서 떨어져나와 낯선 곳을 헤매는 양들은 약탈을 당하고, 들짐승에게 공격을 당하여 먹이가 될 수밖에 없다. 그러므로 이 양들에게는 분명 목자들이 있지만 없는 바와 다름없다. 이런 목자들은 아무리 많아도 무용지물이다. 하나님의 양 떼인 이스라엘은 잘못된 목자들 때문에 타국에 흩어지게 된 것이다.

하나님은 자기 양 떼를 잘못 관리하는 목자 문제를 어떻게 해결하실 것인가? 하나님이 이스라엘의 목자들에게 맡겨둔 자기 양 떼를 직접 되찾아가신다(9-10절). 자기 양 떼를 되찾아가신 여호와께서 이스라엘 목자들(지도자들)에게 다시는 양을 칠 수 있는 기회를 주지 않겠다고 선언하신다(10절). 더 나아가 하나님의 양 떼를 학대한 목자들은 하나님의 원수가 되었다.

보살필 양 떼가 없는 실직한 목자의 처량함을 생각해보자. 목자들은 크게 후회했을 것이다. 그러나 이미 때는 늦었다. 기회가 있을 때 잘 살려서 하나님이 기뻐하시는 삶을 사는 데에는 참으로 큰 지혜가 필요하다. 메뚜기도 한철이라고, 하나님이 사역자들에게 항상 기회를 주시는 것은 아니다. 하나님이 우리에게 기회를 주실 때 최선을 다해서 성실하게 양 떼를 보살펴야 한다.

비록 하나님이 목자들에게 혹독한 심판을 선언하시지만 지금까지 선포된 말씀의 내용을 살펴보면 주님의 각별한 관심은 목자들의 잘못을 비난하는 것이 아니라, 양들에게 있다. 악한 목자들을 만나 상처입고, 길을 잃고, 엉뚱한 곳에서 방황하다 짐승들에게 잡아먹히는 양들이 하나님의 마음을 가장 아프게 하고 있다. 이런 사실은 하나님이 목자들에게 이인칭 복수인 '너희'로 말씀하신 적이 없으며, 삼인칭 복수를 사용해 메시지를 선포하신다는 점에서도 역력히 드러난다(Block). 반면에 하나님은 '나의 양 떼'(צֹאנִי)라는 표현을 8-10절에서 여섯 차례나 사용해 자기 양 떼에 대한 관심을 부각시키신다.

목자가 잘못하면 온 양 떼가 위험에 노출된다. 하나님이 그들에게 돌보라며 맡겨놓은 양 떼를 이처럼 혹사했으니 양 떼의 주인이 목자들에게 진노하시는 것은 자연스러운 일이다. 주의 백성들에게 임하는 하나님의 구원이 그들을 괴롭히는 외부 세력으로부터 자유케 하는 일이 아니라 잘못된 그들의 지도자들의 억압으로부터 해방시키는 일로 표현되고 있다! 얼마나 어이없는 현실을 묘사하는가?

하나님이 우리에게 사역을 맡기실 때에 떠오르는 가장 기본적인 이미지는 목자상이다. 우리는 어떤 목자인가를 반성해볼 필요가 있다. 우리가 거느리고 있는 양 떼는 우리의 소유물이 아니다. 그들은 하나님의 양 떼이며, 우리는 잠시 주인의 부탁을 받고 그들을 보살피고 있는 일꾼들일 뿐이다. 언젠가는 주인이신 하나님이 자기 양들의 상태를 점검하실 것이라는 사실을 믿고 그 믿음대로 행하는 목자는 지혜로운 사역자이다.

Ⅳ. 유다와 예루살렘에 임할 축복(33:1-48:35)
B. 이스라엘의 목자들(34:1-31)

2. 선한 목자 여호와(34:11-31)

하나님은 바로 앞부분(1-10절)에서 직무유기한 이스라엘의 목자들을 맹렬하게 비난하며 그들에게 맡겼던 양 떼를 빼앗아갈 뿐만 아니라 그 목자들에게 책임을 묻겠다고 하셨다. 본문은 이스라엘의 참 목자이신 하나님이 어떻게 자기 양들을 보살피실 것인가를 설명한다. 그러므로 앞부분에서 비난을 받았던 이스라엘 목자들의 잘못된 마음자세와 역할에 정반대되는 참 목자이신 하나님의 모습이 제시되고 있다. 하나님이 악한 목자들이 망쳐놓은 '목자직'을 없애지 않으시고 악한 목자들만 제거하시는 것은 목자직이 하나님과 백성들 사이를 가장 적절하게 표현하는 비유라는 것을 암시한다(Duguid).

이 부분에서 하나님이 직접 이 백성의 목자가 되실 것이라는 사실이 그 무엇보다 강조된다. 이런 사실을 강조하기 위해 이 부분은 처음부터 끝까지 하나님의 신적(神的) 일인칭 '나'(I)를 중심으로 스피치(speech)가 구성되어 있다. 15절("내가 직접 내 양 떼를 먹이고, 내가 직접 내 양 떼를 눕게 하겠다. 나 주 하나님의 말이다." 새번역)에서 절정에 달한다. 여호와 홀로 참으로 선한 목자이신 것이다. 우리는 주님의 하수인으로서 잠시 주인이 맡기신 일을 감당할 뿐이다. 그러므로 우리가 '내 양'이라고 할 수 있는 성도들은 존재하지 않는다. 모두 하나님의 '양들'이다.

주님만이 진정한 목자이시다. 본문은 다음과 같이 구분될 수 있다.

A. 양들을 보호하는 선한 목자(34:11–16)
B. 양들을 구분하는 선한 목자(34:17–22)
C. 양들과 언약을 맺는 선한 목자(34:23–31)

Ⅳ. 유다와 예루살렘에 임할 축복(33:1–48:35) B. 이스라엘의 목자들(34:1–31) 2. 선한 목자 여호와(34:11–31)

(1) 양들을 보호하는 선한 목자(34:11–16)

**11 주 여호와께서 이같이 말씀하셨느니라 나 곧 내가 내 양을 찾고 찾되 12 목
자가 양 가운데에 있는 날에 양이 흩어졌으면 그 떼를 찾는 것 같이 내가 내
양을 찾아서 흐리고 캄캄한 날에 그 흩어진 모든 곳에서 그것들을 건져낼지
라 13 내가 그것들을 만민 가운데에서 끌어내며 여러 백성 가운데에서 모아
그 본토로 데리고 가서 이스라엘 산 위에와 시냇가에와 그 땅 모든 거주지
에서 먹이되 14 좋은 꼴을 먹이고 그 우리를 이스라엘 높은 산에 두리니 그것
들이 그 곳에 있는 좋은 우리에 누워 있으며 이스라엘 산에서 살진 꼴을 먹
으리라 15 내가 친히 내 양의 목자가 되어 그것들을 누워 있게 할지라 주 여
호와의 말씀이니라 16 그 잃어버린 자를 내가 찾으며 쫓기는 자를 내가 돌아
오게 하며 상한 자를 내가 싸매 주며 병든 자를 내가 강하게 하려니와 살진
자와 강한 자는 내가 없애고 정의대로 그것들을 먹이리라**

이스라엘 목자들의 만행에 분노하신 하나님은 그들을 심판하실 뿐만 아니라 그들에게 학대를 당한 자기 양 떼를 직접 찾아나서 모으고 보살피신다. 본문이 가장 강조하는 것은 하나님의 직접적인 개입이다. 하나님의 이러한 직접적인 개입은 훗날 주님이 보내신 메시아를 통해서 실현될 것이다. 본문이 묘사하고 있는 이상적인 목자상은 다음과 같은 자질들로 구성되어 있다. 본문은 무엇보다도 목자의 인품이 가장

중요하다고 강조하는 것이다.

첫째, 사랑이다. 참 목자는 길을 잃고 헤매는 양이 스스로 돌아오기를 기다리지 않는다. 양이 길을 잃었다는 사실을 의식하는 순간 곧바로 양을 찾아나선다. 양이 스스로 돌아오기를 기다리거나 포기하기에는 너무나도 사랑하기 때문이다. 우리도 이런 열정으로 길을 잃고 헤매는 하나님의 양들을 찾아나서야 한다. 기다려준다는 변명 하에 길 잃은 양들을 방치하면 안 된다.

둘째, 인내이다. 참 목자는 자기 양이 길을 잃고 헤매고 있다는 사실을 의식하는 순간 곧바로 찾아나설 뿐만 아니라, 어디든 양이 있는 곳은 찾아간다. 곧바로 찾지 못한다 해서 포기하지도 않는다. 인내심을 가지고 계속 찾는다. 그 양이 가시덤불에 걸려 있든지, 벼랑 끝에 있든지 간에 끝까지 찾아간다. 오늘날 사역자들에게 가장 필요한 것이 인내심이다.

셋째, 능력이다. 참 목자는 길을 잃은 양을 찾아나설 뿐만 아니라 그 양을 구할 수 있는 능력과 힘을 지녔다. 목자는 때로는 맹수들의 입에서, 때로는 매우 위험한 곳에서 자기 양을 구할 수 있어야 한다. 목회자들이 끊임없이 실력을 쌓아야 하는 이유가 여기에 있다. 양들을 구할 힘을 키우기 위해서이다. 우리는 특히 이리들처럼 날뛰는 이단들의 이빨에서 하나님의 양들을 구해야 한다. 그렇게 하기 위해서는 우리 자신이 끊임없이 하나님의 말씀을 배워 능력을 키워가야 한다.

넷째, 용기이다. 능력과 사랑을 겸비했다 할지라도 용기가 없으면 좋은 목자가 될 수 없다. 목자는 항상 위험과 위기를 감수해야 하는 직업이기 때문이다(cf. 창 31:39, 삼상 17:34-35, 사 31:4, 미 5:8). 목자는 위험을 무릅쓰고 양을 구할 용기를 가져야 한다. 때로는 모험도 감수해야만 좋은 목자가 될 수 있다. 지나치게 계산적인 사람은 좋은 목자가 될 수 없다. 양들을 위한 일이라면 양들의 주인이신 하나님을 믿고 결단을 해야 한다.

다섯째, 공평이다. 목자는 모든 양들을 사랑하고 보호한다. 선한 목자가 되신 하나님은 모든 양들이 똑같이 좋은 풀을 먹도록 하신다. 목자직의 소명을 받은 사람은 선하신 목자이신 하나님처럼 편견이 없이 모든 성도들을 공평하게 대해야 한다.

위와 같이 선한 목자이신 하나님은 이 다섯 가지 인품을 바탕으로 자기 양들에게 다섯 가지 역할을 하신다. 이 다섯 가지 역할 또한 사역자인 우리가 추구하고 닮아가려고 노력해야 하는 것들이다. 우리는 하나님처럼 좋은 목자가 되어 성도들을 보살피라는 소명을 받았기 때문이다.

첫째, 참 목자인 하나님은 자기 양들을 구원하시는 구원자이다(11-12절). 참 목자는 길을 잃은 양을 구원하기 위해 어디든, 어떤 상황이라도 마다하지 않는다. 그러므로 예수님도 참 목자는 양들을 구원하기 위하여 자기 생명을 내놓는 사람이라고 하셨다.

둘째, 참 목자인 하나님은 자기 양들에게 갈 길을 인도하시는 인도자이다(13절). 방황하는 양들을 바른길로 인도하는 것이 목자의 몫이다. 사역자라면 방황하는 성도들이 하나님이 예비하신 길로 들어서도록 제대로 인도자의 역할을 해야 한다.

셋째, 선한 목자인 하나님은 자기 양들의 모든 필요를 채워주시는 공급자이다(13-14절). 하나님은 악한 목자들 때문에 온 세상에 흩어진 자기 양들을 다시 모으신다. 또한 그 양들을 가장 좋은 것들로 먹이신다. 그러므로 양들은 먹이를 찾아 방황할 필요가 없다. 하나님이 그들의 필요를 모두 채워주시기 때문이다. 오늘날 많은 성도들이 이단들의 농간에 놀아나는 가장 큰 이유는 소속 교회가 그들의 영적인 필요를 채워주지 못하기 때문이다. 목회자들은 그들의 필요를 채워주기 위해서라도 스스로 하나님의 말씀을 깊이 연구해야 한다.

넷째, 이스라엘의 목자인 하나님은 그들을 보호하시는 보호자이다(15절). 하나님은 그들을 직접 먹이고, 평안히 눕게 하신다. 양들이 제대로 먹고 쉰다는 것은 목자의 많은 노동과 노력을 전제한다. 양들이 먹을 풀을 찾아야 하고, 양들이 눕는 동안 맹수들이 습격하지 못하도록 불침번도 서야 한다. 목자의 헌신이 없이는 양들이 평안할 수 없다. 우리도 헌신적인 각오로 사역에 임해야 한다.

다섯째, 선한 목자인 하나님은 자기 양들을 치료하시는 치료자이다(16절). 다리가 부러지고 상한 양은 싸매주시고, 약한 양은 튼튼하게 하신다. 참 목자는 아픈 양들을 버리거나 방치하지 않는다. 적절한 치료를 통해 건강을 회복하도록 해야 한다. 우리도 참 목자가 되어 정죄하고 파괴하는 것이 아니라 회복하고 치료하는 사역을 해야 한다.

16절은 악한 목자들의 행위와 대조되는 선한 목자의 보살핌을 가장 극적으로 묘사하고 있다. 또한 16절은 이미 이스라엘의 목자들의 잘못을 가장 강렬하게 비난했던 4절과 매우 인상적인 대조를 이룬다. 한마디로 이스라엘 목자들과 정반대의 모습이다. 다음 구조를 생각해보라(Darr).

A. 너희가 그 연약한 자를 강하게 아니하며(4절)
　B. 병든 자를 고치지 아니하며
　　C. 상한 자를 싸매어주지 아니하며
　　　D. 쫓긴 자를 돌아오게 아니하며
　　　　E. 잃어버린 자를 찾지 아니하고
　　　　E′. 그 잃어버린 자를 내가 찾으며(16절)
　　　D′. 쫓긴 자를 내가 돌아오게 하며
　　C′. 상한 자를 내가 싸매어주며
　B′. 병든 자를
A′. 내가 강하게 하려니와

Ⅳ. 유다와 예루살렘에 임할 축복(33:1-48:35)
B. 이스라엘의 목자들(34:1-31)
2. 선한 목자 여호와(34:11-31)

(2) 양들을 구분하는 선한 목자(34:17-22)

17 주 여호와께서 이같이 말씀하셨느니라 나의 양 떼 너희여 내가 양과 양 사
이와 숫양과 숫염소 사이에서 심판하노라 18 너희가 좋은 꼴을 먹는 것을 작
은 일로 여기느냐 어찌하여 남은 꼴을 발로 밟았느냐 너희가 맑은 물을 마
시는 것을 작은 일로 여기느냐 어찌하여 남은 물을 발로 더럽혔느냐 19 나의
양은 너희 발로 밟은 것을 먹으며 너희 발로 더럽힌 것을 마시는도다 하셨
느니라 20 그러므로 주 여호와께서 그들에게 이같이 말씀하시되 나 곧 내가
살진 양과 파리한 양 사이에서 심판하리라 21 너희가 옆구리와 어깨로 밀어
뜨리고 모든 병든 자를 뿔로 받아 무리를 밖으로 흩어지게 하는도다 22 그러
므로 내가 내 양 떼를 구원하여 그들로 다시는 노략 거리가 되지 아니하게
하고 양과 양 사이에 심판하리라

양들이라 해서 모두 좋은 양이 아니다. 양들 중 일부는 악한 양이 되어 다른 양들을 괴롭힌다. 그러므로 목자이신 하나님이 양들을 구분해 나쁜 양들을 벌하신다. 하나님의 벌을 받는 양들은 자기들은 실컷 풀을 먹으면서도 다른 양들은 먹지 못하도록 남은 풀을 짓밟았다. 자기들은 맑은 물을 실컷 마시면서 다른 양들은 맑은 물을 마시지 못하도록 남은 물을 더럽혔다(18절). 결국 하나님의 양들은 그들이 밟은 풀을 먹고, 그들이 더럽힌 물을 마셨다.

도대체 하나님의 양들이 좋은 것을 먹고 마시지 못하도록 방해를 하는 양들은 누구인가? 하나님은 16절에서 양 떼 중 '살진 것들과 힘센 것들'을 멸하겠다고 선언하셨다. 선지자는 본문을 통해 1-10절에서 지탄받았던 이스라엘의 목자들에 대해, 먹고 남은 것을 짓밟고 남은 물을 더럽히는 '살진 양들'로 묘사한다. 앞에서는 주님의 양들 중 좋은 것들만 잡아먹는 못된 목자들로 묘사된 이스라엘의 지도자들이 본문에서는 자신들의 배만 채우는 것으로 만족하는 것이 아니라 자신들이 먹고 남은 것을 남들이 못 먹게 훼방을 놓는 못된 양들이라고 비난을 받고 있다(18-19절).

그러므로 하나님이 양과 양 사이를 심판을 하신다. 중요한 것은 하나님이 이스라엘에 지도자들을 세워 주님의 양 떼를 다스리도록 하셨지만, 지도자들도 양들에 불과하다는 사실이다(Klein, cf. Zimmerli). 하나님이 그들에게 주님의 양을 다스릴 권위를 위임해주셨다고 해서 그들의 신분이 바뀐 것이 아니다. 하나님 보시기에는 목자들로 세움을 받은 이스라엘의 지도자들도 양들에 불과하다. 지도자로 세움을 받은 양들이 하나님 앞에서 자기 신분을 알고 받아들였더라면 그토록 많은 권력 남용과 오용은 발생하지 않았을 것이다. 사역자로 세움을 받은 우리 역시 하나님의 양들일 뿐이며 우리가 속한 공동체의 일원이지, 공동체 밖에서 홀로 공동체를 다스리는 위치에 있지는 않다.

Ⅳ. 유다와 예루살렘에 임할 축복(33:1-48:35) B. 이스라엘의 목자들(34:1-31) 2. 선한 목자 여호와(34:11-31)

(3) 양들과 언약을 맺는 선한 목자(34:23-31)

23 내가 한 목자를 그들 위에 세워 먹이게 하리니 그는 내 종 다윗이라 그
가 그들을 먹이고 그들의 목자가 될지라 24 나 여호와는 그들의 하나님이 되
고 내 종 다윗은 그들 중에 왕이 되리라 나 여호와의 말이니라 25 내가 또 그
들과 화평의 언약을 맺고 악한 짐승을 그 땅에서 그치게 하리니 그들이 빈
들에 평안히 거하며 수풀 가운데에서 잘지라 26 내가 그들에게 복을 내리고
내 산 사방에 복을 내리며 때를 따라 소낙비를 내리되 복된 소낙비를 내리
리라 27 그리한즉 밭에 나무가 열매를 맺으며 땅이 그 소산을 내리니 그들이

그 땅에서 평안할지라 내가 그들의 멍에의 나무를 꺾고 그들을 종으로 삼은 자의 손에서 그들을 건져낸 후에 내가 여호와인 줄을 그들이 알겠고 [28] 그들이 다시는 이방의 노략 거리가 되지 아니하며 땅의 짐승들에게 잡아먹히지도 아니하고 평안히 거주하리니 놀랠 사람이 없으리라 [29] 내가 그들을 위하여 파종할 좋은 땅을 일으키리니 그들이 다시는 그 땅에서 기근으로 멸망하지 아니할지며 다시는 여러 나라의 수치를 받지 아니할지라 [30] 그들이 내가 여호와 그들의 하나님이며 그들과 함께 있는 줄을 알고 그들 곧 이스라엘 족속이 내 백성인 줄 알리라 주 여호와의 말씀이라 [31] 내 양 곧 내 초장의 양 너희는 사람이요 나는 너희 하나님이라 주 여호와의 말씀이니라

여호와께서 이스라엘의 악한 목자들을 벌하고, 스스로 주의 백성의 목자가 되기를 원하시는 이유가 본문을 통해 역력하게 드러난다. 바로 자기 백성과 '화평의 언약'(בְּרִית שָׁלוֹם)을 맺기 위해서이다(25절, 37:26, cf. 민 25:12, 사 54:10). 제2의 다윗 출현 바로 뒤에 언약에 대한 예언이 선포되는 것을 감안하면 본문이 노래하는 언약 체결은 메시아 사역의 결과이다. 11절 이후의 구조를 살펴보면 이러한 사실이 확실하게 드러난다.

A. 선한 목자(11-16절)
  B. 나쁜 양들(17-22절)
A′. 메시아 목자(23-31절)

구약에서 평화(שָׁלוֹם)는 단순히 적대적 관계가 사라지는 것을 의미하지 않는다. 사람들 사이에 이해와 하모니 등 긍정적인 것들이 존재하는 것을 전제한다(Taylor, Block). 본문에서도 하나님이 이스라엘과 맺을 화평의 언약은 온갖 좋고 긍정적인 것들로 가득하다. 평안(security, 25절), 축복의 단비(26절), 풍요(27절), 구원(28절), 평화와 번영(29절), 하나님을 아는 지식(30절), 하나님-백성 관계(31절). 이 언약은 레위기 26:4-13과 매우 비슷하다(Block). 이 언약의 가장 중요한 면모는 하나님의 함께하심이다(30절). 하나님은 예루살렘을 심판하기 전에 이미 그들을 떠나셨다(cf. 8-11장). 하나님이 자기 백성과 화평의 언약을 맺으시는 날, 다시 그들에게 돌아와 함께하실 것이다. 하나님이 그들과 함께하시니 이 모든 축복이 그들의 것이 된다.

하나님이 자기 백성과 화평의 언약을 맺으신다는 것은 그들을 생명과 풍요로 축복하신다는 것을 전제한다. 그러므로 하나님이 언약을 맺으시는 날, 파괴되어 생산력을 잃고 들짐승이 득실거리도록 방치된 그들의 땅도 치유하고 회복시키실 것이다. 그래야만 주의 백성이 풍요를 누리고 살 수 있기 때문이다. 선지자들은 하나님의 백성이 회복되는 날, 그들이 거주할 땅도 회복될 것을 지속적으로 노래한다. 주의 백성이 누리게 될 땅과 환경의 치유와 회복에 대하여 에스겔은 25-29절에서 다음과 같이 예언한다(Block). 같은 아이디어를 두 차례씩 반복해 이 일이 꼭 실현될 것을 강조한다.

A. 짐승들과 화평(25b-d절)
  B. 식물에 임하는 축복(26-27c절)
    C. 주변 국가들의 압박에서 해방(27d-28a절)
A′. 짐승들과 화평(28b-d절)
  B′. 식물에 임하는 축복(29a-b절)
    C′. 주변 국가들의 압박에서 해방(29c절)

하나님은 목자를 통해서 자기 백성과 화평의 언약을 맺으신다. 이 목자는 선한 목자인 하나님의 임재를 상징하는 이로, 하나님이 자신을 대신할 목자로 보내시는 메시아이다. 메시아 목자는 주의 백성들의 목자 자리를 스스로 차지하지 않는다. 하나님이 세우신 분이다(23절). 이 메시아 목자는 다름 아닌 제2의 다윗이기도 하다(23-24절). 이 새로운 다윗의 사역을 통해 하나님이 자기 백성을 통치하실 것이다. 여호와는 이 백성의 하나님이 되시고, 제2의 다윗으로 오시는 메시아는 그들의 왕이 될 것이다.

일부 주석가들은 에스겔이 이미 오래전에 죽은 다윗 왕을 언급하는 것에 대해 전혀 예측하지 못한 일이라며 매우 의아해한다(Hals). 그러나 하나님이 다윗과 그의 후손들에게 영원한 통치권을 약속하시며 일명 '다윗 언약'(cf. 삼하 7장)을 주신 이후로 이스라엘에는 장차 오실 메시아가 다윗의 후손으로 오실 것이라는 신학적 전통이 생겼다(cf. Darr). 그러므로 에스겔이 다윗 왕이 올 것이라고 말하는 것이 전혀 놀랄 만한 일은 아니다.

그렇다면 이미 오래전에 죽은 다윗과 장차 오실 메시아는 어떤 관계가 있다는 말인가? 다윗은 메시아의 모형(type)으로 확고한 자리를 굳혔다. 먼저 그는 하나님의 마음에 합한 자라는 평가를 받았다(삼상 13:14). 누구보다도 하나님의 심정을 잘 이해하는 사람이었으며 그의 통치는 이스라엘 그 어느 왕의 통치보다 정의와 공의로 가득했다(Pleins). 그러므로 다윗은 메시아의 모형이 될 만한 자격을 지녔다. 한 시편 기자는 미래에 있을 다윗의 통치에 대해 예언했다(시 89편). 다윗 또한 이런 하나님의 약속을 매우 긍정적으로 받아들였다(시 110편). 게다가 포로 시대 이전에 사역했던 선지자들도 장차 다가올 새로운 다윗의 통치에 대해 예언했다(암 9:11, 믹 5:1-5). 바빌론 포로 시절이 시작되기 바로 전에도 똑같은 예언이 선포되었다(렘 23:5-6, 30:9). 특히 예레미야 선지자는 33:17, 20-21, 25-26에서 다음과 같이 예언했다.

> 여호와께서 이와 같이 말씀하시니라 이스라엘 집의 왕위에 앉을 사람이 다윗에게 영원히 끊어지지 아니할 것이며 … 여호와께서 이와 같이 말씀하시니라 너희가 능히 낮에 대한 나의 언약과 밤에 대한 나의 언약을 깨

> 뜨려 주야로 그 때를 잃게 할 수 있을진대 내 종 다윗에게 세운 나의 언약도 깨뜨려 그에게 그의 자리에 앉아 다스릴 아들이 없게 할 수 있겠으며 내가 나를 섬기는 레위인 제사장에게 세운 언약도 파할 수 있으리라 … 여호와께서 이와 같이 말씀하시니라 내가 주야와 맺은 언약이 없다든지 천지의 법칙을 내가 정하지 아니하였다면 야곱과 내 종 다윗의 자손을 버리고 다시는 다윗의 자손 중에서 아브라함과 이삭과 야곱의 자손을 다스릴 자를 택하지 아니하리라 내가 그 포로된 자를 돌아오게 하고 그를 불쌍히 여기리라

에스겔 선지자는 포로 시절 중에도 다윗을 메시아의 모형으로 논한다(겔 34:23-24, 37:21-25). 스가랴 선지자는 포로 시절이 끝난 지 한참 뒤에도 다윗을 메시아의 모형으로 선언한다(슥 12:8). 다윗은 구약에서 우리가 찾을 수 있는 가장 확실한 메시아의 모형이었다. 그러므로 선지자들은 메시아에 대해 예언할 때 자주 메시아를 새로운 다윗 혹은 제2의 다윗으로 묘사한 것이다. 중요한 것은 하나님이 자기 백성을 통치하라고 메시아를 보내신 것이 아니라, 메시아를 통해 하나님이 자기 백성을 통치하신다는 사실이다(Levenson).

본문이 묘사하고 있는 참 목자상 또한 메시아로 오신 예수님과 직접적인 연관이 있다. 요한복음 10장 등은 예수님을 선한 목자라고 묘사한다. 예수님이 자신을 선한 목자로 말씀하실 때에는 구약의 선한 목자(하나님)를 의식하고 자신을 하나님과 동일시한 것이다. 이러한 사실을 의식한 유대인들은 예수님이 하나님을 모독했다고 생각했다(요 10:33). 신약은 예수님을 구약에서 선한 목자로 묘사하는 하나님이라고 분명히 말한다. 그러므로 신약은 예수님을 목자장(벧전 5:4), 양들의 위대한 목자(히 13:20), 목자-감독(벧전 2:25) 등으로 묘사한다. 에스겔이 선한 목자로 묘사하는 하나님과 자신을 선한 목자라고 주장하는 요한복음 10장의 예수님의 말씀을 비교해보자.

에스겔의 선한 목자 하나님	선한 목자이신 예수님(요한복음 10장)
자기의 양을 아는 목자	3, 14-15절
양을 치유하고 보살피는 목자	15절
양을 인도하는 목자	7-9절
양을 먹이는 목자	9절
양을 다스리는 목자	16절
양을 보호하는 목자	12-13절
양을 찾아 나서는 목자	16절

우리는 모두 예수님을 닮아가는 것을 갈망하는 목자들이 되어야 한다. 그렇다면 위에 제시된 목자상과 우리가 얼마나 비슷해져 있는가를 생각해보아야 한다. 우리가 평생 마음에 품고 살아야 할 사실은 심지어 메시아마저도 양들을 섬기고 보호하기 위해 이 땅에 오셨다는 것이다. 양들에게 섬김을 요구하고 누리는 것을 당연히 여기는 목자는 결코 하나님을 닮은 목자가 아니다.

이때까지 에스겔 선지자는 "그들이 내가 여호와임을 알리라"라는 표현을 자주 사용해왔다(6:10, 13, 14, 7:27, 12:15, 16, 24:27 등등). 모두 하나님의 심판이 실현되는 날과 관련이 있다. 그러므로 이 표현("그들이 내가 여호와임을 알리라")은 장차 주의 백성에게 임할 재앙과 연관된 부정적인 의미를 지녔다.

본문에서는 동일한 표현이 새로운 뉘앙스를 풍기면서 사용된다(30절). 하나님이 이스라엘과 평화의 언약을 맺으시는 날, 이스라엘은 비로소 여호와께서 그들과 함께하심과 자신들은 하나님의 백성이라는 사실을 새롭게 깨닫게 될 것이다. 또한 하나님이 이스라엘과 평화의 언약을 세운다는 것은 이스라엘에 대한 하나님의 심판과 분노가 완전히 사라졌다는 것을 전제한다. 평화의 언약은 시내 산 언약과는 달리 영원하다. 이점에 대해 이사야 54:7-10은 다음과 같이 기록한다.

내가 잠시 너를 버렸으나 큰 긍휼로 너를 모을 것이요
내가 넘치는 진노로 내 얼굴을 네게서 잠시 가렸으나
영원한 자비로 너를 긍휼히 여기리라
네 구속자 여호와께서 말씀하셨느니라
이는 내게 노아의 홍수와 같도다
내가 다시는 노아의 홍수로 땅 위에 범람하지 못하게 하리라 맹세한 것 같이
내가 네게 노하지 아니하며
너를 책망하지 아니하기로 맹세하였노니
산들이 떠나며 언덕들은 옮겨질지라도
나의 자비는 네게서 떠나지 아니하며
나의 화평의 언약은 흔들리지 아니하리라
너를 긍휼히 여기시는 여호와께서 말씀하셨느니라

Ⅳ. 유다와 예루살렘에 임할 축복(33:1–48:35)

C. 에돔 심판(35:1–15)

**[1] 또 여호와의 말씀이 내게 임하여 이르시되 [2] 인자야 네 얼굴을 세일 산으로
향하고 그에게 예언하여 [3] 이르기를 주 여호와께서 이같이 말씀하시되**

세일 산아
내가 너를 대적하여 내 손을 네 위에 펴서
네가 황무지와 공포의 대상이 되게 할지라
[4] 내가 네 성읍들을 무너뜨리며
네가 황폐하게 되리니
네가 나를 여호와인 줄을 알리라

**[5] 네가 옛날부터 한을 품고 이스라엘 족속의 환난 때 곧 죄악의 마지막 때
에 칼의 위력에 그들을 넘겼도다 [6] 그러므로 주 여호와의 말씀이니라 내가**

나의 삶을 두고 맹세하노니 내가 너에게 피를 만나게 한즉 피가 너를 따르
리라 네가 피를 미워하지 아니하였은즉 피가 너를 따르리라 [7] 내가 세일 산
이 황무지와 폐허가 되게 하여 그 위에 왕래하는 자를 다 끊을지라 [8] 내가
그 죽임 당한 자를 그 여러 산에 채우되 칼에 죽임 당한 자를 네 여러 멧부
리와, 골짜기와, 모든 시내에 엎드러지게 하고 [9] 너를 영원히 황폐하게 하여
네 성읍들에 다시는 거주하는 자가 없게 하리니 내가 여호와인 줄을 너희가
알리라 [10] 네가 말하기를 이 두 민족과 두 땅은 다 내 것이며 내 기업이 되
리라 하였도다 그러나 여호와께서 거기에 계셨느니라 [11] 그러므로 주 여호와
의 말씀이니라 내가 나의 삶을 두고 맹세하노니 네가 그들을 미워하여 노하
며 질투한 대로 내가 네게 행하여 너를 심판할 때에 그들이 나를 알게 하리
라 [12] 네가 이스라엘 산들을 가리켜 말하기를 저 산들이 황폐하였으므로 우
리에게 넘겨주어서 삼키게 되었다 하여 욕하는 모든 말을 나 여호와가 들은
줄을 네가 알리로다 [13] 너희가 나를 대적하여 입으로 자랑하며 나를 대적하
여 여러 가지로 말한 것을 내가 들었노라 [14] 주 여호와에서 이같이 말씀하셨
느니라 온 땅이 즐거워할 때에 내가 너를 황폐하게 하되 [15] 이스라엘 족속의
기업이 황폐하므로 네가 즐거워한 것 같이 내가 너를 황폐하게 하리라 세일
산아 너와 에돔 온 땅이 황폐하리니 내가 여호와인 줄을 무리가 알리라 하
셨다 하라

이스라엘과 에돔은 친척 관계였다. 에돔은 야곱의 쌍둥이 형 에서의 후손들이다(cf. 창 27-28, 33장). 그러나 역사를 살펴보면 이 두 민족은 서로를 시기하고 미워했던 숙적 관계였다(cf. 5절). 예루살렘이 바빌론에 멸망한 다음에도 에돔이 예루살렘 생존자들에게 가장 큰 위협이 되었다(Blenkinsopp). 가장 슬픈 시편들 중 하나가 137편이다. 이미 바빌론에 끌려가 살다가 예루살렘이 바빌론 군에 함락되었다는 소식을 전해 들은 포로민들이 바빌론 강가에서 부른 노래이기도 하다. 시편 137:7은 에돔과 이스라엘의 숙적 관계를 잘 표현해준다.

주님, 예루살렘이 무너지던 그 날에,
에돔 사람이 하던 말,
"헐어 버려라, 헐어 버려라.
그 기초가 드러나도록 헐어 버려라"
하던 그 말을 기억하여 주십시오(새번역).

선지자는 이미 25장에서 에돔에 대한 심판을 선언한 적이 있다. 그런데 왜 다시 반복하는가? 무엇보다도 하나님의 심판을 받아 멸망할 에돔(35장)과 하나님의 은혜로 회복될 이스라엘(36장)의 대조적인 미래를 강조하기 위해서이다(Clements, Darr, Lind). 또한 25장은 예루살렘이 함락되기 전에 선포된 말씀이다. 33장에서는 예루살렘이 무너졌다는 소식이 바빌론에서 사는 이스라엘 사람들에게 전해졌다. 이러한 상황에서 에스겔은 다시 한 번 에돔에 임할 하나님의 심판을 더 확실하게 선언하고자 한다. 에돔은 이스라엘의 친척이면서도 예루살렘이 바빌론의 손에 무너질 때, 말리기는커녕 오히려 원수의 편을 들어주었다(cf. 옵 11-14, 시 137:7, 애 4:21, 22). 바빌론에 거주하던 이스라엘 사람들이 이 소식을 들었을 때, 오래전부터 지속되어왔던 에돔에 대한 분노가 다시 끓어올랐을 것이다. 선지자는 이스라엘의 하나님이 예루살렘 함락을 기뻐하는 이들을 절대 용서하지 않으실 것을 경고한다.

에스겔은 에돔 사람들의 죄 세 가지를 지적한다. 첫째, 그들의 잔인성이다(5절). 이스라엘이 하나님의 심판을 받아 괴로워할 때, 에돔은 그들을 칼로 쳤다. 주전 587년에 시작된 바빌론 군의 예루살렘 포위가 1년 이상 지속되면서 식량이 떨어진 성안에서는 사람들이 시체를 먹는 등 상상할 수 없는 일들이 일어났다(cf. 예레미야애가). 포위된 예루살렘 성안에 거하던 사람들 중 몇몇은 굶어 죽으나, 바빌론 군에게 잡혀 죽으나 마찬가지라는 각오로 탈출을 시도했다. 이때 예루살렘 성 주변에 머물면서 마치 기다렸다는 듯이 탈출한 사람들을 사로잡아 바빌론 군에게 넘기거나, 그 자리에서 죽이는 무리가 있었다. 바로 에돔 사람들이었다(옵 10, 14). 형제 민족으로서 이런 일을 하면 안 된다. 더 나아가 에돔 사람들은 힘없는 사람들, 곧 그들과 싸울 상대가 못 되는 사람들에게 폭행과 만행을 저질렀다. 약자들의 하나님이신 여호와께서 어떻게 진노하지 않으시겠는가!

둘째, 에돔 사람들의 욕심이다(10절). 에돔은 하나님을 무시하고 이스라엘과 유다 땅을 자신의 영토로 만들려는 욕심을 품고 이런 짓을 했다(10절, cf. Darr, Duguid). 강자인 바빌론 사람들의 환심을 사서 그 땅을 얻어보려고 바빌론 군을 대신해서 온갖 만행을 저지른 것이다. 가나안 땅은 하나님이 이스라엘에게 영구적으로 주신 땅인데도 말이다(cf. 출 32:11-14). 인간의 욕심은 결코 자신이 가진 것에 만족하지 못하게 한다. 그렇기 때문에 한 심리학자는 인간의 욕심을 '뒤집어진 결혼케이크'라고 표현했다. 인간은 많이 가질수록 더 많은 것을 원하며, 이 욕심에는 끝이 없다는 것이다. 하나님은 이스라엘의 영토를 욕심 내는 에돔에게서 그나마 그들이 소유한 영토를 빼앗으실 것이다(15절).

아합이 지나친 욕심을 부리다가 심판을 받은 좋은 예이다. 그는 모든 것을 가졌지만 나봇이란 사람의 포도밭을 욕심냈다. 나봇이 땅을 팔지 않자 아합의 아내 이세벨이 나봇을 죽이고 그 땅을 빼앗아 남편에게 선물하는 어이없는 일이 벌어졌다(왕상 21장). 구약에서 가장 경건한 사람들 중 하나인 다윗도 지나친 욕심으로 큰 죄를 지었다. 다윗은 수많은 아내들을 두었지만, 자기 부하인 우리야의 아내 밧세바를 욕심냈다(삼하 11장). 아합과 다윗 모두 지나친 욕심 때문에 하나님의 진노를 샀다. 우리가 이 땅에서 추구해야 할 경건한 삶의 상당 부분은 욕심을 다스리고 절제하는 일이다. 아굴 왕이 기도한 대로 살 수 있다면 얼마나 좋을까! 그는 이렇게 기도했다.

주님께 두 가지 간청을 드리니, 제가 죽기 전에 그것을 이루어 주십시오.

> 허위와 거짓말을 저에게서 멀리하여 주시고, 저를 가난하게도 부유하게도 하지 마시고, 오직 저에게 필요한 양식만을 주십시오. 제가 배가 불러서, 주님을 부인하면서 "주가 누구냐"고 말하지 않게 하시고, 제가 가난해서, 도둑질을 하거나 하나님의 이름을 욕되게 하거나, 하지 않도록 하여 주십시오(잠언 30:7-9, 새번역).

셋째, 에돔 사람들은 불경스러운 허풍을 일삼았다(13절). 아마도 여호와는 우상들과 다름 없는 무능한 신에 불과하며 바빌론의 신 마르두크에게 무릎을 꿇었기 때문에 자기 백성을 내준 것이라고 떠들어댔을 것이다. 여호와께서 바빌론을 도구로 사용해 죄 지은 자기 백성을 벌하셨다는 사실을 꿈에도 상상하지 못했기 때문이다. 창조주 여호와에 대한 무지함에서 비롯된 에돔 사람들의 비방은 하나님의 권위와 능력을 무시하는 행위였다. 문제는 하나님이 에돔 사람들이 하는 말을 모두 들으셨다는 것이다. 그러므로 비방과 비아냥을 당하신 하나님이 범죄자들을 가만히 두실 리 없다. 에돔은 이스라엘 땅이 황폐해진 것을 기뻐했으니(12절), 하나님은 그들의 땅을 황폐하게 만드실 것이다(3, 4, 7, 9, 14, 15절). 에돔이 심판을 받아 황폐해지는 날, 그들은 비로소 그들을 심판하신 이가 다름 아닌 그들이 비웃었던 이스라엘의 하나님이라는 사실을 알게 될 것이다(15절).

Ⅳ. 유다와 예루살렘에 임할 축복(33:1-48:35)

D. 이스라엘의 산에게 주는 예언(36:1-38)

선지자는 35장에서 에돔의 상징인 세일 산을 향해 심판을 선포했다(cf. 35:3). 에돔은 이스라엘을 미워하는 모든 원수들의 상징이다(Stuart). 주의 백성을 미워하는 대명사로 취급되는 에돔 사람들의 주요 거처지인 세일 산은 폐허가 될 것이다. 폐허가 되는 세일 산과는 대조적으로 36장에서는 이스라엘의 산들이 과거의 모습으로 회복될 것이라고 선언한다. 에스겔은 35-36장을 통해 이스라엘과 그들의 적들의 대조되는 운명을 조명하는 것이다. 그러므로 이 두 산에서 일어나는 일들은 이스라엘과 그의 이웃/원수들의 대조적인 종말을 묘사한다(Duguid). 하나님이 자기 백성을 회복시키시는 날, 먼저 그들의 영토가 회복될 것이며, 그다음 그들이 회복되어 그 땅을 누리며 살 것이다. 중요한 것은 이스라엘이 여호와의 구원과 회복을 받을 만한 일을 했기 때문이 아니라 하나님이 이스라엘로 인해 땅에 떨어진 자기 명예를 회복시키기 위해 그들에게 은혜를 베푸신다는 사실이다(Allen). 선지자들은 주의 백성의 회복을 예언할 때 항상 그들의 땅의 회복도 함께 예언한다. 그러므로 본문은 두 부분으로 나뉠 수 있다.

A. 이스라엘 영토 회복(36:1-15)
B. 이스라엘 백성 회복(36:16-38)

Ⅳ. 유다와 예루살렘에 임할 축복(33:1-48:35)
D. 이스라엘의 산에게 주는 예언(36:1-38)

1. 이스라엘 영토 회복(36:1-15)

1 인자야 너는 이스라엘 산들에게 예언하여 이르기를 이스라엘 산들아 여호와의 말씀을 들으라 2 주 여호와께서 이같이 말씀하시기를 원수들이 네게 대하여 말하기를 아하 옛적 높은 곳이 우리의 기업이 되었도다 하였느니라 3 그러므로 너는 예언하여 이르기를 주 여호와께서 이같이 말씀하시기를 그들이 너희를 황폐하게 하고 너희 사방을 삼켜 너희가 남은 이방인의 기업이 되게 하여 사람의 말거리와 백성의 비방 거리가 되게 하였도다 4 그러므로 이스라엘 산들아 주 여호와의 말씀을 들을지어다 산들과 멧부리들과 시내들

과 골짜기들과 황폐한 사막들과 사방에 남아 있는 이방인의 노략 거리와 조
롱 거리가 된 성읍들에게 주 여호와께서 이같이 말씀하셨느니라 [5] 주 여호와
께서 이같이 말씀하시기를 내가 진실로 내 맹렬한 질투로 남아 있는 이방인
과 에돔 온 땅을 쳐서 말하였노니 이는 그들이 심히 즐거워하는 마음과 멸
시하는 심령으로 내 땅을 빼앗아 노략하여 자기 소유를 삼았음이라 [6] 그러므
로 너는 이스라엘 땅에 대하여 예언하되 그 산들과 멧부리들과 시내들과 골
짜기들에 관하여 이르기를 주 여호와께서 이같이 말씀하시기를 내가 내 질
투와 내 분노로 말하였나니 이는 너희가 이방의 수치를 당하였음이라 [7] 그
러므로 주 여호와께서 이같이 말씀하시기를 내가 맹세하였은즉 너희 사방
에 있는 이방인이 자신들의 수치를 반드시 당하리라 [8] 그러나 너희 이스라
엘 산들아 너희는 가지를 내고 내 백성 이스라엘을 위하여 열매를 맺으리니
그들이 올 때가 가까이 이르렀음이라 [9] 내가 돌이켜 너희와 함께 하리니 사
람이 너희를 갈고 심을 것이며 [10] 내가 또 사람을 너희 위에 많게 하리니 이
들은 이스라엘 온 족속이라 그들을 성읍들에 거주하게 하며 빈 땅에 건축하
게 하리라 [11] 내가 너희 위에 사람과 짐승을 많게 하되 그들의 수가 많고 번
성하게 할 것이라 너희 전 지위대로 사람이 거주하게 하여 너희를 처음보다
낫게 대우하리니 내가 여호와인 줄을 너희가 알리라 [12] 내가 사람을 너희 위
에 다니게 하리니 그들은 내 백성 이스라엘이라 그들은 너를 얻고 너는 그
기업이 되어 다시는 그들이 자식들을 잃어버리지 않게 하리라 [13] 주 여호와
께서 이같이 말씀하셨느니라 그들이 너희에게 이르기를 너는 사람을 삼키는
자요 네 나라 백성을 제거한 자라 하거니와 [14] 네가 다시는 사람을 삼키지 아
니하며 다시는 네 나라 백성을 제거하지 아니하리라 주 여호와의 말씀이니
라 [15] 내가 또 너를 여러 나라의 수치를 듣지 아니하게 하며 만민의 비방을
다시 받지 아니하게 하며 네 나라 백성을 다시 넘어뜨리지 아니하게 하리라
주 여호와의 말씀이니라 하셨다 하라

에돔의 세일 산은 황무지가 되지만(35:4), 이스라엘의 산은 하나님의

은혜를 입어 매우 풍요롭고 기름진 땅이 될 것이다(8절). 선지자는 의인법으로 주의 백성이 거하던 온 땅을 상징하는 이스라엘의 산에 대해 선포한다(Darr). 이스라엘의 원수들은 망해버린 이스라엘의 산들을 바라보며 군침을 삼키지만(2절), 그 땅은 결코 그들의 소유가 되지 않을 것이다. 이스라엘의 땅은 이스라엘 사람들의 땅이라기보다 그들의 하나님 여호와의 땅이기 때문이다(5절). 구약은 가나안 땅의 주인이 하나님이라고 하며, 이스라엘은 그 땅을 선물로 받아 경작하는 소작민들이라고 한다. 본문에서도 이러한 상황이 전제되고 있다. 범죄한 소작민들이 쫓겨났다고 땅 주인이 사라진 것이 아니다. 그 땅의 주인은 하나님이시다. 그러므로 이스라엘이 바빌론으로 끌려갔다고 해서 주변 국가들이 그 땅을 탐하는 것은 엄연히 주인이 있는 땅을 탐하는 것과 같다.

때가 되면 하나님이 이미 멸망하여 주변 국가들의 조롱거리가 된 이스라엘을 회복시키실 것이다(3, 4, 6절). 그러나 에스겔의 청중들은 하나님의 회복 약속을 쉽게 믿지 못했다. 고대 근동의 역사에서 이때까지 그 어느 백성도 자기 나라를 잃었다가 수십 년 후에 다시 찾은 사례가 없기 때문이다. 그러므로 본문은 이러한 약속을 하시는 이의 신원을 강조하는 표현으로 가득하다. "주께서 말씀하셨다"(2-7, 13절), 하나님이 네 차례나 선지자에게 예언하라고 하신다(1, 3, 6, 8절), 두 차례나 이스라엘의 산들에게 주님의 말씀을 들으라고 하신다(1, 4절). 여호와 하나님이 자기 명예를 걸고 약속하신 일이기 때문에 믿을 수 있다는 것이다.

하나님이 자기 백성을 회복시키시는 날, 그들을 비웃었던 이웃 나라들은 에돔처럼 수치를 당하게 하실 것이다(7절). 그들이 이스라엘이 망한 후 그 땅을 탐했고, 이스라엘의 아픔을 자기의 기쁨과 기회로 삼았기 때문이다. 약육강식이 세상의 정서이지만, 성경은 슬퍼하는 자들(약자들)과 함께 슬퍼하라고 한다.

에스겔은 1-7절을 통해 이스라엘이 당면한 어두운 현실을 있는 그대로 말했다. 드디어 8절에 이르러서는 그들의 밝은 미래에 대해 예언하기 싫어한다. 그러므로 학자들은 8절을 시작하는 '그러나'를 선지자가 선포하고 있는 메시지에서 가장 중요한 반전 포인트로 간주한다(Darr). 어두운 현실과 밝은 미래를 가장 확실하게 대조해주기 때문이다.

이스라엘의 땅이 회복되는 것은 타국으로 끌려간 이스라엘 사람들이 하나님이 그들의 조상에게 주신 땅으로 다시 돌아올 것을 전제한다(8절). 하나님이 돌아온 자기 백성들이 풍요와 평안을 누리며 살 수 있도록 하기 위해 그들이 거할 땅을 회복시키시는 것이다. 하나님의 자기 백성을 위한 세심한 배려가 돋보인다.

돌아온 하나님의 백성들이 부족함 없이 살 수 있도록 산들이 풍요로워진다. 이스라엘이 돌아오는 날, 하나님이 그들에게 다음과 같은 회복을 축복으로 내리신다. 모두 하나님이 자기 얼굴을 백성들에게 돌리실 때 일어나는 일이다(8절). 구약에서 하나님이 인간에게 얼굴을 돌리신다는 것은 은혜와 자비를 베푸신다는 상징적인 의미를 지니고 있다(cf. 민 6:24-26). 하나님이 자기 백성을 위하여 그들이 거할 땅을 회복시키실 때 다음과 같이 네 가지 축복이 임한다. 에스겔은 네 얼굴과 네 날개를 지닌 네 천사를 보는 등 총체성을 뜻하는 숫자 '4'를 매우 효과적으로 사용하는 선지자이다. 이스라엘 산들의 회복을 예언하면서도 네 가지로 언급하는 것은 이스라엘의 땅이 예전보다 더 좋아질 것을 강조하기 위해서이다.

첫째, 산들이 들로 변한다(9절). 높은 산들이 낮아져 들로 변한다는 말이 아니다. 생산성이 없는 산들이 들처럼 많은 곡식과 과일 등으로 주의 백성들을 배불리 먹일 것을 의미한다. 또한 좋은 풀이 많이 돋아나 짐승들도 실컷 먹게 될 것이다(cf. 11절). 이스라엘처럼 산이 많은 지역에서 모든 산들이 먹을 것을 풍요롭게 내주는 것은 사람이 꿈꿀 수 있는 가장 이상적인 상황이라 할 수 있다.

둘째, 인구가 늘어난다(10, 11절). 먹을 것이 많고 여건이 평화로우면

인구가 늘어나는 것은 당연한 일이다. 이스라엘은 주전 722년에 망했고, 유다는 몇 년 전인 주전 586년에 망했다. 생존자들은 아시리아와 바빌론에 끌려가 살고 있다. 타국에 흩어져 사는 주의 백성들 중 얼마나 많은 사람들이 돌아와야 망한 나라를 재건할 수 있을까? 하나님은 걱정하지 말라고 하신다. 하나님이 자기 방법으로 이스라엘 백성을 다시 번성시키실 것이기 때문이다.

셋째, 폐허가 되었던 도시들이 재건된다(10절). 이스라엘 땅이 풍요로워지고 인구가 늘어나면 당연히 도시들이 발전하게 된다. 예전에는 예루살렘과 사마리아가 큰 도시들이었다면, 하나님이 이스라엘을 회복시키시는 날에는 그들의 땅에 훨씬 더 많은 도시들이 세워질 것이다. 주의 백성이 예전보다 훨씬 더 번성할 것을 의미한다.

넷째, 산들에 짐승들이 늘어난다(11절). 본문이 말하고 있는 짐승은 가축(בְּהֵמָה)을 의미한다(LXX). 들짐승이 많아지는 것은 언약적 저주에 속한다. 반면에 가축이 많아지는 것은 언약적 축복이다. 그만큼 사람들이 먹을 것이 많아진다는 것을 의미하기 때문이다. 선지자는 그날이 되면 이스라엘의 험난한 산들이 가축들을 키우기에 딱 좋은 곳으로 변할 것이라고 한다(cf. 9절).

하나님이 이스라엘의 산들을 회복시켜주실 때, 주님의 은혜로 회복된 땅은 과거보다 훨씬 더 풍요로운 땅이 될 것이다. 그래야만 주의 백성도 예전보다 더 왕성하게 회복될 것이기 때문이다(13-15절). 또한 풍요로움은 국력이다. 그러므로 회복된 이스라엘은 회복된 땅에서, 강대국들 때문에 몸살을 앓던 옛날보다 훨씬 더 평안하게 살게 될 것이다.

에스겔이 예언하고 있는 이스라엘 산들의 회복은 전혀 새로운 것이 아니다. 옛적에 솔로몬이 성전을 건축하고 헌당 예배를 드리며 기도했을 때, 하나님은 주의 백성들이 죄를 짓고 타국으로 끌려간다 할지라도 그곳에서 진심으로 하나님을 찾으면 그들을 용서할 뿐만 아니라 그들의 땅도 고쳐주실 것/치료하실 것(רָפָא)이라고 하셨다(대하 7:14). 하나님이 자기 백성을 용서하시는 것과 그들의 땅을 회복시켜주시는 것은 항상 함께 간다. 그러므로 우리도 우리가 사는 땅이 망가지고 있다고 생각하면 회개해야 한다. 우리의 죄가 땅을 망치고 있기 때문이다. 우리가 회개하면 땅도 회복될 것이다.

Ⅳ. 유다와 예루살렘에 임할 축복(33:1-48:35)
D. 이스라엘의 산에게 주는 예언(36:1-38)

2. 이스라엘 백성 회복(36:16-38)

앞부분에서 에스겔은 하나님이 자기 백성들에게 내리신 심판이 끝나면 이스라엘 땅이 회복될 것이라고 했다. 본문에서는 그 땅에 거할 주의 백성이 회복될 것을 예언한다. 백성의 회복과 그들이 거할 땅의 회복은 항상 쌍을 이루기 때문이다. 또한 선지자는 하나님이 자기 백성을 어떠한 방법으로 회복시키실 것인가를 본문의 구조를 통해 보여준다. 하나님이 자기 백성과 새 언약을 맺음으로써 그들을 번성하게 하실 것이라고 한다. 다음 구조를 참조하라.

A. 이스라엘 땅에서 쫓겨난 백성(36:16-21)
  B. 새 언약(36:22-28)
A'. 이스라엘 땅과 백성 회복(36:29-38)

Ⅳ. 유다와 예루살렘에 임할 축복(33:1-48:35)
D. 이스라엘의 산에게 주는 예언(36:1-38)
2. 이스라엘 백성 회복(36:16-38)

(1) 이스라엘 땅에서 쫓겨난 백성(36:16-21)

**16 여호와의 말씀이 또 내게 임하여 이르시되 17 인자야 이스라엘 족속이 그
들의 고국 땅에 거주할 때에 그들의 행위로 그 땅을 더럽혔나니 나 보기에
그 행위가 월경 중에 있는 여인의 부정함과 같았느니라 18 그들이 땅 위에
피를 쏟았으며 그 우상들로 말미암아 자신들을 더럽혔으므로 내가 분노를
그들 위에 쏟아 19 그들을 그 행위대로 심판하여 각국에 흩으며 여러 나라에
헤쳤더니 20 그들이 이른바 그 여러 나라에서 내 거룩한 이름이 그들로 말미
암아 더러워졌나니 곧 사람들이 그들을 가리켜 이르기를 이들은 여호와의
백성이라도 여호와의 땅에서 떠난 자라 하였음이라 21 그러나 이스라엘 족속
이 들어간 그 여러 나라에서 더럽힌 내 거룩한 이름을 내가 아꼈노라**

이스라엘은 악한 행동으로 자신들의 땅을 더럽혔기 때문에 하나님이 선물로 주신 땅에서 살지 못하고 쫓겨났다. 선지자는 그들의 행위를 여자의 월경에 비교한다(17절). 고대사회에서 여자의 월경은 가장 터부(taboo)화된 부정함 중 하나였다. 피와 관련 있고, 월경을 하는 여자 주변에 악령들이 도사리고 있다고 생각했기 때문이다. 성경은 사람이 죄를 지으면 자기가 사는 땅을 피로 오염시킨다고 주장한다(cf. 창 4장). 이스라엘의 가증스러운 죄로 인해 피로 물든 땅을 월경하는 여자의 부정함에 비교하는 것이다.

이스라엘은 어떤 죄를 지었기에 이러한 비난을 받는가? 선지자는 이스라엘의 죄를 크게 두 가지로 요약한다. (1) 죄 없는 사람들의 피를 흘렸다, (2) 온갖 우상들을 숭배했다(18절). 죄 없는 사람들의 피를 흘렸다는 것(cf. 24:14)은 그 사회에서 공의와 정의가 사라졌다는 것을 의미한다. 이스라엘은 서로 사랑할 뿐만 아니라 서로 공의와 정의를 베풀며

살아가야 하는 공동체로 부르심을 받았는데, 그들은 하나님의 부르심에 부합한 삶을 살지 못했다. 그저 서로를 이용하려 하고 약자들을 돕기는커녕 그들을 짓밟았기 때문에 이런 비난을 받는다. 더 나아가 이스라엘은 여호와께 등을 돌리고 우상들을 숭배했다. 다른 곳도 아니고 하나님이 그들에게 선물로 주신 땅에서 이런 가증한 짓을 했다. 그러므로 선지자는 그들의 우상숭배가 땅을 더럽혔다고 한다. 당시 사람들은 우상들에게 사람을 제물로 바치기도 했다. 유다의 왕들 중에 아하스와 므낫세는 자기 자식들을 우상에게 제물로 바쳤다. 이스라엘은 약자들을 착취하고 핍박했을 뿐만 아니라 우상숭배를 함으로써 자신들이 사는 땅을 [피로] 더럽혔다.

이스라엘의 죄에 대해 진노한 하나님은 그들을 땅에서 쫓아내어 여러 나라에 흩으셨다(19절). 그러나 이스라엘 사람들은 열방에 흩어져 살면서도 하나님의 이름을 더럽혔다(20절). 무슨 의미인가? 그들이 타국으로 끌려가서도 [약자들을 억압하는] 자신들의 행위와 [우상을 숭배하는] 종교적 성향을 바꾸지 않았다는 뜻이다. 그들은 여전히 죄 없는 사람들의 피를 흘리고, 우상을 섬겼다. 옛 버릇 개 못 준 것이다.

타국에 가서도 옛 버릇을 버리지 못한 주의 백성에게 소망이 있는가? 선지자는 소망이 있다고 말한다(21절). 하나님의 구원과 회복은 그들의 자격이나 노력에 근거하지 않고, 오직 하나님의 명예와 성품에 근거하기 때문이다. 하나님은 타국으로 끌려간 이스라엘이 회개하기는커녕 계속 주님의 이름을 더럽히고 있는 상황을 그대로 방치하지 않겠다고 하신다.

선지자는 하나님이 이스라엘과 그들의 땅을 회복시키시는 것은 이스라엘의 능력이나 도덕성 때문이 아니라 그분의 명예 때문이라는 사실을 강조한다(21, 22, 23, 32절). 구원할 가치가 전혀 없는 사람들을 하나님의 명예가 더 이상 훼손되지 않도록 구원하신다는 사실이 성경적인 구원론의 중요한 부분이다. 우리의 기도 중에서도 하나님의 명예 회복을 염두에 둔 기도가 가장 힘있는 기도가 될 수 있다. 히스기야의 기도(사 37장)를 생각해보라.

Ⅳ. 유다와 예루살렘에 임할 축복(33:1-48:35)
D. 이스라엘의 산에게 주는 예언(36:1-38)
2. 이스라엘 백성 회복(36:16-38)

(2) 새 언약(36:22-28)

**22 그러므로 너는 이스라엘 족속에게 이르기를 주 여호와께서 이같이 말씀하
시기를 이스라엘 족속아 내가 이렇게 행함은 너희를 위함이 아니요 너희가
들어간 그 여러 나라에서 더럽힌 나의 거룩한 이름을 위함이라 23 여러 나라
가운데에서 더럽혀진 이름 곧 너희가 그들 가운데에서 더럽힌 나의 큰 이름
을 내가 거룩하게 할지라 내가 그들의 눈 앞에서 너희로 말미암아 나의 거
룩함을 나타내리니 내가 여호와인 줄을 여러 나라 사람이 알리라 주 여호와
의 말씀이니라 24 내가 너희를 여러 나라 가운데에서 인도하여 내고 여러 민
족 가운데에서 모아 데리고 고국 땅에 들어가서 25 맑은 물을 너희에게 뿌려
서 너희로 정결하게 하되 곧 너희 모든 더러운 것에서와 모든 우상 숭배에
서 너희를 정결하게 할 것이며 26 또 새 영을 너희 속에 두고 새 마음을 너희
에게 주되 너희 육신에서 굳은 마음을 제거하고 부드러운 마음을 줄 것이며
27 또 내 영을 너희 속에 두어 너희로 내 율례를 행하게 하리니 너희가 내 규
례를 지켜 행할지라 28 내가 너희 조상들에게 준 땅에서 너희가 거주하면서
내 백성이 되고 나는 너희 하나님이 되리라**

하나님은 자기 명예를 위하여 세상 곳곳으로 흩어진 이스라엘 사람들을 가나안으로 모은 후 그들과 언약을 맺으신다. 에스겔은 이 과정을 24절에서 세 차례나 제2의(새로운) 출애굽 사건으로 묘사한다. "여러 나라 가운데서 인도하여내고, 여러 민족 가운데에서 모아, 데리고

고국 땅에 들어가서." 이 말씀 외에도 에스겔서에는 출애굽 모티브가 아홉 차례 더 등장한다(11:17, 20:34-35, 20:41-42, 28:25, 29:13, 34:13, 37:12, 37:21, 39:27). 새 출애굽이 시작되는 날, 흩어져 있던 주의 백성들이 주님의 인도에 따라 다시 이스라엘로 모일 것이다. 이런 표현은 옛날의 출애굽 사건을 모티브로 삼고 있다.

하나님이 열방에 흩어진 백성들을 다시 모으실 뿐만 아니라 그들과 새 언약을 체결하시는 이유도 오로지 자기 이름 때문이다(22-23절). 하나님과 언약을 맺을 백성들이 노력해서 얻어낸 결과가 아니라 하나님의 일방적인 은혜가 이루는 일이다. 선지자 이사야도 에스겔보다 훨씬 전에 이러한 회복에 대해 예언한 적이 있다(사 57:14-21).

하나님이 주의 백성과 맺으실 새 언약의 내용을 살펴보면 구약의 그 어떤 예언보다도 신약의 교회와 밀접한 관계가 있다. 먼저 하나님은 백성들에게 물을 뿌려 온갖 더러움과 우상숭배에서 정결하게 하실 것이다(25절). 하나님은 자신과 백성들의 관계를 새로운 차원으로 격상하기를 원하신다. 그러나 새롭고 더 좋은 관계를 맺기 전에 이 일을 위한 준비 작업이 필요하다. 바로 하나님이 이스라엘을 모든 부정함에서 씻기시는 일이다.

주의 백성은 온갖 악한 일을 행한 부정함과 우상을 섬기던 더러움에서 깨끗하게 씻김을 받아야 한다. 이스라엘 종교에서 정결예식이 얼마나 중요한지를 암시한다(cf. 민 19장). 죄는 용서받아야 할 불의한 행위일 뿐만 아니라, 씻겨야 할 더러움이다(cf. 사 4:4, 렘 4:14). 신약에서는 세례/침례가 이 역할을 한다(요 13:10, 15:3, 행 22:16, 고전 6:11, 엡 5:25-27, 히 9:13-14).

하나님이 물을 뿌려 자기 백성들을 정결하게 하신 다음, 그들에게 새 마음/심장(לֵב חָדָשׁ)과 새 영(רוּחַ חֲדָשָׁה)을 주신다(26절, cf. 11:19). 정결 과정이 인간의 외형적인 것(물 뿌림)에서 내부적인 것(마음)으로 옮겨가고 있다(Blenkinsopp). 심장과 영은 인간의 이성과 의지를 좌우하는 기관이다. 새 심장과 새 영을 주신다는 것은 새로운 삶/신분을 의미한다. 그뿐만 아니라 새 마음과 영이 대체하는 심장은 어떤 것인가? '돌 심장'(לֵב הָאֶבֶן)으로밖에 묘사될 수 없다. 쉽게 말해서 에스겔은 하나님이 언젠가는 자기 백성들에게 '심장이식 수술'을 행하실 것을 예언한다. 구약에서 여러 차례 예고된 '마음의 할례'가 드디어 실현되고 있다고 할 수도 있다(cf. 신 30:6, 렘 31:31-34). 주의 백성은 하나님이 집도하신 심장이식 수술을 받아 모두 '새 피조물'이 된다(cf. 고후 5:17).

하나님은 주의 백성들에게 심장이식 수술을 하신 다음에 그들과 함께할 자기 영(רוּחִי)도 주신다(27절). 하나님의 영은 그들의 삶에서 변화(transformation)를 주관할 것이다. 하나님의 영은 주의 백성들을 정결케 하고, 보호하고, 격려하고, 믿음을 갖게 한다. 그러므로 신약에서 성도가 성령을 받는 것과 비슷하다(행 2:38, 갈 3:2, cf. Zimmerli, Duguid). 신약에서 하나님이 자기 영을 백성들에게 주시는 것은 자기가 그들의 주인이라는 사실을 드러내는 인치심이기도 하다(고후 1:22, 엡 1:13).

반면에 하나님의 영이 그의 백성들에게 임하는 목적은 그들이 하나님의 모든 규례와 율법을 잘 지키게 하기 위해서라고 한다(27절). 이스라엘은 시내 산에서 모세를 통해 주신 율법대로 살지 못해서 약속의 땅에서 쫓겨났다. 그들에게는 스스로 율법을 지키며 하나님께 순종할 수 있는 능력이 없었다. 그러므로 하나님이 그들의 심장을 바꿔주신 다음에 자기 영을 그들에게 주어 율법대로 살 수 있게 하신다. 경건한 삶도 하나님이 함께하고 도우셔야만 가능하다. 이 부분에 대해 한 주석가는 다음과 같이 말한다.

> 하나님은 반역하는 이스라엘에 대해 옛날처럼 더 이상 도박을 하시지 않을 것이다. 미래에는 더 이상 실험도 없다! 하나님은 그들에게 자기 영을 주시고 그들의 심장을 바꾸어놓으실 것이다. 이렇게 되면 그들이 하나님을 반역하는 일이 불가능해지며, 그들이 할 수 있는 유일한 일은

하나님의 통치와 명령을 그대로 이행하는 것이다(Greenberg).

하나님의 영이 주의 백성과 함께하면, 그들은 비로소 거룩한 것들을 추구할 의욕을 회복한다(27절, cf. 31절). 그들과 함께하는 하나님의 영에 감동을 받은 주의 백성들이 하나님의 율법을 지키고 실천하려 할 것이다(27절). 율법을 알고 실천하다 보면 지난날 자신들이 얼마나 어리석었으며, 얼마나 많은 죄를 지었는가를 깨닫고 큰 수치심을 갖게 된다(cf. 31절).

이 모든 일을 통해 이스라엘은 다시 주의 백성으로 태어날 것이다(28절). 그들은 여호와의 백성이 되고, 여호와는 그들의 하나님이 되실 것이다(cf. 창 17:7-14, 출 19:4-6, 레 26:12, 신 7:6, 14:2, 렘 11:3-4, 30:22, 31:33, 겔 11:20, 36:28, 슥 8:8, 고후 6:16, 계 21:3). 에스겔은 이 사건을 '심장이식 수술'로 표현하고 있지만, 에스겔과 같은 시대에 예루살렘에서 사역했던 예레미야는 같은 상황을 돌에 새겨진 율법(시내 산 율법)과 다른 '심장에 새겨진 율법'으로 묘사한다. 표현은 달라도 두 선지자는 동일한 때와 사건을 예언한다.

Ⅳ. 유다와 예루살렘에 임할 축복(33:1-48:35)
D. 이스라엘의 산에게 주는 예언(36:1-38)
2. 이스라엘 백성 회복(36:16-38)

(3) 이스라엘 땅과 백성 회복(36:29-38)

29 내가 너희를 모든 더러운 데에서 구원하고 곡식이 풍성하게 하여 기근이
너희에게 닥치지 아니하게 할 것이며 30 또 나무의 열매와 밭의 소산을 풍성
하게 하여 너희가 다시는 기근의 욕을 여러 나라에게 당하지 아니하게 하리
니 31 그 때에 너희가 너희 악한 길과 너희 좋지 못한 행위를 기억하고 너희
모든 죄악과 가증한 일로 말미암아 스스로 밉게 보리라 32 주 여호와의 말씀

이니라 내가 이렇게 행함은 너희를 위함이 아닌 줄을 너희가 알리라 이스라
엘 족속아 너희 행위로 말미암아 부끄러워하고 한탄할지어다 33 주 여호와께
서 이같이 말씀하셨느니라 내가 너희를 모든 죄악에서 정결하게 하는 날에
성읍들에 사람이 거주하게 하며 황폐한 것이 건축되게 할 것인즉 34 전에는
지나가는 자의 눈에 황폐하게 보이던 그 황폐한 땅이 장차 경작이 될지라 35
사람이 이르기를 이 땅이 황폐하더니 이제는 에덴 동산 같이 되었고 황량하
고 적막하고 무너진 성읍들에 성벽과 주민이 있다 하리니 36 너희 사방에 남
은 이방 사람이 나 여호와가 무너진 곳을 건축하며 황폐한 자리에 심은 줄
을 알리라 나 여호와가 말하였으니 이루리라 37 주 여호와께서 이같이 말씀
하셨느니라 그래도 이스라엘 족속이 이같이 자기들에게 이루어 주기를 내게
구하여야 할지라 내가 그들의 수효를 양 떼 같이 많아지게 하되 38 제사 드
릴 양 떼 곧 예루살렘이 정한 절기의 양 무리 같이 황폐한 성읍을 사람의 떼
로 채우리라 그리한즉 그들이 나를 여호와인 줄 알리라 하셨느니라

선지자가 1-16절에서 강조했던 땅의 회복과 16-28절에서 선포했던 이스라엘의 회복이 본문을 통해 복합적으로 선포된다. 이 부분은 1-28절의 결론적인 역할을 하고 있는 것이다. 그날이 되면 이스라엘 땅은 에덴동산처럼 회복될 것이다(35절). 이스라엘이 타국으로 끌려갈 때 황폐화되었던 땅이 회복되어 주의 백성들이 충분히 먹고살 수 있을 정도로 풍요로워질 것이라는 의미이다. 선지자 이사야도 비슷한 상황에 대해 여러 차례 예언했다(사 51:3, 32:15, 35장). 우리가 누리는 하나님의 구원을 존 밀턴(John Milton)은 '다시 얻은 낙원'(Paradise Regained)으로 표현했다. 적절한 표현이다. 구원을 받은 우리는 언젠가 에덴동산의 풍요로움을 누리고 살 것을 꿈꾸고 있다.

하나님이 이스라엘과 그들의 땅을 회복해주시는 날, 주의 백성들이 양 떼처럼 불어난다(37-38절). 매년 최소한 3일(유월절, 오순절, 장막절)은 예루살렘의 모든 거리가 이스라엘 온 지역으로부터 성전에서 예배를

드리려고 몰려든 사람들과 그들의 짐승들(하나님께 제물로 드릴 것들)로 가득 찼다. 에스겔의 청중들은 예루살렘이 파괴되고 성전이 폐허가 되어 방치된 상황에서 "예루살렘 거리에 다시 그런 일이 있을까?" 하는 질문을 하고 있을 것이다. 에스겔은 그런 날이 꼭 다시 올 것이라고 확신하는 말씀을 선포한다. 포로가 되어 바빌론에 끌려와 살던 그의 청중들에게 큰 위로가 되었을 것이다.

하나님이 자기 백성과 새 언약을 맺으시는 날, 그들의 기도에 귀를 기울이신다(37절). 하나님이 백성들의 가장 작은 신음에도 응답하신다는 것은 그의 백성이 상상할 수 있는 가장 커다란 축복이다. 여호와께서 다시 그들의 하나님이 되시고, 그들이 하나님의 자녀들이 될 것을 전제하고 있기 때문이다.

사실 에스겔의 회복에 대한 예언은 결코 새로운 계시가 아니다. 모세는 이미 신명기 30:1-3을 통해 오래전에 이런 일이 있을 것이라는 예언을 남겼다. 하나님이 주의 백성과 새로운 언약을 맺으실 때, 사람들은 비로소 여호와를 인정할 것이다(38절). 백성이 하나님을 인정하는 것이 모든 회복의 궁극적인 목적이다. 우리가 먼저 여호와를 알고 다른 사람들도 여호와를 알게 하는 것이 사역자들인 우리의 사역과 인생의 목표가 되어야 한다.

선지자는 36장에서 하나님이 이스라엘 사람들의 죄를 용서하시고 그들의 땅도 회복시켜주실 날이 멀지 않았다고 선언하는데, 정결 개념과 언어를 매우 포괄적으로 사용하고 있다. 이러한 상황은 에스겔이 이러한 개념과 언어에 익숙했던 제사장이었다는 사실을 다시 한 번 암시한다. 그는 이스라엘이 범죄해 스스로 부정해졌다고 한다. 그러므로 이스라엘이 하나님과의 관계를 회복하려면 먼저 정결해져야 한다고 한다. 에스겔은 지속적으로 예식적인 언어(ritual language)를 사용해 자신의 신분을 암시한다. 이 정결은 사람들이 노력으로 얻을 수 있는 것이 아니다. 전적으로 외부에서부터 해결책이 와야 한다. 죄로 인해 돌처럼 굳은 심장을 하나님이 제거하고 살처럼 부드러운 심장을 주실 때 비로소 인간의 죄 문제가 해결된다. 심장이식 수술만이 유일한 해법이라는 것이다.

E. 마른 뼈 계곡(37:1-14)

에스겔서에는 본문을 포함해 선지자가 본 환상 네 개를 기록하고 있다(나머지 셋은 1:1-3:15, 8:1-11:25, 40:1-48:35 등이다). 이 네 환상들 중 본문에 기록된 것은 세 번째이다. 에스겔이 11장 이후 하나님의 영에 사로잡혀 다른 곳으로 옮겨가는 것은 이번이 처음이다. 예전에는 하나님의 영이 선지자를 예루살렘 성전으로 데려갔는데, 이번에는 한 골짜기로 갔다. 골짜기를 보니 마른 뼈들(죽은 지 오래된 사람들의 뼈들)로 가득 차 있었다. 이 장소가 정확히 어디였는지에 대해 많은 학자들이 추정했지만 그곳이 실제 장소였는지 아니면 단순히 환상이었는지는 중요하지 않다. 그곳에서 무슨 일이 벌어지고 있는가가 중요하다.

선지자는 바로 앞(36장)에서 훗날 이스라엘이 회복될 것이라고 예언했다. 이스라엘의 땅도, 이스라엘 민족도 다시 회복될 것이다. 그러나 강대국 바빌론의 주(州)로 편입되어 있는 이스라엘의 현실을 감안하면 에스겔의 예언이 성취되는 것을 믿기 어렵다고 생각한 사람들도 많았을 것이다. 그 무엇보다도 그들을 비탄의 구덩이로 깊숙이 끌어당긴 것은 바로 얼마 전에 바빌론에 전해진 예루살렘 함락 소식이었다. "시온은 여호와가 거하시는 곳이기 때문에 절대 함락되지 않을 것이다"라는 일명 '시온 불가침설'을 믿는 사람들에게 예루살렘 함락 소식은 마치 홍두깨로 얻어맞은 듯한 충격을 안겨주었을 것이다.

예루살렘 함락 소식을 듣고 망연자실해 실의에 빠진 사람들은 에스겔의 회복 예언을 듣고 “어찌 이런 일이 가능한가?”라고 반박했다. 이에 대해 선지자는 다시 한 번 회복은 처음부터 끝까지 철저한 하나님의 기적이었다고 선언한다. 이스라엘 영토와 민족의 재건은 포로로 끌려간 사람들이나, 예루살렘에 남아 있는 사람들의 노력으로 얻어낸 결과가 아니다. 전적으로 하나님이 베풀어주시는 은혜이다. 하나님이 에스겔에게 보여주신 마른 뼈 환상은 다음과 같이 나뉜다.

A. 마른 뼈 골짜기 환상(37:1-3)
B. 살아난 마른 뼈들(37:4-10)
C. 환상 해석(37:11-14)

Ⅳ. 유다와 예루살렘에 임할 축복(33:1-48:35)
E. 마른 뼈 계곡(37:1-14)

1. 마른 뼈 골짜기 환상(37:1-3)

[1] 여호와께서 권능으로 내게 임재하시고 그의 영으로 나를 데리고 가서 골짜기 가운데 두셨는데 거기 뼈가 가득하더라 [2] 나를 그 뼈 사방으로 지나가게 하시기로 본즉 그 골짜기 지면에 뼈가 심히 많고 아주 말랐더라 [3] 그가 내게 이르시되 인자야 이 뼈들이 능히 살 수 있겠느냐 하시기로 내가 대답하되 주 여호와여 주께서 아시나이다

에스겔은 하나님의 영에 사로잡혀 마른 뼈들이 가득한 골짜기로 이끌려갔다. 골짜기에는 아주 많은 사람의 뼈들이 쌓여 있었다. 선지자는 이 사람들이 죽은 지 매우 오래된 것을 강조하기 위해 ‘마른 뼈’로 표현한다. 당시 사람들은 사람이 죽으면 매장하지 않고 ‘가족 묘’라고 불리는 동굴에 시신을 안치했다. 세월이 흐르면 동굴에 안치된 시신에서 남는 것은 뼈뿐이다. 뼈는 공기에 노출되어 있기 때문에 시간이 지나면 하얗게 변한다. 에스겔이 본 뼈들은 바로 이런 모습을 보이고 있다. 죽은 지 너무 오래되어 생명력이라고는 전혀 찾아볼 수 없는 뼈들을 보고 있다. 어떻게 생각하면 우리가 주님을 만나고 하나님의 자녀가 되기 전에 우리의 영적 상태가 이러했다고 할 수 있다.

선지자는 주전 722년에 아시리아에게 망한 북왕국 이스라엘과 주전 586년에 바빌론에게 망한 유다의 모습을 환상으로 보았다. 두 나라가 침략자들의 손에 망할 때 엄청난 살육이 있었고 그나마 생존자들은 인질이 되어 침략자들의 나라로 끌려가 돌아오지 못했다. 이러한 이스라엘의 상황이 마른 뼈 계곡 환상으로 표현된다. 회생이 도저히 불가능해 보이는 이스라엘과 백성들의 형편이 마른 뼈 계곡이다.

하나님은 이런 상황에서 선지자에게 질문하신다. "이 뼈들이 살아날 수 있겠느냐?" 이 질문의 뉘앙스는 "이 말라비틀어진 뼈들처럼 회생 가능성이 없는 이스라엘이 다시 한 나라로 회복될 수 있겠느냐?"이다. 벌써 오래전에 말라버린 뼈, 그것도 한두 개가 아니고 엄청난 양의 뼈들이 계곡을 메우고 있기 때문에 선지자는 "오직 주님만이 아십니다"라고 대답한다.

선지자는 하나님이 언젠가는 이스라엘을 회복시키실 것이라고 확신한다. 또한 분명히 회복될 것이라는 신탁도 여러 차례 선포했다. 그러나 이스라엘이 처한 상황을 이 환상에서 확인하고 나니 자신이 없어졌다. 인간적으로 불가능해 보이기 때문이다. 그러나 선지자가 이때까지 외쳐온 것처럼 하나님은 하실 수 있으며 꼭 하실 것이다. 이스라엘의 구원과 회복은 능력의 하나님이 약속하신 일이기 때문이다.

에스겔은 죽은 지 오래된 사람들의 마른 뼈로 가득 찬 계곡을 보고 있다. 이 마른 뼈들을 다시 소생시키려면 매우 큰 능력을 지닌 신, 특히 엄청난 생명력을 지닌 신의 도움이 필요하다. 에스겔의 하나님 여호와는 이런 일을 하실 수 있는 분인가? 에스겔이 선지자로 부르심을 받았을 때 여호와는 온갖 생기와 생령으로 가득한 분이었으며, 네 생물들이 형성하고 있는 보좌에 앉으신 분이었다(cf. 1-3장). 에스겔을 선지자로 부르신 하나님은 온 세상에서 생명력으로 가장 충만하신 분이었다. 그러므로 여호와는 그 누구도 못하는 불가능한 일—죽은 지 너무 오래되어 뼈가 말라버린 사람들을 살리는 일—을 하실 수 있고 하실 것이다. 그러나 염치가 없는 선지자는 하나님께 꼭 그렇게 해달라고 부탁드릴 수 없다. 이스라엘의 회복은 도저히 엄두가 나지 않는 불가능한 일로 보이기 때문이다. 그러므로 선지자는 "이스라엘의 운명은 오직 주님의 손에 달려 있습니다"라고 대답하며 하나님의 자비에 희망을 걸어볼 뿐이다.

Ⅳ. 유다와 예루살렘에 임할 축복(33:1-48:35)
E. 마른 뼈 계곡(37:1-14)

2. 살아난 마른 뼈들(37:4-10)

4 또 내게 이르시되 너는 이 모든 뼈에게 대언하여 이르기를 너희 마른 뼈들
아 여호와의 말씀을 들을지어다 5 주 여호와께서 이 뼈들에게 이같이 말씀하
시기를 내가 생기를 너희에게 들어가게 하리니 너희가 살아나리라 6 너희 위
에 힘줄을 두고 살을 입히고 가죽으로 덮고 너희 속에 생기를 넣으리니 너
희가 살아나리라 또 내가 여호와인 줄 너희가 알리라 하셨다 하라 7 이에 내
가 명령을 따라 대언하니 대언할 때에 소리가 나고 움직이며 이 뼈, 저 뼈가
들어 맞아 뼈들이 서로 연결되더라 8 내가 또 보니 그 뼈에 힘줄이 생기고
살이 오르며 그 위에 가죽이 덮이나 그 속에 생기는 없더라 9 또 내게 이르
시되 인자야 너는 생기를 향하여 대언하라 생기에게 대언하여 이르기를 주
여호와께서 이같이 말씀하시기를 생기야 사방에서부터 와서 이 죽음을 당한
자에게 불어서 살아나게 하라 하셨다 하라 10 이에 내가 그 명령대로 대언하
였더니 생기가 그들에게 들어가매 그들이 곧 살아나서 일어나 서는데 극히
큰 군대더라

하나님이 선지자에게 계곡에 가득한 뼈들을 향하여 살아날 것을 명령하라고 하셨다. 하나님이 마른 뼈와 같은 이스라엘을 다시 살리시는 이유는 이번에도 주의 백성이 여호와와 그의 능력을 인정하게 하기 위해서이다. "그때에야 비로소 너희는, 내가 주인 줄을 알게 될 것이다"(6절). 하나님은 우리가 주님을 제대로 알게 하기 위해 끊임없는 자비와 은혜를 베푸신다.

선지자가 계곡에 쌓인 마른 뼈들에게 하나님이 명령하신 대로 말씀을 선포하니 뼈들이 부딪치는 소리를 내며 사람의 형태를 되찾고 그 위에 살이 붙고, 살갗이 덮였다. 곧 그들은 생기가 더해져 살아 있는 사람들로 변했다. 모든 뼈들이 큰 무리로 회복되어 매우 큰 군대가 되었다.

종종 본문은 죽은 사람이 부활하는 모습을 묘사하는 것으로 해석된다(cf. Blenkinsopp, Darr). 그래서 그들은 본문이 말하는 마른 뼈가 산 사람이 되는 순서(뼈들이 들어맞음→힘줄이 생김→살이 오름→가죽이 덮임→생기가 투입됨)에 따라 사람이 부활할 것이라고 한다. 그러나 본문은 주님이 다시 오실 때 부활할 죽은 사람들에 대한 말씀이 아니다. 단순히 36장과 같은 맥락에서 마른 뼈처럼 멸망한 지 오래된 이스라엘이 다시 회복될 것을 노래할 뿐이다. 하나님이 미래에 대해 예언하실 때 그 절정은 항상 자기 백성의 회복이다(Block).

본문에서 종말에 있을 부활을 보는 것은 옳지 않다. 게다가 특별히 관리하지 않으면 사람의 뼈는 몇 백 년이 지나면 삭아 없어진다. 더 나아가 화장한 사람들의 뼈는 어떻게 되는가? 이러한 정황을 생각해보면 본문이 부활과 전혀 상관없는 말씀이라는 것이 더 확실해진다. 또한 선지자는 다음 부분(11-14절)에서 이 말씀이 온전히 이스라엘의 회복을 비유적으로 묘사한 것이라는 점을 분명히 드러낸다.

한 가지 염두에 두어야 할 것은 하나님이 직접 선포하지 않으시고 선지자에게 대언하게 하셨는데도 결과는 하나님이 하신 것과 같다는 사실이다. 에스겔은 하나님의 대변자로서 주님의 권위와 능력을 과감하게 발휘한다. 이것이 오늘날 하나님이 세우신 사역자들의 권위이자 능력이다.

Ⅳ. 유다와 예루살렘에 임할 축복(33:1-48:35)
E. 마른 뼈 계곡(37:1-14)

3. 환상 해석(37:11-14)

11 또 내게 이르시되 인자야 이 뼈들은 이스라엘 온 족속이라 그들이 이르기
를 우리의 뼈들이 말랐고 우리의 소망이 없어졌으니 우리는 다 멸절되었다
하느니라 12 그러므로 너는 대언하여 그들에게 이르기를 주 여호와께서 이
같이 말씀하시기를 내 백성들아 내가 너희 무덤을 열고 너희로 거기에서 나
오게 하고 이스라엘 땅으로 들어가게 하리라 13 내 백성들아 내가 너희 무덤
을 열고 너희로 거기에서 나오게 한즉 너희는 내가 여호와인 줄을 알리라 14
내가 또 내 영을 너희 속에 두어 너희가 살아나게 하고 내가 또 너희를 너희
고국 땅에 두리니 나 여호와가 이 일을 말하고 이룬 줄을 너희가 알리라 여
호와의 말씀이니라

환상에서 회생하는 뼈들은 이스라엘 온 족속이다(11절). 예루살렘 함락을 전해들은 이스라엘 사람들은 "다시는 우리가 한 나라로 회복하지 못할 것"이라는 실망과 좌절에 빠져 있다. 그러나 이 환상은 그들의 염려가 부질없는 짓이며, 시간이 지나면 하나님이 이 백성을 죽은 지 오래되어 말라비틀어진, 생명력이 전혀 없는 뼈들을 회생시키신 것처럼 이스라엘을 회복시키실 것을 약속한다. "너희 무덤을 열고, 너희로 거기에서 나오게 하고, 이스라엘 땅으로 들어가게 하리라"(12절).

선지자는 이스라엘 사람들이 강제로 끌려가 사는 열방을 무덤에 비유하고 있다. 그들의 타국 생활이 마치 무덤에 갇혀 있는 일로 묘사되는 것이다. 때가 되면 하나님이 열방에 흩어져 있는 자기 백성을 모으실 터인데, 이 일은 마치 무덤에 갇혀 있는 사람들을 해방시키는 것과 같다. 하나님은 열방에서 모은 그들을 다시 약속의 땅으로 데리고 오실 것이다. 그뿐만 아니라 영적 부흥이 이스라엘의 회복을 동반할 것이다(14절). 하나님이 그들에게 자기 영을 주실 것이기 때문이다.

이미 앞부분에서 언급한 것처럼 많은 사람들은 이 본문이 마치 우리의 부활을 언급하는 것으로 이해하지만 설득력 없는 해석이다. 구약에서 부활을 구체적으로 언급하는 말씀은 별로 많지 않다. 다니엘 12:1-3과 이사야 26:19 등 두 곳뿐이다. 본문의 주제는 단순히 열방에 흩어져 있는(죽은 자들과 다름없는) 이스라엘 사람들이 언젠가는 하나님의 인도로 다시 한 백성으로 이스라엘 땅을 차지하게 될 것을 예언한다. 이 예언은 일차적으로 스룹바벨과 에스라와 느헤미야를 중심으로 형성되었던 주전 6-5세기의 귀향민들을 통해 성취되었다.

마른 뼈가 회생해서 살아 있는 사람이 되는 것같이 망해버린 이스라엘이 다시 한 나라로 회복되기까지는 상당한 시간이 필요하다. 이런 상황에서 바빌론으로 끌려온 포로민들이 좌절하지 않게 하기 위해 하나님이 한 가지 조치를 취해주신다. 하나님이 자기 영을 포로민들 사이에 두어 그들과 함께하실 것이다. "내가 내 영을 너희 속에 두어서 너희가 살 수 있게 하고"(14절).

어떻게 이 일이 진행될 것인가? 에스겔의 사역과 연관성이 있어 보인다(cf. 2:5, 33:33). 에스겔의 예언과 사역은 포로민들에게 증거가 되어 훗날 그들이 자신들 중에 선지자가 있었다는 사실을 깨닫게 할 것이라고 한다. 이러한 상황에서 하나님의 영이 그들과 함께하신다는 것은 여호와께서 에스겔을 포함한 여러 선지자들을 통해 포로민들을 보살피실 것이라는 사실을 암시한다. 하나님의 이러한 보호는 그들이 다시 조국으로 돌아가 이스라엘을 재건할 때까지 계속될 것이다.

이미 서론에서 언급했지만 이스라엘 사람들에게는 그들의 영토를 벗어나 다른 나라에서도 하나님의 말씀이 동일하게 임한다는 사실이 믿기지 않았을 것이다. 하나님의 말씀이 약속의 땅 밖에서도 임한다는 것을 믿지 않은 것은 그들의 신학적 편견과 영적 교만에서 비롯되었다. 이스라엘이 아무리 부인한다고 해도 진실이 바뀌지는 않는다. 바벨론에서도 하나님의 선지자들이 활동했다. 에스겔과 다니엘이 대표적인 예다. 더 나아가 요나와 나훔은 아시리아를 찾아가 그들에게 여호와의 말씀을 전했다. 하나님의 임재는 특정한 공간으로 제한될 수 없다. 여호와는 너무나도 위대하신 분이라 그분의 임재를 가두어둘 만한 공간은 세상에 존재하지 않는다.

선지자는 '영'(רוּחַ)이란 단어를 1-14절에서 열 차례 사용하고 있으며, 매우 유동성 있고 다양하게 사용한다. 그는 이 단어를 때로는 '호흡/생기'로, '바람'으로, '하나님의 영'으로 사용한다. 영의 역할도 매우 다양하게 표현하고 있다. 첫째, 영은 에스겔을 다른 곳으로 수송하는 역할을 한다. 둘째, 영은 명령을 이행할 수 있는 능력이다. 셋째, 영은 죽은 자들에게 생명력을 주어 살아 움직이게 하는 힘이다.

Ⅳ. 유다와 예루살렘에 임할 축복(33:1-48:35)

F. 하나가 된 두 막대기(37:15-28)

15 여호와의 말씀이 또 내게 임하여 이르시되 16 인자야 너는 막대기 하나를
가져다가 그 위에 유다와 그 짝 이스라엘 자손이라 쓰고 또 다른 막대기 하
나를 가지고 그 위에 에브라임의 막대기 곧 요셉과 그 짝 이스라엘 온 족속
이라 쓰고 17 그 막대기들을 서로 합하여 하나가 되게 하라 네 손에서 둘이
하나가 되리라 18 네 민족이 네게 말하여 이르기를 이것이 무슨 뜻인지 우리
에게 말하지 아니하겠느냐 하거든 19 너는 곧 이르기를 주 여호와께서 이같
이 말씀하시기를 내가 에브라임의 손에 있는 바 요셉과 그 짝 이스라엘 지

파들의 막대기를 가져다가 유다의 막대기에 붙여서 한 막대기가 되게 한즉 내 손에서 하나가 되리라 하셨다 하고 [20] 너는 그 글 쓴 막대기들을 무리의 눈 앞에서 손에 잡고 [21] 그들에게 이르기를 주 여호와께서 이같이 말씀하시기를 내가 이스라엘 자손을 잡혀 간 여러 나라에서 인도하며 그 사방에서 모아서 그 고국 땅으로 돌아가게 하고 [22] 그 땅 이스라엘 모든 산에서 그들이 한 나라를 이루어서 한 임금이 모두 다스리게 하리니 그들이 다시는 두 민족이 되지 아니하며 두 나라로 나누이지 아니할지라 [23] 그들이 그 우상들과 가증한 물건과 그 모든 죄악으로 더 이상 자신들을 더럽히지 아니하리라 내가 그들을 그 범죄한 모든 처소에서 구원하여 정결하게 한즉 그들은 내 백성이 되고 나는 그들의 하나님이 되리라 [24] 내 종 다윗이 그들의 왕이 되리니 그들 모두에게 한 목자가 있을 것이라 그들이 내 규례를 준수하고 내 율례를 지켜 행하며 [25] 내가 내 종 야곱에게 준 땅 곧 그의 조상들이 거주하던 땅에 그들이 거주하되 그들과 그들의 자자 손손이 영원히 거기에 거주할 것이요 내 종 다윗이 영원히 그들의 왕이 되리라 [26] 내가 그들과 화평의 언약을 세워서 영원한 언약이 되게 하고 또 그들을 견고하고 번영하게 하며 내 성소를 그 가운데에 세워서 영원히 이르게 하리니 [27] 내 처소가 그들 가운데에 있을 것이며 나는 그들의 하나님이 되고 그들은 내 백성이 되리라 [28] 내 성소가 영원토록 그들 가운데에 있으리니 내가 이스라엘을 거룩하게 하는 여호와인 줄을 열국이 알리라 하셨다 하라

하나님은 선지자에게 남왕국 유다를 상징하는 막대기(유다와 그와 연관된 모든 이스라엘 사람들 것)를 만들고, 또 하나를 취하여 북왕국을 상징하는 글(에브라임의 막대기, 요셉과 그와 연관된 이스라엘 모든 집안의 것)을 쓰게 하셨다(16절). 그리고 그 두 막대기를 선지자의 손안에서 하나가 될 수 있도록 연결해서 쥐라고 하신다(17절). 에스겔은 본문에서 '하나'(אֶחָד)라는 개념을 매우 강조한다. 그는 특히 16-19절에서 '하나'(אֶחָד)라는 단어를 여덟 차례나, 15-28절에서는 열 차례나 사용한다(Lind).

그만큼 하나님 백성들의 '하나됨'을 강조하고자 하는 것이다.

선지자는 앞부분에서 영(רוח)을 열 차례 사용했다. 하나님의 영이 주의 백성을 한 나라로 재건할 것을 암시한다. 우리가 하나님의 영의 지배를 받으면서 산다는 증거는 주님 안에서 하나된다는 것을 의미하는 것은 아닐까? 북왕국 이스라엘과 남왕국 유다로 나뉘어 존재하다가 세상 곳곳으로 흩어져버린 주의 백성이 언젠가는 다시 한 나라로 회복될 것이라는 하나님의 말씀은 에스겔과 포로민들을 흥분시키기에 충분했을 것이다.

이스라엘은 사울–솔로몬 시대에 약 120년 동안(다윗 왕 통치의 처음 7년을 제외하고) 통일 왕국으로 존재했다. 그러나 솔로몬의 우상숭배로 인해 그의 아들 르호보암이 왕으로 즉위하자마자 나라는 둘로 나뉘었다. 여로보암은 열 개 지파를 중심으로 북왕국을 떼어 나갔다. 이때가 주전 931년이다. 그 후 약 200년 만인 주전 722년에 북왕국 이스라엘은 아시리아의 손에 멸망했고, 남왕국 유다는 약 140년간 더 존재하다가 주전 586년에 바빌론의 손에 멸망했다.

본문에 기록된 에스겔의 예언을 바빌론에서 듣고 있는 유다 포로민들은 140여 년 전에 망한 이후 다시는 회복의 기미를 보이지 않는 북왕국 이스라엘 일을 생각하며 최근에 망한 남왕국 유다도 같은 운명을 맞지 않을까 하는 두려움과 절망에 사로잡혀 있다. 이 위기의 순간에 하나님의 말씀이 상상하지도, 기대하지도 않았던 위로와 소망으로 임한다. 유다가 회복될 뿐만 아니라 북왕국도 함께 회복되어 두 나라가 한 왕국으로서 누렸던 가장 영화로운 시기로 되돌아갈 것이라고 말씀하셨다.

그렇다면 바빌론으로 끌려와 살고 있는 유다 사람들이 장차 다가오는 회복을 어떻게 준비하면 되는가? 그들은 단순히 하나님의 약속을 믿고 그때를 기다리면 된다. 그러나 과연 그들에게는 하나님의 말씀을 믿고 그때를 기다릴 만한 신앙이 있는가? 에스겔서의 전체적인 분위기를 살펴보면 대부분의 사람들에게는 이런 믿음이 없었던 것 같다. 오늘날에도 하나님은 성도들에게 많은 것을 보여주고 약속하신다. 우리에게는 주님이 보여주신 것을 보고 약속하신 것을 믿고 기다리는 인내가 필요하다.

북왕국 이스라엘은 이미 오래전에 망해버렸으며 이제는 나라의 흔적도 없다. 더 나아가 아시리아로 끌려간 사람들은 국제 결혼을 강요당했기 때문에 이제는 약속의 땅으로 돌아올 이스라엘의 순수 혈통을 보존한 사람들도 없다. 그렇다면 과연 그들이 어떻게 다시 통일 왕국의 일원이 될 수 있는가? 선지자들의 외침을 자세히 살펴보면 '이스라엘'이란 개념은 결코 아브라함의 피를 나눈 혈육들로 제한되지 않는다. 선지자들은 '이스라엘'이란 개념을 매우 광범위하고 포괄적으로 사용한다. 누구든지 여호와를 사랑하고 그를 섬기면 이방인이라 할지라도 이스라엘의 일원이 될 수 있다. 이러한 차원에서 이사야는 고레스 왕을 마치 이스라엘 사람으로 취급한다. 이 점에 있어서는 역대기, 에스라서 기자도 마찬가지이다. 에스겔이 예언하는 메시아를 중심으로 한 통일 왕국은 넓게 보면 누구든지 그를 사랑하는 온 세상 사람들을 포함한다. 그러므로 훗날 주의 백성이 될 이스라엘 사람들은 아브라함의 혈육보다는 하나님을 경외하는 남은 자들에 더 가깝다.

선지자는 언젠가는 이스라엘과 유다가 한 나라가 되어 한 왕의 지배를 받게 될 것이라고 한다. 그들을 다스릴 왕은 다윗 왕조에 속한 왕이며, 그 왕이 다스릴 영화로운 나라는 다름 아닌 다윗 왕국이다(24절). 이스라엘은 영적으로, 영토적으로, 다윗 시대 때 가장 번성했다. 그러므로 다윗이 통치하는 나라는 이스라엘 후손들 마음속에 추억과 향수가 되어 남아 있다. 하나님은 이스라엘이 다윗 시대의 영광을 다시 누리게 될 것을 약속하신다.

하나님이 회복시키실 다윗 왕국(cf. 암 9:11)은 어떤 성향과 모습을 지니고 있는가? 첫째, 언약 갱신을 중심으로 형성될 나라이다(23, 27절).

이 신탁에서 "나는 그들의 하나님이 될 것이요, 그들은 나의 백성이 될 것이다"라는 말씀이 반복되고 있다. 예루살렘 함락 사건은 이스라엘 사람들에게 매우 심각한 신학적 문제를 제기했다. "우리가 아직도 하나님의 백성인가? 아직도 여호와와의 언약이 유효한가?"

에스겔 선지자는 이러한 질문을 하는 그들에게 말한다. 지난 [시내산] 언약은 분명히 더 이상 유효하지 않다. 이스라엘이 파괴했기 때문이다. 그러나 새 시대가 오면 하나님이 다시 이스라엘과 언약을 맺으실 것이다. 새 언약이 체결된다는 것은 이스라엘이 한 백성으로서 그 정체성을 유지할 수 있게 된다는 것을 전제한다. 이 언약은 평화의 언약(בְּרִית שָׁלוֹם)이며, 영원한 언약(בְּרִית עוֹלָם)이다(26절). 이 세상의 그 무엇도 이 언약을 파괴할 수 없다.

둘째, 새로이 세워질 다윗 왕국은 하나님 백성의 역사의 맥을 이어가는 나라이다(16, 19, 25절). 에스겔은 그의 청중들이 잘 알고 있는 이스라엘의 선조들—유다, 에브라임, 요셉, 야곱, 다윗—을 계속 언급하면서 말씀을 이어가고 있다. 예루살렘의 함락이 이스라엘의 역사에 치명타를 입힌 것은 사실이지만, 하나님은 이 사건에 개의치 않으시고 앞으로도 이스라엘의 역사의 맥을 과거와 다름없이 계속 지속시키실 것을 강조하기 위해서이다. 끊길 줄로만 알았던 역사의 맥이 계속될 것이라는 말씀이 포로민들에게 어떤 의미로 들렸을까?

셋째, 회복될 다윗 왕국은 약속의 땅에 세워질 것이다(21, 25절, cf. 렘 30:3). 고대 근동의 언약은 땅-주권-백성 등 삼대 요소를 기초로 맺어졌다. 앞으로 체결될 평화의 언약은 백성과 땅의 회복을 전제한다. 망해버린 이스라엘이 앞으로 한 나라로서 갖추어야 할 영토를 받게 될 것을 암시한다. 실제로 에스겔 시대에는 현실성이 없는 말씀으로 들릴지 몰라도 45년 후인 주전 538년이면 이 예언이 페르시아의 고레스 왕을 통해 일차적으로 성취된다.

넷째, 다윗 왕국의 최종적인 성취는 메시아-왕이 오실 때 실현될 것이다(24절). 앞으로 이 백성을 통치할 왕은 다윗이다. 그러나 다윗은 이미 오래전에 죽었다. 그렇다면 본문이 언급하는 다윗은 누군가? 그의 후손으로 오시는 메시아이다. 누구인가? 신약에서 예수님은 잡히시기 전에 제자들과 잔을 나누시며 "이것은 나의 언약의 피"(마 26:28)라고 말씀하셨다. 또한 예수님은 자신을 구약이 지속적으로 언급하고 있는 다윗의 후손으로 오신 메시아–왕이라고 하셨다.

메시아 시대가 도래하면 주의 백성의 영성이 회복될 것이다. 하나님이 이스라엘과 함께하실 것이기 때문이다. 하나님이 함께하실 것이라는 약속보다 더 큰 축복은 없다. 주의 백성의 영성이 회복되면 그들은 더 이상 우상숭배에 대해 염려할 필요가 없다. 하나님이 그들에게 새로운 심장을 주실 것이기 때문이다(cf. 36:26).

Ⅳ. 유다와 예루살렘에 임할 축복(33:1–48:35)

G. 곡과 마곡(38:1–39:29)

에스겔서에는 해석에 어려움을 주는 부분이 여러 곳 있다. 그중 대표적인 예가 바로 이 본문이다. 학자들 사이에 이 부분의 저자와 편집 과정에 대해 많은 논쟁이 있었다(cf. Block, Darr, Klein, Odell, Wevers, Zimmerli). 그러나 더 혼란스러운 것은 그동안 에스겔은 이스라엘에게 적대적인 나라들의 이름을 주저하지 않고 밝히며 그들에 대한 예언을 선언했지만 본문이 언급하는 곡(גּוֹג)과 마곡(מָגוֹג)은 도대체 어느 왕이고 그의 나라가 어디인지 전혀 알 수가 없기 때문이다(cf. Allen, Zimmerli).

오늘날 많은 학자들이 다양한 제안을 하지만 특별한 증거나 자료에 기초해서 내놓은 것들이 아니기 때문에 그다지 설득력이 없는 상상에 불과한 자료가 대부분이다. 본문에서 곡과 마곡에 대해 어떤 입장을 취하든 간에 계시록 20:8이 이 나라들을 다시 언급한다는 점이 해석에 고려되어야 한다. 또한 곡이 이끌어오는 연합군에 속한 나라들의 상당수는 인류의 시작이라고 할 수 있는 창세기 10장에 기록된 '열방 목록'에 포함되어 있다는 점도 본문이 인류의 종말에 관한 기록임을 암시하는 듯하다.

선지자는 바로 앞부분에서 다가올 이스라엘의 회복에 대하여 선포했다. 매우 영광스럽고 평화로운 장면을 묘사하고 있다. 그러나 에스겔이 꿈꾸는 주의 백성의 회복이 있기 전에 온 세상이 겪어야 할 일이 있다. 여호와에 대한 악의 세력의 반역이다. 본문이 언급하고 있는 곡과 마곡은 온 세상에서 여호와를 대적하는 모든 악의 세력을 상징한다. 그들의 기세가 꺾이고, 그들이 하나님 앞에서 최종적으로 패한 후에 주의 백성들의 회복을 기대할 수 있다. 그러므로 본문이 언급하고 있는 사건은 요한계시록의 아마겟돈 전쟁과 비슷하다(cf. 계 16장). 이 부분은 "주 여호와께서 이같이 말씀하시되"라는 시작 문구로 시작하는 일곱 개의 신탁으로 구성되어 있다(38:1-9, 10-13, 14-16, 17-23, 39:1-16, 17-24, 25-29). 이 책에서는 이중 곡과 그의 군대의 멸망과 그들의 무덤에 대해 예언하고 있는 39:1-16을 둘로 나누어 주해하고자 한다. 본문은 다음과 같이 세분화될 수 있다.

A. 곡이 이스라엘을 공격함(38:1-9)
B. 곡이 마을들을 습격함(38:10-13)
C. 곡을 통해 드러난 하나님의 영광(38:14-16)
D. 공포를 자아내는 하나님의 임재(38:17-23)
E. 하나님이 곡을 심판하심(39:1-10)
F. 이스라엘이 곡과 군사들을 묻음(39:11-16)
G. 짐승들을 위한 시체 잔치(39:17-20)
H. 과거와 미래(39:21-29)

Ⅳ. 유다와 예루살렘에 임할 축복(33:1-48:35)
G. 곡과 마곡(38:1-39:29)

1. 곡이 이스라엘을 공격함(38:1-9)

1 여호와의 말씀이 내게 임하여 이르시되 2 인자야 너는 마곡 땅에 있는 로스
와 메섹과 두발 왕 곧 곡에게로 얼굴을 향하고 그에게 예언하여 3 이르기를
주 여호와께서 이같이 말씀하시기를 로스와 메섹과 두발 왕 곡아 내가 너를
대적하여 4 너를 돌이켜 갈고리로 네 아가리를 꿰고 너와 말과 기마병 곧 네
온 군대를 끌어내되 완전한 갑옷을 입고 큰 방패와 작은 방패를 가지며 칼
을 잡은 큰 무리와 5 그들과 함께 한 방패와 투구를 갖춘 바사와 구스와 붓
과 6 고멜과 그 모든 떼와 북쪽 끝의 도갈마 족속과 그 모든 떼 곧 많은 백성
의 무리를 너와 함께 끌어내리라 7 너는 스스로 예비하되 너와 네게 모인 무
리들이 다 스스로 예비하고 너는 그들의 우두머리가 될지어다 8 여러 날 후
곧 말년에 네가 명령을 받고 그 땅 곧 오래 황폐하였던 이스라엘 산에 이르
리니 그 땅 백성은 칼을 벗어나서 여러 나라에서 모여 들어오며 이방에서
나와 다 평안히 거주하는 중이라 9 네가 올라오되 너와 네 모든 떼와 너와
함께 한 많은 백성이 광풍 같이 이르고 구름 같이 땅을 덮으리라

에스겔은 37장에서 유다와 이스라엘이 언젠가는 회복될 뿐만 아니라 다윗 왕조에서 나온 메시아 왕의 통치를 받으며 통일된 나라로 살게 될 것이라고 했다(37:15-28). 드디어 메시아의 통치가 시작되었고, 이후 상당한 시간이 흐른 듯하다(cf. 8절). 하나님이 태초부터 계획하신 마지막 심판 때가 이르렀다. 그러므로 하나님이 세상의 악의 세력을 대표하는 자로 곡 왕과 그의 나라 마곡(로스와 메섹과 두발을 칭하는 이름)을 불러내신다(4절). 모두 이스라엘의 북쪽에 위치한 족속들이다(Duguid). 곡이 다스리는 나라 마곡을 특정한 나라로 간주하기보다는 히브리어로 '곡이 다스리는 곳'이라는 의미로 풀이하는 것이 일반적이다(Zimmerli). 그러므로 곡이 누구인가가 마곡이 어느 나라인가보다 더

중요한 문제이다.

하나님은 마곡과 함께 바사(페르시아)와 구스(에티오피아)와 붓(리비아)과 고멜과 도갈마 족속도 불러내신다(5절). 이 족속들 대부분은 이스라엘의 남쪽에 위치했기 때문에 에스겔이 언급한 내용이 아니라고 주장하는 학자들이 있다(Zimmerli). 에스겔은 원래 북쪽에서 오는 침략군만 언급했기 때문이다. 그러나 이러한 주장은 에스겔이 강조하고자 하는 핵심을 이해하지 못한 것이다. 에스겔은 곡이 북쪽뿐만 아니라 남쪽을 포함한 온 세상에서 이스라엘을 침략해오는 연합군의 왕이라는 점을 강조하고자 한다. 선지자는 범세계적인 전쟁을 예고한다(Odell).

세상 모든 악의 세력이 결집해 하나님의 백성을 치러 올라올 것이다. 그들의 기세가 대단하다. 그들은 광풍같이 이르고 구름같이 주의 백성의 땅을 덮을 것이다(9절). 광풍은 엄청난 파괴력을 상징하고, 구름은 총체성을 상징한다(Darr). 그러나 두려워할 필요는 없다. 이 모든 일이 하나님 계획대로 진행되고 있기 때문이다(2-3절).

겉으로 보기에 이 말씀은 열방에 대한 심판 선언(OAN)과 비슷하다. OAN 서식은 여러 선지서에서 사용되며 에스겔도 25-32장에서 사용한 양식이다. 그러나 자세히 살펴보면 본문은 OAN 양식과 현저한 차이가 있다(McKeating). 또한 만약에 저자/편집자가 본문을 OAN으로 간주했다면 왜 25-32장에 포함시키지 않고 굳이 이곳에 남겨두었겠는가? 특히 이집트에 대한 예언 중 29:17 이후 부분은 이집트에 대한 다른 예언들보다 한참 후에 주어진 것인데도 주제별로 메시지를 묶고자 했기 때문에 OAN 부분에 함께 배열해놓았다는 사실을 생각하면 이 본문은 결코 OAN이 아니다. 더 나아가 본문이 OAN이 아니라면 선지자가 역사 속에 존재했던 어느 특정한 나라를 의미하고 있다는 주장은 별로 설득력이 없어진다(cf. 계 20:8).

그럼에도 불구하고 많은 학자들이 곡과 마곡이 누구인가에 대해 지

대한 관심을 갖는다. 심지어는 본문이 '구약판 아마겟돈 전쟁', 곧 종말에 있을 하나님과 악의 세력의 전쟁에 대해 예언하는 것이라고 해석하는 사람들도 이 주제에 상당히 관심을 갖는다. 세상의 악의 세력을 상징하는 그들이 도대체 어떤 역사적 실체를 바탕으로 구성되었는지 알고 싶기 때문이다.

많은 경우 선지자들은 자신들의 경험을 근거로 미래를 예언하며 환상을 제기하기도 한다. 에스겔의 첫 번째 환상(1-3장)도 그가 바빌론으로 끌려가기 전에 예루살렘 성전에서 보지는 못했지만 익히 알고 있었던 여호와의 법궤를 배경으로 한다. 이런 상황을 생각해보면 곡과 마곡이 누구인지 알 수는 없더라도 에스겔 시대에 선지자에게 이들에 대한 영감을 준 왕과 나라를 추정해보는 것은 재미있는 일이다. 다만 아쉬운 것은 그 어떤 해석도 만족스럽지 않다는 것이다.

곡의 정체에 대해 학자들은 매우 다양한 의견을 내놓았다(cf. Allen, Block, Darr, Zimmerli, Blenkinsopp). 한 개인을 곡이라고 주장하는 해석들이 있다. 주전 400년대에 고레스(Cyrus the Younger)가 페르시아 제국을 통치할 때 그 제국의 군대 장군이었다(Messel), 곡은 메소포타미아 신화에 등장하는 '전갈 형태를 한 사람'이다(Gressmann), 우가릿 신화에 등장하는 신 가가(Gaga)를 뜻한다, 바빌론 왕 느부갓네살이다(cf. Darr), 곡이 다름 아닌 헬라 제국의 왕 알렉산드로스 대왕이라고 주장하는 사람들도 있다(Torrey, Browne).

곡을 한 민족 혹은 한 지역에 거주하던 사람들로 해석하는 사람들도 있다. 곡은 아시리아 지역에 거주하던 한 족속의 이름이라는 주장이다(Dürr). 곡은 소아시아에 거주하던 한 족속의 이름으로, 이스라엘의 북쪽 지역에 사는 '야만인'(barbarian)이라는 뜻을 지녔다고 한다(Albright). 또한 곡은 주전 7세기에 멸망했던 리디아(Lydia) 왕 기게스(Gyges)라는 주장도 있다(McKeating, Darr). 아시리아의 기록물들은 이들을 구구(Gugu)로 표기하고 있으며 에스겔 시대에는 이미 망해 없어지고 하나의 전설/신화로 남아 있는 족속의 이름이라는 주장도 있다. 그러므로 선지자가 이 신화/전설에서 이 이름을 빌린 것이라는 해석이다.

곡의 정체를 민족이나 나라가 아니라 고대 근동에서 사용되던 언어에 바탕을 두고 해석하는 사례들도 있다. 곡은 마케도니아 사람(Macedonian)이란 말을 히브리어 약자로 표기한 것을 잘못 이해한 것이라는 주장이다(Van den Born). 곡은 수메리아어로 '어두움'을 뜻하는 '구그'(gug)라는 단어에서 온 말이므로, '어두움'이 의인화되고 있는 것이지 어느 특정한 인물을 의미하는 것이 아니다라는 주장도 있다(Heinisch). 비슷한 맥락에서 곡은 하나님의 창조를 위협하는 혼돈(chaos)을 뜻한다는 해석도 있다(Batto).

이 예언은 미래에 주의 백성을 위협할 '곡'이라는 왕(chief prince)에 대한 것이다. 곡과 그가 거느린 연합군의 멸망이 상당히 자세하게 묘사된 말씀이다. 그러나 도대체 에스겔에게 곡이라는 왕에 대한 영감을 준 역사적 인물은 누구인가? 문제는 곡 왕이 실제로 이 땅을 살았던 역사 속의 인물에서 비롯된 것인지, 아니면 이스라엘의 고대 근동의 한 신화에 등장하는 인물을 배경으로 하고 있는지도 확실하지 않다는 것이다. 에스겔이 이 환상에서 실제 나라 이름들을 언급하는 것을 볼 때 마치 역사 속의 한 인물을 배경으로 하는 것 같기도 하다. 그러나 곡과 마곡이 선지자의 상상력에서 비롯되었다는 가능성도 배척할 수는 없다. 더 나아가 계시록은 이 이름들을 순수한 상징성을 지닌 것들로 사용한다.

에스겔서에서 본문의 위치도 다소 애매한 면모를 지녔다(cf. Blenkinsopp). 책의 흐름을 살펴보면 심판에 대한 예언은 이미 끝이 났으며 지금은 회복과 위로를 중점적으로 다루고 있다. 그러므로 37장에 언급된 영화로운 회복 바로 뒤에 이 예언이 등장한다는 것은 매우 의외적이라는 것이 대부분 학자들의 생각이다. 이러한 상황에서 도대체 누구인지 전혀 알 수 없는 곡과 그가 거느리는 연합군이 주의 백성을 상대로 전쟁을 걸어오는 이야기가 왜 나오는 것일까?

곡과 관련이 있는 메섹과 두발은 이미 에스겔서에서 두로와 함께 언급된 적이 있다(27:13). 선지자는 이 두 나라 모두 이집트와 동일한 운명을 맞을 것이라고 경고했다(32:26). 메섹은 인도-유럽족(Indo-European)으로 흑해의 남동쪽에 살았던 족속으로 추정된다. 그들은 같은 지역에 있었던 두발 족속과 연합 세력을 형성했다. 마곡은 구약에서 두 번 더 언급된다(창 10:2, 대상 1:5). 그러나 그들의 정확한 위치는 알 수 없다.

전쟁의 범위나 내용과 이 환상이 에스겔서에서 차지하고 있는 위치를 생각해볼 때 이 예언은 세상의 종말이 다가올 때 있을 하나님의 백성과 그들의 원수 사이의 싸움을 상징하는 것으로 해석하는 것이 바람직하다(cf. Duguid). 본문 바로 전에 이스라엘의 회복이 메시아의 통치와 함께 선포되었다(36-37장). 잠시 후인 40장 이후부터 선지자는 또 하나의 환상을 통해 회복 메시지의 최종 내용(grand finale)을 선언한다. 본문이 OAN에 속하지 않고 두 개의 회복 메시지 사이에 끼여 있는 것도 이런 면모를 부각시키고자 하는 선지자의 의도를 반영한 것으로 생각된다.

주의 백성이 세상에서 그들과 하나님을 대적하는 악의 세력과 싸우는 전쟁의 성격을 생각해보자. 먼저, 전쟁에 익숙한 민족들이 연합하여 싸움을 걸어온다. 로스, 메섹, 두발, 페르시아, 구스, 리디아, 고멜, 도갈마 등이 합세하여 최고의 살인 무기들을 앞세우고 주의 백성의 땅을 침략한다(2-6절). 이 나라들은 그 당시 이스라엘이 알고 있던 나라들 중 동서남북으로 가장 멀리 떨어져 있던 나라들이다. 즉 온 열방이 연합하여 '땅끝'에서부터 주의 백성이 살고 있는 땅을 향해 오고 있다(Blenkinsopp).

언제 이 전쟁이 있을 것인가? 에스겔 선지자가 살던 시대로부터 먼 훗날에 있을 일이다(8절). 선지자가 살던 시대로부터 먼 훗날 있을 전쟁이라는 것 외에는 곡과 마곡의 정체처럼 이 전쟁이 있을 정확한 시기도 가름할 수 없다. 에스겔이 종말을 바라보며 그때 될 일을 예언하고 있기 때문이다(cf. 계 20장). 그러므로 에스겔이 예언하고 있는 이 전쟁은 아직도 우리의 미래에 있을 일이다.

선지자가 언급하는 나라들 중 일부는 어디에 있었는지 알려지지 않았다. 그러나 어느 정도 확신할 수 있는 나라들도 있다. 그렇다면 선지자가 먼 훗날 하나님의 나라가 이 땅에 도래하기 전에 있을 최종적인 전쟁을 예언하면서 왜 자기 시대에 존재했던 나라들을 언급하는 것일까? 먼 훗날 이 나라들은 더 이상 존재하지 않을 텐데 말이다. 무엇보다도 이 일의 실제성/역사성을 강조하기 위해서이다. 비록 먼 훗날 일어날 일이기는 하지만, 꼭 이런 일이 있을 것이라는 것을 강조하는 기법이다. 이와 비슷한 맥락에서 선지자들은 종종 미래에 있을 일을 이미 과거에 일어난 일처럼 묘사하기도 한다.

Ⅳ. 유다와 예루살렘에 임할 축복(33:1-48:35)
G. 곡과 마곡(38:1-39:29)

2. 곡이 마을들을 습격함(38:10-13)

10 주 여호와께서 이같이 말씀하셨느니라 그 날에 네 마음에서 여러 가지 생
각이 나서 악한 꾀를 내어 11 말하기를 내가 평원의 고을들로 올라 가리라 성
벽도 없고 문이나 빗장이 없어도 염려 없이 다 평안히 거주하는 백성에게
나아가서 12 물건을 겁탈하며 노략하리라 하고 네 손을 들어서 황폐하였다가
지금 사람이 거주하는 땅과 여러 나라에서 모여서 짐승과 재물을 얻고 세상
중앙에 거주하는 백성을 치고자 할 때에 13 스바와 드단과 다시스의 상인과
그 부자들이 네게 이르기를 네가 탈취하러 왔느냐 네가 네 무리를 모아 노
략하고자 하느냐 은과 금을 빼앗으며 짐승과 재물을 빼앗으며 물건을 크게
약탈하여 가고자 하느냐 하리라

하나님의 은혜로 다시 회복되어 평화를 누리고 있는 이스라엘은 누구를 서운하게 한 적이 없다. 더욱이 어느 나라의 침략을 받을 만한 일을 한 적도 없다. 그러므로 곡이 군사력을 앞세워 이스라엘을 침략한 것은 정당한 일이 아니며 폭력행위일 뿐이다(Duguid). 곡은 명분 없는 전쟁을 하기 위해 주님의 영토를 침범한 것이다.

악의 세력을 대표하는 곡은 정당하게 싸워 원하는 것을 빼앗을 생각이 없다. 그저 잔꾀를 부려 싸움을 최소화하면서 약탈을 극대화하기를 원한다(12절). 그래서 그는 주의 백성이 살고 있는 땅에서도 큰 도시나 요새화된 성을 향해 진군하는 것이 아니라, 변변한 담 하나 없이 살아온, 곧 침략자들에 대해 전혀 대비가 되지 않은 마을들을 습격한다(11절). 곡과 그의 군대는 폭력을 앞세운 강자들의 가장 비열한 모습을 보인다. 평생 전쟁을 겪어보지 않아 전혀 방어 체계가 갖추어지지 않은 평온한 마을들을 습격하기 때문에 더 맹렬한 비난을 받는 것이다.

선지자는 곡과 그가 거느린 연합군이 치는 주의 백성을 두 가지로 묘사한다. 첫째, 그들은 예전에 황폐했다가 세계 곳곳에서 모여와 풍요롭게 사는 사람들이다(12절). 그렇다면 이 일은 타국으로 끌려간 이스라엘이 훗날 조국으로 돌아와 다시 나라를 재건한 이후의 일이라는 것을 암시한다. 침략자들이 쳐들어올 때 회복된 주의 백성은 풍요를 누리며 평화롭게 살고 있다(Allen).

둘째, 주의 백성이 살고 있는 땅은 세상 중앙에 위치한다(12절). '중앙'(טַבּוּר)을 배꼽으로 해석해 신화적인 해석을 하는 주석가들도 있다(Blenkinsopp). 그러나 본문에서는 세상에서 가장 높은 곳/으뜸이라고 해석하는 것이 바람직하다(cf. HALOT). 지리적-신화적 의미가 아니라, 신학적인 의미로 해석하는 것이다(5:5, cf. Duguid). 그러면 선지자들이 기피했던 미신적/신화적 의미를 참조하지 않아도 된다. 가나안 땅은 세상의 중앙에 위치할 만한 큰 땅이 아니다. 그러므로 이 말씀은 하나님이 함께하시기 때문에 그들의 땅이 세상 중앙에 있다는 것을 암시한다(cf. 사 2:1-4).

이스라엘은 곡이 거느리고 온 연합군 앞에서 그 어떤 소유물도 보호하지 못한다. 생존을 포함한 이스라엘의 모든 것이 위기를 맞는다. 스바와 드단과 다시스 등 주변 국가들의 상인들이 곡에게 "네가 탈취하러 왔느냐?"(13절)며 세 차례 묻는 질문의 의도가 확실하지 않다. 새번역은 주변 국가들의 이 세 질문을 침략자들에 대한 비난으로 해석했다. "스바와 드단과 스페인의 상인들과 젊은 용사들이 너를 비난할 것이다. 네가 노략질이나 하려고 가는 것이냐고, 네가 강탈이나 하려고 군대를 동원하였느냐고, 은과 금을 탈취해 가려고, 가축과 재산을 빼앗아가려고, 엄청난 전리품을 약탈해 가려고 원정길에 나섰느냐고 비난할 것이다"(13절).

그러나 선지자가 언급하고 있는 세 나라도 이스라엘을 좋아하는 이웃들이 아니다. 게다가 본문은 세상에 있는 모든 악한 세력이 결집해 주의 백성을 약탈하는 일을 예언하고 있다. 그렇다면 이 세 나라의 질문은 "어찌 홀로 약탈하려고 하느냐? 우리와 함께 나누자"라는 취지로 해석하는 것이 바람직하다(cf. Blenkinsopp, Duguid). 이스라엘의 주변 국가들도 침략군들과 함께 약탈에 나설 것이라는 의미이다(Darr).

Ⅳ. 유다와 예루살렘에 임할 축복(33:1-48:35)
G. 곡과 마곡(38:1-39:29)

3. 곡을 통해 드러난 하나님의 영광(38:14-16)

14 인자야 너는 또 예언하여 곡에게 이르기를 주 여호와께서 이같이 말씀하시기를 내 백성 이스라엘이 평안히 거주하는 날에 네가 어찌 그것을 알지 못하겠느냐 15 네가 네 고국 땅 북쪽 끝에서 많은 백성 곧 다 말을 탄 큰 무리와 능한 군대와 함께 오되 16 구름이 땅을 덮음 같이 내 백성 이스라엘을 치러 오리라 곡아 끝 날에 내가 너를 이끌어다가 내 땅을 치게 하리니 이는

내가 너로 말미암아 이방 사람의 눈 앞에서 내 거룩함을 나타내어 그들이 다 나를 알게 하려 함이라

악한 세력의 연합을 주도할 곡은 주의 백성이 평안히 사는 것을 알고 있다(14절). 그는 주의 백성이 누리고 있는 평안을 빼앗기를 원한다. 특별한 이유는 없다. 단지 남이 평안을 누리며 사는 것을 용납할 수 없다. 그러므로 그는 이스라엘에서 바라보면 북쪽 끝에 있는 그의 나라에서 많은 군대를 이끌고 출발한다(15절). 이미 선지자가 앞부분에서 언급한 것처럼 남쪽에서도 그와 합세할 군대가 출발할 것이다.

곡이 이끄는 연합군은 순식간에 주의 백성이 거하는 땅을 구름이 땅을 덮듯이 덮는다(16절). 엄청난 규모의 침략군이 이스라엘을 공격할 것을 예고하고 있다. 주의 백성의 입장에서는 상황이 매우 절망적으로 보이지만, 낙심할 필요가 없다. 곡은 분명 자기가 이 모든 일을 주관하고 있다고 생각하겠지만, 사실은 여호와 하나님이 자기 영광을 드러내기 위해서 하시는 일이다(16절).

하나님은 곡이 이끄는 연합군이 칠 이스라엘과 그들의 땅을 '내 백성'(14, 16절)과 '내 땅'(16절)이라고 부르며 애착과 애정을 표현하신다. 곡은 이스라엘을 상대로 전쟁을 하는 것이 아니라, 여호와 하나님을 상대로 전쟁을 하고 있다! 그렇다면 결과는 불 보듯 뻔하다. 세상에 누가 하나님을 상대로 싸울 수 있는가? 아무도 없다!

하나님은 이 일을 통해 어떻게 자기 영광을 드러내실 것인가? 다음 부분에서 더 확실하게 드러나겠지만, 자기 백성을 보호하기 위해 곡과 그의 군대를 파괴하는 일을 통해 영광을 드러내실 것이다. 세상에 이스라엘의 하나님 여호와처럼 위대한 능력과 자기 백성을 보호하고 사랑하는 마음을 지닌 신이 없다는 사실을 드러내실 것이다. 곡과 연합군은 자기 영광을 온 천하에 드러내고자 하시는 하나님의 계획에 따라 이용되고 있는 것뿐이다.

Ⅳ. 유다와 예루살렘에 임할 축복(33:1-48:35)
G. 곡과 마곡(38:1-39:29)

4. 공포를 자아내는 하나님의 임재(38:17-23)

[17] 주 여호와께서 이같이 말씀하셨느니라 내가 옛적에 내 종 이스라엘 선지
자들을 통하여 말한 사람이 네가 아니냐 그들이 그 때에 여러 해 동안 예언
하기를 내가 너를 이끌어다가 그들을 치게 하리라 [18] 그 날에 곡이 이스라엘
땅을 치러 오면 내 노여움이 내 얼굴에 나타나리라 주 여호와의 말씀이니라
[19] 내가 질투와 맹렬한 노여움으로 말하였거니와 그 날에 큰 지진이 이스라
엘 땅에 일어나서 [20] 바다의 고기들과 공중의 새들과 들의 짐승들과 땅에 기
는 모든 벌레와 지면에 있는 모든 사람이 내 앞에서 떨 것이며 모든 산이 무
너지며 절벽이 떨어지며 모든 성벽이 땅에 무너지리라 [21] 주 여호와의 말씀
이니라 내가 내 모든 산 중에서 그를 칠 칼을 부르리니 각 사람이 칼로 그
형제를 칠 것이며 [22] 내가 또 전염병과 피로 그를 심판하며 쏟아지는 폭우와
큰 우박덩이와 불과 유황으로 그와 그 모든 무리와 그와 함께 있는 많은 백
성에게 비를 내리듯 하리라 [23] 이같이 내가 여러 나라의 눈에 내 위대함과
내 거룩함을 나타내어 나를 알게 하리니 내가 여호와인 줄을 그들이 알리라

곡이 연합군을 이끌고 와 주의 백성을 공격하다가 멸망을 당하게 된 일은 이미 오래전부터 선지자들이 선포한 예언을 성취하는 일일 뿐이다(17절). 에스겔은 선지자들이 예언했던 바로 그 사람이 드디어 인류의 역사 무대에 등장한 것이라는 분위기를 조성한다(Allen, Darr, Zimmerli). 그러므로 침략자들에 대해 놀라거나 좌절할 필요가 없다. 하나님은 모든 것을 그분의 계획과 선지자들에게 준 예언에 따라 이루어 나가시고 있기 때문이다. 곡을 심판하기 위해 하나님이 자기 백성에게 임하실 날에 일어날 일들에 대한 설명을 통해 알 수 있는 것은, 이날이 바로 아모스 선지자 이후 이스라엘 선지자들이 끊임없이 예고했던 '여호와의 날'이라는 것이다.

여호와의 날은 하나님의 질투와 노여움이 주님의 원수들에게 임하는 날이며(18-19절), 큰 지진이 동반하는 날이다(19절). 하나님의 임재를 동반하는 지진의 규모가 얼마나 대단한지 세상의 모든 물고기와 새와 짐승과 벌레는 물론이고 사람들도 두려움에 떤다(20절). 산들과 절벽과 성벽들도 모두 무너진다(20절). 오직 여호와의 영광만 높이 드러나며, 세상의 모든 높은 것들이 무너질 것이다.

여호와의 날은 무시무시한 전쟁이 임하는 날이기도 하다(21절). 하나님은 곡이 이끌고 온 연합군들이 칼로 서로를 치게 해 스스로 멸망하게 하실 것이다(21절). 곡이 이끌고 온 군대를 대적할 군대를 세우실 필요도 없다! 침략자들이 스스로 멸망하는 것은 성전(聖殿)의 중요한 요소 중 하나이다(cf. 삿 7:22, 삼상 14:20). 죽은 침략자들의 시체가 방치되면서 썩어 온갖 전염병이 난무할 것이다(22절). 한꺼번에 죽은 사람들이 얼마나 많은지 시체를 처리할 수 없어 방치될 것을 암시한다. 더 나아가 이 전쟁은 여호와께서 하시는 초자연적인 전쟁이라는 것이 하늘에서 떨어지며 적들을 덮치는 폭우와 우박과 불과 유황을 통해서도 드러난다(22절).

이 모든 일이 진행되는 동안 정작 곡과 그의 군대는 아무것도 하지 못하고 하나님께 일방적으로 당할 뿐이다. 세상에서 하나님을 대적하는 모든 세력을 모았는데도 여호와께 속수무책으로 당한다는 것은 세상을 지배하는 악의 세력의 능력과 거룩하신 하나님의 능력이 얼마나 차원이 다른가를 확실하게 보여준다. 하나님은 곡과 그의 군대를 철저하게 파괴해 자신이 여호와인 줄을 온 세상에 드러내실 것이다(23절). 이날 여호와는 세상의 다른 신들이나 우상들과는 전적으로 다른 능력을 지녔다는 것을 드러내실 것이다. 또한 이처럼 놀라운 능력을 지니신 분이 이스라엘의 하나님이며, 그분은 그들을 특별히 사랑하시기 때문에 곡처럼 폭력을 앞세우고 와서 이유 없이 주의 백성을 치는 자들을 물리쳐 온 세상에 자기 백성을 향한 사랑과 보호를 드러내실 것이다.

Ⅳ. 유다와 예루살렘에 임할 축복(33:1-48:35)
G. 곡과 마곡(38:1-39:29)

5. 하나님이 곡을 심판하심(39:1-10)

1 그러므로 인자야 너는 곡에게 예언하여 이르기를 주 여호와께서 이같이 말
씀하시되 로스와 메섹과 두발 왕 곡아 내가 너를 대적하여 2 너를 돌이켜서
이끌고 북쪽 끝에서부터 나와서 이스라엘 산 위에 이르러 3 네 활을 쳐서 네
왼손에서 떨어뜨리고 네 화살을 네 오른손에서 떨어뜨리리니 4 너와 네 모든
무리와 너와 함께 있는 백성이 다 이스라엘 산 위에 엎드러지리라 내가 너
를 각종 사나운 새와 들짐승에게 넘겨 먹게 하리니 5 네가 빈 들에 엎드러지
리라 이는 내가 말하였음이니라 주 여호와의 말씀이니라 6 내가 또 불을 마
곡과 및 섬에 평안히 거주하는 자에게 내리리니 내가 여호와인 줄을 그들이
알리라 7 내가 내 거룩한 이름을 내 백성 이스라엘 가운데에 알게 하여 다시
는 내 거룩한 이름을 더럽히지 아니하게 하리니 내가 여호와 곧 이스라엘의
거룩한 자인 줄을 민족들이 알리라 하라 8 주 여호와의 말씀이니라 볼지어다
그 날이 와서 이루어지리니 내가 말한 그 날이 이 날이라 9 이스라엘 성읍들
에 거주하는 자가 나가서 그들의 무기를 불태워 사르되 큰 방패와 작은 방
패와 활과 화살과 몽둥이와 창을 가지고 일곱 해 동안 불태우리라 10 이같이
그 무기로 불을 피울 것이므로 그들이 들에서 나무를 주워 오지 아니하며
숲에서 벌목하지 아니하겠고 전에 자기에게서 약탈하던 자의 것을 약탈하며
전에 자기에게서 늑탈하던 자의 것을 늑탈하리라 주 여호와의 말씀이니라

온 세상에서 모은 큰 군대를 이끌고 주의 백성이 살고 있는 땅을 침략한 곡이 싸워보지도 못하고 순식간에 몰락한다. 하나님이 이스라엘 편에서 싸우시기 때문에 아무도 도저히 적수가 될 수 없다. 침략군들의 시체가 순식간에 이스라엘 산 위를 덮으며 방치되어 새와 들짐승의 먹이가 될 것이다(4절). 순식간에 죽은 자들이 너무 많아 장례식은 고사하고 매장도 하지 못하는 상황이다. 뿐만 아니라 하나님은 곡이 이

끌고 온 연합군의 나라들과 백성들도 치신다(6절). 큰 군대를 보내 평안히 살던 주의 백성을 침략하게 한 사람들이 하나님의 심판을 받아 더 이상 평안을 누릴 수 없게 된다(6절). 하나님은 곡과 연합군들이 심은 대로 거두게 하실 것이다. 여호와 하나님이 자기들을 위해 얼마나 위대한 일을 하셨는가를 깨달은 이스라엘이 다시는 하나님의 거룩하신 이름을 더럽히지 않을 것이며 열방도 여호와가 이스라엘의 거룩하신 분이라는 사실을 알게 될 것이다(7절).

이 일이 있을 날도 다름 아닌 여호와의 날이다(8절). 하나님이 적들을 물리치시는 그날, 적들이 싸워보지도 못하고 죽으면서 남긴 무기들이 다양하다. 선지자는 그들이 남긴 무기를 '큰 방패, 작은 방패, 활, 화살, 몽둥이, 창' 등 총 여섯 개의 단어로 설명한다(9절). 여기에 전체를 요약하는 '무기'(9절)를 더하면 만수인 7이 된다. 침략자들은 죽으면서 그들이 가져온 온갖 무기를 모두 남겨두었다는 뜻이다. 이스라엘이 적들의 시체 사이에서 모은 무기들이 얼마나 많은지 무기에 붙어 있는 목재/나무를 떼어내 7년 동안 불태운다(9절). 적들의 무기를 땔감으로 태우는 동안 이스라엘은 숲에 가서 땔감을 벌목할 필요가 없다(10절). 태워도 태워도 끝이 없이 많은 무기들을 노획했다는 뜻이다. 이 군대는 이스라엘을 약탈하려고 왔다. 하나님이 이스라엘과 함께하시자 오히려 그들이 큰 약탈을 당한다(10절). 하나님이 이루신 대단한 반전이다.

Ⅳ. 유다와 예루살렘에 임할 축복(33:1-48:35)
G. 곡과 마곡(38:1-39:29)

6. 이스라엘이 곡과 군사들을 묻음(39:11-16)

[11] 그 날에 내가 곡을 위하여 이스라엘 땅 곧 바다 동쪽 사람이 통행하는 골짜기를 매장지로 주리니 통행하던 길이 막힐 것이라 사람이 거기에서 곡과 그 모든 무리를 매장하고 그 이름을 하몬곡의 골짜기라 일컬으리라 [12] 이스

라엘 족속이 일곱 달 동안에 그들을 매장하고 그 땅을 정결하게 할 것이라
13 그 땅 모든 백성이 그들을 매장하고 그로 말미암아 이름을 얻으리니 이
는 나의 영광이 나타나는 날이니라 주 여호와의 말씀이니라 14 그들이 사람
을 택하여 그 땅에 늘 순행하며 매장할 사람과 더불어 지면에 남아 있는 시
체를 매장하여 그 땅을 정결하게 할 것이라 일곱 달 후에 그들이 살펴 보되
15 지나가는 사람들이 그 땅으로 지나가다가 사람의 뼈를 보면 그 곁에 푯말
을 세워 매장하는 사람에게 가서 하몬곡 골짜기에 매장하게 할 것이요 16 성
읍의 이름도 하모나라 하리라 그들이 이같이 그 땅을 정결하게 하리라

곡은 엄청난 규모의 군대를 이끌고 이스라엘을 침략해왔지만, 싸워 보지도 못하고 패했다. 앞부분에서 선지자는 그들이 남긴 무기가 얼마나 많았는지, 이스라엘은 그 무기들을 7년 동안이나 땔감으로 사용할 수 있을 것이라고 했다(9절). 에스겔은 죽은 곡과 그 군대의 규모를 알려준다. 산마다 널려 있는 침략자들의 시체들을 수거해 땅에 묻는 일에 7개월이 걸린다(12절). 숫자 7은 완전 수이다. 선지자는 다시 한 번 엄청나게 많은 침략군들이 죽었다는 것을 강조한다.

이스라엘이 침략자들의 시체를 묻는 곳은 어디인가? 그들이 묻히는 곳은 '하몬 곡(곡의 무리들) 골짜기'(גֵּיא הֲמוֹן גּוֹג)라 불린다. 문제는 이 장소의 정확한 위치이다. 선지자는 이 골짜기가 이스라엘 영토에 있다고 하지만, 또한 바다(사해) 동쪽 사람들(요단강 동편에 사는 사람들)이 통행하는 골짜기라고 말한다(11절). 그렇다면 동쪽 사람들이 통행하는 골짜기는 사해의 동편에 있어야 한다(Wevers). 이렇게 해석할 경우 사해의 동쪽도 이스라엘의 영토에 포함된다는 것을 전제한다.

게다가 개역개정에는 언급되지 않는 장소가 새번역에서는 언급된다. 새번역은 11절을 "그 날에는 내가 이스라엘 땅, 사해의 동쪽, '아바림 골짜기'에 곡의 무덤을 만들어 주겠다"고 번역했다. 개역개정에는 없는 아바림 골짜기를 언급하고 있는 것이다. '아바림'(הָעֹבְרִים)은 '여행자들/나그네들'이라는 의미를 지닌 단어이다. 개역개정은 '사람이 통행하는 골짜기'라며 '아바림'을 일반 명사로 번역하는데, 새번역은 어떤 지역을 지칭하는 고유명사로 여기기 때문에 빚어진 현상이다. 민수기 33:47-48은 이스라엘이 모압 평지에 이르기 전에 아바림 산에 거했다고 한다. 오늘날의 요르단에 속한 지역이다.

만일 동쪽 사람들이 자기 나라에서 어디를 가기 위해 지나가는 골짜기가 아니라, 예루살렘으로 오기 위해서 지나가야 하는 골짜기를 의미하는 것으로 간주한다면 문제는 의외로 쉽게 풀린다. 그들이 예루살렘으로 들어오려면 성의 남쪽에 위치한 힌놈의 아들 골짜기를 지나야 하기 때문이다. 그래서 일부 주석가들은 '하몬 곡'이 '힌놈의 아들 골짜기'의 언어유희라고 한다(Block, Odell, cf. Blenkinsopp). 이스라엘 사람들이 자기 자식들을 우상들에게 불살라 바친 가증스러운 골짜기이다. 또한 예레미야는 언젠가는 이 골짜기의 이름이 바뀔 것이라고 예언하기도 했다(렘 7:31-33). 이러한 상황을 고려할 때 힌놈의 아들 골짜기는 곡과 그 군대의 시체들을 매장하기에 매우 적합한 곳이다(Darr). 이렇게 해석할 경우 계곡 근처에 생길 '하모나'라는 도시는 다름 아닌 예루살렘이다(Block, Odell).

주의 백성들이 7개월에 걸쳐 침략자들의 시체를 수거해 힌놈의 아들 골짜기에 매장하자 사람들이 지나갈 틈이 없을 정도로 시체가 가득하다. 그렇게 하고 나서도 많은 시체들이 널려 있다. 길을 지나가는 사람들이 널려 있는 사람 뼈(침략자들의 뼈)를 볼 때마다 표시를 해두면 매장하는 사람들이 시체를 찾아다 골짜기에 묻어준다(15절). 이스라엘 사람들이 침략자들의 시체를 거두는 것은 하나님의 땅이 시체로 인해 더럽혀지지 않도록 하기 위해서이다(16절, cf. 민 19:11-22).

Ⅳ. 유다와 예루살렘에 임할 축복(33:1-48:35)
G. 곡과 마곡(38:1-39:29)

7. 짐승들을 위한 시체 잔치(39:17-20)

**17 주 여호와께서 이같이 말씀하셨느니라 너 인자야 너는 각종 새와 들의 각
종 짐승에게 이르기를 너희는 모여 오라 내가 너희를 위한 잔치 곧 이스라
엘 산 위에 예비한 큰 잔치로 너희는 사방에서 모여 살을 먹으며 피를 마실
지어다 18 너희가 용사의 살을 먹으며 세상 왕들의 피를 마시기를 바산의 살
진 짐승 곧 숫양이나 어린 양이나 염소나 수송아지를 먹듯 할지라 19 내가 너
희를 위하여 예비한 잔치의 기름을 너희가 배불리 먹으며 그 피를 취하도록
마시되 20 내 상에서 말과 기병과 용사와 모든 군사를 배부르게 먹일지니라
하라 주 여호와의 말씀이니라**

에스겔은 다시 한 번 곡과 그 군대의 멸망이 어느 정도가 될 것인지를 예언한다. 온 세상에 사는 모든 짐승들과 새들이 그들의 시체로 큰 잔치를 벌이고도 남을 것이다. 선지자가 사용하는 이미지는 매우 기괴하지만, 새로운 것은 아니다. 이미 이사야와 예레미야도 비슷한 이미지를 사용해 이스라엘의 적들에 대한 하나님의 최종적인 심판을 선언한 적이 있다(사 34:5-8, 렘 46:10, cf. 시 74:13-14, 계 19:17-18). 그가 강조하고자 하는 점은 확실하다. 주의 백성을 침략한 자들은 싸워보지도 못하고 모두 죽었다는 것이다. 이스라엘은 하나님의 백성이고, 그들의 영토는 하나님의 땅이기 때문이다(38:14, 16).

성경이 종말을 논할 때 흔히 사용하는 이미지는 잔치이다. 그날 하나님이 자기 백성들을 위하여 큰 잔치를 베푸실 것이며, 주의 백성들은 하나님이 준비해두신 기름진 고기와 오래된 포도주를 마신다. 하나님은 자기 백성들을 위하여 그들의 원수들의 목전에서 이런 잔치를 베풀기도 하신다. 본문도 분명 마지막 잔치를 노래하고 있지만, 이 잔치에서는 사람이 짐승들의 고기를 먹는 것이 아니라 짐승들이 사람들의

시체를 먹고 피를 마신다는 것이 다른 점이다(Lind).

Ⅳ. 유다와 예루살렘에 임할 축복(33:1-48:35)
G. 곡과 마곡(38:1-39:29)

8. 과거와 미래(39:21-29)

21 내가 내 영광을 여러 민족 가운데에 나타내어 모든 민족이 내가 행한 심판
과 내가 그 위에 나타낸 권능을 보게 하리니 22 그 날 이후에 이스라엘 족속
은 내가 여호와 자기들의 하나님인 줄을 알겠고 23 여러 민족은 이스라엘 족
속이 그 죄악으로 말미암아 사로잡혀 갔던 줄을 알지라 그들이 내게 범죄하
였으므로 내 얼굴을 그들에게 가리고 그들을 그 원수의 손에 넘겨 다 칼에
엎드러지게 하였으되 24 내가 그들의 더러움과 그들의 범죄한 대로 행하여
그들에게 내 얼굴을 가리었었느니라 25 그러므로 주 여호와께서 이같이 말씀
하셨느니라 내가 이제 내 거룩한 이름을 위하여 열심을 내어 야곱의 사로잡
힌 자를 돌아오게 하며 이스라엘 온 족속에게 사랑을 베풀지라 26 그들이 그
땅에 평안히 거주하고 두렵게 할 자가 없게 될 때에 부끄러움을 품고 내게
범한 죄를 뉘우치리니 27 내가 그들을 만민 중에서 돌아오게 하고 적국 중에
서 모아 내어 많은 민족이 보는 데에서 그들로 말미암아 나의 거룩함을 나
타낼 때라 28 전에는 내가 그들이 사로잡혀 여러 나라에 이르게 하였거니와
후에는 내가 그들을 모아 고국 땅으로 돌아오게 하고 그 한 사람도 이방에
남기지 아니하리니 그들이 내가 여호와 자기들의 하나님인 줄을 알리라 29
내가 다시는 내 얼굴을 그들에게 가리지 아니하리니 이는 내가 내 영을 이
스라엘 족속에게 쏟았음이라 주 여호와의 말씀이니라

지금까지 에스겔이 곡과 마곡에 대하여 선언한 신탁은 모두 미래에 관한 것들이다. 언젠가 때가 되면 이런 일이 있을 것이라는 것이다. 같은 맥락에서 선지자는 본문에서도 미래에 있을 일을 예언하고

있다. 바로 하나님의 영광이 그의 백성뿐만 아니라 온 세상에 드러날 때 있을 일이다(21절). 본문의 내용은 여러 면에서 예레미야서에서 '위로의 책'(book of consolation)으로 불리는 예레미야 30-33장과 비슷하다(Blenkinsopp).

하나님의 영광이 온 세상에 드러나는 날, 주의 백성은 비로소 자기 하나님 여호와가 어떤 분인가를 영원히 알게 될 것이다(22절). 선지자는 과거에는 이스라엘이 하나님을 잘 모르거나, 잠시 알았다가 잊었지만, 그날 이후부터(מִן־הַיּוֹם הַהוּא וָהָלְאָה)는 하나님을 영원히 알게 될 거라고 강조한다. 주의 백성의 하나님에 대한 지식이 완전해지는 때가 도래한 것이다. 주의 백성이 회복되면서 그들의 하나님에 대한 지식이 완전해진다는 것은 매우 중요하다. 선지자들은 주의 백성이 하나님께 범죄하는 가장 큰 이유를 그들이 하나님을 모르기 때문이라고 한다. 그래서 이사야는 이스라엘이 지식이 없어서 타국으로 끌려간다고 하고(사 5:13), 호세아는 "애써 여호와를 알자"고 외쳤다(cf. 호 6장). 그러므로 에스겔이 본문에서 예언하는 그날에 백성들의 하나님에 대한 지식이 완전해진다는 것은 그들이 더 이상 죄를 짓지 않게 될 것을 암시한다. 드디어 하나님의 은혜로 죄 문제가 해결된 것이다!

그날이 되면 이스라엘의 하나님에 대한 지식만 완전해지는 것이 아니라, 열방도 진실을 알게 된다(23절). 그들은 옛날에 이스라엘이 타국으로 끌려간 것에 대해, 이스라엘의 신 여호와가 무능해 다른 나라들의 신들에게 무릎을 꿇은 결과라고 생각했다. 그날이 되면 열방은 이스라엘의 하나님 여호와는 세상에서 가장 능력이 있는 신이며, 이스라엘이 타국에서 포로 생활을 한 이유가 전적으로 그들의 범죄 사실에 있음을 깨닫게 될 것이다. 여호와께서 죄 지은 자기 백성을 스스로 심판해 내치신 결과라는 것을 알게 된다는 것이다(23-24절).

세상과 이스라엘이 하나님을 온전히 알게 되는 날, 하나님은 자기 백성을 이방인들의 억압에서 해방시키실 것이다(25절). 그들은 다시 자기 땅으로 돌아와 평안히 살 것이며, 하나님의 은혜를 경험한 그때에야 비로소 여호와를 배신한 자기들이 얼마나 어리석었고 한심했는가를 뉘우칠 것이다(26절). 이것이 하나님의 사역 방식이다. 하나님은 먼저 죄인들에게 은혜를 베풀어 그들이 회개하고 하나님의 은혜에 감격하게 하신다.

하나님이 자기 백성을 열방의 억압에서 해방하고 약속의 땅으로 돌아오게 하시는 날, 열방은 깨닫게 될 것이다. 이스라엘을 타국으로 끌고 간 힘은 바빌론이나 아시리아 등 세상의 권세가 아니라, 바로 이스라엘의 하나님의 능력이라는 것이다(28절). 때가 되면 하나님이 열방에 흩어져 있는 모든 자기 백성을 다시 모아 약속의 땅으로 인도하신다.

하나님이 자기 백성에게 다시는 얼굴을 가리지 않으실 것이다(29절). 그들의 예배를 받으시겠다는 의미이다. 그러나 하나님이 받으실 예배는 그들에게 익숙한 옛날 방식의 예배가 아니다(Blenkinsopp). 하나님의 영으로 드리는 예배이다. 이 일을 위해 하나님은 자기 백성들에게 자기 영을 부어주신다(29절). 이때까지 여호와는 자기 백성들에게 진노를 부으셨다(7:8, 9:8, 20:8, 13, 21절 등등). 이제 주님은 백성들에게 그들을 구원하실 뿐만 아니라, 그들이 경건하고 하나님이 기뻐하시는 예배를 드릴 수 있도록 자기 영을 부어주실 것이다. 또한 이사야 32:15, 44:1-5와 요엘 2:28과 스가랴 12:10 등에서는 하나님이 자기 영을 부어주시는 일을 백성과의 언약 체결로 여긴다(Block).

곡과 마곡에 대한 에스겔의 예언은 포로가 되어 바빌론으로 끌려와 살던 이스라엘 사람들에게 어떤 교훈을 주었을까? 몇 가지 생각해보자. 첫째, 그들이 바빌론으로 끌려와 힘든 삶을 살고 있기는 하지만, 앞으로 더 큰 어려움이 닥쳐올 것이다. 그 큰 어려움을 잘 견뎌내면 메시아를 통한 하나님의 통치가 시작될 것이다. 그러므로 각자 비장한 각오로 미래를 준비해야 한다.

과거에서 그랬고 현재에서도 그렇듯이 미래에서도 주의 백성들의 고통은 그들의 죄에서 비롯된다(cf. 39:23-24). 그들의 하나님 여호와께서 무능해서 바빌론의 신에 무릎을 꿇어 자기 백성을 바빌론에 내준 것이 아니다. 여호와께서 그들의 죄 때문에 그들을 자기 땅에서 내치셨다. 때가 되면 하나님이 다시 자기 백성을 조상의 땅으로 부르실 것이며, 자기 영을 부어주어 그들이 안고 있는 죄 문제도 해결해주실 것이다. 자기 힘과 노력이 아니라, 하나님이 주시는 은혜로 신앙생활을 할 때가 임할 것이라는 뜻이다.

여호와는 이스라엘의 하나님이실 뿐만 아니라 온 인류 역사의 주인이시다. 세상을 창조하신 하나님은 스스로 나라를 세우기도 하고, 망하게도 하신다. 그러므로 온 세상 모든 나라가 하나님의 계획과 지휘 아래 움직인다. 바빌론이 유다를 쳐 멸망시킨 것도 하나님이 계획하신 일이라는 뜻이다. 그러므로 이스라엘은 망해도 하나님은 건재하시다. 바빌론을 사용해 그들을 내치신 하나님이 언젠가는 열방의 손에서 자기 백성을 다시 모으고 회복시키실 것이다.

하나님의 명예는 그분 백성들의 번영과 직접 관련이 있다. 주님은 자신의 명예를 회복하기 위해서라도 자기 백성을 꼭 구원하실 것이다. 그러나 모든 것이 때가 있고 순서에 따라 진행되어야 하기 때문에 경우에 따라서는 구원이 지연될 수도 있다. 심지어 그의 백성들이 '너무 오랫동안 지연되고 있다'고 느낄 때까지 기다려야 할 수도 있다. 그러나 바빌론에 끌려와 사는 주의 백성들은 인내심을 가지고 하나님의 때를 기다려야 한다.

하나님은 누구와 맺은 약속은 꼭 기억하시는 분이다. 어떤 상황에서도 여호와께서 자기 백성을 잊거나 그들과 맺은 약속을 깨지는 않으실 것이다. 그러므로 상황이 아무리 암울하고 절망적으로 느껴지더라도 하나님의 약속을 기억하고 기다리는 사람은 분명히 구원을 받을 것이다.

여호와는 은혜와 자비가 많으신 분이다. 주님의 분노와 징계는 잠시

이며, 은혜는 영원하다. 또한 주님은 사랑할 만한 사람들만 골라서 사랑하지 않고 심지어는 주님께 반역한 사람들에게까지 은혜를 베푸신다. 그러므로 하나님을 거역한 죄인들이라도 주님의 은혜에 올바르게 반응하고 받아들이면 살 수 있다.

Ⅳ. 유다와 예루살렘에 임할 축복(33:1–48:35)

H. 회복된 예루살렘에 대한 환상(40:1–48:35)

본문은 에스겔이 본 마지막 환상을 기록하고 있다. 문제는 세부적인 사항들이 명확하지 않을 때가 많고, 심지어는 해석이 거의 불가능할 때도 있다. 가장 큰 문제는 본문이 잘 보존되어 있지 않다는 것이다. 또한 선지자는 눈으로 본 것을 글로 표현하고 있는데, 우리가 에스겔의 표현법에 그다지 익숙하지 못하다. 더 나아가 선지자의 메시지를 처음 들었던 사람들은 쉽게 알아들을 수 있었던 것마저도 그때로부터 2,500여 년이 지난 오늘날 우리가 제대로 이해하는 것은 쉽지 않다. 많은 시간이 흘렀고, 문화와 언어의 표현 방식이 많이 달라졌기 때문이다. 심지어 번역본들마저도 곳곳에서 현저한 차이를 보인다. 그러므로 이 비전에 대하여 지나치게 확고한 해석을 지향하는 것은 바람직하지 않다.

이 환상이 에스겔이 바빌론으로 끌려온 지 25년째 되던 해에 임했다는 것은 중요한 상징적 의미를 지닌다. 25년은 49년 만에 한 번씩 찾아오던 희년의 반이 지난 해이다(cf. 레 25:10). 그렇다면 이 환상은 이제 곧 포로로 끌려온 이스라엘 백성들에게 자유를 줄 날이 멀지 않았다는 것(바빌론 포로 생활의 '반'이 지났다는 것)을 암시한다(Block, Duguid, Levenson, cf. Zimmerli). 실제로 에스겔은 이 환상이 끝나기 전에 희년을 언급한다(46:17).

이 환상이 유대인 달력으로 1월(니산월) 10일에 임했다는 것은 출애굽기 12:2-3과 연관이 있어 보인다. 이스라엘이 이집트에서 탈출할 때, 그 일을 기념하기 위해 니산월을 1월로 삼았으며, 매년 1월 초순에는 그들의 이집트 탈출을 기념하는 유월절 절기를 지켰다. 이 또한 주의 백성이 머지않아 바빌론의 노예 생활로부터 해방될 날이 올 것을 암시하는 듯하다(cf. Blenkinsopp).

본문에 기록된 에스겔의 환상은 모세의 율법과 직접적인 연관이 있다는 것이 학자들의 일반적인 견해이다. 또한 에스겔이 마치 옛적에 모세가 이스라엘에게 율법을 주었던 것처럼 권위 있는 규례와 율례를 준다는 점을 감안할 때 에스겔은 자신을 제2의 모세로 여겼다고 주장하는 학자들도 있다(Block). 에스겔이 자신을 모세에 버금가는 율법 제시자(giver)로 생각했는지는 알 수 없지만, 본문에 기록된 환상과 율법으로 인해 그의 책은 훗날 스캔들에 휩싸이기도 했다.

주후 70년에 얌니아라는 곳에서 유대인 종교 지도자들이 모여 구약 정경에 대해 회의를 했는데, 그때 핵심 안건 중 하나가 에스겔서 40-48장이 '손을 부정하게 하는 책인가?'라는 것이었다. 유대인들은 정경을 사람의 손을 부정하게 하는 책이라고 했다. 하나님의 말씀이 기록된 지극히 거룩한 책을 만진 손으로 다른 것들, 특히 속된 것들을 함부로 만지지 못하게 해야 한다는 의도에서 나온 생각이다.

얌니아 회의가 개최되기 전부터 이미 에스겔서 전체가 정경에 포함되어 있었는데 왜 이런 주제가 안건으로 제시되었는가? 본문이 기록하고 있는 환상, 특히 성전에 관한 환상 때문이었다. 유대인들에게 모세는 매우 특별한 사람이다. 하나님이 그를 통해 율법(Torah)을 주셨기 때문이다. 또한 유대인들은 정경 중에서도 모세오경을 가장 중요하게 여겼다. 심지어는 오경을 두고 '정경 중 정경'이라는 말이 나올 정도였다.

에스겔서가 문제가 된 것은 선지자가 40-48장을 통해 제시하는 환상 속의 성전과 오경에 기록된 성막의 구조가 판이하게 다르다는 점이었다. 회의에 참석했던 종교 지도자들의 논리는 어떻게 선지자가 모세가 율법을 통해 준 성전의 모습과 다른 성전을 제시할 수 있냐는 것이었다. 다행히 얌니아 회의는 40-48장을 제거하지 않고 에스겔서 전체를 정경으로 유지하기로 결론을 내렸지만, 에스겔이 제시할 환상이 전통적인 유대인들의 기대와 많이 달랐다는 것은 확실하다. 모세의 율법과 에스겔이 제시하는 환상의 연결점에 대하여는 다음 도표를 참조하라.

내용	모세오경	에스겔 환상
여호와께서 인간 중개인을 임명하심	출 3-4장	33장
여호와께서 이스라엘을 열방에서 구분하시고 노예 생활에서 구원하심	출 5-13장	34-37장
원수세력이 여호와의 구원 사역을 반대함	출 14-15장	38-39장
여호와께서 큰 산 위에 임하심	출 19장	40:1-4
여호와께서 백성들과 함께하심	출 25-40장	40:5-43:27
여호와께서 그의 은혜에 대한 적절한 반응을 선포하심	레 1:1ff.	44:1-46:24
여호와께서 땅을 허락하심	민 21장 민 34-35장	47-48장

선지자가 본 환상들은 다음 다섯 가지로 분류될 수 있다. 일부는 중복 분류될 수 있다(McKeating). 첫째, 환상에 대한 설명을 동반한 환상이다. 오래전에 떠난 하나님의 영광이 다시 돌아오는 것과 회복될 성전의 구체적인 구조를 설명하는 것이 이 부류에 속한다. 성전의 세부 사항이 보충 설명되는 것도 이 종류에 속한다. 예를 들자면 46:19-24이 설명하고 있는 부엌은 환상의 다른 부분과 직접적인 연결성이 없다.

둘째, 예물과 그 외 예배와 제사에 대한 규례에 대한 환상이다. 주로 45:10-46:15 안에서 발견된다. 이 환상 중 오경과 다르다고 생각된 것이 에스겔서가 얌니아 회의에서 논의되도록 했다.

셋째, 제사장과 레위 사람 등 성전 사역자들과 그들의 역할에 관한 법들로 구성된 비전이다. 대부분 44:5-31에 기록되어 있다. 이 환상 중 오경과 다른 부분도 얌니아 회의에서 논의되었다.

넷째, 이스라엘의 영토 확장과 국경에 대한 환상이다. 선지자는 이 주제를 대부분 47:13-48:29에서 언급한다. 옛적 이스라엘과 전혀 다른 범위와 지파별 땅을 제시한다.

다섯째, 왕권에 대한 환상이다. 왕의 역할과 책임뿐만 아니라 권리도 논한다. 왕에 대한 환상은 44:1-3, 45:7-8, 48:21-22 등에서 언급된다. 훗날 회복된 이스라엘에서 다윗 왕조가 건재해질 것을 암시한다.

이 환상의 클라이맥스는 11장에서 떠났던 하나님의 영광이 다시 돌아오는 일이다(43:1-5). 주의 백성과 성전이 죄로 오염되어서 하나님의 영광이 예루살렘이 멸망하기 5년 전에 이미 떠났다. 만일 하나님의 영광이 떠나지 않으면 주의 백성들이 성전에서 제사를 드리다가 죽는 초유의 사태가 일어날 것이 뻔했기 때문이다. 그러므로 당시 하나님의 영광이 성전을 떠난 것도 백성들을 죽이지 않으시려는 주님의 배려라고 할 수 있다. 떠났던 하나님의 영광이 드디어 이 환상에서 자기 백성에게 돌아온다. 주님의 영광이 잠시 머물기 위해서가 아니라 영원히 머물기 위해서이다. 하나님의 영광이 다시는 떠나지 않는다는 것은 주의 백성의 죄 문제가 영구적으로 해결되었다는 것을 전제한다.

그 외 에스겔의 마지막 환상은 그의 다른 부분과 많은 연결성을 포함하고 있다. 예를 들자면 시온이 매우 높은 산으로 묘사되는 것(40:2)은 17:22-23(cf. 34:14)을 연상시키고 있다(Levenson). 40-48장은 20장과도 매우 잘 어울린다. 에스겔은 20장에서 새로운 출애굽의 목적은 거룩한 산 시온에서 다시 하나님께 예물을 드릴 수 있게 하기 위해서라고 했다. 이 환상에서는 그런 여건이 만들어지고 있다. 1-24장에서는 예루살렘에 대한 위협과 성전 파괴가 중심을 차지했다. 이 환상은 그 일이 성취되었으니 예루살렘과 성전은 옛 영화를 되찾을 것이라는 점을 강조한다. 에스겔이 본 환상의 내용을 구분하자면 다음과 같다.

A. 성전 광장과 문(40:1-49)
B. 성전(41:1-26)
C. 바깥뜰(42:1-20)
D. 돌아온 하나님의 영광(43:1-27)
E. 동쪽 문과 제사장들(44:1-31)
F. 거룩한 구역(45:1-9)
G. 기준 저울과 무게(45:10-12)
H. 제물들(45:13-17)
I. 제사들(45:18-46:15)
J. 왕의 토지(46:16-18)
K. 성전 부엌(46:19-24)
L. 성전에서 흐르는 물(47:1-12)
M. 땅의 경계선과 분배(47:13-48:29)
N. 예루살렘 성의 문들(48:30-35)

Ⅳ. 유다와 예루살렘에 임할 축복(33:1-48:35)
H. 회복된 예루살렘에 대한 환상(40:1-48:35)

1. 성전 광장과 문(40:1-49)

에스겔은 소명을 받은 지 얼마 되지 않아 하나님의 영에 사로잡혀 예루살렘을 다녀온 적이 있다(8-11장). 그때 선지자는 죄로 더럽혀진 성전과 오염된 성전을 떠나는 하나님의 영광을 보았다. 이번 환상에서는 옛 성전을 대체할 새로운 성전과 다시 예루살렘 성전으로 돌아오는 하나님의 영광을 본다. 그가 이 환상에서 제일 먼저 보게 된 것은 새 성전의 모습이다. 에스겔의 환상을 정리하면 다음과 같은 성전과 뜰과 광장의 조감도가 나온다(cf. Block, Cooke, Darr, Duguid, Taylor, Zimmerli).

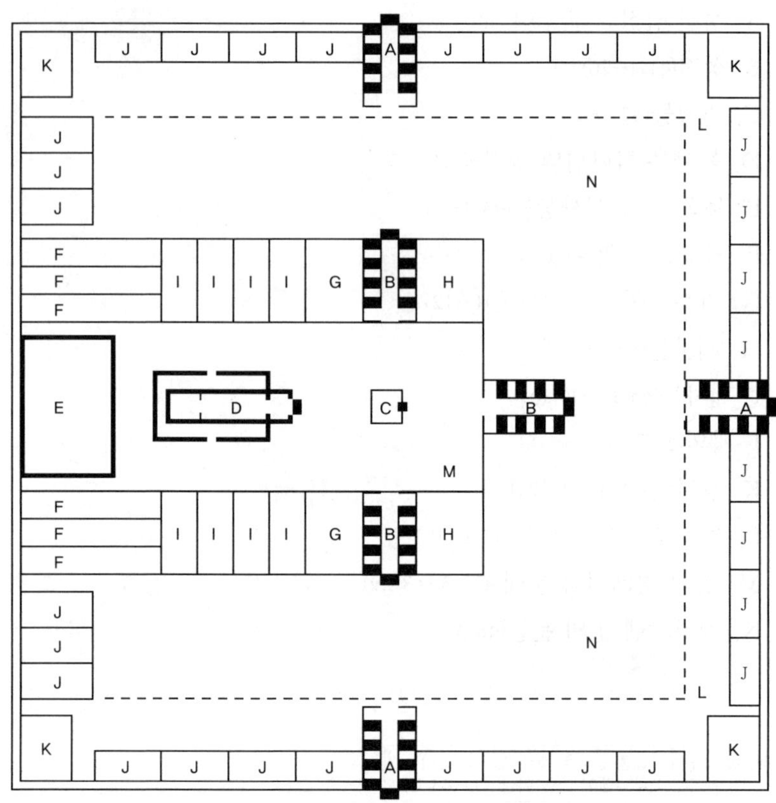

A. 바깥쪽 문(40:5–16, 20–27)
B. 안쪽 문(40:28–37)
C. 제단(43:13–17)
D. 성전(40:48–41:11, 15–26)
E. 뜰(41:12–14)
F. 제사장 방(42:1–14)
G. 제사장 방(40:44–46)
H. 번제물 씻는 방(40:38)
I. 곁방(41:9–10)
J. 행랑방(40:17)
K. 부엌(46:10–24)
L. 아래쪽 길(40:18)
M. 안뜰(40:44)
N. 바깥뜰(40:17–19)

〈 성전 도면 〉

그는 두루 돌아다니며 성전을 살폈다. 에스겔은 성전 광장의 동쪽 문에서 관람을 시작해(40:1-16) 모두 돌아본 다음 다시 동쪽 문으로 돌아와 관람을 마친다(42:15-20). 그중 본문은 그가 동쪽 문을 출발해 성전 건물 앞 현관에 이른 여정을 묘사한다. 선지자의 움직임을 정리해놓은 다음 도표에서 에스겔은 이 장이 끝날 때 9번 공간에 서 있다(cf. Block).

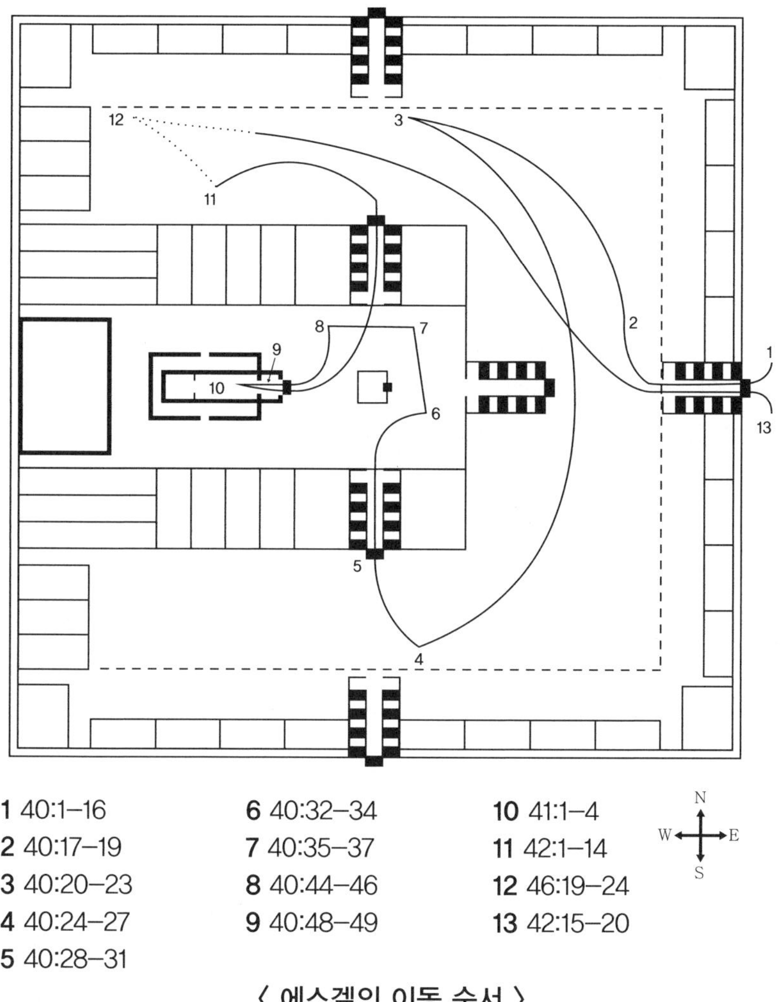

〈 에스겔의 이동 순서 〉

주전 586년에 파괴되었던 예루살렘 성전 때문에 눈물을 흘렸을 선지자는 성전이 회복되는 이 환상을 보며 참으로 감개무량했을 것이다. 에스겔이 동쪽 문을 출발해 성전 건물 현관에 이를 때까지를 묘사하고 있는 본문은 언급하는 건물이나 공간에 따라 다음과 같이 구분될 수 있다.

A. 새 예루살렘과 새 성전(40:1-4)
B. 동쪽 문(40:5-16)
C. 바깥뜰(40:17-19)
D. 북쪽 문(40:20-23)
E. 남쪽 문(40:24-27)
F. 안뜰의 남쪽 문(40:28-31)
G. 안뜰의 동쪽 문(40:32-34)
H. 안뜰의 북쪽 문(40:35-37)
I. 안뜰 북쪽 문의 부속 건물들(40:38-47)
J. 안뜰과 성전 건물(40:48-49)

Ⅳ. 유다와 예루살렘에 임할 축복(33:1-48:35)
H. 회복된 예루살렘에 대한 환상(40:1-48:35)
1. 성전 광장과 문(40:1-49)

(1) 새 예루살렘과 새 성전(40:1-4)

[1] 우리가 사로잡힌 지 스물다섯째 해, 성이 함락된 후 열넷째 해 첫째 달 열째 날에 곧 그 날에 여호와의 권능이 내게 임하여 나를 데리고 이스라엘 땅으로 가시되 [2] 하나님의 이상 중에 나를 데리고 이스라엘 땅에 이르러 나를 매우 높은 산 위에 내려놓으시는데 거기에서 남으로 향하여 성읍 형상 같은 것이 있더라 [3] 나를 데리시고 거기에 이르시니 모양이 놋 같이 빛난 사람 하

나가 손에 삼줄과 측량하는 장대를 가지고 문에 서 있더니 [4] 그 사람이 내게 이르되 인자야 내가 네게 보이는 그것을 눈으로 보고 귀로 들으며 네 마음으로 생각할지어다 내가 이것을 네게 보이려고 이리로 데리고 왔나니 너는 본 것을 다 이스라엘 족속에게 전할지어다 하더라

이 환상은 에스겔이 포로로 끌려온 지 25년, 예루살렘이 함락된 때부터 14년이 지난 후 니산월 10일(주전 572년 4월 28일)에 임한 말씀이다(1절). 에스겔서에서 이 환상보다 더 늦게 선지자에게 임한 말씀은 이집트에 대한 심판을 선언하는 29:17-20뿐이다. 이집트 OAN은 이 환상보다 2년 후인 주전 570년에 선지자에게 임한다.

선지자는 날짜를 논하면서 본문에서처럼 두 가지 사건(자기가 포로로 끌려온 지 25년째 되던 해, 예루살렘이 함락된 지 14년 되던 해)을 언급한 적이 있다. 바로 책을 시작하는 1:1-2이다. 에스겔은 소명을 받았을 때 서른 살이었다(1:1). 그는 여호야긴 왕이 바빌론으로 잡혀온 지 5년째 되던 해라며 이야기를 시작했다(1:2). 선지자가 본문에 기록된 환상을 받았을 때 여호야긴 왕은 여전히 바빌론 감옥에 감금되어 있었다. 그러나 선지자는 더 이상 왕이 끌려온 해를 기준으로 삼지 않고 예루살렘 함락을 기준으로 삼아 환상을 소개한다. 예루살렘마저 함락된 지 오래된 상황에서 여호야긴의 왕권은 더 이상 별 의미가 없으며 이 환상은 함락된 예루살렘과 무너진 성전의 회복에 관한 것이기 때문이다.

만일 바로 앞(38-39장)에서 선포된 이스라엘의 구원 신탁들이 예루살렘이 함락된 주전 586년 이후 얼마 지나지 않아서 임했다면, 그 예언들과 이 환상 사이에는 10년 이상의 공백이 있다. 그동안 에스겔은 바빌론에서 어떤 사역을 했을까? 정확히 알 수는 없지만, 하나님이 이스라엘의 미래에 대해 그에게 주신 말씀과 비전으로 포로민들을 위로하고 격려하며 귀향을 꿈꾸게 하는 사역을 했을 것이다.

에스겔은 하나님의 권능에 사로잡혀 예루살렘으로 갔다. 그는 약 20

년 전에도 환상 속에서 예루살렘을 다녀온 적이 있다(cf. 8-11장). 그때도 성전을 보고 왔는데 이번에도 성전을 보게 될 것이다. 그러나 전혀 다른 성전이다. 그가 옛날에 보았던 성전은 온갖 우상들과 우상숭배로 오염된 성전이었다. 이번 환상에서 보는 성전은 하나님이 새로 세우신 성전이며 거룩한 예배 처소이다.

에스겔은 하나님께 환상과 새 율법을 받기 위해 아래가 내려다보이는 높은 산 위에 서 있다(2절). 옛적에 모세가 하나님의 율법을 받기 위해 시내 산 위에 서 있던 일을 연상케 한다. 또한 모세가 느보 산 높이 올라서서 약속의 땅을 내려다보았던 것처럼, 에스겔도 성을 내려다보고 있다. 이처럼 에스겔이 모세처럼 묘사되는 것은 아마도 모세가 시내 산 위에서 성막의 '청사진'을 받은 것처럼, 에스겔도 새로운 성전의 '청사진'을 받게 될 것이기 때문이다(Duguid).

이 환상에서 선지자는 예루살렘 동쪽에 위치한 감람산 위에 서 있는 것으로 생각된다. 성경은 감람산에서 내려다보이는 시온 산도 '매우 높은 산'으로 묘사한다(사 2:2-3). 선지자는 그곳에서 '성읍 형상 같은 것'을 보았다. 분명 예루살렘을 가리키는 말이지만, 선지자는 예전에 자신이 본 환상에 대해 흐릿하게 말했던 것처럼(cf. 1:5, 26-28) 이번에도 명확한 그림은 제시하지 않는다. 모든 일이 꿈처럼 진행되고 있다는 것을 암시하기 위해서이다(Blenkinsopp).

에스겔은 정체를 알 수 없는 이의 인도를 받고 있다(3절). 선지자가 예전에 보았던 환상에서도 정체를 알 수 없는 인도자가 그를 안내해주었다(8:2). 이 인도자가 어떤 일을 하는가는 그가 손에 들고 있는 물건들로 어느 정도 알 수 있다. 예전에 베옷을 입고 허리에 먹 그릇을 찬 이(9:2)가 사람들을 살리는 일을 하는 천사임을 짐작한 것처럼 말이다.

이번에 안내자로 나선 이는 손에 삼줄과 측량하는 장대를 들고 있다(3절). 삼줄은 큰 공간을, 장대는 작은 공간을 측정하는 기구들이다. 그러므로 이 사람(천사)은 기존 건물을 파괴하는 것이 아니라 새로이 완성된 성전 공간을 돌아다니며 다양한 것을 측정하는 사람이다. 앞으로 에스겔이 어떤 환상을 볼 것인가를 암시한다. 그는 하나님이 건축하신 성전을 보게 될 것이다. 이 인도자는 에스겔의 발걸음을 안내할 뿐 별 말을 하지 않는다.

Ⅳ. 유다와 예루살렘에 임할 축복(33:1-48:35) H. 회복된 예루살렘에 대한 환상(40:1-48:35) 1. 성전 광장과 문(40:1-49)

(2) 동쪽 문(40:5-16)

**5 내가 본즉 집 바깥 사방으로 담이 있더라 그 사람의 손에 측량하는 장대
를 잡았는데 그 길이가 팔꿈치에서 손가락에 이르고 한 손바닥 너비가 더
한 자로 여섯 척이라 그 담을 측량하니 두께가 한 장대요 높이도 한 장대며
6 그가 동쪽을 향한 문에 이르러 층계에 올라 그 문의 통로를 측량하니 길이
가 한 장대요 그 문 안쪽 통로의 길이도 한 장대며 7 그 문간에 문지기 방들
이 있는데 각기 길이가 한 장대요 너비가 한 장대요 각방 사이 벽이 다섯 척
이며 안쪽 문 통로의 길이가 한 장대요 그 앞에 현관이 있고 그 앞에 안 문
이 있으며 8 그가 또 안 문의 현관을 측량하니 한 장대며 9 안 문의 현관을
또 측량하니 여덟 척이요 그 문 벽은 두 척이라 그 문의 현관이 안으로 향
하였으며 10 그 동문간의 문지기 방은 왼쪽에 셋이 있고 오른쪽에 셋이 있으
니 그 셋이 각각 같은 크기요 그 좌우편 벽도 다 같은 크기며 11 또 그 문 통
로를 측량하니 너비가 열 척이요 길이가 열세 척이며 12 방 앞에 간막이 벽이
있는데 이쪽 간막이 벽도 한 척이요 저쪽 간막이 벽도 한 척이며 그 방은 이
쪽도 여섯 척이요 저쪽도 여섯 척이며 13 그가 그 문간을 측량하니 이 방 지
붕 가에서 저 방 지붕 가까지 너비가 스물다섯 척인데 방문은 서로 반대되
었으며 14 그가 또 현관을 측량하니 너비가 스무 척이요 현관 사방에 뜰이 있
으며 15 바깥 문 통로에서부터 안 문 현관 앞까지 쉰 척이며 16 문지기 방에는**

각각 닫힌 창이 있고 문 안 좌우편에 있는 벽 사이에도 창이 있고 그 현관도 그러하고 그 창은 안 좌우편으로 벌여 있으며 각 문 벽 위에는 종려나무를 새겼더라

예루살렘에 도착한 선지자는 성전과 연관된 매우 다양하고 구체적인 치수(measurement)를 제시한다. 선지자가 여러 개의 구체적인 숫자를 주는 것은 무엇보다도 자신이 선포하는 예언이 언젠가는 꼭 실현될 것을 강조하며 현실성을 더하기 위해서이다. 모든 인간 사회는 공간을 중심으로 형성되기 때문에 공간이 사회를 정의하는 데 매우 중요한 역할을 한다. 에스겔서 40-48장은 새로운 사회에 대한 환상이기 때문에 제일 먼저 그 사회는 공간으로 정의된다(Stevenson). 그렇다면 에스겔이 본문에 묘사된 공간으로 정의하는 사회는 어떤 사회인가? 선지자는 성전을 중심으로 한 사회, 곧 그 거룩한 공간으로 나아가는 것이 제한된 사회를 정의하고 있다(Stevenson). 그러므로 선지자는 그가 본 새 공동체를 성전에 연관된 공간을 소개하는 것으로 시작한다.

사회가 공간을 중심으로 형성된다는 것은 그 공간을 지배하는 사람이 사회의 지배자가 된다는 것을 의미한다. 지배자는 분명 자기가 다스리는 공간의 출입에 제한을 두어 자신의 지배력을 강화할 것이다(Sack). 선지자도 본문을 통해 자기가 묘사하고 있는 공간이 사람들의 출입을 제한하는 여러 문들과 담벼락으로 둘러싸여 있다고 한다. 그렇다면 에스겔은 누가 자기가 보고 있는 공간을 지배할 것으로 기대하는가? 그가 보는 공간이 성전과 성전 터라는 것은 곧 여호와께서 이 공간을 지배하실 것을 기대한다는 의미이다. 실제로 여호와의 영광이 43장에서 이 공간으로 돌아와 머무신다. 에스겔은 머지않아 여호와께서 이 공간의 주인이 되어 영원히 다스리시기를 기대하는 것이다.

에스겔이 본 성전 공간은 가장 바깥쪽에 바깥뜰, 그 안쪽에 성전 뜰, 뜰의 한 중심에 성전 건물이 있었다. 동쪽 문을 통해 성전의 바깥뜰로 들어가려면 일곱 계단으로 구성된 문을 통과해야 하고(40:22, 26), 바깥뜰에서 뜰로 들어가려면 다시 여덟 계단으로 구성된 문을 통과해야 하며(40:31, 34, 37), 뜰에서 성전 건물로 들어가려면 열 계단으로 구성된 현관을 지나야 한다(cf. 40:49). 바깥뜰 밖에서 성전 건물로 들어가려면 총 25계단을 올라가야 하는 것이다(Blenkinsopp). 에스겔의 성전 비전은 5, 25, 50 등 숫자 5를 중심으로 형성되어 있다. 그가 이 비전을 본 시기도 포로로 끌려온 지 25년째 되던 해였다(40:1).

에스겔은 측정하면서 옛 규빗 혹은 긴 규빗으로 알려진 단위를 사용한다. 일상적으로 한 규빗(אַמָּה)은 45센티미터로 계산한다. 에스겔이 사용하는 긴 규빗은 여기에 손바닥의 너비를 더한 것으로 보통 52센티미터로 계산한다(5절). 개역개정은 이 단위를 규빗(45센티미터)과 구분하기 위해 '척'이라고 하고 새번역은 '자'라고 부른다. 여섯 척은 한 장대가 된다(5절). 그렇다면 한 장대는 대략 3.1미터 정도 된다. 이 단위로 에스겔이 본 것을 환산해보면 다음과 같다. 이 부분의 마소라 사본이 잘 보존되지 않아 정확한 치수나 의미를 도출하는 것이 거의 불가능하다는 점을 염두에 두고 숫자들을 생각해보아야 한다(cf. Blenkinsopp, Darr, Zimmerli).

성전 뜰과 바깥뜰을 포함한 공간을 구분하는 벽은 가로 500규빗(259미터), 세로 500규빗(259미터)에 달하는 정사각형의 넓은 공간이다(42:15-20). 벽의 두께와 높이는 한 장대(3.1미터)에 달한다(6절). 성벽의 높이에 비해 두께가 매우 두껍다는 생각이 들며 좀처럼 무너지지 않을 정도로 두껍기 때문에 적들의 공격에서 방어하는 데 도움이 될 것으로 생각된다. 그러나 이 성전은 하나님을 대적하는 악의 무리들(곡과 마곡)을 물리친 다음에 세워질 것이기 때문에 이 벽들은 적들의 공격에서 성전을 보호하기 위한 목적이 아니다. 단지 성전을 세속과 부정에서 보호하기 위해 세워진 경계선이다(42:20).

성전 공간을 보호하는 벽에는 동쪽과 북쪽과 남쪽 등에 세 개의 문이 있다. 서쪽에는 문이 없다. 성전 구조가 사람이 동쪽에서 서쪽으로 갈

수록 더 거룩한 공간을 접하게 되어 있기 때문이다. 동쪽에서 일곱 계단을 오르면 동쪽 문을 접하게 되는데 이 문의 너비는 한 장대(3.1미터)였다(6절). 이 문의 양옆으로 문지기들의 방이 각각 세 개씩 있었는데(10절), 각 방은 가로와 세로 한 장대(3.1미터)였으며, 각 방 사이에 다섯 척(2.6미터) 두께의 벽이 있다(7절).

첫 번째 문과 기둥을 계산하면 너비가 대략 5미터에 달한다(Blenkinsopp). 이 문을 통과하면 바깥뜰로 들어가는 두 번째 문이 있는데, 이 안 문의 너비와 기둥들을 계산해보면 너비가 6.7미터에 달한다(Blenkinsopp, cf. 11절). 문지기들 방 앞으로도 벽이 있는데, 높이와 두께가 각각 1척(53센티미터)이었다(12절). 양쪽에 서 있는 문지기들의 방을 이쪽(북쪽)에서 저쪽(남쪽)으로 재니 25척(13미터)이었다(14절). 각 방들이 한 장대(3.1미터)에 달하는 정사각형이었으니, 양쪽 문지기들 방 사이에 있는 통로는 너비가 6.7미터에 달한다. 성전 쪽으로 들어가면서 통로의 너비가 5미터에서 6.7미터로 넓어진 것이다(Blenkinsopp).

문의 서쪽 끝에 있는 현관은 너비가 20척(10.4미터)이었다(14절). 그러므로 동쪽 문은 바깥쪽에 있는 첫째 문에서 성전 바깥뜰로 들어가는 둘째 문까지 현관을 포함해 길이가 총 50척(26미터)이었다(15절). 문지기들의 방은 여러 개의 창들이 있었으며, 창들은 바깥에서 보면 좁고 안에서 보면 안쪽으로 들어오면서 점점 넓어지는 틀만 있는 창이었다(16절). 양쪽 벽기둥에는 종려나무가 새겨져 있었다.

Ⅳ. 유다와 예루살렘에 임할 축복(33:1-48:35)
H. 회복된 예루살렘에 대한 환상(40:1-48:35)
1. 성전 광장과 문(40:1-49)

(3) 바깥뜰(40:17-19)

17 그가 나를 데리고 바깥뜰에 들어가니 뜰 삼면에 박석 깔린 땅이 있고 그

박석 깔린 땅 위에 여러 방이 있는데 모두 서른이며 [18] 그 박석 깔린 땅의 위치는 각 문간의 좌우편인데 그 너비가 문간 길이와 같으니 이는 아래 박석 땅이며 [19] 그가 아래 문간 앞에서부터 안뜰 바깥 문간 앞까지 측량하니 그 너비가 백 척이며 동쪽과 북쪽이 같더라

선지자는 인도자의 안내를 받아 동쪽 문을 지나 성전의 바깥뜰로 들어갔다. 동쪽 문을 지나자 서쪽 정면에 성전 뜰로 들어가는 문이 있었는데, 동쪽 문 안쪽에서 그 문의 바깥쪽까지의 거리는 100척(52미터)이었다(19절, cf. Darr). 바깥뜰에는 북쪽과 남쪽과 동쪽 벽들에 각각 열 개의 방들이 있었고 그 방들 앞에는 돌로 다듬은 길이 나 있었다(17절). 선지자는 이 방들의 크기나 방들 앞에 나 있는 길의 너비에 대하여는 정보를 제공하지 않는다. 별로 중요한 방이 아니기 때문이다. 아마도 이 방들은 성전 창고로 쓰이거나 예배자들이 식사나 허드렛일을 하는데 사용되었을 것이다(Duguid, cf. 렘 35:2-4, 느 13:4-14).

총 30개의 방이 성전 벽 쪽에서 돌로 다듬은 길 건너로 안쪽을 바라보도록 설계되었다. 물론 서쪽 벽에는 문이 없었던 것처럼 방도 없다. 이 방들 앞에 나 있는 길은 서쪽 벽과 맞닿으며 정사각형을 형성했을 것으로 생각된다. 성전의 구조적 주제가 정사각형이기 때문이다. 바로 이 정사각형이 성전의 바깥뜰의 경계선이었다(Stevenson).

Ⅳ. 유다와 예루살렘에 임할 축복(33:1-48:35) H. 회복된 예루살렘에 대한 환상(40:1-48:35) 1. 성전 광장과 문(40:1-49)

(4) 북쪽 문(40:20-23)

[20] 그가 바깥뜰 북쪽을 향한 문간의 길이와 너비를 측량하니 [21] 길이는 쉰 척이요 너비는 스물다섯 척이며 문지기 방이 이쪽에도 셋이요 저쪽에도 셋이

**요 그 벽과 그 현관도 먼저 측량한 문간과 같으며 [22] 그 창과 현관의 길이와
너비와 종려나무가 다 동쪽을 향한 문간과 같으며 그 문간으로 올라가는 일
곱 층계가 있고 그 안에 현관이 있으며 [23] 안뜰에도 북쪽 문간과 동쪽 문간
과 마주 대한 문간들이 있는데 그가 이 문간에서 맞은쪽 문간까지 측량하니
백 척이더라**

북쪽 문의 구조와 규모가 동쪽 문과 동일하다. 북쪽 문의 바깥쪽에서 안쪽까지의 길이가 사이에 있는 현관을 포함하여 총 50척(26미터)에 달한다(21절). 동쪽 문과 똑같은 규모이다. 문 양쪽으로 문지기 방이 각각 세 개씩 있는 것도 같다(21절). 계단이 일곱 개인 것과 현관의 길이도 같다. 북쪽 문 안쪽에서 안뜰로 들어가는 문까지의 거리가 100척(52미터)인 것도 같다(23절).

Ⅳ. 유다와 예루살렘에 임할 축복(33:1–48:35)
H. 회복된 예루살렘에 대한 환상(40:1–48:35)
1. 성전 광장과 문(40:1–49)

(5) 남쪽 문(40:24–27)

**[24] 그가 또 나를 이끌고 남으로 간즉 남쪽을 향한 문간이 있는데 그 벽과 현
관을 측량하니 먼저 측량한 것과 같고 [25] 그 문간과 현관 좌우에 있는 창도
먼저 말한 창과 같더라 그 문간의 길이는 쉰 척이요 너비는 스물다섯 척이
며 [26] 또 그리로 올라가는 일곱 층계가 있고 그 안에 현관이 있으며 또 이쪽
저쪽 문 벽 위에 종려나무를 새겼으며 [27] 안뜰에도 남쪽을 향한 문간이 있는
데 그가 남쪽을 향한 그 문간에서 맞은쪽 문간까지 측량하니 백 척이더라**

선지자는 동쪽 문으로 들어와 북쪽 문 쪽, 곧 시계 반대 방향으로 가고 있다. 그러므로 다음에 언급되어야 하는 문은 서쪽 문이다. 그러나

서쪽 벽에는 큰 건물이 붙어 있어(cf. 41:12) 문이 없기 때문에 곧바로 남쪽 문으로 갔다. 성전 뒤(서쪽)로 지나갈 수 없기 때문에 성전 앞 바깥뜰을 건너 남쪽 문으로 갔다.

남쪽 문도 규모나 구조가 다른 두 문과 동일하다. 일곱 계단을 올라가야 문을 통과할 수 있는 것, 문간의 길이가 50척(26미터)에 달한 것도 같다. 남쪽 문 안쪽에서 안쪽 뜰로 들어가는 문까지의 거리도 100척(52미터)이었으며 다른 문들에서 안쪽 뜰로 들어가는 문까지의 거리와 같았다.

Ⅳ. 유다와 예루살렘에 임할 축복(33:1-48:35)
H. 회복된 예루살렘에 대한 환상(40:1-48:35)
1. 성전 광장과 문(40:1-49)

(6) 안뜰의 남쪽 문(40:28-31)

[28] 그가 나를 데리고 그 남문을 통하여 안뜰에 들어가서 그 남문의 너비를 측량하니 크기는 [29] 길이가 쉰 척이요 너비가 스물다섯 척이며 그 문지기 방과 벽과 현관도 먼저 측량한 것과 같고 그 문간과 그 현관 좌우에도 창이 있으며 [30] 그 사방 현관의 길이는 스물다섯 척이요 너비는 다섯 척이며 [31] 현관이 바깥뜰로 향하였고 그 문 벽 위에도 종려나무를 새겼으며 그 문간으로 올라가는 여덟 층계가 있더라

남쪽 문을 관찰한 선지자가 안뜰로 인도하는 세 문들 중 가장 가까이에 있는 남문 쪽으로 100척(52미터)을 걸어갔다. 안뜰로 가기 위해서 지나가야 하는 이 문도 규모나 구조는 이미 선지자가 지나온 바깥 쪽에 있는 문들과 같았다. 단지 두 가지 차이점이 있다.

첫째, 성전 쪽으로 들어가려고 바깥 문을 통과할 때는 일곱 계단을 올랐는데, 안뜰로 들어가는 문은 여덟 계단을 올라가야 한다. 둘째, 바깥 문의 현관은 안쪽을 향했는데, 안뜰로 들어가는 문들은 현관이 바깥쪽으로 나 있다.

안쪽 뜰로 들어가는 이 문들 주변으로 벽이 있었는가? 아니면 벽은 없이 문들만 있었는가? 선지자가 알려주지 않아 학자들의 견해는 둘로 나뉘어 있다. 일부 주석가들은 문은 벽이 있는 것을 전제로 하기 때문에, 벽이 있는 것으로 간주해야 한다고 주장한다(Zimmerli). 반면에 선지자가 이미 부정이 들어오지 못하도록 한 바깥벽을 통과했고, 안뜰이 바깥뜰보다 더 높은 위치에 있어 자연스럽게 벽의 역할을 하기 때문에 별도의 벽이 없다고 주장하는 학자들도 있다(Stevenson, Darr, Duguid). 벽이 없어야 바깥뜰에 있는 사람들은 안뜰의 제단에서 바쳐지는 제물을 보고, 안뜰에 있는 제사장들은 바깥뜰에서 어떤 일이 있는지 파악할 수 있기 때문이다 (Stevenson).

Ⅳ. 유다와 예루살렘에 임할 축복(33:1–48:35)
H. 회복된 예루살렘에 대한 환상(40:1–48:35)
1. 성전광장과 문(40:1–49)

(7) 안뜰의 동쪽 문(40:32–34)

[32] 그가 나를 데리고 안뜰 동쪽으로 가서 그 문간을 측량하니 크기는 [33] 길이가 쉰 척이요 너비가 스물다섯 척이며 그 문지기 방과 벽과 현관이 먼저 측량한 것과 같고 그 문간과 그 현관 좌우에도 창이 있으며 [34] 그 현관이 바깥뜰로 향하였고 그 이쪽, 저쪽 문 벽 위에도 종려나무를 새겼으며 그 문간으로 올라가는 여덟 층계가 있더라

안쪽 뜰로 들어가는 남문을 지난 선지자가 이번에는 동문을 향했다. 이번에도 시계 반대 방향으로 이동한다. 동문도 남문과 구조와 규모가 똑같다. 새겨진 종려나무 장식도 같다.

바깥 문은 일곱 개의 계단과 연결되는데, 안뜰로 향하는 문은 여덟 개의 계단을 지나야 한다. 성전으로 들어서려면 먼저 일곱 개의 계단을 올라야 하는데 성전 터전이 주변보다 높다는 것을 암시한다. 더 나아가 일곱 계단을 거쳐 들어간 바깥뜰보다 안뜰은 더 높아 여덟 개의 계단을 걸어 올라가야 한다. 어느 정도의 높이일까? 학자들은 대체적으로 계단 하나를 30센티미터로 추측한다(cf. Duguid). 바깥뜰에서 안뜰로 가려면 계단을 통해 2.4미터를 올라가야 한다.

Ⅳ. 유다와 예루살렘에 임할 축복(33:1-48:35)
H. 회복된 예루살렘에 대한 환상(40:1-48:35)
1. 성전 광장과 문(40:1-49)

(8) 안뜰의 북쪽 문(40:35-37)

35 그가 또 나를 데리고 북문에 이르러 측량하니 크기는 36 길이가 쉰 척이요
너비가 스물다섯 척이며 그 문지기 방과 벽과 현관이 다 그러하여 그 좌우
에도 창이 있으며 37 그 현관이 바깥뜰로 향하였고 그 이쪽, 저쪽 문 벽 위에
도 종려나무를 새겼으며 그 문간으로 올라가는 여덟 층계가 있더라

에스겔은 안쪽 뜰과 바깥뜰을 구분하는 세 문들 중 마지막인 북쪽 문 앞에 서 있다. 이 문도 구조와 규모는 다른 문들과 동일하다. 현관을 포함하여 길이가 50척(26미터)에 달하며 너비가 25척(13미터)에 달한다. 계단 여덟 개를 지나야 안뜰로 들어갈 수 있는 것도 같다.

Ⅳ. 유다와 예루살렘에 임할 축복(33:1–48:35)
H. 회복된 예루살렘에 대한 환상(40:1–48:35)
1. 성전 광장과 문(40:1–49)

(9) 안뜰 북쪽 문의 부속 건물들(40:38–47)

38 그 문 벽 곁에 문이 있는 방이 있는데 그것은 번제물을 씻는 방이며 39 그
문의 현관 이쪽에 상 둘이 있고 저쪽에 상 둘이 있으니 그 위에서 번제와 속
죄제와 속건제의 희생제물을 잡게 한 것이며 40 그 북문 바깥 곧 입구로 올
라가는 곳 이쪽에 상 둘이 있고 문의 현관 저쪽에 상 둘이 있으니 41 문 곁
이쪽에 상이 넷이 있고 저쪽에 상이 넷이 있어 상이 모두 여덟 개라 그 위에
서 희생제물을 잡았더라 42 또 다듬은 돌로 만들어 번제에 쓰는 상 넷이 있
는데 그 길이는 한 척 반이요 너비는 한 척 반이요 높이는 한 척이라 번제의
희생제물을 잡을 때에 쓰는 기구가 그 위에 놓였으며 43 현관 안에는 길이가
손바닥 넓이만한 갈고리가 사방에 박혔으며 상들에는 희생제물의 고기가 있
더라 44 안문 밖에 있는 안뜰에는 노래하는 자의 방 둘이 있는데 북문 곁에
있는 방은 남쪽으로 향하였고 남문 곁에 있는 방은 북쪽으로 향하였더라 45
그가 내게 이르되 남쪽을 향한 이 방은 성전을 지키는 제사장들이 쓸 것이
요 46 북쪽을 향한 방은 제단을 지키는 제사장들이 쓸 것이라 이들은 레위의
후손 중 사독의 자손으로서 여호와께 가까이 나아가 수종드는 자니라 하고
47 그가 또 그 뜰을 측량하니 길이는 백 척이요 너비는 백 척이라 네모 반듯
하며 제단은 성전 앞에 있더라

에스겔은 잠시 '대문 투어'를 멈추고 안뜰로 향하는 북쪽 문 주변에서 목격한 일을 설명한다. 이때까지 선지자는 문들만 언급한 것에 반해 이번에는 주변에서 행해지는 일을 회고하고 있다. 그런 이유로 훗날 편집자가 본문을 삽입한 것이라고 주장하는 사람들도 있다(Zimmerli). 그러나 안뜰로 임하는 북쪽 문 주변에서는 선지자가 잠시 투어를 멈추고 그곳에서 진행되는 일을 묘사한다. 그곳이 성전에서 진행되는 예배에서 가장 중요한 요소인 제물을 준비하는 곳이기 때문이다(cf. Block).

북쪽 문 양쪽에는 각각 방이 하나씩 있었다(38절). 이 방들은 번제물로 드릴 짐승을 잡아 씻는 곳이었다(레 1:9, 13). 그 방 앞에는 각각 상이 두 개씩 있었고 현관 바깥쪽에도 각각 두 개씩 있어 총 여덟 개의 상이 있었다(39, 41절). 이 상들 위에서 번제와 속죄제와 속건제에 쓸 짐승을 잡았다(39절).

번제(עֹלָה)는 짐승을 통째로 제단에서 태워 드리는 제사이다. 짐승을 태우는 연기가 모두 하늘로 올라간다는 의미에서 '올라가다'(עלה)라는 동사에서 비롯된 제물이다. 이 제물은 하나님의 진노를 누그러뜨리고 드리는 자의 죄를 용서받는 의미를 지녔다(Milgrom).

속죄제(חַטָּאת)는 정화제(purification offering)라고도 하며, 제물을 드리는 사람의 부정함과 죄를 해결하기 위하여 바치는 짐승이다(Milgrom). 속죄제를 드리려면 여섯 단계의 절차에 따라 예식을 진행해야 한다. (1) 제물이 될 짐승을 성전으로 가져옴, (2) 제물을 드리는 사람이 짐승에게 안수함, (3) 짐승을 죽임, (4) 짐승의 피를 제단 등에 바름, (5) 짐승의 나머지 부분을 태우거나 제사장들이 먹음, (6) 속죄제가 완성되었음을 선언함(Block). 이 제물의 목적은 예배자를 그의 죄와 오염에서 정결하게 만드는 것이 아니다. 만일 이런 목적이었다면 짐승의 피를 예배자의 신체에 발라야 한다. 또한 번제가 예배자의 죄 문제를 해결한다. 이 제물의 목적은 성전을 죄와 오염에서 보호하는 것이다(Darr). 오염된 예배자가 성전에 들어서면서 거룩한 공간과 물건들을 오염시킬 수 있기 때문이다. 하나님이 사람들의 죄로 오염된 성전에 더 이상 머물 수 없어 떠나셨던 점을 감안하면(cf. 8-11장) 이 제물의 중요성을 깨닫게 된다.

배상제(reparation offering)라고도 하는 속건제(אָשָׁם)는 실수로 혹은 본의 아니게 거룩한 물건을 범했거나 남에게 피해를 입혔을 때 드리는 제물이다(Milgrom). 이 제물이 강조하는 것은 보상을 해줌으로써 잘못을 바로잡는 것이다.

번제물을 바칠 때 사용하는 돌로 깎아 만든 상이 네 개 있고, 각 상의 길이는 1.5척(78센티미터), 높이는 1척(52센티미터)이었다(42절). 이 상들 위에는 번제를 드릴 때 사용하는 도구들이 놓여 있었다. 방 안에는 갈고리 등 제물을 바칠 때 사용하는 기구들이 걸려 있었고, 상 위에는 제물로 바칠 고기가 놓여 있었다(43절).

성전 안뜰에는 북쪽 문과 남쪽 문 옆으로 서로 마주보며 각각 방 두 개가 있었다(44, 46절). 선지자가 남쪽 문을 지날 때 언급하지 않은 방들이다. 북쪽 문 옆에 위치해 남쪽을 바라보고 있는 방들은 성전 일을 맡은 제사장들의 방이고(45절), 북쪽을 바라보고 있는 방들은 제단 일을 맡은 제사장들의 방이었다(46절). 남문 옆에 있는 방에 머물며 제단 일을 맡은 제사장들은 사독의 자손들이었다(46절, cf. Blenkinsopp). 사독은 솔로몬 시대에 아비아달을 대체한 대제사장이었다(cf. 왕상 1-4장).

성전 안뜰은 가로 세로가 각각 100척(52미터)에 달하는 정사각형이었다(47절). 이 공간 한가운데 성전 건물이 자리를 잡고 있다. 성전과 연관된 건물과 공간의 테마는 '정사각형'이다. 그래서 한 학자는 정사각형을 '거룩을 정의하는 규격'이라고 한다(Stevenson). 성전 바깥뜰의 가로 세로가 각각 500척(259미터)이었으며, 이 뜰에 대각선을 그으면, 두 선이 교차하는 곳에 제단이 놓여 있다(cf. Duguid). 성전에서 가장 중요한 기구는 하나님께 제물을 드리는 제단이다. 이 제단이 성전의 중앙에 자리잡고 있는 것도 그 때문이다.

IV. 유다와 예루살렘에 임할 축복(33:1-48:35)
H. 회복된 예루살렘에 대한 환상(40:1-48:35)
1. 성전 광장과 문(40:1-49)

(10) 안뜰과 성전 건물(40:48-49)

48 그가 나를 데리고 성전 문 현관에 이르러 그 문의 좌우 벽을 측량하니 너비는 이쪽도 다섯 척이요 저쪽도 다섯 척이며 두께는 문 이쪽도 세 척이요 문 저쪽도 세 척이며 49 그 현관의 너비는 스무 척이요 길이는 열한 척이며 문간으로 올라가는 층계가 있고 문 벽 곁에는 기둥이 있는데 하나는 이쪽에 있고 다른 하나는 저쪽에 있더라

안내자가 에스겔을 성전 건물 입구로 데려갔다. 성전 문의 좌우 벽은 너비가 각각 5척(2.6미터), 두께는 문 앞뒤로 각각 3척(1.56미터)이었다(48절). 현관의 너비가 20척(10.4미터)이고 길이가 11척(5.72미터)이라고 하는데(개역개정, 새번역, NAS, TNK), 본문이 정확하지가 않아 일부 번역본들은 길이를 11척이 아니라 12척(6.24미터)이라고 한다(공동, 현대, NIV, ESV). 에스겔이 본 성전의 현관은 솔로몬이 건축한 성전의 현관보다 조금 더 길다(cf. 왕상 6:3).

현관에 들어서면 성전 안으로 들어가는 계단이 있었다(49절). 마소라 사본(MT)은 계단이 몇 개였는지 밝히지 않지만, 칠십인역(LXX)은 열 개의 계단이 있었다고 한다. 그러므로 성전 바깥뜰에 들어오기 위해 문을 통과할 때 일곱 개, 바깥뜰에서 안뜰로 올라오는 데 여덟 개, 안뜰에서 성전 건물로 들어가는 데 열 개 등 총 25계단을 통과해야 성전 안으로 들어갈 수 있다. 각 계단은 아마도 30센티미터 정도였을 것으로 생각된다(Duguid). 그렇다면 성전은 주변보다 7.5미터 정도 높은 곳에 위치한다. 문 벽 옆에는 두 기둥이 있었다고 하는데(49절), 솔로몬의 성전에도 야긴과 보아스라는 두 기둥이 있었다(왕상 7:15-22, 41-42).

Ⅳ. 유다와 예루살렘에 임할 축복(33:1-48:35)
H. 회복된 예루살렘에 대한 환상(40:1-48:35)

2. 성전(41:1-26)

선지자는 앞장의 마지막 부분에서 성전 현관에 서 있었다. 이 부분에서는 성전 건물 안으로 들어가 곳곳을 관찰한다. 에스겔이 이 장(章)에서는 다음 그림의 9-10번에 해당하는 움직임을 보인다.

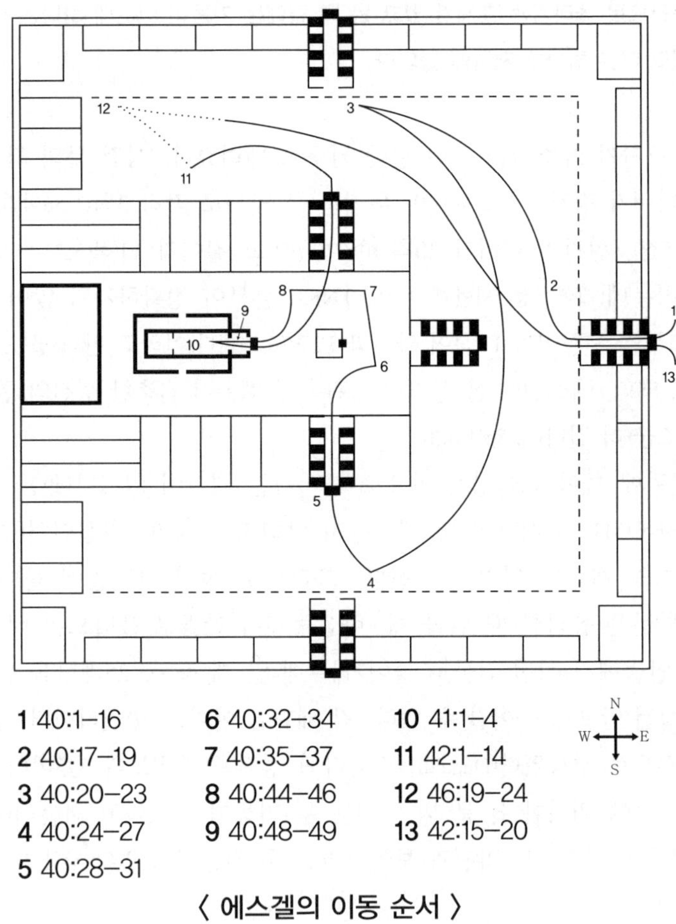

〈 에스겔의 이동 순서 〉

에스겔이 성전의 여러 부분을 살펴본 일을 기록하고 있는 본문은 다음과 같이 구분된다.

A. 성소와 지성소(41:1-4)
B. 성전과 지성소의 골방들(41:5-11)
C. 성전의 서쪽 건물(41:12)
D. 성전의 면적과 내부(41:13-22)
E. 성전의 문들(41:23-26)

Ⅳ. 유다와 예루살렘에 임할 축복(33:1-48:35) H. 회복된 예루살렘에 대한 환상(40:1-48:35) 2. 성전(41:1-26)

(1) 성소와 지성소(41:1-4)

[1] 그가 나를 데리고 성전에 이르러 그 문 벽을 측량하니 이쪽 두께도 여섯 척이요 저쪽 두께도 여섯 척이라 두께가 그와 같으며 [2] 그 문 통로의 너비는 열 척이요 문 통로 이쪽 벽의 너비는 다섯 척이요 저쪽 벽의 너비는 다섯 척이며 그가 성소를 측량하니 그 길이는 마흔 척이요 그 너비는 스무 척이며
[3] 그가 안으로 들어가서 내전 문 통로의 벽을 측량하니 두께는 두 척이요 문 통로가 여섯 척이요 문 통로의 벽의 너비는 각기 일곱 척이며 [4] 그가 내전을 측량하니 길이는 스무 척이요 너비는 스무 척이라 그가 내게 이르되 이는 지성소니라 하고

에스겔이 본 성전 건물은 솔로몬의 성전처럼 성소와 지성소로 나뉘어 있었다. 성소는 길이가 40척(20.8미터), 너비가 20척(10.4미터)이었고(2절), 더 안쪽(서쪽)에 있는 지성소는 길이가 20척(10.4미터), 너비도 20척(10.4미터)에 이르는 정사각형이었다(4절). 성소의 면적은 지성소의 두

배가 되는데, 이 규격은 솔로몬의 성전과 동일하다(왕상 6:17).

성전을 둘러싼 벽의 두께는 6척(3.12미터)이었고(1절), 성소와 지성소를 구분하는 벽은 두께가 2척(1.04미터)이었다(3절). 성소 입구는 중앙에 10척(5.2미터)의 통로가 있고 양쪽으로 5척(2.6미터)의 벽이 세워져 있었다(2절). 그러므로 이 벽들과 통로를 합하면 20척이 되는데, 20척은 성전의 남쪽 담에서 북쪽 담 사이의 공간이다(2, 4절).

성소로 들어가기 위해 거쳐야 하는 통로의 너비는 10척(5.2미터)이다(2절). 성소에서 지성소로 들어가는 통로의 너비는 6척(3.12미터)이다(3절). 성소에서 지성소로 들어가는 통로가 현관에서 성소로 들어가는 통로보다 훨씬 좁다. 성소보다 지성소로 들어가는 것이 훨씬 더 어렵고 조심해야 한다는 것을 상징한다. 지성소는 온 세상에서 가장 거룩한 공간이기 때문이다.

에스겔을 인도하는 안내자가 이 모든 수치를 재는 동안 에스겔은 성소에 서 있었다(Blenkinsopp, cf. 3절). 지성소는 대제사장만이 1년에 한 번 속죄일에 들어갈 수 있는 공간이기 때문이다. 선지자는 성소나 지성소 안에 있는 물건들에 대해서는 언급하지 않는다.

Ⅳ. 유다와 예루살렘에 임할 축복(33:1–48:35)
H. 회복된 예루살렘에 대한 환상(40:1–48:35)
2. 성전(41:1–26)

(2) 성전과 지성소의 골방들(41:5–11)

5 성전의 벽을 측량하니 두께가 여섯 척이며 성전 삼면에 골방이 있는데 너비는 각기 네 척이며 6 골방은 삼 층인데 골방 위에 골방이 있어 모두 서른이라 그 삼면 골방이 성전 벽 밖으로 그 벽에 붙어 있는데 성전 벽 속을 뚫지는 아니하였으며 7 이 두루 있는 골방은 그 층이 높아질수록 넓으므로 성전에 둘린 이 골방이 높아질수록 성전에 가까워졌으나 성전의 넓이는 아래

위가 같으며 골방은 아래층에서 중층으로 위층에 올라가게 되었더라 [8] 내가 보니 성전 삼면의 지대 곧 모든 골방 밑 지대의 높이는 한 장대 곧 큰 자로 여섯 척인데 [9] 성전에 붙어 있는 그 골방 바깥 벽 두께는 다섯 척이요 그 외에 빈터가 남았으며 [10] 성전 골방 삼면에 너비가 스무 척 되는 뜰이 둘려 있으며 [11] 그 골방 문은 다 빈 터로 향하였는데 한 문은 북쪽으로 향하였고 한 문은 남쪽으로 향하였으며 그 둘려 있는 빈 터의 너비는 다섯 척이더라

본문은 잘 보존되지 않아 정확히 번역할 수 없다. 각각의 번역본에서 나름대로 다른 규격을 주기도 하고, 특히 세 층을 오르내릴 수 있는 계단이 어떻게 생겼고 어떻게 기능했는지는 각자의 상상력에 맡길 수밖에 없다. 선지자가 많은 세부적인 사항들을 주지만 전체적인 그림을 그리기가 매우 어렵다.

성전의 벽은 바깥벽처럼 두께가 6척(3.12미터)이었으며 벽의 바깥쪽으로 성전의 세 벽을 따라 작은 방들이 있다(5-6절). 아마도 입구와 현관이 있는 성전 동쪽으로는 방이 없고 위층들로 올라갈 수 있는 통로들이 있었을 것이다. 각 방의 너비는 4척(2.1미터)이었고 각 층마다 30개씩, 총 90개의 방이 3층을 형성한다(6절). 선지자는 이 방들의 용도를 언급하지 않는데, 아마도 주로 성전에서 필요한 물건들과 백성들이 들여온 예물 등을 모아놓은 창고로 쓰였을 것으로 생각된다(Block).

솔로몬의 성전에 대한 기록도 성전 벽 바깥쪽으로 3층으로 된 방들을 언급한다. 열왕기상 6:5-6은 이 방들이 성전의 입구와 현관이 있는 동쪽 면을 제외한 삼면에 세워졌다고 한다.

> 또 성전의 벽 곧 성소와 지성소의 벽에 연접하여 돌아가며 다락들을 건축하되 다락마다 돌아가며 골방들을 만들었으니 하층 다락의 너비는 다섯 규빗이요 중층 다락의 너비는 여섯 규빗이요 셋째 층 다락의 너비는 일곱 규빗이라 성전의 벽 바깥으로 돌아가며 턱을 내어 골방 들보들로

성전의 벽에 박히지 아니하게 하였으며

이 말씀을 바탕으로 에스겔이 본 것을 정리해보면 1층에 있는 방들은 너비가 5척(2.6미터), 2층에 있는 방들의 너비는 6척(3.12미터), 3층에는 너비가 7척(3.64미터)인 작은 방들을 보고 있다(cf. 7절). 위층으로 올라갈수록 방들이 1척(0.52미터)씩 넓어지고 있다. 이 3층 건물은 한 장대(3.12미터) 높이의 기초 위에 세워졌다(8절).

이 90개의 방들 앞에는 빈 공간이 있었는데, 바로 성전 안쪽 뜰이다. 이 방들에서 안쪽 뜰의 한계선(아마도 제사장들이 머무는 방들, cf. 40:45-46)까지는 20척(10.4미터)이었다(10절). 곁방 건물의 문이 공간 쪽으로 났다고 하는데(11절), 아마도 성전과 이 건물 사이의 공간을 의미하는 듯하며 이 공간의 너비는 5척(2.6미터)이었다(11절).

Ⅳ. 유다와 예루살렘에 임할 축복(33:1-48:35)
H. 회복된 예루살렘에 대한 환상(40:1-48:35)
2. 성전(41:1-26)

(3) 성전의 서쪽 건물(41:12)

12 서쪽 뜰 뒤에 건물이 있는데 너비는 일흔 척이요 길이는 아흔 척이며 그 사방 벽의 두께는 다섯 척이더라

성전 건물의 세 면은 창고로 쓰이는 90개의 골방들로 둘러싸여 있다. 이 건물은 성전의 서쪽 뜰에 있다. 규모가 상당히 크다. 너비가 70척(36.4미터), 길이는 90척(46.8미터)에 달하는 큰 건물이다. 이 건물은 사방으로 5척(2.6미터) 두께의 벽으로 둘러싸여 있다. 선지자는 이 건물의 용도를 알려주지 않는다. 솔로몬의 성전에는 이런 건물이 없었다. 이 건물 때문에 서쪽에서 성전 바깥뜰로 들어오는 문이 없다

(Blenkinsopp). 그러므로 이 건물은 단순히 뒤쪽에서 성전으로 들어오는 것을 막기 위한 용도일 수 있다(Duguid, Zimmerli).

Ⅳ. 유다와 예루살렘에 임할 축복(33:1-48:35)
H. 회복된 예루살렘에 대한 환상(40:1-48:35)
2. 성전(41:1-26)

(4) 성전의 면적과 내부(41:13-22)

**13 그가 성전을 측량하니 길이는 백 척이요 또 서쪽 뜰과 그 건물과 그 벽을
합하여 길이는 백 척이요 14 성전 앞면의 너비는 백 척이요 그 앞 동쪽을 향
한 뜰의 너비도 그러하며 15 그가 뒤뜰 너머 있는 건물을 측량하니 그 좌우편
회랑까지 백 척이더라 내전과 외전과 그 뜰의 현관과 16 문 통로 벽과 닫힌
창과 삼면에 둘려 있는 회랑은 문 통로 안쪽에서부터 땅에서 창까지 널판자
로 가렸고 (창은 이미 닫혔더라) 17 문 통로 위와 내전과 외전의 사방 벽도 다 그
러하니 곧 측량한 크기대로며 18 널판자에는 그룹들과 종려나무를 새겼는데
두 그룹 사이에 종려나무 한 그루가 있으며 각 그룹에 두 얼굴이 있으니 19
하나는 사람의 얼굴이라 이쪽 종려나무를 향하였고 하나는 어린 사자의 얼
굴이라 저쪽 종려나무를 향하였으며 온 성전 사방이 다 그러하여 20 땅에서
부터 문 통로 위에까지 그룹들과 종려나무들을 새겼으니 성전 벽이 다 그러
하더라 21 외전 문설주는 네모졌고 내전 전면에 있는 양식은 이러하니 22 곧
나무 제단의 높이는 세 척이요 길이는 두 척이며 그 모퉁이와 옆과 면을 다
나무로 만들었더라 그가 내게 이르되 이는 여호와의 앞의 상이라 하더라**

성전을 측량해보니 길이가 100척(52미터)이었다(13절). 성전 앞면의 너비도 100척이며, 성전 입구에서 동쪽 문까지도 100척이었다. 100이라는 숫자를 중심으로 한 정사각형들이 제시되고 있다. 성소는 땅에서부터 창까지 모두 널판자로 가렸다(16절). 지성소는 창이 없기 때문에

땅에서 지붕 밑까지 널판자로 가렸을 것이다. 옛적에 솔로몬은 성전 건축에 향나무를 사용했다(왕상 6:9, 7:3, 7). 솔로몬의 성전에도 성소에는 창이 있었다(왕상 6:4).

널판자에는 그룹들과 종려나무를 새겼다(18절). 고대 근동에서 종려나무는 다산과 생명력을 상징했다(Duguid). 천사/그룹은 보호를 상징했다(Block). 그러므로 이 두 문양은 사람들의 생명과 풍요에 대한 열망과 하나님의 보호를 바라는 마음을 표현하고 있다. 그룹과 종려나무는 솔로몬이 성전 건축에 사용한 문양들이다(왕상 6:29-30). 각 그룹에는 사람의 얼굴과 어린 사자의 얼굴 등 두 얼굴이 새겨져 있었다(19절). 두 얼굴은 각각 종려나무를 향했다.

지성소 앞에 제단이 놓여 있는데 이 제단 높이는 3척(1.56미터)이며 길이는 2척(1.04미터)이라고 하는데, 칠십인역(LXX)은 '길이가 2척인 정사각형'으로 표기하고 있다. 이 제단의 가로와 세로가 같다는 것이다. 정사각형을 선호하는 에스겔의 성향을 잘 반영한 번역으로 생각된다. 이 제단은 모두 나무로 만들었다(22절). 안내자는 이 제단을 '여호와 앞의 상'(הַשֻּׁלְחָן אֲשֶׁר לִפְנֵי יְהוָה)이라고 한다(22절). 광야에서 진설병을 전시했던 상의 이름이다(출 25:23-30, 레 24:5-9, 왕상 6:20-22). 이 상에는 이스라엘의 12지파를 상징하는 12개의 빵이 놓여 있는데, 매주 새 빵으로 바꾸었다. 이스라엘의 12지파가 성전을 잘 유지할 것을 약속하는 상징성을 지녔다(Blenkinsopp).

Ⅳ. 유다와 예루살렘에 임할 축복(33:1-48:35)
H. 회복된 예루살렘에 대한 환상(40:1-48:35)
2. 성전(41:1-26)

(5) 성전의 문들(41:23-26)

[23] 내전과 외전에 각기 문이 있는데 [24] 문마다 각기 두 문짝 곧 접는 두 문짝

이 있어 이 문에 두 짝이요 저 문에 두 짝이며 [25] 이 성전 문에 그룹과 종려나무를 새겼는데 벽에 있는 것과 같고 현관 앞에는 나무 디딤판이 있으며 [26] 현관 좌우편에는 닫힌 창도 있고 종려나무도 새겨져 있고 성전의 골방과 디딤판도 그러하더라

지성소와 성소 사이에는 문을 두 번 열고 들어가야 하는 겹문이 있었다(23절, 새번역). 이 겹문은 각기 두 문짝으로 구성되어 있었다(24절). 이 문짝들에도 성전 안쪽을 장식한 널판자들에 새겨진 문양, 곧 그룹과 종려나무가 새겨져 있었다(25절). 성전의 테마는 풍요와 생명(종려나무)과 보호(그룹)인 것이다.

Ⅳ. 유다와 예루살렘에 임할 축복(33:1-48:35)
H. 회복된 예루살렘에 대한 환상(40:1-48:35)

3. 바깥뜰(42:1-20)

본문에서는 선지자가 성전 건물에서 안쪽 북쪽 문을 통해 바깥뜰로 나온다. 이곳에서 그는 제사장들의 방을 보고 바깥벽을 관찰한다. 42장에서 선지자는 다음 그림의 10번에서 시작해 13번에 이른다. 중간에 있는 12번은 46:19-24에 가서야 언급된다. 그러나 이러한 선지자의 움직임은 46장과 잘 어울리지 않는다. 그러므로 많은 학자들이 46:19-24의 위치에 문제가 있다고 생각하며 이 장에 있어야 한다고 한다. 필사가들의 실수로 이 말씀이 46장으로 가게 되었다는 것이다.

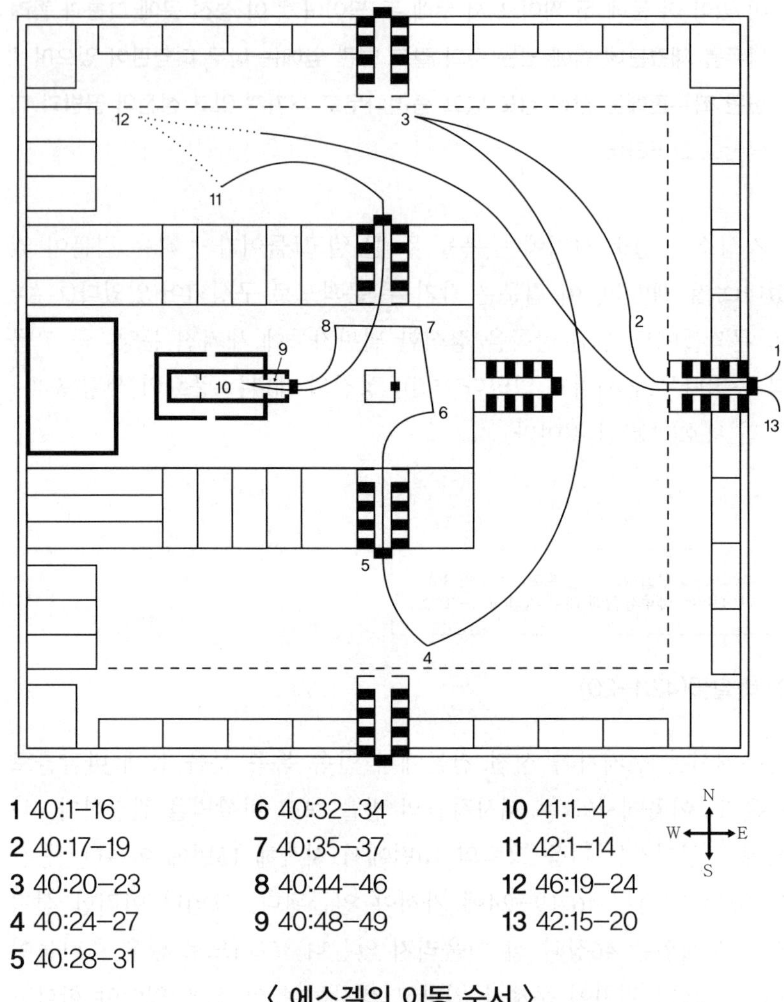

〈 에스겔의 이동 순서 〉

본문은 다음과 같이 두 부분으로 구분된다.

A. 제사장의 방(42:1–14)
B. 성전 담(42:15–20)

Ⅳ. 유다와 예루살렘에 임할 축복(33:1–48:35)
H. 회복된 예루살렘에 대한 환상(40:1–48:35)
3. 바깥뜰(42:1–20)

(1) 제사장의 방(42:1–14)

1 그가 나를 데리고 밖으로 나가 북쪽 뜰로 가서 두 방에 이르니 그 두 방의
하나는 골방 앞 뜰을 향하였고 다른 하나는 북쪽 건물을 향하였는데 2 그 방
들의 자리의 길이는 백 척이요 너비는 쉰 척이며 그 문은 북쪽을 향하였고 3
그 방 삼층에 회랑들이 있는데 한 방의 회랑은 스무 척 되는 안뜰과 마주 대
하였고 다른 한 방의 회랑은 바깥뜰 박석 깔린 곳과 마주 대하였으며 4 그
두 방 사이에 통한 길이 있어 너비는 열 척이요 길이는 백 척이며 그 문들
은 북쪽을 향하였으며 5 그 위층의 방은 가장 좁으니 이는 회랑들로 말미암
아 아래층과 가운데 층보다 위층이 더 줄어짐이라 6 그 방은 삼층인데도 뜰
의 기둥 같은 기둥이 없으므로 그 위층이 아래층과 가운데 층보다 더욱 좁
아짐이더라 7 그 한 방의 바깥 담 곧 뜰의 담과 마주 대한 담의 길이는 쉰 척
이니 8 바깥뜰로 향한 방의 길이는 쉰 척이며 성전 앞을 향한 방은 백 척이
며 9 이 방들 아래에 동쪽에서 들어가는 통행구가 있으니 곧 바깥뜰에서 들
어가는 통행구더라 10 남쪽 골방 뜰 맞은쪽과 남쪽 건물 맞은쪽에도 방 둘이
있는데 11 그 두 방 사이에 길이 있고 그 방들의 모양은 북쪽 방 같고 그 길
이와 너비도 같으며 그 출입구와 문도 그와 같으며 12 이 남쪽 방에 출입하는
문이 있는데 담 동쪽 길 어귀에 있더라 13 그가 내게 이르되 좌우 골방 뜰 앞
곧 북쪽과 남쪽에 있는 방들은 거룩한 방이라 여호와를 가까이 하는 제사장
들이 지성물을 거기에서 먹을 것이며 지성물 곧 소제와 속죄제와 속건제의
제물을 거기 둘 것이니 이는 거룩한 곳이라 14 제사장의 의복은 거룩하므로
제사장이 성소에 들어갔다가 나올 때에 바로 바깥뜰로 가지 못하고 수종드는
그 의복을 그 방에 두고 다른 옷을 입고 백성의 뜰로 나갈 것이니라 하더라

성전 건물을 둘러본 선지자는 안뜰의 북쪽 문을 통해 바깥뜰로 나왔

다. 바깥뜰에는 두 방이 있었는데 방 하나는 성전 뜰을 마주하고 있고, 하나는 바깥뜰 북쪽 벽 앞에 있는 방들을 마주하고 있었다(1절). 여기까지는 정확한데, 그다음부터는 선지자가 정확히 어떤 건물을 보았는지 이해하기가 쉽지 않다(cf. Allen, Block). 입체적인 것을 보고 말로 설명하려니 쉽지 않고, 텍스트도 잘 보존되어 있지 않기 때문이다.

북쪽 벽을 바라보는 방(건물)을 재니 길이가 100척(52미터)이고 너비가 50척(26미터)이었다(2절). 이 방의 3층에는 다락이 있었는데 10척(5.2미터)의 통로(계단)를 중간에 두고 각자 너비가 20척(10.4미터)인 방이 둘 있었다(3-4절). 방 하나는 성전 안뜰을 향하고 있었다 다른 방은 바깥뜰을 향해 있었다. 이 건물도 숫자 '5'를 중심으로 설계되어 있다.

3층 건물은 아래층으로 갈수록 방이 넓어졌다(6절). 3층에 있는 방의 바깥쪽 담(북쪽을 향한 담)의 길이는 50척(26미터)이었고(7절), 성전 안뜰을 향한 방의 담은 길이가 100척(52미터)이었다(8절). 이 건물의 아래층은 동쪽으로 입구가 나 있었는데, 이 문을 통하면 성전 바깥뜰로 나갈 수 있었다(9절).

이 건물에서 성전 안뜰 쪽을 바라보면 남쪽에도 같은 규모의 건물이 있었다(10절). 두 건물이 성전을 축으로 각각 성전 바깥뜰의 북쪽 담과 바깥뜰의 남쪽 담을 바라보고 있는 것이다. 이 건물들은 규모뿐만 아니라 구조도 같다(11-12절). 안내자는 선지자에게 이 방들은 거룩한 방이며 제사장들이 지극히 거룩한 제물(제사장들만 먹을 수 있는 제물)과 거룩한 제물(제사장들이 가족 등과 먹을 수 있는 제물)을 먹고 보관하는 곳이라고 했다(13절).

제물과 연관된 제사장직은 특권과 책임을 동반했다. 레위 지파에 속했기 때문에 하나님께 땅을 기업으로 받지 못한 제사장들에게 제물은 그들의 삶을 유지해주는(먹을 것을 제공하는) 일종의 특권이었다. 그러나 제물을 먹는 일이 책임이기도 한 것은 그들이 먹는 고기가 낮은 질의 고기를 포함했기 때문이다. 제사장들이 주로 먹은 제물은 속죄제인데, 이 제물은 예식 과정에서 죄 등 여러 가지 오염 물질을 빨아들인다고 여겨졌다(Milgrom). 그러므로 제사장들이 이 고기를 먹는 것은 책임처럼 느껴졌다(Duguid).

제사장이 성전 안뜰로 출입하려면 이 건물의 3층을 사용하면 된다. 만일 그가 성전 바깥뜰로 가고자 하면 건물의 1층 출입구를 사용할 수 있지만, 건물을 떠나기 전에 옷을 갈아입어야 한다(14절). 이 건물의 한 면이 성전 안뜰을 접하고 있으며, 바깥뜰보다 더 거룩한 공간이라는 것을 암시한다(Greenberg).

IV. 유다와 예루살렘에 임할 축복(33:1-48:35)
H. 회복된 예루살렘에 대한 환상(40:1-48:35)
3. 바깥뜰(42:1-20)

(2) 성전 담(42:15-20)

15 그가 안에 있는 성전 측량하기를 마친 후에 나를 데리고 동쪽을 향한 문의 길로 나가서 사방 담을 측량하는데 16 그가 측량하는 장대 곧 그 장대로 동쪽을 측량하니 오백 척이요 17 그 장대로 북쪽을 측량하니 오백 척이요 18 그 장대로 남쪽을 측량하니 오백 척이요 19 서쪽으로 돌이켜 그 장대로 측량하니 오백 척이라 20 그가 이같이 그 사방을 측량하니 그 사방 담 안 마당의 길이가 오백 척이며 너비가 오백 척이라 그 담은 거룩한 것과 속된 것을 구별하는 것이더라

성전과 안뜰과 바깥뜰을 살펴본 선지자는 이 가이드 투어(guided tour)를 시작했던 성전 바깥뜰 동쪽 문에 도착했다. 이곳에서 성전 바깥벽을 측량했는데 정확히 가로와 세로가 500척(260미터)이 되는 정사각형이었다. 그렇다면 성전 뜰을 감싸고 있는 담의 길이는 2,000척(1,040미터)이다. 면적은 250,000제곱척(67,600제곱미터 혹은 20,450평)이다. 제법 큰 땅이다. 이 정사각형 땅에 대각선을 그으면 길이가 707척(367.7미터)이 되며 두 대각선이 교차하는 곳에 제단이 있다.

이미 언급한 것처럼 에스겔이 본 성전의 모든 것이 정사각형을 중심으로 구성되었다. 그래서 일부 학자들은 정사각형을 '거룩을 정의하는 규격'이라고 주장한다(Stevenson). 인상적인 것은 솔로몬의 성전과 이스라엘이 광야에서 사용했던 성막에서 정사각형 공간은 지성소뿐이었다. 아마도 에스겔은 하나님이 보여주신 새 성전을 보면서 옛 성전과 성막의 가장 거룩한 공간을 많이 떠올렸을 것이다.

적들의 침입에서 성전을 보호하는 것이 담의 역할이 아니다. 곡과 마곡 이야기에서 알 수 있듯이 주의 백성들이 대적해야 할 적은 더 이상 없다. 이 담은 성전을 부정한 것들의 오염에서 보호하기 위해서 존재한다. 이 담은 거룩한 것과 속된 것의 경계선인 것이다(20절). 앞으로 부정한 것들이 다시는 하나님의 거룩한 공간을 침범하거나 오염시키는 일은 없을 것이다.

Ⅳ. 유다와 예루살렘에 임할 축복(33:1-48:35)
H. 회복된 예루살렘에 대한 환상(40:1-48:35)

4. 돌아온 하나님의 영광(43:1-27)

에스겔은 20여 년 전인 주전 592년쯤에 하나님의 영광에 사로잡혀 예루살렘을 방문한 적이 있다(8-11장). 그때 선지자는 하나님의 영광이 더 이상 죄로 오염된 성전에 머물지 못해서 동쪽으로 떠난 것을 목격했다. 드디어 그 영광이 돌아온다! 동쪽으로 떠난 영광이 동쪽에서 돌아오고 있다. 주의 백성들과 영원히 머물기 위해서이다.

하나님의 영광이 돌아오자 제일 먼저 언급되는 성전 도구가 성전 뜰에 있는 번제단이다. 번제단은 주의 백성이 하나님께 제물을 드리는 곳이다. 그러므로 번제단이 제일 먼저 언급되는 것은 당연한 일이다. 하나님은 자기 백성의 경배와 제물을 받기 위하여 돌아오셨기 때문이다. 또한 하나님께 제물을 드린다는 것은 책임이나 의무가 아니라 특권이다. 하나님은 선택하신 소수에게만 예배할 수 있는 특권을 주시는 분이기 때문이다. 이 흥분되고 감격스러운 상황을 기록하고 있는 본문은 다음과 같이 나뉜다.

A. 성전에 임한 하나님의 영광(43:1-12)
B. 번제단의 모양과 크기(43:13-17)
C. 번제단 봉헌(43:18-27)

Ⅳ. 유다와 예루살렘에 임할 축복(33:1-48:35)
H. 회복된 예루살렘에 대한 환상(40:1-48:35)
4. 돌아온 하나님의 영광(43:1-27)

(1) 성전에 임한 하나님의 영광(43:1-12)

**[1] 그 후에 그가 나를 데리고 문에 이르니 곧 동쪽을 향한 문이라 [2] 이스라엘
하나님의 영광이 동쪽에서부터 오는데 하나님의 음성이 많은 물 소리 같고
땅은 그 영광으로 말미암아 빛나니 [3] 그 모양이 내가 본 환상 곧 전에 성읍
을 멸하러 올 때에 보던 환상 같고 그발 강 가에서 보던 환상과도 같기로 내
가 곧 얼굴을 땅에 대고 엎드렸더니 [4] 여호와의 영광이 동문을 통하여 성전
으로 들어가고 [5] 영이 나를 들어 데리고 안뜰에 들어가시기로 내가 보니 여
호와의 영광이 성전에 가득하더라 [6] 성전에서 내게 하는 말을 내가 듣고 있
을 때에 어떤 사람이 내 곁에 서 있더라 [7] 그가 내게 이르시되 인자야 이는
내 보좌의 처소, 내 발을 두는 처소, 내가 이스라엘 족속 가운데에 영원히
있을 곳이라 이스라엘 족속 곧 그들과 그들의 왕들이 음행하며 그 죽은 왕
들의 시체로 다시는 내 거룩한 이름을 더럽히지 아니하리라 [8] 그들이 그 문**

지방을 내 문지방 곁에 두며 그 문설주를 내 문설주 곁에 두어서 그들과 나 사이에 겨우 한 담이 막히게 하였고 또 그 행하는 가증한 일로 내 거룩한 이름을 더럽혔으므로 내가 노하여 멸망시켰거니와 [9] 이제는 그들이 그 음란과 그 왕들의 시체를 내게서 멀리 제거하여 버려야 할 것이라 그리하면 내가 그들 가운데에 영원히 살리라 [10] 인자야 너는 이 성전을 이스라엘 족속에게 보여서 그들이 자기의 죄악을 부끄러워하고 그 형상을 측량하게 하라 [11] 만일 그들이 자기들이 행한 모든 일을 부끄러워하거든 너는 이 성전의 제도와 구조와 그 출입하는 곳과 그 모든 형상을 보이며 또 그 모든 규례와 그 모든 법도와 그 모든 율례를 알게 하고 그 목전에 그것을 써서 그들로 그 모든 법도와 그 모든 규례를 지켜 행하게 하라 [12] 성전의 법은 이러하니라 산 꼭대기 지점의 주위는 지극히 거룩하리라 성전의 법은 이러하니라

선지자는 그동안 새로 세워진 성전을 살펴보았다(40-42장). 앞으로 그는 성전에서 진행될 여러 제사들과 그 제사들을 관장할 제사장들에 대한 환상을 볼 것이다(43-47장). 이러한 상황은 하나님이 천지를 창조하실 때와 평행을 이룬다. 하나님은 천지를 창조하실 때 처음 3일 동안 혼돈 문제를 해결해 세상의 형태/양식을 갖추셨다. 이어 나머지 3일 동안은 형태를 갖춘 세상의 공허를 채우셨다. 에스겔의 마지막 환상에서도 먼저 성전의 형태를 갖추더니(40-42장), 이제 그 공간을 채우기 시작하신다(cf. Gorman).

장차 선지자는 회복될 이스라엘의 영토에 대해서도 환상을 볼 것이다(48장). 그러나 본문이 묘사하고 있는 하나님의 영광이 다시 성전으로 돌아오는 일은 선지자가 본 환상(40-48장)의 절정이다. 인간의 죄로 11장에서 성전을 떠났던 하나님의 영광이 돌아오고 있는데, 하나님의 영광이 함께하지 않는 성전은 별 의미가 없기 때문이다.

선지자는 성전으로 돌아오는 하나님의 영광이 익숙하다. 그는 20여 년 전에 바빌론에 있는 그발 강가에서 선지자 소명을 받았을 때 이 영광을 보았다(3절, cf. 1장). 또한 예루살렘 성전을 영영 떠나 동쪽으로 갔던 그 영광이다(2절, cf. 8-11장). 에스겔은 옛적에도 그랬던 것처럼 이번에도 하나님의 영광 앞에 엎드렸다(3절).

하나님의 영광은 움직일 때 물이 흐르는 것 같은 소리(cf. 1:24)와 큰 빛을 동반했다(2절). 성전에 도착한 영광은 동쪽 문을 통해 성전으로 들어갔다(4절, cf. 10:18-19). 하나님이 성전을 떠나 동쪽으로 가셨을 때는 마치 주저하는 것처럼 느리게 떠나셨는데, 이번에는 신속하게 들어가신다(Duguid). 자기 백성과 함께 있고 싶어 하시는 주님의 열망을 보는 듯하다.

하나님의 영광이 지성소로 들어가려면 일직선으로 나열되어 있는 동쪽 바깥뜰 문의 일곱 계단, 안뜰 동쪽 문의 여덟 계단, 성전으로 문으로 이어지는 열 계단 등 25계단과 세 개의 문을 지나야 한다. 그러므로 이러한 상황은 한 시편 기자가 하나님의 즉위식을 기념할 때 사용하는 시편에서 "문들아, 너희 머리를 들지어다. 영원한 문들아 들릴지어다. 영광의 왕이 들어가시리로다. 영광의 왕이 누구시냐? 만군의 여호와께서 곧 영광의 왕이시리로다"(시 24:9-10)라고 외쳤던 것을 연상시킨다.

에스겔은 영의 인도를 받아 성전 안뜰로 갔다. 성전은 하나님의 영광으로 가득했다(5절). 솔로몬이 헌당한 성전에 하나님의 영광이 가득했을 때, 구름이 성전을 가득 채웠다(왕상 8:10-13, 대하 5:13-6:2). 하나님의 현현은 흔히 구름을 동반한다. 그러나 성전에 가득한 이번의 구름과 솔로몬 시대의 구름에는 중요한 차이점이 있다. 옛날에는 하나님의 영광이 구름만 동반했는데, 이번에는 빛도 함께 영광을 동반한다. 하나님이 솔로몬 성전에서는 구름 속의 어두운 곳에만 거하셨는데(왕상 8:12), 새 성전에서는 자기 백성들 중에 임하면서 그들에게 빛이 되어주실 것을 암시한다.

그때 에스겔은 자기 옆에 서 있는 '어떤 사람'(אִישׁ)을 보았다(6절). 이 '어떤 사람'이 하는 말씀으로 보아 그는 분명 하나님이시다. "인자야 이는 내 보좌의 처소, 내 발을 두는 처소, 내가 이스라엘 족속 가운데에 영원히 있을 곳이라"(7절). 그러나 에스겔은 하나님을 보고도 산 사람이 없다는 것을 잘 알기 때문에 모호하게 하나님의 모습을 '어떤 사람'으로 가리고 있다. 선지자는 1장에서도 하나님의 모습이 잘 보이지 않도록 의도적으로 '베일로 가린 적'이 있다.

하나님은 성전을 자기 보좌를 두는 처소와 자기 발을 두시는 처소라고 말씀하신다(7절). 성전이 전통적으로 하나님의 보좌이며 동시에 발을 두시는 곳이라는 표현을 반영한다(렘 3:17, 17:12, 시 99:5, 132:7). 또한 이 말씀을 통해 왕인 하나님은 자기 영토에 대한 주권을 선언하신다(Stevenson).

하나님은 사람들이 온갖 부정한 행위(7-9절)와 우상숭배로 성전을 더럽히는 일이 다시는 없을 것이라고 하신다. 선지자는 성전에서 행해졌던 죄들 중 구체적으로 두 가지를 지적한다. 첫째, 노골적인 우상숭배이다(7절). 왕들과 백성들이 성전에서 음란했다고 하는데, 그것은 우상숭배를 가리키는 말이다. 둘째, 죽은 왕들의 시체를 성전 내부나 근처에 묻었다고 한다(7절). 그러나 다윗과 그의 후손들이 묻힌 가족 묘는 성전에서 어느 정도 떨어진 다윗 성안에 있었다. 그러므로 주석가들은 왕들을 기념하는 기념비 등을 성전 안이나 주변에 세운 것을 의미하는 것으로 해석한다(Duguid). 성전은 오직 하나님만 예배하고 드높이는 곳이다. 이런 곳에 죽은 왕들의 기념비를 세움으로써 우상숭배와 같은 효과를 발휘한 것이다. 우리는 오직 하나님만 예배하고 기념해야지, 주님이 사용하신 인간을 기념해서는 안 된다. 심화되면 우상숭배가 될 수 있기 때문이다.

솔로몬의 성전이 몰락한 이유가 이러한 것들 때문이라는 점에서, 이 말씀은 솔로몬 성전에서 행해졌던 우상숭배 등 온갖 부정한 일들에 대한 정당화를 거부한다. 죄로 오염된 솔로몬 성전이 거부되었기 때문에 전혀 다른 새 성전이 그것을 대체하고 있는 것이다(10-12절, cf. Blenkinsopp).

하나님은 성전과 주변에서 시체와 죽은 왕들의 기념비 등 죽은 것을 제거하라고 두 차례나 주문하신다(7-9절). 하나님의 본성은 생명을 주고 창조하는 것이기 때문에 죽음과는 거리를 두시는 것이 당연하다. 그래서 제사장들이 주검을 접하거나 심지어는 시체가 안치된 공간에 들어가도 부정해져서 하나님 앞에 나아갈 수 없었다. 새로 세워진 성전에 거하는 하나님은 사람과 온 세상에 생명만 주기를 원하신다.

하나님은 회복된 백성들에게 새 성전을 보여줌으로써 자신들의 죄에 대해 부끄러워하며 새 성전을 측량하도록 하고 성전 설계에 대해 가르치라고 하신다(10-11절). 만일 그들이 잘못 알아 죄를 지었다면 다시는 그런 일이 없도록 하기 위해서이고, 하나님이 원하시는 것을 정확히 가르치기 위해서였다. 에스겔이 환상을 통해 본 새 성전 터나 주변 공간은 조금씩 다르지만, 성전 건물 자체는 모세가 시내 산에서 받은 규격과 평행을 이룬다. 그러므로 이 말씀은 주의 백성이 잊어버린 하나님의 말씀을 다시 한 번 가르치라는 취지를 바탕으로 한다.

성전에는 분명 제도와 구조와 출입구가 있다. 하나님이 계시는 성전으로 들어가려면 이러한 내용을 숙지하거나 따르겠다는 것을 전제하고 오직 출입구를 통해야 한다(11절). 이와 같이 주의 백성이 하나님께 나아가려면 주님이 주신 '모든 규례와 모든 법도와 모든 율례'를 지켜야 한다(11절). 규례(תּוֹרָה)와 법도 (צוּרָה)와 율례(חֻקָּה)는 율법을 칭하는 전문적인 용어이다. 아무나 하나님께 나아갈 수 없고 오직 주님이 주신 규칙(율법)에 따라 사는 사람들만이 주님께 나갈 수 있다는 것이다.

예전에 선지자는 하나님의 영광을 분명 법궤와 연관시켰는데(cf. 1, 8-11장), 이번에는 법궤에 대한 언급이 없다. 법궤는 하나님의 임재를 상징하는 매우 중요한 기구인데도 말이다. 선지자는 새 성전에서는 법궤가 필요 없다는 것을 암시한다. 하나님이 자기 백성들과 영원히 함께하실 것이기 때문이다(7절). 예레미야도 이런 때가 올 것을 예언했다. "너희가 [포로 생활에서 돌아와] 이 땅에서 번성하여 많아질 때에는 사람들이 언약궤를 다시는 말하지 아니할 것이요 생각하지 아니할 것이요 찾지 아니할 것이요 다시는 만들지 아니할 것이며, 그때에 예루살렘이 그들에게 여호와의 보좌라 일컬음이 될 것이다(렘 3:16-17).

선지자들은 이스라엘이 죄를 짓는 가장 큰 이유와 타국으로 끌려가야 하는 가장 기본적인 이유를 백성들의 무지에서 찾았다(cf. 사 5:13). 회복된 주의 백성도 자신들의 무지를 생각하고 차마 하나님의 영광을 열렬히 환영하지 못한다. 그저 구원을 베푸신 하나님이 감사하고 죄송할 뿐이다(10절). 그러므로 하나님이 그들에게 자기가 원하고 기뻐하시는 것이 무엇인가를 다시 한 번 정확히 가르쳐줌으로써 다시는 이런 일이 없도록 하실 것이다(11절). 하나님에 대한 올바른 지식이 있으면 죄의 상당 부분이 해결된다.

여호와의 성전은 세상의 중심일 뿐만 아니라 세상에서 가장 거룩한 공간이다. 하나님이 계시는 곳이기 때문이다. 그러므로 하나님은 성전이 있는 터전과 주변이 가장 거룩하다는 '성전의 법'(תּוֹרַת הַבָּיִת)을 주신다(12절). 이 성전의 법은 이때까지 보여주신 성전의 구조와 앞으로 보여주실 성전 기구들에 대한 규례를 포함한다(cf. Darr).

Ⅳ. 유다와 예루살렘에 임할 축복(33:1-48:35)
H. 회복된 예루살렘에 대한 환상(40:1-48:35)
4. 돌아온 하나님의 영광(43:1-27)

(2) 번제단의 모양과 크기(43:13-17)

13 제단의 크기는 이러하니라 한 자는 팔꿈치에서부터 손가락에 이르고 한 손바닥 넓이가 더한 것이라 제단 밑받침의 높이는 한 척이요 그 사방 가장 자리의 너비는 한 척이며 그 가로 둘린 턱의 너비는 한 뼘이니 이는 제단 밑받침이요 14 이 땅에 닿은 밑받침 면에서 아래층의 높이는 두 척이요 그 가장 자리의 너비는 한 척이며 이 아래층 면에서 이 층의 높이는 네 척이요 그 가

장자리의 너비는 한 척이며 [15] 그 번제단 위층의 높이는 네 척이며 그 번제하는 바닥에서 솟은 뿔이 넷이며 [16] 그 번제하는 바닥의 길이는 열두 척이요 너비도 열두 척이니 네모 반듯하고 [17] 그 아래층의 길이는 열네 척이요 너비는 열네 척이니 네모 반듯하고 그 밑받침에 둘린 턱의 너비는 반 척이며 그 가장자리의 너비는 한 척이니라 그 층계는 동쪽을 향하게 할지니라

하나님의 영광이 성전에 입성한 것을 목격한 선지자가 제일 먼저 언급하는 성전 도구는 번제단이다. 이 번제단은 성전 안뜰에 있으며, 성전으로 들어서려면 통과해야 하는 동쪽 바깥문과 안쪽문과 동일한 라인 선상에 놓여 있다. 동쪽에서 온 하나님의 영광이 지성소로 들어가면서 지나간 노선에 위치한 것이다. 또한 이곳은 한 면이 500척(259미터)에 달하는 정사각형 형태를 지닌 성전 바깥뜰의 대각선들이 교차하는 곳이다. 모세의 성막과 솔로몬의 성전에서도 뜰에 대각선을 그으면 교차하는 장소에 제단이 놓여 있었다(cf. Milgrom).

비록 성전이 아니라 뜰에 있어서 별로 중요해 보이지 않지만, 번제단은 성전 도구들 중 가장 중요한 역할을 한다. 제사장이 번제단에서 지성소에 계시는 하나님께 제물을 드리기 때문이다(cf. Blenkinsopp). 예배에서 가장 중요한 역할을 하는 번제단이 제일 먼저 조명을 받는 것은 당연하다. 바빌론에서 돌아온 귀향민들이 성전을 재건할 만한 능력을 갖추지 못하자 뜰에 있는 제단을 먼저 세운 것도 이러한 이유 때문이다(스 3:1-3). 모세도 오래전에 약속의 땅에 들어가게 되면 제단부터 세울 것을 당부했다(신 27:6-7).

마소라 사본(MT)의 불확실성 때문에 선지자가 묘사하고 있는 제단이 정확하게 어떤 모습을 띠는지 확실하지가 않다. 또한 '밑받침'(חֵיק, 13절)을 받침대 주변에 설치된 일종의 도랑(현대, LXX, NIV, TNK)으로 볼 것이냐 한 층(개역개정, 공동, 아가페, NAS, ESV)으로 해석할 것이냐에 따라 제단은 3층이나 4층으로 보인다.

이 주석에서는 밑받침을 포함해 세 개의 층으로 구성된 것으로 간주한다. 흙 받침대는 한 면이 18척(9.36미터)인 정사각형이었으며 높이는 1척(52센티미터)이었다(13절). 이 받침대는 사방으로 한 뼘(20센티미터) 정도 되는 턱으로 둘러싸여 있었다. 제단에서 흘러내리는 짐승의 피가 고이게 하는 용도로 사용된 것으로 생각된다.

흙 받침대 위에 2층으로 구성된 제단이 있었는데, 제단의 아래층은 높이가 1척(52센티미터)이었으므로 땅바닥에서는 2척(1.04미터) 떨어져 있었다(14절). 제단 아래층의 높이는 4척(2.08미터)이었다(14절). 그 위에 세워진 제단의 위층은 화덕이었는데 이 화덕의 높이도 4척(2.08미터)이었다(15절). 그러므로 제단의 키는 네 코너를 장식하고 있는 뿔을 제외하면 바닥에서 10척(5.2미터, 흙 받침대의 두께를 2척으로 간주할 경우, 흙 받침대의 두께가 1척이며, 1척은 땅 밑으로 판 도랑의 깊이라고 하기도 한다, cf. Darr, 14절) 혹은 9척(4.68미터, 흙 받침대의 높이를 1척으로 간주할 경우, 혹은 땅 밑으로 파놓은 1척 깊이의 도랑은 포함하지 않으면, cf. Duguid, 13절)에 달한다. 그러므로 제사장들이 이곳에서 제물을 바치려면 계단을 이용해야 하는데, 계단은 동쪽으로 나 있다(17절).

두 층으로 구성된 제단은 위층이 아래층보다 가로와 세로가 각각 2척(1.04미터)씩 작다. 제단은 사방으로 1척(52센티미터)의 두께를 지니고 있다. 위층의 가로와 세로가 각각 12척(6.24미터)이므로 아래층은 14척(7.28미터)이 된다(16-17절). 만일 흙 받침대가 동일한 비율로 줄어든다면, 흙 받침대는 가로와 세로가 18척(9.36미터)의 정사각형이다. 제단의 두 층의 두께가 각각 1척(52센티미터)이기 때문에 두께를 감안하면 흙으로 쌓아 올린 받침대는 가로와 세로가 18척이 된다. 여기에 흙 받침대를 두르고 있는 한 뼘 턱이 받침대에서 1척씩 떨어져 있다고 생각하면 제단은 각 면이 20척(10.4미터)에 달하는 정사각형이 된다(Block, cf. 17절). 참으로 크고 웅장한 구조물이다.

(3) 번제단 봉헌(43:18-27)

**[18] 그가 내게 이르시되 인자야 주 여호와께서 이같이 말씀하셨느니라 이 제
단을 만드는 날에 그 위에 번제를 드리며 피를 뿌리는 규례는 이러하니라 [19]
주 여호와의 말씀이니라 나를 가까이 하여 내게 수종드는 사독의 자손 레위
사람 제사장에게 너는 어린 수송아지 한 마리를 주어 속죄제물을 삼되 [20] 네
가 그 피를 가져다가 제단의 네 뿔과 아래층 네 모퉁이와 사방 가장자리에
발라 속죄하여 제단을 정결하게 하고 [21] 그 속죄제물의 수송아지를 가져다
가 성전의 정한 처소 곧 성소 밖에서 불사를지며 [22] 다음 날에는 흠 없는 숫
염소 한 마리를 속죄제물로 삼아 드려서 그 제단을 정결하게 하기를 수송아
지로 정결하게 함과 같이 하고 [23] 정결하게 하기를 마친 후에는 흠 없는 수
송아지 한 마리와 떼 가운데에서 흠 없는 숫양 한 마리를 드리되 [24] 나 여호
와 앞에 받들어다가 제사장은 그 위에 소금을 쳐서 나 여호와께 번제로 드
릴 것이며 [25] 칠 일 동안은 매일 염소 한 마리를 갖추어 속죄제물을 삼고 또
어린 수송아지 한 마리와 떼 가운데에서 숫양 한 마리를 흠 없는 것으로 갖
출 것이며 [26] 이같이 칠 일 동안 제단을 위하여 속죄제를 드려 정결하게 하
며 드릴 것이요 [27] 이 모든 날이 찬 후 제팔일과 그 다음에는 제사장이 제단
위에서 너희 번제와 감사제를 드릴 것이라 그리하면 내가 너희를 즐겁게 받
으리라 주 여호와의 말씀이니라**

성전 뜰에 있는 번제단이 어떻게 생겼는가를 설명한 에스겔은 그 제단을 봉헌한다(cf. McConville). 옛적에 이스라엘이 성막의 제단을 봉헌할 때 모세가 했던 역할을 에스겔이 하고 있는 것이다. 에스겔이 제단을 봉헌하는 것이 문제가 되지 않는 것은 에스겔도 제사장이었기 때문이다. 또한 에스겔이 이 환상에서 주의 백성에게 율법을 주는 것은 옛

적에 모세가 했던 일과 같다. 에스겔은 새로운 모세로 전혀 손색이 없는 사람이다. 일부 학자들은 이러한 상황을 보고 하나님이 에스겔을 위로하시는 것으로 생각한다(Darr, Duguid). 평생 제사장이 되기 위한 훈련을 받은 후 사역을 시작해보지도 못하고 바빌론으로 끌려온 것에 대한 보상이라는 것이다.

새로운 모세가 된 에스겔이 제단을 봉헌하기 위해 행한 절차는 이러하다. 선지자는 첫째 날에 수송아지 한 마리를 속죄 제물로 바쳤는데 순서는 다음과 같았다. 첫째, 어린 수송아지 한 마리를 사독의 자손에게 주어서 제물로 준비시켰다(19절). 둘째, 그 짐승의 피를 가져다가 제단 곳곳을 정결하게 했다(20절). 제단의 네 뿔과 아래층의 네 귀퉁이와 사방의 가장자리에 발랐다. 옛적에 아론을 제사장으로 세울 때 모세가 아론의 오른쪽 귀, 오른손의 엄지, 오른발의 엄지발가락 등 그의 신체의 중심에서 가장 멀리 떨어져 있는 부분들에 피를 바른 일을 연상케 한다(Zimmerli). 셋째, 수송아지를 속죄 제물로 바치고 성소 바깥, 지정된 장소에서 짐승을 태웠다(21절).

에스겔은 둘째 날부터 여덟째 날까지 7일 동안 매일 흠 없는 숫염소 한 마리를 첫날 수송아지를 바친 방법과 동일한 절차에 따라 속죄 제물로 바쳤다(22절). 에스겔이 환상 속에서 보는 성전에서도 인간의 죄가 하나님과 인간 사이에 걸림돌이 되고 있다는 것은 우리가 얼마나 더 경건하고 거룩하게 살아야 하는가를 생각하게 한다. 다행히 예수님이 우리의 속죄 제물이 되어 우리를 정결하게 하셨다.

숫염소를 속죄 제물로 바친 다음 흠 없는 수송아지 한 마리와 숫양 한 마리를 바쳤다(23절). 에스겔이 수송아지와 숫양을 바칠 때면 제사장들이 그 짐승들에게 소금을 뿌려 번제로 드렸다(24절). 고대 근동에서 소금은 계약 체결 예식에 많이 사용되었다(Duguid). 율법은 소제에만 소금을 더하라고 한다(cf. 레 2:13). 선지자와 제사장들은 매일 숫염소 한 마리를 속죄 제물로 드리고, 이어 수송아지 한 마리와 숫양 한

마리를 번제물로 드렸다. 8일 동안 진행된 봉헌식에서 드려진 짐승들은 총 24마리에 달하며 다음과 같다. 제물로 드려진 짐승들은 모두 수컷들이다.

	속죄제	번제	총 계
1일	송아지 1		송아지 1
2일	염소 1	송아지 1 + 양 1	송아지 1 + 염소 1 +양 1
3일	염소 1	송아지 1 + 양 1	송아지 1 + 염소 1 +양 1
4일	염소 1	송아지 1 + 양 1	송아지 1 + 염소 1 +양 1
5일	염소 1	송아지 1 + 양 1	송아지 1 + 염소 1 +양 1
6일	염소 1	송아지 1 + 양 1	송아지 1 + 염소 1 +양 1
7일	염소 1	송아지 1 + 양 1	송아지 1 + 염소 1 +양 1
8일	염소 1	송아지 1 + 양 1	송아지 1 + 염소 1 +양 1
총 계	송아지 1 + 염소 7	송아지 7 + 양 7	송아지 8 + 염소 7 +양 7

에스겔은 8일에 걸쳐 제단을 봉헌한 후 제사장들에게 그 제단을 넘겨준다(27절). 제사장들이 제단 위에서 하나님께 번제와 감사제를 드리면 하나님은 그들의 제사를 기쁘게 받을 것을 약속하신다(27절). 자기 백성에게 진노한 하나님이 그들을 심판하시는 시대는 지났다. 이제 주님은 자기 백성을 기쁘게 맞이해주실 것이다. 드디어 하나님께 드리는 제사가 다시 시작되는 감격스러운 순간이다. 이 말씀은 우리가 이 땅에 살면서 가장 중요하게 여겨야 하는 것이 바로 예배라는 사실을 확인해준다.

Ⅳ. 유다와 예루살렘에 임할 축복(33:1-48:35)
H. 회복된 예루살렘에 대한 환상(40:1-48:35)

5. 동쪽 문과 제사장들(44:1-31)

선지자는 바로 앞장에서 옛적에 성전을 떠났던 하나님의 영광이 다시 돌아와 지성소에 임재하셨다고 했다. 또한 8일 동안 진행된 봉헌식을 통해 성전 뜰에 있는 제단을 정결하게 했다. 이때 에스겔을 도와 제물을 준비한 사람들은 솔로몬 시대에 대제사장이었던 사독의 후손들이었다(43:19). 선지자는 정결해진 제단을 제사장들에게 넘겨주었다.

선지자는 모든 제사장이 하나님의 제단에서 사역할 수 있는 것은 아니라고 말한다. 율법에 의하면 모든 제사장은 레위 지파 사람들 중에서도 특별히 아론의 자손들이었다. 옛 성전에서 아론의 자손은 누구든 제사장으로 사역할 수 있었다. 그러나 하나님은 새 성전에서는 오직 사독의 자손들만이 제사장으로 사역할 수 있다고 하신다. 나머지 제사장들은 죄를 지었기 때문에 더 이상 제사장으로 섬길 수 없다. 새 성전에 누가 들어가고 사역할 수 있는가는 옛 성전의 기준보다 훨씬 더 까다롭다고 할 수 있다(Duguid). 성전에 누가 들어갈 수 있는가에 대해 시편 24:3-4가 잘 정의하고 있다.

여호와의 산에 오를 자가 누구며
그의 거룩한 곳에 설 자가 누구인가
곧 손이 깨끗하며 마음이 청결하며
뜻을 허탄한 데에 두지 아니하며
거짓 맹세하지 아니하는 자로다

본문은 다음과 같이 구분될 수 있다.

A. 성전 바깥뜰 동쪽 문(44:1-3)
B. 이방인들의 직무 박탈(44:4-9)
C. 레위 사람 제사장들의 직무 박탈(44:10-14)
D. 사독 집안 제사장들(44:15-30)

Ⅳ. 유다와 예루살렘에 임할 축복(33:1-48:35)
H. 회복된 예루살렘에 대한 환상(40:1-48:35)
5. 동쪽 문과 제사장들(44:1-31)

(1) 성전 바깥뜰 동쪽 문(44:1-3)

1 그가 나를 데리고 성소의 동쪽을 향한 바깥 문에 돌아오시니 그 문이 닫혔
더라 2 여호와께서 내게 이르시되 이 문은 닫고 다시 열지 못할지니 아무도
그리로 들어오지 못할 것은 이스라엘 하나님 나 여호와가 그리로 들어왔음
이라 그러므로 닫아 둘지니라 3 왕은 왕인 까닭에 안 길로 이 문 현관으로 들
어와서 거기에 앉아서 나 여호와 앞에서 음식을 먹고 그 길로 나갈 것이니라

에스겔은 안내자의 인도에 따라 성전 바깥뜰로 들어가는 동쪽 문으로 갔다. 이 문은 그가 40장에서 이 환상을 보기 시작할 때 서 있던 문이기도 하다. 자세히 보니 그 동쪽 문이 잠겨 있었다(1절). 여호와께서 그 문을 통해 성전으로 들어오셨기 때문에 영원히 닫아두라고 하신다. 거룩하신 하나님이 지나가신 곳을 죄로 오염된 인간이 범하는 것을 막으시겠다는 것이다. 또한 이 문을 영원히 닫아두시는 것은 앞으로 어떤 일이 있어도 주님께서 성전을 떠날 일은 없으리라는 점을 암시하기도 한다(cf. 43:7, 9, 11:22-23).

단 한 가지 예외는 왕이다. 왕은 안길을 통해 이 문의 현관으로 들어가 거기에 앉아서 하나님 앞에서 음식을 먹고 다시 안길을 통해 돌아갈 수 있다고 하신다(3절). 문은 영원히 닫혀 있지만, 왕은 문 안쪽에서 들어가 현관은 사용할 수 있다는 것이다. 이러한 규정은 왕의 특권과 한계를 동시에 정의한다. 왕은 일반인들이 들어갈 수 없는 공간에 들어가 하나님 앞에서 음식을 먹을 수 있는 특권을 지녔다. 그러나 왕은 성전 안뜰로 들어갈 수 없다는 한계가 있다(Stevenson). 옛적에는 왕이 자유자재로 성전을 드나들었다는 점에서(cf. 왕하 16:10-18) 새 성전은 왕권에 대한 상당한 한계를 정하고 있다고 할 수 있다.

Ⅳ. 유다와 예루살렘에 임할 축복(33:1-48:35)
H. 회복된 예루살렘에 대한 환상(40:1-48:35)
5. 동쪽 문과 제사장들(44:1-31)

(2) 이방인들의 직무 박탈(44:4-9)

4 그가 또 나를 데리고 북문을 통하여 성전 앞에 이르시기로 내가 보니 여호
와의 영광이 여호와의 성전에 가득한지라 내가 얼굴을 땅에 대고 엎드리니
5 여호와께서 내게 이르시되 인자야 너는 전심으로 주목하여 내가 네게 말하
는 바 여호와의 성전의 모든 규례와 모든 율례를 귀로 듣고 또 성전의 입구
와 성소의 출구를 전심으로 주목하고 6 너는 반역하는 자 곧 이스라엘 족속
에게 이르기를 주 여호와께서 이같이 말씀하시기를 이스라엘 족속아 너희의
모든 가증한 일이 족하니라 7 너희가 마음과 몸에 할례 받지 아니한 이방인
을 데려오고 내 떡과 기름과 피를 드릴 때에 그들로 내 성소 안에 있게 하여
내 성전을 더럽히므로 너희의 모든 가증한 일 외에 그들이 내 언약을 위반
하게 하는 것이 되었으며 8 너희가 내 성물의 직분을 지키지 아니하고 내 성
소에 사람을 두어 너희 직분을 대신 지키게 하였느니라 9 주 여호와께서 이
같이 말씀하셨느니라 이스라엘 족속 중에 있는 이방인 중에 마음과 몸에 할
례를 받지 아니한 이방인은 내 성소에 들어오지 못하리라

안내자가 선지자를 데리고 안뜰 북문을 통과해 성전 건물 앞으로 갔다(4절). 그곳에는 하나님의 영광이 가득했고 에스겔은 그 영광 앞에 엎드렸다. 하나님이 옛적에 모세를 통해 율법을 주신 것처럼 이번에는 에스겔을 불러 새로운 규례를 주시면서 이스라엘에게 전하라고 하신다(5-6절). 하나님은 이스라엘을 '반역하는 자'라고 하시고 그들이 그동안 해온 일을 '가증한 일'이라고 하신다(6절). 이스라엘의 죄에 대해 하나님은 불편한 심기를 드러내신다.

이스라엘의 어떤 행실이 하나님을 분노하게 한 것일까? 하나님은 그들이 성소에서 행한 여러 가지 가증한 일들 중 이방인들을 성전에 들인 일을 지목하신다. 이스라엘은 육체적 할례와 마음의 할례를 받지 못한 이방인들을 성전에 들여놓고 자신들이 해야 할 일(하나님의 성물을 지키는 일, cf. 레 8:35, 왕하 11:5)을 그들에게 맡겼다(8절). 이 일을 통해 이스라엘은 하나님의 성전을 더럽혔고 주님과의 언약을 위반했다(7절).

북왕국 이스라엘은 역사적으로 레위 족속이 아닌 사람들 중 제사장들을 세워 성전에서 사역하도록 했다. 그러나 이방인들을 제사장으로 세운 적은 없었다. 남왕국 유다의 역사에서도 이런 일은 없었다. 예루살렘 성전에서는 항상 아론의 후손들만 제사장으로 일했다. 그러므로 이 말씀은 제사장직을 염두에 둔 것이 아니다. 성전을 지키거나(왕하 11:14-19) 성전 창고를 관리하는 등(cf. 8절) 성전에서 온갖 허드렛일을 하는 사람들 중 이방인들이 섞여 있었다는 것을 의미한다. 이방인 사역자들을 비난한 후 레위 사람 제사장들(10-14절)과 사독 계열 제사장들(15-31절)을 논하는 이 장의 흐름도 이런 해석을 뒷받침하는 듯하다. 먼저 부적격한 '평신도 사역자들'을 비난해 분위기를 조성한 다음, 자격이 없는 '전문 사역자'들을 비난하기 때문이다.

이 말씀은 이방인들이 영원히 주의 성소에 들어갈 수 없다고 금하는가? 그렇지 않다. 이방인들도 성소에 들어가 하나님께 예배할 수 있다. 또한 봉사도 할 수 있다. 가나안 정복 시대에 여호수아는 가나안 사람들인 기브온 성 사람들을 성전에서 허드렛일을 하는 사람들로 삼았다(cf. 수 9:27). 선지자는 본문에서도 "이방인 중에 마음과 몸에 할례를 받지 아니한 이방인은 내 성소에 들어오지 못하리라"(9절)면서 하나님은 이방인들을 비난하시는 것이 아니라, 경건하지 못한(마음과 몸에 할례를 받지 아니한) 자들이 성전을 출입하는 것을 비난하신다는 것을 확실히 한다. 이사야 선지자는 언젠가는 하나님이 이방인들 중 제사장들을 세울 것이라고 예언했다(사 66:20-21, cf. 사 2:1-4, 56:1-8, 믹 4:2).

따라서 본문은 반(反)이방인 스피치가 아니라, 반(反)미자격자들의 성전 출입을 비난하고 있다. 육체와 마음의 할례를 받지 않은 사람들은 이스라엘 사람이라 할지라도 성전을 출입해서는 안 된다. 반면에 이방인이라 할지라도 마음과 육체의 할례를 받았으면 성전을 출입할 수 있다. 마음의 할례를 받지 못한 이방인은 성전을 더럽힐 뿐만 아니라, 이방 종교의 풍습으로 성전을 오염시킬 위험을 안고 있다(cf. Blenkinsopp). 따라서 하나님은 이런 사람의 출입을 금하신다.

Ⅳ. 유다와 예루살렘에 임할 축복(33:1–48:35)
H. 회복된 예루살렘에 대한 환상(40:1–48:35)
5. 동쪽 문과 제사장들(44:1–31)

(3) 레위 사람 제사장들의 직무 박탈(44:10–14)

[10] 이스라엘 족속이 그릇 행하여 나를 떠날 때에 레위 사람도 그릇 행하여 그 우상을 따라 나를 멀리 떠났으니 그 죄악을 담당하리라 [11] 그러나 그들이 내 성소에서 수종들어 성전 문을 맡을 것이며 성전에서 수종들어 백성의 번제의 희생물과 다른 희생물을 잡아 백성 앞에 서서 수종들게 되리라 [12] 그들이 전에 백성을 위하여 그 우상 앞에서 수종들어 이스라엘 족속이 죄악에 걸려 넘어지게 하였으므로 내가 내 손을 들어 쳐서 그들이 그 죄악을 담당하였느니라 주 여호와의 말씀이니라 [13] 그들이 내게 가까이 나아와 제사장의 직분을 행하지 못하며 또 내 성물 곧 지성물에 가까이 오지 못하리니 그들이 자기의 수치와 그 행한 바 가증한 일을 담당하리라 [14] 그러나 내가 그들을 세워 성전을 지키게 하고 성전에 모든 수종드는 일과 그 가운데에서 행하는 모든 일을 맡기리라

자격이 없는 이방인들의 성전 출입을 금한 선지자가 이번에는 제사장들 중 일부의 사역을 제한한다. 과거에는 레위 사람들 중 아론의 자손이면 모두 제사장이 될 수 있었다. 세월이 지나면서 아론의 후손들 중 일부는 성전 사역에서 밀려난 제사장들도 생겨났다. 대표적인 예가 엘리 제사장의 후손인 아비아달의 자손들이었다. 솔로몬이 정권을 잡은 후 아비아달을 아나돗이라는 곳으로 추방했기 때문이다(cf. 왕상 2:35).

하나님이 사독 자손들을 제외한 레위 사람 제사장들의 죄를 추궁하신다(10, 12절). 이스라엘 사람들이 우상을 숭배할 때 그들을 부추겼다는 것이다. 광야 시절에 레위 사람들이 목숨을 걸고 우상숭배자들을 죽인 일과는 대조적인 상황을 말씀하고 있다(cf. 출 32장, 민 25장). 세월이 지나면서 성전에서 사역하던 레위 제사장들마저 하나님께 등을 돌리고 우상을 숭배했다. 에스겔은 자기 책에서 우상숭배에 앞장선 제사장들을 여러 차례 비난했다(cf. 5:11, 8:16).

하나님은 사독의 자손들을 제외한 나머지 레위 제사장들에게 사역을 제한함으로써 벌을 내리신다. 과거에는 그들도 성전을 드나들며 하나님 앞에서 사역을 했지만, 새 성전에서는 성전 안뜰에서 진행되는 일을 도맡되, 성전 안에는 들어갈 수 없다(11절). 예배자들이 제물로 드릴 짐승을 가지고 오면 그 짐승들을 잡아 예배를 준비하는 역할은 하되, 예배자들의 제물을 하나님께 드리는 일은 할 수 없다. 또한 성소와 지성소에 출입할 수 없다(13절). 레위 사람들은 이런 일을 하면서 자신들이 저지른 가증한 일들의 죗값을 치러야 한다(13절).

일부 주석가들은 본문에서 제물로 바치는 짐승을 누가 준비하는가에 대한 변화를 관찰하기도 한다. 원래 이스라엘이 성전에서 드리는 예배에서 번제를 포함한 일부 제물은 드리는 사람이 안수하고 죽여 각을 떠서 제사장이 제단에서 태우도록 해야 한다(cf. 레 1장). 그러나 세월이 지나면서 이 일은 예배자들이 아닌 레위 사람들에게 맡겨졌다(cf. 대하 35장). 이런 변화가 본문에서도 포착되고 있다.

비록 비(非)사독 계열 제사장들이 자신들의 범죄에 대해 벌을 받기는 하지만(13절), 그래도 은혜를 동반한 처벌이다(Stevenson). 자격이 없는 이방인 사역자들의 경우 성전에서 완전히 내쫓으셨다(9절). 레위 제사장들의 경우 비록 성전에서 가장 거룩한 공간에는 들어갈 수 없지만, 성전 뜰에서 예배를 준비하는 일 등은 할 수 있도록 허락하셨기 때문이다(14절).

(4) 사독 집안 제사장들(44:15–30)

**15 이스라엘 족속이 그릇 행하여 나를 떠날 때에 사독의 자손 레위 사람 제
사장들은 내 성소의 직분을 지켰은즉 그들은 내게 가까이 나아와 수종을 들
되 내 앞에 서서 기름과 피를 내게 드릴지니라 주 여호와의 말씀이니라 16 그
들이 내 성소에 들어오며 또 내 상에 가까이 나아와 내게 수종들어 내가 맡
긴 직분을 지키되 17 그들이 안뜰 문에 들어올 때에나 안뜰 문과 성전 안에
서 수종들 때에는 양털 옷을 입지 말고 가는 베 옷을 입을 것이니 18 가는 베
관을 머리에 쓰며 가는 베 바지를 입고 땀이 나게 하는 것으로 허리를 동이
지 말 것이며 19 그들이 바깥뜰 백성에게로 나갈 때에는 수종드는 옷을 벗어
거룩한 방에 두고 다른 옷을 입을지니 이는 그 옷으로 백성을 거룩하게 할
까 함이라 20 그들은 또 머리털을 밀지도 말며 머리털을 길게 자라게도 말고
그 머리털을 깎기만 할 것이며 21 아무 제사장이든지 안뜰에 들어갈 때에는
포도주를 마시지 말 것이며 22 과부나 이혼한 여인에게 장가 들지 말고 오직
이스라엘 족속의 처녀나 혹시 제사장의 과부에게 장가 들 것이며 23 내 백성
에게 거룩한 것과 속된 것의 구별을 가르치며 부정한 것과 정한 것을 분별
하게 할 것이며 24 송사하는 일을 재판하되 내 규례대로 재판할 것이며 내
모든 정한 절기에는 내 법도와 율례를 지킬 것이며 또 내 안식일을 거룩하
게 하며 25 시체를 가까이 하여 스스로 더럽히지 못할 것이로되 부모나 자녀
나 형제나 시집 가지 아니한 자매를 위하여는 더럽힐 수 있으며 26 이런 자**

는 스스로 정결하게 한 후에 칠 일을 더 지낼 것이요 [27] 성소에서 수종들기 위해 안뜰과 성소에 들어갈 때에는 속죄제를 드릴지니라 주 여호와의 말씀이니라 [28] 그들에게는 기업이 있으리니 내가 곧 그 기업이라 너희는 이스라엘 가운데에서 그들에게 산업을 주지 말라 내가 그 산업이 됨이라 [29] 그들은 소제와 속죄제와 속건제의 제물을 먹을지니 이스라엘 중에서 구별하여 드리는 물건을 다 그들에게 돌리며 [30] 또 각종 처음 익은 열매와 너희 모든 예물 중에 각종 거제 제물을 다 제사장에게 돌리고 너희가 또 첫 밀가루를 제사장에게 주어 그들에게 네 집에 복이 내리도록 하게 하라 [31] 새나 가축이 저절로 죽은 것이나 찢겨서 죽은 것은 다 제사장이 먹지 말 것이니라

하나님의 비난과 정죄를 받은 일반 레위 제사장들과는 달리 사독 계열 제사장들은 칭찬과 보상을 받는다. 온 이스라엘과 제사장들이 하나님께 등을 돌렸을 때에도 사독의 자손들은 하나님께 신실했다(15절). 그러므로 하나님이 그들에게만 하나님 앞에서 제사장 사역을 할 수 있도록 하신다(15-18절, cf. 40:46, 43:19). 하나님이 범죄한 레위 제사장들을 뜰에서 사역하되 성전에는 출입하지 못하도록 하시고, 신실했던 사독의 후손들은 성전을 출입하며 사역하게 하시는 것은 의롭게 사는 이들에게 하나님의 축복이 공간적으로 임한다는 것을 의미한다(Stevenson). 하나님은 가장 의롭게 산 사람들을 가장 가까운 곳에 두실 것이다.

사독은 다윗과 솔로몬을 섬긴 제사장이다(cf. 삼하 20:25, 왕상 1:41-45). 솔로몬이 아비아달을 내친 다음, 사독은 이스라엘의 대제사장으로 사역했다(왕상 2:26-27). 사독의 후손들은 주전 171년에 야손(Jason)이 대제사장직에서 쫓겨날 때까지 이스라엘의 대제사장직을 유지했다(cf. 제1마카비서). 이후 사독의 후손들은 쿰란 공동체에서도 매우 중요한 역할을 한 것으로 알려졌다(Blenkinsopp).

에스겔이 사독의 후손들이 제사장직을 수행하면서 지켜야 할 규례로 제시하는 것들은 대부분 레위기가 자세하게 언급한 것을 간략하게 요약한 것들이다. 성전 뜰에서 사역할 제사장들에게는 이렇다 할 규례가 내려지지 않은 것에 반해, 성전 안에서 하나님을 가장 가까이 섬기게 될 사독 제사장들에게는 많은 규례가 내려지고 있다. 특권은 더 많은 책임을 동반한다는 것을 암시한다(Duguid).

사독 제사장들은 백성들에게 받은 제물을 하나님께 드릴 수 있다(15절). 성전 안에서 행해지는 온갖 예식도 사독의 후손들이 진행해야 한다(16절). 사역할 때는 특별한 예복으로 갈아입어야 하며 양털로 만든 옷 등을 입어서는 안 된다(17절). 이런 옷들을 금하는 이유는 땀을 방지하기 위해서이다(18절). 아마도 땀도 율법이 부정하다고 하는 몸의 유출물로 간주되었기 때문일 것이다(Block, Darr, Duguid, cf. 신 23:9-14). 성전의 안뜰을 떠날 때는 제사장 예복을 벗고 일상복으로 갈아입어야 한다(16-19절). 혹시 백성이 거룩한 제사장의 예복에 닿아 해를 입는 일을 방지하기 위해서이다(19절, 새번역).

사람이 거룩함을 접하면 왜 해를 입는가? 거룩 자체가 위험해서가 아니다. 다만 부정한 사람이나, 율법을 어긴 사람에게만 위험하기 때문이다(Duguid). 그렇다면 이 말씀은 혹시라도 부정해진 사람이 제사장의 거룩한 옷으로 인해 위험에 노출되는 것을 막기 위한 배려이다. 거룩한 것과 속된 것을 구분하라는 취지의 말씀이다(Stevenson). 이 말씀은 이미 선지자가 제사장들의 방과 연관해 말한 것을 연상시킨다(42:14).

제사장의 머리털 길이는 너무 짧거나 길어서는 안 된다(20절, cf. 레 21:5). 고대 근동 사람들은 삭발을 장례식이나 죽음을 슬퍼하는 풍습의 일부로 만들었다. 율법은 이런 행위를 금했다(레 19:27-28, cf. 레 13:45). 생명의 주인이신 하나님을 섬기는 일에 있어서 조금이라도 죽음을 연상케 하는 일은 하지 말라는 취지의 금지령이다.

제사장이 성전 안뜰에서 사역할 때에는 술을 마시면 안 된다(21절, cf. 레 10:9). 예배와 제사를 집례하면서 혹시라도 술로 인해 실수를 할까 염려해서이다(사 28:7). 제사장은 과부나 이혼한 여인과 결혼해서는 안 되며 꼭 [제사장 집안] 처녀와 결혼해야 한다(21절, cf. 레 21:13-14). 다만 제사장의 과부와는 결혼할 수 있다(22절).

사독 제사장들은 율법으로 백성들을 가르쳐 속된 것과 거룩한 것과 부정한 것과 정한 것을 분별해야 한다(23절). 백성들을 가르친다는 것은 이 제사장들은 많이 배운 사람들이라는 것을 의미한다(Blenkinsopp). 또한 하나님이 주신 율법에 따라 백성들의 송사를 재판해야 하며, 모든 종교적 절기를 잘 지켜야 한다(24절). 그들은 부정해지는 것에 특별히 신경을 써야 하며, 부정해질 경우에는 적절한 절차에 따라 정결해진 다음에 성전에서 일할 수 있다(25-27절). 제사장들은 자신들이 가르치는 내용을 삶에서 살아냄으로써 이 모든 규례에 대해 살아 있는 모범(role-model)이 되어야 한다는 것을 강조한다(Duguid).

사독 제사장들은 이처럼 하나님 앞에서 많은 특권을 누린다. 그러나 그들은 기업을 상속받지 않는다. 하나님이 친히 그들의 기업이 되실 것이기 때문이다(28절, cf. 신 10:9, 18:2, 수 13:14, 33). 백성들이 성전에서 하나님께 드리는 온갖 제물이 이들의 몫이 될 것을 의미한다(29-30절, cf. 신 18:1-5). 하나님이 그들에게 주실 것이 매우 많으므로 그들은 저절로 죽은 짐승이나 찢겨 죽은 짐승들을 먹을 필요가 없다(31절, cf. 4:14, 레 4:14). 하나님이 기업이 없는 사독 제사장들의 의식주를 확실하게 책임져주실 것이다.

Ⅳ. 유다와 예루살렘에 임할 축복(33:1-48:35)
H. 회복된 예루살렘에 대한 환상(40:1-48:35)

6. 거룩한 구역(45:1-8)

이때까지 에스겔은 하나님이 거처로 삼으실 성전이라는 특별한 공간이 어떻게 생겼고, 그 안에서 제사장들과 레위 사람들이 어떻게 사역해야 하는가에 대한 율법을 제시했다. 이제 그는 성전 사역자들과 주의 백성을 다스리는 왕이 살 공간을 구분하라는 하나님의 말씀을 전한다. 제사장과 레위 사람들의 주거지를 언급하고 있는 본문과 왕의 땅을 정의하고 있는 7-8절을 도표로 정리하면 다음과 같다(Duguid). 일부 학자들은 레위 사람들의 주거지와 제사장들의 주거지를 바꾸기도 한다(Greenberg, Mackay).

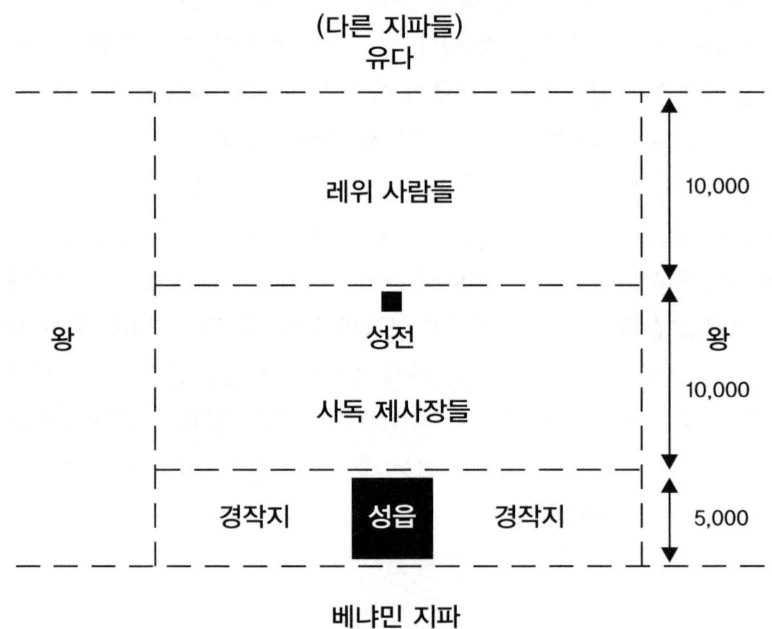

성전에서 사역하는 제사장들과 레위 사람들은 성전을 중심에 두고 주변에 둘러서 산다. 그들의 주거지는 성전이 오염되는 것을 막는 완충지역 역할을 하는 것이다. 본문은 다음과 같이 두 부분으로 구분된다.

A. 주님의 거룩한 땅(45:1–6)
B. 왕의 땅(45:7–9)

Ⅳ. 유다와 예루살렘에 임할 축복(33:1–48:35)
H. 회복된 예루살렘에 대한 환상(40:1–48:35)
6. 거룩한 구역(45:1–8)

(1) 주님의 거룩한 땅(45:1–6)

[1] 너희는 제비 뽑아 땅을 나누어 기업으로 삼을 때에 한 구역을 거룩한 땅으
로 삼아 여호와께 예물로 드릴지니 그 길이는 이만 오천 척이요 너비는 만
척이라 그 구역 안 전부가 거룩하리라 [2] 그 중에서 성소에 속할 땅은 길이가
오백 척이요 너비가 오백 척이니 네모가 반듯하며 그 외에 사방 쉰 척으로
전원이 되게 하되 [3] 이 측량한 가운데에서 길이는 이만 오천 척을 너비는 만
척을 측량하고 그 안에 성소를 둘지니 지극히 거룩한 곳이요 [4] 그 곳은 성소
에서 수종드는 제사장들 곧 하나님께 가까이 나아가서 수종드는 자들에게
주는 거룩한 땅이니 그들이 집을 지을 땅이며 성소를 위한 거룩한 곳이라 [5]
또 길이는 이만 오천 척을 너비는 만 척을 측량하여 성전에서 수종드는 레
위 사람에게 돌려 그들의 거주지를 삼아 마을 스물을 세우게 하고 [6] 구별한
거룩한 구역 옆에 너비는 오천 척을 길이는 이만 오천 척을 측량하여 성읍
의 기지로 삼아 이스라엘 온 족속에게 돌리고

주의 백성에게 땅을 분배할 때 하나님은 에스겔에게 한 구역을 특별히 구분해 예물로 드리라고 하신다. 땅의 규모는 길이 25,000척(13,000미터), 너비 10,000척(5,200미터)이며 면적은 2억5천만 제곱척(67.6제곱킬로미터 혹은 2,045만 평)에 달하는 상당히 넓은 땅이다(1절). 이중 성전 터전으로 가로와 세로 각각 500척(260미터)인 정사각형을 따로 구분해야 하며, 이 정사각형의 성전 터 주변으로 사방 50척(26미터)의 공간을 두

어야 한다(2절). 그렇다면 성전 터전의 사방 50척을 합하면 성전 터전은 550척(286미터)의 정사각형이 되며, 면적은 약 30만 제곱척(81,800제곱미터 혹은 24,743평)에 달한다. 성전을 중심으로 한 이 땅은 제사장들이 집을 짓고 살 땅이다(4절).

이 땅은 하나님이 제사장들에게 기업으로 주신 땅이 아니다(cf. 44:28). 단지 그들에게 주거 공간을 선물로 주시는 것이다. 성전이 예루살렘에 있다는 것과 47-48장에 기록된 지파별 땅 분배를 감안하면, 하나님이 주의 백성에게 예물로 요구해 제사장들의 주거지로 주시는 땅은 베냐민 지파에게 속한 땅이거나(cf. Blenkinsopp) 유다에 속한 땅이다(Duguid). 이스라엘의 한가운데 있는 땅을 요구하시는 것이다. 그곳에 성전이 있기 때문이다. 그렇다면 장차 있을 지파별 땅 분배(47-48장)는 '거룩' 개념을 중심으로 진행된다(Stevenson).

하나님은 추가로 제사장의 땅과 같은 규모인 길이 25,000척(13,000미터), 너비 10,000척(5,200미터)의 땅을 따로 구분해 성전에서 일하는 레위 사람들의 주거지를 삼도록 하라고 하신다(5절). 이 공간에 총 20개의 마을을 세우라는 말씀도 더하신다. 레위 사람들이 사는 구역 옆에 가로 5,000척(2,600미터), 세로 25,000척(13,000미터)의 땅에 일반인들을 살게 하신다(6절). 그렇다면 일반인들의 거할 땅의 면적은 약 33.8제곱킬로미터(1,022만 평) 정도가 된다. 이 또한 잠시 후 47-48장에서 있을 지파별 분배를 예고하는 듯하다.

본문에서도 확연히 드러나는 것이 땅의 단계별 거룩성이다. 제사장들의 땅 한가운데에 성전 터전이 있다. 이 땅은 세상에서 가장 거룩한 땅이다. 이 주변으로 제사장들이 사는데, 그들이 사는 땅은 성전 터전 다음으로 거룩하다. 제사장들의 땅 북쪽(남쪽)에 레위 사람들이 땅을 얻는데, 성전에서 제사장들의 땅보다 더 멀다. 그러므로 제사장들의 땅보다 덜 거룩하다. 레위 사람들의 땅 옆에 일반인들의 땅이 있다. 성전에서 가장 먼 곳에 있는 땅이며, 가장 덜 거룩한 땅이다.

Ⅳ. 유다와 예루살렘에 임할 축복(33:1-48:35)
H. 회복된 예루살렘에 대한 환상(40:1-48:35)
6. 거룩한 구역(45:1-8)

(2) 왕의 땅(45:7-9)

7 드린 거룩한 구역과 성읍의 기지 된 땅의 좌우편 곧 드린 거룩한 구역의
옆과 성읍의 기지 옆의 땅을 왕에게 돌리되 서쪽으로 향하여 서쪽 국경까지
와 동쪽으로 향하여 동쪽 국경까지니 그 길이가 구역 하나와 서로 같을지니
라 8 이 땅을 왕에게 돌려 이스라엘 가운데에 기업으로 삼게 하면 나의 왕들
이 다시는 내 백성을 압제하지 아니하리라 그 나머지 땅은 이스라엘 족속에
게 그 지파대로 줄지니라 9 주 여호와께서 이같이 말씀하셨느니라 이스라엘
의 통치자들아 너희에게 만족하니라 너희는 포악과 겁탈을 제거하여 버리고
정의와 공의를 행하여 내 백성에게 속여 빼앗는 것을 그칠지니라 주 여호와
의 말씀이니라

제사장들과 레위 사람들에게 주거 공간을 주신 하나님이 이번에는 왕/왕자(נָשִׂיא)의 몫에 대해 말씀하신다. 에스겔은 유다의 왕들(12:10, 21:25)과 앞으로 올 다윗 계열 왕들(34:24, 37:25, 44:3)에 대해 계속 이 단어를 사용해 표현한다. '왕'(מֶלֶךְ)은 정치적으로 정말 많은 권력을 가지고 있으며 이스라엘의 유일한 왕(מֶלֶךְ)은 오직 하나님이라는 사실을 강조하기 위해서이다. 인간 왕들은 모두 왕자/지도자(נָשִׂיא)에 불과하다. 이스라엘의 왕 여호와의 지배와 지도를 받아야 하는 인간 지도자들이다.

앞 도표가 보여주는 것처럼 왕의 땅은 레위 사람들과 제사장들과 일반인들이 받은 땅의 동편과 서편에 있다(7절). 그렇다면 왕이 차지할 땅의 한 면 길이는 25,000척(제사장들의 10,000척 + 레위 사람들의 10,000척 + 일반인들의 5,000척)이다. 에스겔이 지속적으로 정사각형을 사용하고 있는 점을 감안할 때 왕은 동쪽과 서쪽에 각각 한 면이 25,000척(13킬로미터)에 달하는 땅을 받는 것으로 생각된다. 그렇다면 왕은 성전의 동쪽과 서쪽에 각각 6억2500만 제곱척(169제곱킬로미터, 5100만 평)에 달하는 넓은 땅을 받는다. 두 개를 합하면 총 12억5000만 제곱척(338제곱킬로미터, 1억 평)이나 된다. 매우 큰 땅을 받고 있는 것이다.

하나님이 왕에게 성전과 성전 사역자들의 땅 양옆으로 땅을 주시는 것은 왕은 이 사람들과 성전을 보호할 뿐만 아니라, 성전을 중심으로 살아야 할 의무가 있다는 것을 암시하는 듯하다(cf. Duguid). 왕의 땅은 서쪽으로는 서쪽 국경까지이고, 동쪽으로도 동쪽 국경까지라고 하는데, 아마도 필요하면 서쪽으로는 지중해, 동쪽으로는 요단강까지인 것으로 생각된다(cf. 새번역).

하나님이 왕에게 이 땅을 주시는 이유는 왕들이 이 땅에 만족하여 다시는 백성들을 압제하지 않도록 하기 위해서이다(8-9절). 공의와 정의를 행하라고 그들에게 땅을 주시는 것이다. 이스라엘 역사에서 왕들이 권력을 휘둘러 백성들에게 땅을 빼앗는 일이 자주 있었다(Allen, Hals). 아합이 나봇의 포도밭을 빼앗은 일이 한 예이다(왕상 21:1-16). 이스라엘이 왕을 세워달라고 할 때 선지자 사무엘은 이러한 상황에 대해 이미 경고한 적이 있다(삼상 8:14). 나머지 땅은 이스라엘 여러 지파들에게 주라고 하신다(8절). 47-48장에서 진행될 분배를 염두에 둔 말씀이다.

Ⅳ. 유다와 예루살렘에 임할 축복(33:1-48:35)
H. 회복된 예루살렘에 대한 환상(40:1-48:35)

7. 기준 저울과 무게(45:10-12)

[10] 너희는 공정한 저울과 공정한 에바와 공정한 밧을 쓸지니 [11] 에바와 밧은 그 용량을 동일하게 하되 호멜의 용량을 따라 밧은 십분의 일 호멜을 담게

하고 에바도 십분의 일 호멜을 담게 할 것이며 [12] 세겔은 이십 게라니 이십 세겔과 이십오 세겔과 십오 세겔로 너희 마네가 되게 하라

율법은 이스라엘 사회가 정해진 규격의 저울과 무게를 사용하기를 요구한다(레 19:35-36, 신 25:13-16). 세월이 지나면서 상인들은 다른 저울과 무게로 사람들을 속이기 일쑤였고 선지자들은 이럴 때마다 하나님의 분노를 쏟아냈다(암 8:5, cf. 호 12:8, 믹 6:10-12). 상인들이라면 저울과 무게를 속이는 것이 가장 쉽게 돈을 벌 수 있는 방법이지만, 소비자 입장에서는 자기가 구입한 것보다 더 많은 값을 치러야 하니 무척 억울한 일이 아닐 수 없다.

새로 형성될 공동체에서는 더 이상 이런 일이 없도록 하나님이 규격을 정해주신다. 한 밧(בַּת)은 십분의 일 호멜(חֹמֶר)이며, 에바(אֵיפָה)도 십분의 일 호멜이다(11절). 호멜(חֹמֶר)은 나귀 한 마리가 질 수 있는 무게를 뜻한다. 그러므로 오늘날 관점에서는 정확한 기준이 아니어서 한 호멜은 대략 108-162킬로그램에 달하는 무게로 계산한다(ABD). 밧과 에바의 차이는 밧은 액체(술, 기름) 단위를, 에바는 고체(곡식) 단위를 재는 기준이다. 그러므로 분량으로 계산하면 에바가 더 많은 양이다.

세겔(שֶׁקֶל)은 20게라(גֵּרָה)이며 마네(מָנֶה)는 60세겔(20+25+15)이다(12절). 세겔은 11.5그램이기 때문에 1게라는 0.575그램에 달하는 작은 단위이다. 마네는 통상적으로 50세겔인데(575그램, cf. ABD), 에스겔은 마네를 60세겔(690그램)로 규정한다. 이스라엘은 20세겔과 25세겔과 15세겔에 달하는 추를 사용하라는 지시를 받는다(Blenkinsopp). 이 말씀이 왕에 대한 규례 다음에 나오는 것으로 보아 왕들은 이 저울과 무게 규격이 잘 준수되도록 살펴야 한다(Darr, Duguid).

Ⅳ. 유다와 예루살렘에 임할 축복(33:1-48:35)
H. 회복된 예루살렘에 대한 환상(40:1-48:35)

8. 제물들(45:13-17)

[13] 너희가 마땅히 드릴 예물은 이러하니 밀 한 호멜에서는 육분의 일 에바를 드리고 보리 한 호멜에서도 육분의 일 에바를 드리며 [14] 기름은 정한 규례대로 한 고르에서 십분의 일 밧을 드릴지니 기름의 밧으로 말하면 한 고르는 십 밧 곧 한 호멜이며 (십 밧은 한 호멜이라) [15] 또 이스라엘의 윤택한 초장의 가축 떼 이백 마리에서는 어린 양 한 마리를 드릴 것이라 백성을 속죄하기 위하여 이것들을 소제와 번제와 감사 제물로 삼을지니라 주 여호와의 말씀이니라 [16] 이 땅 모든 백성은 이 예물을 이스라엘의 군주에게 드리고 [17] 군주의 본분은 번제와 소제와 전제를 명절과 초하루와 안식일과 이스라엘 족속의 모든 정한 명절에 갖추는 것이니 이스라엘 족속을 속죄하기 위하여 이 속죄제와 소제와 번제와 감사 제물을 갖출지니라

선지자는 백성들에게 수확한 밀의 6분의 1과 보리의 6분의 1과 기름의 100분의 1과 가축의 200분의 1을 드리라고 한다(13-15절). 여기까지는 확실한데, 이것들을 성전에 들여놓으라는 것인가(15절) 혹은 앞에서 언급한 왕(군주)에게 바치라는 것인가(16절)가 확실하지 않다. 그러므로 일부 학자들은 군주에게 바치라는 것으로 해석하고(Blenkinsopp), 성전에 들여놓는 것으로 해석하기도 한다(Duguid).

성전에 들여놓는 것들은 성전과 제사를 유지하기 위한 비용으로 쓰인다(cf. 15절). 그러나 이스라엘 사람들은 모든 수입의 10분의 1을 성전에 들여놓아야 한다는 것과 사람들의 십일조는 성전을 유지하기에 충분하다는 점을 감안할 때 굳이 왜 추가적인 유지비가 필요한지 잘 이해가 가지 않는다.

하나님은 이 예물을 군주에게 드리라고 하고(16절), 군주가 성전에서 드려지는 제물에 차질이 없도록 하라고 명령하신다(17절). 비록 이 예물들은 하나님께 드려지는 예물이지만(15절), 실제로는 군주에게 바쳐진다(Blenkinsopp). 일종의 세금인 것이다. 느헤미야는 백성들에게 지나친 세금을 거두어들인 선배 총독들과는 달리 자기는 백성들에게 한 푼도 징수하지 않았고 오히려 성전에 많은 제물을 드렸다는 말을 남겼다(느 5:14-17). 백성들에게 세금을 받은 군주는 거두어들인 세금으로 성전 유지와 제사가 차질 없이 진행되도록 해야 한다는 취지의 말씀이다(Darr). 왕의 가장 기본적인 의무는 성전에서 예배가 끊기지 않도록 하는 것이다.

Ⅳ. 유다와 예루살렘에 임할 축복(33:1-48:35)
H. 회복된 예루살렘에 대한 환상(40:1-48:35)

9. 제사들(45:18-46:15)

성전에 하나님의 영광이 임했고, 제사장들은 제물을 드릴 준비가 되어 있다(43-44장). 성전에서 드리는 제사에 쓰일 제물이 어떻게 조달되어야 하는가에 대한 지시도 있었다(45장). 그러므로 선지자는 이제부터 성전에서 백성들이 드릴 예배에 대해 하나님의 말씀을 선포한다. 본문은 율법에 기록된 모든 제사를 언급하지 않는다. 단지 종교적 달력으로 한 해를 시작하면서 제일 먼저 오는 유월절과 한 해 수확의 마무리를 기념하며 감사의 제단을 쌓는 초막절을 언급할 뿐이다. 한 해 내내 감사하는 마음으로 제단을 쌓으라는 것이다.

유월절을 시작하기 전에 새해의 마음가짐을 단정히 하라는 것과 이 부분이 매일 드리는 제사로 마무리되는 것도 이러한 해석을 뒷받침한다. 본문은 다음과 같이 구분된다.

A. 한 해를 시작하는 성결 예식(45:18–20)
B. 유월절(45:21–24)
C. 초막절(45:25)
D. 안식일과 월삭(46:1–12)
E. 매일 드리는 제사(46:13–15)

Ⅳ. 유다와 예루살렘에 임할 축복(33:1–48:35)
H. 회복된 예루살렘에 대한 환상(40:1–48:35)
9. 제사들(45:18–46:15)

(1) 한 해를 시작하는 성결 예식(45:18–20)

**18 여호와께서 이같이 말씀하셨느니라 첫째 달 초하룻날에 흠 없는 수송아
지 한 마리를 가져다가 성소를 정결하게 하되 19 제사장이 그 속죄제 희생제
물의 피를 가져다가 성전 문설주와 제단 아래층 네 모퉁이와 안뜰 문설주에
바를 것이요 20 그 달 칠일에도 모든 과실범과 모르고 범죄한 자를 위하여
역시 그렇게 하여 성전을 속죄할지니라**

이스라엘의 종교적 새해는 니산월에 시작하는데, 오늘날의 3–4월이다. 새해를 시작하면서 제일 먼저 성전 건물과 제단을 정결하게 해야 한다. 혹시라도 성전을 출입한 예배자들이 본의 아닌 과실과 모르고 저지른 죄로 인해 성전을 오염시켰을 수 있기 때문이다. 에스겔이 성전과 제단과 안뜰로 들어가는 문의 문설주를 언급하는 것으로 보아 이 예물은 제사장들과 레위 사람들을 위한 것이다. 일반인들은 출입할 수 없는 공간의 오염을 해결하기 위함이다. 그들이 혹시 스스로 부정해졌거나 부정한 예배자들을 접하다가 부정해진 상황을 해결하는 제사이다.

제사장은 새해 첫날 수송아지 한 마리를 속죄제(정결제)로 드린다(18

절). 수송아지의 피를 가져다 성전 문설주와 제단 아래층 네 모퉁이와 안뜰 문설주에 발라야 한다(19절). 제사장들은 7일 후에도 같은 방법으로 성전을 정결하게 해야 한다고 한다(20절). 그러나 새해 첫날 이미 정결해진 성전과 제단을 왜 7일 후에 다시 정결하게 하는 것일까? 게다가 칠십인역(LXX)은 7일 후가 아니라 7월(τῷ ἑβδόμῳ μηνὶ) 초하루에 이 예식을 반복하라고 한다. 이날은 이스라엘이 사용하던 일반 달력 중 새해가 시작하는 달이다. 그러므로 일부 학자들은 본문이 7일 후가 아니라 7월 1일에 같은 정결 예식을 반복하라는 것으로 이해한다(cf. Hals, Zimmerli). 세상에서 가장 거룩하신 하나님이 계신 곳이기 때문에 과실이나 모르고 저지른 죄나 오염이라 할지라도 용납될 수가 없다.

> Ⅳ. 유다와 예루살렘에 임할 축복(33:1-48:35)
> H. 회복된 예루살렘에 대한 환상(40:1-48:35)
> 9. 제사들(45:18-46:15)

(2) 유월절(45:21-24)

[21] 첫째 달 열나흗날에는 유월절을 칠 일 동안 명절로 지키며 누룩 없는 떡을 먹을 것이라 [22] 그 날에 왕은 자기와 이 땅 모든 백성을 위하여 송아지 한 마리를 갖추어 속죄제를 드릴 것이요 [23] 또 명절 칠 일 동안에는 그가 나 여호와를 위하여 번제를 준비하되 곧 이레 동안에 매일 흠 없는 수송아지 일곱 마리와 숫양 일곱 마리이며 또 매일 숫염소 한 마리를 갖추어 속죄제를 드릴 것이며 [24] 또 소제를 갖추되 수송아지 한 마리에는 밀가루 한 에바요 숫양 한 마리에도 한 에바며 밀가루 한 에바에는 기름 한 힌 씩이며

종교 달력으로 첫째 달 14일은 유월절이다(cf. 출 12:1-20, 레 23:33-43). 유월절은 1주일 동안 진행되는 무교절의 전야이기도 하다(21절). 무교절 때면 이스라엘은 과거 이집트에서 급히 탈출했던 유월절을 기념하며 7일 동안 누룩을 넣지 않고 만든 빵을 먹는다(cf. 출 12:15-20, 23:15, 34:18, 레 23:6, 민 28:17, 신 16:3-4). 성경은 본문에서처럼 유월절과 무교절을 하나로 말하기도 한다.

왕은 유월절 예배를 위해 수송아지 한 마리를 속죄제로 드린다(22절). 이후 1주일 동안 진행되는 무교절 때 매일 수송아지 일곱 마리와 숫양 일곱 마리를 번제로 드리고, 숫염소 한 마리를 속죄제로 드려야 한다(23절). 이 절기 동안 제물로 드리는 짐승의 종류는 제단을 봉헌할 때 드린 것들과 같다(cf. 43:18-27). 그러나 짐승의 숫자는 거의 일곱 배가 많고, 소제(곡물)를 곁들인다. 염소의 경우 곡물이나 기름을 함께 드리지 않는다.

본문이 지도자들에게 요구하는 예물이 오경이 요구하는 것보다 훨씬 많다(민 28:16-25)고 이의를 제기하는 사람들도 있다. 에스겔은 옛 율법을 바탕으로 새것을 제시하기 때문에 별로 문제가 되지 않는다. 8일 동안 왕이 백성을 대표해서 드리는 제물을 정리하면 다음과 같다. 짐승은 모두 수컷들로 드린다.

	속죄제	번제	총 계
1일(유월절)	송아지1		송아지 1
2일(무교절 1일)	염소 1	송아지 7 + 양 7	송아지 7 + 양 7 + 염소 1
3일(무교절 2일)	염소 1	송아지 7 + 양 7	송아지 7 + 양 7 + 염소 1
4일(무교절 3일)	염소 1	송아지 7 + 양 7	송아지 7 + 양 7 + 염소 1
5일(무교절 4일)	염소 1	송아지 7 + 양 7	송아지 7 + 양 7 + 염소 1
6일(무교절 5일)	염소 1	송아지 7 + 양 7	송아지 7 + 양 7 + 염소 1
7일(무교절 6일)	염소 1	송아지 7 + 양 7	송아지 7 + 양 7 + 염소 1
8일(무교절 7일)	염소 1	송아지 7 + 양 7	송아지 7 + 양 7 + 염소 1
총 계	송아지 1 + 염소 7	송아지 49 + 양 49	송아지 50 + 염소 7 +양 49

왕은 이 제물을 드릴 때 소제도 함께 드려야 하는데, 수송아지 한 마리당 밀가루 한 에바, 숫양 한 마리에도 밀가루 한 에바를 더해야 하

며, 밀가루 한 에바당 기름 한 힌을 더해서 드려야 한다(24절). 첫째 날에는 수송아지 한 마리만 드리므로 한 에바(22리터)의 밀가루와 한 힌(4리터)의 기름이 필요하다. 나머지 일주일 동안 매일 송아지 일곱 마리와 양 일곱 마리에 필요한 소제는 밀가루 14에바(308리터)와 기름 14힌(56리터)이다. 정리를 해보면 다음과 같다. 8일 동안 제물로 드리는 곡물은 밀가루 99에바(2,178리터)와 기름 99힌(396리터)이다.

	밀가루	기름	총 계
1일(유월절)	1에바	1힌	1에바 + 1힌
2일(무교절 1일)	14에바	14힌	14에바 +14힌
3일(무교절 2일)	14에바	14힌	14에바 +14힌
4일(무교절 3일)	14에바	14힌	14에바 +14힌
5일(무교절 4일)	14에바	14힌	14에바 +14힌
6일(무교절 5일)	14에바	14힌	14에바 +14힌
7일(무교절 6일)	14에바	14힌	14에바 +14힌
8일(무교절 7일)	14에바	14힌	14에바 +14힌
총 계	99에바	99힌	99에바 + 99힌

Ⅳ. 유다와 예루살렘에 임할 축복(33:1-48:35)
H. 회복된 예루살렘에 대한 환상(40:1-48:35)
9. 제사들(45:18-46:15)

(3) 초막절(45:25)

25 일곱째 달 열다섯째 날에 칠 일 동안 명절을 지켜 속죄제와 번제며 그 밀가루와 기름을 드릴지니라

일곱째 달 15일에 시작되는 절기는 초막절이다. 일주일 동안 진행되는 이 절기를 위하여 왕은 무교절 때 드린 제물과 동일한 양의 제물을 드려야 한다. 그렇다면 왕은 일주일 동안 매일 염소 한 마리를 속죄제로 드리고 번제로 송아지 일곱 마리와 양 일곱 마리를 드리며, 번제에 곁들일 소제로 밀가루 14에바(308리터)와 기름 14힌(56리터)을 드린다. 그러므로 7일 동안 제물로 드리는 짐승은 송아지 49마리와 양 49마리와 염소 일곱 마리에 달한다. 곡물은 밀가루 98에바(2,156리터)와 기름 98힌(392리터)이다.

Ⅳ. 유다와 예루살렘에 임할 축복(33:1-48:35)
H. 회복된 예루살렘에 대한 환상(40:1-48:35)
9. 제사들(45:18-46:15)

(4) 안식일과 월삭(46:1-12)

1 주 여호와께서 이같이 말씀하셨느니라 안뜰 동쪽을 향한 문은 일하는 엿
새 동안에는 닫되 안식일에는 열며 초하루에도 열고 2 군주는 바깥 문 현관
을 통하여 들어와서 문 벽 곁에 서고 제사장은 그를 위하여 번제와 감사제
를 드릴 것이요 군주는 문 통로에서 예배한 후에 밖으로 나가고 그 문은 저
녁까지 닫지 말 것이며 3 이 땅 백성도 안식일과 초하루에 이 문 입구에서
나 여호와 앞에 예배할 것이며 4 안식일에 군주가 여호와께 드릴 번제는 흠
없는 어린 양 여섯 마리와 흠 없는 숫양 한 마리라 5 그 소제는 숫양 하나에
는 밀가루 한 에바요 모든 어린 양에는 그 힘대로 할 것이며 밀가루 한 에
바에는 기름 한 힌 씩이니라 6 초하루에는 흠 없는 수송아지 한 마리와 어린
양 여섯 마리와 숫양 한 마리를 드리되 모두 흠 없는 것으로 할 것이며 7 또
소제를 준비하되 수송아지에는 밀가루 한 에바요 숫양에도 밀가루 한 에바
며 모든 어린 양에는 그 힘대로 할 것이요 밀가루 한 에바에는 기름 한 힌씩
이며 8 군주가 올 때에는 이 문 현관을 통하여 들어오고 나갈 때에도 그리할
지니라 9 그러나 모든 정한 절기에 이 땅 백성이 나 여호와 앞에 나아올 때
에는 북문으로 들어와서 경배하는 자는 남문으로 나가고 남문으로 들어오는
자는 북문으로 나갈지라 들어온 문으로 도로 나가지 말고 그 몸이 앞으로
향한 대로 나갈지며 10 군주가 무리 가운데에 있어서 그들이 들어올 때에 들

어오고 그들이 나갈 때에 나갈지니라 [11] 명절과 성회 때에 그 소제는 수송아지 한 마리에 밀가루 한 에바요 숫양 한 마리에도 한 에바요 모든 어린 양에는 그 힘대로 할 것이며 밀가루 한 에바에는 기름 한 힌씩이며 [12] 만일 군주가 자원하여 번제를 준비하거나 혹은 자원하여 감사제를 준비하여 나 여호와께 드릴 때에는 그를 위하여 동쪽을 향한 문을 열고 그가 번제와 감사제를 안식일에 드림 같이 드리고 밖으로 나갈지며 나간 후에 문을 닫을지니라

왕/군주는 매주 안식일과 매월 초하루에 성전에 와서 예배를 드려야 한다(46절, cf. 민 28:9-15). 이 일을 위하여 평상시에 닫혀 있던 성전 안뜰 동쪽 문이 안식일 아침과 월삭 아침에 열렸다가 저녁에 닫힌다(1절). 왕은 안뜰로 들어올 수 없으므로 이 문 현관에 서서 예배를 드리고 밖으로 나가야 한다(2절). 백성들도 같은 방법으로 안식일과 초하루에 이 문 입구에서 하나님께 예배드릴 수 있다(3절). 그나마 왕은 이 문에 있는 여덟 계단을 올라가 백성들보다 성전 건물에 조금 더 가까운 현관에서 예배를 드릴 수 있는 것이다. 반면에 바깥뜰에서 예배를 드리는 백성들은 안뜰에서 진행되는 일을 도대체 볼 수가 없다(cf. Zimmerli). 백성들을 거룩한 공간과 물건들에서 보호하기 위해서이다(Duguid). 안뜰은 제사장들만 사역할 수 있는 특별한 공간이기 때문에 왕과 백성들은 출입을 삼가야 한다.

안식일에 왕이 드리는 제물은 어린 양 여섯 마리와 숫양 한 마리이다. 이때 소제도 함께 드리는데 숫양과는 밀가루 1에바(22리터)와 기름 1힌(4리터)을, 여섯 마리 양들은 형편이 되는 대로 곡물을 준비해서 함께 드리면 된다. 만일 왕이 양들과 함께 2에바의 밀가루를 드렸다면, 함께 드리는 기름이 2힌이 되는 것이다.

매월 초하루가 되면 군주는 수송아지 한 마리와 어린 양 여섯 마리와 숫양 한 마리를 드려야 한다(6절). 안식일 예물보다 수송아지 한 마리가 추가되었다. 아마도 안식일 제물은 매주마다 드리는 것이지만, 초하루는 4주에 한 번꼴로 오기 때문에 더 많은 제물을 드리는 것으로 생각된다. 이날 제물로 드리는 수송아지 한 마리와 숫양 한 마리는 각각 밀가루 1에바와 함께 드려야 한다. 두 짐승을 위해 밀가루 2에바(44리터)와 기름 2힌(8리터)를 준비해야 하는 것이다. 이날도 양 여섯 마리와 함께 드리는 소제는 형편에 따라 하면 된다. 물론 드리는 밀가루의 양에 따라 기름도 한 에바당 한 힌씩 함께 드려야 한다(7절).

안식일과 월삭 외의 종교적 절기가 되면 백성들은 성전 바깥뜰 북문으로 들어와 예배를 드리고 남문으로 나가든지, 남문으로 들어와 예배를 드리고 북문으로 나가야 한다(9절). 들어온 문으로는 나갈 수 없으며, 동문은 영원히 잠겨 있기 때문에 사용할 수 없다(44:1-2). 많은 사람들이 예배하려고 성전을 찾을 때 서로 엉키는 것을 최소화하기 위해서 이런 규례를 주시는 듯하다(Zimmerli). 군주도 백성들이 움직이는 방향에 따라 이동하면 된다(10절). 비록 군주는 하나님께 조금은 더 가까이 갈 수 있지만, 그도 평민들과 다름없다는 점을 강조한다(Darr).

종교적 절기와 성회에 따라 드리는 짐승 수와 종류가 다를 수 있다. 이럴 경우 군주는 송아지 한 마리당 밀가루 한 에바와 숫양 한 마리당 밀가루 한 에바로 계산해서 드려야 한다(11절). 염소의 경우 소제를 드리지 않는다(cf. 45:23-24). 어린 양들의 경우 형편에 따라 소제를 함께 드린다(11절). 절기 때 드리는 짐승과 함께 드리는 소제의 양을 잘 파악하여 1에바당 기름 1힌을 같이 드려야 한다(11절).

만일 군주가 이 외에도 자원해서 하나님께 번제나 감사제를 드리기를 원하면 평상시에 닫혀 있는 동쪽 문을 열어 그곳에서 예배를 드리게 한다(12절). 제물과 소제를 드리는 방법은 안식일에 드리는 것과 같다. 예배가 끝이 나면 왕은 바깥뜰로 나가고, 그가 나가면 동쪽 문을 닫아야 한다. 동쪽 문은 안식일과 월삭과 군주가 자원해서 제물을 드리는 날만 열리고 나머지 날에는 항상 닫혀 있어야 한다.

Ⅳ. 유다와 예루살렘에 임할 축복(33:1–48:35)
H. 회복된 예루살렘에 대한 환상(40:1–48:35)
9. 제사들(45:18–46:15)

(5) 매일 드리는 제사(46:13–15)

[13] 아침마다 일년 되고 흠 없는 어린 양 한 마리를 번제를 갖추어 나 여호와
께 드리고 [14] 또 아침마다 그것과 함께 드릴 소제를 갖추되 곧 밀가루 육분의
일 에바와 기름 삼분의 일 힌을 섞을 것이니 이는 영원한 규례로 삼아 항상
나 여호와께 드릴 소제라 [15] 이같이 아침마다 그 어린 양과 밀가루와 기름을
준비하여 항상 드리는 번제물로 삼을지니라

제사장들은 매일 하루를 시작하기 전에 1년 된 어린 양 한 마리를 번제로 드려야 한다(13절). 이 제물도 왕이 바쳐야 한다(Darr). 이때 소제로 6분의 1에바(3.7리터)의 밀가루와 3분의 1힌(1.3리터)의 기름을 섞어 드린다(14절). 율법에 의하면 옛날에는 저녁에도 번제를 드렸는데(민 28:4, cf. 왕상 18:29, 36), 에스겔은 아침에 드리는 번제만 언급하고 있어서 저녁에도 드리라는 것인지, 아니면 새 성전에서는 아침에만 드리는 것인지 확실하지 않다. 또한 옛날에는 포도주도 같이 드렸는데(민 28:7), 이에 대한 언급도 없다.

Ⅳ. 유다와 예루살렘에 임할 축복(33:1–48:35)
H. 회복된 예루살렘에 대한 환상(40:1–48:35)

10. 왕의 토지(46:16–18)

[16] 주 여호와께서 이같이 말씀하셨느니라 군주가 만일 한 아들에게 선물을
준즉 그의 기업이 되어 그 자손에게 속하나니 이는 그 기업을 이어 받음이
어니와 [17] 군주가 만일 그 기업을 한 종에게 선물로 준즉 그 종에게 속하여

희년까지 이르고 그 후에는 군주에게로 돌아갈 것이니 군주의 기업은 그 아들이 이어 받을 것임이라 [18] 군주는 백성의 기업을 빼앗아 그 산업에서 쫓아내지 못할지니 군주가 자기 아들에게 기업으로 줄 것은 자기 산업으로만 할 것임이라 백성이 각각 그 산업을 떠나 흩어지지 않게 할 것이니라

왕의 땅은 하나님이 주신 것이다. 그러므로 그는 그 땅을 영구적으로 소유할 자격이 있다. 만일 왕이 자식들에게 땅을 나누어 유산으로 주면, 그 땅은 자식들의 영구적인 소유가 된다(16절). 만일 왕이 자기 땅의 일부를 신하에게 하사하면, 신하는 희년에 그 땅을 왕에게 돌려주어야 한다(17절, cf. 레 25:13). 땅은 하나님이 각 집안에게 주신 것이기 때문에 이런 방법으로 경영하라고 하신다.

또한 왕에게 땅을 주신 이유는 왕이 그 땅으로 만족하고 백성들의 땅을 빼앗지 못하도록 하기 위해서이다(18절). 고대 근동에서는 왕들이 마음에 드는 신하들에게 땅을 하사하는 일이 일상적이었다(Mettinger). 그렇다 보니 왕들은 꾸준히 하사할 땅을 찾아야 했고, 때로는 매우 부정한 방법으로 땅을 빼앗았다(cf. 삼상 8:14, 왕상 21장). 하나님은 이런 악행을 금하신다.

에스겔은 하나님이 왕에게 무척 큰 땅을 주셨다고 했다(45:7-8). 여호와가 군주이고, 인간 왕은 봉신에 불과하다. 군주인 여호와께서는 봉신인 왕에게 일반인들의 땅 중에서 자기 왕궁(성전)에 가장 가까운 좋은 땅을 주셨다. 이제 왕은 그 땅을 누리고 즐기되 남의 땅을 넘보아서는 안 된다. 왕에게 땅을 주신 분이 백성들에게도 땅을 주셨기 때문이다. 왕을 포함한 주의 모든 백성들에게 땅은 여호와의 선물이다. 그러므로 그들은 그 땅을 마음껏 누릴 수 있다. 그러다 소유권에 있어서는 일종의 소작민들과 같다. 그들은 하나님이 선물로 주신 땅을 마음대로 할 수 없다.

Ⅳ. 유다와 예루살렘에 임할 축복(33:1-48:35)
H. 회복된 예루살렘에 대한 환상(40:1-48:35)

11. 성전 부엌(46:19-24)

[19] 그 후에 그가 나를 데리고 문 곁 통행구를 통하여 북쪽을 향한 제사장의
거룩한 방에 들어가시니 그 방 뒤 서쪽에 한 처소가 있더라 [20] 그가 내게 이
르시되 이는 제사장이 속건제와 속죄제 희생제물을 삶으며 소제 제물을 구
울 처소니 그들이 이 성물을 가지고 바깥뜰에 나가면 백성을 거룩하게 할까
함이니라 하시고 [21] 나를 데리고 바깥뜰로 나가서 나를 뜰 네 구석을 지나가
게 하시는데 본즉 그 뜰 매 구석에 또 뜰이 있는데 [22] 뜰의 네 구석 안에는
집이 있으니 길이는 마흔 척이요 너비는 서른 척이라 구석의 네 뜰이 같은
크기며 [23] 그 작은 네 뜰 사방으로 돌아가며 부엌이 있고 그 사방 부엌에 삶
는 기구가 설비되었는데 [24] 그가 내게 이르시되 이는 삶는 부엌이니 성전에
서 수종드는 자가 백성의 제물을 여기서 삶을 것이니라 하시더라

한동안 모습을 보이지 않았던 안내자가 다시 모습을 보인다(19절, cf. 44:1-4). 안내자는 선지자를 성전 안뜰 북쪽에 붙어 있는 제사장들의 방으로 데리고 갔다. 정확한 이동 경로를 파악하기는 쉽지 않다. 제사장들의 방 뒤 서쪽에 부엌이 있는데, 이 부엌은 제사장들이 속건제와 속죄제로 쓸 짐승들을 삶고 소제 제물을 굽는 처소였다(20절). 부엌은 바깥뜰이 아니라 안뜰에 속한 것이 확실하다. 만일 제사장들이 제물을 가지고 바깥뜰로 나가면 백성들이 거룩하게 되기 때문에 부엌을 이곳에 두었다고 하시기 때문이다(20절).

이어 선지자는 바깥뜰로 나갔다(21절). 바깥뜰의 네 코너에는 또 뜰이 있었다. 각 뜰 안에는 집이 있었는데, 가로 40척(20.8미터), 세로 30척(15.6미터), 면적이 1,200제곱척(324.5제곱미터, 98평)에 달하는 제법 큰 공간이었다. 각 뜰에는 사방으로 돌아가며 부엌이 있고, 제물을 삶는 기구가 설비되었다고 하는데(23절), 이 부엌과 설비가 방의 일부인지, 아니면 방의 뜰에 있는 것인지는 확실하지 않다. 성전에서 수종 드는 자들(레위 사람들)이 백성의 제물을 이 공간에서 삶는다(24절).

이 규례는 공간에 따라 거룩의 수위가 다르다는 것을 다시 한 번 강조한다. 성전 안뜰은 제사장들만 다닐 수 있는 거룩한 공간이다. 그 중앙에 있는 성전은 더욱더 거룩한 공간이다. 반면에 바깥뜰도 성전의 일부이기는 하지만, 성전 안에서 가장 덜 거룩한 공간이다. 그러므로 이곳에서 레위 사람들이 사역한다. 백성들은 사역하는 제사장들을 직접 접할 수 없다. 제사장들이 예복을 벗어놓고 평상복으로 갈아입고 나서 바깥뜰로 나올 때만 그들을 볼 수 있다.

에스겔이 성전 도구들과 제사에 대한 하나님의 말씀을 선포할 때 어떤 부분은 과거 모세가 이스라엘에게 주었던 규례와 비슷하거나 동일하지만, 일부 다른 부분도 있다. 이 다른 부분 때문에 얌니아 회의에서 에스겔서에 대한 논의가 이루어졌다. 이 환상은 에스겔을 옛날 이스라엘에게 율법을 준 모세처럼 묘사한다. 따라서 율법과의 차이를 말일에 적용될 새로운 규례로 보는 것이 바람직하다. 다음은 율법과 차이를 보이는 것들 중 몇 가지를 정리한 것이다(Block).

	모세의 규례	에스겔의 규례
제사장 집안	아론의 후손(출 28장)	사독의 집안(40:46, 43:19, 44:15)
의복	금, 염색한 모직, 고급스런 도포(출28장)	평범한 도포(44:17–19)
성전 가구	법궤 촛대 기름 진설병(출 25장)	없음 없음 없음 없음
초하루 제물	소 2마리 숫양 1마리 새끼 숫양 7마리 (민 28:11)	소 1마리 양 6마리 숫양 1마리 (46:6–7)

Ⅳ. 유다와 예루살렘에 임할 축복(33:1-48:35)
H. 회복된 예루살렘에 대한 환상(40:1-48:35)

12. 성전에서 흐르는 물(47:1-12)

1 그가 나를 데리고 성전 문에 이르시니 성전의 앞면이 동쪽을 향하였는데
그 문지방 밑에서 물이 나와 동쪽으로 흐르다가 성전 오른쪽 제단 남쪽으로
흘러 내리더라 2 그가 또 나를 데리고 북문으로 나가서 바깥 길로 꺾여 동쪽
을 향한 바깥 문에 이르시기로 본즉 물이 그 오른쪽에서 스며 나오더라 3 그
사람이 손에 줄을 잡고 동쪽으로 나아가며 천 척을 측량한 후에 내게 그 물
을 건너게 하시니 물이 발목에 오르더니 4 다시 천 척을 측량하고 내게 물을
건너게 하시니 물이 무릎에 오르고 다시 천 척을 측량하고 내게 물을 건너
게 하시니 물이 허리에 오르고 5 다시 천 척을 측량하시니 물이 내가 건너지
못할 강이 된지라 그 물이 가득하여 헤엄칠 만한 물이요 사람이 능히 건너
지 못할 강이더라 6 그가 내게 이르시되 인자야 네가 이것을 보았느냐 하시
고 나를 인도하여 강 가로 돌아가게 하시기로 7 내가 돌아가니 강 좌우편에
나무가 심히 많더라 8 그가 내게 이르시되 이 물이 동쪽으로 향하여 흘러 아
라바로 내려가서 바다에 이르리니 이 흘러 내리는 물로 그 바다의 물이 되
살아나리라 9 이 강물이 이르는 곳마다 번성하는 모든 생물이 살고 또 고기
가 심히 많으리니 이 물이 흘러 들어가므로 바닷물이 되살아나겠고 이 강이
이르는 각처에 모든 것이 살 것이며 10 또 이 강 가에 어부가 설 것이니 엔게
디에서부터 에네글라임까지 그물 치는 곳이 될 것이라 그 고기가 각기 종류
를 따라 큰 바다의 고기 같이 심히 많으려니와 11 그 진펄과 개펄은 되살아나
지 못하고 소금 땅이 될 것이며 12 강 좌우 가에는 각종 먹을 과실나무가 자
라서 그 잎이 시들지 아니하며 열매가 끊이지 아니하고 달마다 새 열매를
맺으리니 그 물이 성소를 통하여 나옴이라 그 열매는 먹을 만하고 그 잎사
귀는 약 재료가 되리라

이번에는 안내자가 선지자를 성전 건물의 문 앞으로 데리고 갔다. 선지자는 그곳의 성전 문지방 밑에서 물이 흘러나오는 것을 보았다(1절, cf. 욜 3:18, 슥 14:8). 하나님의 영광이 성전에 임해(43:1-5), 성전에서 생수의 강이 흐르게 된 것이다. 여호와는 생명을 창조하고 주시는 하나님이기 때문에 이런 일이 가능하다. 훗날 사도 요한도 성전에서 흐르기 시작한 이 강에 대한 환상을 보았다(계 22:1-2).

성전 문지방에서 흘러나온 물은 동쪽으로 흘렀으며 성전 뜰에 있는 제단 남쪽으로 흘러내렸다. 솔로몬 성전에서 제사장들이 물을 길어 쓰던 '바다'(הַיָּם)가 있던 곳이다(cf. 왕상 7:23, 39). 이 '바다'는 직경이 15규빗(6.75미터)에 불과한 작은 물탱크였다. 그런데도 이 물탱크가 '바다'로 불린 것은 상당한 상징성을 지녔다. 이 바다는 언젠가는 세상을 살리는 생수가 성전에서 흘러나와 세상을 덮음같이 온 세상을 덮을 것을 암시했고, 에스겔은 실제로 그런 일을 경험하고 있다!

이어 선지자와 안내자는 성전 안뜰 북문을 거쳐 성전 뜰을 완전히 벗어나 동쪽 바깥문 앞으로 갔다(2절). 성전 문지방에서 흐르기 시작한 물이 영원히 닫혀 있는 성전 동쪽 바깥문의 오른쪽(남쪽)으로 흘렀다. 이후 선지자와 안내자는 1000척(520미터) 간격으로 이 물의 깊이를 네 차례 측량했다(3-5절). 동쪽에 있는 성전 바깥 문에서 1,000척을 가서 측정하자 물이 발목까지 차올랐다(3절). 1,000척을 더 가서 물의 깊이를 측량하자 선지자의 무릎까지 차고, 다시 1,000척을 내려가 측량하자 물이 허리까지 찼다. 이어 1,000척을 더 가서 측량하자 선지자의 키를 넘어 건너지 못할 정도로 깊은 강이 되었다(5절). 4000척(2.1킬로미터) 사이에 물이 기하급수적으로 불어난 것이다! 일부 주석가들은 선지자가 이 물줄기를 네 차례 측량한 것을 에덴동산에서 흘러나온 네 강줄기와 연관시키기도 한다(Blenkinsopp, Duguid).

더 중요한 것은 이 물줄기 주변으로 온갖 나무들이 자라고 있다는 것이다(7절). 이 강은 죽은 세상을 살리는 생명수가 흘러 강물이 지나는 곳마다 온갖 생기가 가득하다. 강이 계속 동쪽으로 흘러 광야를 적시며 아라바를 거쳐 사해에 이르렀다(8절). 아라바는 사해 남쪽에 위치한 광야(사막) 지역이다. 이스라엘을 다녀온 사람이라면 이 지역이 얼마나 메마르고 생명력이 없는가를 잘 알 것이다. 그러므로 이 말씀은 상상을 초월하는 생명의 회복을 의미한다. 사막이 울창한 숲과 초원으로 변할 것이다.

생명이 살 수 없어서 사해라고 불리는 바다에 성전에서 흐르기 시작한 강물이 닿자 물고기와 생물이 무수히 많아졌다(9절). 강과 되살아난 사해에 물고기가 얼마나 많은지 어부들이 생겼다. 엔게디(10절)는 사해의 서쪽(이스라엘 쪽) 중앙에 위치한 곳으로 옛날에 다윗이 사울을 피해 배회하던 곳이다. 에네글라임(10절)은 사해의 동쪽(요르단 쪽)에 위치했다(Blenkinsopp, Zimmerli). 이 말씀은 사해 전체가 살아나 온갖 물고기로 가득할 것을 의미한다. 선지자는 큰 바다(지중해)처럼 물고기 종류가 다양하고 양이 많을 것이라고 한다(10절).

강 좌우에는 온갖 과실나무도 자라며 그 잎이 시들지 않을 것이고, 열매도 끊이지 않을 것이라고 한다(12절). 마치 시편 1편의 하나님이 '시냇가에 심으신 나무'를 연상케 한다. 과일나무들의 열매는 먹기에 좋고 잎사귀는 약재로도 쓰일 것이다. 이 모든 일이 가능한 것은 이 물이 성전에서 나왔기 때문이다(12절).

그런데 왜 진펄과 개펄은 되살아나지 못하고 소금 땅으로 남아 있는가?(11절). 두 가지 이유가 있는 듯하다. 첫째, 백성들이 물고기를 요리하고 보존하려면 소금이 필요하다. 그러므로 물은 민물이 되어 온갖 물고기가 풍성해지지만, 펄은 소금을 생산하도록 그대로 남겨두셨다. 둘째, 민물은 소금을 생산하지 못한다. 그러므로 이처럼 대조적인 현상(물은 민물이지만, 펄은 소금을 생산하는 것)은 이 일이 하나님이 행하시는 기적이라는 것을 온 천하에 알리는 역할을 한다.

Ⅳ. 유다와 예루살렘에 임할 축복(33:1-48:35)
H. 회복된 예루살렘에 대한 환상(40:1-48:35)

13. 땅의 경계선과 분배(47:13-48:29)

제사장들과 레위 사람들과 왕이 차지할 땅에 대한 설명을 마친 선지자는 마지막으로 이스라엘 각 지파가 차지할 땅에 대해 언급한다. 이 땅 분배 이야기의 한가운데를 이미 언급한 거룩한 공간(45:1-7) 이야기가 차지하고 있다. 이스라엘의 열두 지파도 성전을 중심으로 살아야 한다는 것을 암시한다. 본문은 다음과 같이 평행적인 구조에 따라 구분할 수 있다.

A. 분배할 땅의 경계선(47:13-23)
  B. 일부 지파별 토지 분배(48:1-7)
A′. 거룩한 구역(48:8-22)
  B′. 나머지 지파별 토지 분배(48:23-29)

Ⅳ. 유다와 예루살렘에 임할 축복(33:1-48:35)
H. 회복된 예루살렘에 대한 환상(40:1-48:35)
13. 땅의 경계선과 분배(47:13-48:29)

(1) 분배할 땅의 경계선(47:13-23)

**[13] 주 여호와께서 이같이 말씀하셨느니라 너희는 이 경계선대로 이스라엘 열
두 지파에게 이 땅을 나누어 기업이 되게 하되 요셉에게는 두 몫이니라 [14] 내
가 옛적에 내 손을 들어 맹세하여 이 땅을 너희 조상들에게 주겠다고 하였
나니 너희는 공평하게 나누어 기업을 삼으라 이 땅이 너희의 기업이 되리라
[15] 이 땅 경계선은 이러하니라 북쪽은 대해에서 헤들론 길을 거쳐 스닷 어귀
까지니 [16] 곧 하맛과 브로다며 다메섹 경계선과 하맛 경계선 사이에 있는 시**

브라임과 하우란 경계선 곁에 있는 하셀핫디곤이라 [17] 그 경계선이 바닷가에 서부터 다메섹 경계선에 있는 하살에논까지요 그 경계선이 또 북쪽 끝에 있는 하맛 경계선에 이르렀나니 이는 그 북쪽이요 [18] 동쪽은 하우란과 다메섹과 및 길르앗과 이스라엘 땅 사이에 있는 요단 강이니 북쪽 경계선에서부터 동쪽 바다까지 측량하라 이는 그 동쪽이요 [19] 남쪽은 다말에서부터 므리봇 가데스 물에 이르고 애굽 시내를 따라 대해에 이르나니 이는 그 남쪽이요
[20] 서쪽은 대해라 남쪽 경계선에서부터 맞은쪽 하맛 어귀까지 이르나니 이는 그 서쪽이니라 [21] 그런즉 너희가 이스라엘 모든 지파대로 이 땅을 나누어 차지하라 [22] 너희는 이 땅을 나누되 제비 뽑아 너희와 너희 가운데에 머물러 사는 타국인 곧 너희 가운데에서 자녀를 낳은 자의 기업이 되게 할지니 너희는 그 타국인을 본토에서 난 이스라엘 족속 같이 여기고 그들도 이스라엘 지파 중에서 너희와 함께 기업을 얻게 하되 [23] 타국인이 머물러 사는 그 지파에서 그 기업을 줄지니라 주 여호와의 말씀이니라

각 지파별로 받게 될 땅에 대해 말하기 전에 선지자는 먼저 회복될 약속의 땅의 경계선들을 언급한다. 이스라엘 영토의 범위를 규정하는 것이다. 본문이 언급하는 일부 이름들이 정확히 어디를 뜻하는지 알 수 없지만, 전반적으로 에스겔은 모세가 이스라엘의 영토로 규정한 민수기 34:1-15와 동일한 맥락에서 이스라엘 땅의 규모를 정의하고 있다(Allen, Blenkinsopp, Hals, Zimmerli). 에스겔은 다시 한 번 새로운 모세로 묘사된다(Darr).

이스라엘은 에스겔이 언급하고 있는 규모의 땅을 한 번도 누린 적이 없다. 그나마 다윗과 솔로몬의 통일 왕국 시대에 본문이 언급하고 있는 경계선에 가장 근접했을 것이다(cf. 왕상 8:65). 이스라엘을 둘러싸고 있는 경계선 중 북쪽 경계선(15-16절)에 대한 설명이 가장 불확실하다. 본문에서나 민수기에서나 이 북방 한계선을 규정하는 이름들이 정확히 어디를 뜻하는지 알 수 없기 때문이다. 대체적으로 학자들은 선지자가 언급하고 있는 북방 한계선이 지중해에서 다마스쿠스와 하맛 사이 어디쯤인 것으로 생각한다(Allen, Zimmerli, cf. 왕상 8:65).

서쪽으로는 지중해가 자연스러운 한계선이 되고, 동쪽으로는 갈릴리 호수, 남쪽으로는 요단 계곡이 한계선이 된다(18절). 모세와 여호수아 시대에 르우벤과 갓과 므낫세 반지파가 이 땅에 정착하기는 했지만, 원래 아브라함에게 약속하신 땅의 범위 밖에 있는 땅이다. 이스라엘이 이 땅을 차지하게 된 것은 이 땅에 살던 옥과 바산이 모세와 이스라엘에게 전쟁을 걸어와서 패배했기 때문이다. 그러나 그것은 일시적인 일이므로 장차 회복될 이스라엘의 영토에서 배제된다. 동쪽 경계선에서 갈릴리 호수 북쪽으로는 상당히 큰 동부 지역을 포함한다. 길르앗과 시리아를 포함한다. 남쪽으로는 가데스바네아(본문에서 므리봇 가데스로 불림)까지가 이스라엘의 영토이다(19절).

이 땅은 이스라엘의 열두 지파들 사이에 공평하게 분배되어야 하며(21절), 더 나아가 그들과 함께 사는 이방인들에게도 나누어주어야 한다(22절). 이스라엘 땅으로 이민 와서 자식들을 낳고 사는 이방인들을 차별하지 말라는 말씀이다. 타국인들은 그들이 사는 땅을 소유한 지파에게서 기업을 받을 수 있다(23절). 율법은 오래전부터 이스라엘에 정착해 사는 이방인들을 차별하지 말라며 그 이유도 분명히 밝혔다. "거류민이 너희의 땅에 거류하여 함께 있거든 너희는 그를 학대하지 말고 너희와 함께 있는 거류민을 너희 중에서 낳은 자 같이 여기며 자기 같이 사랑하라 너희도 애굽 땅에서 거류민이 되었었느니라"(레 19:33-34). 그들도 한때는 이집트에서 같은 처지로 살았기 때문이다.

율법은 이처럼 이방인들을 차별하지 말고, 더 나아가 그들도 이삭을 줍도록 허락하라고 한다(신 21:17-22). 그러나 그 어디에도 이방인들에게 땅을 나누어주라는 말씀은 없다. 그러므로 일부 학자들은 에스겔의 말씀을 구약에 기록된 율법 중 가장 파격적인 것이라고 한다(Levenson).

Ⅳ. 유다와 예루살렘에 임할 축복(33:1–48:35)
H. 회복된 예루살렘에 대한 환상(40:1–48:35)
13. 땅의 경계선과 분배(47:13–48:29)

(2) 일부 지파별 토지 분배(48:1–7)

[1] 모든 지파의 이름은 이와 같으니라 북쪽 끝에서부터 헤들론 길을 거쳐 하맛 어귀를 지나서 다메섹 경계선에 있는 하살에논까지 곧 북쪽으로 하맛 경계선에 미치는 땅 동쪽에서 서쪽까지는 단의 몫이요 [2] 단 경계선 다음으로 동쪽에서 서쪽까지는 아셀의 몫이요 [3] 아셀 경계선 다음으로 동쪽에서 서쪽까지는 납달리의 몫이요 [4] 납달리 경계선 다음으로 동쪽에서 서쪽까지는 므낫세의 몫이요 [5] 므낫세 경계선 다음으로 동쪽에서 서쪽까지는 에브라임의 몫이요 [6] 에브라임 경계선 다음으로 동쪽에서 서쪽까지는 르우벤의 몫이요 [7] 르우벤 경계선 다음으로 동쪽에서 서쪽까지는 유다의 몫이요

에스겔은 이스라엘 영토의 경계선을 북쪽에서부터 설명했다(47:13–22). 각 지파가 차지할 땅에서도 북쪽에서부터 설명한다. 이스라엘의 열두 지파들 중 성전이 위치한 거룩한 공간 위쪽(북쪽)으로 땅을 받을 지파들은 다음과 같다. 제일 북쪽에 단 지파가 땅을 받고(1절), 그 아래(남쪽)로 아셀 지파가 땅을 받는다(2절). 아셀 지파 땅의 남쪽으로 납달리 지파가 땅을 받는다(3절). 이 세 지파는 야곱의 첩들이었던 빌하와 실바에서 비롯된 후손들이다.

그 아래로 므낫세가 땅을 받는다. 므낫세의 남쪽으로는 에브라임 지파가 받고(5절), 그 남쪽으로 르우벤 지파가 받고(6절), 그 아래로 가장 거룩한 지역에 인접한 땅을 유다 지파가 받는다(6절). 이스라엘의 열두 지파 중 이 일곱 지파가 거룩한 지역의 북쪽으로 땅을 받았다.

요셉은 땅을 받지 않고, 그의 아들들인 므낫세와 에브라임의 후손들이 각각 땅을 받았다. 창세기 48장에서 야곱이 죽기 전에 요셉의 아들들인 손주들을 자기 아들들로 입양했기 때문이다. 요셉에게 두 몫의 유산을 주기 위한 야곱의 배려였다. 더욱이 요셉에게서 비롯된 두 지파는 북쪽에 땅을 받는 일곱 지파들 중 가장 중앙에 땅을 받았다. 각 지파의 땅의 경계선은 동쪽에서 서쪽으로 일직선을 긋는다. 본문과 48:23-29을 통해 지파들이 받는 땅의 위치를 정리해보면 다음 지도와 같다.

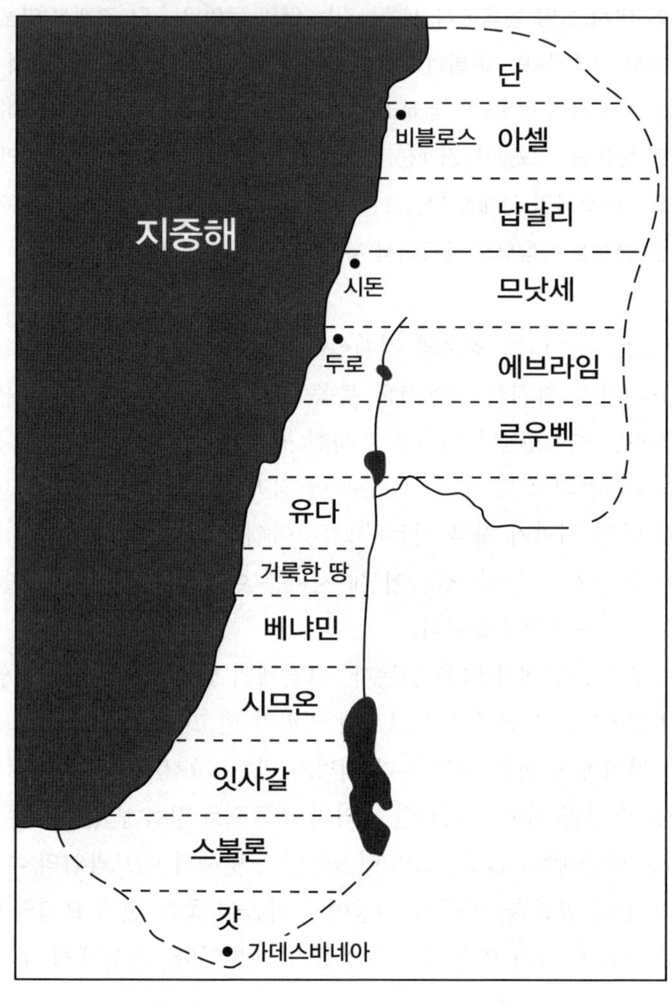

Ⅳ. 유다와 예루살렘에 임할 축복(33:1–48:35)
H. 회복된 예루살렘에 대한 환상(40:1–48:35)
13. 땅의 경계선과 분배(47:13–48:29)

(3) 거룩한 구역(48:8–22)

8 유다 경계선 다음으로 동쪽에서 서쪽까지는 너희가 예물로 드릴 땅이라 너
비는 이만 오천 척이요 길이는 다른 몫의 동쪽에서 서쪽까지와 같고 성소는
그 중앙에 있을지니 9 곧 너희가 여호와께 드려 예물로 삼을 땅의 길이는 이
만 오천 척이요 너비는 만 척이라 10 이 드리는 거룩한 땅은 제사장에게 돌
릴지니 북쪽으로 길이가 이만 오천 척이요 서쪽으로 너비는 만 척이요 동
쪽으로 너비가 만 척이요 남쪽으로 길이가 이만 오천 척이라 그 중앙에 여
호와의 성소가 있게 하고 11 이 땅을 사독의 자손 중에서 거룩하게 구별한
제사장에게 돌릴지어다 그들은 직분을 지키고 이스라엘 족속이 그릇될 때
에 레위 사람이 그릇된 것처럼 그릇되지 아니하였느니라 12 땅의 예물 중에
서 그들이 예물을 받을지니 레위인의 접경지에 관한 가장 거룩한 예물이니
라 13 제사장의 경계선을 따라 레위 사람의 몫을 주되 길이는 이만 오천 척이
요 너비는 만 척으로 할지니 이 구역의 길이가 이만 오천 척이요 너비가 각
기 만 척이라 14 그들이 그 땅을 팔지도 못하며 바꾸지도 못하며 그 땅의 처
음 익은 열매를 남에게 주지도 못하리니 이는 여호와께 거룩히 구별한 것임
이라 15 이 이만 오천 척 다음으로 너비 오천 척은 속된 땅으로 구분하여 성
읍을 세우며 거주하는 곳과 전원을 삼되 성읍이 그 중앙에 있게 할지니 16 그
크기는 북쪽도 사천오백 척이요 남쪽도 사천오백 척이요 동쪽도 사천오백
천이요 서쪽도 사천오백 척이며 17 그 성읍의 들은 북쪽으로 이백오십 척이
요 남쪽으로 이백오십 척이요 동쪽으로 이백오십 척이요 서쪽으로 이백오십
척이며 18 예물을 삼아 거룩히 구별할 땅과 연접하여 남아 있는 땅의 길이는
동쪽으로 만 척이요 서쪽으로 만 척이라 곧 예물을 삼아 거룩하게 구별할
땅과 연접하였으며 그 땅의 소산을 성읍에서 일하는 자의 양식을 삼을지라
19 이스라엘 모든 지파 가운데에 그 성읍에서 일하는 자는 그 땅을 경작할지

니라 [20] 그런즉 예물로 드리는 땅의 합계는 길이도 이만 오천 척이요 너비도 이만 오천 척이라 너희가 거룩히 구별하여 드릴 땅은 성읍의 기지와 합하여 네모 반듯할 것이니라 [21] 거룩하게 구별할 땅과 성읍의 기지 좌우편에 남은 땅은 군주에게 돌릴지니 곧 거룩하게 구별할 땅의 동쪽을 향한 그 경계선 앞 이만 오천 척과 서쪽을 향한 그 경계선 앞 이만 오천 척이라 다른 몫들과 연접한 땅이니 이것을 군주에게 돌릴 것이며 거룩하게 구별할 땅과 성전의 성소가 그 중앙에 있으리라 [22] 그런즉 군주에게 돌려 그에게 속할 땅은 레위 사람의 기업 좌우편과 성읍의 기지 좌우편이며 유다 지경과 베냐민 지경 사이에 있을지니라

북쪽에서 시작한 지파별 땅 분배 이야기는 한가운데 있는 거룩한 지역에 대한 이야기로 잠시 멈춘다. 이 땅에 대한 내용은 이미 선지자가 45:1-8에서 언급한 것과 별 차이가 없다. 모습과 규모도 같다. 다만 차이라면 일반인들이 자신들의 영토에 세울 성읍의 규모가 45장에서는 가로와 세로가 각각 5,000척(2.6킬로미터)에 달하는 정사각형이라고 했는데, 본문은 이 성의 담을 각각 4,500척 길이로 세우고 성벽 앞에 각각 250척(에 달하는 전원을 두라고 한다, 15-16절)이라고 한다. 성의 한 면의 길이가 5,000척인 것은 같지만, 모든 면에 250척(130미터)에 달하는 완충 지역을 두라고 하신 것이다.

유다 지파에 속한 땅 바로 아래(남쪽)로 제사장들의 땅이 있다(8절). 제사장의 땅에 성전이 있다(10절). 제사장들은 사독의 자손들로만 구성되어 있다. 그들이 이 땅을 받게 된 것은 그들의 신실함에 대한 하나님의 보상이다(11절). 하나님은 신실한 자들에게 1,000대까지 복을 내리신다는 말씀이 실감나는 상황이다(cf. 출 20:6). 제사장들은 이스라엘 백성들이 바치는 예물 중에 가장 거룩한 것들을 받을 것이다(12절).

제사장들의 땅 아래(남쪽)로 레위 사람들의 땅이 있다. 규모는 제사장들의 땅과 같다(13절). 레위 사람들은 받은 땅을 거래할 수 없으며, 그 땅에서 나온 첫 열매를 남에게 주지 못한다(14절). 오직 여호와께만 드려야 한다.

레위 사람들의 땅 아래(남쪽)로 일반인들이 거하는 땅이 있다(15절). 규모는 가로 25,000척(13킬로미터), 세로 5,000척(2.6킬로미터)이다. 이 땅 한가운데 한 성읍을 세워야 하는데, 가로와 세로의 규모가 4,500척에 달하며(16절) 성벽 앞에는 모든 방향으로 250척에 달하는 전원이 있어야 한다(17절). 성은 한 면이 5,000척에 달하는 정사각형 형태를 띤다. 일반인들에게 할당된 땅 중 성읍을 제외한 나머지 부분은 성읍에 사는 사람들이 경작지로 사용한다(19절).

제사장들과 레위 사람들과 일반인들이 차지한 땅을 합하면 한 면이 25,000척(13킬로미터)에 달하는 정사각형을 이룬다. 이 정사각형의 동쪽과 서쪽으로 왕이 땅을 받는데, 한 면이 25,000척에 달하는 땅이다. 동쪽과 서쪽으로는 얼마나 뻗어가는지 밝히지 않지만, 45:7은 서쪽으로 경계선인 지중해까지 이르고 동쪽으로 경계선인 요단강까지 이른다고 한다. 다음 그림을 참조하라.

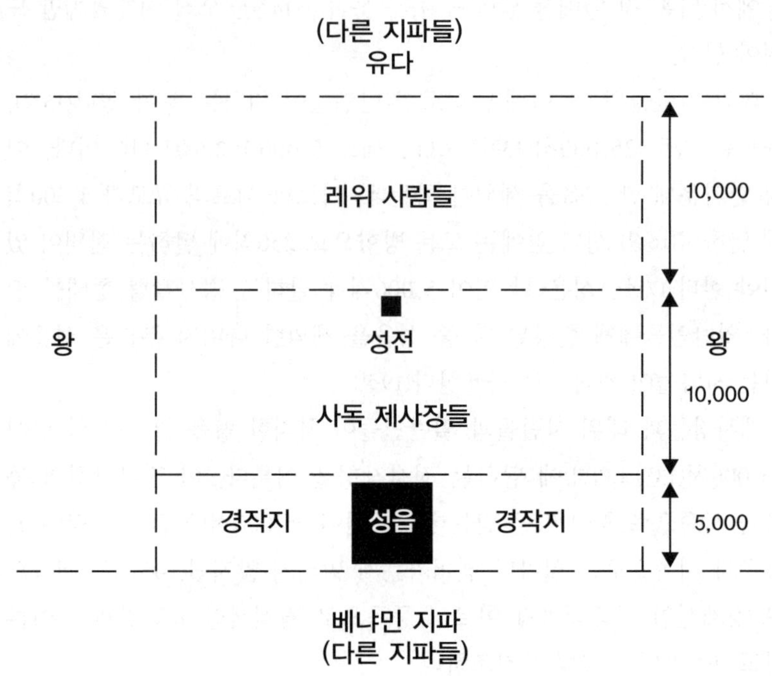

(4) 나머지 지파별 토지 분배(48:23-29)

[23] 그 나머지 모든 지파는 동쪽에서 서쪽까지는 베냐민의 몫이요 [24] 베냐민
경계선 다음으로 동쪽에서 서쪽까지는 시므온의 몫이요 [25] 시므온 경계선 다
음으로 동쪽에서 서쪽까지는 잇사갈의 몫이요 [26] 잇사갈 경계선 다음으로 동
쪽에서 서쪽까지는 스불론의 몫이요 [27] 스불론 경계선 다음으로 동쪽에서 서
쪽까지는 갓의 몫이요 [28] 갓 경계선 다음으로 남쪽 경계선은 다말에서부터
므리바가데스 샘에 이르고 애굽 시내를 따라 대해에 이르나니 [29] 이것은 너

희가 제비 뽑아 이스라엘 지파에게 나누어 주어 기업이 되게 할 땅이요 또 이것들은 그들의 몫이니라 주 여호와의 말씀이니라

선지자는 이스라엘 영토 한가운데 있는 특별히 구별된 거룩한 땅에 대한 언급(8-22절)을 끝내고 다시 지파별 땅에 대해 말씀을 선포한다. 거룩한 구역은 맨 위(북쪽)가 제사장들의 땅이었고, 그 밑(남쪽)으로 레위 사람들의 땅, 그 아래로 일반인들의 땅이 있었다. 이 일반인들의 땅은 각 지파별로 구분된 땅과 달리 어느 지파 사람이든 간에 와서 살 수 있는 땅이다(cf. 19절).

구별된 땅 남쪽으로 제일 먼저 베냐민 지파가 땅을 받았다(23절). 베냐민 지파 땅 아래(남쪽)로 시므온 지파가(24절), 시므온 지파 남쪽으로 잇사갈 지파가 땅을 얻었다(25절). 잇사갈 땅 남쪽으로 스불론 지파가 땅을 얻었으며(26절), 갓 지파가 최남단에 땅을 얻었다(28절). 갓 지파 땅의 남쪽 한계선은 이스라엘의 남쪽 가데스바네아(므리바가데스)를 포함한다(28절).

열두 지파가 받은 땅의 위치를 보면 야곱의 첩들(빌하와 실바)에게서 유래한 단, 아셀, 납달리, 갓, 네 지파가 거룩한 땅에서 가장 먼 곳에 기업을 받았다. 야곱의 두 아내인 레아와 라헬에게서 비롯된 므낫세, 에브라임, 르우벤, 유다, 베냐민, 시므온, 잇사갈, 스불론의 여덟 지파는 거룩한 땅에서 가까운 곳에 땅을 받았다. 이 구별된 땅의 북쪽으로 네 지파, 남쪽으로 네 지파가 땅을 받았다.

Ⅳ. 유다와 예루살렘에 임할 축복(33:1–48:35)
H. 회복된 예루살렘에 대한 환상(40:1–48:35)

14. 예루살렘 성의 문들(48:30–35)

30 그 성읍의 출입구는 이러하니라 북쪽의 너비가 사천오백 척이라 31 그 성
읍의 문들은 이스라엘 지파들의 이름을 따를 것인데 북쪽으로 문이 셋이라
하나는 르우벤 문이요 하나는 유다 문이요 하나는 레위 문이며 32 동쪽의 너
비는 사천오백 척이니 또한 문이 셋이라 하나는 요셉 문이요 하나는 베냐민
문이요 하나는 단 문이며 33 남쪽의 너비는 사천오백 척이니 또한 문이 셋이
라 하나는 시므온 문이요 하나는 잇사갈 문이요 하나는 스불론 문이며 34 서
쪽도 사천오백 척이니 또한 문이 셋이라 하나는 갓 문이요 하나는 아셀 문
이요 하나는 납달리 문이며 35 그 사방의 합계는 만 팔천 척이라 그 날 후로
는 그 성읍의 이름을 여호와삼마라 하리라

레위 사람들의 땅 남쪽으로 일반인들이 가로 25,000척(13킬로미터), 세로 5,000척(2.6킬로미터)의 땅을 받았다(45:6, 48:15). 이 땅은 이스라엘 사람은 누구나 와서 살 수 있는 땅이다(19절). 이 땅 한가운데 가로와 세로가 5,000척에 달하는 정사각형 성이 있다(16절). 선지자는 본문에서 이 성에 대해 말하고 있다. 이 성의 이름을 밝히지는 않았지만 새 예루살렘이 확실하다(cf. Blenkinsopp).

성은 정사각형이며 각 면마다 4,500척(2.3킬로미터)이다. 모든 성벽 앞으로 250척(130미터)의 전원이 있기 때문에(17절) 이 전원을 포함하면 5,000척이 된다. 정사각형 성벽은 각 면마다 세 개의 문이 있으며, 이 문들은 이스라엘 열두 지파의 이름으로 불렸다. 성벽 방향별 문 이름은 다음과 같다. 땅을 분배할 때에는 므낫세와 에브라임 지파가 들어가고 요셉이 빠졌는데, 이번에는 요셉이 들어가고 그의 두 아들이 빠졌다. 대신 지파별 땅 분배에서는 배제되었던 레위가 이름을 올렸다.

성벽	문 이름
북쪽	르우벤, 유다, 레위
동쪽	요셉, 베냐민, 단
남쪽	시므온, 잇사갈, 스불론
서쪽	갓, 아셀, 납달리

새 예루살렘은 성전의 남쪽에 위치했다. 그러므로 이 성에서 성전 방향을 바라보려면 북쪽을 향해야 한다. 그러므로 북쪽 성벽에는 레아가 낳은 가장 유력한 세 아들의 지파, 즉 르우벤, 유다, 레위를 기념하는 문들이 있다. 레아가 낳은 다른 세 아들에게서 난 지파들, 즉 시므온, 잇사갈, 스불론은 남쪽 벽에 이름을 남겼다. 라헬이 낳은 요셉과 베냐민은 라헬의 몸종 빌하가 낳은 단과 함께 동쪽에 이름을 남겼다. 서쪽에 이름을 남긴 갓과 아셀과 납달리는 첩들인 빌하와 실바가 낳은 자식들이다. 서쪽에 이름을 남긴 지파들의 서열이 가장 낮으므로 야곱의 자식들 중에서 가장 호의를 받지 못한 이들이라 할 수 있다(cf. Duguid).

성의 각 방향으로 세 지파의 이름이 새겨진 문들이 있다는 것이 옛적에 이스라엘이 광야에서 성막을 중앙에 두고 사방으로 진을 쳤던 모습을 연상케 한다(cf. 민 2장). 한 가지 차이점은 광야에서는 북쪽이 가장 기피하는 방향이었는데, 에스겔의 환상에서는 서쪽이 가장 기피하는 방향이다(Levenson).

사도 요한은 새 예루살렘에 대해 다음과 같은 환상을 보았다. 비록 어느 쪽 문에 어느 지파의 이름이 새겨졌는지 밝히지는 않지만, 그가 본 환상도 에스겔의 환상과 매우 비슷하다.

> 크고 높은 성곽이 있고 열두 문이 있는데 문에 열두 천사가 있고 그 문들 위에 이름을 썼으니 이스라엘 자손 열두 지파의 이름들이라 동쪽에 세

> 문, 북쪽에 세 문, 남쪽에 세 문, 서쪽에 세 문이니 그 성의 성곽에는 열두 기초석이 있고 그 위에는 어린 양의 열두 사도의 열두 이름이 있더라(계 21:12-14)

이 성은 '여호와께서 거기에 계시다'라는 의미를 지닌 여호와삼마(יְהוָה שָׁמָּה)로 불릴 것이다. 그러나 하나님은 제사장들의 땅 안에 세워진 성전에 계시지, 이 성에 계시지 않는다. 물론 하나님의 편재(omnipresence) 개념으로도 충분히 설명할 수 있다. 그러므로 이 이름은 하나님이 이 성을 보호하신다는 의미이다. 예전에는 예루살렘 성안에 하나님의 성전이 있었는데, 에스겔의 환상에서는 성전이 성안에 있지 않다. 선지자는 이미 이 환상이 시작될 때 이러한 모습을 산꼭대기에서 보았다. "하나님께서 보여 주신 환상 속에서 나를 이스라엘 땅으로 데려다가 아주 높은 산 위에 내려 놓으셨는데, 그 산의 남쪽에는 성읍 비슷한 건축물이 있었다"(40:2, 새번역). 이 말씀은 선지자가 성전이 있는 높은 산에서 본문이 언급하고 있는 먼 남쪽의 새 예루살렘을 보았다는 의미이다.

선지자는 오래전에 죄로 오염되어 하나님이 머무실 수 없었던 성전을 보았다(8-11장). 에스겔은 이 환상에서 하나님의 영광으로 가득한 거룩한 성전을 보고 있다. 선지자는 예전에 간음한 도시 예루살렘을 보았다. 이제 그는 '여호와삼마'라는 새 이름을 가진 거룩한 성을 보고 있다. 선지자는 침략자들에 의해 완전히 파괴된 이스라엘을 보았다. 에스겔은 성전에서 흐르는 물줄기가 온 땅을 살리고, 심지어는 사해에도 생명을 더하는 환상을 보고 있다. 그러므로 선지자의 이 환상은 모든 것을 회복시키고 모두를 행복하게 만드는 '해피 엔딩 스토리'(happy ending story)이다.